市立浦和中学校

〈収録内容〉

※1次適性検査Ⅰの大問1は、問題の一部は問題に使用された作品の著作権者が二次使用の許可を出していないため、問題を掲載しておりません。

⬇ 便利な DL コンテンツは右の QR コードから

 解答用紙

過去年度 問題は紙面に掲載

⇒

※データのダウンロードは 2025 年 3 月末日まで。
※データへのアクセスには、右記のパスワードの入力が必要となります。 ⇒ 903335

本書の特長

実戦力がつく入試過去問題集

▶ 問題 ………… 実際の入試問題を見やすく再編集。

▶ 解答用紙 …… 実戦対応仕様で収録。

▶ 解答解説 …… 解答例は全問掲載。詳しくわかりやすい解説には、難易度の目安がわかる「基本・
重要・やや難」の分類マークつき（下記参照）。各科末尾には合格へと導く
「ワンポイントアドバイス」を配置。

入試に役立つ分類マーク

基本 ▶ 確実な得点源！
受験生の90％以上が正解できるような基礎的、かつ平易な問題。
何度もくり返して学習し、ケアレスミスも防げるようにしておこう。

重要 ▶ 受験生なら何としても正解したい！
入試では典型的な問題で、長年にわたり、多くの学校でよく出題される問題。
各単元の内容理解を深めるのにも役立てよう。

やや難 ▶ これが解ければ合格に近づく！
受験生にとっては、かなり手ごたえのある問題。
合格者の正解率が低い場合もあるので、あきらめずにじっくりと取り組んでみよう。

合格への対策、実力錬成のための内容が充実

▶ 各科目の出題傾向の分析、最新年度の出題状況の確認で、入試対策を強化！

▶ その他、学校紹介、過去問の効果的な使い方など、学習意欲を高める要素が満載！

解答用紙ダウンロード 解答用紙はプリントアウトしてご利用いただけます。弊社ＨＰの商品詳細ページよりダウンロードしてください。トビラのＱＲコードからアクセス可。

UD FONT 見やすく読みまちがえにくいユニバーサルデザインフォントを採用しています。

●●● 公立中高一貫校の
入学者選抜 ●●●

ここでは，全国の公立中高一貫校で実施されている入学者選抜の内容について，
その概要を紹介いたします。

公立中高一貫校の入学者選抜の試験には，適性検査や作文の問題が出題されます。

多くの学校では，「適性検査Ⅰ」として教科横断型の総合的な問題が，「適性検査Ⅱ」として作文が出題されます。しかし，その他にも「適性検査」と「作文」に分かれている場合など，さまざまな形式が存在します。

出題形式が異なっていても，ほとんどの場合，教科横断的な総合問題（ここでは，これを「適性検査」と呼びます）と，作文の両方が出題されています。

それぞれに45分ほどの時間をかけていますが，そのほかに，適性検査がもう45分ある場合や，リスニング問題やグループ活動などが行われる場合もあります。

例として，東京都立小石川中等教育学校を挙げてみます。

① 文章の内容を的確に読み取ったり，自分の考えを論理的かつ適切に表現したりする力をみる。

② 資料から情報を読み取り，課題に対して思考・判断する力，論理的に考察・処理する力，的確に表現する力などをみる。

③ 身近な事象を通して，分析力や思考力，判断力などを生かして，課題を総合的に解決できる力をみる。

この例からも「国語」や「算数」といった教科ごとの出題ではなく，「適性検査」は，私立中学の入試問題とは大きく異なることがわかります。

東京都立小石川中等教育学校の募集要項には「適性検査により思考力や判断力，表現力等，小学校での教育で身に付けた総合的な力をみる。」と書かれています。

教科知識だけではない総合的な力をはかるための検査をするということです。

実際に行われている検査では，会話文が多く登場します。このことからもわかるように，身近な生活の場面で起こるような設定で問題が出されます。

これらの課題を，これまで学んできたさまざまな教科の力を，知識としてだけではなく活用して，自分で考え，文章で表現することが求められます。

実際の生活で，考えて，問題を解決していくことができるかどうかを学校側は知りたいということです。

問題にはグラフや図，新聞なども多く用いられているので，情報を的確につかむ力も必要となります。

算数や国語・理科・社会の学力を問うことを中心にした問題もありますが，出題の形式が教科のテストとはかなり違っています。一問のなかに社会と算数の問題が混在しているような場合もあります。

少数ではありますが，家庭科や図画工作・音楽の知識が必要な問題も出題されることがあります。

作文は，文章を読んで自分の考えを述べるものが多く出題されています。

　文章の長さや種類もさまざまです。筆者の意見が述べられた意見文がもっとも多く採用されていますが，物語文，詩などもあります。作文を書く力だけでなく，文章の内容を読み取る力も必要です。

　調査結果などの資料から自分の意見をまとめるものもあります。

　問題がいくつかに分かれているものも多く，最終の１問は400字程度，それ以外は短文でまとめるものが主流です。

　ただし，こちらも，さまざまに工夫された出題形式がとられています。

　それぞれの検査の結果は合否にどのように反映するのでしょうか。

　東京都立小石川中等教育学校の場合は，適性検査Ⅰ・Ⅱ・Ⅲと報告書（調査書）で判定されます。

　報告書は，400点満点のものを200点満点に換算します。

　適性検査は，それぞれが100点満点の合計300点満点を，600点満点に換算します。

　それらを合計した800点満点の総合成績を比べます。

　このように，形式がさまざまな公立中高一貫校の試験ですが，文部科学省の方針に基づいて行われるため，方向性として求められている力は共通しています。

　これまでに出題された各学校の問題を解いて傾向をつかみ，自分に足りない力を補う学習を進めるとよいでしょう。

　また，環境問題や国際感覚のような出題されやすい話題も存在するので，多くの過去問を解くことで基礎的な知識を蓄えておくこともできるでしょう。

　適性検査に特有の出題方法や解答方法に慣れておくことも重要です。

　また，各学校間で異なる形式で出題される適性検査ですが，それぞれの学校では，例年，同じような形式がとられることがほとんどです。

　目指す学校の過去問に取り組んで，形式をつかんでおくことも重要です。

　時間をはかって，過去問を解いてみて，それぞれの問題にどのくらいの時間をかけることができるか，シミュレーションをしておきましょう。

　検査項目や時間に大きな変更のある場合は，事前に発表がありますので，各自治体の教育委員会が発表する情報にも注意しましょう。

さいたま市立 浦和(うらわ) 中学校

https://www.m-urawa.ed.jp/

〒330-0073　さいたま市浦和区元町1-28-17
☎048-886-8008
交通　ＪＲ京浜東北線北浦和駅　徒歩12分

[カリキュラム]

- 6年間を前期課程(中学1・2年次)、中期課程(中学3・高校1年次)、後期課程(高校2・3年次)の3つのステージに分け、それぞれChallenge(挑戦)、Innovation(変革)、Advance(躍進)というコンセプトで、一貫した教育指導を行う。
- 1年次は週に3回1時限目を英語・数学・国語の基礎力養成のための時間としている(Morning Skill up Unit)。一人一台のタブレット型コンピュータを使用して、独自のe・ラーニングで学習は進められる。
- 3年次の3学期には海外の学校の授業や行事に参加し、実践的な英語力や国際感覚を磨く(海外フィールドワーク)。
- 数学とグローバル・スタディ(英語)に関しては、少人数編制で授業を展開する。
- 豊かな表現力を身に付けるべく、ディベートやパネルディスカッションなどを授業に取り込んでいる。また、中高合同のスピーチコンテストを実施し、自分の言葉で表現する力を育成している。
- 土曜授業(3または4時限)を年間12回行う。

[部活動]

- 部活動は原則として全員が加入する。
- 母体校である市立浦和高校のサッカー部は、過去に全国選手権大会4回、インターハイ1回、国体3回の計8回、全国制覇を成し遂げた名門。

★設置部

サッカー、ハンドボール(男)、剣道、バドミントン、バスケットボール、弓道(女)、硬式テニス、陸上競技、空手道、吹奏楽、書道、美術、サイエンス

[行　事]

文化祭や体育祭、ロードレース大会などは中・高生が一緒になって盛り上げる。

6月	歌舞伎鑑賞教室(1年)、体育祭
7月	球技会、南郷自然の教室(1年)
8月	サマーイングリッシュセミナー
9月	文化祭
11月	科学館実習(2年)
12月	博物館実習(1年)、球技会、修学旅行(2年)
2月	ロードレース大会、海外フィールドワーク(3年)
3月	三年生を送る会、球技会

[進　路]

- 夏期講習を実施(希望制)。
- 以下は母体校であるさいたま市立浦和高等学校のデータ(内進生のみ)。

★卒業生の主な合格実績

東京大、京都大、北海道大、東北大、埼玉大、千葉大、筑波大、東京医科歯科大、東京外国語大、東京都立大、東京工業大、東京農工大、一橋大、横浜国立大、埼玉県立大、高崎経済大、防衛大学校、早稲田大、慶應義塾大　他

[トピックス]

- 平成19年4月、さいたま市初の併設型中高一貫教育校として、さいたま市立浦和高校の敷地内に開校。母体校である市立浦和高校の文武両道の気風を受け継ぐ。
- 高校進学時に新たに生徒を募集するが、学習の進度を考慮して、内進生(2学級)と外進生(6学級)は別のクラスとなる。また、外進生は高校2年次以降、文系と理系に分かれて学習するが、内進生は理系・文系の全てに対応した総合系として学習することとなる。
- 全教室に空調設備(冷房)と42インチのプラズマTVが配置されている。
- 保護者と共にさいたま市内に入学後卒業まで居住することが確実な小学校6年生なら誰でも受検が可能。

[学校見学] (令和6年度実施内容)

★学校説明会　8月1回

入試！インフォメーション

※本欄の内容はすべて令和6年度入試のものです。

受検状況　(数字は男/女/計。)

募集人員			第1次選抜						第2次選抜					
			受検者数			合格者数			受検者数			合格者数		
40	40	80	303	347	650	120	120	240	87	88	175	40	40	80

出題傾向の分析と合格への対策

●出題傾向と内容

　検査は，第1次選抜では適性検査Ⅰ，適性検査Ⅱが，第2次選抜では適性検査Ⅲが課され，試験時間はそれぞれ45分であった。

　適性検査Ⅰは国語・社会の能力をみる検査で，記述問題のほか記号選択や空欄補充といった解答形式も多く取られている。文章読解力，論理的思考力，表現力が必要とされる出題であった。また，その当時の出来事に関する問題が出題されることもある。文章読解では複合資料型が出題され，確かな読解力・分析力が要求された。大問数は5問あり，短時間で非常に多くの文章や資料を読み，解答しなくてはならない。

　適性検査Ⅱは算数・理科を中心に理解と応用力をみる検査で，記号選択や，問われた数値を答える形式が多く取られている。分析力，論理的思考力，図形の認識力，身近な自然現象などの理科知識の応用力，科学的視点による考察力をみる問題が出題されている。算数分野では四則計算，割合，推論，図形など，私立中学入試でよく出題される内容を臨機応変に活用する設問となっている。理科では実験を中心にした問題が多い。大問数は5〜6問である。こちらも短時間で多くの資料を読み，解答しなければならない。

　適性検査Ⅲは，与えられた資料を基に内容を説明したり，分析してわかったことを述べたりする問題が出題されている。資料を読み取る力，相手に伝える表現力，文章の構成力が問われている。大問数は3問。資料が多く，記述文字数も1問につき250字前後や300字以内と多い。

● 2025 年度の予想と対策

　適性検査Ⅰでは文章読解力，論理的思考力，状況に対する表現力，地理・歴史・公民分野への理解が今後も続くと予想される。授業をしっかり受け，確かな知識・読解力などの学力を定着させたい。また，その上で日々のニュースにも目を向け，授業で習ったワード等をチェックできるとよい。

　適性検査Ⅱでは，算数・理科の教科知識と応用力に加え，資料を速く正確に読み解く読解力，問題解決のための判断力が必要となる。日常生活の中で常に数値感覚を磨き，意識して時間や数字の世界に触れることも大切である。

　適性検査Ⅲでは，資料・文章の内容を分析し把握する力，要点を的確につかむ力，説得力のある論述力，違う立場の人の意見を推論する力が求められる。多くの本を読み，感想文を書いたり，身の回りのできごとを，もし自分が相手の立場であればどのように考え，行動するかを予想した上でノートにまとめたりすると，練習になるだろう。

　いずれも設問数が大きく減少することは考えにくいので，時間配分を意識して，短時間で多くの問題を解く工夫が必要になる。

✔ 学習のポイント

各教科の学習を充分にすると共に，地域についての理解を深め，新聞やニュースなどで時事問題に詳しくなっておこう。文章を読むことに慣れ，内容についての深い洞察力を磨くために，日ごろから読書の習慣を身につけよう。

2024年度

入 試 問 題

2024
年
度

入試問題

2024年度

2024年度

さいたま市立浦和中学校入試問題

【適性検査Ⅰ】 （45分）

1　花子さんは，図書館でおもしろそうなタイトルの小説を見つけたので，読んでみることにしました。

次の文章は，朝比奈あすか著「君たちは今が世界」（KADOKAWA）の一部です。これを読んで，問1〜問4に答えなさい。

ほのか（宝田さん）と武市は，大学の折り紙の集まりに行く途中で会い，一緒に向かっていた。ほのかは，武市が歩きながら見せてくれた武市のすばらしい作品（折り紙で作ったボール）に心から感動したが，うまくいかないことの多い自分にはとても作れないと笑ってごまかそうとした。しかし，武市は笑うことなく，ほのかにもできると言ってくれた。

「宝田さんは，なんでもできる」

ほのかに言い聞かせるように，彼はゆっくりと繰り返した。

それを言われた時，①なぜだかほのかは，泣きたくなった。

どうして泣きたくなるのか分からなくて混乱した。

本当は，自分にできることなど，何もないような気がしていた。周りの人たちからもそう思われていることを，彼女は知っていた。そしてそのことを，心のどこかで受け入れてきた。

代表委員に立候補した時も，皆に笑われているのを知っていた。前田さんは，ほのかが代表委員になることを「やだ」と言った。それを聞いて笑った人たちも，みんな「やだ」と思っていたのかもしれない。

だけどほのかは，ずっと，なりたかったのだ。なりたかった。なりたかった。六年生の最後の委員決めだった。最後まで手を挙げ続けた。

それなのに，いざ代表委員になって，教壇に立ったら，　　②　　。

何か喋ってしまったら。その言葉はぽとんと落ちて，教室の真ん中で，皆に踏みつけにされると思った。そうなるのはいつものことで，これまではそんなことはちっとも怖くなかったのに，代表委員になってしまったから，怖くなったのだ。クラスの代表である自分が，そんな恥ずかしいことはできないと思ったから。うまくやろうと思ったとたん，ほのかの舌は※1こわばった。代表委員として初めて芽生えたプライドが，かえって心を縮こまらせた。あの時の自分は，みっともなかった。

だけど。

——宝田さんは，なんでもできる。

武市は言ってくれた。

こみ上げてきた涙を目の奥に押しこむように，ほのかは細かくまばたきをする。言われたばかり

の言葉を，心の奥で※2反芻する。こんなに信じてもらえたこと，自分をまるごと認めてもらえたこと。目の前の少年のまなざしは澄んでいる。彼の言葉に嘘はない。それが分かるから，ほのかは泣きたくなるのだ。

　折り紙探検隊は最高に楽しい時間だった。

　ゾウを作るコースと，ネズミを作るコースがあって，ほのかはネズミのコースを選んだが，かわいらしい小さなネズミは，簡単に作れそうに見えて，折り始めたら意外に複雑だった。

　ほのかは何度も分からなくなって※3パニックを起こしかけたが，途中でつまずくたび，武市が手伝いに来てくれた。

　どの部分のつまずきからでも，武市はすぐに状況を※4把握し，的確に解決してくれた。そして，※5工程表と同じ形，同じ向きにして，「ここから」とほのかに差し出した。それはもう，魔法のようにらくらくと，武市はほのかの混乱を次々に※6修復してくれた。

　ほのかは武市に言われたとおりにそこからもう一度やり直すのだが，すぐにおかしくしてしまう。武市は，何度ほのかがつまずいても，飽きることなく淡々と正しい形に戻してくれるのだった。

　ようやくネズミができあがった時，ほのかはもちろんとても嬉しかったのだが，それよりも，何よりも，武市があの綿菓子頭の大学生をはじめとする数人のメンバーから口々に褒められて，

「君，折り紙探検隊の正式メンバーな」

と言われた時が，一番嬉しかった。

　折り紙探検隊の大学生たちは武市を，遊びに来た小学生ではなく，折り紙の仲間として認めたのだ。

　そのことが，ほのかは嬉しかった。

　だから，帰り際，ほのかは持ってきた折り紙の残りを全部武市にあげることにした。

　すると武市は，

「なんで」

と訊いた。

　なんで？

　笑顔を滅多に見せない，人によって態度を変えることのない武市の，大学生と話している時の頬が薔薇色に染まっているのを見た時，ほのかは，自分が持ってきた折り紙を，全部武市にあげたいと思った。でも，その気持ちを説明することは難しくて，ほのかはただひと言，

「いらないから」

とだけ，言った。

「いらない？」

　確認するように，武市は言った。

「うん。いらない」

　ほのかは答えた。

　遠慮なく受け取ってもらいたいからそう言ったのに，③目の前の顔は暗く沈んだ。ほのかは，武市が喜んでくれないことを不思議に思った。

　しかし次の言葉で，その理由が分かった。

「宝田さんは，折り紙，もうやらないのか」

と，武市は言った。

　自分が好きなことを，ほのかにも好きになってもらいたいと，武市は思ってくれている。そう気づいた時，ほのかの心の中に温かいものが流れこんだ。

「じゃあ，半分こしよ。そいで武市，うちに時々，教えてくれる？」

　ほのかが言うと，武市は，

「わかった」

　と，答えた。

　ほのかは折り紙を，半分ずつに分けた。武市は，ほのかからもらった折り紙を，礼も言わずに受け取ると，宝物のボールや，今日綿菓子頭の大学生からもらっていた折り紙の説明書のようなプリントの入っている手提げ袋に，そっと仕舞った。そして，真面目そうな顔つきで，

「ゾウは少しむずかしい。最初は，カモノハシがいいかもしれない」

　と，言った。

　押し入れの中でただ眠っていただけの折り紙が，武市の手で，きっとこれから，ネズミやゾウやカモノハシや他の色々なものに生まれ変わっていくのだ。

「武市。絶対だよ。折り紙，するよ。一緒に」

　友達との約束が，世界を明るくしてくれる。

　④武市と別れて，ほのかは走った。

　急に，走りたい気分になったのだ。暮れてゆく道を，ほのかは走り続けた。そして，あの※7石畳の道で立ち止まり，いつもの決まりが頭を過ったにもかかわらず，まるで何らかの確信があるかのように，ほのかは一歩を踏み出していた。

　自分でも驚くことに，一歩，また一歩と，ほのかの足は軽やかに前を目指した。

　何かが自分を見ているのかもしれない。でも，その何かは，見守ってくれているのかもしれない。

　気づいた時，ほのかはもう足元を見ていなかった。石の色など関係なく，ただまっすぐ道の先の遠くに目をやっていた。

　——宝田さんは，なんでもできる。

　歩くごとに，むくむくと，勇ましい気持ちが生まれてゆく。※8仄かな光のように，自信の芽が上を向く。悪いことが起こる決まりなんか，どこにもない。好きなところを好きなように歩いていいのだ。そのことを，早く※9みちるに教えたいと思いながら，ほのかは前進し続けた。

（一部に表記，ふりがなをつけるなどの変更があります。）

※1　こわばる……かたくなる。　　　　　※2　反芻する……くりかえし考える。

※3　パニック……混乱した状態。　　　　※4　把握する……理解する。

※5　工程表……作業を進めていく順序を書いたもの。ここでは，折り紙の折り方が書かれたもの。

※6　修復する……直して元にもどすこと。　※7　石畳……平らな石をしきつめてある場所。

※8　仄か……かすか。ほんの少し。

※9　みちる……ほのかの妹。みちるは，石畳を通るときは白い石だけを踏むというほのかが決めたルールを一緒に実行していた。

問1　下線部①「なぜだかほのかは，泣きたくなった」とありますが，ほのかが泣きたくなったのは，どんな気持ちになったからですか。次ページの空らん　Ａ　にあてはまる言葉を，本文中から４字で書きぬき，空らん　Ｂ　にあてはまる内容を，20字以上30字以内で書きなさい。

> 自分にできることは　□ A □　ような気がしていたが，武市の嘘のない言葉にふれて，
> □ B □　から。

問2　本文中の空らん　②　にあてはまる言葉として最も適切なものを，次のア～エの中から1つ選び，記号で答えなさい。

　ア　目を疑った　　イ　手をこまねいた　　ウ　足がすくんだ　　エ　かたの荷が下りた

問3　下線部③「目の前の顔は暗く沈んだ」とありますが，武市の顔が暗く沈んだ理由を，ほのかはどのように考えましたか。次の空らん　□ C □　にあてはまる内容を，本文中から26字で書きぬきなさい。（句読点や記号は1字と数えます。）

> 武市は□　　　　C　　　　□という気持ちから，ほのかに折り紙を続けてほしかったのに，ほのかがもうこの先折り紙をやらないと受け取ってしまったと考えたから。

問4　花子さんは，学級の朝読書の時間にこの作品を友達と読み合い，下線部④「武市と別れて，ほのかは走った。」について，なぜほのかが走ったのかを話し合っています。次の【先生と花子さんたちの会話文】の空らん　□ D □，□ E □　にあてはまる内容として最も適切なものを，それぞれ，あとのア～エの中から1つ選び，記号で答えなさい。

【先生と花子さんたちの会話文】

先　　　生：最後の場面の下線部④に「武市と別れて，ほのかは走った。」とありますね。ほのかはなぜ走ったのでしょうか。

太郎さん：下線部④の前にえがかれているほのかの様子や発言，「友達との約束が，世界を明るくしてくれる。」などの記述から，□　　D　　□のだと考えられます。

先　　　生：太郎さん，記述をもとに，ほのかの心情をきちんと読み取ることができましたね。そのような気持ちが表れた結果として，ほのかは走っていますね。

花子さん：わたしは「何かが自分を見ているのかもしれない。でも，その何かは，見守ってくれているのかもしれない。」の部分にほのかの心情の変化が表れていると思います。一つ目の「何か」は，ほのかが代表委員になって教壇に立ったときに周りから感じた視線のことを表しているのだと思います。二つ目の「何か」は，「自分を見ている」視線とは対照的に，「見守って」くれています。ほのかは，武市との交流を通して□　　E　　□ので，明るい気持ちになって，走り出したのだと思います。

先　　　生：花子さんもすばらしいです。この物語の大事な部分を読み取れていますね。

□ D □　の選択肢

　ア　武市と約束したことで自分が折り紙の世界に入っていくことを実感し，いつか折り紙で武市を追いぬいてみせるという決意を体で表した

　イ　武市のおかげでみんなと仲良くなれたことに気がつき，武市への感謝がどこからともなくあふれてきて走らずにはいられなかった

　ウ　武市との交流が次も約束されていると思うと明るい気持ちになり，わくわくしてじっとしていられなくなって思わず走った

エ　武市のやさしさにふれたことで異性としてひかれ始め，照れくささやはずかしさでむずむずして勝手に体が動いてしまった

E の選択肢

ア　自分が実は能力が高く，みんなの自分に対する評価はまちがっていると知った

イ　自分は武市だけでなく，みんなから好かれているということに気づいた

ウ　自分が決めていたやり方以外にも，石畳の歩き方にはいろいろあると感じた

エ　自分を見る視線には，厳しいものだけでなく温かいものもあるとわかった

2　太郎さんは，「言葉」に興味があり，先生にたずねたところ，次の本を紹介してもらいました。

次の文章は，矢萩邦彦著「自分で考える力を鍛える　正解のない教室」（朝日新聞出版）の一部です。これを読んで，問１〜問４に答えなさい。

ここまで，言語と思考や思想は密接に関係しているという話をしてきましたが，そもそも，言語や言葉ってなんでしょうか？　言語というのは意思伝達の手段として音声や文字を使う記号の※1システムです。

言葉が分からない外国で買い物をするとき，欲しいものが※2ショーケースのなかにあったら，あなたならどうしますか？

たぶんケース越しに，欲しいものを指さしますよね。もし言葉が分かれば指をささずに買うことができます。つまり，「指をさす」ということと言葉は「相手に伝えるための A 」ということでは同じ機能があります。

「①月を指せば指を※3認む」ということわざがあります。夜空にかがやく月を指さしているところ想像してください。この場合，相手に見てもらいたい対象は月で，指は単に指し示すものです。それなのに，相手は指を見ている状態です。つまり，伝わっていない。

それに対して「②月を見て指を※4忘る」ということわざがあります。月を指さされたら，月を見て，指し示した指のことは忘れる。ものごとの※5本旨を理解することが重要で，手段にこだわってもしかたないということです。

これを言語にいいかえると， B が「名前（言葉）」を， C が「そのもの（伝えたいこと）」を表します。つまり，言葉というのは何かを指し示しているだけで，それ自体ではないということですね。

もちろん，月を指し示すとき，月と指のあいだには，物体としての月だけでなく，空気感や感情，時間の経過などの「見えないもの」も存在しますが，いずれにしても指さす人がそれを意図していなければ意味はないでしょう。

近代言語学の父と呼ばれる※6ソシュールは，言葉や記号というのは，「指し示すもの（表現）」と「指し示されるもの（意味）」のイメージがセットになってはじめて機能するとしました。片方では成り立たない。言葉だけ知っていても。それが意味するものをイメージできなければその言葉を知っていることにはならない，というわけです。

生後19か月で視力と聴力を失った作家ヘレン・ケラーは，家庭教師サリヴァンが水を触らせるこ

とで※7 water という言葉を理解しました。このとき起きていたのは，water という文字列と視覚と聴覚以外の感覚でとらえた水そのもののイメージが結びついたということです。

ぼくたちは生まれてから③身体的な感覚に言葉を結びつけるという方法で，言語を※8獲得してきました。しかし，ぼくたちは大人になるにつれ，体感して獲得したわけではない言葉を大量にあつかうようになります。

イメージと結びついていない言葉は，④暗号（コード）と同じです。情報化が進む社会では，ぼくたちは日々，大量の知らない言葉にさらされます。それは知らないことを知り，世界を広げるチャンスでもありますが，同時にイメージが※9ひもづいていない〈暗号〉を集めてしまう※10リスクもあります。

ではどうしたらよいか。知らない言葉に出会ったら，ヘレン・ケラーのように言葉とイメージとがセットになるような体験をすることが一番ですが，すべての言葉を体感することは不可能です。であれば，意味を調べたり，それを想像したりすることでイメージを獲得していく必要があります。

学習においても，意味が分からないまま漢字や単語を丸暗記したり，イメージできないまま教科書や参考書を読み進めても，記憶することも難しいですし，使える知識になりません。大切なのは言葉が指し示す対象を想像できるかどうかです。

物語や誰かの話だって，想像できなければ面白くないですし，ついていけなくなります。

では，⑤知識や記憶のなかにイメージがなく，辞書やインターネットもない場合はどうしたらよいでしょうか？

相手が見たことのない場所や，食べたことのないものの話をすることはありますよね。そういうとき，ぼくたちは，相手の知っていることを推測し，自分の知っている言葉や経験を活用します。

たとえば，「バナナ」という言葉を知らず，食べたこともない人にバナナを説明してみてください。どうなりましたか？　それは説明であると同時に※11メタファーだといえます。いくら言葉を連ねたところで，実体のない言葉の※12羅列です。具体的にはなっても，そのものにはなりえません。相手が経験してきたことを推測し，イメージできる言葉を重ねていく方法が近道です。

そのときに，自分の体験量や，想像してきた量がものをいいます。そのようにして実体がない〈言葉〉を組み合わせて，ぼくたちは考え，コミュニケーションをとっているんですね。

（一部に省略，表記，ふりがなをつけるなどの変更があります。）

※1　システム……しくみ。

※2　ショーケース……商品などを見せるためのたな。

※3　認む……「認める」の古い言い方。

※4　忘る……「忘れる」の古い言い方。

※5　本旨……もともと伝えようとしていた内容。

※6　ソシュール……言語学者。「近代言語学」は，ソシュールの研究から始まったと言われている。

※7　water……「水」を表す英語。

※8　獲得……手に入れること。

※9　ひもづく……あることが別のことと結び付けられている。

※10　リスク……危険。

※11　メタファー……「～のような」など，直接たとえる表現を使わないたとえのこと。

※12　羅列……ずらりと並んでいること。

問1　本文中の空らん　A　，　B　，　C　にあてはまる，本文の内容をふまえた適切な言葉を，本文中から，　A　は2字で，　B　，　C　はそれぞれ1字で書きぬきなさい。

問2　下線部①「月を指せば指を認む」，下線部②「月を見て指を忘る」とありますが，これらのことわざの意味に合う最も適切な例を，次のア～エの中からそれぞれ1つずつ選び，記号で答えなさい。

ア　たわむれる犬たちを見ながら，「あの黒い犬の名前は」と聞かれたが，聞きまちがえてしまい，白い犬の名前を答えた。

イ　遠足で移動するバスの中で，バスガイドさんから「窓(まど)をごらんください」と言われて横を見ると，富士山(ふじさん)が見えた。

ウ　数か月前に買ったチケットをなくしてしまい，問い合わせ窓口の人に「再発行はできますか」と電話で問い合わせた。

エ　「お会計はこれではらっておいて」と母から財布を手わたされて，「財布じゃ支はらえないよ」と言った。

問3　下線部③「身体的な感覚に言葉を結びつける」，下線部④「暗号（コード）」について，太郎さんは理解した内容を次のように図にまとめました。【太郎さんのまとめ】について，あとの問いに答えなさい。

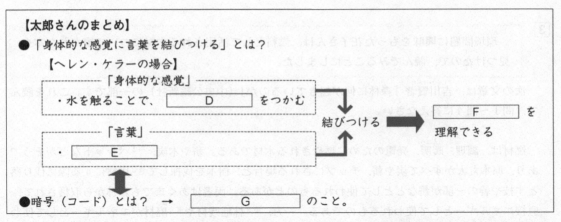

【太郎さんのまとめ】
●「身体的な感覚に言葉を結びつける」とは？
　【ヘレン・ケラーの場合】
　　「身体的な感覚」
　　・水を触ることで，　D　をつかむ
　　「言葉」
　　・　E
　　結びつける　→　　F　を理解できる
●暗号（コード）とは？　→　　G　のこと。

(1)　【太郎さんのまとめ】の空らん　D　，　E　，　F　にあてはまる言葉を，それぞれ10字程度で本文中から書きぬきなさい。英単語を書きぬく場合は，アルファベット1字を1字と考えなさい。たとえば，「pen」は3字とみなします。

(2)　【太郎さんのまとめ】の空らん　G　には，「暗号（コード）」とはどのようなもののことなのか，その説明があてはまります。あてはまる内容を，「意味」「機能」という言葉を使って，35字以上45字以内で書きなさい。

問4　下線部⑤「知識や記憶のなかにイメージがなく，辞書やインターネットもない場合はどうしたらよいでしょうか」について，太郎さんと留学生のジムさんは，うまく説明ができるかどうかを，会話をしながら確かめています。次のページの【太郎さんとジムさんの会話】を読んだうえで，下線部⑤のような場合に，どのようなことが必要だと筆者が述べているか，より適切なものをあとのア～オの中から2つ選び，記号で答えなさい。

```
【太郎さんとジムさんの会話】
ジムさん：Do you ※1know tangerines?        ※1  know……～を知っている
太郎さん：No, I don't.
ジムさん：It's a fruit. The color is or orange.
太郎さん：I see.
ジムさん：It's ※2round. It is ※3sour.        ※2  round……丸い
太郎さん：Is it ※4like an orange?          ※3  sour……すっぱい
ジムさん：Yes, it is.                       ※4  like……～に似ている
```

ア　自分の言葉での説明を，相手の経験をふまえながら実体に近づけられるように重ねる。

イ　相手の経験を推測し，言いかえた表現を使いながら実体を的確に言い当てる言葉を探す。

ウ　相手の知識を自分の知識より尊重しながら，自分にとってできるだけわかりやすい言葉を使う。

エ　自分のもっている経験を活用し，相手にとって実体のある言葉だけを使うようにして話す。

オ　相手の知識を想像し，相手がイメージできそうな言葉を自分の知識と経験の中からさがして使う。

3　　環境問題に興味をもった花子さんは，燃料として活用される木材について書かれた本を見つけたので，読んでみることにしました。

次の文章は，吉川賢著「森林に何が起きているのか」（中央公論新社）の一部です。これを読んで，問１～問４に答えなさい。

　燃材は，調理，暖房，発電のために燃やされる木材である。薪や木炭，※1ペレットなどがそうであり，原木丸太がすべて炭や薪，チップにされる場合と，樹木を伐採して※2用材にする際に伐り落とす枝や幹の一部が薪などとして使われるものとがある。両者はあくまでも森林から収穫されて，直接エネルギーとして使われるものである。一方，※3林地残材や※4廃材がエネルギーとして使われても，統計上は燃材には含まない。しかし近年，①日本の燃材の中に占める廃材の割合が増えてきているため，2014年から日本の木材※5需給の資料には，廃材からの燃材も計上されるようになっている。

　世界全体での燃材の生産量は19.4億立方メートルで，木材生産量の半分を占め，この用材と燃材の割合は10年以上変わりがない。しかし，2019年に世界中で使われた燃料の89パーセントは※6化石燃料と原子力であり，燃材を含む※7再生可能エネルギーは世界のエネルギー消費量の５パーセントを占めるに過ぎない。

　しかし，※8途上国では事情はまったく違う。燃材の70パーセント以上がアジアとアフリカで生産されており，途上国では燃材というよりも※9薪炭材というほうが実態をよく表している。

　途上国では，燃材は伝統的な生活を支えるために唯一利用できる大切なエネルギー源である。ケニアでもマダガスカルでも，民家に入れてもらうと，いくつかの石を丸く並べた三石かまどで小枝がいつも燃えていて，温かい。セネガルの村では直径５センチメートルほどの薪を３本くべれば昼

食の準備が整った。

　最近５年間で，燃材の生産量は4300万立方メートル増加した。地域別に見ると，アジアは減少したが，その他の地域はみんな増加した。アフリカの場合は，ほとんどすべての国で数パーセント増加し，中南米も全体の46パーセントを占めるブラジルで10パーセントの増加を示した。つまり，途上国はおおむねどこも徐々に生産量を増やしている。※10先進国でもアメリカが61パーセント増加し，英国も29パーセント増加した。しかし，その他の先進国には目立った変化はなく，それぞれの国の事情に応じて増減している。先進国で近い将来，木質資源が経済的発展を保証する安定したエネルギー源になるとは考えられない。しかし，※11燃材は二酸化炭素を増加させないクリーンなエネルギーとして，気候変動対策に有効であると認識されてきてもいる。再生可能な※12バイオマスエネルギーとして，需要は拡大傾向にある。その典型例が2014年以降の日本の生産量の増加で，５年間で実に2.5倍増という突出した値を示している。

　②開発途上国では，燃材は気候変動対策のための流行りの燃料などではない。世界統計は途上国のこうした炭や薪の現状と先進国の次世代エネルギーを同じテーブルの上で扱うので，途上国にとっての燃材の重要性が分かりにくく，エネルギー事情の現在の窮状も見えてこない。

　途上国の薪炭材と先進国のバイオマスエネルギーは，どちらも地域環境の保全と密接に関係しているが，人々の生活との関係や地域社会への影響の仕方がまったく違っている。しかし，両者は同じ資源を取り合うので，今後は先進国による次世代エネルギーの需要増加が，途上国が伝統的に利用してきた燃材を搾取し，地域の生活を圧迫することになりかねない。

　途上国でも，③太陽光や風力，地熱，バイオマスなどの再生可能エネルギーの利用拡大が進められている。住環境や生産基盤が劣化するのを防ぐために，身近な森林を薪炭材として過度に利用しないようにして，これまで使われてこなかったエネルギー源の利用を考えるという方針は間違っていない。そのためのさまざまな試みが続けられている。しかし，近代的な再生可能エネルギーを利用するための※13インフラ投資が，途上国で先進国と同じように進むとは考えにくい。新しい技術や資材を導入するにあたって，現地での利用が続くかどうかの十分な検討が欠かせない。たとえば，※14ソーラークッカーで調理ができたとしても，集光パネルは壊れるとすぐに代わりは手に入らないので，援助で手に入れた道具は壊れてしまうまでの１回限りのものになってしまう。また調理のための火は暖をとるためのものでもあり，太陽光で調理はできても相変わらず薪は使われ続けるだろう。地域住民が積極的に受け入れ，独自に技術を発展させて生活を変えるには，地域社会の※15ニーズとその置かれている状況を考慮して住民の活動を支援する視点が欠かせない。彼らがそれを作るか，購入し，利用し，修理できるものでなければならず，そのためには住民の能力を信頼することが最も重要になる。しかし，この点が疎かになっているケースも多い。支援事業が思うような成果をあげられない原因として，この視点を忘れてはならない。過保護も甘やかしも自立につながらない。先進国からの援助を前提とした実施計画ではなく，※16受益者に※17応分の負担をしてもらい，住民が自力で前進していくことに期待したい。それでこその支援である。

（一部に省略，表記，ふりがなをつけるなどの変更があります。）

※１　ペレット……木くずなどの廃材を，小さい筒型に圧縮した固形の燃料。

※２　用材……建築や工事，家具などに使用する木材。

※３　林地残材……樹木を伐採した後に伐り落とされる枝など，森林に放置される木材。

※4 廃材……いらなくなった木材。

※5 需給……市場において，求めることとあたえること。

※6 化石燃料……石油や石炭，天然ガスなど，地中にうまっている燃料。

※7 再生可能エネルギー……太陽光，風力，地熱など，永続的に供給され，継続的に利用できるエネルギー。

※8 途上国……経済や産業が十分に発展していない国。開発途上国。

※9 薪炭材……薪や炭として使用する木材。

※10 先進国……産業などが発達しており，経済的に豊かな国。

※11 燃材は二酸化炭素を増加させないクリーンなエネルギー
　　……燃材は燃やすと二酸化炭素を発生させるが，燃材のもととなる樹木は成長する過程で二酸化炭素を吸収するため，化石燃料より環境によいとされている。

※12 バイオマスエネルギー……動植物に由来する資源であるバイオマスを原料として得られるエネルギー。

※13 インフラ投資……電気，ガス，道路，通信など，経済や産業，国民生活を営むために必要な設備やサービスを整備するため，資金を出すこと。

※14 ソーラークッカー……太陽光のみをエネルギー源とする調理器具。

※15 ニーズ……要求。求めているもの。

※16 受益者……何かから利益を受ける人。

※17 応分……身分・能力にふさわしい程度。

問1　下線部①「日本の燃材」について，日本の燃材に興味をもった花子さんが調べたところ，**資料1**と**資料2**を見つけ，これらの資料からわかることを次のページのようにまとめました。【**花子さんのまとめ**】の空らん　A　，　B　，　C　にあてはまる内容を，　A　と　B　は小数第1位を四捨五入した整数の値を書き，　C　は資料2から書きぬきなさい。

資料1　燃材の国内消費量の変化

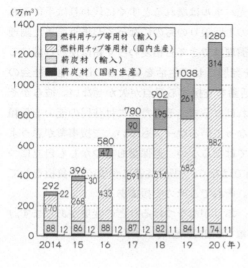

資料2　※木質バイオマスの発生量と利用量

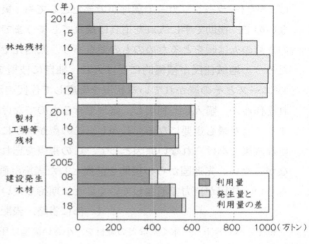

※　木質バイオマス……木材に由来する生物資源。

（**資料1**、**資料2**は林野庁「令和3年度森林・林業白書」をもとに作成）

> 【花子さんのまとめ】
>   日本の燃材の自給率は，2014年から2020年までの間に約 A ％から約 B ％に増加しました。また，今後利用できる燃材の量を増加させるためには，C をより効率よく使うことが求められています。

問2　下線部②「開発途上国では，燃材は気候変動対策のための流行りの燃料などではない」とありますが，筆者はこの部分でどのようなことを述べようとしていますか。最も適切なものを，次のア～エの中から１つ選び，記号で答えなさい。

ア　先進国では経済的発展のための安定したエネルギー源として燃材の使用量を増加させようとしているが，途上国ではすでに燃材は安定したエネルギー源として利用されているということ。

イ　先進国には高い技術力があり燃材を多く生産できるが，途上国は燃材を大量に生産することが困難なため，先進国における燃材の価値は，途上国での価値よりも高いということ。

ウ　先進国にとっての燃材は化石燃料の代わりに用いるものという位置づけだが，途上国にとっての燃材は，経済的発展を成し遂げるための大切な輸出品であるということ。

エ　先進国にとっての燃材は，地球環境保全の面で代替使用の需要が高いエネルギーだが，途上国にとっての燃材は，生活を営むうえで欠かせないものであるということ。

問3　下線部③「太陽光や風力，地熱，バイオマスなどの再生可能エネルギーの利用拡大が進められている」とありますが，花子さんは再生可能エネルギーについて調べて発表することになり，太陽光発電，風力発電，地熱発電のそれぞれの発電の仕組みや違い（長所，短所）を次の【花子さんのメモ】と【表】にまとめました。【表】の空らん a ，b ，c にあてはまる発電の組み合わせとして最も適切なものを，あとのア～カの中から１つ選び，記号で答えなさい。

> 【花子さんのメモ】
> ・太陽光発電……太陽の光エネルギーを太陽電池で直接電気に変換する発電方法。
> ・風力発電………風の力を利用して風車を回し，回転運動を発電機で電気に変換する発電方法。
> ・地熱発電………地中深くから取り出した蒸気で直接※タービンを回し，回転運動を発電機で電気に変換する発電方法。

※　タービン……蒸気などを羽根車に当て，エネルギーを回転する力に変える装置。

【表】

	a	b	c
長所	山の上や海洋上に設置すれば，より多くの電気を作ることが可能である。	季節、天候、昼夜を問わず安定して発電できる。	基本的に設置する地域に制限がなく、さまざまな未利用スペースを活用できる。
短所	季節や天候により発電量が変化する。	エネルギー源を利用するための開発が必要となる。	時間帯や天候により発電量が変化する。

ア	a	太陽光発電	b	風力発電	c	地熱発電
イ	a	太陽光発電	b	地熱発電	c	風力発電
ウ	a	風力発電	b	太陽光発電	c	地熱発電
エ	a	風力発電	b	地熱発電	c	太陽光発電
オ	a	地熱発電	b	太陽光発電	c	風力発電
カ	a	地熱発電	b	風力発電	c	太陽光発電

問4　先進国と途上国のあり方について，筆者の考えとして最も適切なものを，次のア～エの中から1つ選び，記号で答えなさい。

ア　先進国から途上国へのエネルギー利用支援は，途上国における地域社会の状況などに合っているかということと，途上国の人々の能力を使って自力で活用できるかということの2点を考慮して行われたときに，はじめて実現できる。

イ　先進国が途上国へエネルギー利用に必要な資材や道具を援助したとしても，途上国の人々がそれらを活用し続けられるとは限らないため，先進国は途上国へ援助を行う前にインフラ投資を行い，環境を整えるところから準備する慎重さと計画性が大切である。

ウ　先進国が途上国への援助を成功させるには，今まで見落としがちであった，途上国の人々が作ったり修理したりできるかという視点で新たな道具を作ることが必要だが，途上国の人々がその道具を完全に使いこなせるまでは，先進国の継続的な支援が求められる。

エ　途上国での新たなエネルギー源の利用は，途上国の人々が先進国からの援助や支援を受け入れつつ，今までの伝統的な生活を見直し，先進国の人々のような生活に変えていくなど，途上国の住民自らが行動することで実現が可能となる。

4　太郎さんは，お母さんと，日本の城について話をしています。

次の問1～問3に答えなさい。

【太郎さんとお母さんの会話】

太郎さん：この前，香川県の丸亀市に行ったとき，丸亀城の石垣が高いことと，天守からのながめがよいことにおどろきました。天守から丸亀市をながめていて，昔はどんな光景が広がっていたのか気になりました。丸亀城周辺の現在のようすは，資料1からわかるのですが……。

お母さん：この資料2は，江戸時代にかかれた丸亀城の城下町の絵図だよ。資料2からわかることがあるのではないかな。

太郎さん：ありがとうございます。さっそく見てみます。資料1と資料2を比べてみれば，この地域がどのように変化したかがわかりますね。

（資料1，資料2は次のページにあります。）

資料１　丸亀市中心部の現在の地図

（国土地理院２万５千分の１地形図「丸亀」平成３０年発行を一部改変）

資料２　丸亀城の城下町の絵図（１６４４年ごろ）

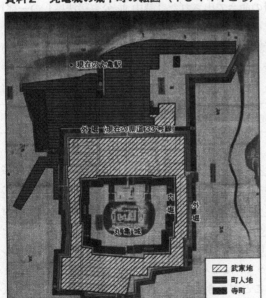

（国立公文書館デジタルアーカイブ、山本博文「古地図から読み解く城下町の不思議と謎」をもとに作成）

問1　**資料1と資料2から読み取れることとして最も適切なもの**を，次のア～エの中から1つ選び，記号で答えなさい。

ア　丸亀駅を通る鉄道の予讃線と県道33号線にはさまれた場所に江戸時代の町人地があったが，現在では主に水田などの農地として利用されている。

イ　市役所や消防署などがある丸亀市大手町は，江戸時代は武家地であり，武家屋敷が立ち並んで城の守りを固めていた。

ウ　丸亀駅の南側は，江戸時代には寺町であったが，そのほとんどが移転してしまい，現在は寺院が残っていない。

エ　江戸時代の丸亀城の内堀は，現在ではほとんどがうめ立てられているが，外堀は水路として利用され続けている。

　太郎さんは，江戸幕府が大名の城を制限するきまりを定めていたことに興味をもって調べ，資料3を見つけました。

問2　太郎さんは，資料3をもとに，【太郎さんのまとめ】を作成しました。**まちがっている内容がふくまれているもの**を，【太郎さんのまとめ】中の下線部ア～エの中から1つ選び，記号で答えなさい。

資料3　幕府が定めたきまり

ⓐ　諸国の大名は，領地内の住んでいる城以外のすべての城を取りこわすこと。
　　　　　　　　　　　　　　　（徳川家康の命令で作成された「一国一城令」の一部）

ⓑ　諸国の城は，たとえ修理であっても必ず幕府へ報告せよ。まして，新しく築城することは，厳重に禁止する。　　（徳川家康の命令で作成された「武家諸法度」の一部）

ⓒ　天皇が身に付ける芸能は，第一に学問である。天皇が僧侶に※紫衣を着る許可を出すことは，以前は少なかったが，近ごろはやたらに行われている。これはよくないことである。
　　　　　　　　　　　　（徳川家康の命令で出された「禁中 並 公家諸法度」の一部）

ⓓ　大名が領地と江戸とを参勤交代するように定める。毎年4月に江戸へ参勤せよ。
　　　　　　　　　　　　　　（徳川家光のころに出された「武家諸法度」の一部）

ⓔ　日本人が海外に行くことと，海外に行って住宅を持った日本人が帰国することを禁止する。　　　　　　　　　　　　　（徳川家光のころに出された「鎖国令」の一部）

※　紫衣を着る許可を出すこと……高い地位をあたえること。

【太郎さんのまとめ】

　資料3のₐⓐ～ⓔは，江戸幕府が幕府に力が集中するように定めたきまりです。ⓐで大名の城を減らすことは，大名の軍事力を弱めることになります。また，ᵢⓑで，幕府は大名に城を修理したり，新しい城をつくったりすることをいっさい禁止し，城の守りを固めて幕府と戦う準備をできないようにしました。ᵤⓒによって，幕府は天皇の活動に意見し，朝廷を管理しました。ₑⓓの制度によって，大名は領地と江戸を往復しなければならず，結果として大きな負担になりました。また，ⓔによって，ほとんどの大名が外国と交流できなくなり，幕府は外国の情報や貿易の利益を独占することができました。このようなきまりによって大名などの力を制限することは，長く続いた江戸幕府の特ちょうの1つです。

> 藩校に興味をもった太郎さんは，次の**資料４**と**資料５**を見つけました。

資料４　年表

年	できごと
１６７０年	岡山藩主池田光政が閑谷学校（庶民も学ぶことができる学校）をつくる。
１６９０年	湯島聖堂がつくられる。
１７２０年	キリスト教以外の※1漢訳洋書の輸入が許可される。 ８代将軍徳川吉宗の時代は※2実学が奨励され、蘭学がさかんになる。
１７５４年	熊本藩で藩校の時習館がつくられる。
１７９０年	老中の松平定信が幕府の学校の１つで※3朱子学以外の儒学を禁止する。
１７９７年	後に藩校の模範ともいうべき地位をしめる教育施設の昌平坂学問所が開かれる。
１８４１年	水戸藩で、藩政改革のうちの１つとして、藩校の弘道館が開館する。

※１　漢訳洋書……ヨーロッパの書物が、中国で漢文に翻訳されたもの。

※２　実学……実用的な学問のこと。

※３　朱子学……儒学の中でも、主従関係や父子の上下関係を重視する学問。

資料５　新しくつくられた藩校の数（地方別・年代別）

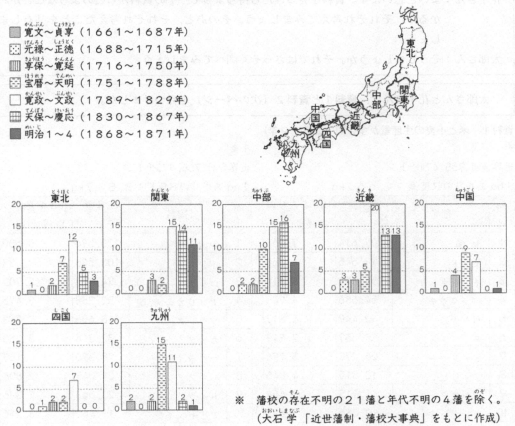

- ▨ 寛文～貞享（１６６１～１６８７年）
- ▨ 元禄～正徳（１６８８～１７１５年）
- ▥ 享保～寛延（１７１６～１７５０年）
- ▨ 宝暦～天明（１７５１～１７８８年）
- □ 寛政～文政（１７８９～１８２９年）
- ▦ 天保～慶応（１８３０～１８６７年）
- ■ 明治１～４（１８６８～１８７１年）

※　藩校の存在不明の２１藩と年代不明の４藩を除く。

（大石学「近世藩制・藩校大事典」をもとに作成）

問3　資料4と資料5から読み取れることとして最も適切なものを，次のア〜エの中から1つ選び，記号で答えなさい。

ア　寛文〜貞享年間には，全国でも4校しか藩校がつくられていないが，湯島聖堂がつくられた元禄〜正徳年間には，寛文〜貞享年間に比べ，藩校が2倍以上つくられた。

イ　享保〜寛延年間には，全国でも18校しか藩校がつくられていないが，実学が奨励され始めた宝暦〜天明年間には，東日本を中心に藩校数が増えている。

ウ　寛政〜文政年間には，幕府が昌平坂学問所をつくり，この時期に全国で最も多く藩校がつくられている。

エ　天保〜慶応年間から明治4年にかけては，中国，四国，九州地方を除く各地で多くの藩校がつくられており，特に弘道館がある関東地方で他の地方と比べて多くの藩校がつくられている。

5　太郎さんと花子さんは，食料問題に関心をもち，総合的な学習の時間に，米や小麦などの農産物の生産について調べることになりました。

次の問1〜問3に答えなさい。

【太郎さんと花子さんの会話①】

太郎さん：まずは，世界の米と小麦の生産と貿易について調べてみるのはどうでしょう。

花子さん：よいと思います。資料を見つけたら持ちよって，その資料からどのようなことがわかるか，それぞれ考えてみましょう。そのあと，それぞれ考えたことを共有しましょう。

太郎さん：そうしましょうか。それではさっそく調べてみましょう。

太郎さんと花子さんは，資料1と資料2（次のページ）を見つけました。

資料1　米と小麦の生産量が多い国（2019年）

米
世界合計：755,474千トン
1haあたりの収穫量：4,662kg

順位	国名	生産量（千トン）	1haあたりの収穫量(kg)
1	中国	209,614	7,060
2	インド	177,645	4,058
3	インドネシア	54,604	5,114
4	バングラデシュ	54,586	4,740
5	ベトナム	43,449	5,817
6	タイ	28,357	2,919
7	ミャンマー	26,270	3,796
8	フィリピン	18,815	4,045
9	パキスタン	11,115	3,664
10	カンボジア	10,886	3,627

小麦
世界合計：765,770千トン
1haあたりの収穫量：3,547kg

順位	国名	生産量（千トン）	1haあたりの収穫量(kg)
1	中国	133,596	5,630
2	インド	103,596	3,533
3	ロシア	74,453	2,702
4	アメリカ合衆国	52,258	3,475
5	フランス	40,605	7,743
6	カナダ	32,348	3,350
7	ウクライナ	28,370	4,157
8	パキスタン	24,349	2,806
9	ドイツ	23,063	7,396
10	アルゼンチン	19,460	3,216

資料2　米と小麦の輸出量・輸入量が多い国（2019年）

米
小麦

世界合計：42,356千トン　　世界合計：45,130千トン　　　世界合計：179,523千トン　　世界合計：179,120千トン

順位	国名	輸出量（千トン）	順位	国名	輸入量（千トン）	順位	国名	輸出量（千トン）	順位	国名	輸入量（千トン）
1	インド	9,732	1	フィリピン	3,030	1	ロシア	31,873	1	インドネシア	10,962
2	タイ	6,848	2	中国	2,496	2	アメリカ合衆国	27,069	2	エジプト	10,424
3	ベトナム	5,454	3	ベナン	1,529	3	カナダ	22,805	3	トルコ	10,005
4	パキスタン	4,556	4	イラン	1,422	4	フランス	19,957	4	イタリア	7,474
5	アメリカ合衆国	3,054	5	サウジアラビア	1,393	5	ウクライナ	13,290	5	フィリピン	7,154

（**資料1**、**資料2**は「世界国勢図会　2021／22年版」をもとに作成）

問1　世界の米と小麦の生産と輸出・輸入について，**資料1**，**資料2**から読み取れることとして最も適切なものを，次のア～エの中から1つ選び，記号で答えなさい。

ア　米と小麦の世界全体の生産量はほぼ同じだが，1haあたりの収穫量は，世界全体では米より小麦のほうが約1,000kg多い。

イ　米の生産量上位2か国の生産量の合計は，世界全体の生産量の半分以上であり，2か国とも米の輸出量で世界の上位5か国に位置している。

ウ　小麦の生産量上位5か国の生産量の合計は，世界全体の生産量の半分以上であり，このうちの3か国は小麦の輸出量でも世界の上位5か国に位置している。

エ　米の生産量上位8か国の中には，米の輸入量で上位5か国に入っている国が2か国あり，小麦の輸入量で上位5か国に入っている国が1か国ある。

問2　花子さんは，**資料1**と**資料2**をもとに，次の【花子さんのまとめ】を作成しました。【花子さんのまとめ】の空らん　**A**　にあてはまる言葉をあとのア～エの中から，空らん　**B**　にあてはまる資料をオ～クの中からそれぞれ1つずつ選び，記号で答えなさい。

【花子さんのまとめ】

●世界における米と小麦の生産・貿易の特ちょう

　資料2から，米と小麦を比べると，　**A**　作物であるといえる。このことは，右の資料からも読み取ることができる。

B

A　の選択肢

ア　小麦は米よりも輸出量・輸入量が多く，国外に輸出されやすい傾向がある

イ　小麦は米よりも輸出量・輸入量が少なく，国内での地産地消の傾向がある

ウ　米は小麦よりも輸出量・輸入量が多く，国内での地産地消の傾向がある

エ　米は小麦よりも輸出量・輸入量が少なく，国外に輸出されやすい傾向がある

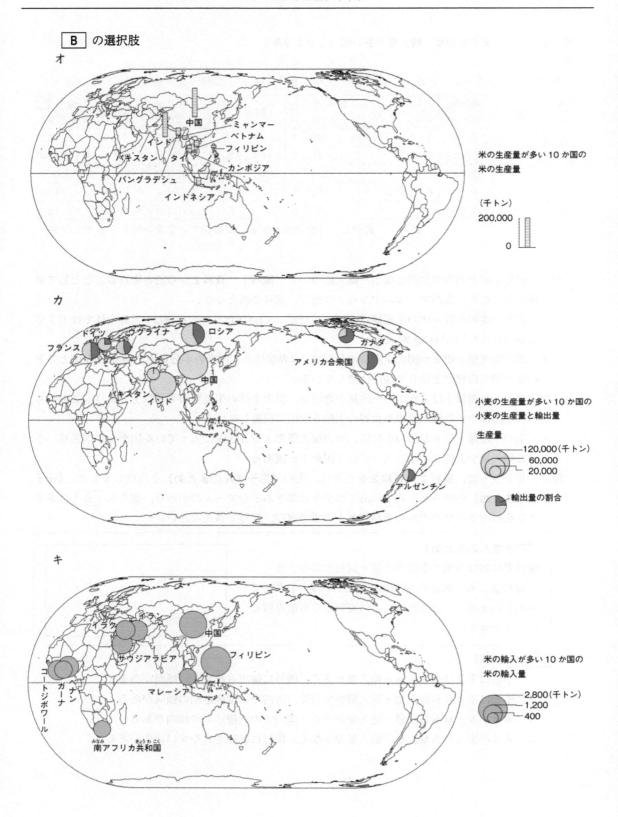

ク

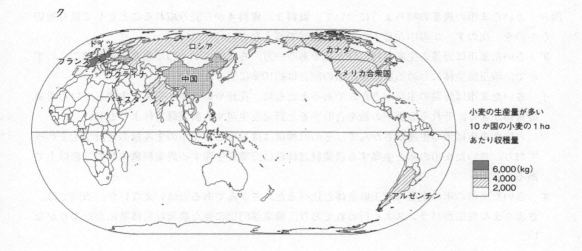

小麦の生産量が多い
10か国の小麦の1ha
あたり収穫量

6,000(kg)
4,000
2,000

【太郎さんと花子さんの会話②】

太郎さん：さいたま市の食料生産についても調べてみました。2020年のさいたま市の※農業産
出額が，埼玉県内の市町村の中で4位だと知っておどろきました。さいたま市と県
内1位から3位の市，埼玉県全体の農業について，資料3を用意しました。また，
さいたま市の農家などの農業経営体がどれくらいあって，何を生産しているかがわ
かる資料4も見つけました。農業経営体とは，耕地面積が30a以上など，一定の基
準以上の規模で農産物を生産している農家や会社のことだそうです。

花子さん：では，資料3と資料4をもとに，さいたま市の農業の特ちょうを考えてみましょう。

※　農業産出額……農業により生産された農産物を金額として表したもの。

資料3　深谷市・羽生市・本庄市・さいたま市・埼玉県の
　　　　農業産出額と米の収穫量（2020年）

	農業産出額（千万円）	農業産出額にしめる割合（％）					米の収穫量（トン）
		米	野菜	果実	ちく産	その他	
深谷市	3,090	2.9	64.3	0.3	25.7	6.8	4,300
羽生市	1,110	15.3	1.5	0.1	6.8	76.3	8,250
本庄市	1,097	4.7	53.6	0.2	39.8	1.7	2,530
さいたま市	1,048	13.5	72.3	1.3	1.7	11.2	6,830
埼玉県	16,780	19.5	49.5	3.2	14.6	13.2	158,200

（農林水産省「令和2年生産農業所得統計」、「令和2年市町
村別農業産出額（推計）」、「令和2年作物統計」をもとに作成）

資料4　さいたま市の農業部門別の
　　　　農業経営体数（2020年）

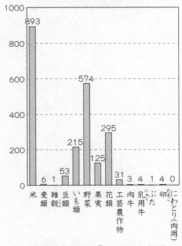

（農林水産省「2020年農林
業センサス」をもとに作成）

問3　さいたま市の農業の特ちょうについて，**資料3**，**資料4**から読み取れることとして最も適切
　なものを，次のア～エの中から1つ選び，記号で答えなさい。

ア　さいたま市は野菜の生産が特にさかんである一方，ちく産にかかわる農業経営体はごくわず
　　かで，埼玉県全体にしめる農業産出額の割合は約10%にすぎない。

イ　さいたま市は野菜の生産がさかんであるとともに，花類やいも類，果実を生産している農業
　　経営体が多く，それら3部門の数を合計すると野菜を生産する農業経営体よりも多い。

ウ　さいたま市は米の生産がさかんで，その収穫量は深谷市と本庄市の生産量の合計を上まわっ
　　ており，さいたま市の米を生産する農業経営体数は野菜を生産する農業経営体数の2倍以上で
　　ある。

エ　さいたま市の米の生産は埼玉県全体と比べると，さかんであるとはいえないが，市内では，
　　さまざまな農業がバランスよく行われており，農業部門別に見た農業経営体数にかたよりがな
　　い。

【適性検査Ⅱ】　（45分）

1　　　　太郎さん（中学生）の家族は，父（56才）・母（48才）・祖父（88才）・祖母（84才）・姉（大学生）・兄（高校生）・弟（小学生）の8人家族です。今日は日曜日で，父も母も仕事が休みのため，家族全員で映画館に出かける予定です。

次の問1～問4に答えなさい。

【太郎さんとお父さんの会話】

太郎さん：どこの映画館に行きましょうか。

お父さん：B駅のショッピングモール内にある映画館に行こうと思います。上映開始時刻を調べてください。

太郎さん：わかりました。その映画館では，上映開始時刻が午前11時30分の映画があります。この映画をみんなで見ませんか。

お父さん：そうしましょう。その映画の上映に間に合うように家を出たいですね。

太郎さん：そうですね。映画館に到着したら，食べ物やドリンクを買いたいので，売店でそれらを買う時間を考えると，上映開始時刻の35分前までには到着したいですね。映画館までは，どのように行きますか。

お父さん：そうですね。A駅まで歩き，そこからB駅まで電車に乗り，B駅から映画館まで歩いていくことにしましょう。

太郎さん：わかりました。では，その行き方で何時何分に家を出発すればよいか，調べておきます。

お父さん：ありがとう。それから，交通系ICカードを持っている人は，忘れずに持っていきましょう。A駅からB駅までの切符は，中学生以上は1人210円です。交通系ICカードを使えば，切符を買うときの1割引きになりますよ。

問1　A駅からB駅までの移動で，中学生以上の家族にかかった交通費のうち，交通系ICカードで支払った交通費は，合計で756円でした。【太郎さんとお父さんの会話】をもとに，交通系ICカードを使った中学生以上の人数を答えなさい。

　　　次の表1は，太郎さんの家から映画館までの道のりやかかる時間の情報をまとめたもの，表2はA駅の日曜日の電車の出発時刻を表したものです。

表1　太郎さんの家から映画館までの道のりやかかる時間の情報

	家からA駅（徒歩）	A駅からB駅（電車）	B駅から映画館（徒歩）
道のり	300m	—	400m
時間	—	40分	—

表2　A駅の日曜日の出発時刻

	B駅方面
9時	09，14，19，24，33，40，49，57
10時	04，11，18，25，30，39，46，53
11時	03，12，20，29，37，48，58

問2 【太郎さんとお父さんの会話】をもとに，売店で買い物をする時間をふまえて，上映開始時刻に間に合うように映画館に到着するには，おそくとも家を午前何時何分に出発すればよいですか。家を出発する最もおそい時刻を答えなさい。ただし，家族全員の歩く速さは，分速50mとします。また，A駅に到着してから電車に乗るまでの時間，B駅に到着してから駅を出るまでの時間などはふくまないものとします。

【太郎さんとお姉さんの会話】

太郎さん：年齢によって，映画館の入場料金がちがっていますね。

お姉さん：そうですね。さらに，サービスプライスを利用すると，安く入場できそうですね。ただし，割引が使えるのは1人につき1つのようです。

太郎さん：どういうことでしょうか。

お姉さん：たとえば，59才の夫，61才の妻が入場するとき，61才の妻がシニア割引を使うと，この夫婦でペア割引を使うことはできません。ただし，水曜日であれば，59才の夫はウェンズデイ割引を使うことはできますね。

太郎さん：よくわかりました。入場料金の合計がいくらになるか，考えてみましょう。

表3 映画館の入場料金

基本料金	
一般　Adult	1900円
大学生　Student（College）	1500円
高校生　Student（High School）	1300円
中学生・小学生・幼児（3才以上） Student（Junior High School and Elementary School），Child（3 & over）	1000円
サービスプライス	
シニア割引（60才以上）　*1 Senior（60 & over）	1200円
ペア割引（2人組でどちらかが50才以上）　*2 Pair	お二人で2800円
ウェンズデイ割引　*3 every Wednesday	1500円
＊同一上映回に限ります。また、使える割引は1人につき1つです。	
＊料金はすべて税込です。	

※1　Senior：高齢者　　※2　Pair：2人組　　※3　every Wednesday：毎週水曜日

問3 表3をもとに，太郎さんの家族の入場料金の合計が最も安くなるときの税込の合計金額を答えなさい。

太郎さんの家族は，誰がどの座席に座るかについて希望を出し合い，全員の希望どおりに座ることにしました。

問4 座席は，B5～B7とC5～C9の2列に分かれることになりました。家族の希望をまとめた次のページの条件を全て満たすには，誰がどの座席に座ればよいですか，アルファベットと数

字を用いて答えなさい。

> **座り方の条件**
> ・条件１：太郎さんは父または母のとなりに座ることを希望している。
> ・条件２：姉は兄と，となり合わないで座ることを希望している。
> ・条件３：父は座席の左はし（**B５**または**C５**），母は右はし（**B７**または**C９**）に座ることを希望している。
> ・条件４：兄は太郎さんのとなりに座ることを希望している。
> ・条件５：弟は太郎さんと同じ列（**B**または**C**）に座ることを希望している。
> ・条件６：祖父は祖母の右どなりに座ることを希望している。
> ・条件７：父は祖父と同じ列（**B**または**C**）に座ることを希望している。

②　太郎さんと花子さんは，図形を使って数を表せないか話し合っています。**図１**（次のページ）は，太郎さんが正方形を使い０～15までの数をある規則にそって，表したものです。

次の問１～問４に答えなさい。

図1

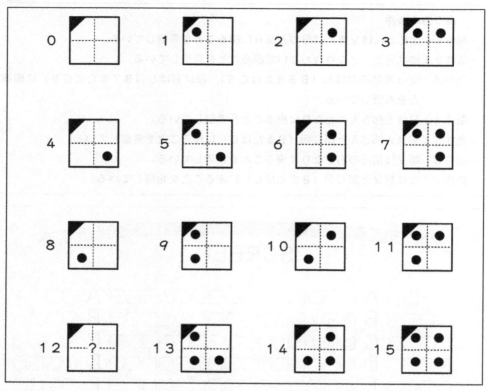

問1　図1の？について，12を表す場合はどのように表せますか。解答用紙の正方形の中に●をかいて表しなさい。

【太郎さんと花子さんの会話①】

太郎さん：16以上の数は，図1の規則に正方形を右側に増やして図2のように表しましょう。

花子さん：そうですね。この規則で100を表す場合，どのように表せるか考えてみましょう。

太郎さん：正方形2つで，左の正方形に●が4つ，右の正方形に●がない図は16を表します。正方形3つで，左と真ん中の正方形に●が4つずつ，右はしの正方形に●がない図は，32を表します。この規則にしたがうと100がどのように表せるかわかりそうですね。

図2

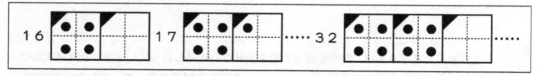

問2　【太郎さんと花子さんの会話①】と図1，図2の数を表すときの考え方をもとに，100を表しなさい。答えは，次のページの例のように，使う正方形の点線をなぞり，●をかきなさい。

（例）17を表す場合

【太郎さんと花子さんの会話②】

花子さん：正方形を正三角形に変えて**図3**のように表してみました。

太郎さん：0から7までの数が表せていますね。8以上の数はどのように表しますか。

花子さん：8以上の数は，**図4**のように表してみました。

図3

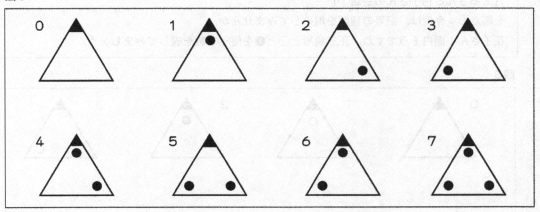

図4

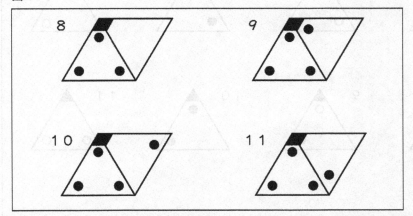

問3　【太郎さんと花子さんの会話②】と図3，図4の数を表すときの考え方をもとに(1)，(2)の問いに答えなさい。

(1)　図5（次のページ）で表された数はいくつですか，答えなさい。

(2)　正三角形を6つ並べて正六角形を作ると，いくつまで数を表せるか，答えなさい。

図5

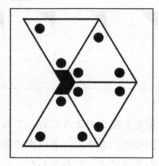

【太郎さんと花子さんの会話③】

太郎さん：今度は，記号の種類を増やしてみませんか。

花子さん：面白そうですね。正三角形と○と●を使って数を表してみましょう。

図6

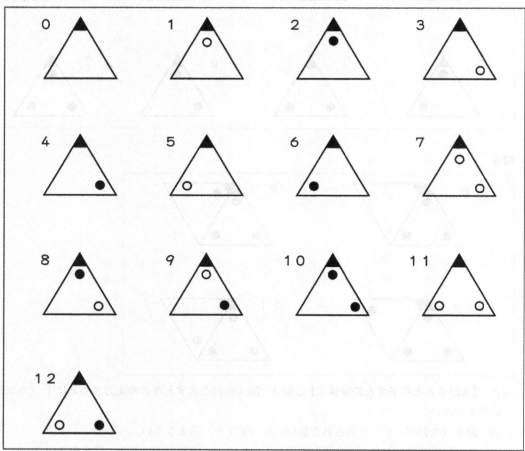

問4　正三角形と○と●を使って，図6のように数を表していくと，正三角形1つでいくつまで数

を表せるか，答えなさい。

3　　夏休みの自由研究で，太郎さんは信号機とロボットを製作し，花子さんは電気について調べています。

次の問1～問3に答えなさい。

【太郎さんとお母さんの会話①】

お母さん：自由研究は順調に進んでいますか。

太郎さん：はい。先ほど，2台の信号機ができました。これらは**資料1**のように，赤色の※灯火，青色の灯火，青色の灯火の点滅を一定の時間でくり返します。それぞれの時間は，プログラムで設定されていて，自由に変えることができます。

※　灯火……明かりがつくこと。

資料1　太郎さんが製作した信号機

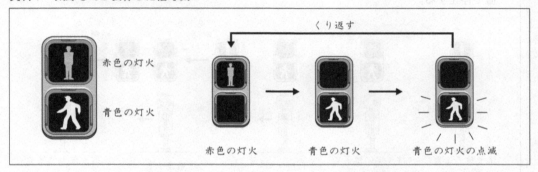

　　太郎さんは，2台の信号機をそれぞれA，Bとして，赤色が灯火する時間，青色が灯火する時間，青色の灯火が点滅する時間を，それぞれ次の**表**のように設定しました。

表　設定した信号機の灯火時間

	赤色の灯火	青色の灯火	青色の灯火の点滅
信号機A	30秒	20秒	10秒
信号機B	35秒	25秒	5秒

問1　太郎さんは，ある日の午前10時00分00秒に，信号機A，Bの赤色の灯火を同時に開始しました。この後，信号機A，Bの青色の灯火が初めて同時に点滅し始めるのは，午前10時何分何秒か，答えなさい。

【太郎さんとお母さんの会話②】

太郎さん：ロボットも完成したので，見てもらえますか。

お母さん：このロボットには，どのような特ちょうがあるのですか。

太郎さん：移動するときは，一定の速さでまっすぐ進みます。移動する速さはプログラムで設定されていて，自由に変えることができます。また，ロボットにはセンサーがついていて，すでに製作した信号機をロボットの進路上に設置すると，**資料2**の決まりにしたがいます。

資料2　信号機の位置でのロボットの動きに関する決まり

①ロボットが信号機に到達したとき，赤色が灯火している，または青色の灯火が点滅している場合，ロボットは信号機の位置で停止する。信号機の位置で停止しているロボットは，赤色の灯火から青色の灯火に変わった瞬間に，停止する前の速さで再び移動する。

②ロボットが信号機に到達したとき，青色が灯火している場合，ロボットは信号機を通過する。

③ロボットが信号機に到達した瞬間に赤色の灯火から青色の灯火に変わった場合，ロボットは信号機の位置で停止せず，移動を続けて通過する。

④ロボットが信号機に到達した瞬間に青色の灯火が点滅を始めた場合，ロボットは信号機の位置で停止する。

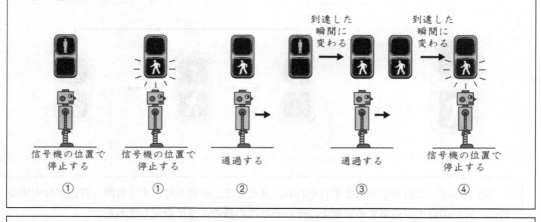

太郎さんは，ロボットが移動する直線のコースをつくり，途中に信号機A，Bを設置しました。**図1**は，そのコースを表したもので，スタート地点からゴール地点までの全長は9mです。なお，信号機A，Bの灯火時間の設定は，前のページの**表**で示したものと同じです。

図1　ロボットが移動するコース

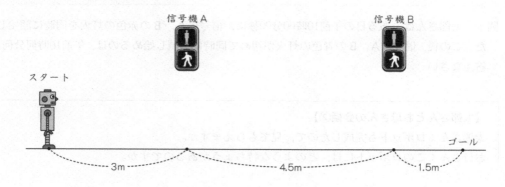

【太郎さんとお母さんの会話③】

太郎さん：図1のコース上で，ロボットが移動する速さを秒速5.0cmにして，ロボットがスタート地点から移動を始めると同時に，信号機A，Bの両方が赤色の灯火を開始するようにしたら，スタート地点を出発してからゴール地点に到着するまでに，210秒かかりました。

お母さん：ロボットが信号機Aに到達した瞬間に青色の灯火の点滅から赤色の灯火に変わり，ロボットは信号機Aで30秒間停止しました。それから，信号機Bに到達したときは青色の灯火だったのでそのまま通過できましたね。ロボットがスタート地点を出発してからの時間と，移動した道のりの関係はどうなるでしょうか。

太郎さん：グラフに表してみますね。

　　太郎さんは，ロボットの移動の速さを秒速5.0cmにしたときに，ロボットがスタート地点を出発してからの時間と，移動した道のりの関係を図2のグラフに表しました。

図2　スタート地点を出発してからの時間と、移動した道のりの関係のグラフ

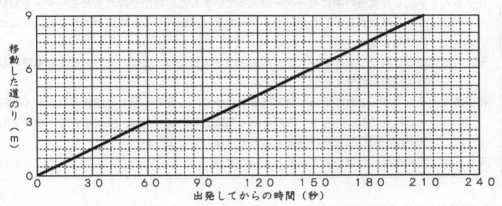

問2　太郎さんは，ロボットの移動の速さを秒速5.0cmより速くして，図1のコースをスタート地点からゴール地点まで移動させます。信号機A，Bの位置で一度も停止することなくゴール地点に到着できるのは，ロボットの移動の速さを秒速何cmにしたときですか。あてはまるものを次のア～コから**すべて**選び，記号で答えなさい。ただし，ロボットがスタート地点から移動を始めると同時に，信号機A，Bの両方が赤色の灯火を開始するようにします。

ア　秒速5.5cm　　イ　秒速6.0cm　　ウ　秒速6.5cm　　エ　秒速7.0cm　　オ　秒速7.5cm

カ　秒速8.0cm　　キ　秒速8.5cm　　ク　秒速9.0cm　　ケ　秒速9.5cm　　コ　秒速10.0cm

　　花子さんは，手回し発電機のしくみや電気のはたらきについて調べています。

【花子さんが手回し発電機について調べたこと】

・手回し発電機の中には，歯車や小型のモーターが入っている。

- 豆電球がつながれた回路に手回し発電機をつないでハンドルを回すと，歯車やモーターのじくが回転して，豆電球の明かりがつく。このとき，ハンドルや歯車などの回転による音が出て，回転を続けていくうちに歯車やモーターがあたたかくなる。
- 手回し発電機を豆電球などがつながれた回路につなぎ，ハンドルを回すことで，わたしたちの運動のはたらき（ハンドルを回すこと）が電気のはたらきに変えられる。手回し発電機を，豆電球以外のいろいろな器具につなぐことで，電気のはたらきは次のような，いろいろなはたらきに変えられる。

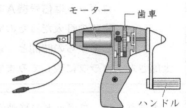

> 熱のはたらき……電熱線など
> 音のはたらき……電子オルゴールなど
> 光のはたらき……発光ダイオード（LED）など
> 運動のはたらき……モーターなど

【花子さんと先生の会話①】

花子さん：手回し発電機の中にモーターが入っていました。電流が流れるとモーターが回転することは学習しましたが，モーターを手で回転させると電流が流れるということなのでしょうか。

先　　生：そのとおりです。よいところに気がつきましたね。実は，モーターと発電機のしくみは同じなのです。

花子さん：それでは，2台の手回し発電機をつないで，一方の手回し発電機のハンドルを何回か回転させると，もう一方の手回し発電機のハンドルは，手がふれていなくてもハンドルが同じ回数だけ回転するのではないでしょうか。

先　　生：実験を行って確かめてみるとよいですね。

　　花子さんは，2台の手回し発電機をつないで，次の【実験】を行いました。

【実験】

〈用意したもの〉

　手回し発電機（同じ種類のものを2台用意し，それぞれC，Dとする）

〈方法〉

1　手回し発電機C，Dをつないで，花子さんが手回し発電機Cを持ち，先生が手回し発電機Dを持つ。

2　次のページの**図3**のように，花子さんが手回し発電機Cのハンドルを一定の速さで15回，回転させる。先生は，手回し発電機Dのハンドルには手をふれずに，ハンドルが回転した回数を数える。

図3

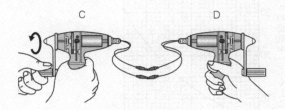

〈結果〉

・手回し発電機Cのハンドルを手で回転させると，ハンドルは手ごたえがあり，手回し発電機Dのハンドルは手をふれていなくても回転した。

・手回し発電機Cのハンドルを15回，回転させたとき，その回転の速さにかかわらず，手回し発電機Dのハンドルの回転数は15回未満だった。

【花子さんと先生の会話②】

花子さん：【実験】の結果は，わたしの予想と少し異（こと）なっていました。

先　　生：なぜ，予想と異なっていたのか，【花子さんが手回し発電機について調べたこと】をもとに考察してみましょう。

花子さん：手回し発電機Cのハンドルを15回，回転させたときの運動のはたらきの一部が，

　　　　　　　　　　　　 a 　　　　　　 からだと考えられます。

先　　生：そのとおりです。

問3　空らん a にあてはまる内容を，「はたらき」という言葉を使って15字以内で答えなさい。

4　　太郎（たろう）さんの家族は，秋に赤城山（あかぎ）へ観光旅行に行きました。旅館にとまった次の日の早朝，屋外は霧（きり）におおわれていました。

次の問1～問3に答えなさい。

【太郎さんとお母さんの会話①】

太郎さん：霧は小さな水てきが空気中にういたものだそうですが，その水はどこにあったものなのでしょうか。

お母さん：空気中です。霧は空気中にふくまれている水じょう気が小さな水てきとなったものです。一定の体積にふくむことができる水じょう気の量には限度があり，その量は気温によって変化します。

お母さんは，スマートフォンで資料1（次のページ）を表示しました。

資料1　気温と1m³の空気中にふくむことができる水じょう気の限度量の関係

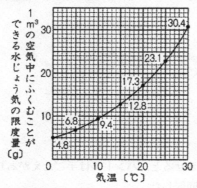

【太郎さんとお母さんの会話②】

太郎さん：こんなに霧が濃いと，外出したときに歩きにくそうですね。

お母さん：天気予報では晴れるそうだから，この後しばらくすると霧はなくなるでしょう。

太郎さん：風がふいて，霧が飛ばされるからでしょうか。

お母さん：今日，この地域は風がほとんどふかないそうですよ。

太郎さん：風がふかないのに，しばらくすると霧が消えるのは不思議です。

お母さん：そうですね。晴れの日の気温はどのように変化していましたか。

太郎さん：晴れの日は昼過ぎまで気温がだんだん高くなっていきますね。そうか，気温が高くなるにつれて空気中にふくむことができる水じょう気の限度量が増えることで，　　A　　から，霧が消えてしまうのですね。

お母さん：そのとおりです。

問1　【太郎さんとお母さんの会話②】について，空らん　A　にあてはまる内容を，資料1を参考にして，「水じょう気」という言葉を使って10字以上15字以内で答えなさい。

【太郎さんとお父さんの会話①】

太郎さん：雲も霧と同じように小さな水てきからできているそうですが，雲はどのようにしてできるのですか。

お父さん：上空の温度は一定の割合（わり）で低くなっていくため，水じょう気をふくんだ空気が上空に上がっていくと，ある高さに達したときに空気中に水じょう気をふくみきれなくなり，ふくみきれなくなった分の水じょう気が水てきとなってあらわれて，雲になります。さらに高いところまで上がっていった場合，気温が0℃より低くなって，雲の中の水てきが氷のつぶになることもあります。

太郎さん：上空で温度が低くなっていく割合というのは，具体的にはどのくらいなのですか。

お父さん：雲ができていないときは，地表から100m高くなるごとに1.0℃の割合，雲ができているときは，地表から100m高くなるごとに0.5℃の割合で低くなります。上空にのぼっていくと気温が下がるのは，上空ほど空気によっておされる力が弱くなり，空気のかたまりの体積が増えることが関係しているそうです。

太郎さん：水じょう気をふくんだ空気が上空に上がっていくのは，どのようなときなのでしょうか。

お父さん：水じょう気をふくんだ空気が山のしゃ面に沿って上がっていくときや，地表が太陽の強い光に熱せられて，あたためられた空気がのぼっていくときなどがあります。家に帰ったら，水じょう気をふくんだ空気が山のしゃ面に沿って上がっていくときについて，具体的に考えてみましょう。

　観光旅行からもどった太郎さんは，水じょう気をふくんだ空気が山のしゃ面に沿って上がっていく場合について，お父さんといっしょに具体的に考えることにしました。

【太郎さんとお父さんが考えた内容】

・図1のX地点（群馬県沼田市，標高600m）から赤城山の山頂付近（標高1800m）をこえて，Y地点（埼玉県熊谷市，標高30m）まで風がふき，水じょう気をふくんだ空気がX，Yの2地点を結ぶ直線上を移動する場合を考える。図2は，X地点とY地点の間の断面をかんたんに表したものである。

・X地点の気温は19℃，1m³の空気中にふくまれている水じょう気量は12.8gで，水じょう気は空気中に均一にふくまれているものとする。

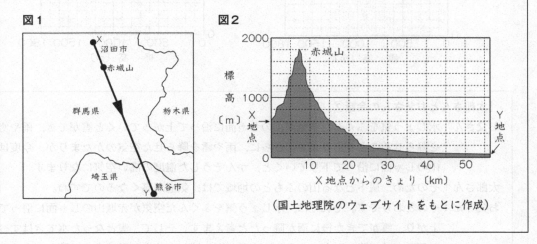

図1　　　　　　　　　　　図2

（国土地理院のウェブサイトをもとに作成）

　太郎さんは，水じょう気をふくんだ空気が赤城山のしゃ面に沿って，標高600mのX地点から標高1800mの山頂付近まで上がっていったときの気温の変化をグラフに表すことにしました。

問2　【太郎さんとお父さんが考えた内容】について，資料1と【太郎さんとお父さんの会話①】を参考にして，X地点から山頂付近まで水じょう気をふくんだ空気が上がっていくときの気温の変化を表した正しいグラフを，次のページのア～エの中から1つ選び，記号で答えなさい。

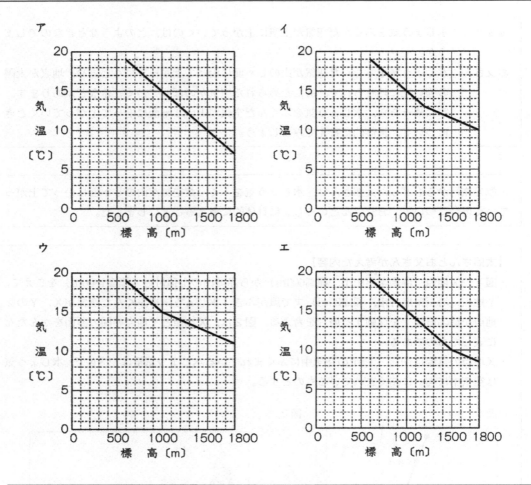

【太郎さんとお父さんの会話②】

お父さん：水じょう気をふくんだ空気が山のしゃ面に沿って上がっていくと雲ができ，雨や雪を降らせることがあります。さらに，雨や雪を降らせた空気のかたまりが，今度は山のしゃ面に沿って下りていくと，かんそうした温度の高い空気になります。

太郎さん：そのため，風下となる山のふもとの地域では，気温が高くなるのですね。

お父さん：そのとおりです。それでは，水じょう気をふくんだ空気が赤城山のしゃ面に沿って上がり，雲ができた後に雨が降ったと考えます。そして，雲となった水てきはすべて雨になって降ったものとして，山頂付近に達した時点で雲はすべて消えるものとしましょう。

太郎さん：山に沿って空気が下がっていくときの温度変化はどうなるのですか。

お父さん：雲ができていないときは，100m下がるごとに気温が1.0℃の割合で上がります。

太郎さん：それでは，空気のかたまりが，標高1800mの赤城山の山頂付近から，標高30mの**Y**地点まで下りていくと，**Y**地点に達したときの空気のかたまりは，山頂より　**B**　℃も高くなっているのですね。

お父さん：そうですね。したがって，標高600mの**X**地点の気温が一定であっても，空気中にふ

くまれている水じょう気の量が多いほど，雲ができるときの標高がより ┃ C ┃ な
るので，標高1800mの山頂付近で雲が消えて，標高30mのY地点に達したときの空
気のかたまりの温度はより ┃ D ┃ なります。

問3　【太郎さんとお父さんの会話②】を参考にして，次の(1)，(2)の問いに答えなさい。

(1)　空らん ┃ B ┃ にあてはまる数を答えなさい。

(2)　空らん ┃ C ┃ ， ┃ D ┃ にあてはまる語の組み合わせとして正しいものを，次のア～エから1つ
　選び，記号で答えなさい。

　　ア　C…高く　D…高く　　イ　C…高く　D…低く

　　ウ　C…低く　D…低く　　エ　C…低く　D…高く

5 　　先日，花子さんは友人のエマさんといっしょに，色や光について英語で話をしました。

次の問1～問3に答えなさい。

【花子さんとエマさんの会話】

エマさん：Hanako, let's talk about the color of ※1 paints.

花子さん：OK.

エマさん：※2 I'll ※3 mix blue and yellow. What color can you see?

花子さん：I can see green.

エマさん：Great, that's right. Next, let's talk about the color of ※4 light.

花子さん：The color of light? OK.

エマさん：※5 If you ※6 overlap red light and green light, what color can you see?

花子さん：I don't know. What's the answer?

エマさん：You can see yellow.

花子さん：Really?

※1　paint……絵の具　　　※2　I'll ～……これから～します　　　※3　mix……混ぜる

※4　light……光　　　　　※5　if……もし　　　　　　　　　　　※6　overlap……重ねる

　　花子さんは，太郎さんと先生に，先日のエマさんとの会話の内容について話をしました。

【花子さんと太郎さんと先生の会話①】

花子さん：先日，友人のエマさんは，赤色の光と緑色の光を重ねると黄色の光になると言って
　　　　　いましたが，本当でしょうか。

先　　生：本当ですよ。赤色の絵の具と緑色の絵の具を混ぜたときとは異なり，光は黄色にな
　　　　　ります。

太郎さん：おもしろいですね。ほかの色の光を重ねたときはどうなるのでしょうか。

先　　生：資料1（次のページ）を見てみましょう。ヒトの目は赤色，緑色，青色の光を重ね

合わせてできる，いろいろな色の光を感じとることができます。これら3色を「光の三原色」といいます。例えば，赤色と緑色を重ねると黄色，赤色と青色を重ねると赤紫色，緑色と青色を重ねると空色に見え，赤色と緑色と青色をすべて重ねると白色に見えます。

資料1　光の三原色

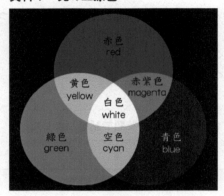

花子さんと太郎さんと先生は，光とかげの色について調べるため，理科室で次の実験を行いました。

【実験】

〈用意するもの〉

□赤色の照明　　□緑色の照明　　□青色の照明
□暗幕　　　　　□白色のマット　□黒色の画用紙を巻いた空き缶

〈方法〉

1　机に白色のマットをしき，マットの上に黒色の画用紙を巻いた空き缶（以下，空き缶）を立てて置いた後，暗幕で理科室を暗くする。

2　赤色，緑色，青色の照明をつけたり消したりして，白色のマットと空き缶に光を当て，マットに当たった光の色や，空き缶のかげの色を調べる。

〈結果〉

・赤色の照明だけをつけたとき，マットは赤色になり，空き缶のかげはどの部分も黒色であった。

・緑色の照明だけをつけたとき，マットは緑色になり，空き缶のかげはどの部分も黒色であった。

・青色の照明だけをつけたとき，マットは青色になり，空き缶のかげはどの部分も黒色であった。

・赤色，緑色，青色の照明のうち，2つを選んでつけたとき，マットの色と空き缶のかげの色は，次のページの図1～図3のようになった。

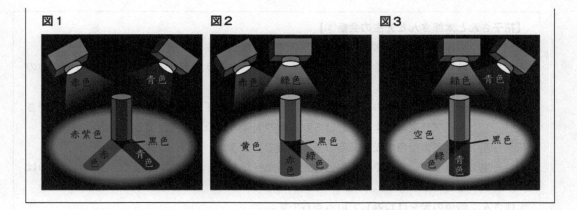

図1　図2　図3

【花子さんと太郎さんと先生の会話②】

太郎さん：光を当てたマットの部分だけでなく，空き缶のかげの色も変わるのにはおどろきました。

花子さん：赤色，緑色，青色の照明をすべてつけた場合はどうなるのでしょうか。

太郎さん：すべての色の照明をつけるときは，赤色，緑色，青色の照明の並び方を変えてみたいです。

先　　生：わかりました。どのような色の光やかげが見えるか，調べてみましょう。

　　花子さんと太郎さんは，赤色，緑色，青色の照明をすべてつけたときの結果について，次のようにまとめました。

【花子さんと太郎さんのまとめ】

・照明の色の配置を【実験】のときとは変えて，青色，赤色，緑色の照明をすべてつけて白色のマットと空き缶に当てたところ，図4のように，マットにはA～Gの7種類の色が見えました。

・図4のA～Gについて，

　Aは空き缶のかげができていない部分

　EはかげBとかげCが重なっている部分

　FはかげCとかげDが重なっている部分

　GはかげB，かげC，かげDが重なっている部分です。

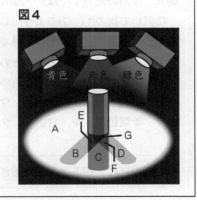

図4

問1　【花子さんと太郎さんのまとめ】の図4で，次の①～③にあてはまるものはどれですか。A～Gのうちから1つ選び，それぞれ記号で答えなさい。なお，A～Gのどれにもあてはまらない場合は，×と答えなさい。

①　白色に見える部分　　②　空色に見える部分　　③　赤色に見える部分

【花子さんと太郎さんと先生の会話③】

先　　生：太郎さん，プリズムというガラスでできた三角柱を知っていますか。

太郎さん：はい。太陽の光をプリズムに通すと，にじのような赤，黄，緑，青，紫などの色の帯が見えますね。

先　　生：そうです。太陽の光をプリズムに通すと，さまざまな色の光に分かれます。花子さん，プリズムによって分けられる前の太陽の光の色は何色でしょうか。

花子さん：さまざまな色の光があるので，白色でしょうか。

先　　生：そうです。それでは，白色の光が当たったトマトが白色ではなく，赤く見えるのはなぜでしょうか。

太郎さん：赤色の光をはね返しているからです。

先　　生：そうです。では，緑色や青色などの光はどこへ行ってしまったのでしょうか。

花子さん：はね返していないのであれば，吸収したのだと思います。

先　　生：そのとおりです。トマト，リンゴ，郵便ポストなど，赤色に見えるものは赤色以外の光を吸収し，赤色の光だけをはね返しているので赤く見えます。

太郎さん：それでは，バナナは黄色の光だけをはね返しているのでしょうか。

先　　生：資料1で，赤色と緑色の光を重ねると黄色の光ができましたね。したがって，バナナやトウモロコシなどの黄色い物は，黄色の光だけでなく，赤色や緑色の光もはね返していますよ。

花子さん：すると，すべての色の光をはね返す物は白く見え，すべての色の光を吸収するものは黒く見える，ということでしょうか。

先　　生：そうです。この性質を利用することで，例えば，白色の服を着ると，太陽の光をはね返すことから暑さをやわらげることができます。また，黒色の服はより多く光を吸収するので，寒さ対策に効果的です。

問2　太陽の光の下では，アサガオの葉は緑色に見えます。アサガオの鉢植えを真っ暗な部屋の中に置いて次の①，②のようにしたとき，アサガオの葉は何色に見えますか。次のア〜クの中から1つずつ選び，それぞれ記号で答えなさい。ただし，同じ記号を2回使ってもかまいません。

①　アサガオの鉢植えに赤色の光だけを当てたとき

②　アサガオの鉢植えに青色の光だけを当てたとき

ア　赤色　　　　イ　緑色　　　ウ　青色　　　エ　空色　　　オ　黄色

カ　赤紫色　　　キ　白色　　　ク　黒色

別の日に，花子さんと太郎さんは，理科の授業で池の中にすむミジンコを観察しました。

【花子さんと太郎さんの会話】

太郎さん：図5（次のページ）のプレパラートにミジンコが見えますよ。

花子さん：ミジンコは目で直接見てどこにいるかがわかりますね。

太郎さん：けんび鏡で観察すると，ミジンコが右上の方にきてしまいました。

花子さん：その場合，ミジンコを中央にうつすためには，プレパラートを右上に動かせばよい
のですよね。

太郎さん：そうですね。プレパラートをわずかに右上に動かしたら，ミジンコが中央にうつり
ました。

図5

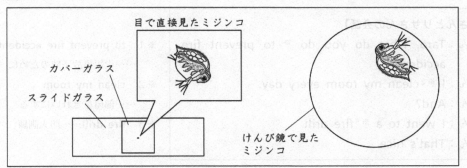

問3　花子さんと太郎さんが使ったけんび鏡を用いて，図6のように小さな文字で「浦和中」と書かれた紙をスライドガラスにのせて観察したとき，接眼レンズを通して見える形として正しいものはどれですか。次のア～エの中から1つ選び，記号で答えなさい。

図6

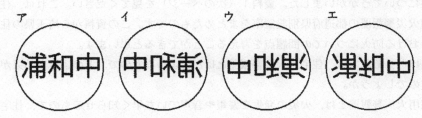

【適性検査Ⅲ】（45分）

1　　太郎さんのクラスでは，総合的な学習の時間に，火災について調べ，発表に向けた準備をしています。準備中に，太郎さんは友人のリサさんと，話をしています。

以下の会話文を読んで，あとの問いに答えなさい。

【太郎さんとリサさんの会話】

リサさん：Taro, what do you do ※1to prevent fire accident?

太郎さん：I ※2clean my room every day.

リサさん：And?

太郎さん：I went to a ※3fire drill.

リサさん：That's nice.

※1　to prevent fire accident
　　……火災事故予防のために

※2　clean my room
　　……部屋をきれいにする

※3　fire drill……防火訓練

リサさんと話した次の日，太郎さんは，発表原稿の内容について先生と話しています。

【太郎さんと先生の会話】

先　　生：太郎さん，発表原稿の準備はできていますか。

太郎さん：はい。わたしは火災の被害を減らすための取り組みについて，発表しようと考えています。わたしは日ごろから，火災の被害を減らせるように生活していますが，今回は日曜日に防火訓練に参加しました。そこで消防士の方に住宅用火災警報器の重要性についてうかがいました。資料1（次のページ）を見てください。これは，住宅用火災警報器の都道府県別設置率をまとめたものです。この資料から埼玉県の住宅における防火についての問題点を考えることができると思います。

先　　生：なるほど。それでは，住宅用火災警報器とはどのようなもので，どのような効果があるのでしょうか。

太郎さん：住宅用火災警報器とは，火災の発生を警報や音声でいち早く知らせるもので，住宅の寝室に設置する必要があります。住宅用火災警報器には，けむりを自動的に感知して知らせるものと，熱を感知して知らせるものがあるそうです。資料2（次のページ）を見てください。これは住宅用火災警報器の設置効果をまとめた資料です。この2つのグラフから，住宅用火災警報器の設置効果について説明できると考えています。

先　　生：たしかに，この資料で，住宅用火災警報器の設置目的を伝えることができそうですね。

太郎さん：調べてみると，ほかにも，防火のためにいろいろな対策があることがわかりました。資料3（次のページ）を見てください。これは，消防庁のウェブサイトにある「住宅防火　いのちを守る6つの対策」の内容です。この資料の中には，わたしがすでに取り組んでいることもあります。

先　　生：よく調べていますね。それで，太郎さんはどのような発表をするつもりですか。

太郎さん：わたしは，まず，**資料１**から，埼玉県が住宅用火災警報器の設置率についてかかえている問題点として，全国平均との差を述べます。次に，**資料２の①，②**から，住宅用火災警報器の設置効果を具体的に伝えます。最後に，**資料３**から，火災の被害を減らすためにわたしが取り組んでいることを２点，理由を明らかにして述べようと考えています。

先　　生：すばらしい発表になりそうですね。

資料１　住宅用火災警報器の都道府県別設置率（上位５都県と埼玉県）（２０２２年）

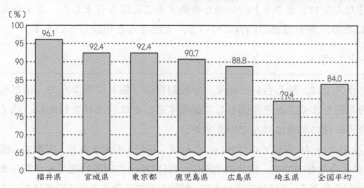

（総務省消防庁「住宅用火災警報器設置推進会議　会議資料」をもとに作成）

資料２　住宅用火災警報器の設置効果

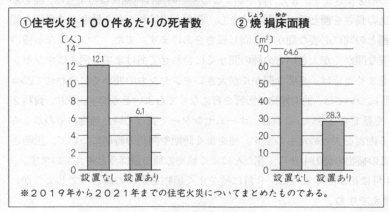

①住宅火災１００件あたりの死者数　②焼損床面積

※２０１９年から２０２１年までの住宅火災についてまとめたものである。

（総務省消防庁ウェブサイトの資料をもとに作成）

資料３　住宅防火　いのちを守る６つの対策

１　ストーブやこんろは、安全装置の付いた機器を使用する。	２　住宅用火災警報器を定期的に点検し、１０年を目安にこうかんする。
３　部屋を整理整とんして、寝具やカーテンは燃えにくいものを使用する。	４　火災を小さいうちに消すために、消火器を設置し、使い方を確認しておく。
５　ひなん経路とひなん方法をつねに確認し、備えておく。	６　防火防災訓練への参加、戸別訪問などにより、地域ぐるみの防火対策を行う。

（総務省消防庁ウェブサイトの資料をもとに作成）

問　あなたが太郎さんなら，どのような発表原稿を作成しますか。次の条件に従(したが)って書きなさい。

条件１：解答は横書きで１マス目から書くこと。

条件２：文章の分量は，300字以内とすること。

条件３：数字や小数点，記号についても１字と数えること。　　（例）　| 4 | 1 | . | 5 | % |

条件４：「取り組んでいること」については，【太郎さんとリサさんの会話】をもとにして書くこと。

2

　　花子さんの学校では，校舎の南側にある，今は活用されていない花だんの活用の仕方について，全クラスから「花だんプロジェクト」の企画を募集(ぼしゅう)することになりました。花子さんが企画を発表する担当(たんとう)になり，発表原稿の内容について，太郎さんと相談しています。

以下の会話文を読んで，あとの問いに答えなさい。

太郎さん：わたしたちのクラスでは，話し合いの結果，学校目標の「輪」にちなんで，花だんに３種類の植物の種をまくことを企画として提案することに決まりましたね。花子さん，企画の発表原稿の準備は進んでいますか。

花子さん：はい。**資料１**（次のページ）を見てください。これは，花だんの大きさと，提案する種のまき方を図にまとめたものです。校舎の南側に，直径180㎝の円形の花だんがあります。花だんは日当たりがよく，水はけのよい土で，植物を育てる条件として問題はありません。花だんの中心から，直径が異なる３つの円の円周上に種をまきます。同じ円周上には同じ種類の種をまきます。また，背(せ)が高くなる植物の種は内側になるように，種をまきます。円周上の長さを種と種との間かくとし，花だんの外わくから種をまく場所の間かくは，種と種との間に必要な間かくと同じ長さをあけます。また，２つの異なる種の間かくは，必要な間かくが大きい方の種の間かくに合わせてあけます。例えばキンセンカとコスモスをまくときは，必要な間かくが大きいキンセンカの間かくに合わせて25㎝あけます。日照については，他の植物の影響(えいきょう)を考えなくてもよいそうです。次に，**資料２**（次のページ）を見てください。これは，ホームセンターで売っていた植物の種のふくろに書かれている内容をまとめたものです。種をまく時期や開花の時期について，説明されています。この植物の種の中から，花だんにまく植物の種を選ぼうと考えています。

太郎さん：それなら，４月に花が開くように，９月に種をまく植物を選ぶのはどうでしょうか。

花子さん：それはいい考えですね。

太郎さん：ふくろには，種のまき方も書かれているので，花だんにまく種の数を計算して求めることができますね。「１つの場所から複数の芽が出た場合には，育つ植物が１つになるように，間引く」ということは，１つの場所からは１つの植物しか育たないということですね。

花子さん：はい，そのとおりです。それでは，**資料３**（44ページ）を見てください。これは２つのホームセンターで売られていた植物の種の価格を調べたものです。この資料をもとに，1000円の予算内におさまるように，育った植物が最も多くなる組み合わせを計算して，種を買うためにいくら必要かを述べようと思います。

太郎さん：なるほど。では，どのような発表をするか，整理してみましょう。

花子さん：まず，**資料2**から，3種類の植物の種を選び，それらの種を選んだ理由を述べます。次に，**資料1**，**資料2**の種のまき方を参考にして，最も多くの植物を育てるために，内側からどんな順で種をまき，それぞれ何つぶの種が必要かを述べます。最後に，**資料3**をもとに，予算内でおさめるためには，どの植物の種をどちらのホームセンターでそれぞれ何ふくろ買い，費用がいくら必要になるかを述べようと思います。

太郎さん：とてもいい発表原稿になりそうですね。がんばってください。

資料1　花だんの大きさと種のまき方

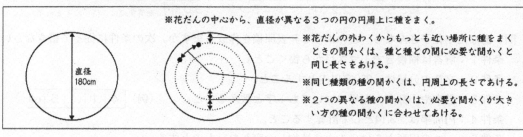

※花だんの中心から、直径が異なる3つの円の円周上に種をまく。

※花だんの外わくからもっとも近い場所に種をまくときの間かくは、種と種との間に必要な間かくと同じ長さをあける。

※同じ種類の種の間かくは、円周上の長さであける。

※2つの異なる種の間かくは、必要な間かくが大きい方の種の間かくに合わせてあける。

（直径180cm）

資料2　種をまく時期や開花の時期

※1つの場所から複数の芽が出た場合には、育つ植物が1つになるように、間引くことにする。

キンセンカ
日照　日あたりのよい場所　　発芽温度　20℃前後
高さ　50cm以下
種のまき方　25cmずつあけて、2つぶずつまく。

月	1	2	3	4	5	6	7	8	9	10	11	12
開花時期			▬	▬	▬	▬						
種まき								▬	▬	▬		

ジニア
日照　日あたりのよい場所　　発芽温度　20〜25℃
高さ　1m以下
種のまき方　10cmずつあけて、2つぶずつまく。

月	1	2	3	4	5	6	7	8	9	10	11	12
開花時期							▬	▬	▬	▬		
種まき				▬	▬	▬	▬					

コスモス
日照　日なた〜半日かげ　　発芽温度　15〜20℃
高さ　50cm以下
種のまき方　20cmずつあけて、3つぶずつまく。

月	1	2	3	4	5	6	7	8	9	10	11	12
開花時期									▬	▬		
種まき				▬	▬	▬	▬					

ハボタン
日照　日なた〜半日かげ　　発芽温度　20℃前後
高さ　50cm以下
種のまき方　5cmずつあけて、2つぶずつまく。

月	1	2	3	4	5	6	7	8	9	10	11	12
開花時期	▬										▬	▬
種まき							▬					

デージー
日照　日あたりのよい場所　　発芽温度　20℃前後
高さ　30cm以下
種のまき方　20cmずつあけて、3つぶずつまく。

月	1	2	3	4	5	6	7	8	9	10	11	12
開花時期			▬	▬	▬							
種まき									▬	▬		

マリーゴールド
日照　日あたりのよい場所　　発芽温度　15〜20℃
高さ　50cm以下
種のまき方　20cmずつあけて、2つぶずつまく。

月	1	2	3	4	5	6	7	8	9	10	11	12
開花時期						▬	▬	▬	▬	▬		
種まき				▬	▬							

パンジー
日照　日あたりのよい場所　　発芽温度　15〜20℃
高さ　30cm以下
種のまき方　15cmずつあけて、2つぶずつまく。

月	1	2	3	4	5	6	7	8	9	10	11	12
開花時期			▬	▬	▬						▬	▬
種まき									▬	▬		

（ブティック社編集部「園芸大百科　新装版」などをもとに作成）

資料３　ホームセンターＡ店とＢ店で調べた、植物の種１ふくろあたりの種の数と価格

	A店	B店
キンセンカ	約５０つぶ　２２０円	約６０つぶ　３３０円
ジニア	約２０つぶ　２２０円	約３０つぶ　３３０円
コスモス	約８５つぶ　１６５円	約１００つぶ　１６５円
ハボタン	約４０つぶ　３３０円	約３０つぶ　３３０円
デージー	約４５つぶ　３３０円	約６０つぶ　３３０円
マリーゴールド	約２０つぶ　２２０円	約３０つぶ　３３０円
パンジー	約３５つぶ　２２０円	約４５つぶ　３３０円

※消費税は価格にふくまれている。

問　あなたが花子さんなら，どのような発表原稿を作成しますか。次の条件に従って書きなさい。

条件１：解答は横書きで１マス目から書くこと。

条件２：文章の分量は，250字以内とすること。

条件３：数字や小数点，記号についても１字と数えること。　　（例）| 4 | 1 | . | 5 |cm|

条件４：円周率は，3.14として計算すること。

条件５：１つの場所からは，１つの植物しか育たないものとする。

3　　太郎さんと花子さんは，総合的な学習の時間に，食料に関するさまざまな問題について調べ，発表に向けた準備をしています。

以下の会話文を読んで，あとの問いに答えなさい。

先　　生：太郎さん，発表原稿の準備はできていますか。

太郎さん：はい。わたしは以前，フード・マイレージに関する特集番組を見て，食料問題に興味をもつようになりました。そこで，わたしたちが毎日利用している給食に着目して，どのような問題があり，わたしたちにできることは何かを発表しようと考えました。**資料１**（次のページ）を見てください。これはある日の給食の献立の例と，品目ごとの食料自給率をまとめたものです。この資料から，例えば肉類は，約47％を輸入にたよっていることがわかります。

先　　生：なるほど。よいところに気がつきましたね。でも，食料品を輸入にたよっていると，どのような問題点があるのでしょうか。

太郎さん：調べていたところ，**資料２**（次のページ）が見つかりました。これは，日本・アメリカ・イギリス・ドイツ・フランスの５か国のフード・マイレージという数値をまとめた資料です。この資料は，先日見たテレビ番組の中でも，紹介されていたものです。フード・マイレージとは，「食料品の輸送量×輸送距離」を計算して求めた数値で，単位は「トン・キロメートル」で表します。この数値を使って食料品の輸入が地球環境にあたえる負担を考えることができます。

先　　生：なるほど。日本と他国のフード・マイレージを比べてみると，日本の問題点がわかりやすいと思いますよ。花子さんはどう思いますか。

花子さん：わたしも食料と地球環境の関係について調べていたところ，**資料３**（46ページ）を

見つけました。これは埼玉県小川町（おがわまち）で豆腐（とうふ）を作るとき，地元の小川町産大豆１トンを使って作った場合と輸入大豆１トンを使って作った場合の，大豆の輸送距離とＣＯ₂（二酸化炭素）排出量を比較（かく）したものです。

太郎さん：この**資料３**からは，大豆を輸送するときのフード・マイレージがわかりますね。花子さん，ありがとうございます。この資料も発表に使いますね。

先　　生：それで，太郎さんはどのような発表をするつもりですか。

太郎さん：まず，**資料１**から，半分以上を輸入にたよっている食料品の品目として，輸入が多いものから２つの品目を挙げて，それらの何％を輸入にたよっているかを述べます。次に，**資料２**から，日本のフード・マイレージが，イギリスの何倍になっているか，小数第２位を四捨五入して述べます。そして，**資料３**から，埼玉県小川町で豆腐を作るとき，地元の小川町産大豆１トンを使った場合と輸入大豆１トンを使った場合の，それぞれのフード・マイレージと，ＣＯ₂排出量を述べた上で，地元産大豆を使うことの効果を述べます。最後に，地球環境を守るという視点に立ったとき，フード・マイレージのような考え方が必要な理由を述べて発表原稿のまとめにするつもりです。

先　　生：すばらしい発表になりそうですね。

資料１　給食の献立の例と品目ごとの食料自給率（２０２１年）

パン（小麦）………	約１７％
牛乳（にゅう）・乳製品 ……	約６３％
肉類………………	約５３％
野菜………………	約７９％
果物（くだもの）………………	約３９％

（農林水産省「令和３年度総合食料自給率（カロリー・生産額）、品目別自給率等（重量ベース）」をもとに作成）

資料２　日本・アメリカ・イギリス・ドイツ・フランスのフード・マイレージ（２００１年）

	日本	アメリカ	イギリス	ドイツ	フランス
食料品の輸送量(千トン)	58,469	45,979	42,734	45,289	29,004
平均輸送距離(キロメートル)	15,396	6,434	4,399	3,792	3,600
フード・マイレージ（億トン・キロメートル）	9,002	2,958	1,880	1,718	1,044

（農林水産政策研究所（しょ）の資料をもとに作成）

資料3　埼玉県小川町で豆腐を作るとき、小川町産大豆を使って作った場合と、アメリカ産の輸入大豆を使って作った場合の輸送距離とCO₂（二酸化炭素）排出量の比較

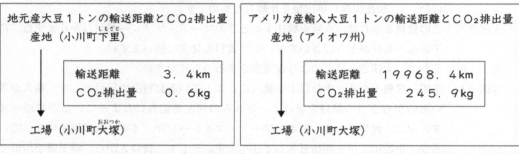

地元産大豆１トンの輸送距離とCO₂排出量
産地（小川町下里）

輸送距離　　　３．４km
CO₂排出量　　０．６kg

工場（小川町大塚）

アメリカ産輸入大豆１トンの輸送距離とCO₂排出量
産地（アイオワ州）

輸送距離　　１９９６８．４km
CO₂排出量　　２４５．９kg

工場（小川町大塚）

（農林水産省『「フード・マイレージ」について（平成20年9月）』をもとに作成）

問　あなたが太郎さんなら，どのような発表原稿を作成しますか。次の条件に従って書きなさい。

　条件１：解答は横書きで１マス目から書くこと。

　条件２：文章の分量は，300字以内とすること。

　条件３：数字や小数点，記号についても１字と数えること。

（例）

4	1	．	5	kg

C	O	₂		

2024 年 度

解 答 と 解 説

《2024年度の配点は解答欄に掲載してあります。》

＜適性検査Ⅰ解答例＞《学校からの解答例の発表はありません。》

1 問1　A　何もない
　　　　B　武市が自分を信じ，認めてくれているとわかりうれしくなった
　問2　ウ
　問3　自分が好きなことを，ほかにも好きになってもらいたい
　問4　D　ウ
　　　　E　エ

2 問1　A　手段
　　　　B　指
　　　　C　月
　問2　下線部①　エ
　　　　下線部②　イ
　問3　(1)　D　水そのもののイメージ
　　　　　　 E　waterという文字列
　　　　　　 F　waterという言葉
　　　　(2)　言葉の表現と，言葉が意味するもののイメージが結びついていないため，機能
　　　　　　しない言葉
　問4　ア，オ

3 問1　A　62(%)
　　　　B　70(%)
　　　　C　林地残材
　問2　エ
　問3　エ
　問4　ア

4 問1　イ
　問2　イ
　問3　ウ

5 問1　ウ
　問2　A　ア
　　　　B　カ
　問3　イ

○推定配点○
1 問1A・問2　各3点×2　　　問1B　6点　　　問3・問4DE　各4点×3
2 問1　4点（完答）　　　問2・問3⑴　各3点×5　　　問3⑵　6点　　　問4　4点（完答）
3 問1　各3点×3　　　問2・問3・問4　各4点×3
4 問1・問2・問3　各4点×3
5 問1・問3　各4点×2　　　問2　各3点×2
計100点

＜適性検査Ⅰ解説＞

1 （国語：物語文，文章読解）

重要
問1　下線部①の二行後に，「本当は，自分にできることなど，何もないような気がしていた」とあるので，そこから空らん　A　にあてはまる言葉を書きぬく。

また，空らん　B　の前にある，「武市の嘘のない言葉にふれて」という表現と似た表現を本文中から探すと，「彼の言葉に嘘はない」という表現が出てくる。その前後の内容から考えると，ほのかが泣きたくなったのは，何もできないと思っていた自分のことを，武市が信じて，認めてくれたことがうれしかった，あるいは感動したからだと考えられる。問題文では，「どんな気持ちになったからですか」と聞かれているため，どんな感情になったかを書くようにする。

問2　空らん　②　の次の段落を読むと，ほのかは代表委員になったあと，怖くなってうまく喋ることができなかったとわかる。こうした状況にあてはまる言葉は，ウの「足がすくんだ」である。「足がすくむ」とは，怖さやきん張のせいで思うように動けない様子を表した言葉である。

ア「目を疑った」は自分の目が信じられないほど驚く様子を，イ「手をこまねいた」は何もせずただながめている様子を，エ「かたの荷が下りた」は責任や負担から解放される様子を表す言葉である。

問3　下線部③「目の前の顔は暗く沈んだ」について，その理由は下線部③の次の段落で説明されている。空らん　C　には，ほのかが考えた武市の気持ちが入るので，武市の考えていることを文章中から書きぬいて答える。

問4　［空らん　D　の選択肢］

アは「自分が折り紙の世界に入っていく」，「いつか折り紙で武市を追いぬいてみせるという決意」という内容が本文で書かれていないため，適切ではない。

イは「武市のおかげでみんなと仲良くなれたことに気がつき」という内容が適切ではない。

ウは本文の内容と合っているため，適切である。

エは「異性としてひかれ始め，照れくささやはずかしさでむずむずして」という内容が適切ではない。

　D　の前に，「『友達との約束が，世界を明るくしてくれる。』などの記述から，」とあることがポイントである。「友達との約束」とは，ほのかが武市に時々折り紙を教えてもらう約束を指している。そのため，この内容がふくまれているウが正しい。

［空らん　E　の選択肢］

アは「実は能力が高く」，「みんなの自分に対する評価はまちがっていると知った」と

いう内容が適切ではない。

イは「みんなから好かれているということに気づいた」という内容が適切ではない。

ウの内容は，本文中に書かれているが，空らん　E　の前後の文脈と合わないため，適切ではない。

エの内容は，本文の内容とも空らんの前後の文脈とも合っているため，適切である。

② （国語，英語：説明文，文章読解）

問1　空らん　A　をふくむ文章を読むと，空らん　A　には「『指をさす』ということ」と「言葉」の共通点が入るとわかる。本文の最初の段落に「言語というのは意思伝達の手段」とあり，本文の二，三段落目には指をさすことで意思伝達をする例が書かれているため，空らん　A　にあてはまるのは「手段」が適切である。

　　　本文の五段落を読むと，「月を見て指を忘る」ということわざでは，「月」がものごとの本旨を，「指」が手段を意味していることがわかる。つまり，「月」が「そのもの（伝えたいこと）」を表し，「指」が「名前（言葉）」を表している。よって，空らん　B　には「指」が，空らん　C　には「月」があてはまる。

問2　下線部①は，手段だけが伝わってしまい，ものごとの本旨が伝わっていない様子を表している。エは，母は財布の中のお金で会計をしてほしいと思っているのに，受け取り手は支払う手段である財布そのものに注目してしまい，母の意図が伝わっていないという例である。よって，エが適切である。

　　　下線部②は，手段から，ものごとの本旨が伝わる様子を表している。イは，「窓」を見るように指示されたが，受け取り手は窓から見える「富士山」に注目している。つまり，バスガイドは手段を伝えただけだが，受け取り手が正しく意図を理解しているという例である。よって，イが適切である。

問3　(1)　下線部③について，太郎さんはヘレン・ケラーの例をもとにまとめている。ヘレン・ケラーの例は本文の九段落目に書かれている。ヘレン・ケラーは「waterという言葉」を理解するために，「waterという文字列」と，視覚と聴覚以外の感覚（身体的な感覚）でとらえた「水そのもののイメージ」を結びつけたことがわかる。これらの言葉を適切に書きぬいてあてはめればよい。

重要 ▶ (2)　下線部④をふくむ文章では，下線部④「暗号（コード）」は「イメージと結びついていない言葉」と同じだと書かれている。本文の八段落目で，言葉や記号は，「『指し示すもの（表現）』と『指し示されるもの（意味）』のイメージがセットになってはじめて機能する」とある。よって，暗号（コード）とは，言葉の表現は知っていても，言葉の意味がわからないため，言葉，つまり意思伝達の手段として，あるいは記号として機能していない言葉のことを意味している。この内容を，「意味」「機能」という言葉を使ってまとめればよい。

問4　下線部⑤のような場合について，どのようにすべきかがその後の段落で説明されている。その内容と【太郎さんとジムさんの会話】をふまえて，どの選択肢が適切かを考える。

　　　イについて，「実体を的確に言い当てる言葉を探す」という部分が適切ではない。本文の十七段落に，相手の知らない言葉を説明するときは，「説明であると同時にメタファー」になると書かれており，「具体的にはなっても，そのものにはなりえ」ないとある。そのため，「実体を的確に言い当てる」ことはできない。

　　　ウについて，「自分にとってできるだけわかりやすい言葉を使う」という部分が適切ではな

い。本文の十六，十七段落に，相手の知っていることや経験してきたことを推測して，相手がイメージできそうな言葉を使う，と書かれている。そのため，「自分にとって」ではなく，「相手にとって」わかりやすい言葉を使うことが必要である。

　エについて，「相手にとって実体のある言葉だけを使う」という部分が適切ではない。上にも述べた通り，「実体のある言葉」を使うことはそもそも不可能である。

　よって，ア，オが適切である。2つ選ぶように指示されていることに注意する。

【太郎さんとジムさんの会話】(全訳)
　ジムさん：あなたはタンジェリンを知っていますか。
　太郎さん：いいえ，知りません。
　ジムさん：それは果物です。色はオレンジ色です。
　太郎さん：なるほど。
　ジムさん：それは丸いです。それはすっぱいです。
　太郎さん：それはオレンジに似ていますか。
　ジムさん：はい，そうです。

③　(国語・算数・社会：文章読解，割合，資料の読み取り，発電)

問1　資料1から，日本の燃材の自給率を求める。熱材の消費量全体のうち国内生産されている燃材が占める割合を求めると，2014年は，(170＋12)÷292＝0.623…より62.3…％，四捨五入して約62％である。同じように，2020年の自給率を求めると，(882＋11)÷1280＝0.697…より69.7…％，つまり約70％である。

　また，今後利用できる燃材の量を増加させる方法を考えると，資料2から，林地残材は発生量と利用料の差が大きいことがわかる。よって，その差を小さくする，つまり林地残材をより効率よく利用できれば，今後利用できる燃材の量を増加させることができると考えられる。

問2　途上国と先進国において燃材がエネルギー源としてどのような立ち位置であるかを読み取ればよい。途上国における燃材については，本文の四段落目に，「伝統的な生活を支えるために唯一利用できる大切なエネルギー源」と書かれている。先進国における燃材については，五段落目に，「二酸化炭素を増加させないクリーンなエネルギーとして，気候変動対策に有効であると認識されてきてもいる」と書かれている。

　つまり，先進国にとっての燃材は地球環境に配慮したエネルギー源だが，途上国にとっての燃材は生活に欠かせないエネルギー源である。同様の内容が述べられているエが適切な答えである。

問3　太陽光発電は，太陽が出ていない日や時間帯は発電量が少なくなってしまうため，時間帯や天候によって発電量が変化しやすいが，家の屋根やマンションの屋上など，さまざまなスペースで発電することができる。よって，太陽光発電があてはまるのはcである。

　風力発電は，風が弱い日や時間帯は発電量が少なくなり，発電量が変化しやすいが，一方で風が強くふく山の上や海洋上に風車を設置すれば，発電量を増やすことができる。よって，風力発電があてはまるのはaである。

　地熱発電は，季節や天候，時間帯に関係なく安定した発電ができるが，土地の調査や，地面の掘削，発電設備の建設などの長期間にわたる開発が必要である。よって，地熱発電があてはまるのはbである。

問4　主に本文の最終段落を参考にしながら，どの選択肢が適切か考える。

　　　アは本文の最終段落の内容と合っているため，適切である。

　　　イについて，「先進国は途上国へ援助を行う前にインフラ投資を行い」という部分が適切ではない。本文には「インフラ投資が，途上国で先進国と同じように進むとは考えにくい」と書かれており，イの内容とは異なっていることがわかる。

　　　ウについて，「先進国の継続的な支援が求められる」という部分が適切ではない。本文では，「先進国からの援助を前提とした実施計画ではなく，…住民が自力で前進していくことに期待したい」とあり，住民の能力を信頼することが重要である。

　　　エについて，「途上国の人々が…先進国の人々のような生活に変えていく」という部分が適切ではない。本文では，「地域住民が積極的に受け入れ…地域社会のニーズとその置かれている状況を考慮して住民の活動を支援する視点が欠かせない」と書かれており，途上国の人々の伝統的な暮らしを見直し，先進国の人々のような生活に変えていくのではなく，支援する側が，地域社会のニーズや状況を考慮して，地域住民が独自に技術を発展させ，生活を変えていく手助けをすることが重要なのである。

4　（社会：資料の読み取り，江戸時代）
　問1　資料1と資料2を比べ，資料から読み取れることとして適切な選択肢を選ぶ問題である。

　　　アについて，「現在では主に水田などの農地として利用されている」という部分が適切ではない。予讃線と県道33号にはさまれた地域は，現在は寺院が残る住宅街である。

　　　ウについて，丸亀駅の南側は江戸時代には町人地であり，現在は寺院が多くあるため適切ではない。

　　　エについて，外堀と内堀で説明が反対になっている。内堀は今も水路として残っているが，外堀は大部分がうめ立てられ，一部は県道33号線などの道路として利用されている。

　　　よって，適切な選択肢はイである。

　問2　資料3をもとに，【太郎さんのまとめ】の中でまちがっている内容がふくまれている選択肢を選ぶ問題である。ⓑは新しい城をつくることは禁止しているが，修理することを禁止してはいないため，まちがっている内容をふくんだ選択肢はイである。

　問3　資料4と資料5をみて，読み取れることとして適切な選択肢を選ぶ問題である。

　　　アについて，寛文～貞享年間につくられた藩校の数は4校だが，元禄～正徳年間につくられた藩校の数は6校であり，寛文～貞享年間の2倍以上にはなっていないため，適切ではない。

　　　イについて，実学が奨励され始めたのは1720年からであり，享保～寛延年間にあたる。また，宝暦～天明年間につくられた藩校は，東日本中心ではなく九州や中部，中国にも多くあるため，適切ではない。

　　　ウについて，寛政～文政年間にあたる1797年に昌平坂学問所が開かれ，この時期に全国でつくられた藩校の数は87校で，この時期に全国で最も多く藩校がつくられているため，適切である。

　　　エについて，天保～慶応年間から明治4年にかけては，関東地方でつくられた藩校の数は25校だが，近畿地方でつくられた藩校の数は26校で，近畿地方でつくられた藩校の数の方が多いため，適切ではない。

5 （社会：資料の読み取り，輸出・輸入）

問1　**資料1**と**資料2**をみて，読み取れることとして適切な選択肢を選ぶ問題である。

アについて，1haあたりの収穫量は，小麦より米のほうが約1000kg多いので，適切ではない。

イについて，米の生産量上位2か国は中国とインドであり，インドは米の輸出量についても上位5か国に位置しているが，中国は米の輸出量上位5か国に位置していないため，適切ではない。

ウについて，小麦の生産量上位5か国の生産量の合計は，計算すると404,508（千トン）であり，世界合計の半分を上回る。また，この上位5か国のうちロシア，アメリカ，フランスの3か国は，小麦の輸出量の世界上位5か国に入っているため，適切である。

エについて，米の生産量上位8か国の中には，小麦の輸入量で上位5か国に入っている国が，インドネシアとフィリピンの2か国あるため，適切ではない。

よって，適切な選択肢はウである。

問2　**資料2**から，米と小麦の輸出量・輸入量を比べると，どちらも小麦の方が多くなっていることがわかる。よって，小麦のほうが国外に輸出されやすいといえるので，空らん　A　の選択肢はアがあてはまる。空らん　B　には，小麦の輸出量に関する資料を入れたいので，カがあてはまる。

問3　**資料3**と**資料4**をみて，読み取れることとして適切な選択肢を選ぶ問題である。

アについて，さいたま市の農業産出額の，埼玉県全体の農業産出額に対する割合は，1048÷16780＝0.0624…より6.24…（％），よって，約6％であり，10％に満たないので，適切ではない。

イについて，さいたま市で花類やいも類，果実を生産している農業経営体数の合計は，295＋215＋125＝635であり，野菜を生産する農業経営体数の574より多いので，適切である。

ウについて，深谷市と本庄市の米の収穫量の合計は，4300＋2530＝6830（トン）でさいたま市の米の収穫量と同じである。また，さいたま市の米を生産する農業経営体数は893であり，野菜を生産する農業経営体数の2倍以上ではないので，適切ではない。

エについて，**資料4**をみると，さいたま市の農業経営体数はいくつかの農業部門にかたよっていることがわかるので，適切ではない。よって，最も適切なのはイである。

★ワンポイントアドバイス★

資料を読み取る問題が多いので，読み取りをすばやく正確にできるように練習しておこう。国語の記述問題は，問われていることに対して適切な答え方ができているかにも注意しよう。

＜適性検査II解答例＞ 《学校からの解答例の発表はありません。》

1　問1　4（人）
　　　問2　（午前）9（時）58（分）
　　　問3　10000（円）

問4

	太郎	父	母	祖父	祖母	姉	兄	弟
	C8	B5	C9	B7	B6	C5	C7	C6

2　問1

問2

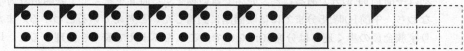

問3　(1)　28

(2)　47

問4　26

3　問1　(午前10時)11(分)50(秒)

問2　ウ，エ，オ

問3　熱や音のはたらきに変化した

4　問1　きりが水じょう気に変化する

問2　ウ

問3　(1)　17.7(℃)

(2)　エ

5　問1　①　A

②　C

③　×

問2　①　ク

②　ク

問3　ウ

○推定配点○

1　問1・問2・問3　各4点×3　　問4　各2点×8

2　問1・問2　各5点×2　　問3　各4点×2　　問4　4点

3　問1　5点　　問2　4点(完答)　　問3　5点(問題の趣旨に合っていれば点を与える。)

4　問1　5点(問題の趣旨に合っていれば点を与える。)　　問2　5点

問3(1)　3点　　問3(2)　4点

5　問1・問2　各3点×5　　問3　4点　　計100点

＜適性検査Ⅱ解説＞

基本▶ 1　（算数：資料の読み取り，割合など）

問1　【太郎さんとお父さんの会話】をもとに，交通系ICカードを使った中学生以上の人数を求める。会話文の最後にお父さんが，「A駅からB駅までの切符は，中学生以上は1人210円です。

交通系ICカードを使えば，切符を買うときの1割引きになります」と言っていることから，交通系ICカードを使ったときの1人分の交通費は，210×(1−0.1)＝189(円)になるとわかる。問題文より，ICカードで支払った交通費は合計で756円なので，交通系ICカードを使った中学生以上の人数は，756÷189＝4(人)になる。

問2　【太郎さんとお父さんの会話】，表1，表2をもとに，家を出発する時刻を求める。

　【太郎さんとお父さんの会話】の2回目と3回目の太郎さんの発言から，映画の上映開始時刻は午前11時30分であること，売店で買い物をする時間を考えて上映開始時刻の35分前，すなわち，午前10時55分までには映画館に到着したいと考えているとわかる。また，問題文より家族全員の歩く速さは分速50mなので，これをふまえて表1を整理すると，以下のようになる。

表

	家からA駅 (徒歩)	A駅からB駅 (電車)	B駅から映画館 (徒歩)
道のり	300m	—	400m
時間	6分	40分	8分

　午前10時55分までに映画館に着くためには，B駅に午前10時47分までに到着する電車に乗らなければならない。電車はB駅に着くまでに40分かかるため，午前10時7分までにA駅を出発しなければならない。ここで，表2を見ると，A駅から午前10時4分に出発する電車があることが読み取れる。この電車は午前10時44分にB駅に到着するとわかるため，条件を満たしている。

　表より，家からA駅まで6分かかるので，午前10時4分にA駅に到着しているためには，太郎さんたち家族は午前9時58分に家を出発すればよい。

問3　問題文から，太郎さんの家族のそれぞれの年齢と今日の曜日がわかるので，表3にあてはめて整理する。映画館に行くのは日曜日なので，「ウェンズデイ割引」は使えない。また，このとき，【太郎さんとお姉さんの会話】の1回目のお姉さんの発言からわかるように，「割引が使えるのは1人につき1つ」であることに注意する。

　まず，太郎さんの父(56才)と母(48才)は，父が50才以上なので「ペア割引」を利用できる。したがって，2人合わせて2800円になる。次に，祖父(88才)と祖母(84才)は，60才以上なので「シニア割引」を利用できる。よって，それぞれ1200円である。最後に，表3の「基本料金」を見ると姉(大学生)は1500円，兄(高校生)は1300円，太郎さん(中学生)と弟(小学生)はそれぞれ1000円になるとわかる。

　よって，太郎さんの家族の入場料金の合計金額は，2800＋1200＋1200＋1500＋1300＋1000＋1000＝10000(円)。

問4　座り方の条件をもとに，誰がどの座席に座るかを考える。まず，条件4と条件5より，兄と太郎さんと弟は同じ列に座るとわかる。また，条件6と条件7より，父と祖父と祖母は同じ列に座るとわかる。B列とC列はどちらも席数が6席に満たないので，兄と太郎さんと弟の3人と，父と祖父と祖母の3人は同じ列には座らないと考えられる。ここで，条件1より，太郎さんが父または母のとなりに座ることを希望しているとわかるが，太郎さんと父が同じ列には並べないため，太郎さんは母のとなりに座る。

　条件3より，母がB7またはC9に座る場合それぞれについて考える。まず，母がB7に座るとき，B列は3席しかないので，母と太郎さんと兄と弟が同時に同じ列に座ることができな

い。したがって，母はC9に座り，太郎さんが母のとなりのC8に，兄が太郎さんのとなりの
C7に座るとわかる。また，条件2と条件5より，弟が兄のとなりのC6に，姉は左はしのC5
に座るとわかる。B列は父が左はしのB5に座る。祖父は祖母の右どなりに座ることを希望し
ているので，スクリーンを向いて座ったときに右側，つまり番号の大きい方に祖父が座るこ
とに気をつける。よって，祖父がB7，祖母がB6に座る。

② （算数：規則性） やや難

問1　図1より，0～15までの数がどのような規則にしたがって●で表されているか考える。
　　　図形のマスにそれぞれ右のように記号をつける。

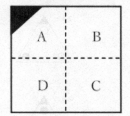

　　　1から5の数字について，
　　　　1＝A
　　　　2＝B
　　　　3＝A＋B
　　　　4＝C
　　　　5＝A＋C
と表すことができる。よって，Aのマスは1，Bのマスは2，Cのマスは4を表していると
考えることができる。

　　　6と7について，この考えが成り立つか考えてみると，6はB＋Cすなわち2＋4となり成
り立つ。7はA＋B＋Cすなわち1＋2＋4となり成り立つ。同様に考えるとDのマスは8を表
している。

　　　1，2，4，8をたして12となる組み合わせは，12＝4＋8より4と8なので，CとDのマス
に●を書けばよいとわかる。

問2　【太郎さんと花子さんの会話①】と図2から，正方形に●が4つある図は，右に新たなマス
が続いている場合には16を表しているとわかる。よって，まず，正方形に●が4つある図が
いくつ必要であるかを考えればよい。

　　　100に最も近い16の倍数を求めると，100÷16＝6あまり4となるので，●が4つある正方
形は6つ必要である。あまりの4を表す正方形は図1を参考にすればよい。解答は，必要な
正方形の点線をなぞることを忘れないよう注意する。

問3　(1)　まず，【太郎さんと花子さんの会話②】と図3，図4から，数字が8大きくなるごとに
正三角形が1つずつ増えることがわかる。この法則に基づくと，●が3つある正三角形
3つと，図3の0にあたる正三角形1つで表された状態が，8×3＝24になる。残りの●
が2つある正三角形は図3より4を表しているとわかる。したがって，図5で表された
数は，24＋4＝28である。

　　　　　問1とは0を表す図形を足したときの考え方が異なることに注意する。

　　　(2)　正三角形を6つ並べて正六角形を作るとき，一番最後に並べた正六角形は図3の7の
状態にあることに注意する。(1)と同じように求めると，正三角形を6つ並べて正六角形
を作ると，8×5＋7＝47より，47まで数を表すことができる。

問4　【太郎さんと花子さんの会話③】と図6から，上の頂点から順に○を置いた後に●を置き，
3つの頂点をうめるように時計回りに●と○が増えていることがわかる。この法則にしたが
って，13から順に数を表していくと下の図のようになる。

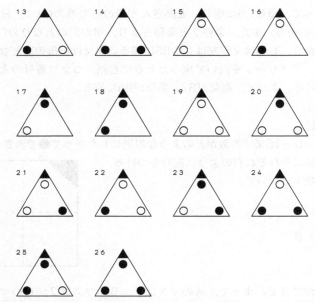

よって，正三角形1つと○と●を使うと，26まで数を表すことができる。

〈別解〉

○を白，●を黒と表すとする。1以上の数について，

丸が1個のとき：　丸は白か黒の2パターンのみ。

丸が2個のとき：　全部白，白と黒，黒と白，全部黒の4パターン。

丸が3個のとき：　全部白，黒と白と白，白と黒と白，白と白と黒，白と黒と黒，黒と白と黒，黒と黒と白，全部黒の8パターン

の図形が考えられる。**図3**より，丸が1個で表すことができるのは1から3の3つ，丸が2個で表すことができるのは4から6の3つ，丸が3個で表すことができるのは7の1つである。つまり，**図6**の法則も，丸が1個のときはそれぞれのパターンで3つの数字を表すことができる。同様に考えて，丸が2個のときはそれぞれのパターンで3つの数字が，丸が3個のときはそれぞれのパターンで1つの数字を表すことができるということである。よって，$2 \times 3 + 4 \times 3 + 8 \times 1 = 26$（個）の数字を表すことができる。

以上より，正三角形1つと○と●を使って表すことができる数は，26までである。

3　（算数・理科：比，速さ，光の反しゃ，エネルギーの変化）

問1　まず表から，信号機Aは赤色が灯火する時間，青色が灯火する時間，青色の灯火が点滅する時間をあわせて60秒，信号機Bはあわせて65秒かかるとわかる。したがって，午前10時00分00秒に信号機Aと信号機Bの赤色の灯火を同時に開始したとき，信号機Aは午前10時00分50秒から60秒ごとに青色の灯火が点滅し始める。同様に，信号機Bは午前10時01分00秒から65秒ごとに青色の灯火が点滅し始める。

同時に灯火が点滅し始める時間について，一つずつ書き出すのは大変なので，大まかな時間を予測してみるとよい。信号機Aは毎分50秒から点滅するので，二つの信号機が同時に点滅し始めるとき，信号機Bもある分の50秒から点滅し始める。

このとき，信号機Bが点滅し始める時間について考える。信号機Bは65秒ごと，つまり，

1分5秒ごとに青色の灯火が点滅し始める。信号機Bの青色の灯火が最初に点滅し始めるのは午前10時01分00秒であり，2回目は秒数が05秒，3回目は10秒，…となるため，秒数が50秒になるのはその10回後の午前10時11分50秒であると考えられる。

信号機Aも，午前10時11分50秒から点滅し始めるので，この時間は適切である。よって，答えは午前10時11分50秒である。

問2　問題文より，ロボットがスタート地点から移動を始めると同時に信号機A，Bの両方が赤色の灯火を開始するとわかる。また，図1から，ロボットの移動するコースはスタートから3m＝300cmの位置に信号機Aが，スタートから7.5m＝750cmの位置に信号機Bが設置されているとわかる。表をもとに，信号機A，Bのそれぞれで赤色が灯火している時間と青色の灯火が点滅している時間を示すと以下の矢印のようになる。この時間にロボットが信号機に到達した場合，ロボットは信号機の位置で停止する。

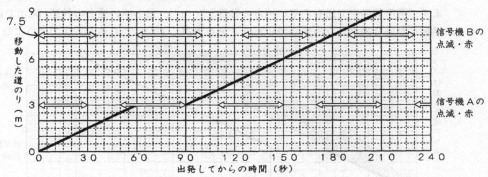

このことをふまえて，ア～コのそれぞれの選択肢を確かめる。資料2の条件と表をもとに，ロボットが信号機を通過できる場合をおさえておく。ロボットはスタート地点を出発してから50秒後より前に信号機Aに到達するとき，信号機Aを通過できる。また，ロボットがスタートを出発してから100秒後から125秒後の間に信号機Bに到達するとき，信号機Bを通過できる。

ア：$300 \div 5.5 = 54.54 \cdots$，54秒後に信号機Aは青色の灯火が点滅しているため通過できない。

イ：$300 \div 6.0 = 50$，50秒後に信号機Aは青色の灯火が点滅し始めるため通過できない。

ウ：$300 \div 6.5 = 46.15 \cdots$，46秒後に信号機Aは青色の灯火なので信号機Aを通過できる。
　　$750 \div 6.5 = 115.38 \cdots$，115秒後に信号機Bは青色の灯火なので信号機Bを通過できる。

エ：$300 \div 7.0 = 42.85 \cdots$，42秒後に信号機Aは青色の灯火なので信号機Aを通過できる。
　　$750 \div 7.0 = 107.14 \cdots$，107秒後に信号機Bは青色の灯火なので信号機Bを通過できる。

オ：$300 \div 7.5 = 40$，40秒後に信号機Aは青色の灯火なので信号機Aを通過できる。
　　$750 \div 7.5 = 100$，100秒後に信号機Bは青色の灯火を始めるので信号機Bを通過できる。

カ：$300 \div 8.0 = 37.5$，37秒後に信号機Aは青色の灯火なので信号機Aを通過できる。
　　$750 \div 8.0 = 93.75$，93秒後に信号機Bは赤色の灯火なので通過できない。

キ：$300 \div 8.5 = 35.29 \cdots$，35秒後に信号機Aは青色の灯火なので信号機Aを通過できる。

750÷8.5＝88.23…，88秒後に信号機Bは赤色の灯火なので通過できない。

　　ク：300÷9.0＝33.33…，33秒後に信号機Aは青色の灯火なので信号機Aを通過できる。

750÷9.0＝83.33…，83秒後に信号機Bは赤色の灯火なので通過できない。

　　ケ：300÷9.5＝31.57…，31秒後に信号機Aは青色の灯火なので信号機Aを通過できる。

750÷9.5＝78.94…，78秒後に信号機Bは赤色の灯火なので不適。

　　コ：300÷10.0＝30，30秒後に信号機Aは青色の灯火を始めるので信号機Aを通過できる。

750÷10.0＝75，75秒後に信号機Bは赤色の灯火なので不適。

　以上より，あてはまる選択肢は，ウ，エ，オ。

〈別解〉

　解説ではすべての選択肢を計算で考えたが，グラフを使って求めることもできる。

　まず，選択肢の中で最もおそい速さの秒速5.5cmと，最も早い速さの秒速10cmでロボットが移動した場合のグラフを信号で止まることを無視してかいてみると，次のようになる。

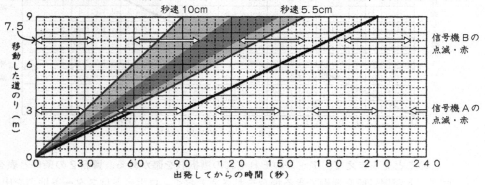

　このグラフから，ロボットが信号機A，Bで一度も停止することなくゴール地点に到着できるとき，ロボットは信号機Aを30秒から50秒までの間に通過し，信号機Bを100秒から125秒までの間に通過すると考えることができる。それぞれの信号機を通過する時間にあてはまるようにロボットが移動する速さを求めればよい。

　ロボットが信号機Aを30秒から50秒までの間に通過できる速さは，

　　300÷30＝10

　　300÷50＝6.0

より，秒速10cm以下かつ，秒速6.0cmより早い速さである。

　ロボットが信号機Bを100秒から125秒までの間に通過できる速さは，

　　750÷100＝7.5

　　750÷125＝6.0

より，秒速7.5cm以下かつ，秒速6.0cmより早い速さである。

　以上より，ロボットが信号機A，Bで一度も停止することなくゴール地点に到着できるとき，ロボットは秒速6.0cmより早く秒速7.5cm以下で移動する。この速さにあてはまる選択肢は，ウの秒速6.5cmと，エの秒速7.0cm，オの秒速7.5cmの３つである。グラフを使って考えるときには，信号がどの時間からどのように変化するのかを正確に整理し，ミスがないよう注意が必要である。

問３　【実験】の結果，花子さんが手回し発電機Cのハンドルを15回，回転させたとき，手回し発

電機Ｄの回転数は，速さにかかわらず15回未満だった。【花子さんが手回し発電機について調べたこと】によると，ハンドルを回したとき，「ハンドルや歯車などの回転による音が出て，回転を続けていくうちに歯車やモーターがあたたかくなる」とある。したがって，手回し発電機Ｃのハンドルを回転させたときの運動のはたらきの一部は，熱や音のはたらきに変化したため，手回し発電機Ｄのハンドルの回転数は手回し発電機Ｃのハンドルの回転数よりも少なくなったと考えられる。解答は，これらの内容を指定された言葉を使って簡潔にまとめるとよい。

4 （理科・算数：空気中の水じょう気の変化，表の読み取り，比）

基本

問1　まず，【太郎さんとお母さんの会話①】のお母さんの発言によると，霧は空気中にふくまれている水じょう気が水てきになったものである。また，一定の体積にふくむことができる水じょう気の量には限度があり，限度量をこえた水蒸気は水てきになって空気中にういているとわかる。ここで，資料1を見ると，一定の体積にふくむことができる水じょう気の量は，気温が高くなるにつれて増えることが読み取れる。したがって，気温の低い朝は水じょう気が霧になっていたが，気温が上がるにつれて，霧が水じょう気に変化し，霧が消えてしまうと考えられる。解答はこれらの内容を，指定された言葉を使って簡潔にまとめるとよい。

問2　資料1と【太郎さんとお父さんの会話①】を参考にして，気温の変化を適切に表しているグラフを選ぶ。まず，【太郎さんとお父さんの会話①】の2回目のお父さんの発言から，雲ができていないときは，地表から100m高くなるごとに気温が1.0℃の割合で下がり，雲ができているときは，地表から100m高くなるごとに気温が0.5℃の割合で下がるとわかる。また，【太郎さんとお父さんが考えた内容】より，標高600mのX地点の気温は19℃であり，1m³の空気中にふくまれている水じょう気量は12.8gであるとわかる。

ここで，資料1を見ると，15℃のときに1m³の空気中にふくむことができる水じょう気の限度量が12.8gである。したがって，15℃よりも気温が低くなると，X地点の空気にふくまれていた水じょう気のうち，ふくみきれなくなった水じょう気は水てきとしてあらわれ，雲ができると考えられる。以上より，雲ができていないX地点から標高が100m高くなるごとに気温が1.0℃下がり，空気が400mのしゃ面を上がって標高が1000mに達したときに気温は15℃になる。標高1000mから標高1800mの山頂付近まで空気が上がるときは，雲ができているため，地表から100m高くなるごとに気温は0.5℃下がり，山頂付近の気温は11℃である。よって，答えはウである。

重要

問3　(1)　【太郎さんとお父さんの会話②】によると，山頂に達した時点で雲はすべて消えるものとする。【太郎さんとお父さんの会話②】の3回目のお父さんの発言によると，雲ができていないときは，100m下がるごとに，気温が1.0℃の割合で上がるとわかる。したがって，空気のかたまりが，標高1800mの赤城山の山頂付近から，標高30mのY地点まで下りていくとき，標高は，1800－30＝1770（m）下がっているため，気温は，1770÷100＝17.7（℃）高くなる。

(2)　一定の体積にふくむことができる水じょう気の量には限度があり，気温が高くなるほどその量は増える。したがって，標高600mのX地点の気温が一定であっても，空気中にふくまれている水じょう気の量が多いほど，標高が上がり，気温が下がるとき，限度量に達するのが早いと考えられる。つまり，雲ができるときの標高がより低くなる。

このとき，雲ができた標高から山頂付近までの標高の差は大きくなり，雲があるときの方が雲がないときより100m標高が高くなるごとに下がる気温は小さくなるので，山

頂付近の気温はより高くなる。(1)で見たように，山頂付近で雲が消えて，標高30mのY地点に達するまでに上がる気温は一定なので，空気中にふくまれている水じょう気の量が多いほど，標高30mのY地点に達したときの空気のかたまりの温度はより高くなる。

5　（理科・算数：川のはたらき，光，けんび鏡）

【花子さんとエマさんの会話】（全訳）

エマさん：花子さん，絵の具の色について話しましょう。

花子さん：わかりました。

エマさん：私はこれから青と黄色を混ぜます。何色が見えるでしょうか。

花子さん：私は緑色が見えます。

エマさん：すばらしい，その通りです。次に，光の色について話しましょう。

花子さん：光の色？わかりました。

エマさん：もしあなたが赤の光と緑の光を重ねたら，何色が見えるでしょうか。

花子さん：わかりません。答えは何ですか。

エマさん：黄色が見えます。

花子さん：本当に？

問1　① 【花子さんと太郎さんと先生の会話①】から，赤色と緑色と青色のすべての光を重ねたときに白色になるとわかる。また，【実験】の〈結果〉から，赤色，緑色，青色のうち1つの照明だけをつけたとき，マットはその色になったとわかる。図1から図3を見ると，2つの照明をつけたとき，マットは【花子さんと太郎さんと先生の会話①】で先生が言っていたように，2色が重なったときに見える色になっている。

　　　　　よって，赤色，緑色，青色のすべての照明をつけたとき，白色に見える部分は3色すべてが重なっている，Aがあてはまる。

② 【花子さんと太郎さんと先生の会話①】から，緑色と青色を重ね，赤色の光があたらないとき，空色に見えるとわかる。【実験】の〈結果〉をふまえて，①と同様に図4のB～Gについて，何色のかげができるか整理する。図2から，中央と左の照明をつけたとき，図4のCの部分には左の照明の色のかげができるとわかる。また，図3から，中央と右の照明をつけたとき，図4のCの部分には右の照明の色のかげができるとわかる。よって，3つすべての照明をつけたとき，左の青色の照明と右の緑色の照明が重なり，Cは空色に見えると考えられる。

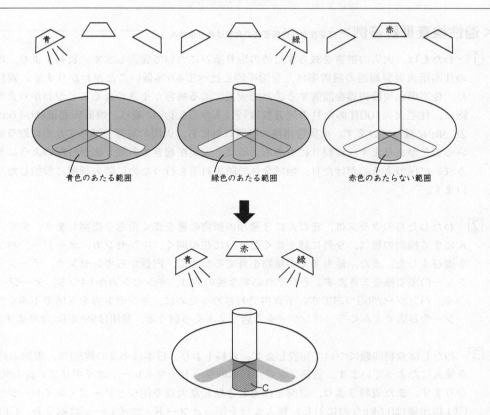

青色のあたる範囲　　　緑色のあたる範囲　　　赤色のあたらない範囲

③　Eは青色，Fは緑色に見えるが，それ以外はいずれも，いくつかの照明のかげが重なって見えるため，赤色に見える部分は存在していない。よって，×。

問2　【花子さんと太郎さんと先生の会話③】を参考にして，アサガオの鉢植えを真っ暗な部屋の中に置いたときの見え方を考える。太陽の光の色は白色であり，物体は特定の色の光をはね返し，それ以外の色の光は吸収している。物体は，はね返した光の色に見えるとわかる。

　　これらをふまえると，アサガオの葉は太陽の光の下では緑色に見えるため，緑色の光をはね返し，それ以外の光の色を吸収していると考えられる。したがって，真っ暗な部屋の中で赤色や青色の光をアサガオの鉢植えに当てたとき，赤色や青色の光は吸収される。また，真っ暗な部屋の中では太陽光にふくまれている緑色の光が当たっていないため，①，②どちらでもアサガオの葉は黒色に見える。

問3　けんび鏡を通した物体の見え方を答える問題。【花子さんと太郎さんの会話】と図5から，けんび鏡で見た物体は目で直接見た物体とは上下左右が反対になっていることがわかる。よって，「浦和中」の文字が上下左右反対になっている選択肢のウが正解となる。

★ワンポイントアドバイス★

計算量の多い問題が多いため，計算でミスをしないように落ち着いて計算をするようにしよう。また，難しい問題でも資料の中にヒントがかくされているので，複数の資料を見比べて，必要な情報を見落とさないように気をつけよう。

＜適性検査Ⅲ解答例＞《学校からの解答例の発表はありません。》

1　わたしは，火災の被害を減らすための取り組みについて発表します。資料１より，埼玉県の住宅用火災警報器の設置率は，全国平均と比べて4.6％低いことがわかります。資料２より，住宅用火災警報器を設置することで火災による被害が小さくなることがわかります。実際に，住宅火災100件あたりの死者数は12.1人から6.1人に減り，焼損床面積は64.6m²から28.3m²に減っています。火災警報機の設置以外にも，火災の被害を減らすために取り組んでいることがあります。資料３にもあるように，火災が起きても燃え広がらないように部屋をきれいに保つよう心がけたり，地域全体で防災対策を行うために防火訓練に参加したりしています。

2　わたしたちのクラスは，花だんに３種類の植物の種をまく企画を提案します。まず，花だんにまく植物の種は，９月に種をまくと４月に花が開く，キンセンカ，デージー，パンジーを選びました。また，最も多くの植物を育てるために，内側からキンセンカ，デージー，パンジーの順で種をまきます。それぞれ必要な種の数は，キンセンカが14つぶ，デージーが51つぶ，パンジーが62つぶです。予算内でおさめるために，キンセンカをA店で１ふくろ，デージーをB店で１ふくろ，パンジーをA店で２ふくろ買うと，費用は990円になります。

3　わたしは食料問題について発表します。資料１より，日本は小麦の約83％，果物の約61％を輸入にたよっています。資料２より，日本のフード・マイレージはイギリスの約4.8倍とわかります。また資料３より，豆腐を作るとき地元産大豆を使うとフード・マイレージは3.4，CO_2排出量は0.6kgなのに対し，輸入大豆を使うとフード・マイレージは約２万，CO_2排出量は245.9kgになり，地元産大豆を使うことでフード・マイレージとCO_2排出量の両方を減らせるとわかります。このような考え方は，身の回りのものが地球環境にあたえる負荷を数字としてとらえることで，より環境問題への理解を深められるので，必要だと思います。

○推定配点○
1　30点　　2　35点　　3　35点　　　　計100点

＜適性検査Ⅲ解説＞

1　（国語・英語：資料の読み取り，原稿作成）
【太郎さんとリサさんの会話】(全訳)
リサさん：太郎さん，あなたは火災事故予防のために何をしていますか。
太郎さん：私は毎日部屋をきれいにしています。
リサさん：それから？
太郎さん：私は防火訓練に行きました。
リサさん：それはいいことですね。

　会話文と資料をもとに発表原稿を作成する問題である。発表原稿の流れは，**【太郎さんと先生の会話】**の中の，太郎さんの４回目の発言をもとにまとめる。まず，**資料１**から埼玉県の住宅用火災警報器の設置率と全国平均との差を示す。次に，**資料２**から，住宅用火災警報器の設置効果を具体的に述べる。**資料２**の①と②両方の具体的な数値を使って書くとよい。最後に，**資料３**と**【太郎**

さんとリサさんの会話】から，太郎さんが取り組んでいることを2点，理由とともに書く。太郎さんが取り組んでいることは，「毎日部屋をきれいにすること」と，「防火訓練に参加すること」である。これらの理由を考えるときには，**資料3**の内容を参考にするとよい。

2 **（算数・国語：資料の読み取り，円，四則混合計算，原稿作成）**

　会話文をもとに，資料を用いて計算し発表原稿を作成する問題である。発表原稿の流れは，花子さんの4回目の発言をもとにまとめる。まず，花だんにまく植物の種は，太郎さんの2回目の発言をもとに，4月に花が開き，9月に種をまく植物を3種類選ぶ。**資料2**から，その条件にあてはまるのはキンセンカ，デージー，パンジーだとわかる。

　次に，最も多くの植物を育てることができる種のまき方を考える。まず，背が高くなる植物の種を内側になるようにするので，最も内側にはキンセンカの種をまく。最も多くの植物を育てるために，最も長い円周をもつ外側の円周には，種の間かくが短いパンジーをまく。よって，種をまく順番は内側からキンセンカ，デージー，パンジーの順になる。

　花だんの外わくから最も近い円周（最も外側）にはパンジーをまく。その円の直径は，180−15×2＝150（cm）であり，円周の長さは，150×3.14＝471（cm）である。パンジーは15cmずつの間かくで2つぶずつまくので，471÷15＝31.4より，パンジーは31か所に合計62つぶまくことがわかる。

　次に，パンジーの内側にデージーをまく。パンジーをまく円周とデージーをまく円周との間かくは20cmあけるので，デージーをまく円の直径は，150−20×2＝110（cm）であり，円周の長さは，110×3.14＝345.4（cm）である。デージーは20cmずつの間かくで3つぶずつまくので，345.4÷20＝17.27より，デージーは17か所に合計51つぶまくことがわかる。

　そして，最も内側にキンセンカをまく。キンセンカをまく円の直径は，110−25×2＝60（cm）であり，円周の長さは，60×3.14＝188.4（cm）である。キンセンカは25cmずつの間かくで2つぶずつまくので，188.4÷25＝7.536より，キンセンカは7か所に合計14つぶまくことがわかる。

　最後に，それぞれの種をどちらのホームセンターで買うか考える。キンセンカの必要な種の数は14つぶであり，どちらの店で買ってもあまるため，より安いA店で1ふくろ買う。デージーの必要な種の数は51つぶであり，A店で買うと1ふくろでは足りないため，B店で1ふくろ買う。パンジーの必要な種の数は62つぶであり，どちらの店で買っても1ふくろでは足りないため，より安いA店で2ふくろ買う。よってかかる費用は，220＋330＋220×2＝990（円）である。

　発表原稿として内容をまとめるときは，必要な内容だけを選んでまとめるようにする。

3 **（国語・社会：資料の読み取り，原稿作成，フード・マイレージ）**

　会話文と資料をもとに発表原稿を作成する問題である。発表原稿の流れは，会話文中の4回目の太郎さんの発言をもとにまとめる。まず，**資料1**から半分以上を輸入にたよっている食料品の品目を，輸入が多いものから2つ挙げ，何％輸入にたよっているかを述べる。**資料1**で表されているのは食料自給率なので，自給率が半分以下の食料品を2つ挙げる。パン（小麦）は，100−17＝83（％），果物は，100−39＝61（％）を輸入にたよっている。「輸入が多いものから」とあるので，原稿を書くときはパン（小麦）を先に挙げるようにする。

　次に，**資料2**から日本のフード・マイレージがイギリスの何倍か求める。9002÷1880＝4.78…（倍）より，四捨五入して約4.8倍である。

　そして，**資料3**から埼玉県小川町で豆腐を作るとき，地元産大豆を使った場合と，輸入大豆を使った場合の，それぞれのフード・マイレージとCO_2排出量を述べ，地元産大豆を使う効果を述

べる。フード・マイレージは「食料品の輸送量×輸送距離」で求められるので，地元産大豆を使った場合のフード・マイレージは，1×3.4＝3.4（トン・キロメートル），CO_2排出量は0.6kgである。輸入大豆を使った場合のフード・マイレージは，1×19968.4＝19968.4（トン・キロメートル），CO_2排出量は245.9kgである。このことから，地元産大豆を使うことで，フード・マイレージとCO_2排出量の両方を減らすことができるとわかる。

　最後に，フード・マイレージのような考え方が必要な理由を，地球環境を守るという視点から述べる。フード・マイレージのような考え方によって，地球環境にあたえる負担を数値化することができ，より環境問題に対して理解が深まりやすいといった理由や，フード・マイレージはCO_2排出量との関係が深いことから，フード・マイレージを減らすことでCO_2排出量を減らすことができ，地球温暖化の防止につながるといった理由が考えられる。

★ワンポイントアドバイス★

会話文と資料をよく読み，発表原稿の流れにあわせて内容をまとめよう。必要な情報だけを選んで，字数内でまとめることができるように練習しよう。また，時間配分に注意して，すべての問題に解答できるようにしよう。

2023年度
★★★★★★★★★★★★★★★★★★★★★
入 試 問 題

2023年度

さいたま市立浦和中学校入試問題

【適性検査Ⅰ】 （45分）

1 ┊ 花子さんは，図書館で印象的なタイトルの小説を見つけたので，読んでみることにしました。 ┊

次の文章は，乾ルカ著「コイコワレ」（中央公論新社）の一部です。これを読んで問1～問4に答えなさい。

> 第二次世界大戦中，6年生の浜野清子は集団疎開をしていた。日本人の父とアメリカ人の母の間に生まれ，蒼い目をもつ清子は，当時，日本とアメリカが敵対していたことから，嫌がらせを受けることがあり，疎開先でのトラブルをさけようと挨拶もしないで過ごしていた。疎開先に住むリツとは，母からお守りをリツがこわしたことから，仲が悪い状態が続いていた。あるときから清子が急に態度を変え，周囲はおどろいている。

——あの子，本当にどうしちゃったの？
——いっときの気まぐれかと思ったのに。
遠巻きにささやく声には，とうに慣れた。
母に諭されて始めた①自分からの挨拶は，きちんと続けている。朝はおはようと言い，夜はおやすみなさいと声をかける。返事は今もってないが，決めたことはやりとげるつもりだ。
挨拶だけではない。今までの清子は，ハナエや節子に限らず，疎開っ子らの誰と目が合っても，反応しないでいた。大抵相手が嫌な顔をするからだ。嫌悪の表情をされる前に，自分から顔を背けることも珍しくなかった。けれども，それはやめた。誰かと目が合えば，微笑みを返すように努力した。最初は上手くいかなかった。口の周りがひきつるだけで終わった。しかし，何度となく繰り返すうちに，ちょっとだけ口角を上げられるようになった。今ではおおむね，微笑に近い唇の形を作れているはずだ。
無理はしている。心と表情が一致していないのもわかっている。しかし，諦めずに繰り返せば，反射的に自然な笑みを浮かべられるようになるかもしれない。母に向けるそれのように。
好きな相手には自然とできると母は言ったが，実践してみてその正しさを痛感した。不愉快な相手に礼を尽くして接し，笑いかけることとは，なんと難しいのか。
続いて今までのおのれを顧みる。難しいと感じるということは，それをやってきてなかったということに他ならない。顔を合わせても「おはよう」「おやすみなさい」と言わない相手に，好意を持つわけがない。ましてや不気味で印章の悪い相手なら，ますます悪感情を抱くだろう。
蒼い目を理由に意地悪の炎をつけたのは周りの子だが，②炎に油を注いだのは自分自身だったと，清子は気づいたのだった。
だから，もう止めるつもりはなかった。

なにを言われても。相手がリツであっても。

——ありがとう。お風呂を焚いてくれて。いいお湯だった。

お礼を言うのは、挨拶よりも勇気と努力を必要とした。でも、昨夜の清子はそれをやってのけたのだった。

もっとやろう、もっとできる。③清子は決意を新たにした。

※1金井の作問による夜の受験勉強は続いていた。

この晩も清子は算数の問題を他の子らより早く解き終え、金井に採点をしてもらった。満点だった。「東京女子※2高等師範学校を目指しているのでしたね。教育者という立場から※3皇国の役に立ちたいと志すのは、立派なことです、浜野さん」

礼を言い、他の子の様子を見た。ハナエと節子は、やはり手こずっている。清子は思い切って近づいた。

「……良かったら、解き方を」教えてあげる、は違う気がして、言葉を瞬時に変える。「一緒に考えてみない？」

「……あなた、終わったんじゃないの？」

「いいの。まだ時間があるから。底面が一辺十糎の正三角形で、高さも十糎の※4角錐の体積だから」清子は二人にわかりやすいようにゆっくりと、鉛筆の先が震えないように気をつけつつ、ハナエの紙の片隅に式を書いていった。「底面積掛ける高さを三で割ればいいけれど……」わざと途中で止めると、節子が「そうか、一辺十糎だから、十掛ける十ね」と続きを解きはじめた。

二人は正答に辿り着けそうだ。「ありがとう」と言われなかったが、お礼の言葉よりも、自分自身が望む行動がとれたことに、清子は満足した。そっとその場から離れて※5脇間に行き、寝支度を済ませる。受験に備え、体調管理にも気をつけなくてはならない。寒さと栄養不足で、風邪をひく児童は既に数人出ており、夜はきちんと寝るようにと金井からもお達しがあった。

あとは休むばかりとなったとき、ハナエと節子が連れ立って脇間に入ってきた。着替えて布団を敷く二人がこちらを意識しているのを感じ取りながら、心に決めたとおり自分から彼女らに言った。

「おやすみなさい」

「おやすみなさい」

返ってきたのは節子の声だった。すぐに、しまったとでも言いたげに息を呑む音が聞こえた。ハナエの潜めた声も。

「なにやってるのよ」

「だって、つい」

なぜだか清子は可笑しくなってしまった。二人に意地悪を仕掛けられるたびに悲しかったのに、今暗がりでこそこそやっている様子は可愛らしかった。それから気づいた。二人が僅かなりとも可愛らしく思えるのは、自分の感情のせいだと。節子が挨拶を返してきたのが、嬉しかったのだ。

——そうすれば、相手の態度でも少しずつ変わっていく。

母の助言のありがたみを噛みしめ、清子は布団にもぐって目をつぶった。

翌朝、普段どおり誰よりも早くに目覚めた清子は、まだ眠っている二人を起こさぬよう身なりを整え、顔を洗いに外へ出た。山の空気は久しぶりに温み、春の※6予兆があたりに満ちていた。

　ポンプのハンドルが動く音を聞き取る前に，井戸のところに先客がいることに気づいた。見なくても，聞かなくてもわかるのは，相手がリツだからだ。

　ハンドル音が止まった。向こうも気づいたのだ。

　清子は心臓の上に手を当てて，心を落ち着かせてから，リツの前に姿を見せた。

「おはよう」

　言うと，リツは全身に緊張をみなぎらせた。水を汲んだ木桶を抱え上げた両腕は，突っ張っていた。瞬きを忘れた真っ黒な瞳がこちらを見据え，続いて死にかけの金魚のように，唇がぱくぱくと動いた。

「……お，おはよう」

　小さな声だった。リツは木桶から水をこぼしながら，勝手口のほうへと逃げた。

　今度は清子の口が開く番だった。

　松の枝先で，鵯が鳴いた。

（一部に表記，ふりがなをつけるなどの変更があります。）

※1　金井……東京から疎開先に同行した教員。

※2　高等師範学校……中学校などの教員養成を目的とした学校。

※3　皇国……当時使われていた，日本を表す言葉。

※4　角錐……底面が多角形で，側面が三角形の立体。

※5　脇間……疎開先の寺院で，清子たちが寝室として使用している部屋。

※6　予兆……物事が起こる前ぶれ。

問1　下線部①「自分からの挨拶」とありますが，この説明として最も適切なものを，次のア～エの中から1つ選び，記号で答えなさい。

　ア　母に言われたことがきっかけで，自分に良い印象をもっていない人たちに対し，たとえ相手からの返事がなくても，挨拶をし続けると決めて実行している。

　イ　どんなに嫌な相手であっても，礼儀として，一緒に過ごす人にはきちんと挨拶をしなくてはならないと母に命じられたので，しぶしぶ挨拶をするようにしている。

　ウ　自分が心を閉ざしているから，相手と仲良くなることができないのだと友だちから指摘されたため，自分の行動を深く反省したうえで，自ら挨拶するようにしている。

　エ　一人で過ごすのはつらいことも多いので，自分が仲良くなりたい人に対しては，相手が挨拶を返してくれるようになるまで続けようと決めて，挨拶をし続けている。

問2　下線部②「炎に油を注いだ」とありますが，誰の，どのような態度が「炎に油を注いだ」のですか。本文中の具体的な行動をふくめ，20字以上30字以内で書きなさい。

問3　下線部③「清子は決意を新たにした。」とありますが，このように決意した後の清子の行動や心情について，花子さんは次のようにノートにまとめました。次のページの【花子さんのまとめ】の空らん　Ａ　，　Ｂ　，　Ｃ　にあてはまる内容を，本文中からさがして，　Ａ　は14字以内で，　Ｂ　は5字で，　Ｃ　は8字でそれぞれ書きぬきなさい。

【花子さんのまとめ】

～清子の行動～	～清子の心情～
●算数の問題に手こずるハナエと節子に近づき、声を掛けた。	●自分の挨拶に対して、節子が挨拶を _____A_____ 。
●寝る前に、自分からハナエと節子に挨拶をした。	●そのため、節子とハナエのことを _____B_____ 思うことができた。

↓

清子は決意を新たにして、積極的に行動する。

↓

清子の行動により、ハナエや節子の態度が変わる。

↓

二人の様子を見て可笑しくなったのは、_____C_____ だと気づいた。

問4　この文章の内容や表現の特徴として最も適切なものを，次のア～エの中から１つ選び，記号で答えなさい。

ア　仲間たちになかなかなじめない清子が行った努力を，具体的な行動を挙げて示しつつ，自分からどんなに努力し時間をかけても，周りとのわだかまりがなくならない清子のあせりを，慣用的な表現を使ってうったえている。

イ　清子の心の中のかっとうを，母親との回想場面を織り交ぜながらえがきつつ，周りのちょっとしたやさしさが，少しずつ清子のがんこな心をやわらげていく様子を，多くの比ゆ表現を通して表している。

ウ　疎開先で仲間たちをさけている清子のぎこちない様子を，仲間たちとの会話を織り交ぜることで表現しつつ，問題解決をするためにひそかに努力し続けている清子の姿を，清子の心情も交えながらえがいている。

エ　疎開先で周りになじめずに暮らしていた清子の視点から，自分の気持ちや周りの態度についてえがきつつ，これから良い方向に変化していきそうなきざしを，情景びょう写を交えながら表している。

2　太郎さんは，日本語に興味をもち，図書館で日本語に関する次の本を見つけました。

次の文章は，国立国語研究所編「日本語の大疑問　－眠れなくなるほど面白い　ことばの世界－」（幻冬舎）の一部です。これを読んで問１～問５に答えなさい。

「店員さんから『確認させていただてもよろしいですか？』なんて言われると，※1目が点になります。日本語の乱れでしょうか。」と滝浦真人先生に質問したところ，次のような回答をいただきました。

「させていただいてもよろしいですか？」という言い方はずいぶんと長たらしくて丁寧ですね。「ポライトネス」という用語があります。“言葉で表される対人配慮”といった意味なので，ご質問は「接客場面におけるポライトネス」と関わるものと言えます。

人間関係に遠い関係と近い関係があるように，言葉にも遠い言葉と近い言葉があります。たとえば，敬語は遠い言葉，いわゆる※2タメ語・ため口は近い言葉の典型です。人はそれらを人間関係に応じて使い分けたり，それらで人間関係を変えたり（調節したり）しますし，時に，使い方が相手の※3気持ちに沿わず不愉快にさせてしまうこともあります。

ポライトネスの※4観点からすると，コミュニケーション場面では，ちょうどよく感じられるポライトネスもあり，人間関係を動かすポライトネスもあり，はたまた，しくじるとインポライトネス（失礼）になってしまうこともある，という話です。 i ，接客場面というのは，お客さんからお金を頂戴することもあって，ポライトネスについて最も※5繊細に気をつかうケースの一つと言えるでしょう。

（中略）

敬語を発達させてきた日本語には，遠い言葉が豊富です。ご質問にあった「させていただく」もそうで，本来，目上の相手の許可を得て何かをすることで相手から※6恩恵を受けることを表す，とても丁寧度の高い言い方です。最近頻繁に聞くようになりましたし，

「このたび私たちは入籍させていただきました」

のように，①相手は何も関与していないのに使われるものも少なくありません。この言い方をめぐって，この100年ぐらいの日本語で調べてみると，面白いことがわかります。

②“やりもらい”の授受動詞には，受ける側から言う言葉として「クレル」と「モラウ」があって，それぞれに非敬語形と敬語形がありますから，全部で４つの形があります。

それらに「サセテ…」を付けた形を，数十年離れた２つのコーパス（大きな言語資料体）で比較検討した調査によると，非敬語形では「サセテクレル」が増えたのに対し，敬語形では「サセテクダサル」が減った一方，「サセテイタダク」が増えたことがわかりました。勢いを増した形が，非敬語ではクレル系なのに敬語ではモラウ系だったという※7現象は不思議とも見えます。

ポイントは，クレルとモラウの違いです。文例を見ながら説明してみましょう。

a「財布を落として困っているときにお金を貸してクレて，とても助かりました」
b「財布を落として困っているときにお金を貸してモラって，とても助かりました」

どちらも同じように使えますが，クレルのとモラウのはそれぞれ誰か？　と考えてみると違いがわかります。各々の主語ということなりますが，クレルの主語はこの人にお金を与えた人です。それ対して，モラウの主語はこの文を言っているこの人自身です。

日本語では主語を言わないことも多いですが，仮に言っていなくても，たとえばaの文を言えば，「（あなたが）クレて」のようにお金の与え手に言及していることになります。これがbだと，「モラウ」のはあくまで「私」などですから，自分のことを言っているだけです。

じつはこの違いが効いてきます。言及するとは言葉でその人に触れることとも言えるので，aのクレル系では必ず主語である他者に触れざるを得ないのに対して，bのモラウ系では他者に触れずにすむという違いがあることになります。

　ここで，先ほど「遠い言葉」と「近い言葉」についてお話ししたことを思い出してください。敬語は遠い言葉，タメ語は近い言葉でした。遠い言葉でありたい敬語形では，なるべく相手に触れずにいる方が安全です。一方，非敬語形ではその必要がなく，むしろ相手に触れるくらいで丁度の距離感となります。

　③非敬語形でクレル系，敬語形でモラウ系が増えていたという結果は，このことと見事に合致していますね。というわけで，非敬語ではより近い言葉へ，敬語ではより遠い言葉へ，というのが現在の日本語におけるポライトネス意識だと言えそうです。

　 ii ，遠い言葉であれば丁寧でよいとして受け入れられるでしょうか？　そうではないということが，別の調査からも明らかになっています。先ほどの「このたび私たちは入籍させていただきました」という例のような，相手の関与がない用法になるほど人々の※8違和感が強い，という結果が出ています。また，「よろしいですか？」のような許可求めを含んだ言い方の方が好印象だとの調査結果もあります。

　 iii ，ただ遠ざかっておけばいいわけではなく，相手との関わり合いも表したい（聞き手からすれば，表してほしい）という意識です。「させていただいてもよろしいですか？」という形は※9面妖ですが，「よろしいですか？」という許可求めを加えることで，相手とのつながりを表している形であることがわかります。つまり，"※10遠近両用"の言葉なのでした。

　なんとめんどくさい世の中よ！　とも言いたくなります。しかし，日本語は，この種の面倒くささがどうも好きなようなのです。ちょうどいい距離感＝敬意の度合いを求める日本人の旅は，どうやら終着駅がなさそうです。

（一部に省略，表記，ふりがなをつけるなどの変更があります。）

※1　目が点になる……思いがけないことでとてもおどろく。

※2　タメ語・ため口……親しい人どうしの，対等な話し方。

※3　気持ちに沿う……気持ちに合う。

※4　観点……見方。

※5　繊細……とても細やかな様子。

※6　恩恵……めぐみ。

※7　現象……物事が，とらえられる形になってあらわれたもの。

※8　違和感……なんとなく合わなくて，ちぐはぐな感じ。

※9　面妖……不思議。おかしい。きみょう。

※10　遠近両用……この文章では，遠い言葉としての丁寧さと，近い言葉としての親しみやすさの両方をもっている表現をさす。

問1　文章中の空らん i ～ iii にあてはまる言葉の組み合わせとして最も適切なものを，次のア～エの中から1つ選び，記号で答えなさい。

ア　i　そのうえ　　ii　しかし　　iii　あるいは

イ　i　しかも　　　ii　ところで　iii　ところが

ウ　i　そして　　　ii　では　　　iii　つまり

エ　i　しかし　　　ii　それなら　iii　なぜなら

問2　下線部①「相手は何も関与していないのに使われるもの」の例として最も適切なものを，

次のア～エの中から１つ選び，記号で答えなさい。

ア　私が街のご案内をさせていただきます。

イ　私は２月にたんじょう日をむかえさせていただきます。

ウ　私は先生のお話を聞かせていただきます。

エ　私があなたの買い物にごいっしょさせていただきます。

問３　下線部②「"やりもらい"の授受動詞」とありますが，太郎さんは，この授受動詞について，文章の内容をまとめました。【太郎さんのまとめ】の空らん　A　～　D　にあてはまる言葉を，　A　と　B　はカタカナ７字で，　C　と　D　は漢字２字でそれぞれ文章中から書きぬきなさい。

【太郎さんのまとめ】

	非敬語形	敬語形	主語
クレル	サセテクレル	A	C
モラウ	サセテモラウ	B	D

問４　下線部③「非敬語形でクレル系，敬語形でモラウ系が増えていたという結果」とありますが，筆者は，なぜこのような結果が出たと考えていますか。次の空らん　E　にあてはまる内容を，本文中の言葉を用いて25字以上30字以内で書きなさい。

現在の日本語におけるポライトネス意識では，　E　から。

問５　この文章に書かれている内容として適切でないものを，次のア～エの中から１つ選び，記号で答えなさい。

ア　「よろしいですか？」のような許可を求める表現を使うと，相手とのつながりを表すことになるので印象がよくなることもある。

イ　日本語は，敬語を発達させてきた言葉であり，目上の相手から許しをもらうという形の表現は，敬語の中でも丁寧なものである。

ウ　ポライトネスとは，言葉で表される相手への心づかいのことであり，接客場面ではとても細かく気をつかうことの一つである。

エ　日本人は，距離感を保つために敬意の度合いを使い分けることはしないので，日本人の人間関係は面倒くさいものになっている。

3　花子さんは，環境問題について書かれた本を見つけたので，読んでみることにしました。

次の文章は，伊勢武史著「2050年の地球を予測する──科学でわかる環境の未来」（筑摩書房）の一部です。これを読んで問１～問４に答えなさい。

よく，人間も生物の一種であるから，人間が起こす環境問題も自然現象である。だから止める必要はないし，止められない。人間は本能という名の欲望に沿ってあるがままに振舞えばよいし，いつか人間が絶滅するならそれも自然現象だから仕方ない，なんていう人がいる。この考え方を受け入れてしまうと，環境保全などを考えるのは無意味になってしまう。

　人間はもともと※1利己的に振舞うものだ。これは否定のしようがない。人類の祖先は数百万年前に生まれて，それからずっと，つい一万年前くらいまでは，狩猟採集で食べものを得る原始時代（旧石器時代）のくらしを送っていた。農耕や牧畜がはじまる前の原始時代のくらしはたいへんきびしく，人類の人口はとても少なかった。彼らは小さなグループをつくり広大な土地で食べものを探していたから，①人口密度はとても低かったのである。

　太古のむかしに思いを馳せてみよう。人口密度が極端に低い時代の彼らにとって，地球のサイズは無限と考えても問題がなかった。どんなにがんばっても地球の資源を使いつくすことはできなかったのである。だから，ひたすらできる限りの資源の収奪を行うことが，彼らにとってベストな戦略だったのだ。原始時代のこのような環境では，現代のような環境問題は生じない。原始人がごみを捨てたところで，それは広大な土地や水や大気ですぐに薄められてしまう。だから現代のような公害は発生しなかったのだ。だから原始人には，環境意識はなかなか生まれなかったことだろう。

　やがて農耕や牧畜が始まった。すると食料が安定して供給されるようになり，人口密度が増加する。それと同時に人びとは定住生活をするようになる。人間の※2ライフスタイルがこのように変わっていくと，原始時代ように後先考えずに資源を使い切ってしまうと困ることが増えてきた。人口が増えて※3テクノロジーが進歩するにしたがって，資源を使いつくすというのが現実問題になってきたのである。こうして人びとは次第に，持続可能な利用という※4コンセプトを身に着け，社会のルールや道徳に組み込んで，現代にいたる。しかし，人間はつい一万年くらい前までは旧石器時代を生きていた。人間はそんなに急に変わることはできないので，現代人の※5遺伝子も原始時代の記憶を引きずっている。だから容易に※6共有地の悲劇を引き起こす。これは人がもって生まれた性なのである。人間がみんな※7利他的になったらいいよね，みたいなのは夢物語である。②人間の善意や利己犠牲に頼りきりの環境保全は成立しない。

　生物学者である僕は，生物としての人間が持つ性をいやというほどわかっている。人間も動物も等しく，生存と繁殖のためのきびしいたたかいを今日まで続けている。そのために，冷徹で合理的な行動を取ることが求められているのだ。それでもなお，人間は環境問題を解決できると信じている。考えてみれば，人間は後先を考えて，未来の幸せのためにいまがまんすることができる生物である。これが，人間とその他の生物の大きなちがいだ。③人類が農耕や牧畜を「発明」したのはこのような性質を持っていたから。ひと握りの小麦や一匹の子ヒツジを手に入れたとき，それらを食べてしまえばすぐに満腹になるし，手間もかからない。しかし人類は，がまんしてそれらを食べずに育てることの意味を知った。苦労して世話をして育てることで，将来，より多くの食べものが得られるのである。これは，未来の幸福のためにいまがまんできる理性という人間の特徴が生み出したものである。

　だから，僕ら人類は環境問題を解決できる可能性を持っていると思う。いま，ある程度がまんすることで将来僕らや僕らの子孫たちが幸せになれるなら，そういう選択ができる動物なのだ。環境問題はたいへん深刻だし，共有地の悲劇を生み出す人間の性から逃れることもできない。それでもなお，希望を捨てずに解決を目指すべきだ。これが④楽観的悲観主義者の※8マインドである。

　　　　　　　　　（一部に省略，表記，ふりがなをつけるなどの変更があります。）

※1　利己的……自分の利益だけを追求しようとするさま。

※2　ライフスタイル……生活のしかた。

※3　テクノロジー……科学技術。

※4　コンセプト……考え方。

※5　遺伝子……親から子へ遺伝する性質を伝えるもの。

※6　共有地の悲劇……多くの人が利己的な行動に走った結果，共有する資源がつきてなくなる現象を意味する用語。

※7　利他的……自分のことより他人の幸福を願うさま。

※8　マインド……精神。

問1　下線部①「人口密度」について，花子さんは，**資料1**をもとにイギリスとインドの人口密度を求め，図で表すことにしました。**資料2**は，花子さんがイギリスの国土面積1km²あたりの人口密度を，国土面積を示した正方形と人口を示した●で図に表したものです。**資料2**と同様に，インドの国土面積1km²あたりの人口密度を正方形と●で表すと，どのような図になりますか。最も適切なものを，次のア～エの中から1つ選び，記号で答えなさい。

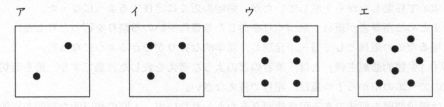

ア　　　　　　イ　　　　　　ウ　　　　　　エ

資料1　イギリスとインドの国土面積と人口

	国土面積 （万km²） （2019年）	人口 （万人） （2020年）
イギリス	24	6,789
インド	329	138,000

（「世界国勢図会　2021／22年版」をもとに作成）

資料2　花子さんが作ったイギリスの人口密度を表した図

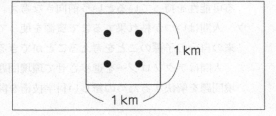

問2　下線部②「人間の善意や自己犠牲に頼りきりの環境保全は成立しない。」とありますが，筆者はその理由をどのように考えていますか。最も適切なものを，次のア～エの中から1つ選び，記号で答えなさい。

ア　環境の持続可能な利用を心がけても，人間の後先考えない性質は残っているから。

イ　人口密度が極端に低い時代の人間は，地球の資源を使いつくすことができないから。

ウ　テクノロジーが進歩するにしたがって，人間は後先考えずに行動するようになったから。

エ　資源を使い切らないように社会のルールなどを整備しても，守らない人間が一定数存在するから。

問3　下線部③「人類が農耕や牧畜を『発明』した」について，花子さんは，米づくりの特徴と米づくりの広まりによる人々の暮らしや関係の変化をまとめました。次のページの【花子さんのま

とめ】の中にある空らん A ～ C に入る内容として**適切でないもの**を，次のア～エの中から１つ選び，記号で答えなさい。

【花子さんのまとめ】

米づくりの特徴

○保存しておくことができる。
○土地と水が必要である。
○人々が共同で計画的に行う必要がある。

➡

米づくりの広まりによる人々の暮らしや関係の変化

A

B

C

ア 食料を安定して手に入れられるようになり，むらの人口がふえた。

イ 食料を求めて移動しながら生活していたが，農地の近くに定住するようになった。

ウ 人々をまとめる指導者が現れ，米づくりを命じたり豊作をいのる祭りを行ったりした。

エ 食料を得るための道具として弓矢が発達し，効率的な狩りができるようになった。

問４ 下線部④「楽観的悲観主義」とは，筆者のどのような考えを表した言葉ですか。最も適切なものを，次のア～エの中から１つ選び，記号で答えなさい。

ア 人間には環境問題を解決できる可能性があるかもしれないが，人間の利己的な行動が資源を使いつくし，環境を悪化させてしまうという考え。

イ 人間は利己的に振舞うものであると認めながらも，人間は理性によって環境問題を解決できる可能性を持っているという前向きな考え。

ウ 人間はいつか枯れ果てるまで資源を使ってしまうという未来を予測しながらも，人間に，将来の自分の子孫のことを考えることができる理性を身につけてほしいと望む考え。

エ 人間はテクノロジーを進歩させて環境問題を生じさせたが，未来の幸せのために，今後は環境問題を解決するための新しい科学技術を開発してくれるだろうと予測する考え。

4 太郎さんは，ALTの先生と話をしています。

次の問１～問４に答えなさい。

【太郎さんとALTの会話】

ＡＬＴ：Taro, what do you want for dinner?

太郎さん：I want *eel.　It's delicious.　Eel is famous in Saitama City. You can eat eel near Urawa Station.　We eat eel on "*Doyo no Ushi no Hi*" in Japan.

ＡＬＴ：What is "*Doyo no Ushi no Hi*"?

太郎さん：Sorry, I don't know.

※ eel……うなぎ

　太郎さんは，ALT の先生と話したことがらに興味をもち，総合的な学習の時間に "Doyo no Ushi no Hi" と水産物について調べて発表することにしました。

【太郎さんと先生の会話①】

太郎さん：水産物といえば，「浦和のうなぎ」はさいたま市の伝統産業ですよね。日本では，「土用の丑の日」にうなぎを食べる習慣がありますが，「土用の丑の日」とは何でしょう。

先　　生：「土用」には，「二十四節気」と「雑節」という暦が関係しています。二十四節気は，農作業などの目安にするために中国で作られた暦で，雑節は，二十四節気をもとに細かい季節の変化をつかむために日本で作られた暦です。また，「丑の日」とは，日付を表すために干支が使われたことに由来しています。ここに資料1と資料2があります。資料1は，2023年の雑節を示したもの，資料2は，「土用の丑の日」についてまとめたものです。

太郎さん：ありがとうございます。そういえば，「土用の丑の日」は，元日のように毎年同じ日なのでしょうか。

先　　生：二十四節気や雑節は，太陽の動きによって決められているため，「土用の丑の日」は年によって変わります。

太郎さん：「土用の丑の日」は毎年同じ日ではないのですね。では，資料をもとに，2023年の「土用の丑の日」がいつになるかを考えてみます。

先　　生：がんばってください。

資料1　2023年の雑節

	日付・期間
冬の土用	1月17日〜2月3日
節分	2月3日
彼岸	3月18日〜3月24日
春の土用	4月17日〜5月5日
八十八夜	5月2日
入梅	6月11日
半夏生	7月2日
夏の土用	7月20日〜8月7日
二百十日	9月1日
彼岸	9月20日〜9月26日
秋の土用	10月21日〜11月7日

（国立天文台「令和5年（2023年）暦要項」をもとに作成）

資料2　土用の丑の日

- 「土用」とは雑節の1つであり、二十四節気の立春・立夏・立秋・立冬の日の前のそれぞれ約18日間の4つの期間を指します。時期に応じて、「冬の土用」や「春の土用」とよばれます。
- 日付を表すために干支（子、丑、寅、卯、辰、巳、午、未、申、酉、戌、亥）を使うことがあります。「子」から「亥」の順に1日に1つずつ干支をくり返し、日にちにあてはめます。したがって、「丑」の日は12日に1回おとずれることになります。
- 土用の期間は約18日間であるため、「土用の丑の日」は年によって1日だけの場合と、2日ある場合があります。

問1　太郎さんは，2023年夏の「土用の丑の日」がいつになるかを考えるために，十二支が示され
たカレンダーを探（さが）したところ，2023年6月の日めくりカレンダーを見つけ，資料3のとおりに並（なら）
べました。資料1，資料2，資料3を参考にして，2023年夏の「土用の丑の日」は何月何日にな
るか答えなさい。ただし，2日ある場合は2日とも答えなさい。なお，6月の最終日は30日，7
月の最終日は31日です。　　　　　　　　　　　　　　（資料1，資料2は前のページにあります。）

資料3　太郎さんが並べた2023年6月の日めくりカレンダー

| 2023年6月 1 寅 木 | 2023年6月 2 卯 金 | 2023年6月 3 辰 土 | 2023年6月 4 巳 日 | 2023年6月 5 午 月 | 2023年6月 6 未 火 | 2023年6月 7 申 水 | 2023年6月 8 酉 木 | 2023年6月 9 戌 金 | 2023年6月 10 亥 土 | 2023年6月 11 子 日 | 2023年6月 12 丑 月 | 2023年6月 13 寅 火 | 2023年6月 14 卯 水 | 2023年6月 15 辰 木 | 2023年6月 30 未 金 |

【太郎さんと先生の会話②】

太郎さん：水産物について，日本ではどのような種類の魚介類（かい）が，どのくらい購入（こう）されている
　　　　　か調べようと思います。

先　　生：よい資料はありましたか。

太郎さん：資料4と資料5を見つけました。資料4と資料5の生鮮（せん）魚介類は，魚類，貝類，海
　　　　　そう類などの水産物のうち，加工食品以外のもののことで，資料4は生鮮魚介類全
　　　　　体の1人1年あたりの購入量，資料5は主な生鮮魚介類の1人1年あたりの購入量
　　　　　を示しています。生鮮魚介類全体の購入量は1989年から2018年の間でかなり変化し
　　　　　ている一方，魚介類の種類によって変化の仕方にちがいがあることがわかりまし
　　　　　た。また，主な都道府県庁（ちょう）所在地ごとにサケとマグロの購入量の変化を示した次の
　　　　　ページの資料6も見つけました。

先　　生：資料4，資料5，資料6から何がわかるか考えてみましょう。

資料4　生鮮魚介類全体の1人1年あたりの購入量

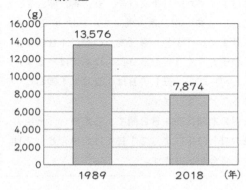

資料5　主な生鮮魚介類の1人1年あたりの購入量

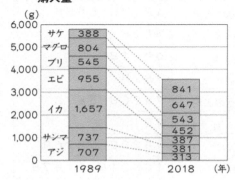

資料6 主な都道府県庁所在地の1世帯1年あたりの魚介類別購入量

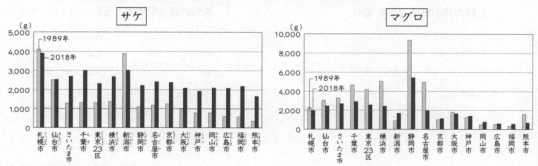

※対象は二人以上の世帯

※さいたま市…1989年のデータは、浦和市、大宮市、与野市、岩槻市と合ぺいする前の浦和市のデータである。他にも、1989年から2018年の間に周りの市町村と合ぺいした市があり、その市は1989年と2018年では市の大きさが異なっている。

(資料4、資料5、資料6は水産庁「令和元年度水産白書」をもとに作成)

問2 資料4，資料5，資料6から読み取れることとして最も適切なものを，次のア～オの中から1つ選び，記号で答えなさい。

ア 1989年には，アジ，サンマ，イカ，エビの1人1年あたりの購入量は，生鮮魚介類全体の1人1年あたりの購入量の約3割をしめていたが，2018年には全体の約2割になっている。

イ 2018年は，1989年と比べると1人1年あたりの購入量が増加しているのは，サケ，マグロ，ブリである。

ウ 生鮮魚介類全体の1人1年あたりの購入量も，主な生鮮魚介類の1人1年あたりの購入量も，2018年は1989年の半分以下になっている。

エ 横浜市，静岡市，名古屋市では，1989年には1世帯1年あたりのマグロの購入量はサケの購入量より多かったが，2018年にはサケの購入量のほうがマグロの購入量より多くなっている。

オ マグロの購入量が1世帯1年あたり3,000g以上であった都市の数は，1989年より2018年のほうが少なくなっているが，1989年にマグロの購入量が1世帯1年あたり2,000g以下であったすべての都市では，2018年のマグロの1世帯1年あたりの購入量が増加している。

【太郎さんと先生の会話③】

太郎さん：わたしの家では，魚料理よりも肉料理のほうを多く食べる気がします。魚介類と肉類では，どちらが多く購入されているのでしょうか。また，価格にちがいはあるのでしょうか。

先　　生：ここに，1世帯で購入した生鮮魚介類と生鮮肉類の購入金額の変化をまとめた資料7と，1世帯で購入した生鮮魚介類と生鮮肉類の100gあたりの価格の変化をまとめた資料8がありますよ。これらの資料は，日本で魚介類と肉類がどのように食べられてきたかを知る参考になると思います。

太郎さん：ありがとうございます。資料7と資料8から，　　　A　　　ということがわかります。

先　　生：そのとおりです。　　　　　　　　　　　　　　(資料7，資料8は次のページにあります。)

資料7　1世帯1年あたりの生鮮魚介類と
　　　　生鮮肉類の購入金額の変化

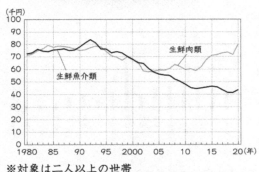

※対象は二人以上の世帯

資料8　1世帯1年あたりの生鮮魚介類と
　　　　生鮮肉類の平均購入価格(100gあたり)の変化

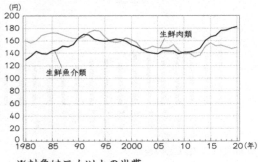

※対象は二人以上の世帯

（資料7、資料8は総務省「家計調査（平成12年、令和2年）」をもとに作成）

問3　【太郎さんと先生の会話③】の空らん　A　にあてはまる内容として最も適切なものを，資料
　　7，資料8を参考にして，次のア～オの中から1つ選び，記号で答えなさい。

ア　2020年は1980年と比べると，1世帯1年あたりの生鮮魚介類の購入金額は半分以下に減り，
　　減った分と同じくらい生鮮肉類の購入金額が増えている

イ　1995年から2020年にかけて，1世帯1年あたりの生鮮魚介類の購入金額は減り続けており，
　　生鮮肉類の購入金額は増え続けている

ウ　2020年は2000年と比べると，1世帯1年あたりの生鮮魚介類の購入金額は2万円以上減り，
　　1世帯1年あたりの生鮮肉類の購入金額は1万円以上増えている

エ　1世帯1年あたりで購入した生鮮魚介類と生鮮肉類の100gあたりの平均購入価格は，1990
　　年代後半にほぼ同じになり，それ以降どちらも低下し続けている

オ　1世帯1年あたりの生鮮魚介類と生鮮肉類の100gあたりの平均購入価格は，1980年より
　　2020年の方がどちらも低くなっている

【太郎さんと先生の会話④】

太郎さん：世界全体で，養殖業による魚の生産量が増えているそうですね。

先　　生：そうですね。1980年代後半以降，漁による魚の生産量はあまり変化していません
　　　　　が，養殖の生産量は増加しています。

太郎さん：養殖について調べていたところ，クロマグロの養殖について興味深い資料を見つけ
　　　　　ました。そこにはクロマグロを育てるのに必要なえさの量が書かれていました。出
　　　　　荷できる50kgまでクロマグロを成長させるとき，あたえるえさは全部で700kgにな
　　　　　るそうです。

先　　生：この**資料9**（次のページ）を見てください。「増肉係数」とは，養殖において，魚
　　　　　の体重を1kg増加させるのに必要なえさの量を表しています。クロマグロの増肉係
　　　　　数と**資料9**の魚の増肉係数を比べると，どのようなことがいえますか。

太郎さん：どちらの魚も，0kgから成長したものとして計算すると，クロマグロの増肉係数は，
　　　　　資料9にある　B　のちょうど5倍であることがわかります。

先　　生：そのとおりです。

太郎さん：そういえば，クロマグロは，えさとして何を食べているのでしょうか。

先　　生：クロマグロのえさは，主に魚です。さて，2019年の養殖のクロマグロの出荷数は，30.2万尾でした。これらのクロマグロの体重が 0 kgから50kgになるまで魚をえさとしてあたえたとき，えさとなった魚は，どれくらいの量になるのでしょうか。

太郎さん：2019年の日本の 1 人 1 年あたりの魚介類消費量が44.6kgであることをもとに考えると，日本で約 C 人が 1 年間に消費する魚介類の量と同じくらいといえますね。

先　　生：そのとおりです。養殖のクロマグロにあたえるえさを作るのは難しく，これまではえさとして生の魚をあたえていたそうです。しかし，えさの開発が進められ，魚以外を含んだえさで養殖されたクロマグロが，出荷されるようになったそうです。

太郎さん：魚以外のえさの開発は，水産資源全体を守ることにつながりますね。

資料9　主な魚の増肉係数とその求め方

	魚	増肉係数
ア	ブリ	2.8
イ	マダイ	2.7
ウ	ギンザケ	1.5
エ	ノルウェータイセイヨウサケ	1.2

増肉係数の求め方

$$増肉係数 = \frac{あたえたえさの量（kg）}{増えた体重（kg）}$$

（水産庁「平成25年度水産白書」をもとに作成）

問4　【太郎さんと先生の会話④】の空らん B にあてはまる魚として最も適切なものを，資料9のア～エの中から 1 つ選び，記号で答えなさい。また，空らん C にあてはまる数を，千の位を四捨五入し，万の位までのがい数で答えなさい。

5　花子さんは，総合的な学習の時間に「まちづくり」について調べ，発表しようとしています。

次の問 1 ～問 3 に答えなさい。

【花子さんと先生の会話①】

先　　生：なぜまちづくりに興味をもったのですか。

花子さん：この前，東京都の西南部にある「多摩ニュータウン」に行きました。歩行者専用道路が整備されていたり，集合住宅が並んでいたりするようすを見て，まちづくりについて調べてみたいと思ったのです。

先　　生：多摩ニュータウンは，都心の住宅不足を解消するために，資料1のように，多摩市，八王子市，稲城市，町田市にまたがる多摩丘陵を切りひらいてつくられた

資料1　多摩ニュータウンの位置

　　　　　　まちですね。1965年に開発が始まりました。

花子さん：開発が始まってから現在まで時間が経過しているため，入居当初からのある変化が
　　　　　見られるそうなのです。**資料2**，**資料3**を見てください。

先　　生：**資料2**から，多摩ニュータウンの人口の変化がわかりますね。**資料3**では，多摩
　　　　　ニュータウンにあるそれぞれの地区について，入居が始まった年と，地区の人口に
　　　　　しめる高齢者の人口の割合，つまり高齢化率がわかりますね。高齢者とは，65歳以
　　　　　上の人のことで，高齢化率は，地域の人口にしめる65歳以上の人口の割合のことを
　　　　　いいます。例えば，1995年に入居が始まったある地区では，2021年10月1日時点の
　　　　　高齢化率は24.5％になっています。

花子さん：多摩ニュータウンは，開発されて住民が入居するようになった年が，地区によって
　　　　　ちがうので，人口や高齢化率は**資料2**，**資料3**のようになるのですね。

資料2　多摩ニュータウンの人口の変化

資料3　多摩ニュータウンの各地区の入居開始年と２０２１年１０月１日時点の高齢化率

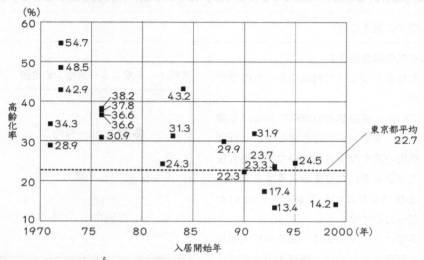

※資料中の■の数値は、各地区の高齢化率を示している。

（**資料1**、**資料2**、**資料3**は東京都都市整備局ウェブサイトをもとに作成）

問1　前のページの**資料2**，**資料3**から読み取れることとして最も適切なものを，次のア～エの中から1つ選び，記号で答えなさい。

ア　八王子市区域の人口が多摩ニュータウンの人口にしめる割合は，1975年からゆるやかに増えており，2020年には全体の7割以上をしめている。

イ　多摩市区域の人口は，1990年まで増えていたが，それ以降は急激に低下している。

ウ　東京都の平均より高齢化率が低い地区の数は，東京都の平均より高齢化率が高い地区の数の4分の1以下であり，入居開始年はすべて1990年以降である。

エ　高齢化率が30％をこえている地区は，どの地区も入居開始年が1985年より前である。

【花子さんと先生の会話②】

花子さん：江戸時代，江戸はごみが少なく，きれいなまちだったんですよね。

先　　生：そうですね。江戸時代には，「5R」にあたる行動が行われていて，持続可能な社会が実現されていました。「5R」が何を示しているかはわかりますか。

花子さん：家庭科で学習しました。「Reduce」，「Reuse」，「Recycle」を合わせて「3R」といいます。「5R」は，「3R」に「Refuse」，「Repair」を加えたものです。例えば，「Refuse」はレジ袋などゴミになるものを受け取らないこと，「Repair」はこわれたものを修理することですね。

先　　生：「Reuse」は，そのままの形で再利用したり，作りかえたりして，もう一度生かすことです。

花子さん：江戸時代には，どんな生活の工夫をしていたのかが気になります。

先　　生：江戸時代の生活の工夫は，**資料4**にまとめられていますよ。

花子さん：**資料4**の①～⑤のうち，「Repair」をふくむものが，1つありますね。

先　　生：そのとおりですね。

資料4　江戸時代の生活の工夫

①使い古した紙や紙くずは回収され，紙の再生を行う職人に売られ，すき返し紙という紙に作り直された。

②かまどの灰などを業者が買い取っていた。農民がそれを買い取り，肥料にしていた。

③育てた稲のわらを使い，わらじ，みのなどを作り，使えなくなったら田畑の肥料にした。

④やぶれた傘を職人が買い取り，新しい油紙をはって直した。はがした油紙も包装用などとして売った。直せなくなったら，燃料にした。

⑤ろうそくに火をつけて使ったあとにとけて流れたろうを使い，新しいろうそくを作った。

問2　**【花子さんと先生の会話②】**の下線部について，「Repair」をふくむものとして最も適切なものを，**資料4**の①～⑤の中から1つ選び，記号で答えなさい。

【花子さんと先生の会話③】

花子さん：今，住んでいるさいたま市のまちづくりについても調べています。さいたま市は，「低炭素で電気が止まらない街」を目指しているそうです。「低炭素化」とは，二酸化炭素の排出量をおさえることです。低炭素化を実現するために，さいたま市は，低炭素な発電機能のある施設や機器を整備したり，電気自動車等を利用したりしているようです。ただ，「電気が止まらない街」とは，どういうことを表しているのかがわかりません。

先　　生：停電しても困らない街を目指すということのようです。次のページの資料5は，さいたま市が目指している「低炭素で電気が止まらない街」を図にまとめたものです。災害時の図の中央がぬりつぶされていますが，ここに何が入るかがわかると，「電気が止まらない街」とはどのようなことかがわかりますので，いっしょに考えてみましょう。次のページの資料6が参考になりますよ。さいたま市では，避難所などでV2Xというシステムの整備を進めています。

花子さん：V2Xとは何ですか。

先　　生：X2Vと比べてみるとわかると思います。X2Vは，「X to Vehicle」という英語に由来しており，「施設から電気で動く車両へ」ぴという意味です。また，V2Xは，「Vehicle to X」という英語に由来しており，「電気で動く車両から施設へ」という意味です。

花子さん：なるほど。つまり，X2Vは施設から車両への電気の供給の仕組みだけがあるのに対して，V2Xには　　A　　が可能な仕組みもあるのですね。

先　　生：そのとおりです。資料6の内容がよく理解できましたね。

花子さん：はい。資料5のぬりつぶされている部分に入る内容と「電気が止まらない街」の意味がわかりました。ふだんは送電線を使って行われている電気の供給が，災害等によって止まったときに，この仕組みを使うので，「電気が止まらない街」になるのですね。

先　　生：そのとおりです。

問3　【花子さんと先生の会話③】の空らん　A　にあてはまる内容を，【花子さんと先生の会話③】，資料5，資料6をもとにして，10字以上20字以内で書きなさい。

資料5　低炭素で電気が止まらない街

〈平常時（低炭素化を実現した街）〉　　　〈災害時（電気が止まらない街）〉

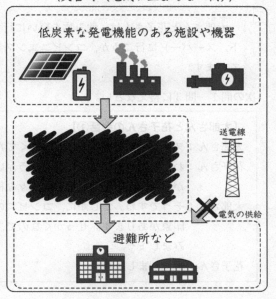

資料6　X2VとV2Xのしくみ

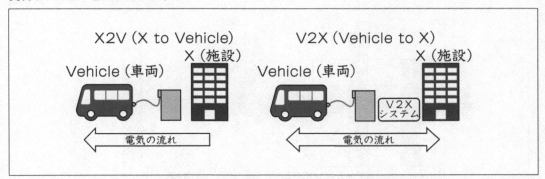

（資料5、資料6は東京電力ホールディングスウェブサイトをもとに作成）

【適性検査Ⅱ】 （45分）

1 太郎さんと花子さんは，飲み物を買いに行くことになりましたが，スーパーマーケット（以下，スーパー）に行こうか，コンビニエンスストア（以下，コンビニ）に行こうかを話し合っています。

次の問1～問3に答えなさい。

【太郎さんと花子さんの会話①】
太郎さん：スーパーに行きましょう。安くてたくさんの種類がありますよ。
花子さん：わたしは近くのコンビニのほうがいいと思います。スーパーよりもコンビニのほうが，限定品や新商品など，様々な種類の商品が売られている印象があるからです。
太郎さん：そうですね。たしかに，コンビニの飲み物は，次々と新しいものが発売されている印象があります。せっかくなので，両方に行って飲み物の価格帯と品目数を調べてみましょう。
花子さん：そうしましょう。

図1　スーパーとコンビニで売られている５００ｍＬの飲み物の価格帯と品目数

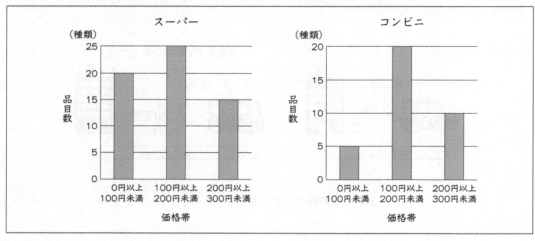

問1　図1から読み取れることとして**適切でないもの**を，次のア～カの中から**すべて**選び，記号で答えなさい。

ア　品目数の合計は，スーパーのほうがコンビニより多い。

イ　いずれの価格帯でも，スーパーのほうがコンビニより品目数が多い。

ウ　スーパーのもっとも品目数が多い価格帯とコンビニのもっとも品目数が多い価格帯を比べると，スーパーのほうがコンビニより高い。

エ　スーパーのもっとも品目数が少ない価格帯とコンビニのもっとも品目数が少ない価格帯を比べると，スーパーのほうがコンビニより高い。

オ　スーパーとコンビニのそれぞれの中で，もっとも品目数が多い価格帯を比べると，その価格

帯の品目数のそれぞれの全体における割合は，スーパーのほうがコンビニより大きい。

カ　スーパーとコンビニのそれぞれの中で，もっとも品目数が少ない価格帯を比べると，その価格帯の品目数のそれぞれの全体における割合は，スーパーのほうがコンビニより大きい。

【太郎さんと花子さんの会話②】

太郎さん：わたしの家では，ほとんどスーパーで買い物をしています。

花子さん：そうなのですね。わたしの家では，よくコンビニで買い物をしますよ。

太郎さん：それぞれの家がスーパーとコンビニで買い物をした金額を比べると，おもしろそうですね。

花子さん：それでは，おたがいの家の家計簿を見て，1か月の間に買い物をした金額を調べてみましょう。

太郎さん：そうですね。では，10月と11月で調べてみましょう。

表1　太郎さんの家と花子さんの家が１０月と１１月にスーパーとコンビニで買い物をした金額

	スーパー		コンビニ	
	１０月	１１月	１０月	１１月
太郎さんの家	17000円	28000円	3000円	2000円
花子さんの家	15000円	21000円	10000円	14000円

問2　表1をもとに，次の(1)，(2)に答えなさい。

(1)　10月と11月の買い物の金額をあわせて考えます。太郎さんと花子さんのそれぞれの家が買い物をした金額の合計をもとにすると，スーパーでの買い物の金額の割合はそれぞれ何％になるか，答えなさい。

(2)　10月と11月の買い物の金額を比べて考えます。太郎さんと花子さんのそれぞれの家が10月に買い物をした金額の合計をもとにすると，10月から11月に増加した分の買い物の金額の割合はそれぞれ何％になるか，答えなさい。

【太郎さんと花子さんの会話③】

太郎さん：表1を見ると，10月と比べて11月にスーパーで買い物をした金額が，大きく増加していることがわかりますね。どうしてなのでしょうか。

花子さん：11月は，スーパーで買い物をすると，次のページの表2のような12月に使うことができるクーポン券をもらうことができたからだと思います。そのために，11月は買い物をたくさんしたとお母さんが話していました。

太郎さん：そうでしたね。例えば，1回の買い物で1100円購入すると，12月に使える120円引きのクーポン券がもらえましたね。この場合，11月の購入額1100円から12月のクーポン券の値引き額120円を引いて，合計で980円の支払いをしたとみなせますね。これを「合計みなし支払い額」とよぶことにしましょう。

花子さん：わかりました。では，合計みなし支払い額とは，11月の購入額からクーポン券の値引き額を引いたものということですね。

太郎さん：そのとおりです。例えば，11月に1回の買い物で1500円購入した場合，200円引きの
　　　　　クーポン券がもらえるので，合計みなし支払い額は，1300円となります。合計みな
　　　　　し支払い額のいろいろな例を**表3**にまとめてみました。

花子さん：**表3**を見ると，900円で1回購入するよりも，1000円で1回購入するほうが，合計み
　　　　　なし支払い額が安くなることがわかりますね。100円高く購入したとしても，120円
　　　　　引きのクーポン券を1枚もらえるので，合計みなし支払い額は880円となり20円安
　　　　　く支払っているとみなせるからです。

太郎さん：そうですね。買い物の回数にも注意が必要ですよ。**表3**を見てもらえばわかるとお
　　　　　り，6000円で1回購入した場合は，450円引きのクーポン券を1枚しかもらえません
　　　　　が，3000円で2回購入することで，450円引きのクーポン券が2枚もらえます。

花子さん：そうですね。1回で買い物するときの購入額を考えて，2回に分けて購入をするこ
　　　　　とで合計みなし支払い額が安くなることがあるわけですね。

表2　もらうことができるクーポン券の種類

購入額	1000円以上 1500円未満	1500円以上 3000円未満	3000円以上
もらえるクーポン券の種類	120円引きのクーポン券	200円引きのクーポン券	450円引きのクーポン券

※買い物の購入額に応じて、いずれかが1枚もらえる。

表3　合計みなし支払い額の計算例

11月の購入額と購入回数	もらえるクーポン券	合計みなし支払い額
600円で1回購入	もらえない	600円
900円で1回購入	もらえない	900円
900円で2回購入	もらえない	1800円
1000円で1回購入	120円引きのクーポン券1枚	880円
1500円で1回購入	200円引きのクーポン券1枚	1300円
1000円で6回購入	120円引きのクーポン券6枚	5280円
1500円で4回購入	200円引きのクーポン券4枚	5200円
3000円で2回購入	450円引きのクーポン券2枚	5100円
6000円で1回購入	450円引きのクーポン券1枚	5550円

問3 【太郎さんと花子さんの会話③】，**表2**，**表3**をもとに，次の(1)，(2)に答えなさい。

(1) 11月に1100円で2回，2000円で1回，3200円で1回，スーパーで購入した場合，合計みなし支
　　払い額はいくらになるか，答えなさい。

(2) 11月にスーパーで20000円分購入する場合に，合計みなし支払い額が最も安くなるのは，どの
　　ように購入するときか答えなさい。ただし，「1100円で1回，1600円で2回購入する」のように
　　答えなさい。

2 太郎さんとおじさんは，おじさんの家にあるふりこ時計について話し合っています。ふりこ時計とは，**図1**のようにふりこがある時計です。ふりこ時計は，ふりこが左右にふれると，その動きに応じて針が動く仕組みになっています。

図1　おじさんの家にあるふりこ時計

時計の針
ふりこが動くと，その動きに応じて，少しずつ長針と短針が動く。
ふりこの動きに連動するため，その動きが正確ならば，正確に時刻を表示する。

ふりこ
一定の速さでふりこがふれ，時計の針を動かしている。
この時計は，本来1秒に1回真ん中にくるように左右にふれ続けるものであるが，ふりこがサビているため，正確にふれなくなってしまっている。

次の問1～問3に答えなさい。

【太郎さんとおじさんの会話①】

太郎さん：ふりこ時計の実物を見るのは初めてです。とても古いですね。

おじさん：そうだね。動くのだけれど，とても古く，ふりこが正確にふれなくなっているよ。

太郎さん：このふりこ時計は，ふりこが正確にふれないので，針も正確には動かないということですね。どのくらいずれてしまっているのか，ふりこ時計の針の動きを予測できませんか。

おじさん：このふりこ時計は，針も正確には動かないけれど，ふりこ時計の仕組みがわかると，どのくらいずれているのか，わかるかもしれないよ。もし，このふりこ時計のふりこが，正確にふれるのならば，ふりこは1秒に1回真ん中にくるはずだ。ふりこが左右にそれぞれふれて1往復することを，1回振動するというよ。1回振動すると，このふりこは2回真ん中にくるよ。このふりこ時計のふりこが正確にふれるならば，2秒に1回振動していることになるね。

太郎さん：わかりました。このふりこ時計は，正確にふれないということですが，1回振動するのに何秒かかるのでしょうか。

おじさん：1回振動するのにかかる時間を調べるのは難しいから，ふりこが1分間に何回振動するかを調べるといいね。このふりこ時計のふりこが正確にふれるならば，ふりこは2秒に1回振動するから，1分間では30回振動するはずだよ。

太郎さん：わかりました。それでは測ってみますね。5回くり返して，**表1**としてまとめます。

表1　太郎さんが調べたふりこ時計のふりこが振動する回数

	1回目	2回目	3回目	4回目	5回目
図1のふりこが1分間に振動する回数	28回	29回	29回	29回	28回

問1　図1のふりこが1分間に振動する回数について，表1の5回の結果の平均を答えなさい。答えは，小数第1位を四捨五入して，整数で答えなさい。

【太郎さんとおじさんの会話②】

おじさん：わたしも同じようにして，10回繰り返して測って，平均を求めたところ，図1のふりこが1分間に振動する回数の平均は，28回になったよ。

太郎さん：それでは，図1のふりこ時計が1分間に振動する回数は28回として，針の動きを考えます。針は，長針と短針とがありますが，長針の動きに注目して考えてみたいと思います。

おじさん：図1のふりこ時計のふりこが正確にふれるのならば，ふりこ時計の長針は，60分間では360°動くから，1分間だと　A　°動くね。また，ふりこは60分間に1800回，1分間に30回振動することになるね。では，ふりこのふれ方が正確ではない図1のふりこ時計の場合は，長針はどのように動くかな。

太郎さん：長針が動く角度とふりこが振動する回数の関係を考えるのですね。

おじさん：そのとおりです。それを考えるには，ふりこのふれ方が正確であっても正確でなくても，ふりこが振動する回数と長針が動く角度の比は，すべて同じになることに注目するといいよ。

太郎さん：そうですね。それをふまえると表2のように整理できました。

おじさん：よくできたね。

表2　ふりこ時計の長針の動きとふりこの振動の関係

	ふりこが正確にふれる場合		図1のふりこの場合	
	ふりこ時計の長針が動く角度	ふりこ時計のふりこが振動する回数	ふりこ時計の長針が動く角度	ふりこ時計のふりこが振動する回数
正確な60分間	360°	1800回	336°	C 回
正確な1分間	A °	30回	B °	28回

問2　【太郎さんとおじさんの会話②】と表2の空らん　A　，B　，C　にあてはまる数を，それぞれ整数または小数で答えなさい。

問3　図1のふりこ時計の長針が7周するには，正確な時間で何時間何分かかるか，その求め方を式を使って説明し，答えなさい。

---

③　さいたま新都心周辺のコースを回る自転車レースである，「ツール・ド・フランスさいたまクリテリウム」が開さいされました。これを観戦した太郎さんと花子さんは，自分たちも自転車に乗って走ってみたいと思い，あるサイクリングコースへ出かけることにしました。

次の問1〜問4に答えなさい。

まず，太郎さんと花子さんは，**資料1**を見て，自転車がどのようなしくみで動くのかについて調べました。

資料1　自転車のしくみ

ペダルに力を加えて回すと、前方の歯車が回転します。これにより、ペダルに加えた力がチェーンを伝わり、後方の歯車が回転します。後方の歯車の回転にともない、後輪もいっしょに回転し、自転車は前に進みます。

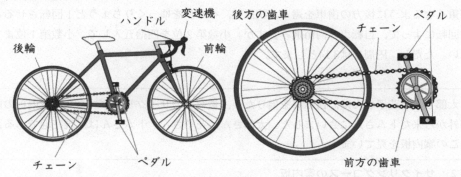

太郎さんと花子さんは，サイクリングコースで自転車を借りることにしました。2人は，受付の人から，2人が乗る自転車について，次の【太郎さんたちの会話①】のように説明を受けました。

【太郎さんたちの会話①】

太郎さん：ハンドルの右側についているレバーのようなものは何ですか。

受付の人：これは変速機です。この自転車の後方には歯数の異なる3種類の歯車がついています。変速機のレバーを動かすことで，チェーンとかみ合う後方の歯車を変えることができます。

花子さん：わたしたちが乗る自転車の歯車の歯数はいくつですか。

受付の人：お二人が乗る自転車の前方の歯車，後方の歯車の歯数は，**表1**の通りです。後方の歯車は，歯数が少ないものから順に，トップギア，ミドルギア，ローギアといいます。なお，「ギア」とは歯車のことです。

表1　太郎さんと花子さんが乗る自転車の歯車の歯数

前方の歯車の歯数	後方の歯車の歯数		
	トップギア	ミドルギア	ローギア
42	14	21	28

太郎さん：変速機で後方の歯車を変えると，何が変わるのですか。

受付の人：ペダルをふみこむときの重さが変わります。ペダルが1回転する間に後方の歯車が回転する数は，前方の歯車の歯数と後方の歯車の歯数の比の値と等しくなります。

例えば，トップギアにしたとき，前方の歯車の歯数と後方の歯車の歯数の比の値は3です。この値が大きいほど，ペダルを1回転させるために大きな力が必要になり，ペダルが重くなります。坂を上るときや向かい風を受けているときなど，前に進みづらいときはペダルを軽くして，平らな道を速く走りたいときなどはペダルを重くするといいですよ。このように，状況に応じて変速機のレバーを変えると，快適に走ることができます。

問1　太郎さんと花子さんが借りた自転車は，前輪と後輪の半径がそれぞれ30cmです。最もペダルが重くなるように後方の歯車を選んだ状態で，ペダルをゆっくりちょうど1回転させると，後輪の回転によって，自転車は何m進みますか。小数第2位を四捨五入^{きしゃごにゅう}して，小数第1位まで答えなさい。ただし，円周率は3.14とします。

太郎さんと花子さんは，自転車を借りた後，**資料2**のサイクリングコースの案内板の前で，海外から来たトムさんに会いました。太郎さん，花子さん，トムさんは，現在地である**A地点**でこの案内板を見ています。

資料2　サイクリングコースの案内板

一周したときの道のりは25.0kmです。
A地点から，このサイクリングコースを時計回りに進んだ場合，
　・A地点からB地点までの5.6kmは，平らな道
　・B地点からC地点までの4.5kmは，B地点からC地点に向かって，上り坂
　・C地点からD地点までの4.5kmは，C地点からD地点に向かって，下り坂
　・D地点からA地点までの10.4kmは，平らな道
になっています。
サイクリングコースは反時計回りに進むこともできます。

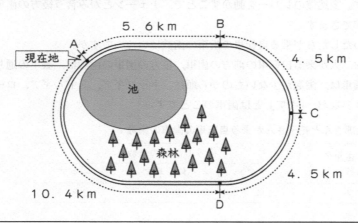

【太郎さんたちの会話②】
トムさん：Hello, my name is Tom.　I'm from Canada.　Nice to meet you.

太郎さん：Nice to meet you too, Tom.　My name is Taro.　This is Hanako.　We are from Saitama City.

トムさん：Really?　I know Saitama City because I like cycling.　Do you know ※the Saitama Criterium?

太郎さん：Yes, I do.　I like the Saitama Criterium.

トムさん：Great!

花子さん：トムさんは何と言っているの。

太郎さん：彼はカナダ出身で，さいたまクリテリウムを知っているようです。サイクリングが好きだと言っているので，みんなでサイクリングしましょう。

※　the Saitama Criterium……（ツール・ド・フランス）さいたまクリテリウム

　　資料2のサイクリングコースを，太郎さんとトムさんはいっしょに時計回りに，花子さんは反時計回りに自転車で進むことにしました。表2は，太郎さん，花子さん，トムさんの3人が，このサイクリングコースを自転車で進むときの速さを示したものです。

表2　3人が自転車で進むときの速さ

	平らな道	上り坂	下り坂
速さ	時速24km	時速18km	時速30km

問2　次の(1)，(2)に答えなさい。ただし，3人は，資料2のA地点を同時に出発してサイクリングコースを3人ともとちゅうで止まることなく，つねに表2に示した速さで進むものとします。

(1)　太郎さん，トムさんと花子さんが最初にすれちがうのは，3人が同時に出発してから何分何秒後ですか。

(2)　太郎さん，トムさんと花子さんが最初にすれちがったとき，太郎さんとトムさんはA地点から何km進んでいますか。小数第2位を四捨五入して，小数第1位まで答えなさい。

　　太郎さんは，サイクリングに行ってから数日後，自転車のペダルの部分と後輪の部分に「輪じく」というしくみが使われていることを知り，図書館で調べ，資料3を見つけました。

資料3　輪じくのしくみとつり合い

【輪じくのしくみ】

・図1のように，輪じくは「輪」とよばれる半径の大きい円板と，「じく」とよばれる半径の小さい円板からできている。

・輪とじくは，それぞれの中心どうしが固定されていて，輪とじくが，いっしょに回転するようになっている。

・輪とじくには，別々のひもがとりつけられている。

・右の図で，輪にかけたひもを下に引いて回転させると，じくも同じ向きに回転して，じくにかけたおもりが上がるようになっている。

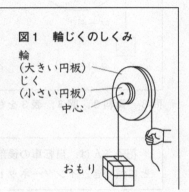

図1　輪じくのしくみ

輪（大きい円板）
じく（小さい円板）
中心
おもり

【輪じくのつり合い】

・図2のように，輪とじくにおもりをつるして，輪じくが動かないとき，輪じくはつり合っているという。

・輪じくのつり合いは，図2の点線で示された部分をてこのように考えると，てこがつり合うときのきまりと同じように次の式が成り立つ。

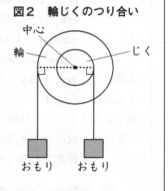

図2　輪じくのつり合い

> 輪じくのつり合いに関する計算式
> （輪にかけたおもりの重さ）×（輪の半径）＝
> 　　（じくにかけたおもりの重さ）×（じくの半径）

太郎さんは，ペダルをふみこむと後輪にどのくらいの大きさの力が加わるのかを調べるため，サイクリングコースを走ったときに借りたものと同じ自転車を用意して，次の【実験】を行いました。

【実験】

後輪が地面につかないように，自転車をうかせた状態で固定した。次に，後方の歯車をローギアにした状態で，ペダルに重さ800gのおもりをつり下げ，後輪に　X　gのおもりをつり下げると，ペダルにつり下げたおもり，後輪につり下げたおもりが両方とも動かなくなり，つり合うことがわかった。図3は，このときの後輪や歯車のようすを表したもので，表3は，この自転車の歯車の半径をまとめたものである。なお，後輪の半径は30cm，前方の歯車の中心からペダルの中心までの長さは18cmであった。

図3　後輪や歯車のようす

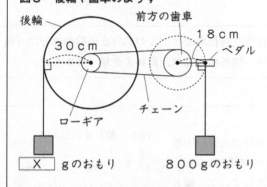

表3　調べた自転車の歯車の半径

		半径
前方の歯車		9cm
後方の歯車	トップギア	3cm
	ミドルギア	4.5cm
	ローギア	6cm

問3　資料3，図3，表3をもとに【実験】の空らん　X　にあてはまる数を答えなさい。

花子さんは，自転車の後部に必ずリフレクター（反しゃ板）とよばれるものがついていることに気づき，インターネットを使って調べたところ，次のページの資料4を見つけました。

資料4　リフレクター（反しゃ板）について

　図4のリフレクター（反しゃ板）は，夜間，自転車の後方から自動車のライトが当たると光をはね返し，自動車を運転する人に対して，前方に自転車がいることを知らせる大切な役割を果たしています。

　リフレクターは，自転車の真後ろからだけではなく，ななめ後ろの方向からライトを当てても，ライトを当てた方に向かって光をはね返します。

図4　リフレクター

　花子さんは，リフレクターが自転車の真後ろからだけではなく，ななめ後ろの方向からライトを当てても，ライトを当てた方に向かって光をはね返すことを不思議に思い，リフレクターのしくみについて先生に質問しました。

【花子さんと先生の会話】

花子さん：自転車の後部についているリフレクターは，どのようなしくみなのでしょうか。

先　　生：リフレクターは鏡のような，光をはね返しやすい素材を利用したものです。ここでは鏡を使って説明しましょう。図5のように，鏡の面に対して垂直に光を当てると光が来た方向に光がはね返りますが，図6のように，鏡の面に対してななめに光を当てると，「鏡に入る光と鏡の面に対して垂直な線とがつくる角」と「鏡によってはね返る光と鏡の面に対して垂直な線とがつくる角」が等しくなるように光は進みます。

花子さん：鏡の面に対してななめに光が当たっても，リフレクターのように光を当てた方に向かってはね返りませんね。

先　　生：そこで，図7のように，2枚の鏡を直角に合わせた鏡を使います。この鏡の面に対してななめに光を当てると，図8のようになります。

花子さん：光を当てた方にはね返ってきましたね。

先　　生：このように，直角に合わせた鏡には，光が光を当てた方向にはね返ってくる性質があります。リフレクターも光をはね返しやすい素材を使って，同じようなつくりをしています。

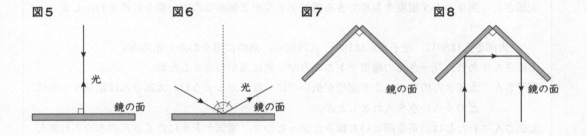

図5　　　　　図6　　　　　図7　　　　　図8

問4 直角に合わせた2枚の鏡にいろいろな方向から光を当てたとき，光の進み方として正しいものはどれですか。光の進み方として正しいものを，次のア～カの中から**すべて**選び，記号で答えなさい。ただし，矢印は光とその進む向きを表し，方眼はすべて等間かくであるものとします。

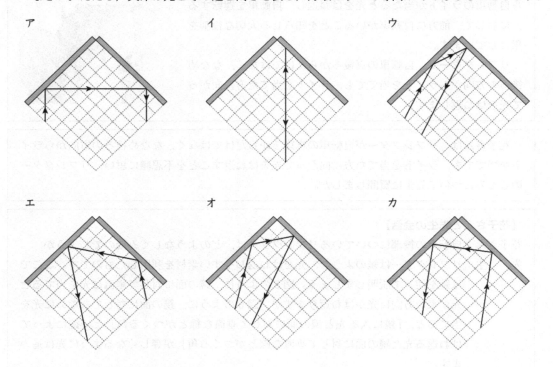

ア　イ　ウ

エ　オ　カ

4 花子さんと太郎さんは電気ケトルで湯をわかし，お茶を飲もうとしています。

次の問1～問4に答えなさい。

【花子さんと太郎さんの会話①】

太郎さん：お茶の種類によって，適している湯の温度がちがっていると家庭科の授業で習いましたね。

花子さん：そうですね。ある本によると，太郎さんが飲むお茶に適した湯の温度は80℃，わたしが飲むお茶に適した湯の温度は100℃だそうです。

太郎さん：湯をわかす温度を調節できる電気ケトルが2個あるので，別々に湯をわかしましょう。

　　　（太郎さんは80℃，花子さんは100℃に設定し，同時に湯をわかし始める）

太郎さん：あれ，花子さんの電気ケトルの方が，先に湯がわきましたね。

花子さん：太郎さんの方がわかす温度が低いのに，なぜでしょうね。太郎さんは電気ケトルにどのくらい水を入れましたか。

太郎さん：わたしはお茶を何ばいも飲みたかったので，電気ケトルにたくさんの水を入れました。

花子さん：わたしはカップ1ぱい分の水しか入れていません。もしかすると，電気ケトルに入れた水の重さによって，水の温度変化にちがいがあるのかもしれませんね。

太郎さん：くわしく調べるために実験してみましょう。

花子さんと太郎さんは，水の温度変化のちがいについて調べるため，次の【実験①】を行いました。

【実験①】

〈用意するもの〉

□電気こんろ（4台）　　□500mLのビーカー（4個）
□温度計（4本）　　　　□スタンド（4台）　　　　□水（20℃）

〈方法〉

① 500mLのビーカーをそれぞれ A ～ D とし，次の表に示した重さの20℃の水を入れる。

ビーカー	A	B	C	D
水の重さ	120g	240g	360g	480g

② あらかじめ同じ温度にあたためられている4台の電気こんろに，ビーカー A ～ D をそれぞれ同時にのせて，水をよくかきまぜながら5分間加熱する。また，加熱を始めてから1分ごとに，温度計でそれぞれのビーカーの水の温度をはかる。

〈結果のグラフ〉

水の重さと温度変化のちがい

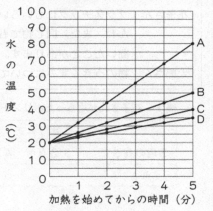

〈結果〉

・右のグラフのようになった。

問1　500mLのビーカーに20℃の水を入れ，【実験①】で用いた電気こんろを使い，【実験①】と同じ強さで加熱したところ，5分後に水の温度が初めて100℃になりました。このとき，ビーカーに入れた水の重さは何gか答えなさい。

【花子さんと太郎さんの会話②】

花子さん：実験をしていたので，お茶がすっかり冷めてしまいました。保温できるものがあればよかったですね。

太郎さん：保温できるものといえば，発泡ポリスチレンがよく使われていますね。

花子さん：以前，わたしは発泡ポリスチレンを作る工場を見学したことがありますよ。

太郎さん：発泡ポリスチレンは，どのように作られるのですか。

花子さん：発泡ポリスチレンをよく見ると，小さなつぶが集まっているように見えます。工場では，最初に，ポリスチレンというプラスチックでできた小さなビーズを高温の水

蒸気であたためます。すると，ポリスチレンがやわらかくなり，混ぜていた発泡剤のはたらきで体積が数十倍にふくらみます。これによって，加熱前はとう明でかたかったポリスチレンのビーズが，白くてやわらかいスポンジ状のつぶになります。

太郎さん：とう明なビーズが白くやわらかくなったのは，発泡してふくらんだからですか。

花子さん：そうです。ふくらんで，スポンジ状になったポリスチレンの小さなあなの中には，空気が入っています。これらのビーズを集めて型に入れ，もう一度加熱してビーズどうしをくっつけると，発泡ポリスチレンのかたまりができ上がります。

太郎さん：空気をたくさんふくんでいると，水によくうきそうですね。

花子さん：そうですね。これは，工場を見学したときにもらったポリスチレンのかたまりと，工場でつくられた発泡ポリスチレンです。

太郎さん：どちらも直方体ですね。それぞれの大きさと重さはどのくらいですか。

花子さん：表1の通りです。この発泡ポリスチレンは，原料となるポリスチレンの体積を30倍にしたものだそうです。元のポリスチレンと重さは同じですが，水によくうきますよ。

太郎さん：身の回りにはいろいろなプラスチックがありますが，発泡ポリスチレンのように，どれも水にうくのでしょうか。

花子さん：プラスチックにもいろいろな種類があるので，水にしずむものもあるかもしれませんね。また，同じ物でも，水以外の液体に入れると，うきしずみの結果が異なると聞いたことがあります。

太郎さん：物のうきしずみについて調べてから，実験してみましょう。

表1　花子さんがもらったポリスチレンのかたまりと発泡ポリスチレンの大きさと重さ（25℃のとき）

	ポリスチレンのかたまり	発泡ポリスチレン
3辺の長さ	3cm、4cm、5cm	20cm、30cm、40cm
重さ	63g	840g

資料1　物のうきしずみ

● 　金属やプラスチックなどの固体，水やエタノール（消毒に使われるアルコール）などの液体，酸素や二酸化炭素などの気体は，それぞれの種類によって1cm³あたりの重さは決まっている。

● 　液体の中に固体を入れたときの固体のうきしずみは，次のようになる。

「（固体1cm³あたりの重さ）＞（液体1cm³あたりの重さ）」のとき，固体はしずむ。

「（固体1cm³あたりの重さ）＜（液体1cm³あたりの重さ）」のとき，固体はうく。

「（固体1cm³あたりの重さ）＝（液体1cm³あたりの重さ）」のとき，固体は液体の中で止まったまま動かない。

● 　食塩水は，こさ（ある重さの食塩水の中にふくまれている食塩の重さの割合を百分率で表したもの）によって，1cm³あたりの重さは決まっている。

● 　温度によって体積が変わるものは，温度の変化にともなって1cm³あたりの重さも変わる。

● 　25℃のときの水，食塩水，エタノールの1cm³あたりの重さは次のページの表2のように

表2　水、食塩水、エタノールの１cm³あたりの重さ（25℃のとき）

	水	こさが６％の食塩水	こさが１２％の食塩水
１cm³あたりの重さ（g）	１．００	１．０４	１．０８

	こさが１８％の食塩水	こさが２４％の食塩水	エタノール
１cm³あたりの重さ（g）	１．１３	１．１８	０．７９

（蓑輪善蔵著「改訂　密度および濃度」（コロナ社），
国立天文台編「理科年表（2022年版）」（丸善出版）をもとに作成）

【実験②】

〈用意するもの〉

□ポリエチレンテレフタラート（ペットボトルの原料）

□ポリプロピレン（ペットボトルのふたの原料）

□ポリスチレン（発泡ポリスチレンの原料）　　□水（25℃）　　□エタノール（25℃）

□食塩水（こさが６％，12%，18%，24%のもの，いずれも25℃）

□ビーカー（６個）　　□カッター　　□ピンセット

〈方法〉

①　25℃の室内で，ポリエチレンテレフタラート，ポリプロピレン，ポリスチレンの３種類のプラスチックをカッターで切り，１辺の長さが１cmの立方体にする。

②　水，４種類のこさがちがう食塩水，エタノールをそれぞれ別々のビーカーに入れる。

③　①で切ったプラスチックをピンセットでつまみ，ビーカーの液体の中に静かにしずめてからゆっくりとピンセットをはなし，プラスチックのうきしずみを調べる。

〈結果〉

	水	６％の食塩水	１２％の食塩水	１８％の食塩水	２４％の食塩水	エタノール
ポリエチレンテレフタラート	×	×	×	×	×	×
ポリプロピレン	○	○	○	○	○	×
ポリスチレン						

※ういたときは○、しずんだときは×で表している。

【太郎さんのまとめ】

○ポリエチレンテレフタラートの１cm³あたりの重さは，　 A 　gより大きい。

○ポリプロピレンの１cm³あたりの重さは，　 B 　gより大きく，　 C 　gより小さい。

問2　【実験②】について，次の(1)，(2)に答えなさい。

(1)　太郎さんは，【実験②】の結果を【太郎さんのまとめ】のようにまとめました。【太郎さんのまとめ】の空らん　 A 　～　 C 　にあてはまる数を，資料１をもとにして答えなさい。

(2)　ポリスチレンを水，４種類のこさがちがう食塩水，エタノールに入れたときのうきしずみの結果はどうなりますか。表１，資料１をもとにして，うくときは○，しずむときは×で答えなさい。

【花子さんと太郎さんの会話③】

太郎さん：ところで，発泡ポリスチレンを水に入れると，発泡ポリスチレンは一部を水面から
出した状態でうきますね。このとき，どのくらいの体積が水面より上に出ているの
でしょうか。

花子さん：それに関連する内容が，わたしが昨日読んだ本に書かれていました。アルキメデス
というギリシャの科学者についての本です。

資料2　花子さんが昨日読んだ本の内容

　液体の中に入れた物体は，その物体がおしのけている液体（液面
より下にある物体と同じ体積の液体）の重さの分だけ上にうく力が
はたらく。つまり，液体の中に入れた物体が液面でういていると
き，ういている物体の重さは，その物体がおしのけた液体（液面よ
り下にある物体と同じ体積の液体）の重さに等しい。これを，アル
キメデスの原理という。

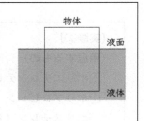

問3　花子さんが工場でもらった**表1**の発泡ポリスチレンの直方体を，面積が最も大きい面を底面
として25℃の水にうかべたとき，水面より上に出ている部分の高さは何cmですか。**表1**，**資料1**，
資料2をもとに答えなさい。なお，発泡ポリスチレンは水平にういているものとします。

【花子さんと太郎さんの会話④】

花子さん：アルキメデスの原理は，物体が液体の中にあるときだけでなく，気体の中にあると
きも成り立つそうですよ。

太郎さん：気体の中でも成り立つのなら，空気の中にいるわたしたちの体にも上にうく力がは
たらいているということでしょうか。

花子さん：そうですね。しかし，空気によって上にうく力よりも，わたしたちの体の重さの方
がはるかに大きいので，わたしたちは空気中にうくことはできないということにな
りますね。

問4　2.0gのビニル袋に，25℃，6.0Lの次のア～カの気体をそれぞれつめて口を閉じます。空気中
にうかぶビニル袋はどれですか。**資料3**をもとにして，あてはまるものを次のア～カの中から**す
べて**選び，記号で答えなさい。

ア　ちっ素が入ったビニル袋　　イ　酸素が入ったビニル袋　　ウ　二酸化炭素が入ったビニル袋

エ　水素が入ったビニル袋　　オ　ヘリウムが入ったビニル袋　　カ　アンモニアが入ったビニル袋

資料3　1Lあたりの気体の重さ（25℃のとき）

気体	空気	ちっ素	酸素	二酸化炭素	水素	ヘリウム	アンモニア
気体の重さ（g）	1.18	1.15	1.31	1.81	0.08	0.16	0.71

※アンモニアとは、水にとけるとアンモニア水になる気体のことである。

（国立天文台編「理科年表（2002年版、2022年版）」（丸善出版）をもとに作成）

5 花子さんと太郎さんは，流れる水のはたらきについて調べ学習を行っています。

次の問1～問2に答えなさい。

花子さんと太郎さんは，地層のでき方について調べるため，【実験】を行いました。

【実験】
〈用意するもの〉
□スタンド　　□とい　　　□板　　□水そう　　□バット
□水　　　　　□ビーカー　□土（れき，砂，どろを混ぜたもの）
〈方法〉
① 図1のような実験装置を組み立て，あらかじ
め水そうに水を入れておき，といの上に土をの
せる。
② といに水を流して土を水そうに流しこみ，し
ばらくそのままにしておく。
③ 水そうに流れた土がしずんだら，もう一度と
いの上に土をのせてといに水を流し，土を水そ
うに流しこむ。

図1　地層のでき方を調べる実験装置

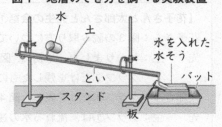

〈結果〉
・図2のように，水そうにれき，砂，どろの層が
できた。
・1回目に土を流すと，れき，砂，どろの層が1
組でき，2回目に土を流すと，1組目の層の上
に，れき，砂，どろの層がもう1組できた。

図2　【実験】の結果

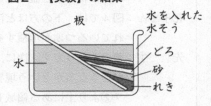

花子さんと太郎さんは，れき，砂，どろがそれぞれ層になって堆積することがわかりました。
その後，図書館でさらにくわしく調べていたところ，次の資料を見つけました。

資料　つぶの大きさと流れる水の速さの関係

●地層や岩石をつくっているつぶは，その大きさに
よって，れき，砂，どろに分けられている。
●堆積していたつぶが動き出すかどうか，運搬され
ていたつぶが堆積するかどうかは，つぶの大きさ
と流れる水の速さによって決まる。
●つぶの大きさと流れる水の速さの関係は，人工的
な水路を使って調べた実験結果から図3で表され
る。

図3　つぶの大きさと流れる水の速さの関係

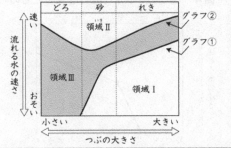

（日本地学教育学会「地学教育第71巻第3号（2019年）」をもとに作成）

【花子さんと太郎さんの会話】

花子さん：つぶが堆積するかどうかは，つぶの大きさと流れる水の速さによって決まることから，大きさが同じつぶであれば，流れる水の速さによって堆積するかどうかがわかりますね。ところで，**図3**はどうやって読めばよいのでしょうか。読み取り方が難_{むずか}しいですね。

太郎さん：そうですね。グラフ①，グラフ②はそれぞれ何を表しているのでしょうか。

花子さん：領域Ⅰ，領域Ⅱ，領域Ⅲもそれぞれ何を表しているかわからないですね。先生に質問してみましょう。

花子さんと太郎さんは，**図3**の読み取り方について，先生に質問しました。

【花子さんと太郎さんと先生の会話①】

花子さん：**図3**の読み取り方について，くわしく教えてください。

先　　生：わかりました。最初に，**図3**の2つのグラフのうち，グラフ①だけを残したものと，グラフ②だけを残したものに分けて表してみてください。

太郎さん：グラフ①だけを表した**図4**と，グラフ②だけを表した**図5**とに分けました。

先　　生：グラフ①は，流れる水の速さによって，運搬されているつぶがどうなるかという境界線を表しています。グラフ①より下にある領域Ⅰでは，運搬されているつぶがどのようになると読み取ることができますか。

花子さん：**図4**では，下の方ほど流れる水の速さがおそくなっているので，領域Ⅰは，運搬されているつぶが堆積することを読み取れるのではないでしょうか。

先　　生：そのとおりです。次に，グラフ②は，流れる水の速さによって，堆積しているつぶがどうなるかという境界線を表しています。グラフ①と同じように考えると，グラフ②より上にある領域Ⅱでは，底に堆積しているつぶはどうなりますか。

太郎さん：**図5**では，**図4**と同じように上の方ほど流れる水の速さが速くなっているので，領域Ⅱは，底に堆積しているつぶが侵食_{しん}されて，運搬されていくことを表しているのではないでしょうか。

先　　生：そうですね。**図4**，**図5**が表している意味を理解できていれば，2つの図を組み合わせた**図3**を正しく読み取ることができますね。

図4　図3のグラフ①だけを表したもの

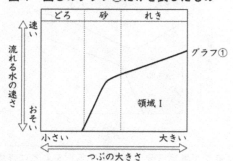

図5　図3のグラフ②だけを表したもの

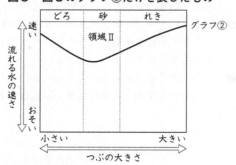

（**図4**、**図5**は、日本地学教育学会「地学教育第71巻第3号（2019年）」をもとに作成）

> 花子さんと太郎さんは，図3についてわかったことを，次のようにまとめました。

【花子さんと太郎さんのまとめ】

・れき，砂，どろが運搬されている川で，流れる水の速さをだんだんおそくしていくと，最初に堆積するのは　A　である。

・れき，砂，どろが堆積している川で，流れる水の速さをだんだん速くしていくと，最初に侵食され，運搬されるのは　B　である。

・図3の領域Ⅲは，運搬されているつぶは　C　状態であることを表していて，堆積しているつぶは　D　状態であることを表している。

問1　**【花子さんと太郎さんのまとめ】**について，次の(1)，(2)に答えなさい。

(1) 空らん　A　，　B　にあてはまる語の組み合わせとして正しいものを，図4，図5をもとに，次のア～カの中から1つ選び，記号で答えなさい。

	ア	イ	ウ	エ	オ	カ
A	どろ	どろ	砂	砂	れき	れき
B	砂	れき	どろ	れき	どろ	砂

(2) 空らん　C　，　D　にあてはまる言葉をそれぞれ10字以内で答えなさい。

【花子さんと太郎さんと先生の会話②】

花子さん：川は一定の時間にどのくらいの水が流れているのでしょうか。

先　　生：川を流れている水のおおよその体積を計算することはできます。図6は，学校の近くを流れている川のある地点の断面を表したものです。この地点で，1秒間に流れる水の体積を計算してみましょう。

太郎さん：川の水はつねに移動しているのに，流れる水の体積を求めることができるのですか。

先　　生：川を流れる水の体積を求めるときは，川のどの部分でも水の流れる速さが同じであるものと仮定して，1秒間に何m³の水が移動するかを考えます。図7を見てください。色をつけた部分が1秒間に流れる水の体積とすると，川の断面を底面としたときに，水が1秒間に移動したきょりを高さとした立体になっています。

太郎さん：川を流れる水の速さはどのように測るのですか。

先　　生：流速計という計器を用いるのが一般的(ぱん)だそうですが，魚つりで用いるうきを使って測る方法もあるそうです。この方法で調査してみましょう。

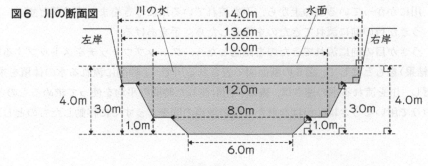

図6　川の断面図

図7　1秒間に川を流れる水の体積

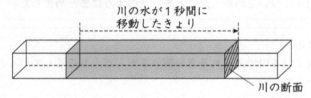

川の水が1秒間に
移動したきょり

川の断面

　花子さんと太郎さんは，先生といっしょに学校の近くを流れる川に行き，次の【調査】を行いました。

【調査】
〈用意するもの〉
　□魚つりで用いるうき　　□虫とりで用いるあみ　　□ストップウォッチ　　□巻き尺

〈手順〉
① 　図6の断面図で表された川の近くで，川が60m以上まっすぐに流れているところをさがす。
② 　川に沿って，2人が60mはなれて立つ。このとき下流の人はストップウォッチを持つ。

┌─────────────────────────────────────┐
│　　　　　　　　③～⑥の手順　　　　　　　　│
└─────────────────────────────────────┘

⑦ 　虫とりで用いるあみで，流れていくうきを回収する。
⑧ 　③～⑦の手順を全部で5回くり返す。
　※うきを川に落とす手順と，流れていくうきを回収する手順は，先生が行うこととする。

〈結果〉
表　川に落としたうきが60m移動するのにかかった時間

	1回目	2回目	3回目	4回目	5回目
時間（秒）	47.5	53.0	48.5	51.5	49.5

問2　【調査】について，次の(1)，(2)に答えなさい。

(1) 花子さんと太郎さんと先生は，③～⑥の手順でどのようなことを行ったと考えられますか。次のア～エを行った順番に並びかえなさい。ただし，川に落としたうきは流れに沿ってまっすぐ流れるものとします。

　ア　上流に立っている人が手をあげたら，ストップウォッチをスタートする。
　イ　川にかかっている橋の上から，下を流れている川にうきをまっすぐ落とす。
　ウ　うきが目の前に流れてきたのを確認したら，手をあげる。
　エ　うきが目の前に流れてきたのを確認したら，ストップウォッチをストップする。

(2) 〈結果〉をもとにして，図6の断面図で表される川で，1秒間に流れる水の体積を求めなさい。ただし，川を流れる水の速さは，表の5回計測した時間の平均を使って求めるものとし，また，魚つりで用いるうきは60mはなれた2つの地点の間をまっすぐに移動したものとします。

【適性検査Ⅲ】 （45分）

1 　　太郎さんはクラスで，「食生活」について発表することになりました。太郎さんは，発表原稿の作成に向け，先生に相談しています。

以下の会話文を読んで，問いに答えなさい。

先　　生：発表の準備は進んでいますか。

太郎さん：はい。自分の教室の掲示物で，「早寝早起き朝ごはん」のポスターを見つけ，朝食に興味をもちました。そこで，わたしは，食生活の中でも，朝食を食べることについてまとめ，発表しようと思います。

先　　生：なるほど。何か気づいたことは，ありますか。

太郎さん：はい。では，**資料1**を見てください。これは，ふだん朝食を食べているかという質問に対して，「ほとんど毎日食べる」と答えた人について，20歳以上の全世代とそのうちの20～39歳の世代を比べ，それぞれどのくらいの割合であったかを表したものです。とりわけ20～39歳の世代で，朝食をほとんど毎日食べる人の割合は，20歳以上の全世代の割合より低い状況が続いていることがわかります。

先　　生：よく見つけましたね。

太郎さん：ありがとうございます。次に，**資料2**を見てください。これは，朝食を食べることについて，どのように考えているかを示したものです。

先　　生：これは興味深い資料ですね。この資料をよく見ると，朝食を食べることに対しての考え方の傾向がわかりそうですね。

太郎さん：はい。最後に，**資料3**を見てください。これは，資料1の調査で朝食を「ほとんど毎日食べる」と答えなかった人，つまり，具体的には，ふだん朝食を「週に4～5日食べる」，「週2～3日食べる」，「ほとんど食べない」と答えた人に，朝食を食べるために必要なことを聞いたものです。

先　　生：もし，**資料3**に書いてあることが実現できたら，朝食を食べることができそうですね。では，これらの資料をもとに，どのように発表する予定ですか。

太郎さん：まず，**資料1**から，20歳以上の全世代で朝食を「ほとんど毎日食べる」と答えた割合について，令和3年は平成30年と比べて何ポイント減少したのか，小数第1位までの数値で述べます。また，令和3年の20～39歳の世代の割合が20歳以上の全世代に比べ，何ポイント低いかを小数第1位までの数値で述べます。次に，**資料2**から，朝食を食べることについて，考えていることとして，70％以上の人に選ばれている項目をすべて示し，項目の数値がそれぞれ何％かもあわせて述べます。最後に，**資料3**から，朝食を食べるために必要なこととして40％以上の人に選ばれている項目から1つ選び，それを実現するために，どのような生活習慣を身につけていけばよいか，具体的な考えを述べます。

先　　生：すばらしい発表になることを期待しています。

資料1　朝食を「ほとんど毎日食べる」と答えた人の割合

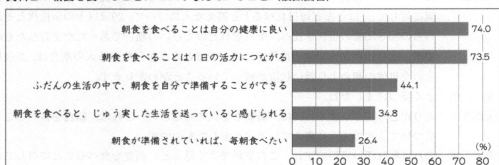

（農林水産省「食育に関する意識調査報告書（平成31年〜令和4年）」をもとに作成）

資料2　朝食を食べることについて考えていること（複数回答）

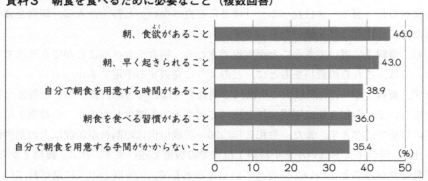

（さいたま市「さいたま市健康づくり及び食育についての調査（令和4年）」をもとに作成）

資料3　朝食を食べるために必要なこと（複数回答）

朝、食欲があること	46.0
朝、早く起きられること	43.0
自分で朝食を用意する時間があること	38.9
朝食を食べる習慣があること	36.0
自分で朝食を用意する手間がかからないこと	35.4

（農林水産省「食育に関する意識調査報告書（令和4年）」をもとに作成）

問　あなたが太郎さんなら、どのような発表原稿を作成しますか。次の条件に従って書きなさい。

条件1：解答は横書きで1マス目から書くこと。

条件2：文章の分量は、300字以内とすること。

条件3：数字や小数点、記号についても1字と数えること。

（例）| 4 | 2 | . | 5 | % |

2 図書委員の太郎さんは，花子さんと図書委員会の会議で発表する企画について話をしています。

以下の会話文を読んで，問いに答えなさい。

花子さん：太郎さんは，どのような企画を提案しようと考えているのですか。

太郎さん：はい。さいたま市では，毎月23日を「さいたま市子ども読書の日」と定めています。そこで，わたしは，読書活動を進めるために，6年生全員に本の紹介文を1人1枚書いてもらい，ろう下の掲示板に掲示する企画を提案することにしました。

花子さん：それはよい考えだと思います。ところで，どのように紹介文を掲示するのですか。

太郎さん：資料1を見てください。これは，6年生の教室の前のろう下にある掲示板の大きさを示したものです。わたしはここに，資料2のような掲示の仕方で，本の紹介文を掲示することを考えています。

花子さん：紹介文を掲示することができる掲示板のスペースには限りがあります。資料3を見ると，6年生全クラスのクラスごとの読書量がわかりますね。読書量にあわせて，紹介文を書いてもらう用紙の大きさを使い分けたらどうでしょうか。

太郎さん：そうしましょう。資料4を見てください。2種類の大きさの用紙を用意しました。読書量が多い人には，大きいサイズである用紙Aに書いてもらおうと考えています。用紙と用紙の間は，1cm以上空けた上で，できるだけ多くの用紙Aの紹介文を掲示できるようにしたいです。きれいに見えるように，用紙Aと用紙Bが同じ縦の列に並ばないようにします。

花子さん：それなら，掲示する用紙Aと用紙Bの枚数の組み合わせを求め，できるだけ多くの用紙Aを掲示することができる組み合わせを選ぶのは，どうでしょうか。用紙Aの枚数にあわせて，1か月の読書量が何冊以上の人に，用紙Aに紹介文を書いてもらうかを決めるとよいと思いますよ。では，わたしたちが話したことをもとに，どのような発表原稿にしますか。

太郎さん：はい。まず，資料3から，用紙Aと用紙Bがあわせて何枚必要になるかを述べます。次に，資料1，資料2，資料4をもとに，掲示板に掲示することができる用紙Aと用紙Bの枚数の組み合わせで，用紙Aが最も多くなる場合の組み合わせの結果を述べます。最後に，もう一度資料3を見て，1か月の読書量が何冊以上の人に用紙Aを配り，何冊以下の人に用紙Bを配って，紹介文を書いてもらえばよいかを述べ，それらをろう下の掲示板に掲示することを提案します。

花子さん：この提案が通るとよいですね。

資料1　ろう下の掲示板

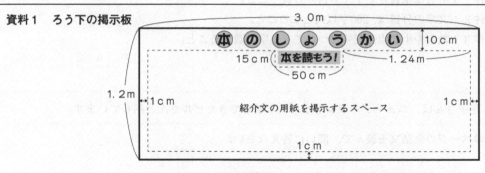

資料2　紹介文の掲示板への掲示の仕方

- 紹介文は，**資料1**の掲示板の内側にある点線の中に掲示する。
- 用紙は，**資料1**の掲示板の内側にある点線からはみ出さないように掲示する。
- 用紙と用紙は離して掲示し，その間は1㎝以上空ける。
- 用紙Aと用紙Bが同じ縦の列に並ばないようにする。

資料3　6年生のクラスごとの1か月の読書量

1か月の読書量	6年1組(人)	6年2組(人)
0冊	0	0
1〜2冊	5	3
3〜4冊	5	7
5〜6冊	6	4
7〜8冊	4	1
9〜10冊	6	4
11〜12冊	3	6
13冊以上	1	5
合計	30	30

資料4　紹介文の用紙

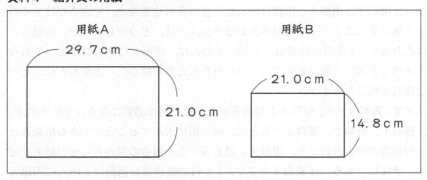

※どちらの用紙も，短い辺を縦にして使うこととする。

問　あなたが太郎さんなら，どのような発表原稿を作成しますか。次の条件に従って書きなさい。

条件1：解答は横書きで1マス目から書くこと。

条件2：文章の分量は，250字以内とすること。

条件3：数字や小数点，記号についても1字と数えること。

(例) | 4 | 2 | . | 5 | % |

3　花子さんは，ニュージーランドから引っ越してきたビルさんと話しています。

次のページの会話文を読んで，問いに答えなさい。

花子さん：Hi, Bill.　What did you do last weekend?

ビルさん：Hi, Hanako.　I went to Urawa Art Museum.

花子さん：That's nice.　I went to Saitama Super Arena.

ビルさん：Great!　I am a good basketball player.　I want to go there.

花子さん：We have many famous places in Saitama City.

先　　生：花子さん，ビルさんと週末をどのように過ごしていたのかを話していたようですね。どこに出かけたのですか。

花子さん：はい。ビルさんはうらわ美術館に，わたしはさいたまスーパーアリーナに出かけました。両方ともさいたま市にある施設です。ビルさんはバスケットボールが上手なので，さいたまスーパーアリーナに行きたいそうです。また。さいたま市には有名な場所がたくさんあると，ビルさんと話しているところでした。

先　　生：そうなのですね。さいたま市は魅力あるまちですからね。では，総合的な学習の時間で「さいたま市の魅力」をテーマに発表してみてはどうでしょうか。花子さんが社会科の授業で調べた内容をもとに，発表できるのではないでしょうか。

花子さん：わかりました。発表では，**資料1**として，さいたま市の人口の変化を使いたいと思います。さいたま市では，毎年人口が増加し続けていることがわかる資料です。また。**資料2**として，さいたま市の特徴的な取り組みがわかる資料を使いたいと思います。

先　　生：よいですね。そういえば，アンケートをもとにした資料なども調べていませんでしたか。

花子さん：はい。**資料3**として，さいたま市民に聞いた，さいたま市のイメージについてのアンケート結果を使いたいと思います。この資料からは，さいたま市民がさいたま市にもっているイメージがわかります。また，**資料4**は，さいたま市民に聞いた，さいたま市が今後どのような方向へ発展してほしいかのアンケート結果です。

先　　生：そうですね。発表をするときは，**資料3**，**資料4**の2つの資料を比べてみてはどうですか。

花子さん：わかりました。さいたま市をより魅力的にするための発表ができそうです。

先　　生：それでは，具体的にどのような発表を行いますか。

花子さん：まず，**資料1**から，2022年は2013年と比べ，どのくらい人口が増加したかについて，百の位を四捨五入して，千の位までのがい数で述べます。次に，**資料2**から，さいたま市の特徴的な取り組みのうち，わたしたち小学生が対象となっている教育の取り組みを1つ述べます。そして，**資料3**から，さいたま市民に聞いたさいたま市のイメージのうち，50％以上の項目をすべて述べます。最後に，**資料3**と**資料4**を比べ，**資料4**にある項目うち，**資料3**のさいたま市のイメージにない項目を1つ取り上げて述べます。その上で，その取り上げた項目をじゅう実させるための具体的な取り組みを提案し，さいたま市がより魅力あるまちになってほしいことを伝えます。

先　　生：すばらしい発表になりそうですね。

資料１　さいたま市の人口の変化

年	人口
２０１３年	1,244,884人
２０１４年	1,253,582人
２０１５年	1,260,879人
２０１６年	1,270,476人
２０１７年	1,281,414人
２０１８年	1,292,016人
２０１９年	1,302,256人
２０２０年	1,314,146人
２０２１年	1,324,589人
２０２２年	1,332,226人

※数値は、各年１月１日。

（さいたま市ウェブサイトをもとに作成）

資料２　さいたま市の特徴的な取り組み（一部）

分野	取組	内容の一部
子育て	子育て支えん医りょう費助成制度	さいたま市在住の子どもへ、０歳から中学校卒業前まで、医りょう費に係る一部負担金を助成
教育	英語教育「グローバル・スタディ」	すべてのさいたま市立小・中学校で小学校１年生から中学校３年生までの９年間、一貫した英語教育を実施
シティセールス	さいたま市のイメージの向上への取り組み	さいたま市の魅力を創造・発くつし、市内外にわがまちじまんとして魅力を発信
スポーツ	スポーツの力を生かしたまちの活性化	ツール・ド・フランスさいたまクリテリウムなど、スポーツイベントの開さい

（さいたま市ウェブサイトをもとに作成）

資料３　さいたま市のイメージ（複数回答）

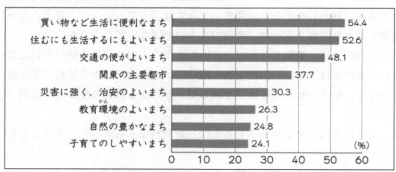

（さいたま市「令和３年度さいたま市民意識調査報告書」をもとに作成）

資料４　さいたま市が今後どのような方向へ発展してほしいか（複数回答）

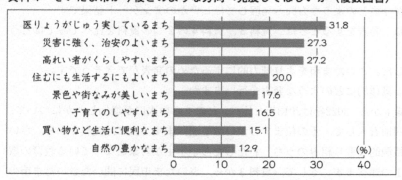

（さいたま市「令和３年度さいたま市民意識調査報告書」をもとに作成）

問　あなたが花子さんなら、どのような発表原稿を作成しますか。次の条件に従って書きなさい。

条件１：解答は横書きで１マス目から書くこと。

条件２：文章の分量は、300字以内とすること。

条件３：数字小数点、記号についても１字と数えること。

（例）| ４ | ２ | ． | ５ | ％ |

2023 年度

解 答 と 解 説

《2023年度の配点は解答欄に掲載してあります。》

＜適性検査Ⅰ 解答例＞ 《学校からの解答例の発表はありません。》

1　問1　ア
　　問2　清子の，顔を合わせても挨拶をしなかった失礼な態度。
　　問3　A　返してきたのが，嬉しかった
　　　　　B　可愛らしく
　　　　　C　自分の感情のせい
　　問4　エ

2　問1　ウ
　　問2　イ
　　問3　A　サセテクダサル
　　　　　B　サセテイタダク
　　　　　C　他者
　　　　　D　自分
　　問4　敬語形は相手に触れない方が，非敬語形は相手に触れる方がよい
　　問5　エ

3　問1　ウ
　　問2　ウ・ア
　　問3　エ
　　問4　イ

4　問1　7月30日
　　問2　ア
　　問3　ウ
　　問4　B　ア
　　　　　C　474万(4740000)

5　問1　ウ
　　問2　④
　　問3　電気で動く車両から施設への電気の供給

○推定配点○

1　問1・4　各4点×2　　問2　6点　　問3　各3点×3
2　問1・問3ＣＤ・問5　各4点×4　　問2・問3ＡＢ　各3点×3　　問4　6点

③　問1・問2・問4　各4点×3　　問3　3点
④　問1・問4Ｂ　各4点×2　　問2・問3　各3点×2　　問4Ｃ　5点
⑤　問1　4点　　問2　3点　　問3　5点
計100点

＜適性検査Ⅰ解説＞

① （国語：物語文，文章読解）

問1　清子は母親から言われ，疎開先の相手に対して自分から挨拶することを決めた。イは，清子は挨拶の習慣を積極的にやりとげようとしているため，「しぶしぶ」という表現はふさわしくない。また，確かに清子は，母親から挨拶をするように諭されているが，「諭す」というのは納得するように教えることであり，命じられたわけではないので，やはりイは適切でない。ウは，清子は母親から指摘されたのであり，友だちからではないので適切でない。エは，清子は自分が仲良くなりたい人だけでなく不愉快に感じる相手にも挨拶しているため適切でない。よって，最も適切な答えはアである。

問2　下線部②の後ろに，炎に油を注いだのは「自分自身だった」と書いてあるため，清子自身の態度が問題である。下線部②の前の段落で，清子が疎開先の相手と顔を合わせても「おはよう」，「おやすみなさい」と言っていなかったことがわかるため，この内容を入れて答える。誰の，どのような態度と聞かれているので，「清子の，～な態度。」という形でまとめる。

問3　清子がハナエと節子に「おやすみなさい」と挨拶したあと，節子が返事をし，ハナエから「なにやってるのよ」と言われる。この会話の後の段落から，清子の心情が表れている空らんにあてはまる言葉をさがす。空らんの前後を確認し，文章にあてはまるようにぬきだす。

問4　本文の内容や表現の特徴の説明として適切なものを選ぶ問題である。アは，「周りとのわだかまりがなくならない」という部分が適切でない。節子やリツが挨拶を返してくれ，むしろわだかまりは解消されつつある。イは，多くの比ゆ表現が使われているわけではなく，清子ががんこだとは言えないため適切でない。ウは，清子は「疎開先で仲間たちをさけている」のではなく，むしろさけないようにしているため適切でない。残るエは，清子の視点から自分の気持ちや周囲の様子がえがかれており，春の情景びょう写から良いきざしを感じ取れるため，適切である。したがって，最も適切な答えはエである。

② （国語：説明文，文章読解）

問1　空らんⅰについては，その前にポライトネスについて説明があり，その後では接客場面におけるポライトネスについて書かれている。空らんの前後が似た内容でつながっており，逆の内容になっているわけではないので，エの「しかし」は適切でない。空らんⅱについては，その前で「敬語ではより遠い言葉」になっていると書かれており，その後では遠い言葉について書かれている。空らんの前後で全く異なる話題に変わっているわけではないので，イの「ところで」は適切でない。空らんⅲについては，その後の内容が前の段落のまとめになっている。似た内容を列挙しているわけではないので，アの「あるいは」は適切でない。前の内容のまとめを導いているので，ウの「つまり」が適切である。ウの他の選たくしも文脈にあてはまるので，ウが最も適切である。

問2　アでは街を案内する相手が，ウでは先生が，エでは買い物をする相手である「あなた」が関わっている。イは「私」がたんじょう日をむかえるだけで，誰も関わっていないのに敬語が

使われている。よって，イが最も適切である。

問3　下線部②の次の段落で，「敬語形では『サセテクダサル』が減った一方，『サセテイタダク』が増えた」と書かれている。その段落の最後に，「勢いを増した形が，非敬語ではクレル系なのに敬語ではモラウ系だった」とある。つまり，敬語形で増えた「サセテイタダク」はモラウ系であり，対する「サセテクダサル」はクレル系だとわかる。よって，空らんＡには「サセテクダサル」，空らんＢには「サセテイタダク」が入る。空らんＣとＤについては，クレルとモラウの違いを見ていくと主語について書かれている部分があるので，そこからぬきだす。中略後６つ目の段落に「『モラウ』のはあくまで『私』などですから，自分のことを言っている」とあり，モラウ系の主語は「自分」であるとわかる。その次の段落に，「クレル系では必ず主語である他者に触れざるを得ない」とあり，クレル系の主語は「他者」であるとわかる。よって空らんＣには「他者」，空らんＤには「自分」が入る。

重要　問4　解答の空らんＥの前に，「現在の日本語におけるポライトネス意識」とあり，同じ言葉が下線部③と同じ段落の中にも登場する。そこでは，「非敬語ではより近い言葉へ，敬語ではより遠い言葉へ」とあり，ここが答えの内容になると推測できる。そのままでは空らんの文字数に合わず，説明も不十分なため，今度は下線部③の前の段落を見る。そこでは，「敬語形では，なるべく相手に触れずにいる方が安全」，「非敬語形ではその必要がなく，むしろ相手に触れるくらいで丁度の距離感」と書かれている。この内容を，先ほどの内容と組み合わせて，空らんの後ろにあうようにまとめればよい。

問5　文章の内容に対して，「適切でないもの」を選ぶ問題である。アの内容は，空らんⅱとⅲの段落に書かれているため，適切である。イの内容は，中略後１つ目の段落に書かれているため，適切である。ウの内容は，最初の段落から３段落目までに書かれているので，適切である。エの内容はこの文章のどこにも書かれていないので，適切ではない。よって，適切でないものはエである。

3　（国語・算数：説明文，文章読解，人口密度）

やや難　問1　この問題は，正確な数値を求めることが重要なのではなく，ざっくりとした数がわかればよい。そのため，計算するときはキリのいい近い数字に置きかえて計算すると，計算が楽になる。この問題を解くときのポイントは，それぞれの国の人口密度は求めなくてもよいことである。つまり，インドの人口密度が，イギリスの人口密度の何倍であるかを求めればよい。そのためには，インドの国土面積がイギリスと同じだった場合，インドの人口がイギリスの何倍になるかを求めればよい。

インドの国土面積を約330万km²だとすると，330÷24＝13.75より，インドの国土面積はイギリスの約13.8倍だとわかる。仮に，インドの国土面積がイギリスと同じだとすると，インドの人口は，138000÷13.8＝10000（万人）となる。イギリスの人口を約6800万人とすると，求める倍率は，10000÷6800＝1.47…，つまり約1.5倍になる。

資料2の図には，●が4個あるので，4×1.5＝6（個）となり，インドの人口密度を表した図には●が6個あることになる。よって，最も適切な答えはウである。また，インドとイギリスの人口密度を求めてから，それが何倍になるかを求めてもよいが，けた数が大きく複雑な割り算になるので，注意が必要である。

問2　下線部②の3文前に，「だから容易に共有地の悲劇を引き起こす」とある。「だから」という接続詞は，原因や理由と結果を結びつける役割をもつ。つまり，下線部②の理由も，「だから」の前に書かれていると推測できる。「だから」の前を見ると，「現代人の遺伝子も原始時

代の記憶を引きずっている」とある。つまり，現代の人々も原始時代の人々と同じ性質を持っていると考えられている。よって，最も適切な選たくしはアである。イは，原始時代の話なので，適切でない。ウは，テクノロジーが進歩したことで人間の性質が変わったのではないため，適切でない。エは，後半部分が文章中に書かれていないので適切でない。

問3　【花子さんのまとめ】という図の空らんをうめ，適切な図を作るのに「適切でない」選たくしを選ぶ問題である。アは，食料を安定して手に入れられるという内容が，**米づくりの特徴**の「○保存しておくことができる。」と関連しているので，適切である。イは，農地の近くに定住するようになったという内容が，**米づくりの特徴**の「○土地と水が必要である。」と関連しているので，適切である。ウは，人々をまとめる指導者が現れるという内容が，**米づくりの特徴**の「○人々が共同で計画的に行う必要がある。」と関連しているので，適切である。エの，狩りの内容は米づくりの内容と関連がないため，適切でない。よって，適切でない選たくしはエである。

問4　筆者は，人間の原始時代から続く性質からは逃れられないと悲観的に考えつつも，人間には理性があるのだから，それによって環境問題を解決することができると楽観的にも考えている。

　　　アは，下線部④の前に，「希望を捨てずに解決を目指すべきだ」とあるため，後半部分で悲観的な結末を述べているところが適切でない。ウは，前半部分の内容が本文に書かれていない上，最終段落に「将来僕らや僕らの子孫たちが幸せになれるのなら」がまんすることもできると書かれており，人間にはそのような理性がすでに身についていることを述べているため，後半部分も不適切である。エは，後半部分がどこにも書かれていないので適切でない。イは，最終段落の内容とあっているので，適切である。よって，最も適切な答えはイである。

4　（算数，社会：カレンダー，資料の読み取り，係数）
【太郎さんとALTの会話】
ＡＬＴ　：Taro, what do you want for dinner?
太郎さん：I want eel. It's delicious. Eel is famous in Saitama City. You can eat eel near Urawa Station. We eat eel on "*Doyo no Ushi no Hi*" in Japan.
ＡＬＴ　：What is "*Doyo no Ushi no Hi*"?
太郎さん：Sorry, I don't know.
【太郎さんとALTの会話】（全訳）
ＡＬＴ　：太郎さん，あなたは夕食に何が食べたいですか？
太郎さん：私はうなぎが食べたいです。それはおいしいです。うなぎはさいたま市で有名です。あなたは浦和駅の近くでうなぎを食べることができます。日本では，私たちは「土用の丑の日」にうなぎを食べます。
ＡＬＴ　：「土用の丑の日」とは何ですか？
太郎さん：ごめんなさい，私は知りません。
問1　資料２から，干支は12個あり，「丑」の日は12日ごとにおとずれることがわかる。資料３から，7月1日の干支は，6月30日の干支が「未」であることから，「申」だとわかる。そして，7月最初の丑の日は6日なので，7月にある丑の日は，6日，18日，30日の3日である。また，8月最初の丑の日は，8月11日である。資料１より，夏の土用は7月20日から8月7日までだとわかるので，2023年夏の「土用の丑の日」は，7月30日だけである。
問2　アは，資料４と資料５を合わせて計算すると，1989年の生鮮魚介類全体の購入量は約

13600g，アジ，サンマ，イカ，エビの購入量の合計は約4000gであり，全体にしめる割合は4000÷13600＝0.2941…より約29.4%となり，約3割である。2018年の全体の購入量は約7900g，アジなど4種類の購入量の合計は約1500gであり，全体にしめる割合は1500÷7900＝0.1898…より約19%となり，約2割であるため，適切である。イは，**資料5**をみると，1989年と比べて1人1年あたりの購入量が増加しているのは，サケだけであるとわかるので適切でない。ウは，**資料4**と**資料5**をみると，生鮮魚介類全体の1人1年あたりの購入量も，主な生鮮魚介類の1人1年あたりの購入量も，2018年は1989年の半分以上であることがわかるので，適切でない。エは，横浜市と名古屋市については適切であるが，静岡市では2018年もサケよりマグロの購入量が多いため適切でない。オは，大阪市と熊本市にはあてはまらないので不適切である。よって，最も適切な答えはアである。

問3　資料をみて，正しく読み取れている選たくしを選ぶ問題である。選たくしが，それぞれどちらの資料のグラフについて説明しているのかを正しく理解することが重要である。アは，**資料7**をみると，2020年の1世帯1年あたりの生鮮魚介類の購入金額が1980年と比べて半分以下になっていないため，不適切である。イは，**資料7**をみると，生鮮肉類のグラフは，1995年ごろから2000年ごろまで右下がりになっており，購入金額が増え続けているわけではないため，不適切である。ウは，**資料7**を正しく読み取れているので，適切である。エは，**資料8**をみると，1世帯1年あたりの生鮮魚介類と生鮮肉類100gあたりの平均購入価格は1990年代後半以降低下し続けているわけではないので，不適切である。オは，**資料8**をみると，1世帯1年あたりの生鮮魚介類の平均購入価格は，1980年より2020年のほうが高くなっているため，不適切である。よって，最も適切な答えはウである。

問4　**資料9**より，クロマグロの増肉係数を求めると，700÷50＝14となる。クロマグロの増肉係数は空らんBの5倍なので，14を5で割ると2.8になるため，空らんBにあてはまるのはアのブリである。空らんCで求められていることは，「30.2万尾のクロマグロにあたえられたえさの量は，日本の何人の人が1年間に消費する魚介類の量と同じになるか」，ということである。まず，クロマグロにあたえられたえさの総量を求めると，700×302000＝211400000（kg）となる。よって，求める値は，211400000÷44.6＝4739910.3…（人）である。これを，千の位を四捨五入すると，474万人となる。

基本▶ ⑤　（社会：資料の読み取り，5R，低炭素社会）

問1　資料を正しく読み取れている選たくしを選ぶ問題である。アは，**資料2**より，八王子市区域の人口が多摩ニュータウンの人口にしめる割合は，2020年の時点で全体の7割に達していないため，不適切である。イは，**資料2**より，多摩市区域の人口が1990年以降「急激に」低下しているとはいえないので，不適切である。ウは，**資料3**より，東京都の平均より高齢化率が高い地区は18か所，東京都の平均より高齢化率が低い地区は4か所で，高齢化率が高い地区の4分の1以下であり，すべて1990年以降に入居開始しているため，適切である。各地区の数を数える時，■が複数重なっているところがあるため，注意する。エは，高齢化率が30%をこえている地区のうち，1990年以降に入居開始している地区があるため，不適切である。よって，最も適切な答えはウである。

問2　①は，一度使った紙や紙くずを作り直して，新しい紙にしているので，「Recycle」にあたる。②は，かまどの灰などをそのまま肥料にしているので，「Reuse」にあたる。③は，稲のわらでわらじやみのなどを作り，使えなくなったら肥料にしているので，「Recycle」と「Reuse」をどちらもふくんでいる。④は，やぶれた傘を修理し，はがした油紙を売ったり，

直せなくなったら燃料にしたりしているので，それぞれ「Repair」，「Reuse」にあたる。⑤は，とけたろうを使って新しいろうそくを作っているので，「Reuse」あるいは「Recycle」にあたる。よって，最も適切な答えは④である。

問3　Ｘ２Ｖは「施設から電気で動く車両へ」，Ｖ２Ｘは「電気で動く車両から施設へ」という意味がある。空らんＡをふくむ文の最初に，「Ｘ２Ｖは施設から車両への電気の供給の仕組みだけがある」と書いてあるので，Ｖ２Ｘについて，言葉の意味をふまえてＸ２Ｖの仕組みの説明と対応させて解答すればよい。

★ワンポイントアドバイス★

問題数が多く，文章量や資料の量が多いため，時間配分に気をつける必要がある。また，大きな数を計算させる問題もあるので，あせらず解けるように計算の練習をしておくとよいだろう。また，解答方法が記号やがい数など指定されていることもあるので，問題をよく読んで解答しよう。

＜適性検査Ⅱ解答例＞ 《学校からの解答例の発表はありません。》

1　問1　ウ，オ
　　問2　(1)　(太郎さんの家…)90(％，花子さんの家…)60(％)
　　　　　(2)　(太郎さんの家…)50(％，花子さんの家…)40(％)
　　問3　(1)　6510(円)
　　　　　(2)　3000円で6回，1000円で2回(購入する)

2　問1　29(回)
　　問2　A　6　　B　5.6　　C　1680
　　問3　(説明)　時計の長針が7周するとき，長針は360×7＝2520°動く。図1のふり
　　　　　　　　こ時計は1時間で336°動くので，図1のふりこ時計の長針が7周するには
　　　　　　　　2520÷336＝7.5時間かかる。よって，答えは7時間30分である。
　　　　　(答え)　7(時間)30(分)

3　問1　5.7(m)
　　問2　(1)　33(分)30(秒後)
　　　　　(2)　12.4(km)
　　問3　320
　　問4　ア，ウ，エ

4　問1　90(g)
　　問2　(1)　A　1.18　　B　0.79　　C　1.00

(2)

	水	こさが6％の食塩水	こさが12％の食塩水	こさが18％の食塩水	こさが24％の食塩水	エタノール
ポリスチレン	×	×	○	○	○	×

問3 　19.3(cm)

問4 　エ，オ，カ

5　問1 (1) 　カ

　　　　(2) 　C 　堆積せず流れつづける

　　　　　　　D 　侵食されず流されない

　　問2 (1) 　イ(→)ウ(→)ア(→)エ

　　　　(2) 　51.36(m³)

○推定配点○

1　問1・問2　各3点×3　　問3(1)　4点　　問3(2)　5点

2　問1・問2　各3点×4　　問3　6点

3　問1・問3　各4点×2　　問2　各5点×2　　問4　3点

4　問1・問2(1)・問4　各3点×5　　問2(2)　4点　　問3　5点

5　問1(1)・問2(1)　各3点×2　　問1(2)　各4点×2(問題の趣旨にあっていれば点を与える。)　　問2(2)　5点

計100点

＜適性検査Ⅱ解説＞

1　（算数：グラフの読み取り，割合など）

　問1　図1の縦じくのめもり(品目数)が，スーパーとコンビニで異なる値になっていることに注意する。

　　　アは，スーパーの品目数の合計が60種類，コンビニの品目数の合計が35種類で，スーパーのほうが多いので適切である。

　　　イは，どの価格帯でもスーパーの品目数のほうが多いため適切である。100円以上200円未満の価格帯のグラフは，どちらも縦じくの最大数になっているため同じに見えるが，縦じくのめもりの値が異なる。

　　　ウは，スーパーの最も品目数が多い価格帯は100円以上200円未満で，コンビニの最も品目数が多い価格帯は同じく100円以上200円未満なので，適切でない。

　　　エは，スーパーの最も品目数が少ない価格帯は200円以上300円未満，コンビニの最も品目数が少ない価格帯は0円以上100円未満と，スーパーの価格帯のほうが高いので，適切である。

　　　オは，スーパーの最も品目数が多い価格帯の全体の品目数における割合は$\frac{25}{60}$，コンビニにおける割合は$\frac{20}{35}$で，コンビニのほうは半分以上をしめていることがわかり，コンビニの割合

のほうが大きいので適切でない。

　　　カは，スーパーの最も品目数が少ない価格帯の全体の品目数における割合は$\frac{15}{60}=\frac{1}{4}=\frac{7}{28}$

で，コンビニにおける割合は$\frac{5}{35}=\frac{1}{7}=\frac{4}{28}$となり，スーパーの割合のほうが大きいので適切

である。

　　　よって，この問題は，**適切でないもの**を答えるので，**ウとオ**が答えになる。

問2　(1)　太郎さんと花子さんそれぞれの家の10月と11月の買い物の合計金額は，それぞれ
50000円と60000円である。太郎さんの家が，スーパーでした買い物の合計金額は
45000円である。これが太郎さんの家の買い物の合計金額にしめる割合は$\frac{45000}{50000}=\frac{9}{10}$
より，90%である。花子さんの家が，スーパーでした買い物の合計金額は36000円であ
る。これが花子さんの家の買い物の合計金額にしめる割合は$\frac{36000}{60000}=\frac{6}{10}$より，60%で
ある。よって答えは，太郎さんの家が90%，花子さんの家が60%となる。

	スーパー			コンビニ		合計
	10月	11月	合計	10月	11月	
太郎さんの家	17000円	28000円	45000円	3000円	2000円	50000円
花子さんの家	15000円	21000円	36000円	10000円	14000円	60000円

　　(2)　太郎さんの家が10月に買い物をした金額は20000円，11月は30000円なので，11月
にかけて10000円分増加している。10月に買い物をした金額をもとに，増加した割合を
求めると，$\frac{10000}{20000}=\frac{1}{2}$となり，50%増加している。花子さんの家が10月に買い物をした
金額は25000円，11月は35000円なので，11月にかけて10000円分増加している。10
月に買い物をした金額をもとに，増加した割合を求めると，$\frac{10000}{25000}=\frac{4}{10}$となり，40%
増加している。よって答えは，太郎さんの家が50%，花子さんの家が40%となる。

	スーパー		コンビニ		合計	
	10月	11月	10月	11月	10月	11月
太郎さんの家	17000円	28000円	3000円	2000円	20000円	30000円
花子さんの家	15000円	21000円	10000円	14000円	25000円	35000円

問3　(1)　それぞれの金額での購入で，みなし支払い額がいくらになるかを求める。**表2**より，
1回の買い物で1100円購入したときのみなし支払い額は1100－120＝980(円)，2000
円購入したときのみなし支払い額は2000－200＝1800(円)，3200円購入したときのみ
なし支払い額は3200－450＝2750(円)である。よって，合計のみなし支払い額は980×
2＋1800＋2750＝6510(円)となる。また，買い物の合計額を求めてから，クーポン券
で値引きされる金額をまとめて引いて計算してもよい。

　　(2)　**【太郎さんと花子さんの会話③】**の中の，4回目の太郎さんと花子さんの発言からわか
るとおり，6000円で1回購入するよりも3000円で2回購入したときのほうが，合計の
みなし支払い額が安くなる。このことから推測できるとおり，クーポン券で値引きされ
る金額が大きいほどみなし支払い額は安くなるので，可能な限り3000円ずつ買い物をす
ると合計みなし支払い額が最も安くなる。20000円分のうち，3000円ずつ買い物ができ

る回数は3000×6＝18000(円)より，6回である。残りの2000円は，1000円ずつ2回
買い物をするとみなし支払い額が最も安くなる。よって，合計みなし支払い額が最も安
くなるのは，3000円で6回，1000円で2回買い物をするときである。

2　(算数：平均，比，角度など)

問1　表1より，5回の結果を合計したあとに5で割る。(28＋29＋29＋29＋28)÷5＝28.6(回)
となるので，小数第1位を四捨五入して，答えは29回である。30回からの差の平均を考え，
30－(2＋1＋1＋1＋2)÷5＝28.6(回)と求めてもよい。

問2　A　ふりこが正確にふれているので，60分間で360°動くとき，1分間では，360÷60＝
6(°)動く。よって，答えは6である。

B　【太郎さんとおじさんの会話②】の中の，3回目のおじさんの発言にあるとおり，ふり
このふれ方が正確でなくても，「ふりこが振動する回数と長針が動く角度の比は，すべて
同じ」になる。ふりこが正確にふれる場合，1分間でふりこの振動する回数と長針が動
く角度の比は30：6＝5：1となる。よって，図1のふりこの場合は，ふりこの振動する
回数28を5でわればよい。28÷5＝5.6(°)なので，答えは5.6である。また，336°を
60でわって求めてもよい。

C　Bを求めるときに使った比を応用する。ふりこの振動する回数と長針が動く角度の
比は5：1なので，60分間に図1のふりこの長針が動く角度336°に5をかければよい。
336×5＝1680(回)なので，答えは1680である。また，28に60をかけて求めてもよい。

問3　ふりこ時計の長針が7周するとき，長針は360×7＝2520(°)動く。図1のふりこ時計の
長針は1時間に336°動くので，この長針が7周するのにかかる時間は，2520÷336＝7.5
(時間)より7時間30分である。

やや難　3　(算数・理科：比，速さ，光の反しゃなど)

問1　最もペダルが重くなるような後方の歯車の選び方は，トップギアを選ぶことである。【太郎
さんたちの会話①】の中の3回目の受付の人の発言より，トップギアにしたときの前方の歯
車の歯数と後方の歯車の歯数の比は3であり，これはペダルが1回転する間に後方の歯車が
回転する数に等しい。自転車が進むきょりは，後輪の円周の長さに，後輪が回転した回数を
かけた長さとなる。よって，後輪の直径は60cmなので，60×3.14×3＝565.2(cm)となる。
答えはmに直し四捨五入して，5.7mとなる。

【太郎さんたちの会話②】

トムさん：Hello, my name is Tom. I'm from Canada. Nice to meet you.

太郎さん：Nice to meet you too, Tom. My name is Taro. This is Hanako. We are from
Saitama City.

トムさん：Really? I know Saitama City because I like cycling. Do you know the Saitama
Criterium?

太郎さん：Yes, I do. I like the Saitama Criterium.

トムさん：Great!

【太郎さんたちの会話②】(全訳)

トムさん：こんにちは，私の名前はトムです。私はカナダ出身です。初めまして。

太郎さん：こちらこそ初めまして，トム。私の名前は太郎です。こちらは花子です。私たちはさ

いたま市出身です。

トムさん：本当ですか？私はサイクリングが好きなので，さいたま市を知っています。あなたは
さいたまクリテリウムを知っていますか？

太郎さん：はい，知っています。私はさいたまクリテリウムが好きです。

トムさん：すばらしい！

問2 (1) まず，**表2**の3人が自転車で進むときの速さを時速から分速になおす。時速を分速に
するには，60でわればよいので，平らな道の分速は$\frac{2}{5}$km，上り坂の分速は$\frac{3}{10}$km，下り
坂の分速は$\frac{1}{2}$kmとなる。

まず，太郎さんとトムさんがB地点に着くのは$5.6 \div \frac{2}{5} = 5.6 \times \frac{5}{2} = 14$（分後）であり，
その後C地点に着くのは$4.5 \div \frac{3}{10} = 4.5 \times \frac{10}{3} = 15$（分後）である。つまり，太郎さんとト
ムさんは出発してから29分後にC地点に着く。

次に，花子さんがD地点に着くのは$10.4 \div \frac{2}{5} =$
$10.4 \times \frac{5}{2} = 26$（分後）である。その3分後に花子

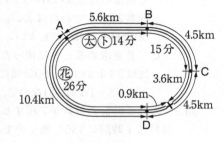

さんがどこにいるかを求めると，$\frac{3}{10} \times 3 = \frac{9}{10}$
（km）より，D地点より反時計回りに0.9km進ん
だ場所にいるとわかる。

よって，太郎さん，トムさんと花子さんはC地点とD地点の間ですれちがっているこ
とがわかる。29分後の太郎さん，トムさんと花子さんがその何分後にすれちがうかを求
めると$(4.5 - 0.9) \div \left(\frac{3}{10} + \frac{1}{2}\right) = 4.5$（分）となり，$29 + 4.5 = 33.5$（分後），つまり33分30
秒後にすれちがっている。

(2) (1)で求めたとおり，太郎さん，トムさんと花子さんがすれちがったのはC地点とD地
点の間である。太郎さん，トムさんがC地点から花子さんとすれちがうまでに進んだの
は4.5分間なので，$\frac{1}{2} \times 4.5 = 2.25$（km）進んでいる。A地点からC地点までの長さと，C
地点からすれちがうまでに進んだ長さをたすと，$5.6 + 4.5 + 2.25 = 12.35$（km）となる。
小数第2位を四捨五入すると，答えは12.4kmである。

問3 まず，前方の歯車とペダルの関係について考える。**資料3**と**図3**より，ペダルと前方の歯
車は輪じくの関係にあるとわかる。輪じくのつり合いに関する計算式にあてはめると，ペ
ダルに800gのおもりがつり下がっているとき，$800 \times 18 =$（前方の歯車にかかるおもりの重
さ）$\times 9$となり，これを計算すると前方の歯車に1600gのおもりがつり下がっているときに前
方の歯車とペダルがつり合う。

次に，後輪と後方の歯車の関係について考える。これも同様に後輪と後方の歯車は輪じく
の関係にあるので，輪じくのつり合いに関する計算式にあてはめることができる。後方の歯
車はローギアになっているので，**表3**より半径は6cmである。前方の歯車と後方の歯車はチ
ェーンでつながれているので同等の重さのおもりがつり下がっていると考えられる。よって，

計算式は（後輪にかかるおもりの重さ）×30＝1600×6となるため，これを計算すると，後輪にかかるおもりの重さ，つまり　　X　　gは320gだとわかる。

問4　【花子さんと先生の会話】の中の1回目の先生の発言内にあるとおり，「鏡に入る光と鏡の面に対して垂直な線とがつくる角」と「鏡によってはね返る光と鏡の面に対して垂直な線とがつくる角」がすべて等しくなっているものを選ぶ。鏡の面に対して垂直な線を書きこんで，その線と鏡に入る光がつくる角度と，その線とはね返る光が作る角度が等しくなっているか確かめる。よって，正しいものはア，ウ，エとなる。それ以外の選たくしで，光が正しく進んだ場合，図の点線のようになる。

イ　　　　　　　　オ　　　　　　　　カ

重要　4　（算数：比，密度）

問1　加熱を始めてから5分後に，それぞれのビーカーの温度が何度上がったかに注目する。表にまとめると以下のようになる。

ビーカー	A	B	C	D
水の重さ	120g	240g	360g	480g
加熱を始めてから5分後に上がった温度	60℃	30℃	20℃	15℃

　この表をみると，水の重さが2倍になると5分後に上がった温度は半分になっており，水の重さと5分後に上がった温度の間には反比例の関係があることがわかる。5分後に水の温度が100℃になるのは，5分後までに80℃上がるときである。つまり，Cのビーカーの5分後に上がった温度の4倍になるので，水の重さはCのビーカーの4分の1になる。よって，答えは90gとなる。

問2　(1)　資料1の2つ目の●に書かれている内容をもとに考える。【実験②】の〈結果〉をみると，ポリエチレンテレフタラートはどの液体にいれたときもしずんでいる。「（固体1cm³あたりの重さ）＞（液体1cm³あたりの重さ）」のとき固体はしずむので，ポリエチレンテレフタラートは，実験に使用した液体の中で最も重さが大きい，こさが24％の食塩水よりも重いことがわかる。よって，Aは1.18である。

　　次に，ポリプロピレンはエタノールにいれたときだけしずみ，それ以外ではういている。エタノールにいれたときにしずむのは，エタノールの重さよりもポリプロピレンの重さのほうが大きいからなので，Bは0.79である。

　　「（固体1cm³あたりの重さ）＜（液体1cm³あたりの重さ）」のとき固体はうくので，ポリプロピレンがういた液体の中で，最も重さが小さい水の重さよりも，ポリプロピレンの重さのほうが小さいことがわかる。よって，Cに入るのは1.00となる。

(2) まず，**表1**よりポリスチレンの1cm³あたりの重さを求める。ポリスチレンの体積は，3×4×5＝60(cm³)である。重さは63gなので，1cm³あたりの重さは63÷60＝1.05(g)となる。これが，液体の1cm³あたりの重さより大きければしずみ，小さければうくので，**表2**より水，こさが6％の食塩水，エタノールにいれたときはしずむことがわかる。

問3　まず，**表1**より発砲（はっぽう）ポリスチレンの体積と1cm³あたりの重さを求める。体積は20×30×40＝24000(cm³)なので，1cm³あたりの重さは840÷24000＝0.035(g)である。**資料2**より，ういている物体の重さは，液面より下にある物体と同じ体積の液体の重さと等しくなる。発泡ポリスチレンの重さは840gなので，液面より下にある液体の重さも840gだとわかる。**資料1**の**表2**より水

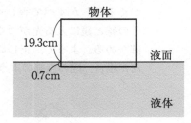

の1cm³あたりの重さは1.00gなので，水が840gのときその水の体積は840cm³である。これは液面より下にある発泡ポリスチレンの体積と同じなので，底面を最も大きい面としたとき，30×40×(水面より下の高さ)＝840(cm³)となる。これを計算すると水面より下の高さは0.7cmである。よって，水面より上に出ている部分の高さは20－0.7＝19.3(cm)となる。

問4　**【太郎さんと花子さんの会話④】**より，物体が気体の中にあるときにもアルキメデスの原理が成り立つので，ういている物体の重さは，その物体がおしのけた気体の重さより小さいといえる。ういている6Lの気体が入ったビニル袋（ふくろ）は，6Lの空気をおしのけているので，**資料3**の1Lあたりの気体の重さを6倍して求められる重さと，ビニル袋の重さ2.0gの合計が，6Lの空気の重さより小さい気体は，空気中にうかぶ。

6Lの空気の重さは，1.18×6＝7.08(g)である。アの袋の重さは，1.15×6＋2.0＝8.9(g)となり，6Lの空気よりも重いので，空気中にうかばない。同じように計算していくと，イの袋（ふくろ）の重さは，1.31×6＋2.0＝9.86(g)，ウの袋の重さは，1.81×6＋2.0＝12.86(g)，エの袋の重さは，0.08×6＋2.0＝2.48(g)，オの袋の重さは，0.16×6＋2.0＝2.96(g)，カの袋の重さは，0.71×6＋2.0＝6.26(g)となるため，空気中にうかぶのはエ，オ，カの袋である。

5　**（理科・算数：川のはたらき，調査手順，体積，グラフの読み取り）**

問1　(1)　**図4**の領域Ⅰが，流れる水がおそいときに運搬されているつぶが堆積（たいせき）することを示している。そのなかでも，流れる水の速さを最大からだんだんおそくしていったときに最初に堆積するのは，グラフ①でもっとも流れる水の速さが速い点をふくむれきである。よって，Aはれきである。

そして，**図5**の領域Ⅱが，流れる水が速いときに堆積していたつぶが侵食（しんしょく）され運搬されることを示している。そのなかでも，流れる水の速さが最もおそいときからだんだん速くしていったときに最初に侵食されるのは，グラフ②で最も流れる水の速さがおそい点をふくむ砂である。よって，Bは砂となるので，A，Bの組み合わせとして正しいものはカである。

(2)　C　**図3**の領域Ⅲは，グラフ①よりも上にある領域である。グラフ①の下の領域である領域Ⅰでは流れる水がおそく，運搬されているつぶが堆積する。しかし，グラフ①の上の領域である領域Ⅲでは，流れる水が速いので運搬されているつぶは堆積しない。よって，Cにはつぶが堆積せずにそのまま流されるという内容を書けばよい。

D　**図3**の領域Ⅲは，グラフ②よりも下にある領域である。グラフ②の上の領域である領域Ⅱでは流れる水が速く，堆積していたつぶが侵食されて運搬される。しかし，

グラフ②よりも下の領域Ⅲでは、流れる水がおそいので堆積しているつぶは侵食されず、運搬もされない。よって、Dにはつぶは侵食も運搬もされないという内容を書けばよい。

問2 (1) 【調査】の〈手順〉の②で、下流の人がストップウォッチを持っていることに注目する。下流の人がストップウォッチを持っているので、うきが下流に流れてきたときにストップウォッチをストップすることになる。そのため、まずはうきを流し、上流の人から合図をもらってストップウォッチをスタートしている必要がある。その後、うきが下流まで流れてきたらそこでストップウォッチをストップする。

よって、順番はうきを落とす→上流の人が手をあげて合図する→それをみて下流の人がストップウォッチをスタートする→下流に流れてきたうきをみてストップウォッチをストップする、となるためイ→ウ→ア→エが適切である。どの選たくしにも主語がないので、その主語を自分で補って考えるとよい。

(2) まず、【調査】の〈結果〉から川を流れる水の速さの平均を求める。(47.5＋53.0＋48.5＋51.5＋49.5)÷5＝50.0(秒)となるので、川に流したうきは50秒で60m移動している。よって、川を流れる水の速さは60÷50＝1.2(m)より1秒間に1.2mである。次に、図6から川の断面の面積を求める。川の断面図は台形が3つつながった形をしているので、それぞれの台形の面積を求めてから合計する。台形の面積は(上底＋下底)×高さ÷2で求められるので、図から、Aは(6＋8)×1÷2＝7(㎡)、Bは(10＋12)×2÷2＝22(㎡)、Cは(13.6＋14)×1÷2＝13.8(㎡)となり、これらを合計すると川の断面の面積は7＋22＋13.8＝42.8(㎡)である。川を流れる水の速さは1秒間に1.2mなので、川で1秒間に流れる水の体積は42.8×1.2＝51.36(㎥)となる。

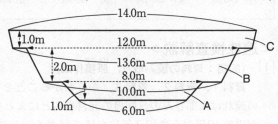

★ワンポイントアドバイス★

計算量の多い問題が多い。ミスをしないように落ち着いて計算をするようにしよう。また、難しい問題でも資料の中にヒントがかくされているので、資料をよく読み、見落とさないように気をつけよう。

＜適性検査Ⅲ解答例＞《学校からの解答例の発表はありません。》

1 　わたしは、朝食を食べることについて発表します。資料1をみると、20歳以上の全世代で朝食を「ほとんど毎日食べる」と答えた人の割合は平成30年から令和3年にかけて3.4ポイント減少しています。また、令和3年の20〜39歳の世代では20歳以上の全世代と比べ割合は16.3ポイント低くなっています。資料2より、朝食を食べることについて、74％の人が「自分の健康に良い」、73.5％の人が「1日の活力につながる」と考えています。わたしは資料3で、40％以上の人が朝食を食べるために必要なのは「朝、早く起きられること」だと考えていることから、早寝・早起きを心がけ、その習慣を身につけることが大事だと考えました。

2　わたしは，読書活動を進めるために，６年生全員に本の紹介文を書いてもらい，それをろう下の掲示板に掲示する企画を提案します。まず，大きい用紙Ａと小さい用紙Ｂがあわせて60枚は必要になります。掲示板に掲示できる用紙Ａと用紙Ｂの組み合わせで，用紙Ａが最も多くなる場合は用紙Ａが30枚，用紙Ｂが30枚のときです。６年生の中で，１か月の読書量が７冊以上の人に用紙Ａを配り，６冊以下の人に用紙Ｂを配って紹介文を書いてもらい，それらをろう下の掲示板に掲示するのがよいと思います。

3　わたしは，さいたま市の魅力について発表します。資料１をみると，さいたま市の人口は2013年と比べ2022年には約87000人増加しています。資料２では，さいたま市の小中学生に一貫した英語教育を実施する「グローバル・スタディ」という取り組みがあるとわかります。また，資料３より，さいたま市へのイメージとして，回答したさいたま市民のうち，50％以上の人が「生活に便利なまち」「住むにも生活するにもよいまち」と考えています。一方，資料４では「医りょうがじゅう実しているまち」へ発展してほしいと考えられているため，誰でも使える医りょう費支えんの取り組みを増やして，医りょうを受けやすいまちになってほしいです。

○推定配点○

1　30点　　2　35点　　3　35点　　　　計100点

＜適性検査解説＞

1　(国語：資料の読み取り，原稿作成)

　資料１，資料２，資料３，からわかることをもとに発表原稿を作成する問題である。発表原稿の流れは太郎さんの５回目の発言をもとにまとめる。まず，資料１から20歳以上の全世代の割合が平成30年から令和３年にかけて何ポイント減ったのか，令和３年の20〜39歳の世代の割合が20歳以上の全世代と比べ何ポイント低いのかを書く。このとき，ポイントは小数第１位までの数値で述べることに注意する。次に，資料２から，70％以上の人が回答している項目とその数値をすべて示す。最後に，資料３から40％以上の人が選んでいる項目のうち１つを選び，それを実現するためにどんな生活習慣を身につければよいかを考えて述べる。資料３で40％以上の人が選んでいるのは「朝，食欲があること」と「朝，早く起きられること」の２つである。「朝，食欲があること」については夜に食べ過ぎないようにし，規則正しい食生活にすることなどを，「朝，早く起きられること」については夜早く寝て，早寝早起きの習慣をつけることなどを書くとよい。

やや難　2　(算数・国語：掲示物の並べ方，原稿作成)

　会話文をもとに，資料を用いて計算し発表原稿を作成する問題である。発表原稿の流れは，太郎さんの４回目の発言をもとにまとめる。まず，資料３から６年生が合計で60人いるため，用紙は60枚必要だとわかる。次に，掲示板に掲示することができる用紙Ａと用紙Ｂの組み合わせで，用紙Ａが最も多くなる場合の組み合わせを求める。用紙Ａのほうが用紙Ｂよりも大きいので，まずは用紙Ａを何枚掲示できるかを求める。掲示板は，横1.24m，縦1.09mの長方形の部分が２つ（図①の長方形ⅠとⅢ）と，横50cm，縦94cmの長方形の部分（図①の長方形Ⅱ）に分けることができる。用紙Ａは，長方形ⅠとⅢの部分には，横に４枚・縦に５枚ずつ並べることができ，合計40枚掲示できる。しかし，長方形Ⅱの部分には縦に４枚しか掲示でき，合計で44枚しか掲示で

きない（**図②**）ので，用紙Bに置きかえていく。まず，長方形Ⅱの部分には，用紙Bを横に2枚・縦に6枚掲示することができ，合計で12枚掲示できる。また，長方形ⅠとⅢに並べていた用紙Aを，それぞれ縦1列ずつ取り除くと，さらに用紙Bを横に2枚・縦に6枚ずつ並べることができる（**図③**）。そうすると，用紙Aを30枚，用紙Bを36枚の合計66枚を掲示することができる。ここで，**資料3**を見ると，1か月の読書量が7冊以上の人を足すとちょうど30人いることがわかる。よって，1か月の読書量が7冊以上の人には用紙Aを，6冊以下の人には用紙Bを配ればよい。掲示板に用紙が何枚並べられるかを計算するときは，**資料2**の条件にも注意する。また，あくまで発表原稿なので，太郎さんの1回目の発言などをもとに，何を発表するのかを明らかにするとよい。

図①

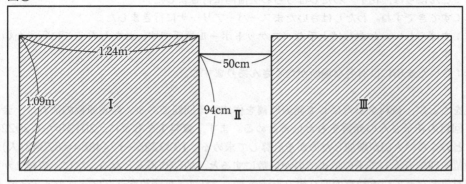

図②

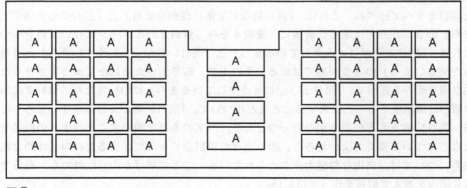

図③

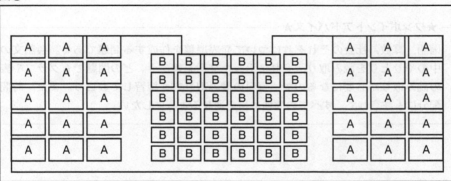

3 （社会・国語：資料の読み取り，原稿作成）

【会話文内の花子さんとビルさんの会話】

花子さん：Hi, Bill. What did you do last weekend?

ビルさん：Hi, Hanako. I went to Urawa Art Museum.

花子さん：That's nice. I went to Saitama Super Arena.

ビルさん：Great! I am a good basketball player. I want to go there.

花子さん：We have many famous places in Saitama City.

【会話文内の花子さんとビルさんの会話】（全訳）

花子さん：こんにちは，ビル。あなたは先週末に何をしましたか。

ビルさん：こんにちは，花子。わたしはうらわ美術館に行きました。

花子さん：すてきですね。わたしはさいたまスーパーアリーナに行きました。

ビルさん：すばらしい。わたしは上手なバスケットボール選手です。わたしもそこに行きたいです。

花子さん：さいたま市には有名な場所がたくさんありますね。

　　会話文をもとに，資料を参考にして発表原稿を作成する問題である。発表原稿の流れは，会話文中の8回目の花子さんの発言をもとにまとめる。まず，**資料1**をもとに，2013年から2022年にかけてどのくらい人口が増加したのかを計算して求める。1332226－1244884＝87342（人）より，百の位を四捨五入して千の位までのがい数にすると，約87000人となる。次に，**資料2**から小学生が対象となっている教育の取り組みを述べる。これは，英語教育「グローバル・スタディ」の取り組みのみがあてはまる。そして，**資料3**からさいたま市のイメージについて50％以上の人が答えた項目をすべて述べる。これは，「買い物など生活に便利なまち」と「住むにも生活するにもよいまち」の2つがあてはまる。最後に，**資料4**をみて**資料3**のイメージにない項目を1つ述べる。これは，「医りょうがじゅう実しているまち」と「高れい者がくらしやすいまち」と「景色や街なみが美しいまち」の3つがあてはまる。その上で，取り上げた項目をじゅう実させるための具体的な取り組みを述べる。「医りょうがじゅう実しているまち」についてなら，**資料2**にある医りょう費の助成制度をもっと拡大することなどについて，「高れい者がくらしやすいまち」についてなら，高れい者支えんの取り組みの一つとして，バスの本数を増やすことやまちの段差を減らすことなどについて書くとよいだろう。取り上げた項目をじゅう実させるための具体的な取り組みの内容については，自由な発想力が求められている。ここで挙げた内容以外でも，自分でよりよい取り組みを考えて解答を作ってほしい。

★ワンポイントアドバイス★

国語，算数，社会のそれぞれについて発表原稿を作成する問題である。会話文の中のやりとりを読み取り，それに沿った文章を書こう。どの問題でもグラフや表の読み取りが必要になるので，資料の読み取り方を練習しておこう。また，時間配分にも注意して，すべての問題に目を通せるようにしたい。

2022年度

★★★★★★★★★★★★★★★★★★★★★

入 試 問 題

2022年度

さいたま市立浦和中学校入試問題

【適性検査Ⅰ】（45分）

1

花子さんは，水泳に関する本を図書館で見つけ，読んでみることにしました。

次の文章は，高田由紀子著「スイマー」（ポプラ社）の一部です。これを読んで**問1～問4**に答えなさい。

有名スイミングクラブにいた小学6年生の「おれ」（向井航）は，引っこし先で，同級生の海人，信司，龍之介のいるスイミングクラブに入り，水泳を再び始めた。大会のリレーで好成績を残したい「おれ」は，3人のあっさりした練習にあせって厳しい練習を提案し，信司と龍之介はそれに反発した。その後「おれ」は，なりゆきで海人とともに信司と龍之介の練習に協力することになった。

「次は信司の番だぞ」

龍之介に言われ，信司はこくっとうなずいた。

おれは信司のとなりのコースの水中にもぐると，信司の泳ぎを追いかけた。

一回目は横から，二回目は後ろから，目をこらす。

あれっ，もしかして……。

信司が足をおなかの方にひき寄せる時の角度を，注意深く見る。

やっぱり，ひざが左右に大きく開いている！

泳ぎ終わった信司に声をかけた。

「信司の足は，ひき寄せたときにガニ股みたいになってるんだ。①いわゆるカエル足なんだよな」

「カエル……，コーチにも言われたことある……」

「まあ，カエル足はひざに負担がかからないし，難しくないし，今まではそれでも良かったけど，これからは信司にもっとスピードをつけてほしいからな」

「じゃ，じゃあ，どうすればいいの？」

「ウイップキックに変えてみたら？」

「ウイップキック？」

信司が聞くと，海人が大きくうなずいて，プールサイドから説明した。

「今はひざを，肩よりガバッと開いてるけど，肩幅くらいしか開かなくていいキックの方法だよ。信司は体もひざもやわらかいから，向いているかもね」

おれは説明のためにキックの見本を見せることにした。

「最初は，今までの信司のキック。そして次にウイップキックをするから，見てて」

泳ぎ終わると，信司は大きくうなずいた。

「へえ。ひざとひざの間は拳を二つ分くらいしか開けなくていいんだね」

信司は意外と飲み込みが早い。

……そう思ったけど，実際に泳ぐとなかなかうまくいかなかった。

ひざをくっつけすぎてまるで進まなかったり，カエル足に逆戻りしたり。

※1龍之介のうねりみたいに，スムーズにはいかない。

うーっ，これでもう三十分たったぞ。

腹の底で小さい虫が動くみたいに，またあせりが出てきそうになる。

でも，きのう，公園で会った時に「おれも，手伝うから」って，約束したんだ。

「信司，おれ，足持っててやるから，おれの手をけってスタートしろよ」

「えっえっ。向井くんに悪いよ。そんなことできないよ」

「いいって。その方が早く感覚つかめるし」

「信司，やってもらいなよ！　名づけて，『ロケット練習！』」

海人が信司に声をかける。

「ロケット練習………。うん，わかった。よろしくお願いします」

信司は真剣な目でおれを見た。

「足を曲げるときは，おなかにひき寄せすぎないように。抵抗が大きくなるから。そして，けったらとにかく伸びる！」

海人の言葉を一つ一つ ［　　A　　］，信司はうなずいた。

おれは水中で，ちょうどいい内股になるように，浮かんでいる信司の両足の足首をつかんだ。

「せーのっ，ハイッ」

かけ声にあわせてパッと信司の足首からおれの手をはなすと，手のひらで信司の足裏をぐーっと押し出した。

けのびをした信司を追いかけ，また足首を持っては手のひらで押し出す。

けれっ！　思いきりけれ，信司。ロケットみたいに，水を切っていけ。

念じながら，おれはくり返した。

「信司，いいよ！　今の調子！」

おれは，自然に大きな声を出して信司をはげましていた。

向かい側の壁まで行くと，信司が「ハアーッ」と顔を上げた。

「感覚がつかめた気がする！　どれくらい足を開いて，どのくらい強くけるのか！　航くん，ありがとう」

顔をあげた信司の頬が，ぴかっと輝いた。

——航くん，ありがとう。

言葉が胸いっぱいにしみるように広がった。

今……おれのこと，名前で呼んだよな。

こんなことくらいで喜んでもらえるなら，最初から協力すれば良かった。

はい上がっていたあせりが消えて，体がふっと軽くなった気がした。

（一部，ふりがなをつけるなどの変更があります。）

※1　龍之介のうねり……龍之介が，バタフライのタイムを縮めるために，「おれ」の助言で水の中をぬうように泳ぎ，水を味方にするような泳ぎをしたこと。

問1　下線部①「いわゆるカエル足なんだよな」とありますが，このあとの「おれ」の行動の説明

として最も適切なものを，次のア～エの中から１つ選び，記号で答えなさい。

ア　ウイップキックという泳ぎ方を紹介して，信司に泳ぎ方の特徴を言葉で説明した。

イ　ウイップキックという泳ぎ方があることを伝えて，信司の体に合う泳ぎ方だと言った。

ウ　信司の泳ぎ方をまねしてから，ウイップキックという泳ぎ方に変える案を伝えた。

エ　泳ぎ方をウイップキックに変えることを提案して，信司に見せるために実演した。

問２　本文中の空らん　A　にあてはまる言葉として最も適切なものを，次のア～エの中から１つ選び，記号で答えなさい。

ア　聞き流すように　　イ　飲み込むように

ウ　はき出すように　　エ　首をかしげるように

問３　花子さんは，けん命に練習に取り組んでいる信司と「おれ」の様子を，次のようにまとめました。【花子さんのまとめ】にある空らん　B　にあてはまる内容を，本文中からさがして21字で書きぬきなさい。

> **【花子さんのまとめ】**
> 　信司は「おれ」に真剣な目で「ロケット練習」の手伝いをたのみ，「おれ」は信司がロケットみたいに進むようにとキックの練習をくり返すうちに熱が入り，「信司，いいよ！　今の調子！」と，　　　B　　　。

問４　この文章で表現していることについて説明したものとして最も適切なものを，次のア～エの中から１つ選び，記号で答えなさい。

ア　海人の視点を通して「おれ」と信司のプールでのやりとりをえがいている。そのようにえがくことで，「おれ」と信司が水泳を教える教えられるという上下関係ではなく，たがいに相手を支え合う対等な友人関係を築き上げるまでの過程を客観的に表現している。

イ　登場人物どうしの会話が同じような内容で何度もくり返されている。そのことによって，「おれ」と海人，信司が会話をしているにもかかわらず，たがいの気持ちを確認できずにいらだち，３人とも挑戦する気持ちがなくなっていく様子を表現している。

ウ　「腹の底で小さい虫が動くみたいに，またあせりが出てきそうになる。」と「はい上がっていたあせりが消えて，体がふっと軽くなった気がした。」という対照的な内容が並べられている。そうすることで，信司が再び練習できるようになったことを喜ぶ「おれ」の姿を表現している。

エ　信司が「おれ」を「向井くん」と呼ぶところと，場面の最後で「航くん」と呼ぶところとで変化がつけられている。その変化を示すことで，へだたりのあった信司と「おれ」の関係に変化が生まれたことを表現している。

2　太郎さんは，環境問題について考えたいと思い，図書館の先生から紹介された本を読んでみることにしました。

次の文章は，元村有希子著「カガク力を強くする！」（岩波ジュニア新書）の一部です。これを読んであとの問１～問４に答えなさい。

　世界の人口が増えるにつれて，油の消費が増えました。※1先進国では肥満に悩む人たちを中心に，バターやラードなど動物性の油ではなく，「健康にいい」植物油が注目されるようになりました。

　中でも，大豆油や菜種油に比べて値段が安いパーム油が人気を集めました。世界の生産量は，1980年は480万トンだったのが，2017年には5890万トンと，約40年間で10倍以上に増えました。現在，その8割以上が※2インドネシアとマレーシアで生産されています。

　※3ボルネオ島内を車で走りました。繁華街を過ぎて30分もすれば，道路沿いはアブラヤシ農園になります。かつては，さまざまな木が生い茂る熱帯雨林だったのです。すれ違うトラックには，収穫したアブラヤシの実が山積みされていました。絞った後のパーム油を港へ運ぶタンクローリーも，ひっきりなしに往来していました。

　地元の人々にとってアブラヤシは，手っ取り早くお金になる「金の卵」です。でもその一方で，環境破壊の問題と社会的な問題が同時に起きています。

　①熱帯雨林が失われたことにより，貴重な野生生物やジャングルが守っていた生物多様性は損なわれました。一度開発されると，大量の肥料の影響で土地がやせてしまうため，熱帯雨林の再生はきわめて難しいのです。また，豊かな自然とともにあったそれまでの暮らしも変わりました。国境を越えてやってきた貧しい移民の人たちが農園で働き始めました。※4戸籍がなく学校にも行かないこどもたちも含まれています。世界的に問題視されている※5児童労働が見過ごされている現実もあります。

　「パーム油？　聞いたことないよ」という人も多いでしょう。お菓子やカップラーメンの袋の裏側に印刷されている「原材料」の欄を読んでみましょう。「植物油」「植物油脂」と書いてあるものの多くは，実はパーム油です。赤ちゃんが飲む粉ミルク，みんなが好きなチョコレートやドーナツ，フライドポテトやハンバーガーなどのファストフード，お弁当にはいっている冷凍食品，食べ物以外ではシャンプーやリンスや石けんなどにもパーム油は使われています。

　日々の料理に使うサラダ油やオリーブ油などとは違い，加工製品に使われることが多いため，消費者である私たちからは見えにくいのです。「見えない油」と呼ばれる※6ゆえんです。

　最大の消費国は人口が急増しているインド。日本も年間71万トン（2017年）輸入しています。

　パーム油の生産は，野生動物を二重の意味で※7脅かしています。1つは，農園開発によって熱帯雨林が減っていること。さらに近年，農園にボルネオゾウが入り込み，好物のアブラヤシを食い荒らすため，人々は彼らを「害獣」として嫌うようになりました。2013年1月には，14頭ものゾウが集団で死んでいるのが見つかりました。毒殺とみられています。マレーシアはいま，国として発展するために産業を育てることと，野生生物を保護するという，相反する課題に直面しているのです。

　この難しい課題は，決してマレーシアの人たちだけのものではありません。パーム油を購入している②私たち一人一人に突きつけられた問題です。

　どうすれば解決するか。もっとも単純な答えは「パーム油をやめる」ことです。しかし，油脂は生きるのに必要な栄養です。大豆や菜種に比べて安いパーム油は，貧しい人たちにとっては「命綱」とも言えます。パーム油がなくなれば，栄養不足におちいる人たちが増えるかもしれません。パーム油の生産現場で働いている人たちが失業してしまう事態も考えられます。

　先進国の人々が，パーム油を使った商品を買わないようにするのはどうでしょう。現実的ではありません。あまりにも多くの加工食品にパーム油が使われているからです。だいいち，パーム油が使われていたとしても明示されていないことが多く，私たち消費者は，買うか買わないかの判断ができないのです。

（一部，ふりがなをつけるなどの変更があります。）

※1　先進国……政治や経済，文化などが進んでいる国。

※2　インドネシアとマレーシア……いずれもアジア州の南東部にある国。

※3　ボルネオ島……インドネシアやマレーシアの一部がふくまれる島。

※4　戸籍……人の出生から死亡にいたるまでの親族関係を証明するもの。

※5　児童労働……子どもの発達を阻害するようなあまりに早い年齢から，子どもに仕事をさせること及び子どもから教育を受ける機会を奪うこと。国際労働基準では満15歳未満の子どもが仕事につくことは原則として禁止されている。

※6　ゆえん………理由。

※7　脅かす……危険な状態にすること。

問1　下線部①「熱帯雨林が失われた」とありますが，太郎さんはパーム油の増産のために熱帯雨林がアブラヤシ農園になった結果起きた問題を，次のようにノートにまとめました。次の【太郎さんのまとめ①】にある空らん　A　にあてはまる内容を，本文中からさがして13字で書きぬきなさい。

【太郎さんのまとめ①】

パーム油の増産のために熱帯雨林がアブラヤシ農園になった結果，

・貴重な野生生物やジャングルによって守られていた生物多様性は損なわれた。

・貧しい移民の人たちが農園で働いており，その中には戸籍がなく　A　もいる。世界的な問題となっている児童労働が見過ごされている状態である。

➡環境破壊の問題と社会的な問題という，2つの問題が同時に起こっている。

問2　太郎さんは，本文中にあるパーム油にかかわるさまざまな問題の解決方法についてまとめました。下の【太郎さんのまとめ②】の空らん　B　，　C　にあてはまる内容を，それぞれ　B　は「栄養」という言葉を使って14字以上18字以内，　C　は「失業」という言葉を使って24字以上28字以内で書きなさい。また，空らん　D　にあてはまる内容として最も適切なものを，次のア〜エの中から1つ選び，記号で答えなさい。

ア　パーム油は多くの加工食品に使われているが，明示されていないことが多い

イ　パーム油の問題から，今度は大豆や菜種の問題に変わってしまう

ウ　パーム油の日本での消費量を少し減らしても，根本的な解決にならない

エ　パーム油が健康によい植物油だというのは事実で，日本では特に人気がある

【太郎さんのまとめ②】

パーム油にかかわるさまざまな問題を解決するための方法とその課題

方法1　パーム油をやめる

⇒課題　・　B　というおそれがある。

　　　　・　C　というおそれがある。

方法2　パーム油を使った商品を買わないようにする

⇒課題　　D　　ので，現実的でない。

> ➡パーム油をやめる，パーム油を使った商品を買わないようにする，といった方法でパーム
> 油がかかえているさまざまな問題を解決するのは難しい。

問3 下線部②「私たち一人一人に突きつけられた問題」とありますが，筆者がこのように述べる
理由として最も適切なものを，次のア～エの中から１つ選び，記号で答えなさい。

ア 野生動物を保護し，豊かな自然とともにあったそれまでのマレーシアの暮らしを取り戻すこ
とは，わたしたちにとっても，手っ取り早くお金になる「金の卵」であるから。

イ パーム油の生産を進める国や生産者たちだけの問題ではなく，それを輸入している立場の私
たちも当事者であるということを自覚するべきだから。

ウ マレーシアで14頭ものゾウが集団で毒殺されたとみられているように，わたしたちも今後ゾ
ウを「害獣」として嫌うようになってしまうかもしれないから。

エ サラダ油やオリーブ油より高級で健康によいので，パーム油が先進国で肥満に悩む人たちを
中心に人気となったことが原因だから。

問4 本文中に述べられていることとして，最も適切なものを，次のア～エの中から１つ選び，記
号で答えなさい。

ア パーム油の世界の生産量は約40年間で10倍以上となったが，環境負荷を減らしたいと考える
先進国はパーム油の輸入量を減らしていく傾向にある。

イ 世界のパーム油の８割以上を生産しているインドネシアやマレーシアの人々は，きわめて難
しいとされている熱帯雨林の再生にも積極的に取り組んでいる。

ウ マレーシアは国として発展するため，パーム油の生産を増やそうとしているが，野生生物の
保護もしていかなければならないという相反する課題を突きつけられた状態である。

エ パーム油は「原材料」の欄に表示する必要がないうえ，ふだん食べるものの中には使われて
いないため，「見えない油」と呼ばれ，消費者は使っているという意識をもちにくい。

③ 　　花子さんは，情報社会について調べているとき，現代の「本」について書かれた本を見
つけたので，読んでみることにしました。

次の文章は，ナカムラクニオ著「本の世界をめぐる冒険」（ＮＨＫ出版）の一部です。これを読
んで問１～問４に答えなさい。

日本では，まだまだ紙の本が主流ですが，発展途上国や国土が広い国では，配達や流通に限界が
あるため電子書籍やインターネットが好まれる傾向があります。※1ボリビア，ウユニ塩湖のさらに
奥地，標高5000メートル級の場所になると紙の本は配達すらされていませんでした。しかし，どこ
に行っても携帯電話に表示されるアンテナはしっかり立っていました。今や，①携帯の電波から逃
れることのほうが難しいくらいなのです。

本を「人と情報をつなぐもの」と定義すると，こういった土地に暮らす人にとっては※2デジタル
のほうが利便性の高い「本」なのです。もともと本を読む習慣がなかった彼らが，今になって「本」
と日常的に接していることを考えると，「本」は②どんどん世界に広がっているとも言えます。

例えば，ロシアのように国土が広い国では，本の配達が非常に困難です。

さらに地方都市や離島では，紙の本の書店を経営すること自体が成立しないことも多いのです。

ロシア版のＡｍａｚｏｎと呼ばれているインターネット販売サイト最大手「Ｏｚｏｎ（オゾン）」などの電子書籍市場規模が，かなり拡大しています。2016年には国立電子図書館が開設され，タブレット端末で本を読む人も多いのが現状です。③「なぜロシアでは，電子書籍を読むのか？」と聞いたら，「なぜ日本人は，紙で本を読むのか？」と逆に質問されて，驚いたこともあります。

　実際に，モスクワの読書家の３割以上が，電子書籍を読んでいるそうです。※3サハリンでは，もっと電子化が進んでいる様子で，ほとんどの人がタブレット端末を使っていました。かつては，紙の本の値段が高く，電子書籍の違法コピーが問題になっていましたが，現在ではかなり解消されたそうです。

　加えて，紙の本がインターネットから人気が出るという不思議な逆転現象も起きています。ネット上に小説が掲載されたことで，紙の本がヒットするようなことがあるのです。

　例えば，村上春樹の小説『羊をめぐる冒険』は，新潟で通訳をしていたドミートリー・コヴァレーニンが個人的に翻訳し，インターネットにアップしたところ，ロシア国内で大ブームになりました。その後，正式に翻訳が決まって，あとから紙の本で出版されたのです。

　これからは，インターネットの情報を紙※4媒体が追いかけるようになるのでしょう。テレビもラジオも，新聞ですら，そのような流れに変化しているのが現状です。

　しかし，紙媒体はまだまだ信頼性が高く，五感を伴った体験が味わえると言われます。※5保管性が高い，記憶への定着力が良い，電源が必要ない，など※6メリットも多くあります。それでも※7即時性に弱く，情報に※8タイムラグが生まれてしまう，情報量が制限される，情報拡散力が低い，修正が難しい，重くて不便など，紙ならではの※9デメリットも多く存在します。

　未来の「本」は，「紙※10ｖｓ．デジタル」という発想ではなく，「紙※11×デジタル」という発想で，それぞれの特性を生かした楽しみ方を模索することが必要になってくるのだと思います。

　「紙×デジタル」の発想といえば，最近，おもしろい本屋さんに行きました。中国の深圳にオープンした完全無人の書店，「阿布ｅ無人書店」です。

　このお店は，※12モバイル決済，顔認証など最新のテクノロジーを駆使して「紙の本」を売っています。壁面には最新の電子看板があり，新しい本の情報が天上から降り注ぐように次々と液晶モニターに流れてきます。画面にふれると，まるでＳＦ映画のように新刊情報が表示されるのです。

　店の仕組みは，すべてデジタル化され，とてもシンプル。会員登録したあと，入り口にあるＱＲコードを読み取ると，扉のロックが解除されます。商品を選び終わったら※13セルフレジに行き，自分で商品をスキャンしてスマホでモバイル決済をするのです。

　しかし，買うのは重たい「紙の本」なのです。

　最新のデジタル技術で情報を得たり発信したりしつつ，紙の※14アナログ感を徹底的に楽しむ。これが，未来の本の楽しみ方のひとつなのかもしれません。

（一部，ふりがなをつけるなどの変更があります。）

※1　ボリビア……南アメリカ大陸中部に位置する国。

※2　デジタル……情報などをコンピュータで使えるデータの形にしたもの。

※3　サハリン……北海道の北に位置する島。

※4　媒体……伝達などの手段。

※5　保管性……物の保存・管理に適した性質。

※6　メリット……利点。

※7　即時性……時間のへだたりがない性質。

※8　タイムラグ……時間のずれ。

※9　デメリット……欠点。

※10　ｖｓ．……対。対立関係を示す。

※11　×……この場合，前と後を組み合わせることで，どちらの長所も活かされる関係になることを意味する。

※12　モバイル決済……スマートフォンなどを利用して代金を支払うサービス。

※13　セルフレジ……バーコードの読み取りや精算を客自身が行うサービス。

※14　アナログ……情報などをデータ化せず，昔ながらの形（本やレコードなど）で保管したもの。

問1　下線部①「携帯の電波から逃れることのほうが難しい」について，世界の携帯電話の利用について調べた花子さんは，資料1，資料2を見つけました。資料1，資料2から読み取れることとして正しいものを，次のア～エの中から1つ選び，記号で答えなさい。

（資料1，資料2は次のページにあります。）

ア　資料1と資料2をみると，2015年のロシアの携帯電話のけい約数は，2000年と比べ，約70倍になり，携帯電話のふきゅう率は25～50％未満から75％以上になっている。

イ　資料2をみると，2000年の中国の携帯電話のけい約数は世界計のうち約18％をしめていたが，2015年は世界計のうち約12％まで減少した。

ウ　資料2にある4つの国のなかで，2015年の携帯電話のけい約数が2000年と比べて，20倍以上になったのは，ボリビアである。

エ　資料1と資料2をみると，2000年から2015年にかけて，日本の携帯電話のけい約数は約2.4倍になり，携帯電話のふきゅう率は50～75％未満から75％以上になっている。

問2　下線部②「どんどん世界に広がっている」とありますが，これは具体的にどのようなことを表していますか。「本」と本の意味に着目して，本文中で述べられていることとして，最も適切なものを，次のア～エの中から1つ選び，記号で答えなさい。

ア　本を読むことが苦手だった人々が，電子媒体によって「本」を容易に手に入れることができるようになり，多くの知識を得やすくなっていること。

イ　本を手に入れることが容易である地域に住む人々の間だけで，電子書籍で「本」を読む習慣がついていったことによって，電子書籍で「本」を読む人はますます増えていること。

ウ　本を手に入れることが難しい地域に住む人々も，電子媒体が広まることによって，容易に「本」を手に入れられるようになっているということ。

エ　輸送技術の発達により，地球上のどんな地域にいるどんな人でも，遠くで販売されている本を手に入れやすくなっていること。

資料1　100人あたりのけい約数をもとにした携帯電話のふきゅう率の変化

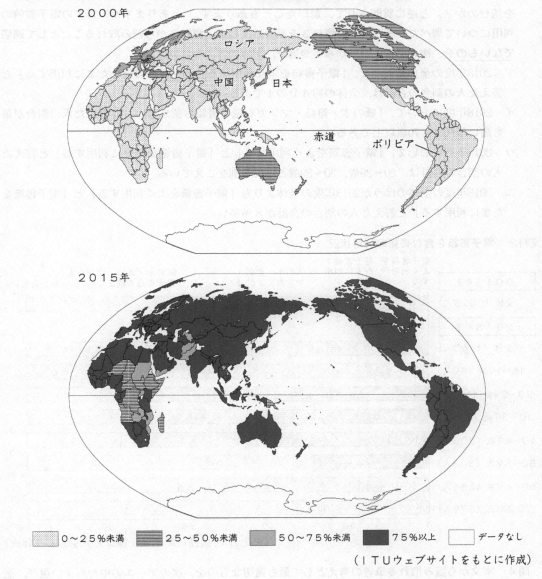

2000年

2015年

0～25％未満　　25～50％未満　　50～75％未満　　75％以上　　データなし

（ITUウェブサイトをもとに作成）

資料2　携帯電話のけい約数の変化

（単位：千件）

	2000年	2015年
日本	66,784	160,560
ボリビア	583	10,163
ロシア	3,263	227,288
中国	85,260	1,291,984
世界計	738,876	7,181,890

（ITUウェブサイトをもとに作成）

問3　下線部③「『なぜロシアでは，電子書籍を読むのか？』と聞いたら，『なぜ日本人は，紙で本を読むのか？』と逆に質問されて，驚いたこともあります。」とありますが，日本の電子書籍の利用について調べた花子さんは，**資料3**を見つけました。**資料3**から読み取れることとして**適切でないもの**を，次のア～エの中から1つ選び，記号で答えなさい。

ア　2018年度の全体において，「電子書籍をよく利用する」と「電子書籍をたまに利用する」と答えた人の割合の合計は，全体の約4分の1である。

イ　2018年度において，「紙の本・雑誌・マンガも電子書籍も読まない」と答えた人の割合が最も高い年代は，70歳以上である。

ウ　2018年度において，「電子書籍をよく利用する」と「電子書籍をたまに利用する」と答えた人の割合の合計は，20～29歳，30～39歳ともに5割をこえている。

エ　2018年度の全体のほうが2013年度の全体よりも「電子書籍をよく利用する」と「電子書籍をたまに利用する」と答えた人の割合の合計が8％多い。

資料3　電子書籍を含む書籍の利用状況

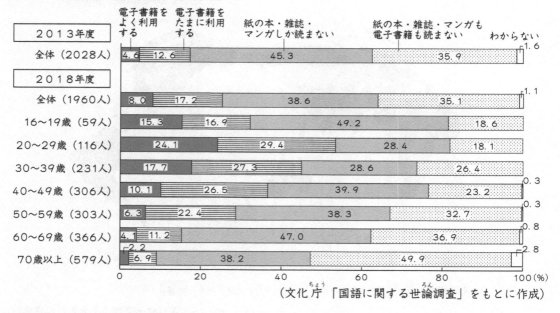

（文化庁「国語に関する世論調査」をもとに作成）

問4　本文から読み取れる筆者の考えとして最も適切なものを，次のア～エの中から1つ選び，記号で答えなさい。

ア　本のデジタル化によって，電子書籍を楽しむことができるようになったが，紙の本を収集したいと考える人の方が多く，結局は，紙の本がこれからも主流であり続ける。

イ　本のデジタル化によって，紙の本を買うことが難しかった地域に住む人でも紙の本を入手しやすくなる一方で，電子書籍は，都市部の人など一部の人に楽しまれるだけのものになる。

ウ　本のデジタル化によって，電子書籍の違法コピーが多く行われるようになったので，紙の本の値段が高くなり，電予書籍も含めた本の売り上げが減少していく。

エ　本のデジタル化によって，紙の本と電子書籍を競い合わせるのではなく，それぞれの特性を生かした楽しみ方を模索することが必要になってくる。

4

　太郎さんは，総合的な学習の時間に，布を染める染料である藍を中心に産業と生活について調べたことを発表することになりました。

次の問１〜問３に答えなさい。

【太郎さんと花子さんと先生の会話】

先　　生：どうして藍を中心に発表しようと考えたのですか。

太郎さん：東京2020オリンピック・パラリンピック競技大会のロゴマークに使われていた藍色が印象的だったので，調べてみたいと考えました。

花子さん：2020年には，さいたま市立博物館で，「さいたまのＪＡＰＡＮ　ＢＬＵＥ（ジャパンブルー）〜さいたまを染める！〜」というタイトルで，藍がテーマの企画展が行われていました。藍の歴史や，藍を科学的に説明した展示などがあり，とても勉強になりました。

太郎さん：藍に関連して，新しい１万円紙幣の図柄になることで注目されている渋沢栄一の生家では，染料の藍玉を売っていたそうですよ。

花子さん：江戸時代，今の埼玉県では藍が商品作物として作られ，取り引きされていたそうです。商品作物とは，売ることを目的として作る作物のことです。

太郎さん：江戸時代は，日本各地で農民がお金を得るために商品作物を作っていたのですか。

先　　生：そのとおりです。

太郎さん：では，商品作物を作るようになったことで，日本の稲作はどのように変化したのでしょうか。

花子さん：調べているときに，**資料１**を見つけました。この資料を見て，考えてみましょう。

資料１　　※1石高と稲作面積の変化

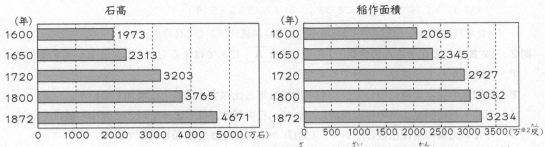

（「岩波講座　日本経済の歴史第２巻」をもとに作成）

※１　石高……米（穀物）の収穫量を「石」という容積の単位で表したもの。１石は約１８０リットル。

※２　反……土地の面積を表す単位。当時の１反は現在の約９９２㎡。

問１　**資料１**から読み取れることとして正しいものを，あとのア〜エの中から１つ選び，記号で答えなさい。

ア　1872年の石高と稲作面積は，ともに1600年の２倍以上になっている。

イ　1600年から1872年まで，石高と稲作面積はともに減少し続けている。

ウ　1720年から1800年にかけて，稲作面積の増加率は石高の増加率より高い。

エ　1600年と1800年の1反あたりの石高を比べると，1800年のほうが多い。

【太郎さんと花子さんの会話①】

太郎さん：日本の稲作の変化がわかりました。次に，藍の生産についても調べてみると，藍の
　　　　　生産は，1800年代後半に，合成染料の輸入などのえいきょうで減少したそうです。
　　　　　また，太平洋戦争中は，藍の生産が禁止されたそうです。

花子さん：なぜ，藍の生産が禁止されたのでしょうか。

太郎さん：わたしも疑問に思い，調べてみました。**資料2**は，鉄鋼業，石油・石炭製品工業，
　　　　　せんい工業，食料品工業について，1931年の生産活動を100としたときの指数で生産
　　　　　活動の変化を示したものです。この資料から，　　A　　ことがわかります。

資料2　生産指数の変化（1931〜1945年）

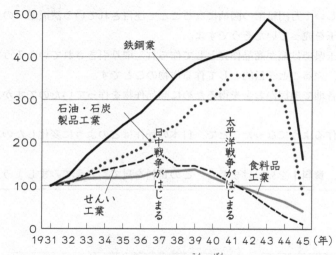

（日本銀行統計局「復刻版明治以降本邦主要経済統計」をもとに作成）

問2　**【太郎さんと花子さんの会話①】**の空らん　A　にあてはまるものとして正しいものを，次の
ア〜エの中から1つ選び，記号で答えなさい。

ア　鉄鋼業の生産指数について，1942年は1931年と比べて4倍以上に増加している。

イ　石油・石炭製品工業の生産指数について，日中戦争がはじまって以こう減少し続けている。

ウ　せんい工業の生産指数について，1931年から1945年まで増加し続けている。

エ　食料品工業の生産指数について，1938年は1931年に比べて減少している。

【太郎さんと花子さんの会話②】

花子さん：現在でも藍の生産がさかんな地域について調べて，どのようなことを発表するかを
　　　　　いっしょに考えましょう。

太郎さん：農林水産省で最後に藍の生産量の調査が行われたのは，2007年度でした。このとき
　　　　　の生産量の1位は徳島県で，全国の約6割が生産されていました。徳島県で藍の生

産がさかんな理由は，いくつかあります。

花子さん：江戸時代，徳島藩は，藍の生産をあとおししていたそうです。また，徳島県を流れる吉野川は，肥料や作った藍を運ぶのに利用されました。吉野川は，藍の生産に適する養分の多い土をもたらしたそうです。

太郎さん：川があって水が得られるなら，米の生産もできるはずですが，吉野川の流域では江戸時代には米の生産がさかんではなかったと聞いたことがあります。

花子さん：吉野川流域で藍の生産がさかんな理由は，生産にかかわる条件を調べるとわかると思います。資料3，資料4，資料5を用意しました。資料4は香川県のものですが，徳島県に隣接し，同じ四国地方にある県なので，これらの資料を活用してまとめを作りたいと思います。

資料3　徳島県の藍の生産カレンダー

3月	種まき
4月	育苗・苗取り
5月	苗を畑に植える
6月	肥料をあたえる・草取り
7月	しゅうかく

（「地域資源を活かす　生活工芸双書　藍」をもとに作成）

資料4　米の生産カレンダー

5月	育苗
6月	田植え・除草
7月	※3中干し
8月～9月	中干し終了・水管理
10月	落水・しゅうかく・乾燥・もみがらを取り除く

（香川県ウェブサイト「稲の苗作りからお米になるまでを追ってみよう！」をもとに作成）

資料5　台風の月別のおもな経路

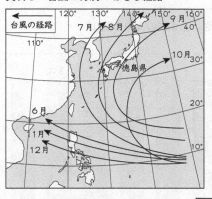

※3　中干し……苗に酸素を取り入れるため、田んぼの土をかわかすこと

（気象庁ウェブサイトをもとに作成）

問3　【花子さんのまとめ】の空らん　B　にあてはまる内容を，資料3，資料4，資料5のすべての内容をふまえ，30字以内で書きなさい。

【花子さんのまとめ】

　　江戸時代，徳島藩では，藍の生産がさかんに行われていた。現在も，日本国内における藍の大半は，徳島県で生産されている。資料3，資料4，資料5からわかるように，吉野川流域での藍の生産がさかんな理由の一つは，米作りとはちがい，　B　という利点があるからである。

5
　　　ＳＤＧｓの17の目標のうち，「つくる責任　つかう責任」に関心をもった太郎さんは，総合的な学習の時間に，ごみを減らすために行われている取り組みを調べることにしました。

あとの問１〜問３に答えなさい。

【太郎さんと先生の会話①】

先　　生：太郎さんは，何について調べることにしたのですか。

太郎さん：ごみを減らすために行われている取り組みを調べることにしました。まずは，さいたま市のごみの処理量と人口の変化を調べていて，**資料１**と**資料２**を見つけました。

先　　生：調べていて気づいたことはありますか。

太郎さん：**資料１**の2019年度には水害による災害ごみがふくまれていることがわかったので，他の年に着目してみました。2018年度まではごみの総排出量は毎年減少していますが，2020年度は，2018年度よりも増加しています。

先　　生：１人あたりの１年間のごみの排出量はどのようになっていますか。

太郎さん：**資料１**のごみの総排出量と**資料２**を用いて１人あたりの１年間のごみの排出量を計算してみると，2020年度は，2018年度と比べて　Ａ　しています。

先　　生：そのとおりですね。他にどのようなことがわかりましたか。

太郎さん：ごみの最終処分量をごみの総排出量で割ったものを百分率で表したものを最終処分率といいます。**資料１**から2020年度の最終処分率を計算すると約2.85％で，2015年度と比べて　Ｂ　しています。

先　　生：そうですね。さいたま市では，ごみを減らすためのさまざまな努力をしているようですね。

資料１　さいたま市のごみの処理量の変化

年度	ごみの総排出量（ｔ）	最終処分量（うめ立て量）（ｔ）
２０１５	４２３，６９４	１５，４７４
２０１６	４１５，９９７	１５，１１３
２０１７	４１５，３８５	１５，５１５
２０１８	４１４，３７６	１３，５６６
２０１９	４２２，９３０	１３，３２６
２０２０	４１８，１９６	１１，９１２

資料２　さいたま市の人口の変化

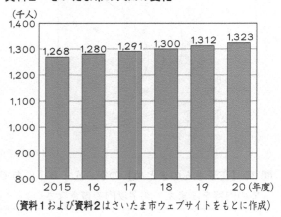

（**資料１**および**資料２**はさいたま市ウェブサイトをもとに作成）

問１　**資料１**，**資料２**から読み取れることをもとに【太郎さんと先生の会話①】にある空らん　Ａ　，　Ｂ　にあてはまる内容として正しい組み合わせを，次のア〜エの中から１つ選び，記号で答えなさい。

ア　Ａ　増加　　Ｂ　増加　　　　イ　Ａ　増加　　Ｂ　減少

ウ　Ａ　減少　　Ｂ　増加　　　　エ　Ａ　減少　　Ｂ　減少

【太郎さんと先生の会話②】

先　　生：生活の中でごみを増やさないようにするためには，どうしたらよいでしょうか。

太郎さん：資源になるものと，そうでないものを分別する必要があります。たとえば食品包装にはプラスチックがよく使われています。プラスチックごみのリサイクルについて，調べようと思っています。

先　　生：プラスチックの原料は石油です。プラスチックごみについては，この**資料３**を見てください。**資料３**は，廃プラスチックとよばれる捨てられたプラスチックのうち，有効利用率と未利用率の変化を示したものです。有効利用とは，「マテリアルリサイクル」「ケミカルリサイクル」「サーマルリサイクル」のことで，日本ではこの３つの方法をリサイクルととらえています。未利用は，単純焼却やうめ立てのことです。**資料４**に，この３つのリサイクル方法についての説明が示してあります。

太郎さん：リサイクルには，いろいろな方法があるのですね。

資料３　廃プラスチックの有効利用率・未利用率の変化

（プラスチック循環利用協会「２０１９年プラスチック製品の生産・廃棄・再資源化・処理処分の状況」をもとに作成）

資料４　廃プラスチックのリサイクルの種類

マテリアルリサイクル	ケミカルリサイクル	サーマルリサイクル
廃プラスチックを原料として、プラスチック製品に再生する方法。	廃プラスチックを化学的に分解するなどして、化学原料に再生する方法。	廃プラスチックを焼却して、熱エネルギーを回収する方法。

（プラスチック循環利用協会「プラスチックとリサイクル８つの『？』」をもとに作成）

問2 **【太郎さんと先生の会話②】**をもとに，前のページの**資料3，資料4**から読み取れることとして**適切でないもの**を，次のア〜エの中から1つ選び，記号で答えなさい。

ア 廃プラスチックの有効利用率は，2000年から2017年にかけて毎年増加している。

イ 2017年の熱エネルギーを回収するリサイクルの割合は，2000年と比べて1.5倍以上に増加している。

ウ 2017年には，廃プラスチックの8割以上がプラスチック製品または化学原料にリサイクルされている。

エ 2017年の廃プラスチックの未利用率は，2000年と比べて3分の1以下に減少している。

【太郎さんと先生の会話③】

太郎さん：分別しているペットボトルもプラスチックでできていますよね。先ほど出てきた廃プラスチックに，ペットボトルもふくまれますか。

先　　生：ふくまれます。ペットボトルは，マテリアルリサイクルによって，ペットボトルやシート，せんいなどになりますよ。マテリアルリサイクルには「水平リサイクル」という方法があります。「水平リサイクル」とは，使用済み製品を原料として同じ種類の製品を作るリサイクルのことです。

太郎さん：そうなのですね。ペットボトルからペットボトルにリサイクルされることは，「ボトルＴＯ（トゥー）　ボトル」と言うと聞きました。ペットボトルと同じく，飲み物の容器に使われるアルミかんも，分別してアルミかんにリサイクルされるので「かん　ＴＯ　かん」と言うのですか。

先　　生：そうですね。そのように言うこともあるようです。

太郎さん：リサイクルの面で，何かちがいがあるのでしょうか。

先　　生：次の**資料5，資料6**をもとに，ペットボトルとアルミかんのリサイクルのちがいについて考えてみましょう。

資料5　ペットボトルの国内再生利用量とリサイクルの内訳（２０１９年）

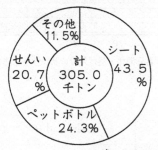

（ＰＥＴボトルリサイクル推進協議会「ＰＥＴボトルリサイクル年次報告書２０２０」をもとに作成）

資料6　アルミかんの国内再生利用量とリサイクルの内訳（２０１９年）

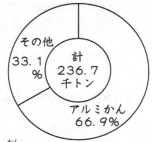

（アルミ缶リサイクル協会「２０２０年（令和２年）度　飲料用アルミ缶のリサイクル率（再生利用率）について」をもとに作成）

問3 太郎さんは，【太郎さんと先生の会話③】と資料5，資料6から読み取れることをもとに，【太郎さんのまとめ】を作成しました。次の(1)～(3)に答えなさい。

(1) 空らん　A　にあてはまる数値を計算し，小数第1位を四捨五入して整数で答えなさい。

(2) 空らん　B　にあてはまる内容を，次のア，イの中から1つ選び，記号で答えなさい。

　　ア　高い　　イ　低い

(3) 空らん　C　にあてはまる内容を，【太郎さんと先生の会話③】にある言葉を用いて7字で書きなさい。

【太郎さんのまとめ】

・資料5から，回収されたペットボトルはシートに最も多くリサイクルされており，再びペットボトルペとリサイクルされたものの重さは約　　A　　千トンである。

・資料5，資料6をもとに考えると，アルミかんの「かん　TO　かん」率は，ペットボトルの「ボトル　TO　ボトル」率に比べ　　B　　といえる。

・資料5，資料6をもとに考えると，ペットボトルよりアルミかんのほうが　　C　　の割合が高い。

【適性検査Ⅱ】 （45分）

1 山田さんと木村さんが通う中学校で，通学についての**アンケート**がクラス全員に実施されました。その**アンケート**について，山田さんと木村さんが話をしています。

あとの問1～問3に答えなさい。

【山田さんと木村さんの会話①】

山田さん：先日，通学についての**アンケート**がありましたね。わたしのクラスと木村さんのクラスでは，どのようなちがいがあったのか，**アンケート**の結果をくらべてみましょう。

木村さん：はい。まず，**表1**を見てみましょう。2つのクラスの合計人数から，2つのクラスの徒歩通学の合計人数の割合を計算すると，約 ┌──A──┐ ％になりますね。

山田さん：はい。ところで，ご通学にかかる時間の平均値は，どのようになっていたのでしょうか。

木村さん：各クラスの，通学手段別の通学にかかる時間の平均値をまとめた**表2**を見てみましょう。**表2**のそれぞれの平均値は，すべて割り切れた数値が記入されています。

山田さん：わたしのクラス全員の通学時間の平均値と，木村さんのクラス全員の通学時間の平均値では，どちらのほうが大きいのでしょうか。

木村さん：今までの情報からわかりそうですね。

アンケート

┌─────────────────────────────┐
│   通学についてのアンケート   │
│   │
│ (1) おもな通学手段は何ですか。   │
│   下記の方法のうち，あてはまる手段1つに○を付けてください。│
│   徒歩 自転車 電車 その他（   ）│
│ (2) 通学にはどのくらいの時間がかかりますか。│
│   整数で答えてください。   │
│   （   ）分間   │
└─────────────────────────────┘

表1　おもな通学手段別の人数

	徒歩	自転車	電車	その他	クラス全員の合計
木村さんのクラス	26人	4人	6人	0人	36人
山田さんのクラス	30人	4人	6人	0人	40人

表2　通学にかかる時間の平均値

	徒歩	自転車	電車	その他
木村さんのクラス	11分40秒	5分40秒	25分40秒	0分　0秒
山田さんのクラス	9分45秒	6分45秒	24分45秒	0分　0秒

問1 【山田さんと木村さんの会話①】にある空らん ［Ａ］ にあてはまる数を，小数第1位を四捨五入して，整数で答えなさい。

問2 【山田さんと木村さんの会話①】をもとに，次の(1)，(2)に答えなさい。

(1) 山田さんのクラス全員の通学時間の平均値は何分何秒か，求めなさい。

(2) 山田さんのクラス全員の通学時間の平均値と，木村さんのクラス全員の通学時間の平均値の差は何分何秒か，求めなさい。

【山田さんと木村さんの会話②】

木村さん：山田さんの主な通学手段を教えてください。

山田さん：わたしは徒歩です。

木村さん：そういえば，成人は健康のために「1日1万歩の歩数を確保することが理想的と考えられる」と書かれているホームページを見たことがあります。

山田さん：そうなのですね。しかし，1日に1万歩を歩くのは大変だと思います。1万歩を歩くと，その道のりはどのくらいになるのでしょうか。

木村さん：歩幅を考えれば計算できそうですね。人によって差はありますが，調べたところ，身長をメートルで表した数に0.45をかけると，およその歩幅がわかるそうです。それをもとに考えていきましょう。

山田さん：はい。わたしの身長は160cmなので，まずその方法で歩幅を計算してみます。それをもとに1万歩を歩いたときの道のりを計算すると ［　Ｂ　］ mになります。もし，わたしがこの道のりをすべて歩くとしたら，どのくらいの時間がかかるでしょうか。

木村さん：それを知るためには，山田さんが歩く速さを知る必要がありますね。山田さんが10歩を歩くのにかかる時間をはかってみましょう。

〈山田さんが10歩を歩いてかかる時間をはかった〉

山田さん：10歩を歩くのに7.2秒かかりました。

木村さん：先ほど求めた山田さんの歩幅をもとに計算すると，山田さんは分速 ［　Ｃ　］ mで歩くと考えられます。つまり，山田さんが1万歩を歩くには，［　Ｄ　］ 分歩けばよいということですね。

問3 【山田さんと木村さんの会話②】にある空らん ［Ｂ］，［Ｃ］，［Ｄ］ にあてはまる数をそれぞれ答えなさい。

2　太郎さんは，食品のパッケージに書いてある栄養成分表示について興味をもち，先生に教えてもらうことにしました。

あとの問1〜問3に答えなさい。

【太郎さんと先生の会話】

太郎さん：先生，【クッキーの箱の裏】に，栄養成分表示が書かれていました。これについて教えてください。

【クッキーの箱の裏】

栄養成分表示
クッキー1枚（8.6g）あたり

エネルギー	44.6kcal
タンパク質	0.6g
脂質	2.2g
炭水化物	5.6g
ナトリウム	10.0mg

先　　生：栄養成分表示は，食品の中に，エネルギーやタンパク質，脂質，炭水化物，ナトリウムなどの栄養素がどのくらい含まれているかが書かれています。

太郎さん：エネルギーとは何ですか。

先　　生：エネルギーとは，人間が体を動かすために必要なものです。栄養成分表示に書かれているエネルギーの数値は，その食品を食べたときにとることができるエネルギーの量を表しています。タンパク質，脂質，炭水化物の量をもとに計算することができます。エネルギーの単位はcalで表され，カロリーと読みます。このクッキーの栄養成分表示には，エネルギーがkcalという単位で表されていますが，キロカロリーと読みます。1kcalは1000calであり，kmとm，kgとgの関係と同じです。つまり，このクッキーを1枚食べると，44600calのエネルギーをとることができます。

太郎さん：タンパク質，脂質，炭水化物の量をもとに，エネルギーの数値を求める方法を教えてください。

先　　生：エネルギーを計算する方法はいろいろありますが，タンパク質は1gで4kcal，脂質は1gで9kcal，炭水化物は1gで4kcalになるものとして，エネルギーの量を計算で求められます。

太郎さん：そうなのですね。ナトリウムは何を表しているのですか。

先　　生：ナトリウムは，食塩の成分の一つです。ナトリウムの量から，食品の中に含まれている食塩の量を表す「食塩相当量」がわかります。これは，次の計算式で求めることができます。

食塩相当量を求める計算式
（食塩相当量（g））＝（ナトリウム（mg））×2.54÷1000

太郎さん：わかりました。さっそく計算をしてみたいと思います。

先　　生：食品によっては，ナトリウムの量ではなく，食塩相当量が表示されているものもあります。

太郎さんは家に帰り，レトルトカレーの箱の裏に書かれている栄養成分表示を**資料1**として，先生から教えてもらった内容を復習することにしました。

資料1　太郎さんの家にあったレトルトカレーの箱の裏

栄養成分表示
1人前（220g）あたり

エネルギー	A
タンパク質	5．3g
脂質	7．5g
炭水化物	24．9g
食塩相当量	2．7g

問1　【太郎さんと先生の会話】と**資料1**をもとに，次の(1)，(2)に答えなさい。

(1)　**資料1**にあるエネルギーの数値は，かすれて見えなくなっていました。**資料1**の空らん A にあてはまるエネルギーの量は何kcalか，答えなさい。

(2)　太郎さんの家にあったレトルトカレーには，ナトリウムは何mg含まれているか，小数第1位を四捨五入して，整数で答えなさい。

太郎さんは，栄養について学ぶうちに，料理に興味をもちました。

【太郎さんとお母さんの会話①】

太郎さん：栄養について学んだら，実際に料理がしたくなりました。

お母さん：それでは，今日の晩ご飯のしたくを手伝ってください。

太郎さん：わかりました。何をすればよいですか。

お母さん：まな板の上に豆腐があるので，包丁で切ってください。切った豆腐は，みそ汁の具にします。

太郎さん：わかりました。どのように切ればよいですか。

お母さん：それでは，次の【豆腐の切り方】にしたがって，切ったあとの1個1個の豆腐が同じ立体になるように切ってください。

豆腐

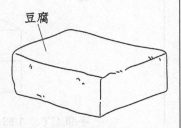

【豆腐の切り方】

手順1　豆腐をまな板の上面にのせ，まな板の上面と包丁の位置を平行に保ちながら，次のページの①のように切ります。その際，切ったあとのそれぞれの豆腐の高さがすべて等しくなるようにします。

手順2　次に，まな板の上面と包丁の位置を垂直に保ちながら，次のページの②のように切り

ます。その際，切ったあとのそれぞれの豆腐の幅が等しくなるようにします。

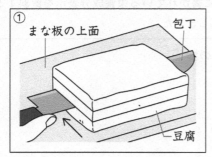

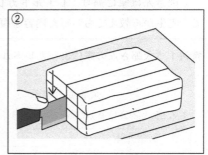

手順3　最後に，まな板の上面と包丁の位置を垂直に保ちながら，③のように切ります。その際，切ったあとのそれぞれの豆腐の幅がすべて等しくなるようにします。

【太郎さんとお母さんの会話②】

お母さん：【豆腐の切り方】には，３つの手順がありますが，どの手順でも，何回か包丁を入れ，豆腐の高さや幅が等しくなるように切り分けています。手順１において１回だけ包丁を入れた場合は図１のようになります。また，手順１において２回だけ包丁を入れた場合は，図２のようになります。

太郎さん：わかりました。手順２，手順３についても同じように考えればよいのですか。

お母さん：はい。それでは，豆腐を切ってみてください。

図１

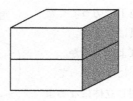

手順１で，１回だけ包丁を入れた場合，同じ大きさ，同じ形の豆腐が２個できます。

図２

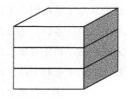

手順１で，２回だけ包丁を入れた場合，同じ大きさ，同じ形の豆腐が３個できます。

問2　縦５cm，横９cm，高さ４cmの直方体の豆腐を，【豆腐の切り方】のとおりに切っていきます。
【豆腐の切り方】の手順１で２回，手順２で３回，手順３で４回包丁を入れて切ったとき，豆腐は全部で何個に切り分けられるか，答えなさい。また，この手順で豆腐を切ったとき，切り分け

られた豆腐１個の体積を求めなさい。

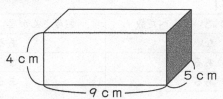

問３　縦８cm，横８cm，高さ６cmの直方体の豆腐を【豆腐の切り方】のとおりに切っていきます。【豆腐の切り方】の手順１から手順３までの間に，合計８回包丁を入れて切ります。切り分けられた豆腐１個の体積が最も小さくなるとき，その豆腐１個の体積を答えなさい。ただし，手順１から手順３までのそれぞれの手順の中で，必ず１回以上包丁を入れて切ることとします。

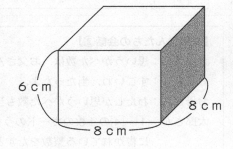

3　　夏休みの自由研究で，太郎さんは数のしくみについて，花子さんは月について調べています。

あとの問１～問４に答えなさい。

　太郎さんは，自由研究で作った**資料１**の４枚の数当てカードを使って，家族といっしょに数当てゲームをしました。

資料１　太郎さんが作った 1 ～ 4 **の４枚の数当てカード**

1	2	3	4
8，9，10，11 12，13，14，15	4，5，6，7 12，13，14，15	2，3，6，7 10，11，14，15	1，3，5，7 9，11，13，15

【太郎さんたちの会話①】

太郎さん：今から数当てゲームを行います。お父さん，お母さんが思いうかべた数を当ててみますよ。

お父さん：思いうかべる数は何でもいいのかな。

太郎さん：当てられる数は１から15までの整数です。そのうち，どれか１つを思いうかべてください。

お母さん：思いうかべたよ。この後はどうするのかな。

太郎さん：これから，**資料１**にある 1 ～ 4 の４枚のカードを見せるので，思いうかべた数と同じ数がそれぞれのカードの中にあるか，ないかを答えてください。

【お父さんとお母さんの答え】

カード	お父さんが思いうかべた数	お母さんが思いうかべた数
1	ない	ある
2	ある	ない
3	ある	ある
4	ない	ある

【太郎さんたちの会話②】

太郎さん：思いうかべた数は，お父さんが6，お母さんが　**A**　ですね。

お父さん：すごいね，当たったよ。

お母さん：わたしが思いうかべた数も当たったよ。どうして当てられたのかな。

太郎さん：1～4の4枚のカードのうち，思いうかべた数が「ある」と答えた各カードの左上に書かれている整数をたすと，思いうかべた数が求められます。たとえば，お父さんが「ある」と答えたカードは2と3なので，2のカードの左上に書かれている4と，3のカードの左上に書かれている2をたして，思いうかべた数は6だとわかりました。

問1　【太郎さんたちの会話②】にある空らん　**A**　にあてはまる数を答えなさい。

【太郎さんたちの会話③】

お母さん：数当ての方法はわかったけれど，数当てカードはどのような仕組みになっているのかな。

お父さん：それぞれのカードの左上に書かれている，8，4，2，1の整数と関係がありそうだね。

太郎さん：そうです。1から15までの整数は，8，4，2，1のそれぞれを最大1回使ったたし算で表すことができます。たとえば，3は2＋1と表すことができ，14は8＋4＋2と表すことができます。最大1回までしか使わないことがポイントです。14を4＋4＋4＋2など2回以上同じ数を用いて表すことはできません。

お父さん：そうなんだね。

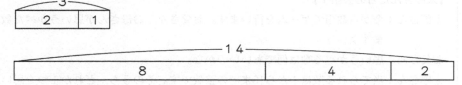

太郎さん：3は2＋1と表すことができるため，左上に2と書かれた3のカードと左上に1と書かれた4のカードにのみ，3という数を記入しました。また，14については，8＋4＋2と表すことができるため，左上に8と書かれた1のカード，左上に4と書かれた2のカード，左上に2と書かれた3のカードにのみ14という数を記入しま

した。

お母さん：お父さんが思いうかべた６は，４＋２と表すことができるね。

お父さん：左上に４と書かれた②のカードと，左上に２と書かれた③のカードにのみ６という数が記入されているんだね。なるほど，ある数を思いうかべたとき，どのカードにその数が入っているかがわかれば，簡単な計算でその思いうかべた数を当てることができるんだね。

太郎さん：そうです。

お母さん：数当てができる整数のはんいを広げることはできないのかな。

太郎さん：数当てカードの枚数を増やせば，数当てができる整数のはんいを広げることができます。

お父さん：それでは，カードの枚数を５枚にしたらどうなるかな。

太郎さん：新しく作る５枚の数当てカードを，わたしが作った①〜④の４枚のカードと区別するために，❶〜❺とします。それぞれのカードの左上に書く整数は，❶のカードは16，❷のカードは８，❸のカードは４，❹のカードは２，❺のカードは１になります。したがって，数当てができる整数は，16，8，4，2，1をそれぞれ最大1回使って表したたし算の答えと等しくなるので，1から　　B　　までに広げられます。

お母さん：それでは，❶〜❺の５枚の数当てカードをつくったとすると，25はどのカードに入っているのかな。

太郎さん：　　C　　に入っています。

お父さん：そうだね。

問２　【太郎さんたちの会話③】について，空らん　B　にあてはまる数を答えなさい。また，空らん　C　にあてはまる内容を，次のア〜オの中から**すべて**選び，記号で答えなさい。

ア　❶のカード　　　イ　❷のカード　　　ウ　❸のカード　　　エ　❹のカード　　　オ　❺のカード

　月について調べている花子さんは，インターネットを使い，ある年の９月にさいたま市から観測した月の記録について調べ，27ページの**資料２**にまとめました。

【花子さんと先生の会話①】

花子さん：月の出入りの時こくについてまとめたのですが，**資料２**の９月１日は，「月の入り」の時こくが「月の出」の時こくより早くなっています。月は，「月の出」があって，その後に「月の入り」があるのではないでしょうか。

先　　生：そのとおりです。それでは，**資料２**の見方を教えます。この年の９月の初めごろは，満月に近い形の月が見えています。満月は夕方ごろ東の地平線から出てきて，真夜中に南の高い空を通って，次の日の明け方ごろ西の地平線にしずみますね。では，９月１日の18時に出てきた月は，何日の何時何分にしずみますか。

花子さん：次の日の明け方にしずむので，**資料２**から２日の４時48分ということでしょうか。

先　　生：そのとおりです。**資料2**で，「月の出」の時こくが「月の入り」の時こくよりもお
そくなっている日は，月が出ている間に午前0時をこえたということがわかりま
す。したがって，その日に出た月がしずんだ時こくを知りたいときは，次の日の「月
の入り」の時こくを調べましょう。

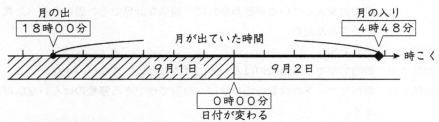

花子さん：次のページの**資料2**の中に，「月の出」や「月の入り」の時こくが書かれていない
日がありますが，これはなぜでしょうか。

先　　生：「月の出」，「月の入り」の時こくの両方とも，日がたつにつれて30分から1時間く
らいおそくなっていますね。それぞれの「月の出」からその次の「月の出」までの
時間は，平均して約24時間50分かかります。「月の入り」も同じです。

花子さん：それぞれの「月の出」からその次の「月の出」までの時間が24時間より長いので，
「月の出」が午前0時直前になると，その次の「月の出」が2日後の午前0時より
後になってしまうから，その間にはさまれた日の「月の出」はないのですね。

先　　生：そうですね。

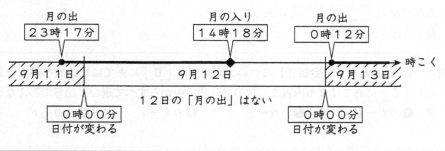

問3　**資料2**で，12日にしずんだ月と26日に出てきた月の「月の出」から「月の入り」までのそれ
ぞれの時間を比べたとき，月が出ていた時間の差は何時間何分か，答えなさい。

資料2　ある年の9月にさいたま市から観測した月の記録（一部）

日	月の出の時こく	月の入りの時こく	月の形	月齢	日	月の出の時こく	月の入りの時こく	月の形	月齢
1	18:00	3:48		13.0	16	3:31	17:22		28.0
2	18:31	4:48		14.0	17	4:43	17:58		29.0
3	18:59	5:47		15.0	18	5:55	18:32		
4	19:26	6:44		16.0	19	7:08	19:06		
5	19:51	7:40		17.0	20	8:21	19:41		
6	20:18	8:35		18.0	21	9:33	20:19		
7	20:45	9:31		19.0	22	10:44	21:02		
8	21:16	10:28		20.0	23	11:53	21:50		
9	21:50	11:25		21.0	24	12:57	22:43		
10	22:31	12:23		22.0	25	13:54	23:40		
11	23:17	13:21		23.0	26	14:44	-- : --		
12	-- : --	14:18		24.0	27	15:26	0:40		
13	0:12	15:11		25.0	28	16:02	1:41		
14	1:13	15:59		26.0	29	16:34	2:41		
15	2:20	16:43		27.0	30	17:03	3:40		

※月の出の時こくは月の中心が地平線から出てきた時こく、月の入りの時こくは月の
　中心が地平線にしずんだ時こくです。

※月齢は正午の時点の値です。

（国立天文台暦計算室のウェブサイトをもとに作成）

【花子さんと先生の会話②】

花子さん：次は、月齢について質問させてください。

先　　生：資料2で空らんになっている、18日以こうの月齢についてでしょうか。

花子さん：はい。月齢は「新月の日から何日たったかを表す数」と聞いたことがあるので、整
　　　　　数もしくは小数点以下は0で表すものだと思っていました。しかし、インター

　　　　　ネットで調べたところ，18日いこうの月齢には小数点以下にも数が書かれていたた
　　　　　め，たしかめてから書こうと思いました。なぜ小数点以下の数が0以外になること
　　　　　があるのでしょうか。
先　　生：それでは，月齢についてかんたんに説明しましょう。

　花子さんは，先生の説明を聞いて，ノートにまとめました。

【花子さんがまとめたノート】
・地球から見た月と太陽の方向が同じになったときを「朔」といい，朔になったときの月を新
　月という。
・朔から次の朔までの期間は一定ではなく，平均すると約29.5日である。
・月齢は，朔の瞬間を0とし，そこから何日たったかを表す数である。
・前のページの資料2の月齢は，その日の正午の時点のものなので，朔になった時こくによっ
　ては月齢が小数になることもある。

【花子さんと先生の会話③】
花子さん：月齢は小数で表されていてもよいのですね。
先　　生：資料2において，9月1日から17日までの月齢の小数点以下が0だったのは，資料
　　　　　3によると，8月の朔の時こくが11時42分であり，正午に近かったからです。つま
　　　　　り，資料2で正午の時点での月齢を計算したとき，小数第2位を四捨五入した結果，
　　　　　小数第1位が0になったので，小数第1位に0が表記されているのですね。資料2
　　　　　の年の9月の朔は17日の20時ちょうどですから，今の説明をもとにして，月齢を自
　　　　　分で計算してみましょう。

資料3　資料2の年におけるさいたま市での朔の日時（一部）

月日	時こく
8月19日	11：42
9月17日	20：00
10月17日	4：31

　　　　　　（国立天文台暦計算室のウェブサイトをもとに作成）

問4　資料2の9月30日正午の月齢を，小数第2位を四捨五入して小数第1位まで答えなさい。

4　　　ある夏の日の午後，花子さんは植物園に行き，植物園の職員と話をしました。

あとの問1～問3に答えなさい。

【花子さんと職員の会話①】
花子さん：アサガオがたくさんありますね。

職　　員：毎朝たくさんの花がさいていますよ。種子もたくさんとれるので，よかったらさし
　　　　　あげましょう。

花子さん：ありがとうございます。わたしの家の庭ではヘチマを育てていますが，アサガオも
　　　　　実や種子ができるには受粉が必要なのでしょうか。

職　　員：そうですね。アサガオも受粉しないと，実や種子はできません。ヘチマは，おばな
　　　　　にあるおしべでできた花粉が，めばなにあるめしべにつく必要がありますが，アサ
　　　　　ガオは，おしべの花粉が同じ花のめしべにつけば実や種子ができます。実験を行っ
　　　　　て，確かめてみるとよいですね。

　　花子さんは，アサガオの花を使って，実や種子ができるためには受粉が必要かどうかを調べ
るために，次のような【実験の計画】を立てました。

【実験の計画】

〈用意するもの〉

　□アサガオのはち植え　　□カッター　　　　□ビニールのふくろ
　□モール　　　　　　　　□ピンセット

〈方法〉

・アサガオのはち植えから，次の日にさきそうなつぼみを2つ選び，それぞれA，Bとする。
・Aのつぼみには何もせず，ビニールのふくろをかぶせて，口の部分をモールでしばる。B
　のつぼみにはカッターで切りこみを入れ，ピンセットでおしべを全部取り除き，ビニール
　のふくろをかぶせて，口の部分をモールでしばる。
・両方の花がさいても，ふくろをかぶせたままにしておく。
・両方の花がしぼんだら，ビニールのふくろを外し，その後，A，Bに実や種子ができるか
　どうかを調べる。

	花がさく前		花がさいている間	花がしぼんだ後
A	何もしない	ふくろをかぶせる	ふくろをかぶせたままにする	ふくろをはずす
B	おしべを全部取り除く	ふくろをかぶせる	ふくろをかぶせたままにする	ふくろをはずす

【花子さんと職員の会話②】

花子さん：【実験の計画】のように実験を行えば，アサガオの実や種子ができるためには，受
　　　　　粉が必要であることが確かめられるでしょうか。

職　　員：この計画では，AとBの結果を比べても，本当に受粉が必要かどうかはわからない

のではないでしょうか。新たに次の日にさきそうな**C**のつぼみを選び，**B**のつぼみに行う〈**方法**〉を少し変えたものを**C**のつぼみに行い，**B**と**C**の結果を比べてみるとよいと思いますよ。

問1 【実験の計画】で，**B**と**C**の結果を比べ，アサガオの実や種子ができるためには受粉が必要であることを確かめるとき，**C**のつぼみに行う〈**方法**〉として正しいものはどれですか。次のア〜エの中から1つ選び，記号で答えなさい。

	花がさく前		花がさいている間		花がしぼんだ後
ア	おしべを全部取り除く	→ そのままにする	花粉をつける	→ そのままにする	そのままにする
イ	おしべを全部取り除く	→ そのままにする	花粉をつける	→ ふくろをかぶせる	ふくろをはずす
ウ	おしべを全部取り除く	→ ふくろをかぶせる	花粉をつける	→ そのままにする	そのままにする
エ	おしべを全部取り除く	→ ふくろをかぶせる	花粉をつける	→ ふくろをかぶせる	ふくろをはずす

【花子さんと職員の会話③】

花子さん：アサガオは※1夏至を過ぎないと花がさかない，と聞いたことがあるのですが，本当なのでしょうか。

職　　員：そうですね。アサガオやコスモスなどは，ふつう，夏至を過ぎないと花がさかないと言われています。

花子さん：夏至を過ぎると，※2冬至までの間，昼の長さがだんだん短くなり，逆に夜の長さがだんだん長くなりますね。昼や夜の長さとアサガオの開花には，何か関係があるのでしょうか。

職　　員：同じアサガオでも，品種によってちがいがあるかもしれませんね。わたしが庭で育てているアサガオを使って行った実験の結果がありますから，**資料**（次のページ）としてお見せしますね。

※1　夏至……昼の長さが最も長い日。日本では6月21日ごろ。

※2　冬至………夜の長さが最も長い日。日本では12月22日ごろ。

資料 「光を当てる時間・当てない時間」と「アサガオの開花」の関係を調べる実験の結果

【実験】

〈用意するもの〉

　□アサガオのはち植え（8個）　　□段ボール箱（8個）

　□照明

〈方法〉

・同じ条件で成長させたアサガオのはち植え
を8個用意し，それぞれ(1)〜(8)として，気
温を一定に保ち，照明を1日中点灯させた
室内に置く。

・(1)〜(8)のアサガオに，光を当てる時間と当
てない時間を図1のように定め，毎日くり
返す。なお，光を当てない時間は，アサガ
オのはち植えに段ボール箱をかぶせ，光が
入らないようにする。

・水は毎日同じ時こくに，それぞれのはち植
えに同じ量を与える。

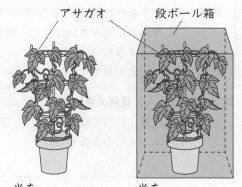

アサガオ　　　　段ボール箱

光を
当てているとき　　光を
当てていないとき

図1　「光を当てる時間・当てない時間」とアサガオの「花の様子」

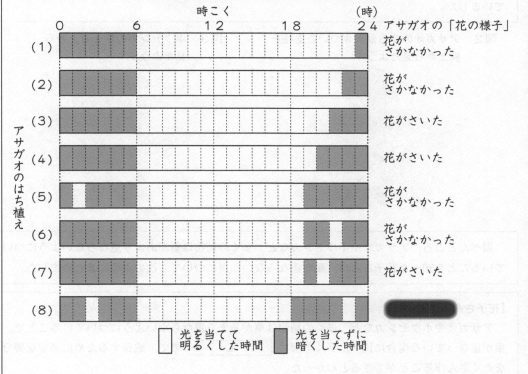

アサガオのはち植え	アサガオの「花の様子」
(1)	花がさかなかった
(2)	花がさかなかった
(3)	花がさいた
(4)	花がさいた
(5)	花がさかなかった
(6)	花がさかなかった
(7)	花がさいた
(8)	

□ 光を当てて明るくした時間　　■ 光を当てずに暗くした時間

【花子さんと職員の会話④】

花子さん：前のページの**資料**を見ると，アサガオの花がさくかどうかは，光を当てずに暗くした時間と関係がありそうですね。前のページの**図1**の(8)のアサガオの「花の様子」が，にじんで読めなくなっています。

職　　員：(1)から(7)のアサガオの「花の様子」から考えると，(8)のアサガオの「花の様子」がわかりますよ。

花子さん：そうなのですね。(1)から(7)のアサガオは，光を当てずに暗くした時間が　　A　　であれば花がさいたので，(8)のアサガオは，花が　　B　　といえるのではないでしょうか。

職　　員：そのとおりです。

問2　【花子さんと職員の会話④】の空らん　A　にあてはまる言葉を，10字以内で書きなさい。また，空らん　B　にあてはまる内容を，次のア，イの中から1つ選び，記号で答えなさい。
ア　さいた　　イ　さかなかった

　　花子さんは，もらった種子をまいて，アサガオを育てました。アサガオのつるがまきついた支柱を真上から見ると，**図2**のように，葉があまり重ならないようについていることに気づきました。庭のホウセンカも真上から見ると，**図3**のように，葉があまり重ならないようについていました。

図2　アサガオのつるがまきついた支柱を真上から見たようす

図3　ホウセンカの葉を真上から見たようす

　　調べたところ，アサガオやホウセンカなど，多くの植物は葉があまり重ならないようについていることを知った花子さんは，葉が重ならない利点について，次のようにまとめました。

【花子さんのまとめ】

　　アサガオやホウセンカなど，多くの植物は葉があまり重ならないようについていることで，葉が重なっている場合に比べ，多くの葉に　　C　　ので，成長するために必要な養分をたくさん作ることができるとわかった。

問3　【花子さんのまとめ】の空らん　C　にあてはまる内容を，10字以内で答えなさい。

5 　太郎さんと先生は，運動場に引かれている白いラインパウダー（線を引くために使われる粉）について話をしています。

あとの問1〜問2に答えなさい。

【太郎さんと先生の会話①】

太郎さん：先日，父に運動場のライン引きを行ったことを話したら，ラインパウダーを素手でさわらず，目に入らないように気をつけるように言われました。

先　　生：たしかにそのとおりです。しかし，今のラインパウダーは，昔と比べると安全なものが使われているので，昔ほど心配する必要はありませんが，十分気をつけて使用するべきですね。

太郎さん：今と昔で，ラインパウダーは違うのですか。

先　　生：太郎さんのお父さんやわたしが小学生だったころは，ラインパウダーに水酸化カルシウムが使われていました。水酸化カルシウムは，その性質により，皮ふなどにつかないよう気をつけなければなりません。水酸化カルシウムを水に溶かして水溶液にしたものを石灰水といいますが，おぼえていますか。

太郎さん：はい。二酸化炭素をふきこむと，白くにごる性質がある水溶液です。

先　　生：そうですね。では，石灰水は酸性，中性，アルカリ性のうち，どれでしょうか。

太郎さん：おそらくアルカリ性だと思います。

先　　生：少しあいまいなようですね。それでは，水溶液の性質について，復習してみましょう。

　太郎さんは，酸性，中性，アルカリ性の水溶液の性質について調べ，表にまとめました。また，表をもとに，水酸化カルシウムの水溶液が何性であるかを調べました。

表　水溶液の性質

酸性の水溶液	中性の水溶液	アルカリ性の水溶液
・青色のリトマス紙だけを赤色に変える。 ・緑色のＢＴＢ溶液を黄色に変える。 ・無色のフェノールフタレイン溶液の色を変えない。	・どちらのリトマス紙も色を変えない。 ・緑色のＢＴＢ溶液の色を変えない。 ・無色のフェノールフタレイン溶液の色を変えない。	・赤色のリトマス紙だけを青色に変える。 ・緑色のＢＴＢ溶液を青色に変える。 ・無色のフェノールフタレイン溶液を赤色に変える。

＊ＢＴＢ溶液，フェノールフタレイン溶液は，万能試験紙と同じように，水溶液の性質を調べるために使われます。

【太郎さんと先生の会話②】

先　　生：太郎さんは，石灰水がアルカリ性だと予想していましたね。水溶液がアルカリ性で

あることは，赤色のリトマス紙，青色のリレトマス紙，ＢＴＢ溶液，フェノールフ
タレイン溶液のうち，どれを使えば確かめられますか。

太郎さん：　A　を除く３種類のうち，どれかを使えばよいと思います。

先　　生：そうですね。それでは，なぜ　A　は水溶液がアルカリ性であることを確かめる
ことができないのでしょうか。

太郎さん：　A　では，　B　からです。

先　　生：そのとおりです。それでは，石灰水が酸性・中性・アルカリ性のうち，どれである
かを実際に確かめてみましょう。

問１　【太郎さんと先生の面話②】の空らん　A　，　B　にあてはまる内容として最も適切なもの
を，次のア～エの中から１つずつ選び，記号で答えなさい。

A　の選択肢

ア　赤色のリトマス紙　　イ　青色のリトマス紙

ウ　ＢＴＢ溶液　　　　　エ　フェノールフタレイン溶液

B　の選択肢

ア　色が変化したときに，水溶液が酸性かアルカリ性なのかわからない

イ　色が変化したときに，水溶液が中性かアルカリ性なのかわからない

ウ　色が変化しなかったときに，水溶液が酸性かアルカリ性なのかわからない

エ　色が変化しなかったときに，水溶液が中性かアルカリ性なのかわからない

【太郎さんと先生の会話③】

太郎さん：今のラインパウダーには，何が使われているのですか。

先　　生：おもに炭酸カルシウムが使われています。炭酸カルシウムは，石灰石のおもな成分
です。炭酸カルシウムにうすい塩酸をかけると発生する気体は何か知っています
か。

太郎さん：二酸化炭素です。二酸化炭素は酸素とちがい，物が燃えるのを助けるはたらきがあ
りません。

先　　生：そうですね。それでは，二酸化炭素を集めた集気びんの中に火のついたろうそくを
入れるとどうなりますか。

太郎さん：火はすぐに消えると思います。

先　　生：そうですね。それでは，二酸化炭素に，物が燃えるのを助けるはたらきがないこと
を確かめるために，二酸化炭素を発生させて集気びんに集め，実験をしてみてはど
うでしょうか。

太郎さん：はい，やってみます。

【太郎さんが行った実験①】

〈用意したもの〉

□炭酸カルシウム　　□うすい塩酸　　□スタンド　　□フラスコ　　□ゴム管

□ピンチコック　　□ろうと　　□リング　　□集気びん　　□ゴムせん
□ガラスのふた　　□水そう　　□水　　　　□曲がるストロー

〈方法〉

①フラスコに少量の炭酸カルシウムを入れ，装置を組み立てる。水そうに入れた集気びんは，中を水で満たしておく。

②うすい塩酸を，ろうとから少しずつフラスコの中に注ぐ。

③ストローの先から気体が出始めたら，すぐに集気びんに集める。

④気体が集気びんの7～8分目まで集まったら，集気びんの口にふたをして，水そうからとり出す。このとき，フラスコの中の炭酸カルシウムのようすを観察する。

〈装置〉

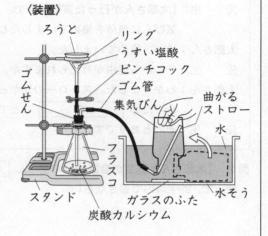

〈結果〉

・炭酸カルシウムにうすい塩酸を注ぐと，炭酸カルシウムからあわが出た。炭酸カルシウムは，うすい塩酸を注ぐ前と比べて量が減っていた。

【太郎さんが行った実験②】

〈用意したもの〉

□【太郎さんが行った実験①】で気体を集めた集気びん

□ガラスのふた　　□ろうそく立て　　□ろうそく　　□マッチ

〈方法〉

①ろうそく立てにさしたろうそくにマッチで火をつけ，ガラスのふたを動かして集気びんの口を少し開き，火のついたろうそくを集気びんの中に入れる。

②ろうそくの燃え方を観察する。

〈結果〉

・集気びんの中に入れたろうそくは，すぐには火が消えず，数秒間燃えてから消えた。

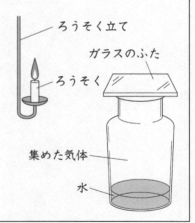

【太郎さんと先生の会話④】

先　　　生：【太郎さんが行った実験①】では，フラスコの中で二酸化炭素が発生しましたね。【太郎さんが行った実験②】で，集気びんの中に火をつけたろうそくを入れたときの結果はどうでしたか。

太郎さん：集気びんの中に入れたろうそくの火は，すぐに消えると予想していましたが，数秒

間燃え続けました。集気びんの中は二酸化炭素で満たされていたはずなのに，なぜ，ろうそくの火はすぐに消えなかったのでしょうか。

先　　生：【太郎さんが行った実験①】で，ストローの先から気体が出始めたとき，すぐに集気びんに気体を集めていましたね。

太郎さん：はい，集めていました。

先　　生：そこから理由が考えられますか。

太郎さん：わかりました。ストローの先から気体が出始めたとき，すぐに集気びんに気体を集めたため　　　　C　　　　ことで，ろうそくの火がすぐに消えなかったのですね。

先　　生：そのとおりです。

問2　【太郎さんと先生の会話④】の空らん　C　にあてはまる内容を，「フラスコ」という言葉を使って，25字以内で書きなさい。

【適性検査Ⅲ】（45分）

1

　　太郎さんと花子さんは，二人が通っている小学校の来年度の運動会について話しています。

以下の会話文を読んで，問いに答えなさい。　　　　　（資料2～資料4は次のページにあります。）

太郎さん：先日，学校行事についてのアンケートが配られました。そのなかに，「来年度の運動会は
　　　　　5月と9月のどちらがよいですか？」という質問がありましたが，どう思いましたか。

花子さん：これまで毎年9月に行われてきたので，5月の実施を検討していると知っておどろきま
　　　　　した。しかし，調べたところ，運動会の時期は地域によってさまざまです。アンケートと
　　　　　いっしょに配られた来年度の予定表を見ると，わたしたちの学校では，5月と9月のどち
　　　　　らかの第4土曜日に行う案があるようです。太郎さんは，どちらがよいと考えましたか。

太郎さん：はい。それを考えるために，まず，気温と運動の関係について調べてみました。そ
　　　　　れにあわせて月ごとの気温と降水量などについても調べてみました。また，わたし
　　　　　たちの小学校では，毎年，運動会が行われる月のはじめから，運動会に向けて練習
　　　　　をしています。1日でも多く練習できたほうがよいと思うので，来年度の5月と9
　　　　　月の練習ができる日についても調べました。それらをもとに考えると，わたしは5
　　　　　月がよいと思いました。

花子さん：そうなのですね。太郎さんの考えをまとめて，次の学級会で発表してみてはどうですか。

太郎さん：それはよいですね。さっそく，発表原稿をつくってみます。まず，**資料1**から読み取れ
　　　　　る気温と熱中症予防運動指針の情報の関係をもとに，**資料2**から5月と9月のどちら
　　　　　がより運動をするのに適しているか，具体的に数値を使って述べます。次に，**資料3**か
　　　　　ら，9月より5月がよいと考えた理由を2つ以上の項目を用いて説明します。そして，
　　　　　資料4から，5月と9月の運動会の練習が可能な日数を比べ，その差を述べます。最
　　　　　後に，以上のことから，来年度の運動会は5月に行うのがよいと結論を述べます。

花子さん：がんばってください。

資料1　気温と運動に関する※1指針

気温	※2暑さ指数	熱中症予防運動指針
35℃以上	31以上	運動は原則中止する
31℃以上35℃未満	28以上31未満	厳重警戒（激しい運動は中止する）
28℃以上31℃未満	25以上28未満	警戒（積極的に休けいする）
24℃以上28℃未満	21以上25未満	注意（積極的に水分補給する）
24℃未満	21未満	ほぼ安全（※3適宜水分補給する）

※1　指針……物事をそれによって進めるべき方針、てびき。

※2　暑さ指数……熱中症の危険度を判断する目安となる数値。

※3　適宜……状況に応じて。

（公益財団法人日本スポーツ協会「スポーツ活動中の熱中症予防ガイドブック（2019）」をもとに作成）

資料２　さいたま市における１０年間の最高気温の平均日数（２０１０年～２０１９年）

	４月	５月	６月	７月	８月	９月
３５℃以上の日数（日）	０.０	０.０	０.１	６.５	９.２	１.０
３１℃以上３５℃未満の日数（日）	０.０	１.３	２.６	１１.９	１２.４	７.３
２８℃以上３１℃未満の日数（日）	０.２	４.５	９.６	６.２	５.７	７.９
２４℃以上２８℃未満の日数（日）	３.８	１２.８	１１.２	４.３	２.５	９.３
２４℃未満の日数（日）	２６.０	１２.４	６.５	２.１	１.２	４.５

（気象庁ウェブサイトをもとに作成）

資料３　さいたま市の降水量と日本全体の台風の発生数に関するデータ（平年値）

	４月	５月	６月	７月	８月	９月
降水量が１mm以上あった日（日）	９.０	１０.０	１１.６	１１.８	８.８	１０.８
月別の平均降水量（mm）	１０１.９	１２１.４	１４４.８	１４８.０	１６４.０	２０２.８
台風の発生数（個）	０.６	１.０	１.７	３.７	５.７	５.０

（注）平年値は、１９９１年～２０２０年の３０年間の平均です。　　（気象庁ウェブサイトをもとに作成）

資料４　太郎さんと花子さんが通う小学校における来年度の５月と９月の予定表

５月の予定　　　　　　　　　　（一番下の段に○がついている日は、運動会の練習が可能な日）

日	1	2	3	4	5	6	7	8	9	10	11	12	13	14	15	16	17	18	19	20	21	22	23	24	25	26	27	28	29	30	31
曜日	日	月	火	水	木	金	土	日	月	火	水	木	金	土	日	月	火	水	木	金	土	日	月	火	水	木	金	土	日	月	火
行事	さいたま市民の日		憲法記念日	みどりの日	こどもの日				交通安全教室				クラブ活動															運動会（仮）		振替休業日	
練習		○				○			○	○		○				○	○	○	○			○	○	○	○	○					

９月の予定　　　　　　　　　　（一番下の段に○がついている日は、運動会の練習が可能な日）

日	1	2	3	4	5	6	7	8	9	10	11	12	13	14	15	16	17	18	19	20	21	22	23	24	25	26	27	28	29	30
曜日	木	金	土	日	月	火	水	木	金	土	日	月	火	水	木	金	土	日	月	火	水	木	金	土	日	月	火	水	木	金
行事	避難訓練								クラブ活動										敬老の日				秋分の日	運動会（仮）		振替休業日		遠足（1・2年）	遠足（3・4年）	
練習		○			○	○	○	○				○	○	○	○	○				○	○	○								

問　あなたが太郎さんなら，どのような発表原稿を作成しますか。次の条件に従って書きなさい。

　条件１：解答は横書きで１マス目から書くこと。

　条件２：文章の分量は300字以内とすること。

　条件３：数字や小数点，記号についても１字と数えること。　　　　（例）| 4 | 2 | . | 5 | % |

2
　　太郎さんの学校では，環境美化への取り組みを進めるために，全クラスから企画を募集しています。太郎さんのクラスは，ガーデンアーチの企画（ガーデンアーチプロジェクト）を提案することになりました。企画書の担当になった太郎さんは，先生と話をしています。

以下の会話文を読んで，あとの問いに答えなさい。

【太郎さんと先生の会話①】

先　　生：企画書の作成は順調に進んでいますか。

太郎さん：はい。これが完成予想図です。ガーデンアーチをくぐることで，全校の環境美化への意識を高めたいと考えています。クラス全員で考えた企画なので，ぜひ実現させたいです。

完成予想図

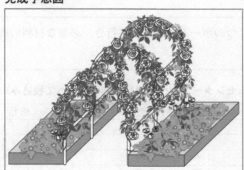

先　　生：このガーデンアーチをつくるために必要な材料と費用はわかりますか。

太郎さん：材料は，花だんをつくるためのレンガと，ガーデンアーチをつくるための金属製のポールなどです。次のページの**資料１**と**資料２**の設計図を花子さんが作成してくれたので，必要な材料の種類と数がわかります。費用は，どのように計算したらよいでしょうか。

先　　生：まずは，実際の販売価格を調べる必要がありますね。学校の近くにある，AとBの２つのホームセンターで，材料の販売価格を調べ，比べてみてはどうでしょうか。

資料1　花子さんの設計図①「花だん」

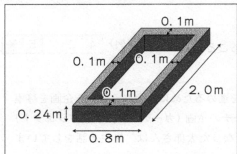

このサイズの花だんを、ガーデンアーチの外側に2つ作る。なお、以下のレンガをすき間なく積み、花だんを作るものとする。

使用するレンガ（直方体）

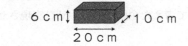

資料2　花子さんの設計図②「ガーデンアーチ」と必要な材料の数

【ガーデンアーチ】

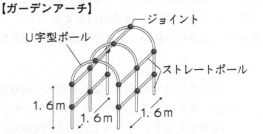

それぞれのポールをジョイントでつなぐとき、ポールとポールが重なることはないと考える。また、ポールの厚みは考えないものとする。

【必要な材料の数】

ストレートポール（0.8m）	╱	22本
U字型ポール	⌒	3本
ジョイント	●	15個

太郎さんはAとBの2つのホームセンターに行き、必要な材料の販売価格を調べ、表1、表2にまとめました。

表1　太郎さんがAのホームセンターで調べた材料の価格（すべて税込み）

材料	価格（個別販売）	価格（セット販売）
レンガ	1個　200円	1セット（10個）　1800円
ストレートポール	1本　350円	1セット（10本）　3150円
U字型ポール	1本　500円	1セット（10本）　4500円
ジョイント	1個　100円	1セット（10個）　900円

表2　太郎さんがBのホームセンターで調べた材料の価格（すべて税込み）

材料	価格（個別販売）	価格（セット販売）
レンガ	1個　220円	1セット（12個）　1848円
ストレートポール	1本　385円	1セット（12本）　3234円
U字型ポール	1本　550円	1セット（12本）　4620円
ジョイント	1個　110円	1セット（12個）　924円

【太郎さんと先生の会話②】

太郎さん：AとBの2つのホームセンターで、花だんとガーデンアーチに使用する材料の販売価格を調べました。どちらのホームセンターでも同じ種類の材料が売られていました。しかし、個別販売における1個あたりの価格と、セット販売における1個あたりの価格にちがいがありました。

先　　生：セット販売で買うと、1個あたりの価格は安くなります。しかし、AとBの2つの

ホームセンターでは割引率（わりびき）に差があります。両方の店の個別販売とセット販売を上手に組み合わせて買うと合計金額が安くなりそうですね。最も安くなる組み合わせを考え，費用を計算してみましょう。

太郎さん：はい，費用を計算してみます。しかし，セット販売だけで材料をそろえると，材料に余りが出そうです。余りが出る買い方でもよいのでしょうか。

先　　生：今回は，**資料1**，**資料2**をもとに，必要な数の材料を買って，余りが出ないようにしましょう。両方の店の個別販売とセット販売を組み合わせた買い方をすることについて，学級会でクラスのみんなに説明してみてはどうでしょうか。

太郎さん：はい。先生からのアドバイスを参考に，最も安くなる組み合わせで「ガーデンアーチプロジェクト」のすべての材料を買う方法について，発表原稿（こう）を作ります。まず，**資料1**から，花だんをつくるために必要なレンガの数を述べます。次に，**資料2**から，ガーデンアーチを完成させるのに必要な材料と数をそれぞれ述べます。そして，**表1**を使って，**A**のホームセンターで買う材料とその数を述べます。さらに，**表2**を使って，**B**のホームセンターで買う材料とその数を述べます。最後に，これらの買い方で全部の材料を買うための合計金額を述べます。

先　　生：がんばってください。「ガーデンアーチプロジェクト」の提案が通るとよいですね。

問　あなたが太郎さんなら，どのような発表原稿を作成しますか。次の条件に従（したが）って書きなさい。

条件1：解答は横書きで1マス目から書くこと。
条件2：文章の分量は250字以内とすること。
条件3：数字や小数点，記号についても1字と数えること。

（例）| 4 | 2 | . | 5 | % |

3　　花子さんのクラスでは，総合的な学習の時間に「伝統文化を受け継（つ）ぐこと」について調べています。花子さんは埼玉県（さいたま）内の郷土（きょう）料理や伝統料理について発表することになり，先生に相談しています。

以下の会話文を読んで，あとの**問い**に答えなさい。

花子さん：先日，埼玉県内の祖母の家に遊びに行ったときに，**写真1**（次のページ）にある「みそポテト」を食べました。「みそポテト」とは，熱々のじゃがいもにみそだれをつけて食べる，秩父（ちちぶ）地方の有名な郷土料理です。

先　　生：おいしそうですね。日本全国にはさまざまな郷土料理があり，埼玉県には他にも**写真2**（次のページ）の「すったて」などの郷土料理がありますが，花子さんはふだんそのような料理を食べる機会が多いのですか。

花子さん：いいえ。祖母の家に行ったときぐらいしか食べることがありません。

先　　生：ここに，食育に関する国民の意識調査の結果があります。**資料1**（次のページ）を見てください。これは，20歳（さい）以上の人が，ふだんどのくらい郷土料理や伝統料理を食べているかを表したものです。

花子さん：現在は，郷土料理や伝統料理を日常的に食べない人も多くいるのですね。

先　　生：そうですね。価格の問題もあるかもしれませんが，このまま日常的に食べない人が多くなれば，これまで地域や家庭で受け継がれてきた料理や味，作法などの食文化が，いつかは失われてしまうかもしれません。

花子さん：和食が無形文化遺産に登録されたというニュースもありました。郷土料理や伝統料理にも大きく関係のある話だと思います。わたしたちの国のさまざまな素晴らしい食文化が，これからも大切にされ，受け継がれていくことはとても重要だと思います。

先　　生：そのとおりですね。次のページの**資料2**，**資料3**を見てください。**資料2**では，地域や家庭で受け継いできた伝統的な食文化を，地域や次世代にどれくらい伝えているかがわかります。また，**資料3**からは，**資料2**で食文化を地域や次世代に「伝えていない」と回答した人が，今後，食文化を伝えるために，どのようなことが必要だと思っているかがわかります。これらについてもふれ，発表の準備をするとよいでしょう。

花子さん：わかりました。まず，**資料1**から，郷土料理や伝統料理を食べている回数が「月に1回以上」の人の割合を計算し，百分率を用いて小数第1位まで述べます。次に，**資料2**から，食文化について地域や次世代に「伝えていない」と回答した人が約何割いるかを示します。そして，**資料3**のアンケート項目の上位3つの中から，食文化を伝える機会として最も必要だと考えるものを1つ選び，どのようなことができるかについて具体的な例をあげて述べます。最後に，食文化を受け継いでいくことが大切であるということを，クラスのみんなに伝えます。

先　　生：とてもよい発表になりそうですね。

写真1　みそポテト

（埼玉県のウェブサイトより引用）

写真2　すったて

（農林水産省のウェブサイトより引用）

資料1　郷土料理や伝統料理を食べている回数

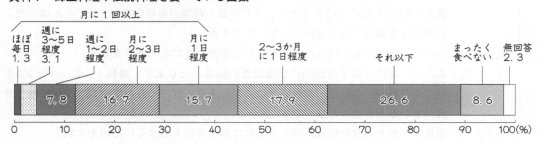

資料2　地域や家庭で受け継いできた伝統的な食文化を、地域や次世代に伝えているか

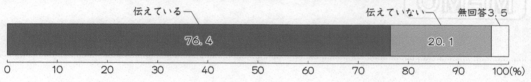

資料3　資料2で「伝えていない」と回答した人が食文化を伝えるために必要だと思っていること

（複数回答）

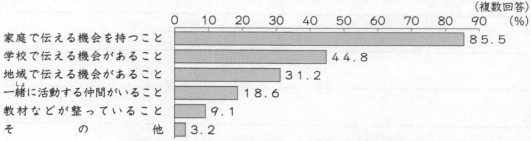

資料1、2、3（農林水産省「食育に関する意識調査報告書（令和3年3月）」をもとに作成）

問　あなたが花子さんなら，どのような発表原稿を作成しますか。次の条件に従って書きなさい。

条件1：解答は横書きで1マス目から書くこと。

条件2：文章の分量は300字以内とすること。

条件3：数字や小数点，記号についても1字と数えること。　　　（例）| 4 | 2 | . | 5 | % |

大切なことはメモしておこうネ！

2022 年 度

解 答 と 解 説

《2022年度の配点は解答欄に掲載してあります。》

＜適性検査Ⅰ解答例＞《学校からの解答例の発表はありません。》

1　問1　エ
　　問2　イ
　　問3　自然に大きな声を出して信司をはげましていた
　　問4　エ

2　問1　学校にも行かないこどもたち
　　問2　B　貧しい人々から油脂の栄養源をうばう
　　　　C　パーム油の生産現場で働いている人々が失業してしまう
　　　　D　ア
　　問3　イ
　　問4　ウ

3　問1　エ
　　問2　ウ
　　問3　ウ
　　問4　エ

4　問1　エ
　　問2　ア
　　問3　台風が徳島県に接近する９月より前にしゅうかくが終わる

5　問1　エ
　　問2　ウ
　　問3　(1)　74　　(2)　ア　　(3)　水平リサイクル

○推定配点○
1　問1・問2　各4点×2　　問3・問4　各5点×2
2　問1・問2　各3点×4　　問3・問4　各4点×2
3　問1・問3　各6点×2　　問2・問4　各4点×2
4　問1・問2　各6点×2　　問3　8点
5　問1・問2　各5点×2　　問3　各4点×3　　　計100点

＜適性検査Ⅰ解説＞

1 （国語：物語文，文章読解）

やや難

問1　下線部①のあとの「おれ」は，「説明のためにキックの見本を見せる」ことに決め，信司に泳ぎを見せている。アの，「ウイップキックという泳ぎ方を紹介した」のは，「おれ」ではなく海人である。イも同様に，ウイップキックについて「信司は体もひざもやわらかいから，向いているかもね」と言ったのは海人である。ウは，「ウイップキックという泳ぎ方に変える案を伝え」てから「信司の泳ぎ方をまね」したので，流れが逆になっている。よって，答えはエ。

問2　空らん　Ａ　の前に，「信司は真剣な目で」とある。ウイップキックを習得するため，信司が集中してまじめに取り組んでいる様子がわかる。この状況にふさわしい言葉はイの「飲み込むように」となる。

問3　空らん　Ｂ　には，「信司，いいよ！　今の調子！」につづく表現が入る。本文で同じ会話の部分を見ると，「自然に大きな声を出して信司をはげましていた」とある。

問4　本文で使われている表現の説明として適切なものを選ぶ問題。アは，海人ではなく「おれ」の視点を通して書かれているのでまちがい。イは，同じような内容の会話が何度もくり返されているわけではなく，また3人とも挑戦する気持ちがなくなっていくとは書かれていないためまちがい。ウの前半部分は適切だが，後半の「信司が再び練習できるようになったことを喜ぶ『おれ』の姿」は本文に書かれておらずまちがい。残るエは，本文で信司から「おれ」への名前の呼び方が変化したこと，二人の関係に変化があったことがわかるため，正しい。よって，最も適切な答えはエ。

2 （国語：説明文，文章読解）

問1　熱帯雨林が失われた影響は，5段落にくわしく書かれている。空らん　Ａ　の直前の「戸籍がなく」という言葉が本文中にもあり，そのあとにつづく「学校にも行かないこどもたち」が　Ａ　にあてはまる。空らん　Ａ　を含む文章はアブラヤシ農園で働く移民について書かれていることからも，5段落の内容がふさわしいと判断できる。

問2　空らん　Ｂ　，　Ｃ　については，あてはまる内容を書き，空らん　Ｄ　については適切なものを選ぶ問題。まず，空らん　Ｂ　には「栄養」という言葉を使う指示が与えられているため，栄養に関する内容だと考えられる。パーム油の栄養については，11段落にくわしく書かれている。この内容をふまえて，「栄養」という言葉を使いながら字数に収まるように書く。空らん　Ｃ　は「失業」という言葉を使う指示が与えられているため，空らん　Ｂ　と同様に11段落を参考にする。11段落最後の一文「パーム油の生産現場で働いている人たちが失業してしまう事態も考えられます」を字数に収まるようにまとめる。空らん　Ｄ　は，「パーム油を使った商品を買わないようにする」とあることから，12段落の内容をまとめたものとわかる。12段落では，先進国の人々がパーム油を使った商品を買わないようにすることが，「あまりにも多くの加工食品にパーム油が使われている」ことを理由に，現実的ではないと指摘されている。よって，これにあてはまるアが最も適切。イ，ウ，エはいずれも本文に書かれていない内容である。

問3　下線部②の直前に，「この難しい課題は，決してマレーシアの人たちだけのものではありません」とあることに注目する。すなわち，筆者はパーム油の生産国に限らず，輸入している国の人々も問題の当事者だと主張しているのである。よって，イが最も適切。アは，「わたし

たちにとっても，手っ取り早くお金になる『金の卵』であるから」が本文に書かれていない。ウは，「わたしたちも今後ゾウを『害獣』として嫌うようになってしまうかもしれない」が本文に書かれていない。エの後半は本文の１段落に書かれているが，前半の「サラダ油やオリーブ油より高級で健康によい」という部分が本文と異なる。

問４　アは，「先進国はパーム油の輸入量を減らしていく傾向にある」とはどこにも書かれていない。また，先進国が「環境負荷を減らしたいと考え」ているかどうかは，本文からは読みとれないので，アは不適切。イは，熱帯雨林の再生がきわめて難しいことは正しいが，インドネシアやマレーシアの人々が積極的に取り組んでいるかどうかは，本文から読みとれない。よって，イも不適切。エは「ふだん食べるものの中には使われていない」という点が誤り。６段落で，チョコレートなどの身近な食品にもパーム油が使われているとわかる。よって，最も適切なのはウ。

③ （国語：説明文，文章読解，図表読み取りなど）

問１　資料１は携帯電話のふきゅう率，資料２は携帯電話のけい約数の変化を表したものである。アの，2015年のロシアの携帯電話のけい約数は，2000年と比べると227288000÷3263000＝69.656…と，約70倍に増加している。しかし，2000年の携帯電話のふきゅう率は，資料１より０～25％未満とわかるので，誤り。イの，中国の携帯電話のけい約数は，2000年は世界計のうち85260000÷738876000＝0.115…で約12％，2015年は1291984000÷7181890000＝0.179…で約18％と増加しているため，イは誤り。さらに，アの計算より，ロシアの携帯電話のけい約数も20倍以上に増加しているため，ウも誤り。よって，残るエが正しい。2000年から2015年にかけて，日本の携帯電話のけい約数は160560000÷66784000＝2.404…で約2.4倍，ふきゅう率は50～75％未満だったのが，75％以上に変化している。

問２　下線部②を含む２段落の最初の一文で，「本を『人と情報をつなぐもの』と定義する」とあることに着目する。また，１段落には，「発展途上国や国土が広い国では，配達や流通に限界がある」とあり，２段落にも「こういった土地に暮らす人にとってはデジタルのほうが利便性の高い『本』なのです」と書かれている。すなわち，本を手に入れることが難しい地域では，電子書籍という形こそが「人と情報をつなぐもの」としての「本」なのである。よって，最も適切なのはウ。アは「本を読むことが苦手だった人々が」という部分が，イは「本を手に入れることが容易である地域に住む人々の間だけで」という部分が不適切。エは本文に書かれていない。

問３　2018年度の全体において，「電子書籍をよく利用する」と「電子書籍をたまに利用する」と答えた人の割合の合計は，8.0＋17.2＝25.2（％）で，全体の約４分の１である。よってアは適切。また，「紙の本・雑誌・マンガも電子書籍も読まない」と回答した人の割合は，70歳以上で49.9％と最も高くなっている。よってイは適切。2013年度と比べると，2018年度では「電子書籍をよく利用する」と「電子書籍をたまに利用する」と答えた人の割合は(8.0＋17.2)－(4.6＋12.6)＝8（％）高い。よって，エは適切。残るウについて，「電子書籍をよく利用する」と「電子書籍をたまに利用する」と答えた人の割合の合計は，30～39歳のとき17.7＋27.3＝45（％）であり，５割を下回っている。よって，ウは適切ではない。

問４　筆者の考えは10段落や15段落に表れている。10段落にあるように，「『紙×デジタル』という発想で，それぞれの特性を生かした楽しみ方を模索することが必要になってくる」と筆者は考えており，11段落からその実例として，中国の深圳にオープンした完全無人の書店を

あげている。よって，最も適切なのはエ。アは「紙の本を収集したいと考える人の方が多く」や「紙の本がこれからも主流であり続ける」が本文の内容と合わない。イは，「電子書籍は，都市部の人など一部の人に楽しまれるだけのものになる」という部分が不適切。筆者は，地方都市や離島で電子書籍がふきゅうしていると述べている。ウは，「紙の本の値段が高くなり，電子書籍も含めた本の売り上げが減少していく」という部分が不適切。本文にそのような記述はない。

4 （社会：資料の読み取りなど）

問1　資料1で1600年と1872年を比べると，石高は2倍以上に増えているが，稲作面積は1.5倍程度にとどまっている。よって，アは誤り。また，石高も稲作面積は増加しつづけているため，イも誤り。1720年から1800年を比べると，石高は約1.2倍に増加したのに対し，稲作面積ではあまり大きな差がみられないため，ウも誤り。よって，答えはエ。1反あたりの石高は，石高を稲作面積で割ることで求められる。1600年は1973÷2065＝0.95…（万石），1800年は3765÷3032＝1.24…（万石）と，増えていることがわかる。

問2　資料2から，1931年のときに100だった鉄鋼業の生産指数が，1940年ごろに400をこえていることがわかる。よって，答えはア。イの石油・石炭製品工業は，日中戦争がはじまって以降も増加し続けているため，不適切。ウのせんい工業は日中戦争がはじまったあと，生産指数が減少し続けているため，不適切。エの食料品工業は，1938年時点では生産指数が100をこえており，基準となる1931年より高いことがわかるため，不適切。

問3　資料から読み取れる情報をもとに，米作りよりも藍の生産がさかんな理由を考える問題。資料3は藍の生産カレンダー，資料4は米の生産カレンダーである。比べると，藍のほうが早くしゅうかくを終えていることがわかる。資料5は台風の月別のおもな経路を示した図である。この図より，9月ごろに徳島県周辺を台風が通過しやすいことがわかる。これらの情報を合わせると，台風が徳島県に接近する前にしゅうかくできることが，藍の生産がさかんになっている理由と考えることができる。以上の内容を30字以内におさまるようにまとめる。

5 （社会：資料の読み取りなど）

問1　空らん　A　の直前に，「資料1のごみの総排出量と資料2を用いて1人あたりの1年間のごみの排出量を計算してみる」とあることから，1人あたりの1年間のごみの排出量は，資料1のごみの総排出量を資料2の人口で割れば求められる。2018年度は414376÷1300000＝0.318…（t），2020年度は418196÷1323000＝0.316…（t）と，2018年度と比べて2020年度は減少しているとわかる。そして，空らん　B　の直前に，「ごみの最終処分量をごみの総排出量で割ったものを百分率で表したものを最終処分率といいます」とあることから，2015年度と2020年度の最終処分率を求めて比べる。2015年度は15474÷423694＝0.0365…より約3.65％，2020年度は約2.85％なので，2015年度と比べて2020年度は減少していることがわかる。よって，どちらの空らんにも「減少」があてはまるエが正しい。

問2　廃プラスチックの有効利用率は，マテリアルリサイクル，ケミカルリサイクル，サーマルリサイクルの3つの合計である。有効利用率は，資料3より，2000年から2017年にかけて毎年増加していることがわかる。よって，アは適切。イの「熱エネルギーを回収するリサイクル」とは，資料3・資料4におけるサーマルリサイクルのことである。2000年の時点で約32％なのに対し，2017年では約60％と1.5倍以上に増加している。よって，イは適切。廃プ

ラスチックの未利用率は，先生の2番目の発言より，単純焼却とうめ立ての割合の合計とわかる。**資料3**より，2000年の未利用率は約53%，2017年の未利用率は約14%と，3分の1以下に減っていることがわかる。よって，エは適切。よって，答えはウ。2017年における廃プラスチックがプラスチック製品に再生するマテリアルリサイクル，化学原料に再生するケミカルリサイクルの割合の合計は，約28%にとどまっている。

問3 (1) **資料5**より，再びペットボトルへとリサイクルされたものの重さは，305×0.243＝74.115より，約74(千トン)とわかる。

(2) **資料5**より，再びペットボトルへとリサイクルされる割合は24.3%。**資料6**より，再びアルミかんへとリサイクルされる割合は66.9%。よって，アルミかんの「かん TO かん」率のほうが，ペットボトルの「ボトル TO ボトル」率よりも高い。

(3) 【太郎さんと先生の会話③】より，使用済み製品を原料として同じ種類の製品を作るリサイクルのことを「水平リサイクル」と呼んでいることがわかる。

★ワンポイントアドバイス★

問題数が多いので，時間配分に気をつける必要がある。解答までの道すじを順序だてて考え，効率よく解いていくようにしよう。計算させる問題も多いので，時間に余裕があるときは数値がまちがっていないかたしかめるとよい。

＜適性検査Ⅱ解答例＞ 《学校からの解答例の発表はありません。》

1 問1 74
　問2 (1) 11分42秒 (2) 1分38秒
　問3 B 7200 C 60 D 120

2 問1 (1) 188.3(kcal) (2) 1063(mg)
　問2 個数 60(個) 体積 3(cm³)
　問3 8(cm³)

3 問1 11
　問2 B 31 C ア，イ，オ
　問3 5時間5分
　問4 12.7

4 問1 エ
　問2 A 連続して9時間以上 B イ
　問3 日光が当たる

5 問1 A イ B エ
　問2 フラスコの中の空気が集気びん内に入りこんでしまった

○推定配点○
1　問１・問３ＢＣＤ　各３点×４　　問２(1)(2)　各４点×２
2　問１(1)(2)　各３点×２　　問２　各４点×２　　問３　６点
3　問１・問２Ｂ　各３点×２　　問２Ｃ　３点(完答)　　問３　５点　　問４　６点
4　問１・問２Ｂ　各５点×２　　問２Ａ　６点　　問３　６点
5　問１ＡＢ　各４点×２　　問２　10点　　計100点

＜適性検査Ⅱ解説＞

基本 1　（算数：平均値，道のり，時間，速さ）

問１　表１より，２つのクラスの合計人数は36＋40＝76（人），徒歩通学の合計人数は26＋30＝56（人）。２つのクラスの合計人数のうち，徒歩通学の合計人数の割合を求めるので，56÷76＝0.736…となり，問題文に「小数第１位で四捨五入して整数で答えなさい」とあるため，答えは74（％）。

問２　(1)　山田さんのクラス全員の通学時間の平均値を求めるには，表２の通学にかかる時間の平均値を人数でかけたものをたし，クラス全員の合計人数で割ればよい。まず，通学にかかる時間の単位を秒にそろえて，

徒歩：9×60＋45＝585（秒）
自転車：6×60＋45＝405（秒）
電車：24×60＋45＝1485（秒）

よって，クラス全員の通学時間の平均値は，
(585×30＋405×4＋1485×6)÷40＝(17550＋1620＋8910)÷40
＝702（秒）

単位を合わせて，答えは11分42秒。

(2)　まず，木村さんのクラスについて，(1)と同様に，クラス全員の通学時間の平均値を求める。通学にかかる時間の単位を秒にそろえて，

徒歩：11×60＋40＝700（秒）
自転車：5×60＋40＝340（秒）
電車：25×60＋40＝1540（秒）

よって，クラス全員の通学時間の平均値は，
(700×26＋340×4＋1540×6)÷36＝(18200＋1360＋9240)÷36
＝800（秒）

(1)より，山田さんのクラス全員の通学時間の平均値は702秒なので，
800－702＝98（秒）

単位を合わせて，答えは1分38秒。

問３　Ｂ　歩幅の求め方は，空らん　Ｂ　の直前の木村さんの発言より，「身長をメートルで表した数に0.45をかける」とわかる。山田さんの身長160cmをメートルで表すと1.6mとなるので，その歩幅は1.6×0.45＝0.72（m）。これをもとに１万歩歩いた時の道のりを計算すると，0.72×10000＝7200（m）。

Ｃ　山田さんの歩幅はＢより0.72m。10歩を歩くのに7.2秒かかっているので，このとき歩いた道のりは，10×0.72＝7.2（m）。7.2÷7.2＝1より，山田さんは秒速１mで歩いていると考えられる。分速に直すと，1×60＝60となり，分速60mとなる。

D　山田さんが１万歩歩くとき，歩く道のりはＢより7200m。Ｃより，山田さんは分速60mで歩くと考えられるので，7200÷60＝120(分)。よって，120分となる。

2 **(算数，理科：エネルギー，食塩相当量，体積など)**

問1　(1)　エネルギーの計算は，【太郎さんと先生の会話】のうち，先生の３番目の発言より，「タンパク質は１ｇで４kcal，脂質は１ｇで９kcal，炭水化物は１ｇで４kcalになるものとして，エネルギーの量を計算で求められ」るとわかる。**資料１**をもとに計算すると，5.3×4＋7.5×9＋24.9×4＝188.3(kcal)。

　　(2)　食塩相当量を求める式は，【太郎さんと先生の会話】から，

　　(食塩相当量(g))＝(ナトリウム(mg))×2.54÷1000

とわかる。**資料１**では，ナトリウムではなく食塩相当量が書かれていることに注意して，レトルトカレーに含まれるナトリウムの量を求めると，

　　2.7＝(ナトリウム(mg))×2.54÷1000

という式になる。この式から，ナトリウムの量は2.7÷2.54×1000＝1062.9…(g)と求められ，小数第１位を四捨五入して1063g。

問2　【豆腐の切り方】，【太郎さんとお母さんの会話②】の図２より，手順１で２回包丁を入れて切ったとき，豆腐は３個に分かれることがわかる。手順２も同様に考えると，３回包丁を入れて切ったとき，豆腐は４個に分かれる。このとき，手順１ですでに豆腐が３つに分かれているため，手順１・手順２のあとの豆腐は3×4＝12(個)に分かれる。同様に，手順３で４回包丁を入れて切ったとき，豆腐は５個に分かれるが，手順１・手順２により12個に分かれた豆腐を切ることになるので，12×5＝60(個)の豆腐に切り分けられる。

　　また，60個に分けられた豆腐１個の縦・横・高さは，手順１から手順３でそれぞれ等しくなるよう切り分けられているので，体積を求めると，$\frac{4}{3}×\frac{5}{4}×\frac{9}{5}＝3$(cm³)。**【豆腐の切り方】**より，豆腐の高さ，縦の長さ，横の長さの順で包丁を入れていることに注意する。

　　また，豆腐は60等分されていると考えることもできるので，切る前の豆腐の体積5×9×4＝180(cm³)を60で割ると切られた豆腐１個分の体積を求めることができる。よって，180÷60＝3(cm³)。

問3　問2より，【豆腐の切り方】のとおりに，それぞれの手順の中で１回以上包丁を入れて切るとき，それぞれの手順で包丁を入れた後の豆腐は，((包丁を入れた回数)＋1)個に分けられる。手順１から３の間に包丁を８回入れるときの切り方は，「１回・１回・６回」，「１回・２回・５回」，「１回・３回・４回」，「２回・３回・３回」の４通りある。それぞれの回数で切ったときの最終的な豆腐の個数は順に，(1+1)×(1+1)×(6+1)＝28(個)，(1+1)×(2+1)×(5+1)＝36(個)，(1+1)×(3+1)×(4+1)＝40(個)，(2+1)×(3+1)×(3+1)＝48(個)である。豆腐の個数が多くなるほど１個分の体積は小さくなるので，豆腐を手順１から順に，「２回・３回・３回」に分けて切ったときに，切り分けられた豆腐１個の体積は最も小さくなる。もとの豆腐の体積は6×8×8＝384(cm³)。切り分けられた豆腐は48個に分かれているので，豆腐１個の体積は384÷48＝8(cm³)。

3 **(算数，理科：数の性質，月の動き，月の満ち欠けなど)**

問1　【太郎さんたちの会話②】のうち，最後の太郎さんの発言に注目する。「1〜4の４枚のカードのうち，思いうかべた数が『ある』と答えた各カードの左上に書かれている整数をたすと，

思いうかべた数が求められます」とある。【お父さんとお母さんの答え】より，お母さんが思いうかべた数があるカードは①，③，④。よって，8＋2＋1＝11より，答えは11。

問2　B　空らん　B　の直前の太郎さんの発言から，「数当てができる整数は16，8，4，2，1をそれぞれ最大1回使って表したたし算の答えと等し」いとわかる。よって，16＋8＋4＋2＋1＝31。

　　　C　25は，16＋8＋1＝25と表すことができる。よって，❶，❷，❺のカードの数が含まれているとわかる。よって，答えはア，イ，オ。大きな整数からあてはめていくとよい。

問3　【花子さんと先生の会話①】の先生の2番目と，花子さんの4番目の発言に注目する。先生の発言より，「『月の出』の時こくが『月の入り』の時こくよりもおそくなっている日は，月が出ている間に午前0時をこえたということ」がわかる。また，花子さんの発言より，「『月の出』からその次の『月の出』までの時間が24時間より長い」とき，「間にはさまれた日の『月の出』はない」こともわかる。これらをふまえて，12日にしずんだ月と26日に出てきた月の時間を確認する。資料2より，12日にしずんだ月は，前日の11日に「月の出」なので，23時17分から14時18分までの15時間1分。26日に出てきた月は，翌日の27日に「月の入り」となるので，14時44分から0時40分までの9時間56分。よって，月が出ていた時間の差は5時間5分。

問4　【花子さんと先生の会話③】の先生の発言を参考にする。9月17日の朔は20時ちょうどなので，18日の正午の時点の月齢は$\frac{16}{24}$。16÷24＝0.66…より，小数第2位を四捨五入して，0.7。したがって，9月18日の時点の月齢は0.7より，12日後の9月30日の月齢は12＋0.7＝12.7。よって，答えは12.7。

④　（理科：植物のつくりとはたらき）

問1　アサガオの実や種子ができるためには，受粉が必要かどうかを確かめるので，BとCを比べ，それ以外の条件をすべて同じにする。よって，Cのつぼみに行う〈方法〉はエ。

問2　A　(1)から(7)のアサガオのうち，花がさいたアサガオは(3)，(4)，(7)。光を当てずに暗くした時間に注目すると，最も短い(3)で9時間以上になっている。このとき，同じく9時間以上光を当てずに暗くした(5)，(6)で花がさいていないことに注意する。原因としては，(5)，(6)では光を当てずに暗くしている途中で，光に当てる時間ができていることが考えられる。よって，アサガオの花がさくかどうかは，光を当てずに暗くした時間が連続して9時間以上であるかどうかによって決まると考えられる。

　　　B　Aの考えにしたがって(8)を見ると，光を当てずに暗くした時間の途中で光に当たっている時間があり，光を当てずに暗くした時間が連続で9時間以上にならない。よって，(8)では，アサガオはさかなかったと考えられる。【花子さんと職員の会話③】から，アサガオが夏至を過ぎて，だんだん夜の長さが長くなっていく間にさくことを参考に考えられるとよい。

問3　植物は日光を浴びて光合成をし，成長に必要な養分を作っている。葉が重なると，下の葉は上の葉のかげになり，日光を浴びることが難しくなる。よって，葉が重ならないようについていることで，多くの葉に日光が当たると考えられる。

重要▶⑤　（理科：水溶液の性質，気体の性質）

問1　A　水溶液がアルカリ性であるかどうかを確かめるには，表から，赤色のリトマス紙，

BTB溶液，フェノールフタレイン溶液を使えばよい。青色のリトマス紙は，酸性の水溶液を調べるときに使われる。よって，答えはイ。

　B　青色のリトマス紙は，アルカリ性の溶液に使っても色が変わらないため，アルカリ性か中性かを判断できない。よって，答えはエ。

問2　二酸化炭素は物が燃えるのを助けるはたらきをもたないため，二酸化炭素以外の気体が混ざってしまったと考える。【太郎さんが行った実験①】から，ストローの先から気体が出始めたとき，すぐに集気びんに集めている。このとき，先に出てくる気体はフラスコ内で発生した二酸化炭素ではなく，フラスコ内の空気である。フラスコ内の空気が集気びんに混ざってしまったことにより，空気中に含まれる酸素のはたらきで，数秒間ろうそくの火が燃えたのだと考えられる。なお，【太郎さんと先生の会話④】の先生の2番目の発言からも，【太郎さんが行った実験①】に理由があると考えることができる。

─★ワンポイントアドバイス★─

　単位の変換（へんかん）が必要な問題が多い。計算して数値を出すだけでなく，求められている単位や，四捨五入（ししゃごにゅう）するけたなどが合っているか，必ず確認しよう。多くの資料を一度に読み解く場合は，ヒントが文章中にあるので，読み落としのないように気をつけよう。

＜適性検査Ⅲ解答例＞ 《学校からの解答例の発表はありません。》

1　5月と9月の気温を比べると，運動をするのに最も安全な24℃未満の日の平均日数は5月が12.4日，9月は4.5日と5月の方が多く，5月には運動は原則中止の35℃以上の日がありませんが，9月にはあります。また，平均降水量は5月が121.4mmで9月が202.8mmと5月の方が少なく，台風の発生数も5月が1.0個で9月が5.0個と5月の方が少なくなっています。他にも，5月と9月の運動会までに練習が可能な日数を見ると，5月は15日間で9月は13日間となっているので，5月の方が2日多く運動会の練習ができます。これらのことから，わたしは，来年度の運動会を行うなら9月より5月の方がよいと思います。

2　まず，花だんを作るために必要なレンガの数は104個です。次に，ガーデンアーチを作るために必要な材料の数はストレートポールが22本，U字型ポールが3本，ジョイントが15個です。これらの材料をAとBのホームセンターでできるだけ安く買うために，Aのホームセンターではレンガを8個，ストレートポールを1セット，U字型ポールを3本，ジョイントを3個買います。Bのホームセンターではレンガを8セット，ストレートポールを1セット，ジョイントを1セット買います。これらの材料の金額を合計すると25492円となります。

3　アンケートで郷土料理や伝統料理を食べている回数が「月に1回以上」の人の割合は44.6％でした。また，食文化について地域や次世代に「伝えていない」と回答した人の割合は全体の約2割でした。わたしは食文化を伝える機会として，食文化について家庭で伝える機会を持つことが大切だと思います。家庭での夕食で郷土料理や伝統料理を出すなどして日常的に食べたり，時間があるときに家庭内でお父さんやお母さんが子供たちに地方の食文化

について話をしたりして，食文化について家庭で伝えることができると思います。今まで受け継いできた伝統をなくさないためにも，料理や味，作法などの食文化を受け継いでいくことはとても大切なことだと私は思います。

○推定配点○

① 35点　② 30点　③ 35点　　計100点

＜適性検査解説＞

基本 ① （国語：運動会の日程）

資料1，資料2，資料3，資料4からわかることをもとに発表原稿を作成する問題である。発表原稿の流れは，太郎さんの3番目の発言をもとにまとめるとよい。

まず，**資料1**から運動をするのに適している気温が24℃未満であることを述べ，**資料2**から，5月と9月の24℃未満の日数を比べる。このとき，太郎さんの発言で「具体的に数値を使って述べます」とあるので，5月の日数と9月の日数をそれぞれ数字で書き表す。

次に，**資料3**から2つ以上の項目を用いて5月の方がよい理由を述べる。**資料3**はさいたま市の降水量と日本全体の台風の発生数に関するデータである。「降水量が1mm以上あった日」は5月が10.0日，9月が10.8日とほとんど差がないため，残る2つの項目について説明すればよい。月別の降水量が少なく，台風の発生数も少なければ，運動会や運動会の練習を実施しやすいと考えられる。それをふまえて**資料3**を見てみると，5月の平均降水量は121.4mm，台風の発生数は1.0個と，いずれも9月を下回っていることがわかる。

そして，**資料4**から，運動会の練習ができる日数を比べて述べる。予定表の下の段に○がついている日数を数えると，5月が合計15日，9月が合計13日と，5月の方が2日多くなっていることがわかる。このとき，「その差を述べます」とあるので，「2日多く練習できる」と説明できるとよい。これらのことをまとめたのち，最後に5月に運動会を行うのがよいと結論を述べるように心がける。数字を原稿に書くときは，条件3の例を参考にする。

② （算数：代金の計算）

会話文をもとに，資料を用いて計算し発表原稿を作成する問題である。発表原稿の流れは，【太郎さんと先生の会話②】で太郎さんが述べているように順を追って求めていく。

まず，**資料1**をもとに花だんに使用するレンガの数を求める。花だんのうち，2.0mの辺から考えると，2.0×100＝200(cm)より，200÷20＝10となり，レンガを横向きに10個並べて，ちょうど200cmとなる。花だんの高さが0.24mなので，0.24×100＝24(cm)より，24÷6＝4となり，レンガを4個重ねると同じ高さになる。よって，2.0mの辺に使われるレンガの個数は，10×4＝40(個)。向かい合う2.0mの辺も同様に40個のレンガが使われる。さらに，0.8mの辺では，辺の両端がすでに2.0mの辺を作るレンガでうめられているので，0.8×100＝80(cm)より，80－(10+10)＝60(cm)となり，60cmの辺に使われるレンガの個数を考えればよい。60÷20＝3より，レンガを横向きに3個並べて，ちょうど60cmとなる。花だんの高さは0.24m(24cm)より，200cmの辺と同様に4個重ねるとして，3×4＝12(個)。向かい合う辺も同様に12個のレンガが使われる。よって，求めるレンガの個数は40×2+12×2＝104(個)。実際に計算するときは，はじめにすべての単位をどちらかに合わせて，図に書くとよい。

次に，**資料2**からガーデンアーチに必要な材料を見ると，ストレートポールが22本，U字ポー

ルが3本，ジョイントが15個とわかる。これらをどちらのホームセンターでいくつずつ買うか考えてから，Aのホームセンターで買う数，Bのホームセンターで買う数の順で述べる。

　まず，セット販売の価格を比べて，1個あたりの値段が安くなるBのホームセンターでセット販売を買い，余った数を個別販売の価格が安いAのホームセンターで買う。よって，104÷12＝8.6…より，Bのホームセンターで8セット購入することができる。余った104−(12×8)＝8 (個)はAのホームセンターの個別販売で買えばよい。このときの価格は，1848×8＋200×8＝16384(円)。

　同様にして，ストレートポールは22÷12＝1.83…より，Bのホームセンターで1セット，Aのホームセンターで22−12＝10(個)買えばよい。このとき，Aのホームセンターのセット販売はちょうど10個なので，ストレートポールは個別販売ではなくセット販売を1セット買う。このときの価格は，3234＋3150＝6384(円)。U字型ポールは3個しか使用しないため，Aのホームセンターの個別販売で3個買えばよい。このときの価格は，500×3＝1500(円)。ジョイントは15÷12＝1.25より，Bのホームセンターで1セット，Aのホームセンターで15−12＝3(個)を個別販売で買えばよい。このときの価格は924×1＋100×3＝1224(円)。

　したがって，最後にこれらすべての費用を計算すると，16384＋6384＋1500＋1224＝25492 (円)となる。

3 （社会：郷土料理，伝統料理）

　花子さんと先生の会話と，資料から食文化を伝えることについての発表原稿をつくる問題。花子さんの5番目の発言で述べられている順番で，順を追って説明する。まず，**資料1**から郷土料理や伝統料理を食べている回数が「月に1回以上」の人の割合を計算する。**資料1**で郷土料理や伝統料理を食べている回数が「ほぼ毎日」「週に3〜5日程度」「週に1〜2日程度」「月に2〜3日程度」「月に1日程度」と回答した人の割合を合計すればよい。よって，1.3＋3.1＋7.8＋16.7＋15.7＝44.6（％）となる。次に，**資料2**から，食文化について地域や次世代に「伝えていない」と回答した人が約何割いるかを述べる。**資料2**をみると，20.1％の人が「伝えていない」と回答していることがわかる。20.1％を割合に直すと約2割となる。そして，**資料3**のアンケート項目の上位3つの中から，食文化を伝える機会として最も必要だと考えるものを1つ選び，どのようなことができるか具体的な例をあげて述べる。**資料3**を見ると，「家庭で伝える機会を持つこと」「学校で伝える機会があること」「地域で伝える機会があること」の3つが上位である。このうち，「家庭で伝える機会を持つこと」が必要だと思っていることだと回答した人は85.5％であり，最も必要だと考えられる。よって，家庭で伝える機会をどのように持つべきか，具体的に考えるとよい。例えば，実際の食卓に郷土料理や伝統料理を出すこと，家族で話し合う機会を設けること，家族で一緒に調べてみること，などが考えられる。これらをまとめたあと，食文化を受け継いでいくことが大切であると述べるとよい。数字を原稿に書くときは，条件3の例に従って書く。

　★ワンポイントアドバイス★

　国語，算数，社会のそれぞれについて発表原稿を作成する問題である。会話文の中のやりとりを読み取り，それに合わせて原稿を書けるとよい。資料をもとに自分で数値を計算することが求められるので，単位や小数に注意しながら正しい値を計算できるようにしよう。また，それぞれの問題の時間配分にも気を配る必要がある。

大切なことはメモしておこうネ！

2021年度

★★★★★★★★★★★★★★★★★★★★★★★

入 試 問 題

2021
年
度

2021年度

さいたま市立浦和中学校入試問題（第1次）

【適性検査Ⅰ】（45分）

1 　花子さんは，図書館で面白そうなタイトルの小説を見つけたので，読んでみることにしました。

　次の文章は，魚住直子著「みかん，好き？」（講談社）の一部です。これを読んで問1～問4に答えなさい。

> 　拓海，長谷川，柴は，クラスは違うが同じ高校に通っている。瀬戸内海に浮かぶ島にある拓海の祖父のみかん畑で，三人が収穫の手伝いをしている場面である。

　夕方になると，じいちゃんが※1一斗缶で火を起こした。昼間は結構暑かったのに火を見ると，手をかざしたくなる。

　じいちゃんは，木の枝の先にみかんをさして，火の上であぶった。

「みかんを焼くんですか」

　長谷川がびっくりしたように聞いた。

「甘くなるんよ。でも熱いけぇ気をつけてね」

　じいちゃんは軍手をした長谷川の手に，焼いたみかんを渡す。

　長谷川が黒く焼けた皮をむくと湯気が立った。ひとかけら口に入れると，　　A　　。

「ほんとだ，甘い」

「じゃろ」

　じいちゃんが満足そうに言うと，次の焼きみかんを柴に渡そうとしたが，柴は「いらん」と断った。

「おれはそのままがええ。①焼いたり凍らしたりするのは※2邪道じゃ」

「確かに」と，じいちゃんは笑った。

「ほいでも，いろんな食べかたがあったら，そのぶん，みかんをもっと食べてもらえるかもしれん」

「そりゃそうかもしれんけど」

　じいちゃんは焼いたみかんの皮をむき，柴に半分渡す。柴はしぶしぶ口に入れる。

「まあ，確かに甘いわ」

　最後にじいちゃんは拓海にくれた。かむと，みかんのあたたかい汁が口に広がる。不思議な味だ。こげたところがちょっとほろ苦い。

「でも，これからの時代はますます厳しいよねえ。②特にふつうのみかんだけじゃ難しいわ。うちはわしでおしまいじゃけど」

「もったいないですね」と長谷川か残念そうに言う。

「今はわしの※3道楽でええけど，これで生きていこうと思うたら苦労の連続よ。気候もどんどん変わりよるし，害虫の被害も増えよる。それに，もしこれからやるなら，別の品種も考えんと。デコポンとか，せとかとか，カラマンダリンとか，今は甘いみかんが人気があるじゃろ」

「でも甘いみかんって，そんなにええかね」

　柴が不満そうな顔になる。

「私はすごく甘いのが好きだけどな」

長谷川が言った。

「おれは酸っぱくないと，みかんじゃない気がする。甘くて酸っぱいのが自然のみかんじゃ」

柴の言葉にじいちゃんがうなずく。

「確かに甘いだけのみかんは，みかんの本当のうまさを味わえん気がするよね」

「みかんはお菓子じゃないけえ」

柴がきっぱり言うと，長谷川は「そんなふうに考えたことはなかったな，確かにそうかも」と③考える顔になった。

それきり皆，しばらく黙った。

（一部，ふりがなをつけるなどの変更があります。）

※1　一斗缶……一斗（約18リットル）の容量がある金属の缶。

※2　邪道……望ましくないやり方。　※3　道楽……趣味として楽しむこと。

問1　本文中の空らん　A　にあてはまる言葉として最も適切なものを，次のア～エの中から1つ選び，記号で答えなさい。

　　ア　目くじらを立てる　　イ　目を丸くする　　ウ　目もくれない　　エ　目をぬすむ

問2　下線部①「焼いたり凍らしたりするのは邪道じゃ」とありますが，柴がこのように言ったのはなぜか，次の空らん　B　にあてはまる内容を，本文中からさがして15字で書きぬきなさい。

> 柴は，[　　　　　　B　　　　　　]であり，お菓子ではないので，そのまま食べるべきだと考えているから。

問3　下線部②「特にふつうのみかんだけじゃ難しいわ」について，このように言ったときのじいちゃんの思いを，花子さんは次のようにまとめました。【花子さんのまとめ】にある空らん　C，D　にあてはまる内容を，本文中からさがして，　C　は11字で，　D　は6字でそれぞれ書きぬきなさい。

> 【花子さんのまとめ】
> 　今はふつうのみかんより[　　C　　]ので，これからのみかん農家は，ふつうのみかんだけを作って[　D　]とするのは難しいと思っている。

問4　下線部③「考える顔になった」とありますが，このときの長谷川の様子の説明として最も適切なものを，次のア～エの中から1つ選び，記号で答えなさい。

　　ア　「みかんはお菓子じゃないけえ」という柴の言葉を聞き，みかんはお菓子と同じように楽しむために食べるものなのだから，甘くなければならないと反発している。

　　イ　気候変動や害虫の被害の増加により，みかんを作るのは苦労の連続だとじいちゃんから聞いて，みかん作りの大変さがよくわかったと思っている。

　　ウ　大人であるじいちゃんに対しても思ったことを遠慮なく言う柴の態度を見て，失礼だと思っている。

　　エ　これまで酸っぱいみかんより甘いみかんがいいと単純に考え，みかんの本当のおいしさについて考えようとしなかったことに気がついている。

2　　太郎さんは，イソップ童話の「アリとキリギリス」を読んで，アリが本当に働き者なのかということに興味をもち，先生にたずねたところ，次の本を紹介してもらいました。

　次の文章は，長谷川英祐著「面白くて眠れなくなる進化論」（PHPエディターズ・グループ）の一部です。これを読んで問1〜問5に答えなさい。

　アリは働き者であるというイメージがあります。

　しかし，アリの大部分は巣の中で暮らしており，地上に現れるアリはエサを集めるためにやってくるのですから，いつも働いているのはある意味で当然のことです。

　それでは，巣の中のアリはどうなのでしょうか。中を観察できるような人工のアリの巣を作って観察すると，①意外なことがわかります。

　ある瞬間を見てみると，全体の三割くらいしか働いておらず，後の七割はボーッとたたずんでいたり，自分の体を掃除しています。子どもの世話のような，※1コロニーの他のメンバーの利益になるような「労働」をしていません。

　アリのコロニーの生産性を考えれば，全員が働いているほうが，生産力が高いのはいうまでもありません。それでは，自然選択の存在下でなぜ，常に働かないアリがいるような無駄が存在しているのでしょうか。

　※2アリのワーカーの各個体は，②仕事が出す刺激がある一定の値以上になると反応して働きだすと考えられています。この時の仕事を始める限界の刺激値を「反応閾値」と呼んでいます。

　さらに，「反応閾値」は特定の仕事について，個体差があることもわかっています。　　A　　，小さい刺激で働きだすものと，刺激が大きくならないと仕事を始めないものがいるのです。このようなシステムになると，ずっと働き続ける個体から，ほとんど働かない個体が自動的に現れるのです。

　なぜでしょうか。

　反応閾値ではわかりにくいので，人間の中にきれい好きの人とそうでもない人がいることに譬えて，説明しましょう。

　きれい好きの「程度」が様々な人々が集まり，部屋で何かをしていると考えます。時間が経つとだんだん部屋が散らかっていきます。

　このとき，誰が掃除を始めるのでしょう。そうです，きれい好きの人ですね。きれい好きの人は部屋が散らかっているのが我慢できないので，少しでも散らかってくると掃除を始めてしまいます。

　　B　　，部屋がきれいになりました。そこでまた皆が何かをやっていると，再び部屋が散らかってきます。誰が掃除するでしょうか？　そうです。また，きれい好きの人が掃除するのです。

　理由は「散らかっていると我慢できない」からです。結局，きれい好きの人はいつも掃除をしていますが，散らかっていても平気な人は全然掃除をしません。

　この時大事なことは，もしきれい好きの人が疲れて掃除ができなくなってしまって，部屋がさらに散らかると「　　　E　　　」ことです。そういう人もある程度を越えると部屋が散らかっているのには耐えられないからです。

　アリでも同じことが起こっていると考えられます。

　働かないアリはサボっている訳ではなく，ある程度以上に仕事の刺激が大きくなればちゃんと働

けるのですが，さっさと働いてしまう個体がいるために，働かずにいるだけです。ともあれ，全体を見てみると，③いつも働いている個体から，ほとんど働かない個体まで，様々なアリがいることになります。

さてここで，全員が一斉に働いてしまうような，短期的生産性の高いコロニーを考えてみます。このようなコロニーは，時間あたりの仕事処理量は高いでしょうが，その代わり，全ての個体が一斉に疲れて誰も働けなくなるという時間が生じてしまうでしょう。

もし，コロニーに絶対にこなさなければならない仕事があるとしたら，その瞬間には誰もその役割を担えなくなってしまいます。その仕事ができないことがコロニーに大きなダメージを与えるとしたら，その仕事をこなせる誰かが常に準備されていないと大変なことになります。もしかすると，「働かない働きアリ」は，誰も働けなくなる危険きわまりない瞬間の※3リスクを回避するために用意されているのかも知れません。

そんな仕事があるのでしょうか。

あると考えられます。

アリやシロアリは卵を一カ所に集めて，常にたくさんの働きアリがそれを舐めています。シロアリでの実験では，※4卵塊から働きアリを引き離してしまうと，ほんのわずかな時間放置しただけで卵にカビが生えて全滅してしまうことがわかっています。さらに，シロアリの働きアリの唾液には※5抗生物質が含まれており，働きアリたちは唾液を卵に塗り続けてカビを防いでいたのでした。

アリも同様でしょう。卵が全滅すればコロニーにとって大きなダメージになりますから，卵を舐めるという仕事はコロニーにとって，誰かが必ずこなし続けなければならない仕事なのです。普段働かないアリは仕事の刺激が大きくなれば働きますから，他の個体が疲労して休まなければならない時に代わりに働くことができます。

（一部省略や，ふりがなをつけるなどの変更があります。）

※1　コロニー……ここではアリの集団が生活している巣のこと。
※2　アリのワーカー……働きアリのこと。食物の確保，幼虫の世話などをする。
※3　リスク……危険の生じる可能性。　　※4　卵塊……魚や昆虫などの卵のかたまり。
※5　抗生物質……カビなどの微生物の発育をじゃまする物質。

問1　本文中の空らん　A　，　B　にあてはまる言葉の組み合わせとして最も適切なものを，次のア～エの中から1つ選び，記号で答えなさい。

ア　　A　しかし　　　　B　ところで
イ　　A　つまり　　　　B　さて
ウ　　A　すなわち　　　B　または
エ　　A　ところが　　　B　それでは

問2　下線部①「意外なこと」について，太郎さんは次のようにまとめました。次の【太郎さんのまとめ①】にある空らん　C　にあてはまる内容を，本文中からさがして11字で書きぬきなさい。

【太郎さんのまとめ①】
　　アリはみんな働き者であるというイメージがあるが，実際は巣の中には　　C　　ということがわかる。

問３ 下線部②「仕事が出す刺激がある一定の値以上になると反応して働きだす」とありますが，これを人間の「きれい好き」の人の場合にあてはめると，具体的にどのようなことが言えるか，次の空らん □D□ にあてはまる内容を本文中の言葉を使って，30字以上35字以内で書きなさい。

> 「きれい好き」の人の場合にあてはめると，□□□□□ D □□□□□ こと。

問４ 本文中の空らん □E□ にあてはまる内容を，次のア～エの中から１つ選び，記号で答えなさい。
ア　散らかっていても平気な人が掃除をあきらめる
イ　あまりきれい好きでない人が掃除を始める
ウ　散らかっていても平気な人が掃除をさせられる
エ　あまりきれい好きでない人が掃除を我慢する

問５ 下線部③「いつも働いている個体から，ほとんど働かない個体まで，様々なアリがいる」について太郎さんは下のようにまとめました。下の【太郎さんのまとめ②】にある空らん □F□ にあてはまる内容として最も適切なものを，次のア～エの中から１つ選び，記号で答えなさい。
ア　きれい好きな人とそうでない人がいるように，アリにも自分の体の掃除しかしない個体がいる
イ　アリは人間とは違い，どんなに働いても疲れることなく，仕事を続けることができる
ウ　全員が一斉に働いてまで時間当たりの仕事量を高くする必要性が，アリのコロニーにはない
エ　絶対に必要な仕事を誰もできなくなるという，コロニーにとって危険な瞬間のリスクをさける

【太郎さんのまとめ②】

全てのアリが一斉に働いていると，全てのアリが一斉に疲れて誰も働けなくなる。
もし，コロニーに絶対にこなさなければならない仕事があったら……
→誰もその役割を担えなくなり，コロニーに大きなダメージを与える。

↓

いつも働いているアリとほとんど働かないアリがいる理由は，□□□ F □□□ ためかもしれないと，筆者は考えている。

---

3 花子さんは，学校の授業で富士山が世界遺産であることを学んだ後に，図書館で富士山に関する本を見つけたので，読んでみることにしました。

次の文章は，山崎晴雄著「富士山はどうしてそこにあるのか　地形から見る日本列島史」（NHK出版）の一部です。これを読んで，問１～問４に答えなさい。

我々が暮らす地球は，環境の変化によって大きな影響を受けています。四季も大きな環境変化ですが，これは変化の速度がゆっくりなうえ，毎年周期的に起きるので，ある程度予測ができます。だから季節によって衣服を替えたり，越冬の準備をしたり，いろいろな対応ができます。しかし，

　四季以外の突発的で急激な環境変化は，我々の生活に甚大な影響を与え，場合によっては社会を破壊することもあります。そのような急激な環境変化を起こす一つの要因が火山噴火です。地球の変化のプロセスでは火山活動も※1定常的な作用の一つに過ぎませんが，地球上に間借りして生活している生物，特に人類には，火山噴火，火山活動は大いなる厄災です。

　日本では，古代より高くそびえる山にはそれぞれ神様がいて，噴火などの火山活動は神様による何らかの怒りの現れと考えられていました。神様とは自然で，神様は人々に多くの恩恵を与えますが，同時に厄災も与えるのです。

　平安時代に※2朝廷の権力が増すと，噴火を起こした神様に怒りを収めてもらうために，朝廷から神様に※3官位を授けるようになりました。※4叙位することで神様にご機嫌を直してもらおうとしたわけです。火山噴火の報告が地方から上がってくると，朝廷はその火山の神様に叙位を行ったわけです。従五位下から始まって正二位（これが上限だったようです）まで，噴火が繰り返されるたびに，それぞれの①神様の官位が上がっていきました。叙位は正史に記録されるので，朝廷の権力が全国に及んでいた平安時代は火山噴火の記録がほかの時代より多いように思えます。しかし，それはそうした事情によるものなので，実際に火山活動が活発だったのかどうかはわかりません。

　大規模な火山噴火で本当に怖いのは，その周辺に噴出物をまき散らすことではありません。細粒の火山灰や微粒子などの噴出物が※5成層圏に入って，それが地球全体をとりまいて日傘のようになり，日射量を低下させてしまうことなのです。日射量の低下は地球全体の気温の低下を引き起こし，食料生産などに大きな影響を与え，※6ひいては生物の生存をも不可能にします。これを「②火山の冬」と言います。

　一方，火山は厄災だけでなく多くの恩恵を我々に与えてくれます。直接の恩恵は温泉や地熱発電などの火山エネルギーです。しかし，もっと大きな恩恵は，火山が呈する美しい景色です。火山は普段我々が住む平地とは異なり，③火口や※7カルデラとそこに作られる湖，噴出した溶岩や※8火砕流が作る奇妙な地形など，火山噴火に伴ったさまざまな景観を生み出し，それが観光資源となるのです。

　日本で最も著名なリゾート観光地である箱根には，2017年（平成29年）には日本の人口の約6分の1にあたる2152万人が，その美しい景色や温泉を楽しむために訪れました。これにより，箱根では飲食や宿泊，お土産販売，交通などの多くの産業が成り立っています。つまり，火山は観光地として人々に安息を与えるとともに，産業を興して多くの人々が働ける生活の場を与えているのです。日本では多くの観光地が火山に関連したところに立地しています。観光は我が国の経済成長の大きな柱ですが，それは火山の※9賜物なのです。

（一部，ふりがなをつけるなどの変更があります。）

※1　定常的……一定して変わらないこと。

※2　朝廷……天皇を中心に政治がおこなわれていた機関。

※3　官位……官職（その人の立場や仕事）と位階（その人の序列・位）のこと。

※4　叙位……位を授けること。

※5　成層圏……地球の表面をおおう空気の層（大気圏）のうち「対流圏」の次に地球に近い層。

※6　ひいては……それがもとになり，さらに進んで。さらには。

※7　カルデラ……火山の活動によってできた大型のくぼんだ土地。

※8　火砕流……火山ガスとともに火口から高温の噴出物が高速で流れ出る現象。

※9　賜物……くださったもの。恩恵。

問1　下線部①「神様の官位が上がっていきました」について，次の(1)，(2)に答えなさい。

(1)　下線部①「神様の官位が上がっていきました」について，花子さんは次のようにまとめました。【花子さんのまとめ①】にある空らんにあてはまる内容を本文中からさがして，　A　は14字，　B　は12字でそれぞれ書きぬきなさい。

> 【花子さんのまとめ①】
> 　日本では古代から，高くそびえる山にはそれぞれ神様がいて，火山噴火を　　A　　と考えていたので，平安時代には　　B　　という目的で朝廷が神様に官位を授けた。

(2)　下線部①「神様の官位が上がっていきました」とありますが，官位が上がっていった理由として最も適切なものを，次のア～エの中から1つ選び，記号で答えなさい。
　　ア　平安時代には，他の時代より火山の噴火の回数が増えたから。
　　イ　平安時代には，山の神様に対する感謝の気持ちが大きくなったから。
　　ウ　平安時代には，朝廷が火山の噴火の報告が地方からあるたびに，叙位していたから。
　　エ　平安時代には，朝廷が，むやみに人々に官位を授けていたから。

問2　下線部②「火山の冬」心について，花子さんは下のようにまとめました。【花子さんのまとめ②】の空らん　C　にあてはまる内容として最も適切なものを，次のア～エの中から1つ選び，記号で答えなさい。
　　ア　噴出物が成層圏を破壊し
　　イ　周辺の溶岩が冷えて固まり
　　ウ　噴出物が太陽光をさえぎり
　　エ　周辺に雪が降り出し

> 【花子さんのまとめ②】
> 　「火山の冬」とは，火山の噴火によって　　C　　，そのことが気温を低下させ，食料生産などにも影響をおよぼし，生物の生存まで不可能にすること。

問3　下線部③「火口」について，山にみられる火口に興味を持った花子さんは，富士山の火口について調べ，等高線を示した地図と富士山の断面を表す図をつくり，【花子さんのまとめ③】のようにまとめました。次のページの＜富士山の山頂付近の等高線を示した地図＞に見られる富士山を，山頂と斜面の途中の火口を通るようにDからEの線で切った断面を表す図として最も適切なものを，あとのア～エの中から1つ選び，記号で答えなさい。

> 【花子さんのまとめ③】
> ＜富士山についてわかったこと＞
> ・富士山の山頂の標高は，3776メートルである。
> ・富士山は，どの方向から見ても左右対称に近いなだらかな形をしている。しかし，江戸時代中期に富士山の斜面で大規模な噴火が起こったため，このときの噴火の「火口」が斜面の途中にあるため，特ちょう的な地形が見られる。

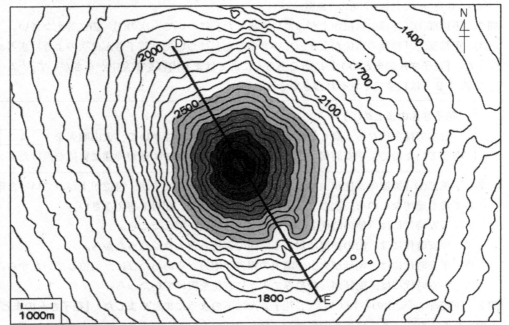

<富士山の山頂付近の等高線を示した地図>

（国土交通省国土地理院　ウェブサイトをもとに作成）

<地図について>

・標高が2500メートル以上の高さの場所には色をつけ，色が濃くなるほど標高が高くなるようにあらわした。

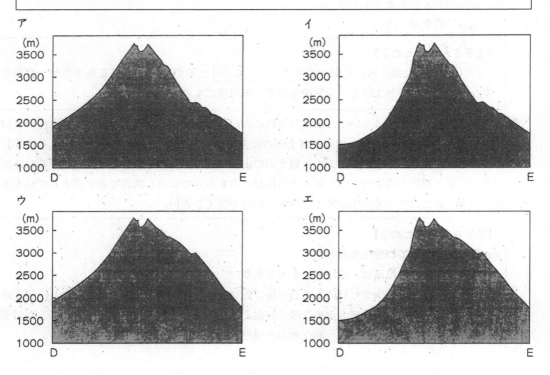

問4 この文章で述べられている内容として**適切でないもの**を，次のア〜エの中から1つ選び，記号で答えなさい。

ア　火山活動は，人間の生活を破壊することがあるおそろしい存在なので，火山活動を予知するなど，防災意識が必要である。

イ　大規模な火山噴火が起こると，火山灰などの噴出物が地球全体をとりまいて日傘のようになり，日射量を低下させる。

ウ　火山地帯には，火口やカルデラとそこに作られる湖，溶岩や火砕流が作った地形など，火山噴火に伴ったさまざまな景色が見られる。

エ　火山は，噴火などの火山活動によって人間に大きな厄災をもたらすが，同時に，さまざまな恩恵を与えてくれるものである。

4　太郎さんと花子さんは，総合的な学習の時間に，防災とまちづくりをテーマとした発表をすることになりました。

次の**問1**〜**問4**に答えなさい。

花子さんはテーマについて考えながら，お父さんと家の近所を散歩していたとき，次のページの**写真**のような「火の見やぐら」を見つけ，話をしたことを思い出しました。

【花子さんとお父さんの会話】

花子さん：お父さん，あそこに塔があります。

お父さん：あれは，「火の見やぐら」というんだよ。江戸時代には「火消し」という，現在の消防士のような人たちがいたのだけれど，その人たちが使ったものだと言われているよ。今，目の前にある建物は，江戸時代にできたものではないけれど，火の見やぐらは今も全国各地に残っているよ。

花子さん：よく見ると，火の見やぐらの上には鐘がありますね。何に使われたのでしょうか。

お父さん：以前，テレビで見たのだけれど，江戸時代，鐘を1回ずつ鳴らすと「火元は遠い」，2回ずつ鳴らすと「火消しが出動する」という合図だったそうだよ。

花子さん：おもしろいですね。鐘の意味を後でメモに残しておきます。

お父さん：あと，鐘を続けて何度も鳴らすと「火元は近い」，鐘を激しく続けて何度も鳴らすと「火元はとても近い」という合図だったそうだよ。

花子さん：つまり，江戸時代は，鐘の　A　方を変えることによって，火消しの出動の合図や，近いか遠いかなど，火元までの　B　を町の人に知らせる役割があったのですね。火の見やぐらは，昔の人の防災対策のひとつだったのですね。

お父さん：そのとおりだよ。実は，さいたま市には，火の見やぐらが多いんだよ。

花子さん：学校の近くにも火の見やぐらがあるか，探してみます。

問1 【花子さんとお父さんの会話】の　A　，　B　にあてはまる言葉を，次のページの【花子さんが作ったメモ】を参考に，それぞれ3字以内で答えなさい。

写真　火の見やぐら

【花子さんが作ったメモ】

鐘を1回ずつ鳴らす	火元は遠い
鐘を2回ずつ鳴らす	火消しが出動する
鐘を続けて何度も鳴らす	火元は近い
鐘を激しく続けて何度も鳴らす	火元はとても近い

問2　花子さんは，江戸時代の江戸（現在の東京）の町の防災対策について調べていると，図1，図2を見つけたので，そこからわかったことを下のようにまとめました。【花子さんのまとめ】の空らん　C　にあてはまる内容について最も適切なものを，次のア～エの中から1つ選び，記号で答えなさい。

ア　それぞれの町人の家のとなりには，ごみすて場や共同便所があった

イ　それぞれの町人の家を取り囲むように，たくさんの広い道があった

ウ　限られた空間に，多くの町人の家がすきまなく建てられていた

エ　町人の家にはさまれるような形で，多くの店が建てられていた

図1　火消しの消火活動

火消しが「さすまた」を使って家の柱や壁をこわす。

図2　江戸の※町人の家の建てられ方（例）

約36m

約9m

店

店

道

共同便所　ごみすて場

井戸

　　　　　　　町人の家

※町人……江戸時代の都市に住んでいた職人や商人などのこと。

【花子さんのまとめ】

　江戸の町では，木造の燃えやすい家が多かった。また，火事がおこったときに，現代と違って水がじゅうぶんに使えなかったので，江戸の町での火消しの消火活動は，図1のように「さすまた」という道具を使って周りの家をこわすことだった。

　それは，当時の江戸の町は，図2からわかるように　C　ため，火事が広がることを防ぐという目的で行っていた作業だと考えた。

　　　太郎さんは，図書館で水害や土砂災害について調べていると，地図と【図書館に飾られて
　いた防災マップ】を見つけました。それらをもとに水害に備えたつくりの家が多くみられる
　場所について考え，【太郎さんのまとめ】をつくりました。

問3　【太郎さんのまとめ】の空らん　D　にあてはまる場所として最も適切なものを，地図にある
　　㋐〜㋓の中から1つ選び，記号で答えなさい。

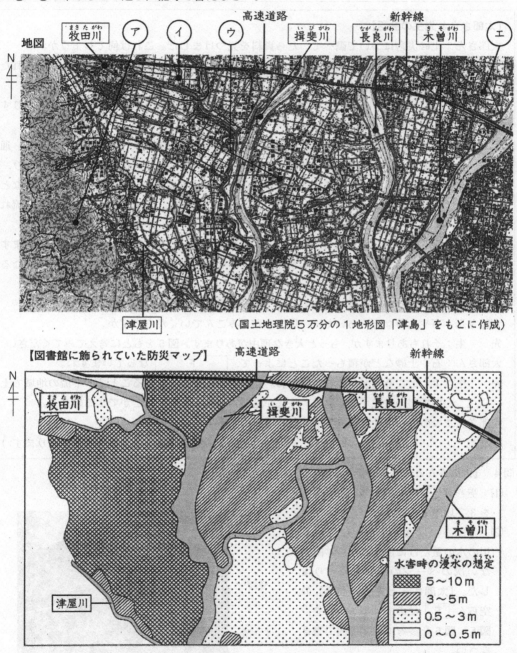

（国土地理院5万分の1地形図「津島」をもとに作成）

（各県市町のウェブサイトのハザードマップをもとに作成）

【太郎さんのまとめ】

　前のページの【図書館に飾られていた防災マップ】の「水害時の浸水の想定」で読み取れた数字が高いほど水害に備えたつくりの家が多く見られると考えた。したがって，前のページの地図にある⑦～⊆の中では，最も水害に備えたつくりの家が多くみられる場所は　D　だと推測できる。

【太郎さんと先生の会話】

太郎さん：土砂災害について調べていたら資料を見つけました。これは何でしょうか。

先　　生：これは，砂防の写真ですね。砂防は土砂災害などを防止・軽減するために作られた防災設備のひとつです。

太郎さん：はじめて知りました。砂防を使うと，なぜ，土砂災害を防止したり，軽減したりすることができるのでしょうか。

先　　生：図3を見てください。これは，水量の少ない川に砂防が設けられている例です。通常時，川の水は，砂防と地面との間の小さなすき間や砂防に空いている穴を通り，流れています。そこに大雨が降って土砂くずれが起こり，流れてきた石や土砂などが図4のように堆積すると，水の流れが変化します。では，図3と比べ，水の流れはどのように変化すると思いますか。

太郎さん：図3に比べ，図4は石や土砂などが堆積したことによって，川の傾きが変化しますね。ということは，流れる水の量が同じなら，傾きの分，水の流れは　E　なると思います。

先　　生：そうですね。実は，水の流れが　E　なるもうひとつの理由があるのです。

太郎さん：石や土砂などのあいだに，川の水がしみこんでいくからですか。

先　　生：それもありますが，もっと大きな理由があります。図5をもとに考えてみてください。

太郎さん：石や土砂などが積もったことによって，　F　なっていますね。

先　　生：よいところに気がつきましたね。このような変化が起こることで，下流の地域で土砂災害の危険が増す前に，住民が避難する時間を稼ぐことができるのです。

太郎さん：なるほど。砂防は大変すぐれた機能を持っているのですね。

（図3，図4，図5は次のページにあります。）

問4　【太郎さんと先生の会話】を見て，次の(1)，(2)に答えなさい。

(1)　空らん　E　にあてはまる内容を3字以内で書きなさい。

(2)　太郎さんは図5をもとに流れる川の水の量だけに注目した，砂防のない次のページの図6をつくりました。【太郎さんと先生の会話】の空らん　F　にあてはまる内容を，図5，図6を参考に10字以内で書きなさい。

資料　砂防

砂防

すき間

穴

図3　横から見た通常時の川

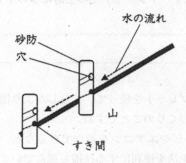

図4　石や土砂などが堆積した川

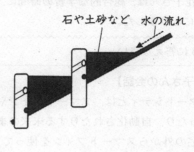

図5　図4の川を上流から見たようす（川の断面のようす）

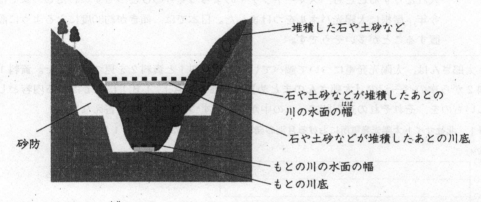

（資料は山陽建設工業株式会社、図3、図4、図5は国土交通省北陸地方整備局黒部河川事務所のウェブサイトをもとに作成）

図6　太郎さんが図5をもとに流れる川の水の量に注目した図
　　　　※1秒間に流れる川の水の量は同じとする。

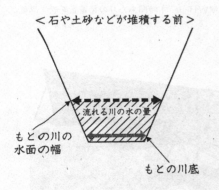

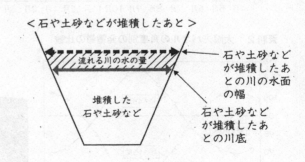

5 太郎さんと花子さんは，総合的な学習の時間に，「スマートシティ」での生活についてそれぞれ調べることになりました。

次の問1〜問3に答えなさい。

【太郎さんと花子さんの会話】

花子さん：スマートシティとは，スマートフォンやタブレットを使って，くらしがより便利になったり，自動化されたりする未来のまちづくりのことですね。

太郎さん：自宅の外からスマートフォンを使ってテレビやエアコンを操作できるなど，インターネットと家庭用の電化製品をつないで生活を便利にする技術も進んでいます。

花子さん：それは，「IoT（アイ・オー・ティー）」という技術ですね。

太郎さん：自宅で使用する電気を太陽光発電でまかなったり，環境にやさしい交通手段を取り入れたりすることも，スマートシティのまちづくりのひとつです。わたしの家では今年，屋根に太陽光パネルをつけました。日本では，傾きが約30度になるように設置することが多いそうです。

問1 太郎さんは，太陽光発電について調べていると，**資料1**と**資料2**を見つけました。**資料1**と**資料2**から次のページの【太郎さんのまとめ】の空らん　A　，　B　にあてはまる内容として正しいものを，それぞれの選択肢ア〜エの中から1つずつ選び，記号で答えなさい。

資料1　北杜サイト太陽光発電所における月別の発電量（1時間あたり）（2011年度）

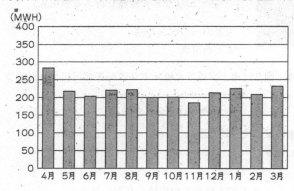

（山梨県北杜市のウェブサイトをもとに作成）

※MWH……1時間あたりの発電量を表す単位。

資料2　太陽光パネルの角度別の発電量の比較

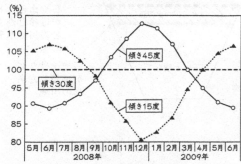

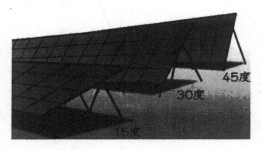

（山梨県北杜市のウェブサイトをもとに作成）

※傾き30度のときの発電量を基準（100％）とする。

【太郎さんのまとめ】

　前のページの**資料1**と**資料2**から考えると太陽光発電は，太陽光をエネルギー源として利用するため，環境にやさしいという利点がある。**資料1**と**資料2**からは，さまざまなことがわかる。

　例えば，**資料1**からは， A ことがわかる。また，**資料2**からは，太陽光パネルの傾き30度に対して， B ことがわかる。一方で，環境の変化の影響を受けやすく，月ごとの発電量が一定ではないという課題もみられる。

A の選択肢

ア　9月から12月までの発電量（1時間あたり）は，200MWHを下回ることはない

イ　8月の発電量（1時間あたり）は，1月の発電量の約2倍である

ウ　最も発電量（1時間あたり）が少ないのは11月で，3月よりも100MWH以上少ない

エ　最も発電量（1時間あたり）が多いのは4月で，11月よりも50MWH以上多い

B の選択肢

ア　12月は，パネルの傾きを45度にすると，発電量が多くなる

イ　8月は，パネルの傾きを45度にすると，発電量が多くなる

ウ　2月は，パネルの傾きを15度にすると，発電量が多くなる

エ　9月は，パネルの傾きを15度にすると，発電量が多くなる

問2　次に，太郎さんは環境にやさしいといわれる電気を使って走る車について調べてみたところ，**資料3**と**資料4**を見つけました。**資料3**と**資料4**から読み取れる内容として正しいものを，次のページのア～エの中から1つ選び，記号で答えなさい。

資料3　販売台数の移り変わり

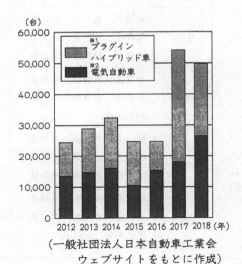

（一般社団法人日本自動車工業会
ウェブサイトをもとに作成）

**資料4　公共の電気自動車用充電器の設置
台数の移り変わり**

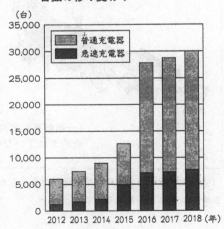

（「ZENRIN調べ」をもとに作成）

※1　プラグインハイブリッド車……コンセントから差込プラグを用いて直接バッテリーに充電できる，電気でもガソリンでも走行する車。

※2　電気自動車……コンセントから差込プラグを用いて直接バッテリーに充電できる，電気のみで走行する車。

ア　2016年の普通充電器と急速充電器の合計設置台数と，2017年のプラグインハイブリッド車と電気自動車の年間合計販売台数は，ともに前年の2倍以上である。

イ　2013年から2018年にかけて，プラグインハイブリッド車と電気自動車の年間合計販売台数と，普通充電器と急速充電器の合計設置台数は，毎年増加している。

ウ　急速充電器の設置台数が普通充電器の設置台数を上回った年はなく，プラグインハイブリッド車の年間販売台数が電気自動車の年間販売台数を上回った年もない。

エ　プラグインハイブリッド車と電気自動車の年間合計販売台数が，同じ年の普通充電器と急速充電器の合計設置台数よりも少なかったことはない。

> 花子さんがテレビについて調べていると資料5と資料6を見つけたので，【花子さんのまとめ】のようにまとめました。

問3　【花子さんのまとめ】の ┃C┃，┃D┃ にあてはまる言葉を，資料6の地方名から1つずつ選び，それぞれ書きなさい。

資料5　民間地上テレビジョン放送の視聴可能な※チャンネル数（2019年度）

視聴可能チャンネル数	2019年度末 都道府県数
6チャンネル	6
5チャンネル	14
4チャンネル	13
3チャンネル	9
2チャンネル	3
1チャンネル	2

（一部離島などについては表示されていない。）

（総務省「令和2年度版　情報通信白書」をもとに作成）
※チャンネル……放送局のこと。

資料6　日本の7地方区分

地方名	都道府県名
北海道	北海道
東北	青森県、秋田県、岩手県、宮城県、山形県、福島県
関東	群馬県、栃木県、茨城県、埼玉県、東京都、千葉県、神奈川県
中部	新潟県、富山県、石川県、福井県、長野県、山梨県、岐阜県、静岡県、愛知県
近畿	滋賀県、三重県、兵庫県、京都府、奈良県、大阪府、和歌山県
中国・四国	岡山県、鳥取県、島根県、山口県、広島県、香川県、徳島県、愛媛県、高知県
九州	福岡県、佐賀県、長崎県、大分県、宮崎県、熊本県、鹿児島県、沖縄県

【花子さんのまとめ】

　地方ごとに，1都道府県あたりの視聴可能なチャンネル数の平均を比べてみると，最も多いのは ┃C┃ 地方で，最も少ないのは ┃D┃ 地方ということがわかった。

【適性検査Ⅱ】（45分）

1　　太郎さんと花子さんは学校の環境美化委員会に入っています。環境美化委員は16人います。市をあげて取り組んでいる「花いっぱい運動」に協力するために，校舎のうらにある縦5m，横6mの空き地に，花だんをつくることにしました。

次のページの問1～問5に答えなさい。

【太郎さんたちの会話①】

先　　生：まずは，空き地をレンガで囲んで，水や土が流れ出ないように花だんをつくりましょう。使えるのは47個のレンガです。たくさんの花を植えたいので，花だんの面積が最大になるように考えましょう。

太郎さん：先生，レンガ1個の大きさを教えてください。

先　　生：大きさは縦20cm，横40cm，高さ15cmです。図1のように，縦20cm，横40cmの長方形の面を底面にして置くことにしましょう。

図1　レンガ1個の大きさ

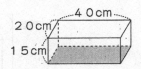

太郎さん：わかりました。では，縦と横にレンガを12個ずつ並べて，上から見たときに，図2のように花だんの内側が正方形になるようにしてみてはどうでしょうか。1周の長さが同じ四角形であれば，正方形にしたときの面積が一番大きくなると思います。

図2　太郎さんの考えたレンガの並べ方

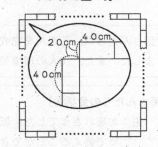

花子さん：そうですね。しかし，その並べ方だと，全部でレンガが　A　個必要になるので，　B　個足りないのではないでしょうか。

先　　生：そうですね。それにその並べ方だと縦5mを　C　cm，はみ出してしまいますね。図3のように，レンガとレンガをすき間なく並べ，図4のように花だんの外側と内側が四角形になるように並べることにしましょう。正方形に近いほど，面積が大きくなるという太郎さんの目の付けどころはいいですね。では，レンガ47個を使って，どう囲んだらよいかを考えましょう。

図3　2個のレンガの並べ方の例

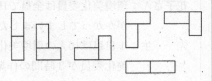

図4　花だんの完成イメージ

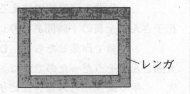

レンガ

問1　前のページの【太郎さんたちの会話①】にある空らん $\boxed{A}$，$\boxed{B}$，$\boxed{C}$ に入る数字をそれぞれ答えなさい。

問2　【太郎さんたちの会話①】から，レンガ47個を使ってつくる一番大きい花だんの内側の面積は何m²か，答えなさい。

太郎さんたちは花だんの一部に，チューリップの球根を植える計画を考えています。

問3　花だんの中の縦3m，横3mの正方形の場所にチューリップの球根を植える計画を立てました。直径4cmの円の形の穴を堀り，そこにチューリップの球根を1つずつ植えます。穴と穴の間隔を10cmとするとき，一列目をすべて植え終えるためには，チューリップの球根は何個必要か求めなさい。なお，球根は図5のように植えるものとし，三列目以降も同様に植えるものとします。

図5　チューリップの球根の植え方

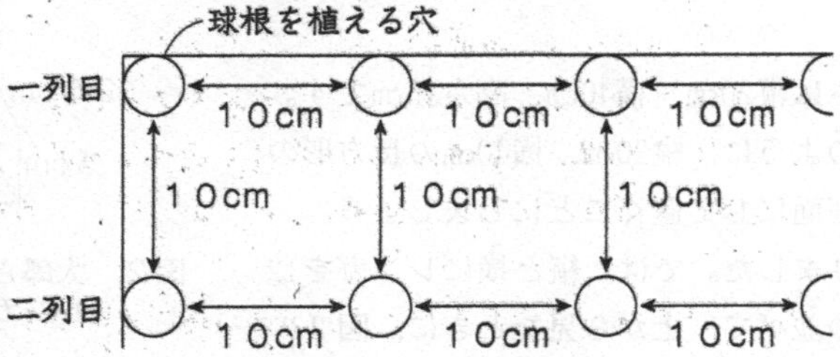

太郎さんたちは，花だんを完成させ，チューリップの球根をすべて植え終えるのに3日間かかりました。また，16人の環境美化委員全員が，順番に水やりなどの世話をすることにしました。

【太郎さんたちの会話②】

先　　生：お疲れさまでした。無事，みなさんのおかげでチューリップの球根を植えるところまで終えることができました。

太郎さん：3日間もかかってしまいました。

花子さん：環境美化委員は全員で16人いますが，全員が集まれたわけではなかったため，時間がかかってしまいましたね。

先　　生：1日目は10人の環境美化委員が3時間の作業を行いましたね。2日目は6人の環境美化委員が3時間の作業を行い，3日目の今日は12人の環境美化委員が4時間の作業を行って終えることができたのですから，みなさんとてもがんばりましたね。

太郎さん：もしも，1日目に16人全員で作業することができたら，今回3日間かけて終わらせた作業を何時間で終えることができたのでしょうか。

花子さん：全員の1時間あたりにできる仕事の量は同じであると考えたとき，1日目に16人全員で作業したら $\boxed{D}$ 時間ですべての作業を終えることができましたね。

太郎さん：そうだったのですね。

先　　生：来週からみなさんにチューリップの世話をしてもらうことになりますが，1人あたりの回数があまり多くならないよう，2人一組の順番の当番制で行ってください。

花子さん：はい。2人一組のペアを8組作り，順番に行っていきます。また，世話をする日は，1週目が火曜日と木曜日，2週目が月曜日と水曜日と金曜日，3週目は1週目と同様に火曜日と木曜日，4週目は2週目と同様に月曜日と水曜日と金曜日というように，5週目以降も交互にくり返したいと思います。

先　　生：よい考えですね。それでは，来週の11月9日の週から12月21日の週の金曜日まで花子さんが考えた当番制で1日ずつ行っていきましょう。ところで，世話をするペアの順番は決まっているのですか。

太郎さん：はい。わたしと花子さんのペアは，11月10日の火曜日が最初に世話をする日です。

先　　生：そうなのですね。それでは，よろしくお願いします。

問4　【太郎さんたちの会話②】にある空らん　D　に入る数字を答えなさい。

問5　【太郎さんたちの会話②】から，太郎さんと花子さんのペアが世話をする回数は合計で何回になるか，答えなさい。

2　太郎さんの家族は犬を飼っていて，※ドッグランに行ったり競技会に参加したりしています。

※ドッグラン……犬の綱（リード）を外して，犬が自由に駆け回ることができる施設。

次のページの問1～問4に答えなさい。

　太郎さんたちは，車で，あるドッグランに行きました。資料1は，太郎さんたちが行ったドッグランの案内板の一部です。

資料1　ドッグランの案内板（一部）

問1　太郎さんたちは，午前8時25分に車で自宅を出発して，前のページの**資料1**のドッグランに午前10時15分に到着しました。車は平均時速30kmで走りました。太郎さんの自宅から**資料1**のドッグランまでの道のりは，何kmだったか答えなさい。

問2　**資料1**に示された図1のように，中・大型犬用と小型犬用の施設は，幅が一定の道をはさんでいます。また，道と東西南北の囲いはすべて直線で，A，B，H，Gの4つの地点において，直角に囲われています。中・大型犬用の施設の面積は，1200m²あります。

　中・大型犬用の施設の1周の長さは，小型犬用の施設の1周の長さより何m長いですか。長さの求め方を式で説明し，答えなさい。

　太郎さんが飼っている犬は，花子さんが飼っている犬と，このドッグランの中で仲良くなりました。ドッグラン内にタイム計測ができる長さ36mの直線のコースがあったため，太郎さんは，太郎さんが飼っている犬と花子さんが飼っている犬を競走させることにしました。

問3　太郎さんが飼っている犬は長さ36mの直線のコースを秒速4.5mで走りました。花子さんが飼っている犬が同じコースを0.5秒速いタイムでゴールしたとき，花子さんが飼っている犬が走る平均の速さは秒速何mか，答えなさい。

　資料2は，太郎さんが飼っている犬が今度参加する予定の競技会の内容を簡単に説明したものです。

資料2　競技会の内容

●犬がコースに置かれたいくつかの障害物を時間内にこえていき，所要時間を競います。
●犬と飼い主は並んで走ります。
●競技会では，長さ45mの直線のコースに，次の図2の4種類の障害物をすべて使うことになっています。

　図2　コースに設置した障害物の大きさ

	ウォーク	ウォールジャンプ	ランプ	トンネル
障害物		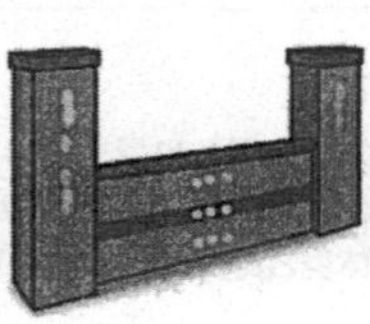		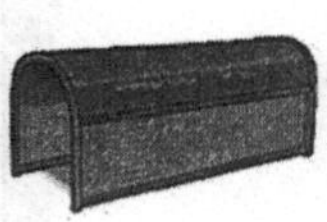
障害物を横からみた図と犬の動き方と障害物の長さ	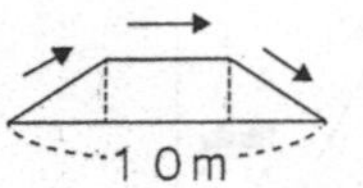 1.0m	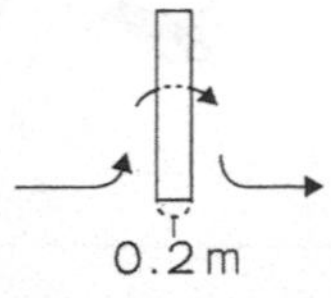 0.2m	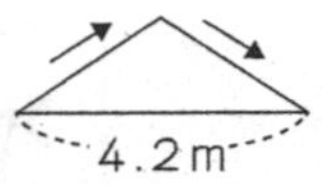 4.2m	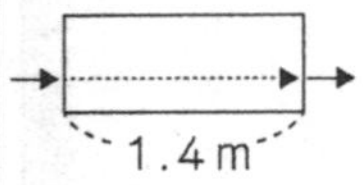 1.4m
障害物の高さ	1.2m	0.5m（ジャンプする部分の高さ）	1.4m	0.7m

　太郎さんは，犬が走るときに，犬の目の高さがどのように変化しているかを考えてみることにしました。そこで，次の【太郎さんの考え】のようにまとめました。**図3**は，【太郎さんの考え】をもとにして，長さ45mの直線のコースでの犬の目の高さの変化を，図に表したものです。

【太郎さんの考え】

① 　走っているときの目の高さは，足が着いているところから常に0.5mとする。

② 　トンネルの中でも目の高さは変わらず0.5mとする。

③ 　ウォールジャンプでは，0.4m手前からジャンプし，0.4m先に着地するものとして，目の高さが直径1mの半円をえがくようにこえるものとする。

④ 　ウォールジャンプをこえるときの目の高さが最も高くなるところは，ウォールジャンプのジャンプする部分の高さから0.5m高い位置にあるものとする。

⑤ 　それぞれの障害物の間のきょりは5mとし，前のページの**図2**にある4つの障害物はそれぞれ1台ずつあるものとする。

⑥ 　スタート地点と最初に置かれている障害物の間のきょりは，5m以上離れているものとする。また，最後に置かれている障害物とゴール地点の間のきょりも同様とする。

図3　犬の目の高さの変化

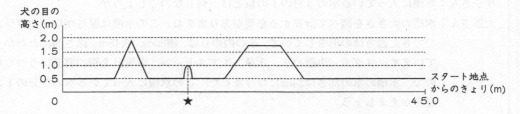

問4 　【太郎さんの考え】と図3から考えて，長さ45mの直線のコースに置かれた障害物は，どのような順番で並んでいますか。最も適切なものを次のア～エの中から1つ選び，記号で答えなさい。また，スタート地点と最初に置かれている障害物の間のきょりは何mか，答えなさい。なお，図3のスタート地点から★までのきょりは，15.6mとします。

ア　スタート→トンネル→ウォーク→ウォールジャンプ→ランプ→ゴール

イ　スタート→トンネル→ランプ→ウォールジャンプ→ウォーク→ゴール

ウ　スタート→ランプ→ウォールジャンプ→ウォーク→トンネル→ゴール

エ　スタート→ランプ→トンネル→ウォールジャンプ→ウォーク→ゴール

3　　太郎さんのクラスでは，メダカを育てています。

次の問1〜問4に答えなさい。

【太郎さんと花子さんの会話①】

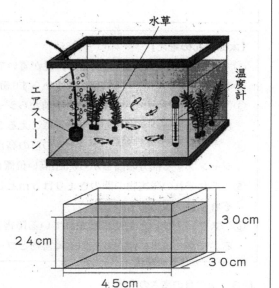

太郎さん：メダカは元気に育っていますね。でも，水がにごってきました。

花子さん：水槽の水は，ときどきかえたほうがよいそうです。水をかえましょう。

太郎さん：水は一度に全部かえたほうがいいのですか。

花子さん：水のようすが大きく変わるとメダカにとってよくないそうです。

太郎さん：今日はメダカの水槽に入っている水の3分の1の量だけをかえましょう。

花子さん：水槽に入っている水の3分の1の量とは，何Lなのでしょうか。

太郎さん：水槽の大きさを調べて計算する必要がありますね。この水槽は厚さが均一のガラスでできた直方体の形をしていて，その内のりは，縦30cm，横45cm，深さ30cmとわかっています。メダカ，少量の水，水草，エアストーン，温度計を別の容器にうつしたので，水槽の水の深さは24cmになりました。この水槽に入っている水の3分の1の量をかえましょう。

花子さん：この水槽に入っている水の3分の1の量を，ポンプを使って取り出し，バケツに入れて，外にすてようと思います。

太郎さん：このバケツには，3Lと書いてありますね。

花子さん：はい。3Lの水の量をはかることができます。では，このバケツを使って，この水槽に入っている水のうち，3分の1の量を外に運んですてましょう。

太郎さん：そうしましょう。水をすてたあとは，用意しておいた，くみ置きの水を水槽に入れましょう。

問1　**【太郎さんと花子さんの会話①】**から，水槽に入っている水の3分の1の量の水をすてるとき，少なくとも何回バケツで水を運ぶ必要があるか，回数を答えなさい。ただし，このバケツには1回に3Lまで水を入れることができることとします。

太郎さんと花子さんは水をかえるときに，水槽の中がより自然な環境に近くなるよう整えました。

【太郎さんと花子さんの会話②】

花子さん：メダカがたまごをうむのは夏から秋ですね。なぜメダカは冬にたまごをうまないのでしょうか。

太郎さん：メダカがたまごをうむための条件があるのかもしれませんね。水温と明るくする時間の長さを変えて，メダカがたまごをうむかどうかを確かめ，まとめてみたいと思います。

【実験①】

＜用意したもの＞

□水槽　□砂　□ヒーター　□エアストーン　□水温計

□水草　□メダカ　□照明器具

＜方法1＞

水温をそれぞれ15℃，25℃ にし，それ以外の条件は同じにして，メダカを育てた。明るくする時間は1日15時間にした。

水温：15℃

水温：25℃

＜結果1＞

水温を25℃ にした水槽でだけ，メダカはたまごをうんだ。

【実験②】

＜方法2＞

明るくする時間を1日それぞれ10時間，15時間にし，それ以外の条件は同じにして，メダカを育てた。水温は25℃ にした。

明るくする時間：
10時間

明るくする時間：
15時間

＜結果2＞

明るくする時間が1日15時間の水槽でだけ，メダカはたまごをうんだ。

【太郎さんのまとめ】

＜結果1＞と＜結果2＞から，メダカがたまごをうむためには，　A　ことがわかった。

問2　【太郎さんのまとめ】にある空らん　A　にあてはまる内容として最も適切なものを，次のア～エの中から1つ選び，記号で答えなさい。

ア　水の温度だけが関係している

イ　明るくする時間だけが関係している

ウ　水の温度と明るくする時間の両方が関係している

エ　水の温度と明るくする時間は，どちらも関係がない

花子さんは，メダカのたまごがふ化する日を予想する方法について，先生に質問しました。

【花子さんと先生の会話】

花子さん：今朝メダカがたまごをうみました。このたまごがいつふ化するのかを予想しようと
　　　　　思います。よい方法はありませんか。

先　　生：メダカのたまごは，毎日の平均の水温を合計し，一定の値（あたい）をこえると，ふ化すると
　　　　　いわれています。資料をみて，今朝うんだたまごがふ化するまでにかかる日数を，
　　　　　考えてみてください。

資料　平均の水温とメダカのたまごがふ化するまでにかかる日数

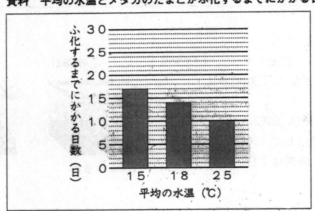

問3　花子さんは，先生の話をもとに，メダカのたまごがいつふ化するか，計算をしてみました。
　【花子さんと先生の会話】の下線部と資料から，平均の水温が20℃のとき，メダカのたまごがふ
化するには何日かかると考えられますか。最も適切なものを，次のア～エの中から1つ選び，記
号で答えなさい。

ア　8～9日　　イ　10～11日　　ウ　12～13日　　エ　14～15日

　花子さんと先生は，メダカのたまごを取り出したときに，たまごの大きさをはかりました。
花子さんは，その結果を太郎さんに話しました。

【太郎さんと花子さんの会話③】

花子さん：メダカのたまごの大きさは，直径1.2mmでした。ほかの魚のたまごの大きさは，どの
　　　　　くらいなのでしょうか。

太郎さん：「イクラ」は，サケのたまごですね。メダカとサケを比べてみるのはどうでしょうか。

花子さん：魚のたまごと親の大きさを調べ，次のページの表にまとめました。

太郎さん：メダカとサケのたまごの大きさと親の大きさがわかりますね。

花子さん：この表からメダカはサケに比べて，小さなたまごをうむのだとわかりました。

太郎さん：わたしは，メダカはサケに比べて「大きなたまご」をうむのだなと思いました。

花子さん：そのような見方もあるのですね。

【花子さんがまとめた表】

魚の種類	たまごの大きさ（直径）	親の大きさ（全長）
メダカ	1.2mm	40mm
サケ	7.0mm	700mm

問4 【太郎さんと花子さんの会話③】の下線部のように，太郎さんがメダカはサケに比べて「大きなたまご」をうむと考えたのは，なぜですか。【花子さんがまとめた表】にある数字を使って，説明しなさい。

4 太郎さんと花子さんは，ペットボトルを使って作ったロケットを飛ばす実験をすることにしました。

次の問1〜問4に答えなさい。

【太郎さんと花子さんの会話①】

太郎さん：このペットボトルを使って，ペットボトルロケットを作りたいと思います。

花子さん：それはおもしろそうですね。どのようなしくみでペットボトルロケットは飛ぶのでしょうか。

太郎さん：水の入ったペットボトルロケットに空気を入れると，おし縮められた空気が水をおし出します。おし出された水がふき出すときの勢いを利用して，ペットボトルロケットは飛ぶのです。

花子さん：では，ペットボトルロケットに入れる水や空気の量と，ペットボトルロケットが落下したところまでのきょりの関係を調べる実験をしてはどうでしょうか。

太郎さん：使うペットボトルロケットは同じものにし，はじめは水の量だけを変えて実験を行いましょう。その後，空気入れで空気を入れる回数を変えた実験も行いたいと思います。

花子さん：水の量を変えたときの結果を正確に比かくしたいので，ペットボトルロケットは1回ずつ飛ばすのではなく，何回か飛ばして平均を出したほうが，より正確に結果を比かくできるのではないでしょうか。

太郎さん：そうですね。では，ペットボトルロケットは5回ずつ飛ばすことにします。

問1 【太郎さんと花子さんの会話①】の下線部の理由を太郎さんは次のようにメモにまとめました。【太郎さんがまとめたメモ】の空らん A にあてはまる内容を書きなさい。

【太郎さんがまとめたメモ】

　ペットボトルロケットを飛ばすたびに，落下したところまでのきょりは　 A 　ので，何回か飛ばしてその平均を求めることで，より正確に結果を比かくをすることができる。

【実験①】

＜用意したもの＞

□ペットボトルロケット（空の
ペットボトルを組み合わせてつ
くったもの）

□空気入れ　　□発射台

□メジャー

空気入れ

ペットボトル
ロケット

発射台

＜方法1＞

・ペットボトルロケットに水を入れ，発射台に置く。

・水の量は，250mL，300mL，350mL，400mL，450mLと変える。

・空気入れで空気をそれぞれ20回入れる。

・それぞれの水の量のペットボトルロケットを5回ずつ飛ばし，ペットボトルロケットが落下
したところまでのきょりを測定し，平均を求める。

＜結果1＞

　ペットボトルロケットに入れた水の量（mL）とペットボトルロケットが落下したところま
でのきょり（m）の記録

	1回目	2回目	3回目	4回目	5回目	平均
250mL	14.5	16.2	14.8	17.0	16.9	15.9
300mL	28.8	24.9	25.2	26.1	26.9	26.4
350mL	41.3	40.7		39.3	B	39.9
400mL	12.5	12.7	18.2	19.9	12.7	15.2
450mL	10.4	12.5	12.8	11.2	8.1	11.0

【実験②】

＜方法2＞

・ペットボトルロケットに水を入れ，発射台に置く。

・水の量は，250mL，300mL，350mL，400mL，450mLと変える。

・空気入れで空気を10回入れる。

・それぞれの水の量のペットボトルロケットを5回ずつ飛ばし，ペットボトルロケットが落下
したところまでのきょりを測定し，平均を求める。

・空気入れで空気をそれぞれ15回入れた場合についても同じ条件で測定し，平均を求める。

・＜結果1＞の内容もふくめ，表にまとめる。

＜結果2＞

　空気を入れた回数，入れた水
の量（mL）とペットボトルロ
ケットが落下したところまでの
平均のきょり（m）のまとめ

	10回	15回	20回
250mL	3.8	8.3	15.9
300mL	5.7	13.5	26.4
350mL	8.5	18.3	39.9
400mL	3.1	7.8	15.2
450mL	2.2	5.9	11.0

【太郎さんと花子さんの会話②】

太郎さん：空気を20回入れたペットボトルロケットを飛ばした測定結果と平均を，前のページ
　　　　　の＜結果1＞の表にまとめました。

花子さん：350mLのときの，3回目と5回目のときの記録が，にじんで読めません。記録を覚
　　　　　えていますか。

太郎さん：3回目と5回目を比べると，3回目のほうが遠くへ飛んだことは覚えています。

花子さん：そうでした。そして，3回目と5回目は，ちょうど2mの差がありました。さらに
　　　　　5回飛ばしたときの平均のきょりは，ちょうど39.9mでしたね。これらのことと
　　　　　＜結果1＞の表から，3回目と5回目の記録がわかりますね。

問2　【太郎さんと花子さんの会話②】を読んで，＜結果1＞の350mLの5回目にある　B　にあて
はまる数字を答えなさい。

問3　前のページの＜結果2＞からわかることとして正しくないものを次のア～エの中から1つ選
び，記号で答えなさい。

ア　空気を入れた回数が15回のペットボトルロケットであれば，入れる水の量が300mLのときと
　　400mLのときを比べると，ペットボトルロケットが落下したところまでの平均のきょりは，
　　400mLのときのほうが5.7m短い。

イ　空気を入れた回数が同じペットボトルロケットであれば，入れる水の量が250mLのときと
　　450mLのときを比べると，ペットボトルロケットが落下したところまでの平均のきょりは，
　　450mLのときのほうが短い。

ウ　入れた水の量が同じペットボトルロケットであれば，ペットボトルロケットに空気入れで入
　　れた空気の量が多いほど，ペットボトルロケットが落下したところまでの平均のきょりは長く
　　なる。

エ　入れた水の量が同じペットボトルロケットであれば，ペットボトルロケットに空気入れで空
　　気を入れる回数を2倍にすると，ペットボトルロケットが落下したところまでの平均のきょり
　　も2倍になる。

【太郎さんと花子さんの会話③】

太郎さん：ペットボトルロケットに空気を多く入れるほかにも，もっと遠くへ飛ばす方法はな
　　　　　いでしょうか。

花子さん：発射台の角度を変えてみるのは，どうでしょう。調べてみましょう。

【実験③】

＜用意したもの＞

　□分度器

＜方法3＞

・発射台の角度は30°，50°，70°と変える。

・ペットボトルロケットに入れる水の量は350mLにする。

発射台の角度

・空気入れで空気をそれぞれ20回入れる。
・それぞれの角度でペットボトルロケットを5回ずつ飛ばし，ペットボトルロケットが落下したところまでのきょりを測定し，平均を求める。

＜結果3＞

発射台の角度	30°	50°	70°
落下したところまでの平均のきょり（m）	39.5	50.6	41.7

【太郎さんと花子さんの会話④】

太郎さん：発射台の角度によってペットボトルロケットが落下したところまでの平均のきょりがちがいます。＜結果3＞の中では，50°のときに，落下したところまでの平均のきょりが最も長くなることがわかりました。

花子さん：落下したところまでのきょりがさらに長くなる角度があるかもしれません。＜結果3＞から予想してそのことを確かめるために，次は　　C　　での落下したところまでのきょりも調べるとよいと思います。

問4　【太郎さんと花子さんの会話④】の空らん　C　にあてはまる言葉として最も適切なものを，次のア～エの中から1つ選び，記号で答えなさい。

ア　10°や20°　　イ　20°や40°　　ウ　40°や60°　　エ　60°や80°

5　　太郎さんは，コップの水にうかんでいる氷を見て，なぜ氷が水にうかぶのか不思議に思いました。

次のページの問1～問3に答えなさい。

【太郎さんと先生の会話①】

太郎さん：水を入れたコップに氷を入れると，氷はうかびます。氷は水の温度が下がって固体になったものです。同じ水なのになぜ氷は水にうくのでしょうか。

先　　生：氷のほうが軽いからです。

太郎さん：氷のほうが軽いというのは，どういうことですか。

先　　生：いっしょに考えてみましょう。1 cm³あたりのものの重さを密度といいます。単位はg/cm³という単位で表し，次の式で求めることができます。

$$密度（g/cm³）＝ \frac{重さ（g）}{体積（cm³）}$$

ものの形や大きさに関係なく，もの自体が重いのか，軽いのかを比べるには，密度を使うとわかりやすくなります。水と氷の密度を調べてみましょう。

【実験】

＜用意したもの＞

□目盛りつきの注射器　　□注射器のせん　　□電子てんびん

＜方法＞

・せんをした注射器に，10.0cm³の水を入れ，水と注射器とせんの重
さをはかる。

・注射器を冷凍庫に入れ，水をすべてこおらせる。

・氷の体積を調べる。

・氷と注射器とせんの重さをはかる。

＜結果＞

水の体積：10.0cm³　　水と注射器とせんの重さの合計：25.0g

氷の体積：11.0cm³　　氷と注射器とせんの重さの合計：25.0g

せんをした空の註射器の重さ：15.0g

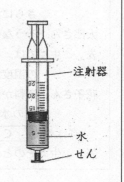

問1　＜結果＞から，氷の密度を求めなさい。答えは，小数第2位を求めて四捨五入して小数第1
位まで答えなさい。

【太郎さんと先生の会話②】

先　　生：氷をうかべた水に油を入れると，氷はどうなると思
いますか。試してみましょう。

太郎さん：氷は水と油の間にうきました。どうしてこのように
なるのでしょうか。

先　　生：水の上に油があります。これは水より油のほうが軽
いためです。

太郎さん：そうだったのですね。つまり，氷と水を比べると
　　　　A　　　ということですね。

先　　生：そのとおりです。

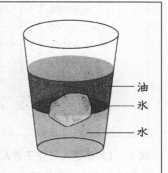

問2　【太郎さんと先生の会話②】の空らん　A　にあてはまるものとして適切なものを，次のア〜
エの中から**すべて**選び，記号で答えなさい。

ア　同じ体積では，氷よりも水のほうが重さは重い

イ　同じ体積では，氷よりも水のほうが重さは軽い

ウ　同じ重さでは，氷よりも水のほうが体積は大きい

エ　同じ重さでは，氷よりも水のほうが体積は小さい

【太郎さんと花子さんと先生の会話】

太郎さん：水を入れたコップを冷凍庫に入れて氷を作ろうとして，しばらくして冷凍庫を開け
たら，コップの水の表面だけが氷になっていました。

花子さん：そういえば，学校にある池もこおったことがありますが，氷の下でコイが泳いでい
るのを見たことがあります。池の水は表面だけこおり，底のほうはこおらなかった

ようです。なぜでしょうか。

先　　生：**資料を見てください。**水は4℃より温度が低いときは，温度が低いほど密度が小さ
　　　　　くなります。したがって，池の水の温度が4℃より低いとき，池の水の温度が最も
　　　　　低いのは，池の表面になります。池が表面からこおるのは，池の表面が冷やされ，
　　　　　さらに温度が低くなると，池の表面から水が氷になる温度に達するからです。

太郎さん：そうなのですね。

先　　生：では，水の温度が4℃より高いときを考えてみましょう。池の表面が冷やされ，水
　　　　　の温度が4℃まで下がると，池の水の中でどのようなことが起こると思いますか。

花子さん：**資料から，**池の表面の水の温度が4℃になるまでは，池の表面の水と池の表面より
　　　　　下の水の密度を比べると，池の表面の水の密度のほうが　B　なるため，
　　　　　　C　と思います。

先　　生：そのとおりです。

資料　水の温度と密度の関係

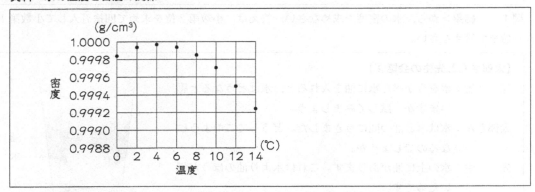

問3　**【太郎さんと花子さんと先生の会話】**の　B　，　C　にあてはまる組み合わせとして最も適
　　切なものを，次のア～エの中から1つ選び，記号で答えなさい。

　　　　　　　B　　　　　　　　　C
ア　小さく　，池の表面にあった水が池の底へ向かう水の流れができる
イ　小さく　，水の流れは起きない
ウ　大きく　，池の表面にあった水が池の底へ向かう水の流れができる
エ　大きく　，水の流れは起きない

2021年度

さいたま市立浦和中学校入試問題（第2次）

【適性検査Ⅲ】 （45分）

1 太郎さんは，日曜日にお父さんと過ごした出来事について先生と話をしています。

以下の会話文を読んで，問いに答えなさい。

【太郎さんと先生の会話】

太郎さん：昨日，父の仕事が休みだったので，1年ぶりにキャッチボールをしました。とても楽しかったのですが，父が腰を痛めてしまいました。前回運動したのは，1年前のわたしとのキャッチボールのときだったようです。運動不足の人は多いのでしょうか。

先　　生：それは大変でしたね。では，**資料1**を見てください。これは，スポーツ庁が実施した「スポーツの実施状況等に関する世論調査」から全国の20歳以上の男女のデータをまとめたものです。**資料1**を見て何かわかることはありますか。

太郎さん：**資料1**を見ると，運動不足を感じている人が多いようです。

先　　生：そのようですね。また，運動・スポーツを行わなかったと回答した人たちの理由は，**資料2**を見ればわかります。

太郎さん：さまざまな理由があるのですね。ところで，運動をしている人は，おもにどのような種目を行っているのでしょうか。

先　　生：それについては，**資料3**が参考になります。

太郎さん：わたしたちが日ごろ行うことが多いサッカーやバスケットボールは，上位6種目に入っていないのですね。

先　　生：そうですね。これらをまとめて，授業参観日に何か発表することはできますか。

太郎さん：はい。「運動不足を解消するために」という題で発表しようと思います。まず，**資料1**から，運動不足を感じると回答した人の割合について，各年度に共通する特ちょうを述べます。次に，**資料2**から，運動・スポーツを行わなかった理由について最も多かった項目をあげます。そして，**資料3**にあげられる項目の運動・スポーツを行うのに必要な人数の特ちょうについて述べ，**資料2**で取り上げた項目の解決策を提案します。最後に，参観に来た保護者のみなさんに向けて，積極的に運動するように呼びかけたいと思います。

先　　生：楽しみにしています。　　　　　　　　　（**資料1**〜**資料3**は次のページにあります。）

問　あなたが太郎さんなら，どのような発表原稿を作成しますか。次の条件に従って書きなさい。

条件1：解答は横書きで1マス目から書くこと。

条件2：文章の分量は300字以内とすること。

条件3：数字や小数点，記号についても1字と数えること。

（例）| 4 | 2 | . | 5 | % |

資料１　運動不足を感じるか

年　度 （調査対象者数）	平成２８年度 （１９５０６人）	平成２９年度 （１９５０２人）	平成３０年度 （１９５１６人）	令和元年度 （１９５１０人）
大いに感じる	３８．８％	４１．４％	３９．３％	３７．３％
ある程度感じる	３８．３％	３８．２％	４１．１％	４１．４％
あまり感じない	１５．１％	１３．６％	１３．７％	１４．６％
全く感じない	５．７％	５．０％	４．３％	４．７％
わからない	２．１％	１．８％	１．６％	２．０％

（平成２８年度～令和元年度　スポーツ庁「スポーツの実施状況等に関する世論調査」をもとに作成）

資料２　運動・スポーツを行わなかった理由

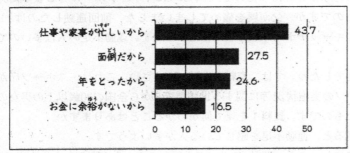

%　（複数回答）

資料３　この１年間に行った運動・スポーツ（上位６種目）

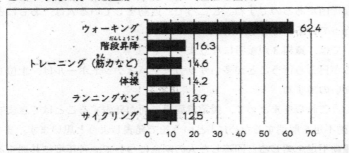

%　（複数回答）

資料２、資料３（令和元年度　スポーツ庁「スポーツの実施状況等に関する世論調査」をもとに作成）

2　花子さんと先生は，二酸化炭素排出量を減らす取り組みについて話をしています。

以下の会話文を読んで，問いに答えなさい。

【花子さんと先生の会話①】

花子さん：二酸化炭素排出量を減らすことは，地球温暖化への対策として必要なことだと，思います。どのような取り組みがあるのでしょうか。

先　　生：例えば輸送については，別の会社どうしが協力することで，二酸化炭素排出量を減らす取り組みが行われているそうです。インターネットで調べてみませんか。

　花子さんはインターネットで調べ、A社、B社の2つの会社が荷物を運ぶ方法を工夫することで、二酸化炭素排出量を減らす取り組みを計画していることを知りました。

資料1　現在のA社とB社の輸送方法

　A社は年間3000トン、B社は2800トンの荷物を、それぞれア県からイ県に運んでいる。A社とB社は、同じ車種の10トントラックを使っている。

●A社、B社の輸送経路：ア県からイ県まで600kmの道路を10トントラックで運ぶ。

●A社の輸送手段：10トントラック（積める荷物の最大量：10トン）

　毎回、荷物を10トン積んで運んでいる。荷物を積むとコンテナの容量の約50％分になる。

●B社の輸送手段：10トントラック（積める荷物の最大量：10トン）

　毎回、荷物を7トン積んで運んでいる。荷物を積むとコンテナの容量の約100％分になる。

資料2　これからのA社とB社の輸送方法

　これまでより大きなトラックにA社、B社の両方の荷物を共同で運ぶ。

●A社とB社の輸送手段：20トントラック
　（積める荷物の最大量：20トン、積める荷物の容量は10トントラックの2倍。）

　A社、B社の荷物を積む。毎回、荷物を20トン積んで運ぶ。荷物の容量はコンテナの約95％分になるように積む。

　また、花子さんは、A社とB社の共同輸送における経路に2つの案があることを知りました。

資料3　A社とB社の共同輸送における経路の2つの案

案①：ア県からイ県まで20トントラックで運ぶ。

案②：ア県からイ県までの600kmを20トントラックで運ぶが、途中20トントラックを船にのせて運ぶ。

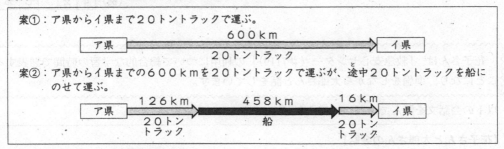

資料4　輸送手段別二酸化炭素排出量

	輸送手段	輸送距離（km）	1年間の荷物の重さ（トン）	1回に運べる荷物の重さ（トン）	1回の輸送での二酸化炭素排出量（トン）
A社	10トントラック	600	3000	10	0.54
B社	10トントラック	600	2800	7	0.50
A社＋B社　案①	20トントラック	600	5800	20	0.90
A社＋B社　案②	20トントラック	142	5800	20	0.21
	船	458	5800	20	0.36

※二酸化炭素排出量は、二酸化炭素の重さで表している。

【花子さんと先生の会話②】　　　　　　　　　（資料1～4は前のページにあります。）

花子さん：**資料1**から，現在のＡ社とＢ社の輸送方法がわかります。また，**資料2**のようにＡ社とＢ社の荷物を1つのトラックに積んで共同輸送する方法があり，さらに共同輸送における経路について**資料3**のように2つの案があります。**資料4**からは，それぞれの1回の輸送での二酸化炭素排出量がわかります。

先　　生：よく調べましたね。地球温暖化の対策の一つとして，**資料4**を使って，Ａ社とＢ社が共同輸送すると，現在と比べて二酸化炭素排出量をどれだけ減らすことができるか，総合的な学習の時間で発表してくれませんか。

花子さん：はい，わかりました。では，**資料4**から，現在のＡ社とＢ社の年間の二酸化炭素排出量を計算してそれぞれ示します。次に，共同輸送したときの1年間の輸送回数を計算して示すとともに，それぞれの案での1年間の二酸化炭素排出量を計算して示します。そして，現在よりも二酸化炭素排出量をどれだけ減らすことができるかを**資料3**の案①と案②のそれぞれについて百分率で示し，どちらの案が二酸化炭素排出量をより減らすことができるか，説明したいと思います。

先　　生：がんばってください。発表を楽しみにしています。

問　あなたが花子さんならどのような発表原稿を作成しますか。次の条件に従って書きなさい。計算結果は小数第2位まで求めて四捨五入し，小数第1位まで書きなさい。なお，数式は書かなくてよいものとします。

条件1：解答は横書きで1マス目から書くこと。

条件2：文章の分量は250字以内とすること。

条件3：数字や小数点，記号についても1字と数えること。

（例）| 4 | 2 | . | 5 | % |

3　花子さんは，「救急安心センター（＃7119）」の利用について総合的な学習の時間で発表することになり，準備をしながら太郎さんと話をしています。

以下の会話文を読んで，問いに答えなさい。

【花子さんと太郎さんの会話】

花子さん：太郎さんは，救急安心センター（＃7119）を知っていますか。

太郎さん：知りませんでした。それは何ですか。

花子さん：地域によって呼び方は異なりますが，「すぐに病院に行った方がよいか」や「救急車を呼ぶべきか」など，悩んだりためらったりしたときに，電話をするところです。電話口で医師や看護師などの専門家が救急相談に応じてくれるそうです。先日，病院に行ったときにポスターを見かけ，一緒にいた母が「もっと早く知りたかった」と言っていました。

太郎さん：そうなのですね。

花子さん：太郎さんのように救急安心センター（＃7119）のことを知らない人もいるようです。そこでわたしは，救急安心センター（＃7119）の利用について総合的な学習の時間で発表しようと思い，資料を見つけました。**資料１**では，救急自動車の出動件数の移り変わりがわかります。**資料２**からは，救急自動車で運ばれた人の病気やけがの程度とその割合がわかります。救急自動車とは，救急車のことです。

太郎さん：救急車で運ばれた人の病気やけがの程度のうち，入院を要しない軽症の割合は半分以上なのですね。

花子さん：はい。この**資料２**は，病院などの医療機関に運ばれてからの医師の診断結果を表したものなのですが，事故やけがの現場では，緊急時ということもあり，救急車が必要かどうかの判断が難しいのだと思いました。そこでさらに資料を探し，**資料３**と**資料４**をみつけました。　　　　（**資料３**，**資料４**は次のページにあります。）

太郎さん：花子さんはどのように発表しようと考えていますか。

花子さん：最初に，**資料１**から救急車の年間出動件数の変化を述べ，**資料２**から救急車で運ばれた人の病気やけがの程度についての特ちょうを述べます。次に，**資料３**から，救急車が必要かどうかの判断にまよい，救急安心センター（＃7119）を利用する場合，どのような流れで進んでいくのか，順を追って説明します。最後に，**資料４**を踏まえながら救急安心センター（＃7119）の効果について２つあげ，わたしだったらどのようなときに利用したいか，自分の考えを述べたいと思います。

太郎さん：発表を楽しみにしています。

問　あなたが花子さんなら，どのような発表原稿を作成しますか。次の条件に従って書きなさい。

条件１：解答は横書きで１マス目から書くこと。

条件２：文章の分量は300字以内とすること。

条件３：数字や小数点，記号についても１字と数えること。

（例）| 4 | 2 | . | 5 | % |

資料１　救急自動車の年間出動件数の移り変わり（全国）

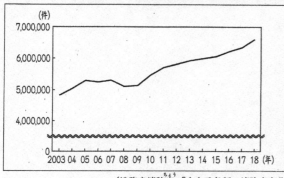

（総務省消防庁「令和元年版　消防白書」）

資料２　救急自動車で運ばれた人の病気やけがの程度（最初の診断時）

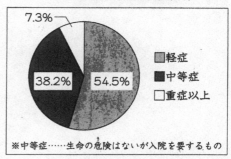

※中等症……生命の危険はないが入院を要するもの

（東京消防庁ウェブサイトをもとに作成）

資料３　救急安心センター（＃７１１９）の流れ

（総務省消防庁「救急車の適正利用」をもとに作成）

資料４　救急安心センターの効果

①不安な住民に安心を提供
・利用者の約９割が「大変役に立った」「役に立った」と回答
②救急車の適正利用
・軽症者の割合の減少
　　６０．３％　→　５４．５％
　（平成１８年）　（平成３０年）
・かくれた重症者を発見
③救急医療体制全体の※１円滑化
・医療機関における救急医療相談や時間外受付者数の※２抑制

（＃７１１９（救急安心センター事業）関連情報をもとに作成）

※１　円滑化……物事がすらすら運ぶこと

※２　抑制……おさえること

2021 年 度

解 答 と 解 説

《2021年度の配点は解答欄に掲載してあります。》

＜適性検査Ⅰ解答例＞ 《学校からの解答例の発表はありません。》

1 　問1　イ
　　問2　甘くて酸っぱいのが自然のみかん
　　問3　C　甘いみかんが人気がある　　D　生きていこう
　　問4　エ

2 　問1　イ
　　問2　常に働かないアリがいる
　　問3　部屋が少しでも散らかってくると，我慢できずに掃除を始めてしまう
　　問4　イ
　　問5　エ

3 　問1　(1)　A　神様による何らかの怒りの現れ　　B　神様に怒りを収めてもらう
　　　　(2)　ウ
　　問2　ウ
　　問3　ア
　　問4　ア

4 　問1　A　鳴らし　　B　きょり
　　問2　ウ
　　問3　イ
　　問4　(1)　おそく　　(2)　川底と水面の幅が広く

5 　問1　A　エ　　B　ア
　　問2　ア
　　問3　C　関東　　D　九州

○推定配点○

1 　問1　2点　　　問2・問3　各4点×2　　　問4　3点
2 　問1・問4　各3点×2　　　問2・問5　各4点×2　　　問3　6点
3 　問1(1)A・B・問3・問4　各5点×4　　　問1(2)・問2　各3点×2
4 　問1A・B・問2　各3点×3　　　問3・問4(1)　各4点×2　　　問4(2)　6点
5 　問1A・B　各3点×2　　　問2・問3C・D　各4点×3　　　計100点

＜適性検査Ⅰ解説＞

1 （国語：物語文，文章読解）

問1　Aにあてはまる慣用句を選ぶ問題。アの「目くじらを立てる」は，ささいなことを取り立ててとがめること，イの「目を丸くする」は，おどろいて目を見張ること，ウの「目もくれない」は，見向きもしないこと，エの「目をぬすむ」は，人に見つからないようにすることをいう。すぐあとに長谷川の「ほんとだ，甘い」という台詞があることから，長谷川がここでおどろいているため，答えはイ。

問2　本文中で柴が「おれは酸っぱくないと，みかんじゃない気がする。甘くて酸っぱいのが自然のみかんじゃ」とみかんについて話していることに着目する。ここから，Bにあてはまるように，15字の指定にあった表現を探し出す。「書きぬきなさい。」と問題文にあることから，本文中と全く同じ表現で答えること。

基本　問3　—線部②よりもあとのじいちゃんの言葉に着目する。「これで生きていこうと思うたら苦労の連続よ。」と語っていることから，ふつうのみかんだけでは生活できないと考えていること，「今は甘いみかんが人気じゃろ」と語っていることから，今の時代はふつうのみかんよりも甘いみかんが人気であることがわかる。よって，ここからCとDにあてはまる内容をぬき出す。文字数の指定があるため，注意すること。

問4　—線部③の前に，長谷川が「そんなふうに考えたことはなかったな，確かにそうかも」と言っていることに着目する。「そんなふうに」は，その前にじいちゃんと柴が話している「確かに甘いだけのみかんは，みかんの本当のうまさを味わえん気がするよね」「みかんはお菓子じゃないけえ」のことを指している。よって，長谷川は，元々みかんの本当のおいしさについて考えたことがなく，会話を聞いて考えるようになったと読み取れる。したがって，最も適切な答えはエ。

2 （国語：説明文，文章読解）

問1　前後の文章を読んで，意味のつながりを考える。Aの前の部分では，反応閾値に個体差があることが書かれており，Aの後の部分では個体差の具体例があげられている。ここから，Aに当てはまるのは「つまり」「すなわち」であると考えられる。「しかし」「ところが」などの逆のことを示す言葉は不適切であるため，アとエは間違い。Bの前の部分では，きれい好きの人は少しでも散らかってくると掃除を始めてしまうことが書かれており，Bの後の部分では，段落が変わって，部屋がきれいになったことが書かれている。ここから，Bにあてはまるのは「さて」「それでは」であると考えられる。「または」は前の内容と後の内容を選択するときに使われ，「ところで」は話題を変えるために使われるため，不適切。したがって，答えはイ。

問2　本文の4段落に書かれている実際の巣の中の様子に着目すると，アリの中には働いていないアリがいることがわかる。よって，本文中で働いていないアリがいることを指す言葉を探す。5段落に「常に働かないアリ」とあるので，答えはここから11字ちょうどになるようにぬき出す。

問3　下線部②の内容について，10段落以降で具体的に人間に例えられている。11段落に着目すると，きれい好きな人について「部屋が散らかっているのが我慢できないので，少しでも散らかってくると掃除を始めてしまいます」と書かれている文に着目し，ここからDに当てはまるように言葉を考える。字数制限と，本文中の言葉を使って表現することに注意する。

問4　Eの後に「そういう人もある程度を越えると部屋が散らかっているのには耐えられないからです」と書かれていることに着目する。ここでの「そういう人」は、きれい好きではない人のことを指している。さらに散らかっている部屋に耐えられなくなったきれい好きではない人が、どうするか考えると、掃除をし始めるのではないかと想像できる。よって、最も適切なのはイ。

問5　18段落に着目すると、筆者は、働かないアリは誰も働けなくなるという危険を回避するために用意されていると考えていることがわかる。よって、最も適切なのはエ。

③　（国語，社会：文章読解，歴史，等高線など）

問1　(1)　2段落に、「噴火などの火山活動は神様による何らかの怒りの現れと考えられていました」と書かれていることに着目する。ここから、Aにあてはまるように、14字の指定にあった表現を探し出す。また、3段落に「噴火を起こした神様に怒りを収めてもらうために、朝廷から神様に官位を授けるようになりました」と書かれていることに着目する。ここから、Bにあてはまるように、12字の指定にあった表現を探し出す。「書きぬきなさい。」と問題文にあるので、本文中と全く同じ表現で答えること。

　　　(2)　下線部①より前に着目すると、朝廷は火山噴火の報告が上がると、その火山の神様に叙位を行っていたことが書かれている。叙位を行うと、神様の位は上がっていくため、噴火の度に神様の位は上がっていったことがわかる。よって、最も適切なのはウ。

問2　下線部②よりも前に「火山の冬」について説明されている。「細粒の火山灰や微粒子などの噴出物が成層圏に入って、それが地球全体をとりまいて日傘のようになり、日射量を低下させてしまう」と書かれていることから、最も適切なのはウ。

問3　まず、等高線のDの位置に着目すると、Dの標高は約2000mであることがわかる。よって、イとエは不適切。また、等高線は線と線が近いほど、急な坂になっていることを表している。よって、山頂からEの間の斜面は、山頂からDの間の斜面に比べて急になっていることがわかる。したがって、最も適切なのはア。

問4　本文中には火山のおそろしさは書かれているが、防災については書かれていないため、アは不適切。4段落に、火山からの噴出物が地球全体をとりまいて、日射量を減らしてまうことが書かれているため、イは適切。5段落に、火山が噴火に伴い、さまざまな景観を生み出すことが書かれているため、ウは適切。同じく5段落に、「火山は厄災だけでなく多くの恩恵を我々に与えてくれる」とあるため、エは適切。したがって、答えはア。

④　（社会：地図，地形，資料の読み取りなど）

問1　【花子さんが作ったメモ】には、それぞれ鐘がどう鳴ったら、どのようなことを伝えているのかが書かれている。ここから、鐘の鳴らし方を変えることで、火元までのきょりを町の人に知らせていたことがわかる。ここで、AとBにあてはまる表現を考えるとき、3字以内という指定に注意すること。

問2　図2を見ると、江戸時代の江戸では、町人の家がすきまなく建てられていることがわかる。ここから、ひとつの家で火事が起こると、すぐに隣に燃え移ってしまうことが想像できる。よって、火事が広がることを防ぐために周りの家を壊していたと考えられるため、最も適切なのはウ。

問3　【図書館に飾られていた防災マップ】の中で、水害時の浸水の想定が最も高いのは、揖斐川より西側の区間である。よって、地図中でも揖斐川の西側に着目する。アとイが揖斐川の西

側に存在するが，アはさらに津屋川よりも西であるため，【図書館に飾られていた防災マップ】の範囲外であるため不適切。したがって，答えはイ。

問4　(1)　**図3**と**図4**を比べると，石や土砂などが堆積することにより，川の傾きが小さくなることがわかる。水の量が同じとき，傾きが小さいほど，川の流れはおそくなるため，**E**には「おそく」が入る。

(2)　**図5**そのものよりも，太郎さんが図5をもとに流れる川の水の量に注目した図である，**図6**をみて考えるとよい。図6をみると，石や土砂などが堆積したあとの川では，川底が上がること，それによって，川底や水面の幅が広くなっていることがわかる。

5 （社会：資料の読み取りなど）

問1　A　**資料1**で，9月から12月までの発電量をみると，11月は200MWHを下回っているため，アは間違い。8月の発電量と1月の発電量を比べると，ほぼ同じであるため，イは間違い。最も発電量が少ないのは11月であるが，3月と比べると，およそ50MWHほどの差しかないため，ウは間違い。最も発電量が多い4月と11月の発電量の差はおよそ100MWHなので，エは正しい。

B　**資料2**のグラフでは，傾き30度のときの発電量が基準になっているため，グラフの値が100％より大きいときに発電量は傾き30度のときより多く，100％より小さいときに発電量は傾き30度のときより小さい。12月の傾き45度の発電量と傾き30度の発電量を比べると，傾き45度の方が多いため，アは正しい。8月の傾き45度の発電量と傾き30度の発電量を比べると，傾き30度の方が多いため，イは間違い。2月の傾き15度の発電量と傾き30度の発電量を比べると，傾き30度の方が多いため，ウは間違い。9月の傾き15度の発電量と傾き30度の発電量を比べると，傾き30度の方が多いため，エは間違い。

問2　**資料4**をみると，2016年の普通充電器と急速充電器の合計設置台数は，前年よりも2倍以上多い。また，**資料3**をみると，2017年のプラグインハイブリッド車と電気自動車の年間合計販売台数は，前年よりも2倍以上多い。よって，アは正しい。**資料3**をみると，2013年から2018年の間で，プラグインハイブリッド車と電気自動車の年間合計販売台数は2015年で一度減っている。よって，イは間違い。**資料3**をみると，2017年のプラグインハイブリッド車の年間販売台数は，電気自動車の年間販売台数よりも多い。よって，ウは間違い。**資料3**をみると，2016年のプラグインハイブリッド車と電気自動車の年間販売台数の方はおよそ25000台である。また，**資料4**をみると，同じ2016年の普通充電器と急速充電器の合計設置台数はおよそ28000台であるため，プラグインハイブリッド車と電気自動車の年間販売台数のほうが少ない。よって，エは間違い。

問3　それぞれの地方の視聴可能チャンネルの数の平均を求める。北海道は北海道しかないため，平均も5チャンネル。東北地方は青森県・秋田県が3チャンネル，岩手県・宮城県・山形県・福島県が4チャンネルであるため，平均は(3+3+4+4+4+4)÷6＝3.66…（チャンネル）。関東地方は茨城県が5チャンネル，群馬県・栃木県・埼玉県・東京都・千葉県・神奈川県は6チャンネルであるため，平均は(5+6+6+6+6+6+6)÷7＝5.85…（チャンネル）。中部地方は福井県・山梨県が2チャンネル，富山県が3チャンネル，新潟県・長野県・静岡県・石川県が4チャンネル，岐阜県・愛知県は5チャンネル，であるため，平均は(2+2+3+4+4+4+4+5+5)÷9＝3.66…（チャンネル）。近畿地方はすべての県が5チャンネルであるため，平均も5チャンネル。中国・四国地方は岡山県・香川県が5チャンネル，広島県・愛媛県が4チャンネル，鳥取県・島根県・山口県・高知県が3チャンネル，徳島県が1

チャンネルであるため，平均は(5＋5＋4＋4＋3＋3＋3＋3＋1)÷9＝3.44…(チャンネル)。
九州地方は福岡県が5チャンネル，鹿児島県・熊本県・長崎県が4チャンネル，大分県・沖
縄県が3チャンネル，宮崎県が2チャンネル，佐賀県が1チャンネルであるため，平均は
(5＋4＋4＋4＋3＋3＋2＋1)÷8＝3.25(チャンネル)。したがって，平均が最も多いのは関東
地方，最も少ないのは九州地方。

━━ ★ワンポイントアドバイス★ ━━

穴埋めをする問題が多いので，その前後に合うような表現を考えることに注意し
よう。また，時間内に情報をきちんと整理しなくてはいけないが，あせらず解こ
う。

＜適性検査Ⅱ解答例＞ 《学校からの解答例の発表はありません。》

1 問1　A　48　　B　1　　C　20
　 問2　20.24(m²)
　 問3　22(個)
　 問4　6
　 問5　3(回)

2 問1　55(km)
　 問2　式　1200×2÷25＝96　(1200÷3)×2÷25＝32　96－32＝64
　 　　　答え　(中・大型犬の施設の1周の長さは，小型犬用の施設の1周より)64(m長
　 　　　　　　い。)
　 問3　(秒速)　4.8(m)
　 問4　(記号)　ウ　(最初に置かれた障害物のスタート地点からのきょり)6.3(m)

3 問1　4(回)
　 問2　ウ
　 問3　ウ
　 問4　メダカのたまごの大きさは親の大きさの$\frac{3}{100}$であり，サケのたまごの大きさは親の
　 　　　大きさの$\frac{1}{100}$である。よって，親の大きさに対するたまごの大きさはサケよりメダカの方
　 　　　が大きいから。

4 問1　変わる
　 問2　38.1
　 問3　エ
　 問4　ウ

5 問1　0.9(g/cm³)
　 問2　ア，エ

問3　ウ

○推定配点○
1　問1ＡＢＣ・問4　各4点×4　　　問2・問3・問5　各5点×3
2　問1・3　各4点×2　　　問2　式・答え　各4点×2
　　問4　記号・最初に置かれた障害物のスタート地点からのきょり　各4点×2
3　問1・問2・問3　各4点×3　　　問4　7点
4　問1・問3・問4　各4点×3　　　問2　6点
5　問1・問2・問3　各4点×2　　　　計100点

＜適性検査Ⅱ解説＞

1　（算数：個数，面積，規則性）

問1　太郎さんのいうように，縦と横にレンガをそれぞれ12個ずつ並べると，レンガは全部で
12×4＝48（個）必要になる。使えるレンガは47個であるので，太郎さんの並べ方ではレンガ
が48－47＝1（個）足りない。また，図2より，太郎さんの並べ方のとき，一辺の長さは40×
12＋20×2＝520（cm）となる。空き地の縦の長さは5（m）＝500（cm）であるため，太郎さん
の並べ方ではレンガが520－500＝20（cm）はみ出してしまう。

問2　太郎さんの並べ方で，縦と横にレン
　　ガを12個ずつ並べるとレンガが足りな
　　くなったため，今度は11個で並べてみ
　　る。このときレンガは全部で11×4＝
　　44（個）必要である。レンガは全部で47
　　個なので，あまりのレンガは47－44＝

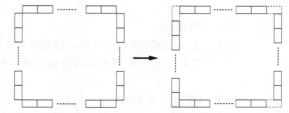

3（個）となる。この3個を使って，花だんを広げる。すると，図のような形になり，レンガ
とレンガをすき間なく並べることができた。このとき，花だんの内側の縦の長さは40×11＝
440（cm），横の長さは40×11＋（40－20）＝460（cm）である。よって，花だんの面積は，
440×460＝202400（cm²）＝20.24（m²）。

問3　横の長さは300cmであるため，球根を初めに1つ植えると，残りの横の長さは300－4＝
296（cm）となる。ここから球根を1つ増やすたびに，残りの横の長さは，穴と穴の間隔の長
さと球根を植える穴の長さぶん減っていく。よって，10＋4＝14（cm）ずつ減っていくので，
球根は296÷14＝21.14…（個）増やすことができる。個数であるので，小数点以下は切り捨
てて，21個。したがって，一列目をすべて植え終わるためには，最初の球根もいれて，1＋
21＝22（個）の球根が必要。

問4　1人が1時間あたりにできる仕事の量を1とすると，3日間全体の仕事の量は10×3＋6×
3＋12×4＝96となる。これを16人で作業すると，96÷16＝6（時間）かかる。

問5　11月10日が火曜日であるため，11月9日は月曜である。11月9日の次の月曜日は11月16
日，その次が11月23日，11月30日，12月7日，12月14日，12月21日となり，12月21日の
週まで7週間ある。このとき，奇数番目の週は火曜日と木曜日の2日間，偶数番目の週は月
曜日と水曜日と金曜日の3日間が世話をする日なので，世話をする日は全部で2＋3＋2＋3＋
2＋3＋2＝17（日）。世話をするペアは8組であるため，17÷8＝2あまり1より，それぞれの
ペアは2回世話をする日がまわってくるが，最初のペアは3回世話をする日がまわってくる。

太郎さんと花子さんのペアは，最初のペアなので，世話をする回数は合計で3回。

2 （算数：面積，速さ）

問1　午前8時25分に出発し，午前10時15分にドッグランに到着しているため，全部で1時間50分かかっている。この時間を分数で表すと，$\frac{110}{60}=\frac{11}{6}$（時間）となる。よって，太郎さんの自宅からドッグランまでの道のりは，車は平均時速30kmで走っていたので，$30×\frac{11}{6}=55$（km）である。

問2　中・大型犬用の施設と小型犬用の施設はどちらも台形の形をしており，中・大型犬用の施設の1周の長さはAB＋BC＋CD＋DA，小型犬の施設の1周の長さはEF＋FG＋GH＋HEである。ABとHGはどちらも同じ25mなので，AB＝HG。また，中・大型犬用の施設と小型犬用の施設は，幅が一定の道をはさんでいることから，DC＝EF。よって，中・大型犬用の施設と小型犬用の施設の1周の長さの差は，（DA＋BC）−（FG＋HE）。ここで，中・大型犬用の施設の面積は，台形の面積の公式より，（DA＋BC）×AB÷2で計算できる。中・大型犬用の施設の面積は1200m²であるため，（DA＋BC）＝1200×2÷AB＝2400÷25＝96（m）である。また，同じように小型犬用の施設の面積は，（FG＋HE）×GH÷2で計算できる。中・大型犬の施設の面積は小型犬用の施設の面積の3倍の面積であることから，小型犬の施設の面積は，1200÷3＝400（m²）である。よって，（FG＋HE）＝400×2÷GH＝800÷25＝32（m）となり，中・大型犬用の施設と小型犬用の施設の1周の長さの差は，（BC＋DA）−（FG＋HE）＝96−32＝64（m）となる。

問3　太郎さんが飼っている犬が長さ36mの直線のコースを秒速4.5mで走るとき，かかった時間は36÷4.5＝8（秒）である。花子さんが飼っている犬がこのコースを走ったとき，かかった時間は，太郎さんが飼っている犬よりも0.5秒短いため，8−0.5＝7.5（秒）である。よって，花子さんが飼っている犬が走る平均の速さは36÷7.5＝4.8より，秒速4.8mである。

問4　それぞれの障害物を通るとき，犬の目線の高さがどう変化するかを考える。ウォークはそのまま障害物に乗るので，目線の高さの変化を図に表すと，障害物と同じ台形になる。ウォールジャンプは，目線の高さが半円をえがくようにこえるため，目線の高さの変化の図でも，半円をえがいている。ランプは，ウォークと同じようにそのまま障害物に乗るので，目線の高さの変化を図に表すと，障害物と同じ三角形になる。トンネルは，中を通るだけで，目線の高さは変わらない。よって，図3をみて，それぞれの障害物を並べかえると，ランプ→ウォールジャンプ→ウォーク→トンネルとなる。また，スタート地点と最初に置かれている障害物の間のきょりは，スタート地点から★までのきょり15.6mからランプの長さ・障害物の間のきょり・ウォールジャンプの長さの半分を引くことで求められる。ランプの長さは4.2m，障害物の間のきょりは5m，ウォールジャンプの長さの半分は0.2÷2＝0.1（m）なので，スタート地点と最初に置かれている障害物の間のきょりは，15.6−4.2−5−0.1＝6.3（m）となる。

3 （算数・理科：割合，メダカ）

問1　水槽に入っている水の量は，水槽の内のりの縦が30cm，横が45cm，水の深さが24cmであることから，30×45×24＝32400（cm³）＝32.4（L）である。ここからすてる水の量は全体の3分の1なので，32.4÷3＝10.8（L）。バケツで水を運ぶとき，1回に3Lまで運べるので，

運ぶ回数は10.8÷3＝3.6より4回となる。

問2　1つだけ条件を変えて比べることで，その条件が結果に関係しているかどうかを確かめることができる。＜方法1＞では水温を変えて比べており，25℃にした水槽でだけ，メダカがたまごをうんでいることから，水温はメダカがたまごをうむ条件であることがわかる。また，＜方法2＞では明るくする時間を変えて比べており，明るくする時間が1日15時間の水槽でだけ，メダカがたまごをうんでいることから，明るくする時間もメダカがたまごをうむ条件であることがわかる。よって，答えはウ。

問3　**資料**をみると，ふ化するまでにかかる日数は平均の水温にともなって変化していることが読み取れる。平均の水温が18℃のときはふ化するまでにかかる日数14日であり，平均の水温が25℃のときはふ化するまでにかかる日数は10日であることから，20℃のときは10〜14日の間であると考えられる。よって，最も適切なのは12〜13日のウ。

問4　親の大きさに対して，たまごの大きさがどれくらいになるのかに着目する。メダカは，たまごの大きさが1.2mmであり，親の大きさが40mmであるため，たまごの大きさは親の大きさの$\frac{1.2}{40}＝\frac{3}{100}$である。また，サケはたまごの大きさが7.0mmであり，親の大きさが700mmであるため，たまごの大きさは親の大きさの$\frac{7.0}{700}＝\frac{1}{100}$である。よって，メダカの方が，親の大きさに対するたまごの大きさが大きいので，太郎さんはメダカはサケに比べて「大きなたまご」をうむと考えた。

4 **（理科：ものが飛ぶきょり）**

問1　同じ条件で実験したとしても，結果の値が少し変わってくることがある。このとき，平均の値を出すことで，正確に結果を比かくすることができる。よって，Aにはペットボトルの落下したところまでのきょりが変わってくることを書く。文の意味がつながるように言葉をあてはめることに注意する。

問2　ペットボトルロケットに入れた水の量が350mLのとき，1回目から5回目の平均のきょりが39.9mであることから，1回目から5回目のきょりの合計は，39.9×5＝199.5（m）である。1回目のきょりが41.3m，2回目のきょりが40.7m，4回目のきょりが39.3mなので，3回目と5回目のきょりの合計は199.5－41.3－40.7－39.3＝78.2（m）である。また，3回目のほうが5回目よりもちょうど2m遠くに飛んだことから，5回目のきょりの2倍に2mたすと，3回目と5回目のきょりの合計になることがわかる。よって，5回目のきょりは（78.2－2）÷2＝38.1（m）となる。

問3　空気を入れた回数が15回のペットボトルロケットでは，入れる水の量が300mLのときの平均のきょりは13.5m，400mLのときは7.8mであるため，400mLのときのほうが13.5－7.8＝5.7（m）短い。よって，アは正しい。空気を入れた回数が10回のとき，ペットボトルロケットが落下したところまでの平均のきょりが，入れる水の量250mLでは3.8m，450mLでは2.2mなので，450mLのときのほうが短い。次に空気を入れた回数が15回のとき，ペットボトルロケットが落下したところまでの平均のきょりが，入れる水の量250mLでは8.3m，450mLでは5.9mなので，450mLのときのほうが短い。同じように，空気を入れた回数が20回のとき，ペットボトルロケットが落下したところまでの平均のきょりが，入れる水の量250mLでは15.9m，450mLでは11.0mなので，450mLのときのほうが短い。よって，空気を入れた回数が同じとき，入れる水の量が250mLのときよりも450mLのときのほうが，ペットボト

ルロケットが落下したところまでの平均のきょりが短いといえる。よって，イは正しい。空気を入れた回数が多いほど，入れた空気の量が多いといえる。＜結果2＞の表をみると，入れた水の量が同じとき，空気を入れた回数が多いほどペットボトルロケットが落下したところまでの平均のきょりが長いことがわかるので，ウは正しい。入れた水の量が250mLのときに着目する。ペットボトルロケットが落下したところまでの平均のきょりは，空気を入れた回数が10回のとき3.8m，20回のとき15.9mで，20回のときのほうが15.9÷3.8＝4.18…(倍)長い。よって，空気を入れた回数が2倍でも，ペットボトルロケットが落下したところまでの平均のきょりは2倍にはならないため，エは間違い。

問4　＜結果3＞より，発射台の角度が30°，50°，70°のときのペットボトルロケットが落下したところまでの平均のきょりを比べると，50°が一番長い。これより，30°から角度が大きくなるほど，きょりも長くなるが，ある角度より大きいと，角度が大きくなるほど，きょりが短くなっていくのではないかと予想する。よって，そのある角度が50°なのか，それともほかの値なのかを確認するために，30°から50°の間や50°から70°の間の角度でもきょりを調べる必要がある。よって，最も適切なのはウ。

5 （理科：密度）
問1　氷の重さは，氷と注射器とせんの重さの合計からせんをした空の注射器の重さを引くことで求められる。よって，氷の重さは25.0－15.0＝10(g)。体積は11.0cm³であることから，氷の密度は10÷11＝0.90…(g/cm³)である。よって，答えは小数点第2位を四捨五入して0.9g/cm³となる。

問2　もの自体が軽いというのは，密度が小さいということであることを理解する。水よりも油のほうが，密度が小さく軽いため，コップの中では水よりも上にきている。同じように考えると，氷は水と油の間でういているので，油よりも密度が大きく，水よりも密度が小さいことがわかる。同じ体積のとき，密度が大きいほど重さは重くなることから，同じ体積では氷よりも水のほうが重さは重い。よって，アは適切。また，同じ重さのとき，密度が大きいほど体積は小さいので，同じ重さでは氷よりも水のほうが体積は小さい。よって，エは適切。

問3　水の温度が4℃よりも高いとき，水の温度が低ければ低いほど水の密度は大きくなっていく。よって，池の表面より下の水の温度が4℃よりも高く，かつ表面のみが4℃より高いところから4℃まで下がったとき，池の表面より下の水より，池の表面の水のほうが温度は低いため，密度は大きくなる。また，密度が大きいほど下にしずむので，表面の水は池の底に向かうように流れていくと考えられる。よって，最も適切なのはウ。

─── ★ワンポイントアドバイス★ ───

算数も理科もきちんと考えなくては解けない問題が多い。あせらず，わかる問題から解いていこう。
理科についての知識を問われる問題は少ないが，新しい知識が文章中に書かれているので，しっかりと文章を読み，理解する必要がある。

＜適性検査Ⅲ解答例＞ 《学校からの解答例の発表はありません。》

1　実は世の中には運動不足の人が多くいます。資料1の運動不足を感じていますかというアンケートによると，大いに感じる，ある程度感じると答えた人は各年度ともに75％以上と，ほとんどの人が運動不足を感じているようでした。では，なぜ運動を行わないのでしょうか。資料2より，最も多い理由は「仕事や家事が忙しいから」ということがわかります。しかし，そうした人も運動を日常に取り入れられます。資料3をみると1年間に行った運動の上位6種目は，ウォーキングなどすべて1人で行うものです。忙しくても，買い物や出勤で階段を使うことを心がけるなど，1人で運動不足を解消できます。みなさんも生活に運動を取り入れてみてください。

2　共同輸送は別の会社どうしが荷物を共同で運ぶ取り組みです。私はA社とB社が計画する2つの共同輸送案でどちらが二酸化炭素排出量は減るのか調べました。まず，現在の年間の二酸化炭素排出量はA社が162トン，B社が200トンです。一方で共同輸送をする時は1年間で290回輸送が行われ，二酸化炭素排出量は案①が261トン，案②が165.3トンです。これを現在と比べると，案①は27.9％減らすことができ，案②は54.3％減らすことができるということがわかりました。つまり，案②の方がより二酸化炭素の排出量を減らすことができます。

3　2010年以降，救急車の出動件数は毎年増加しています。しかし，救急車で運ばれた人の半分以上が軽症です。これは緊急時は救急車が必要かという判断が難しいためです。この判断を的確にするために，救急安心センターを利用できます。緊急時に電話をすると，救急電話相談を受けられます。専門家にかん者の状態を伝えると，緊急性が高い場合は救急車を呼んでくれ，低い場合は受信可能な医療機関を案内してくれます。これを使うことでかくれた重症者の発見や，医療機関での時間外受付者数の抑制につながります。私はこのサービスを，夏に熱中症の人が出たときに利用したいと思います。

○推定配点○
1　30点　　2　30点　　3　40点　　計100点

＜適性検査解説＞

基本▶1　（国語：発表原稿作成，資料の読み取り）

　資料1，資料2，資料3からわかることをもとに発表原稿を作成する問題である。まず，先生と太郎さんの会話文を見ると，資料1から運動不足を感じると回答した人の割合について，各年度に共通する特ちょうを述べ，資料2から，運動・スポーツを行わなかった理由について最も多かった項目をあげ，そして資料3にあげられる項目の運動・スポーツを行うのに必要な人数の特ちょうから，資料2であげた運動・スポーツを行わなかった理由の項目に対する対策を考えて述べればよいことがわかる。資料1を見てみると，「大いに感じる」または「ある程度感じる」と回答した人の割合が，平成28年度は38.8＋38.3＝77.1（％），平成29年度は41.4＋38.2＝79.6（％），平成30年度は39.3＋41.1＝80.4（％），令和元年度は37.3＋41.4＝78.7（％）であり，どの年度も75％を超えていることがわかる。よって，この数値を使って，多くの人が運動不足を感じている

ことを述べる。次に，**資料2**から運動・スポーツを行わなかった理由の中で，最も回答が多かった項目を見つける。「仕事や家事が忙しいから」が43.7％と最も多い理由であることを述べる。そして，**資料3**から，運動をしている人たちがどのような運動をしていて，何人で行っているのかを確認する。**資料3**によるとこの1年間に行った運動・スポーツの上位6種目とも，1人で行える運動であることを述べる。**資料3**でわかったことをもとに，**資料2**で取り上げた「仕事や家事が忙しいから」運動をしなかった人々に対する解決策を提案する。忙しくてもできる，1人でできる運動を具体的に提案するとよいだろう。最後に，太郎さんが**【太郎さんと先生の会話】**で述べているように，積極的に運動するように呼びかけることでまとめるとよい。

2　（国語：発表原稿作成，資料の読み取り）

　会話文をもとに，資料を用いて計算し発表原稿を作成する問題である。**【花子さんと先生の会話②】**で花子さんが述べているように順を追って求めていく。まず，**資料4**から現在のA社とB社の年間の二酸化炭素排出量を計算し，その結果を述べる。1年間の荷物の重さを1回に運べる荷物の重さで割ることで，年間で何回輸送しているのかがわかる。よって，年間に輸送している回数はA社が3000÷10＝300（回），B社が2800÷7＝400（回）。ここで，1回の輸送での二酸化炭素排出量はA社が0.54トン，B社が0.50トンであるため，年間の二酸化炭素排出量はA社が0.54×300＝162（トン），B社が0.50×400＝200（トン）となる。次に共同輸送をしたときの1年間の輸送回数を計算し，述べる。共同輸送をする場合，1年間の荷物の重さはA社とB社合わせて5800トン，1回に運べる荷物の重さは20トンであるため，1年間の輸送回数は5800÷20＝290（回）。この結果から，案①と案②それぞれの案での1年間の二酸化炭素排出量を計算して述べる。案①では1回の輸送での二酸化炭素排出量は0.90トンであるため，1年間の二酸化炭素排出量は0.90×290＝261（トン）。案②では，20トントラックと船の両方を合わせて，1回の輸送での二酸化炭素排出量は0.21＋0.36＝0.57（トン）であるため，1年間の二酸化炭素排出量は0.57×290＝165.3（トン）。そして，現在の1年間の二酸化炭素排出量と比べる。現在の1年間の二酸化炭素排出量はA社とB社合わせて，162＋200＝362（トン）である。よって，二酸化炭素排出量は案①が（1−261÷362）×100＝27.90…（％），案②が（1−165.3÷362）×100＝54.33…（％）減らすことができることを示す。ここから，案②のほうがより二酸化炭素排出量を減らすことができることを最後に述べる。

3　（国語：発表原稿作成，資料の読み取り）

　【花子さんと太郎さんの会話】と資料から救急安心センターの利用についての発表原稿をつくる問題。花子さんが述べている順番で，順を追って説明する。まず，**資料1**から救急車の年間出勤件数の変化を述べ，**資料2**から，救急車で運ばれた人の病気やけがの程度についての特ちょうを述べる。**資料1**をみると，救急自動車の年間出勤件数は年々増えていることがわかる。**資料2**をみると，軽症の人が54.5％と半分以上いることがわかる。ここから，花子さんが会話中で話しているように，事故やけがの現場では，緊急時ということもあって，救急車が必要かどうかの判断が難しいのだと考えられる。よって，そのことを述べ，その判断をしてくれる救急安心センターというものがあることを説明する。次に**資料3**から，救急安心センターを利用する場合，どのような流れで進んでいくのか，順を追って説明する。**資料3**より，緊急時に電話をすることで救急電話相談を受けることができ，そこで専門家に病気やケガの状態を伝えることで，緊急性があるかないかを判断してくれること，そして，緊急性が高い場合は救急車を呼んでくれ，低い場合は受診可能な医療機関を案内してくれることを説明する。最後に，**資料4**から救急安心センターの

効果について２つ述べ，自分ならどのようなときに利用するかを述べる。**資料４**から，救急安心センターの効果として，かくれた重症者を発見することができることや，医療機関での時間外受付者の抑制，不安な住民に安心を提供できることなどがあげられるため，そこから２つ述べること。また，自分なら救急安心センターをどんなときに利用するかは，自分なりに考えて，なるべく具体的に述べる必要がある。

─★ワンポイントアドバイス★─

国語，理科，社会のそれぞれについて発表原稿を作成する問題である。それぞれ会話文の中にどのように原稿を展開していくかが書かれているため，それにしたがって発表原稿を作成しよう。計算をして具体的な数値を求めたり，自分で考えたことを書く必要もあるので注意すること。また，条件は必ず守ろう。

2020年度

★★★★★★★★★★★★★★★★★★★★★★

入 試 問 題

2020
年
度

2020年度

さいたま市立浦和中学校入試問題（第1次）

【適性検査Ⅰ】 （45分）

1

花子さんは，図書館でおもしろそうなタイトルの小説を見つけたので，読んでみることにしました。

次の文章は，寺地はるな著「今日のハチミツ，あしたの私」（角川春樹事務所）の一部です。これを読んで，問1～問4に答えなさい。

梅雨が過ぎて，夏が来た。帽子の下で，頭頂部から耳の後ろを汗が伝っていくのを感じる。体温が上昇しているのは，夏が来たせいだけではないのだろうという自覚が碧にはある。今日はいよいよ日本蜜蜂の採蜜を手伝わせてもらうことになっていて，それで自分でも不思議なほどわくわくしているのだった。

黒江の指示に従って，巣箱から巣板を取り出す。やわらかい毛のついたブラシを動かして，群がっている蜂をどかした。①ごめんな，ちょっとごめんな，と絶えず黒江がやわらかい声音で蜂に話しかけているのを真似て碧も，ちょっとどいてね，などと蜂に声をかける。巣穴は，白いもので覆われていた。蜜蓋と呼ばれるものだ。

基本的にぶっきらぼうな物言いしかしない黒江だが，蜂に声をかける時の口調だけはやけにやさしい。人間より蜂のほうが喋りやすいのかもしれない。

家の脇に作業場と呼ばれる小屋があり，黒江は巣板をすべて作業場に運べと言う。そこで蜜をしぼる。まずはこれで，と黒江が蜜刀と呼ばれる長いナイフを掲げた。蜜蓋を削ぎ落とす作業は，思ったより力がいる。蜜刀を必死に動かしていると，額に汗がにじんだ。遠心分離器はドラム缶のようなかたちをしている。のぞきこむと，金属の骨が三角形にはりめぐらされており，黒江はそこに三枚の巣板をはめこんだ。ドラム缶の上にハンドルがついていて，遠心力で蜜が落ちるという仕組みだ。

ハンドルをまわすと，いきおいよくドラム缶の中の巣板は回転しはじめた。おおお，と思っているうちに，下部にとりつけられた蛇口から黄金色の蜜が流れ出す。作業場はむせそうなほどの甘い香りで満ちている。

大きな容器に受けた蜂蜜は，濾過器に入れた後にそのまま瓶詰めされる。

「ほら」

黒江がどこからか出してきた匙で蜂蜜を掬い，碧の口もとに突き出した。

「ええっ」

なにこの「お口あーんして」みたいな感じ，嫌なんですけど，と抗うように顔を遠ざけたが，当の黒江が至って真剣な顔をしているので，おとなしく匙を咥えた。

「どうだ」

「あたたかいです」

採りたての蜂蜜はあたたかいのだ。はじめて知った。ふいに鼻の奥が痛くなる。蜜蜂が一生かかって集められる蜜の量が匙一杯分だということを思い出す。今わたしが口にしたのは、蜜蜂の一生だ。

「黒江さん」

「なんだ」

「黒江さん」

「なんだよ」

②み、蜜蜂ってすごいですね、と懸命に涙を堪えながら言うと、黒江は碧の顔をまじまじと見つめる。あんたおもしろいなあ、と息を吐いた顔が、くしゃっと歪んだ。え、と呆気にとられているうちに、黒江は笑い出した。

こんなに大きな声で笑うところをはじめて見た。なにがそんなにおかしいのか碧にはさっぱりわからなかったが、黒江は脇腹を押さえて笑い続けている。

（一部、ふりがなをつけるなどの変更があります。）

問1 下線部①「ごめんな、ちょっとごめんな、と絶えず黒江がやわらかい声音で蜂に話しかけている」について、このときの黒江の気持ちとして最も適切なものを、次のア～エの中から1つ選び、記号で答えなさい。

ア 必死で巣を守ろうとしている蜜蜂は、作業のじゃまなのでどいてほしいと願っている。

イ 蜜蜂にさされないようにするためには、やさしく話しかけなければならないと思っている。

ウ 蜜蜂が懸命に集めてきた蜜をうばってしまうことを、申し訳ないと感じている。

エ 蜜を分けてもらえることがうれしくて、蜜蜂に感謝を伝えたいと思っている。

問2 文章中の ┌──┐ 部分について、このときの碧の様子として最も適切なものを、次のア～エの中から1つ選び、記号で答えなさい。

ア 蜜の甘い香りによって、味見をすることへの期待がどんどんふくらんでいる。

イ 採蜜の最終工程で、遠心分離器の動く様子におどろいている。

ウ わくわくしていた気持ちを切り替え、最後の作業は冷静に観察している。

エ 蜂蜜を生み出す黒江の手際のよさに感心し、ただただぼんやりと見とれている。

問3 下線部②「み、蜜蜂ってすごいですね」と言ったときの碧の気持ちを花子さんは次のようにまとめました。【花子さんのまとめ】にある空らん ［ A ］ にあてはまる内容を、本文中からさがして11字で書きぬきなさい。

【花子さんのまとめ】

　今、自分が採蜜して口にした蜜の量は、蜜蜂が ［　　　A　　　］ 蜜の量と同じだと思い、胸をうたれている。

問4 この文章の表現の特徴として最も適切なものを、次のア～エの中から1つ選び、記号で答えなさい。

ア 碧にぶっきらぼうに接する様子と、蜜蜂へ愛情をそそいでいる様子、大きな声で笑う様子を対比することによって、黒江の人物像の奥深さがえがかれている。

イ 比喩や擬人法を多く用いることによって、採蜜の体験がよりいきいきと効果的にえがかれている。

ウ　蜂蜜を採取して瓶詰めされるまでの過程が，黒江の視点も交え，淡々と報告するようにえがかれている。

エ　音や様子を表す表現を多く用いることによって，読み手の心情に訴え，その場で採蜜を体験しているような臨場感がえがかれている。

2　　太郎さんは，読書が好きなおばあさんからすすめられた本を，読んでみることにしました。

　次の文章は，田中優子著「グローバリゼーションの中の江戸時代」（筑摩書房）の一部です。これを読んで，問1～問4に答えなさい。

　江戸時代には木綿が日本で盛んに作られるようになります。木綿の技術は朝鮮，中国，インドから入ってきました。綿花を栽培し，摘み，「綿繰り機」で綿と種を分けます。実は綿繰り機は日本で発明されたもので，綿花を中に挟み，手回しハンドルを廻すと種が落ちるというたいへん画期的な発明品です。私は以前ラオスに行ったとき，江戸時代に使われていた綿繰り機が一般家庭で使われているのを見て驚いたのを覚えています。綿繰りを描いた浮世絵の人物の足下を見ると種がたくさん落ちています。集めてぎゅっとしぼると油になり照明器具の行燈に使います。さらに油を絞った残りかすは畑の肥料になります。捨てるものはひとつもなく，①完全に循環していました。こうして木綿の技術もあっという間に国産化してしまいます。

　日本人は好奇心旺盛です。安土桃山時代には「ヨーロッパ風の※陣羽織をはおってみたい」と水玉模様の陣羽織を作る武将が出現したり，羽織の襟にフリルが付いたりと，なかなか奇抜な格好をしていたようです。徳川家に伝わるフリルも，面白いかたちをしています。鎧の下には立て襟のシャツを着ていました。ちょうどこの頃ヨーロッパでズボンが広まり，日本にも入ってきましたから，江戸の男性はずいぶんいろいろな種類のズボンをはいていた記録もあります。おしなべて，男性の着物から西洋のおしゃれが取り入れられていったことがわかります。

　外国製品をそのままそっくり真似しただけではありません。鍋島藩では，日本人好みの形や色で，職人が磁器を作っていました。また，ヨーロッパから時計を仕入れ，和時計を完成させました。十六世紀中頃，ザビエルの時代にヨーロッパからアジア全域に時計が流れこみましたが，アジアで唯一日本だけが，日本流に時計を作り変えてしまったのです。

　江戸時代は太陽が昇るときを「明け六つ」，太陽が沈むときを「暮れ六つ」といい，その間を六つに区切り，そのひとつの区切りを一刻と数えました。　　A　　，夏は昼間が長く，冬は昼間が短くなりますよね。つまり季節によって一刻の長さがまちまちでした。ふつうだったら「時計というものは使いものにならない」となりますが「伸び縮みする毎日の生活に時計を合わせればいいんだ！」とひらめくのが日本人。季節ごとにおもりを調節し，時計を使いこなしていました。

　日本人は時計によって，非常に複雑な歯車の技術を手にしました。この精巧な歯車を使って，茶汲み人形のような，電源を使わないロボットを発明しています。　　B　　，木製の歯車を組み合わせることで，舞台装置も発明しました。現在でも歌舞伎で使われている回り舞台，せり出しなどは，すべて江戸時代に作られた世界初の舞台装置です。

　それから活字です。出版業も江戸時代に生まれました。もともとは中国で発明された活字が朝鮮

半島に渡り発達したものを，徳川家康が日本へ導入したところから始まります。銅活字を導入し，日本化して木活字で印刷した教科書類ができます。使用したのは武士の子どもたちです。すると，民間の出版社もぜひ活字で本を作ってみたいと思うようになる。活字は一文字ずつ組んで使いますね。当時は組む技術の関係であまり多くの本は作れないということがわかり，そのうち1ページぶんの版を彫る印刷が主流になっていきます。こうして，活字をきっかけに日本には本があふれるようになりました。明治期に今度はヨーロッパ式の活字が入って来て，現在に続くことになります。なんと日本には活字が二度入ってきていたのです。

　日本の技術力は「②どうすれば教わったものを自分の中で消化し，生まれ変わらせることができるか？」ということに集中してきました。技術や考え方をすべて人に頼るのでなく，自分のものにしていく。これこそが本当の個性だと思います。国や産業のあり方も同じです。そうやって独自の文化を生み出してこそ，次の時代の　　C　　につながります。たったひとつの価値観しかない社会では，その価値観が崩れた瞬間にぜんぶが倒れてしまいますから，生物　　C　　と同じように，文化や技術の　　C　　が必要です。

（一部省略や，ふりがなをつけるなどの変更があります。）

※陣羽織…武士が戦のとき，鎧の上に着用した羽織。

問1　下線部①「完全に循環していました」とありますが，このことについて太郎さんは次のようにまとめました。次の【太郎さんのまとめ】の　ア　にあてはまる内容を，15字以上20字以内で書きなさい。

> 【太郎さんのまとめ】
> 　綿花から綿を取るだけではなく，種からも　　　ア　　　ので，捨てるものはひとつもない。

問2　空らん　A　，　B　にあてはまる組み合わせとして最も適切なものを，次のア～エの中から1つ選び，記号で答えなさい。

ア	A	ところが	B	つまり
イ	A	ところが	B	また
ウ	A	しかも	B	また
エ	A	しかも	B	つまり

問3　下線部②「どうすれば教わったものを自分の中で消化し，生まれ変わらせることができるか」とありますが，この文章で述べられている，日本人が外国の文化や技術を取り入れるときの方法として**適切でないもの**を，次のア～エの中から1つ選び，記号で答えなさい。

ア　外国から入ってきた木綿の技術をそのまま使うのではなく，綿繰り機を発明するなど新しいものを生み出した。

イ　羽織の襟にフリルをつけるなど，奇抜な格好であっても，それまでの衣装に西洋のおしゃれを取り入れていった。

ウ　時計を生活に合わせるのではなく，毎日の生活を時計に合わせることで時計を使いこなした。

エ　導入した銅活字を日本で使いやすいように木活字にし，さらに1ページぶんの版を彫る印刷に進化させた。

問4　空らん　C　にはすべて同じ言葉が入ります。空らん　C　にあてはまる言葉を次のア～エの中から1つ選び，記号で答えなさい。

ア　一貫性　　イ　一般性　　ウ　多様性　　エ　将来性

3　　花子さんは，学校の授業で新聞について学び，興味をもったので図書館に行きました。そこで新聞に関するおもしろそうな本を見つけたので，読んでみることにしました。

次の文章は，齋藤孝著「新聞力　できる人はこう読んでいる」（筑摩書房）の一部です。これを読んで，問1～問4に答えなさい。

　かつては日本のほとんどの世帯が新聞を取っていて，毎日の事件や出来事，社会の動きの情報を共有していました。

　①刻一刻移り変わる社会の情報をみなが共有することで，人々の会話が成り立ち，日本の政治，経済を下支えしていたのです。

　各家庭にはもちろんのこと，行く先々にも新聞があるのは当たり前でしたから，大学や会社にも新聞はあるわけで，家で読めなければ，そこで読んだり，通勤時に読むのも日常の光景でした。

　ちなみに私が東京に出てきた頃は，電車の中で新聞を読む人がたくさんいました。今はみんなスマホをいじっていますが，当時はかなりの人が新聞を読んでいたのです。

　しかも満員電車の中で，新聞を縦に四つ折りにして，周りの人に迷惑をかけないよう読む名人芸の人もたくさんいました。②当時の人たちは満員電車の中でさえ，新聞を読みたいと思っていたんですね。

　いい意味で活字中毒だったわけです。なぜそこまで中毒になってしまったのかというと，新聞はニュースペーパーというくらいですから，つねに新しい情報があふれていたからです。

　そういった新鮮な情報にふれるのが心地よかったのです。ここが本との決定的な違いです。本は何百年も前に書かれたものもあるくらいで，時間的には昨日，今日の情報が載っているわけではありません。もう少し長い※1タイムスパンになります。

　たとえば『論語』は③2500年くらい前に書かれたものですから，※2普遍的な内容ではありますが，最近のことを知るには適していません。一方，新聞には日々のことが書かれているので，情報の新陳代謝が盛んです。

　日々更新される新しい情報を知りたいという欲求や，その情報にふれている満足感が，活字中毒を招いたといえます。

　かつての日本には毎日そうやって新聞の情報を入手しないと気が済まない活字中毒の人たちが9割はいました。すごい社会だったんですね。

　しかし私たちはそれをごく当たり前のことと思っていたので，日本がひじょうに知的レベルの高い社会であることに気づきませんでした。

　そして今，④新聞を読まない人たちが圧倒的に増えてしまい，日常会話として政治，経済の深い話ができなくなってしまったのです。

　物事の判断基準も変わってしまいました。基本情報量の多い人間が判断するのと，少ない人間が判断するのとでは，判断の精度にも大きな差が生まれます。

　情報量が少ない人が判断するとどうなるのかというと，そのときの気分や個人の好き嫌いで判断

するしかなくなります。大切なことを，そのときの気分や好き嫌いで判断するわけです。

今まさに日本ではそういう状況が進んでいるのです。

（一部，ふりがなをつけるなどの変更があります。）

※１　タイムスパン…期間。　　※２　普遍的…あらゆるものにあてはまるさま。

問１　下線部①「刻一刻移り変わる社会の情報」とは，具体的に何をさしているのか，本文中から
さがして18字で書きぬきなさい。

問２　下線部②「当時の人たちは満員電車の中でさえ，新聞を読みたいと思っていた」とあります
が，その理由として**適切でないもの**を，次のア〜エの中から１つ選び，記号で答えなさい。

ア　新鮮な情報にふれるのが心地よかったから。

イ　新聞には昨日，今日の情報が載っているわけではないから。

ウ　日々更新される新しい情報を知りたいという欲求があったから。

エ　新しい情報を入手しないと気が済まなかったから。

問３　下線部③「2500年くらい前」の日本の様子について，正しいものを次のア〜エの中から１つ
選び，記号で答えなさい。

ア　中国や朝鮮半島から移り住んだ人々によって，日本列島に米作りの技術が伝えられた。

イ　日本で最大の前方後円墳である大仙（仁徳陵）古墳が作られた。

ウ　聖徳太子が天皇中心の国づくりを目指して，政治の改革を進めた。

エ　日本から中国へ，多くの人々が遣唐使として海をわたった。

問４　下線部④「新聞を読まない人たち」について，花子さんは人々が情報を得るために何を利用
しているのかを調べようと思い，資料を見つけました。資料から読み取れる内容として正しいも
のを，あとのア〜オの中から**すべて選び**，記号で答えなさい。

資料　信頼できる情報を得るために最も利用するものの割合（平成２９年）

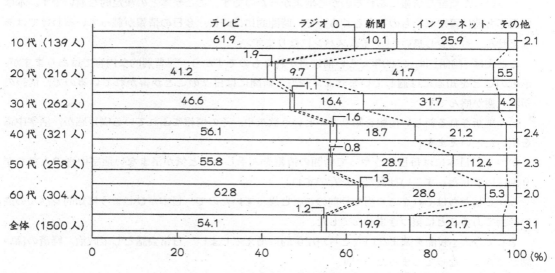

（総務省「平成２９年版　情報通信白書」をもとに作成）

ア　10代から60代までのそれぞれの年代で，割合が最も少ないのは「ラジオ」である。

イ　「新聞」と答えた人の割合が最も大きいのは，60代である。

ウ 「インターネット」と答えた人の割合は，年代が上がるごとに小さくなっている。

エ どの年代においても，「テレビ」と答えた人の割合は，「新聞」と答えた人の割合の2倍以上である。

オ 30代をみると，「新聞」と答えた人の割合と「インターネット」と答えた人の割合の合計は，「テレビ」と答えた人の割合よりも大きくなっている。

4　太郎さんは，総合的な学習の時間に，埼玉県とさいたま市について調べて発表することになりました。

次の問1〜問4に答えなさい。

問1　太郎さんは，埼玉県は県の面積にしめる河川の面積の割合が日本一であることを知り，埼玉県を流れるおもな川について調べていると，資料1を見つけました。資料1を読み取った【太郎さんのまとめ】の空らん A にあてはまる言葉と，そのように判断した理由を地形をふまえて書きなさい。また，空らん B ， C にあてはまる言葉を書きなさい。

資料1　埼玉県を流れるおもな河川

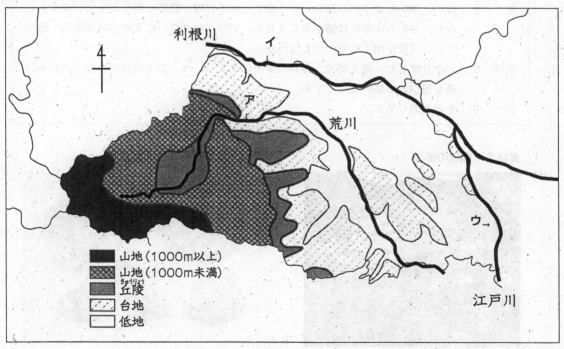

（埼玉県立文書館のウェブサイトをもとに作成）

【太郎さんのまとめ】
① アの地点では，荒川は， ▢ A ▢ の方位へ流れている。
② イの地点では，利根川は，埼玉県と ▢ B ▢ 県のさかいを流れている。
③ ウの地点では，江戸川は，埼玉県と ▢ C ▢ 県のさかいを流れている。

問2 太郎さんは，縄文時代の埼玉県のようすについて調べていると，**資料2**，**資料3**を見つけたので，先生に質問をしました。**資料2**，**資料3**を参考に，次の【太郎さんと先生の会話】の空らん □D□ にあてはまる内容を，10字以内で書きなさい。

【太郎さんと先生の会話】

太郎さん：この**資料2**は何の写真ですか。

先　　生：これは，埼玉県にある縄文時代の貝塚の遺跡です。さいたま市にも，たくさんの貝塚があります。

太郎さん：貝塚とは，どのような場所だったのですか。

先　　生：縄文時代の人は，狩りや採集をして食べ物を得ていました。貝塚とは，食べ終えたあとの貝殻や，魚や動物の骨などを捨てた場所だと考えられています。

太郎さん：**資料3**には，貝塚で見つかった貝殻が写っていますね。縄文時代の人々は，これらの貝を川や池などでとって食べていたのでしょうか。

先　　生：はい。ただ，これらの貝の中には，海でとれたものも含まれています。

太郎さん：さいたま市の貝塚からも，海でとれる貝殻が出てくるのですか。

先　　生：はい。さいたま市の貝塚からも，海でとれる貝殻が数多く見つかっています。しかし，さいたま市には海がありません。では，なぜさいたま市の貝塚から，海でとれる貝殻が出てくるのでしょうか。

太郎さん：わかりました。縄文時代，さいたま市は □　D　□ ので貝塚から海でとれる貝殻が見つかっているのですね。

先　　生：そのとおりです。

資料2　貝塚の遺跡

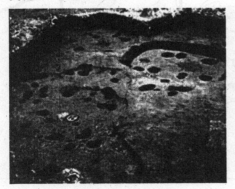

（春日部市教育委員会のウェブサイトより引用）

資料3　貝塚で見つかった貝殻

（富士見市立水子貝塚資料館より提供）

　太郎さんは，さいたま市内で和同開珎という昔の貨幣が見つかったことを知り，家で貨幣についてお姉さんと話をしました。

【太郎さんとお姉さんの会話】

太郎さん：さいたま市内で先日，和同開珎という貨幣が２枚見つかったそうです。ところで今わたしたちが使っている貨幣には，どのような機能があるのでしょうか。

お姉さん：貨幣とはお金のことで，大きく３つの機能があると言われています。まず，お金を使えば，それと同じ価値（か ち）のものと　　E　　することができます。これが１つめの機能です。

太郎さん：たしかに，お金を使えば，店などでそれに見合った金額を支払（し はら）うだけで，自由に商品と　　E　　することができますね。では，２つめの機能は，どのようなことでしょうか。

お姉さん：お金は，今使わない分を将来（しょうらい）使うためにとっておくことができます。これが２つめの機能です。

太郎さん：確かにそうですね。３つめの機能は，どのようなことでしょうか。

お姉さん：商品に価格をつけることによって，その商品の価値を決める物差しとなることです。これが３つめの機能です。

太郎さん：なるほど。お金には，便利な機能がたくさんあるのですね。

問３　【太郎さんとお姉さんの会話】の空らん　E　にあてはまる言葉を，４字以内で書きなさい。

太郎さんは，戦国時代（せんごく じ だい）から江戸時代（え ど じ だい）にかけて，さいたま市の岩槻区（いわつき く）が城下町（じょうかまち）だったことを知り，この時代の市（いち）のようすに興味をもちました。そこで，市について調べていると，資料４，資料５を見つけたので，博物館の職員に話を聞いてみました。

【太郎さんと博物館の職員の会話】　　　　　　　　（資料４，資料５は次のページにあります。）

太郎さん：この資料４は，どのようなものなのでしょうか。

職　　員：これは，織田信長が出した，楽市・楽座（らくいち らく ざ）に関する命令のひとつです。

太郎さん：楽市・楽座という言葉を初めて聞きましたが，どのようなものですか。

職　　員：「市」とは，多くの人が集まって品物の売買を行う場所で，市場（いち ば）ともいいます。市で商売をするには税を納（おさ）める必要がありました。「座」とは，同じ商品をあつかう人たちが集まってできた団体のことです。座は，税を納めることで品物の製造や販売（はんばい）を独占（どくせん）することができるという，特別な権利（けん り）を認（みと）められていました。

太郎さん：「楽」という字には，「簡単なようす」という意味があります。つまり，楽市・楽座は，それまでの市や座を廃止（はい し）して，　　F　　に商売ができるようにするということだったのでしょうか。

職　　員：そのとおりです。なぜ，信長がそのような命令を出したのか，資料４の内容をひとつずつ見て，資料５も参考にして考えてみてください。

太郎さん：商人が必ず安土（あ づち）に宿泊（しゅくはく）するなら，そのついでに商売をすることができますね。また，新しく住み着いた人が，以前からの住人と同じように扱（あつか）われるということは，安土に住みたいと思う人が　　G　　ますね。つまり，信長は城下町の商工業を

H させ，城下町を発展させるために，この命令を出したのだと思います。

職　　員：そのとおりです。

問4　【太郎さんと博物館の職員の会話】の空らん F ， G ， H にあてはまる言葉を，次の
ア～コの中からそれぞれ1つずつ選び，記号で答えなさい。

ア　独占　　イ　廃止　　ウ　固定化　　エ　活性化　　オ　正確

カ　自由　　キ　特別　　ク　消え　　ケ　増え　　コ　減り

資料4　織田信長が出した命令

一、街道を往来する商人は、中山道の通行を
やめて下街道だけを通行し、都へ行き来
する場合は、安土に宿泊するようにせよ。

一、他の国や領地から安土にやって来て住み
ついた者でも、以前から住んでいた者と
同じ扱いとする。

（安土山下町中 掟書をもとに作成）

資料5　中山道と下街道

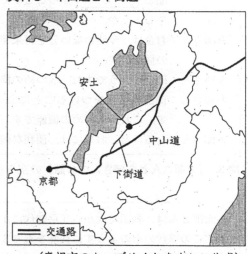

（彦根市のウェブサイトをもとに作成）

5　　花子さんの班では，総合的な学習の時間に，税金について調べることになりました。

次の問1～問4に答えなさい。

【花子さんたちの会話①】

花子さん：消費税が2019年の10月から10％になりました。

先　　生：消費税は，1989年に初めて日本に導入されたのですが，そのときは3％でした。そ
の後，消費税は1997年に5％，2014年に8％となり，2019年に現在の10％になった
のです。

花子さん：そうだったのですね。現在，消費税が10％ですから1000円の商品を買ったら，その
値段の10％にあたる100円を消費税としてお店に払うのですね。

先　　生：そうです。商品やサービスの代金を支払うときに，10％の税金を負担します。これ
を標準税率といいます。

太郎さん：わたしのおこづかいでは，100円の消費税は，ずいぶん高い気がします。

先　　生：ただし，スーパーマーケットなどで買うほとんどの食料品は，税率が標準税率であ
る10％よりも低くなっています。これは，生活に欠かせない商品にかかる税金を低

くしているからです。

花子さん：知っています。たしか，食料品などは税率が8％のままですね。

先　　生：そうです。これを軽減税率といいます。ただし，同じ食料品でもレストランでの外
食は，税率が標準税率の10％になるのですよ。

花子さん：日本は世界の国々と比べて，消費税の税率が低いと聞きました。

太郎さん：ほかの国の税率については，**資料1**があります。

花子さん：国によって，税率が違うのですね。

太郎さん：花子さん，わたしの好きな国が**資料1**にあったので，その国がわかるようにメモを
作ってみたいと思います。あとでそのメモを見て，わたしの好きな国を当ててみて
ください。

問1　資料1を参考にし，【太郎さんのメモ】から考えられる太郎さんが好きな国を，次のア～ク
の中から1つ選び，記号で答えなさい。

ア　中国　　　イ　ベトナム　　ウ　イギリス　　　エ　フランス

オ　ドイツ　　カ　イタリア　　キ　オーストラリア　　ク　ルクセンブルク

資料1　主な国の標準税率と食料品などに対する軽減税率の比較（2019年10月時点）

国名	標準税率	軽減税率
中国	13％	9％
ベトナム	10％	5％
イギリス	20％	0％
フランス	20％	5.5％
ドイツ	19％	7％
イタリア	22％	10％
オーストラリア	10％	0％
ルクセンブルク	17％	3％

（財務省「付加価値税率（標準税率及び食料品に対する適用税率）の国際比較」をもとに作成）

【太郎さんのメモ】

①　その国の標準税率は，現在の日本の標準税率の2倍未満に設定されています。

②　その国の軽減税率は，その国の標準税率の50％未満に設定されています。

③　その国の軽減税率は，日本の1999年時点での消費税率以上に設定されています。

問2　花子さんと太郎さんは，日本の軽減税率について調べるために，店で買い物をしたときのレ
シートを集めました。次のページの**資料2**，**資料3**のレシートについて述べた文のうち**適切でな
いもの**を，あとのア～エの中から1つ選び，記号で答えなさい。

資料2　花子さんのレシート

```
              お買上票
       毎度ありがとうございます
         TEL 201-91-×××
       2019年11月22日　10:30
          010000＃責任者01


    商品A　※          ¥300
    商品B　※          ¥500
    商品C             ¥420
    ・・・・・・・・・・・

    個数         3個
    小計           ¥1,220


    税　10%          ¥42
    税　8%           ¥64
    〔※が8%対象商品〕


    ◇◇　合計         ¥1,326
    現金            ¥1,500
    おつり            ¥174
```

資料3　太郎さんのレシート

```
           ○○スーパー
             ○○店
        TEL 201-95-○○○○
       2019年11月17日18:24　責12
         ┌─────────┐
         │ 領　収　書 │
         └─────────┘
    商品D             ¥216 軽
    商品E             ¥135 軽
    商品F             ¥495
    - - - - - - - - - - - - - - - - -

      合　計          ¥846
    （内消費税等       ¥ 71）
      （税　10%対象　¥495）
      （税　8%対象　¥351）
     点数         3個
    上記正に領収いたしました

    お預かり合計         ¥846
    おつり             ¥0

    軽は軽減税率(8%)対象商品です
```

ア　資料2において，商品A，商品Bは軽減税率の対象となっている商品であり，この2つの商品の消費税を含む合計金額は864円である。

イ　資料3において，商品D，商品E，商品Fの，消費税を含まない合計金額は775円である。

ウ　資料2，資料3において，標準税率の対象となっているのは，商品Cと商品Fであり，2つの商品の消費税の合計金額は90円である。

エ　資料2，資料3にある，すべての商品の消費税の合計金額は177円である。

問3　花子さんは，日本の消費税の税率の変化について調べていると，次のページの資料4を見つけました。資料4を見て，【花子さんのまとめ】にある空らん　A　，　B　にあてはまる言葉を，それぞれ4字以内で書きなさい。

【花子さんのまとめ】

　資料4の消費税が10%のとき，年収250万円と年収1250万円の世帯の消費税額の負担割合から，推測されること。

・年収に対する消費税の負担割合は，年収250万円の世帯より，年収1250万円の世帯のほうが　A　。

・消費税の1年間の負担額は，年収250万円の世帯より，年収1250万円の世帯のほうが　B　。

資料４　各世帯の年収にしめる消費税額の負担割合（消費税１０％時は推測値）

年収＼消費税率	消費税５％（２０００年）	消費税８％（２０１５年）	消費税１０％
２００万円未満	5.0%	7.2%	8.9%
２００万円以上～３００万円未満	3.4%	5.5%	6.7%
３００万円以上～４００万円未満	2.6%	4.4%	5.4%
４００万円以上～５００万円未満	2.4%	3.9%	4.7%
５００万円以上～６００万円未満	2.2%	3.5%	4.3%
６００万円以上～７００万円未満	2.1%	3.3%	4.0%
７００万円以上～８００万円未満	1.9%	3.1%	3.8%
８００万円以上～９００万円未満	1.8%	3.0%	3.7%
９００万円以上～１０００万円未満	1.8%	2.8%	3.4%
１０００万円以上～１５００万円未満	1.6%	2.6%	3.2%
１５００万円以上	1.1%	1.6%	2.0%

（総務省「家計調査」および国税庁「民間給与実態統計調査」をもとに作成）

【花子さんたちの会話②】

太郎さん：江戸時代は，税は主にお米で納められていましたが，明治時代になると，税の納め方はお金が中心になり，現在も税はお金で納められています。

花子さん：江戸時代にお金はなかったのですか。

先　　生：江戸時代には金貨（小判）や銀貨がありましたが，昔の貨幣には金や銀が含まれていたので，貨幣そのものに価値がありました。

花子さん：日本には，金や銀がたくさんあったのですね。

先　　生：そうです。しかし，江戸時代の終わりごろ，日本の金貨が外国へ大量に流出してしまう出来事がありました。

花子さん：どのような出来事だったのですか。

先　　生：当時の日本と外国では，金と銀の※交換比率が違っていました。外国はそのことを利用して，大量の金を持ち出したのです。

太郎さん：交換比率にどのような違いがあったのですか。

先　　生：次のページの資料5を見てください。これは説明しやすいように図で示したものです。外国銀貨4枚は，ほぼ同じ重さである日本銀貨12枚と交換することができました。そして，日本での金と銀の交換比率により，日本銀貨12枚は日本金貨3枚と両替することができました。日本金貨に含まれている金の量から，日本金貨3枚は外国で売却すると，外国銀貨12枚の価値がありました。

太郎さん：むずかしいですね。

先　　生：では，具体的に計算してみてください。もし，太郎さんが当時の外国銀貨100枚を持っていたとします。当時の日本銀貨に交換したら何枚になりますか。

太郎さん：　C　枚です。

先　　生：では，その日本銀貨をそのまま日本金貨に両替したら何枚になりますか。

太郎さん：　D　枚です。

先　　生：次に，その日本金貨を外国で売却したら，何枚の外国銀貨になりますか。

太郎さん：　E　枚です。あれ，外国銀貨がもとの100枚から　F　倍に増えてしまいました。

先　　生：これを繰り返すことで，外国に金が流出していったのです。

花子さん：先生，それでは日本から金がなくなってしまいます。

先　　生：そうですね。そこで，幕府は日本金貨を作り直したのです。太郎さんは，どのようにすれば金の流出を防ぐことができると思いますか。

太郎さん：日本金貨に含まれる金の量を　G　よいと思います。そのようにすれば，外国への金の流出を防ぐことができます。

先　　生：そのとおりです。

※交換比率…物と物を交換するときの割合

問4　【花子さんたちの会話②】の空らん　C　，　D　，　E　，　F　に入る数字をそれぞれ書きなさい。また，空らん　G　にあてはまる内容を，次のア～エの中から1つ選び，記号で答えなさい。

ア　2倍に増やせば

イ　3倍に増やせば

ウ　2分の1に減らせば

エ　3分の1に減らせば

資料5　先生が作成した資料

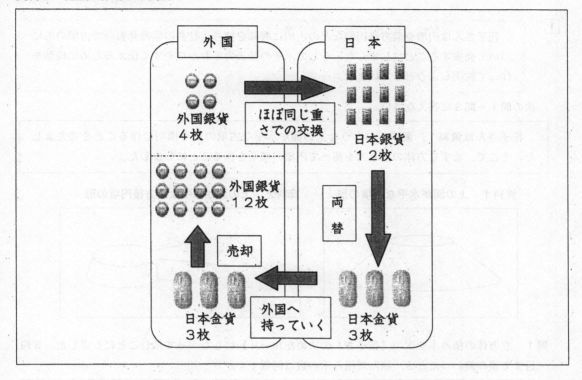

【適性検査Ⅱ】（45分）

1

　　花子さんは円墳や前方後円墳などの古墳に興味を持ち，社会の学習発表会で古墳の形について発表することにしました。そして，その発表会でわかりやすく伝えるために模型を作って説明しようとしています。

次の問1～問3に答えなさい。

　　花子さんは資料1，資料2のような上の面が水平な古墳の形を模型で作ることを考えました。そこで，まず立方体の積み木を使って円墳の模型を作ることにしました。

資料1　上の面が水平な円墳の形

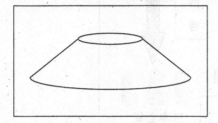

資料2　上の面が水平な前方後円墳の形

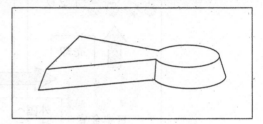

問1　立方体の積み木を次の【花子さんの決めたルール】にしたがって積むことにしました。3段目まで積み終わったとき，積んだ積み木の数は何個ですか。

【花子さんの決めたルール】
①　積み木はすき間なく並べる。

②　1段目は図1のように縦の列と横の列にそれぞれ9個ずつ並べたあと，4すみから3個ずつ積み木を取る。

③　2段目は図2のように1段目より縦の列の数と横の列の数が1つずつ少なくなるようにする。

④　1段目の真ん中と2段目の真ん中が重なるようにする。

図1　1段目を並べたときの真上から見た図

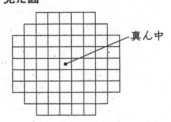

真ん中

図2　2段目までを重ねたときの真上から見た図

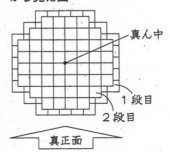

真ん中

1段目
2段目

真正面

⑤　3段目も同じように，縦の列の数と横の列
の数が2段目より1つずつ少なくなるように
し，真ん中が2段目の真ん中と重なるように
する。

図3　2段目まで重ねたときの真正面
から見た図

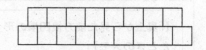

花子さんは作った積み木の模型を見て，画用紙で作った模型のほうが実物に近くなると考
え，次の【模型の作り方のメモ】で円墳の模型を作ろうとしました。

問2　【模型の作り方のメモ】の①の「側面になる部分を平面に広げた形」として適切なものを，
下のア〜エの中から1つ選び，記号で答えなさい。

【模型の作り方のメモ】
①　画用紙から「側面になる部分を平面に広げた形」
を切り取る。
②　①をもとに画用紙から「小さい円」「大きい円」を
1つずつ切り取る。
③　切り取った3つのものをセロハンテープで図4
のようにはり合わせる。

図4　できあがる模型

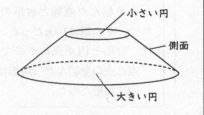

ア
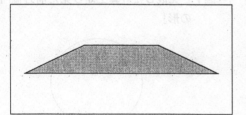

イ
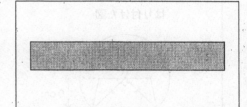

ウ
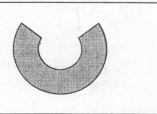

エ
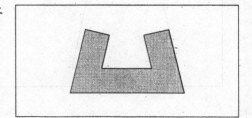

次に花子さんは前方後円墳の模型を作ろうとしました。模型を作る前に，画用紙で「真上か
ら見た前方後円墳の形」を作りました。

問3　花子さんは，次のページの【「真上から見た前方後円墳の形」を作ったときのメモ】の手順

のとおり「真上から見た前方後円墳の形」を作りました。**図7**の完成した「真上から見た前方後円墳の形」の面積は何cm²ですか。ただし、画用紙の厚さは考えないものとします。

【「真上から見た前方後円墳の形」を作ったときのメモ】

①　画用紙から**図5**のような点〇を中心とした「円」と「線対称な台形」をそれぞれ1つずつ切り取った。なお、台形の上底の真ん中を点Aとした。また、切り取った円の面積は628cm²だった。

②　**図6**のように円の中心点〇に台形の上底の真ん中の点Aを重ねた。

③　台形と円が交わってできる2つの点を結んだ直線と台形の上底は平行で、その幅は10cmだった。

④　台形と円が交わってできる2つの点と点〇を結んだ三角形は、直角二等辺三角形だった。

図5　切り取った2つの図形

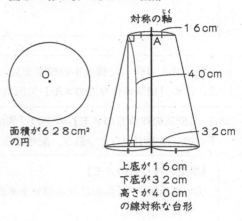

面積が628cm²の円

上底が16cm
下底が32cm
高さが40cm
の線対称な台形

図6　切り取った2つの図形をはり付けた図

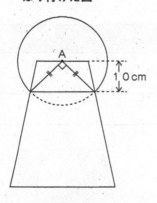

図7　完成した「真上から見た前方後円墳の形」

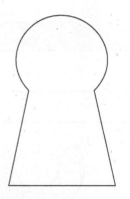

2　　太郎さんの家族は、いとこの和子さんの家族と自然公園に出かけました。

次の問1～問6に答えなさい。

太郎さんたちは公園の「入口」に来ました。そこには、次のページの**資料1**のような料金表がありました。

資料1　料金表

●入園料金（税込み）

	一般（いっぱん）	団体
大 人 （高 校 生 以 上）	４５０円	２９０円
シルバー （６５才以上）	２１０円	１４０円
中　学　生　以　下	無料	

＊チケットをお買い求めの際に障がい者手帳を見せていただければ，本人および，つきそい
１名が無料で入園できます。

＊団体料金で入園できるのは，大人とシルバーの入園者が合わせて20名以上同時に入園する
場合です。

●レンタサイクル料金（税込み）

3時間まで	大人（高校生以上）・シルバー（６５才以上）	４１０円
	中学生以下	２６０円

＊入口で借りて，入口で返却（へんきゃく）してください。また，お支払（しはら）いは借りる際にお願いします。

＊３時間をこえた場合は，30分ごとに大人・シルバーは70円（税込み），中学生以下は40円
（税込み）の延長（えんちょう）料金（りょうきん）を返却時にいただきます。

●ベビーカー・車いすの貸し出し……無料

問1　太郎さんの家族と和子さんの家族の年齢（ねんれい）は**資料2**のとおりです。また，この中で太郎さんの
おばあさんは少し足が不自由なため，公共サービスを受けられる障がい者手帳を持っています。
太郎さんの家族と和子さんの家族の入園料金の合計が最も少なくなるときの合計金額を答えなさ
い。

資料2　太郎さんの家族と和子さんの家族の年齢

太郎さん	12才 （小学生）	和子さん	13才（中学生）
おじいさん	66才	和子さんのお父さん	44才
おばあさん	68才	和子さんのお母さん	43才
お父さん	42才		
お母さん	42才		

太郎さんが入っている陸上クラブでは，この自然公園の中でバーベキューを行うことになっ
ています。太郎さんはそのことを思い出し，お父さんと次のような会話をしました。

【太郎さんとお父さんの会話】

太郎さん：来週の日曜日にこの自然公園でバーベキューをやるんだ。

お父さん：何人参加するんだい？

太郎さん：小学生，中学生，高校生が合わせて16人と，2人のコーチが参加する予定だよ。

お父さん：高校生は何人参加する予定なの？

太郎さん：　A　人だよ。今回は，高校生の欠席者がたくさんいると聞いたよ。

お父さん：高校生の参加者がもう少し増えて，大人料金の入園者がコーチ2人と合わせて，ちょうど20名になれば，団体料金で入園できるのにね。予定人数で入園するよりも合計で500円少なく入園できるよ。

問2　【太郎さんとお父さんの会話】の　A　にあてはまる数を答えなさい。

　　太郎さん，おじいさん，お父さん，和子さん，和子さんのお父さんは，「入口」でレンタサイクルを借りて，**資料3**の自転車ルートマップをもとに公園内を移動することにしました。また，おばあさんは車いすを借りて，お母さん，和子さんのお母さんといっしょに「花畑」と「ハーブガーデン」に行くことにしました。

問3　太郎さんたちは，次のページの**資料4**の計画どおりに進んで，午前10時8分に「どきどき森」近くの「駐2」に着きました。「入口」から「駐2」まで，自転車でどのような道順を通ってきたか，次の（例）にならって答えなさい。ただし，同じ交差点を2回以上通ることはありませんでした。また，太郎さんたちの各交差点や駐輪場の間を自転車で進むのにかかる時間は，**資料3**のとおりとします。

（例）　Dから「駐3」とEを通ってFまで行くルートの場合

D　→　駐3　→　E　→　F

資料3　自転車ルートマップ

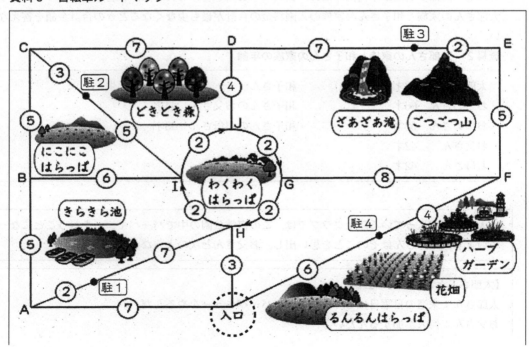

・A〜Jは交差点や曲がり角を表します。
・「駐1」，「駐2」，「駐3」，「駐4」は駐輪場を表します。
・○の中の数字は，交差点や駐輪場の間を自転車で進むのにかかる時間です。
　「駐1」とAの間の②は，「駐1」とAの間を自転車で移動するのに2分かかるということとを表します。
・「わくわくはらっぱ」の周りのコースは矢印の方向にしか進めません。

資料4　太郎さんたちの計画

まわり方

　午前9時10分に，「入口」で自転車を借りて，すぐに「入口」を出発し，「きらきら池」，「どきどき森」，「ざあざあ滝」の順にまわる。その後，「入口」に戻り，自転車を返してから「わくわくはらっぱ」へ向かう。

各場所での滞在時間等

＊滞在時間には，自転車を停める時間や駐輪場と目的地との往復時間などもふくむ。

＊それぞれの見学地に一番近い駐輪場に自転車を停めて見学をする。

場所	滞在時間	活動内容
きらきら池	30分	ボートにのる。
どきどき森	1時間	アスレチックで遊ぶ。
ざあざあ滝	20分	写真をとる。
わくわくはらっぱ	1時間	お母さんたちと合流し，昼食をとる。

問4　太郎さんたちは**資料4**の計画どおりに進んで，午前11時25分に「駐3」に着きました。ここで予定を変更し，「ごつごつ山」で遊ぶことにしました。太郎さんたちは，レンタサイクルの延長料金が発生しないように「入口」に戻ろうと思っています。このとき「ごつごつ山」での滞在時間は，最大何分間ですか。

問5　おばあさんたちが行った「花畑」の面積は3haで，自然公園全体の面積の1.1%にあたります。自然公園全体の面積は何haですか。小数第1位を四捨五入してがい数で答えなさい。

　太郎さんたちは，「わくわくはらっぱ」で昼食をとるために，お母さんたちとルートマップのH地点で待ち合わせをしています。

　太郎さんたちが自転車を返しているときに，飲み物などを買いにきたお母さんたちが「入口」へ戻ってきました。買い物が終わったお母さんたちは，太郎さんたちよりも先にH地点に向かいました。

　その後，太郎さんたちもお母さんたちと同じ道を通り，H地点に向かいました。そして，ちょうどH地点に着いたところでお母さんたちに追いつきました。

【太郎さんとお母さんの会話】

太郎さん：やっと追いついた。今，午後０時27分だね。お母さんたちは何時に「入口」から歩き始めたの？

お母さん：午後０時15分だったよ。

太郎さん：じゃあ，ゆっくり歩いてきたんだね。

お母さん：そうだね。「入口」から200mのところで時計をみたら午後０時19分だったよ。

太郎さん：ちょうどその時刻にぼくたちは，「入口」から歩き始めたよ。

問6　【太郎さんとお母さんの会話】を読んで，太郎さんたちが歩いた速さは分速何mか求めなさい。ただし，太郎さんたちとお母さんたちは，それぞれ一定の速さで歩いたものとします。

3　　太郎さんは，近くの公園で生き物について調べることにしました。

次の問１〜問４に答えなさい。

【太郎さんが植物について調べたこと】

　公園の広場に生えている植物について調べました。

　広場の一部で，一辺２mの正方形のはん囲を決めて，そこに生えていた植物の種類と株数を調べ，表にまとめました。

表　調べた植物の種類と生えていた株数

調べた植物の種類	※2 生えていた株数
オオバコ	２７
オヒシバ	３３
スズメノカタビラ	２１
タンポポ（セイヨウタンポポ）	４
※1 その他	３５
合計	１２０

　※１：図かんで調べてもよくわからなかった植物をその他の植物としています。

　※２：１本が見分けにくい植物については，見かけ上の様子で１つのまとまりを１株として数えています。

【太郎さんの考え】

　広場全体の植物の生え方は，広場のどの部分でも，ほぼ同じような割合で生えていました。このことから，広場全体に生えていた植物の株数は広場の面積に比例していると考えられます。

問1　太郎さんが調べた一辺２mの正方形のはん囲に生えていた植物のうち，オオバコの生えていた株数の割合を百分率で答えなさい。

問2　【太郎さんの考え】では，広場全体に生えていた植物のおおよその株数を求める計算の式は，広場の面積を x m² とするとどのように表せますか。次のア〜エの中から１つ選び，記号で答え

なさい。

ア　$x \div 4 \times 120$　　イ　$x \times 120$　　ウ　$x \times 4 \div 120$　　エ　$(x + 4) \times 120$

　　次に太郎さんは，公園の池にいる生き物について調べようと考え，学校に行って先生に相談しました。

【太郎さんと先生の会話①】

太郎さん：先生，池にいる生き物の数について調べたいのですが，よい方法が思いつきません。
　　　　　　例えば，池にはフナがいます。池のフナの数を推測する方法はないでしょうか。

先　　生：資料は数年前に池の中のフナの数を調査した方法と調査記録です。

太郎さん：資料を使って，調査当時の池全体にいるフナの数を推測してみます。

問3　太郎さんは，**資料**の調査記録を使って，調査当時の池全体にいるフナの数を推測しました。この記録から，この池にはフナは何匹いたと考えられますか。

資料　フナの数の調査方法および調査記録

【調査方法】

①　池のフナを一定数つかまえる。

②　つかまえたすべてのフナのせびれに目印をつけて，池に放す。

③　数日後，再びフナを一定数つかまえる。

④　つかまえたフナの数に対する目印のあるフナの数の割合から，池全体にいるフナの数を推測する。

泳ぐのに影響のない目印をつける

【調査記録】	
○○年7月20日	○○年7月23日
目印をつけして放したフナの数　20匹	つかまえたフナの数　　　　　　　　36匹
	目印がついているフナの数　　　　3匹
	目印がついていないフナの数　　33匹

【太郎さんと先生の会話②】

太郎さん：フナの数を推測することができました。**資料**の**【調査方法】**なら，池にいるどんな生き物でも，池全体にいる数を推測することができるのでしょうか。

先　　生：フナと似た生活をしている生き物ならば，この方法が適しています。

太郎さん：ということは，生き物の生活のしかたによって，方法を変えないといけないのですね。

先　　生：そうです。植物は動くことができないので，すぐに調査することができましたね。
　　　　　　同じ条件の場所ならば，同じように生えていると考えることができます。太郎さん

もそのように考えて広場全体の植物の数を計算したのではないですか。

太郎さん：確かに，そう考えて計算しました。

先　　生：一方，フナは，目印をつけたあと何日か間をおいてから調査をしなければいけない
のです。何日か間をおくことで目印をつけたフナが，[　　　　A　　　　]からで
す。もちろん，調査する期間に池全体でフナの数がほとんど変わらないということ
も重要です。

太郎さん：そうなのですね。今度，試してみたいと思います。

問4　【太郎さんと先生の会話②】の空らん [A] にあてはまる，何日か間をおいてから調査をしな
ければいけない理由を簡単に書きなさい。

[4]　太郎さんは実験を行い，豆電球と発光ダイオード（LED）の光るようすなどについて，
調べることにしました。

次の問1～問3に答えなさい。

【実験①】

＜用意したもの＞

□豆電球　　　　□導線　　　　□かん電池　　　　□スイッチ

□プロペラ付きモーター　　□発光ダイオード

発光ダイオード
たんしの長さが
異なっている。

＜方法＞

1　図1のように，2つのかん電池に豆電球とモー
ター，スイッチを導線でつないだ回路を作成した。
スイッチを入れると，豆電球が点灯し，モーター
が右回りに回転した。

図1

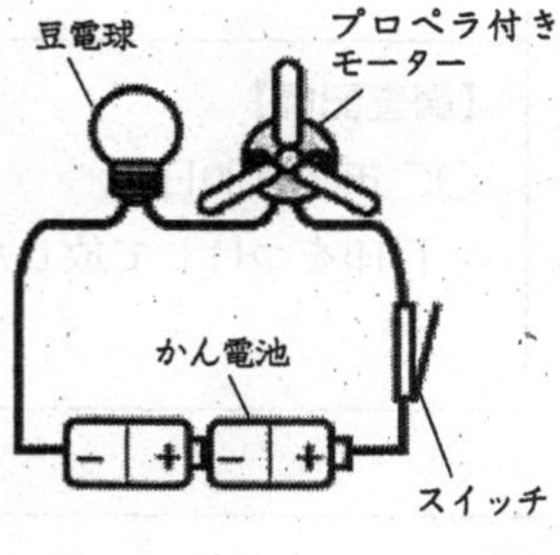

豆電球
プロペラ付き
モーター
かん電池
スイッチ

2　図2のように，図1の回路とは電池の向きを入
れかえた回路を作成した。スイッチを入れると，
豆電球が点灯し，モーターが左回りに回転した。

図2

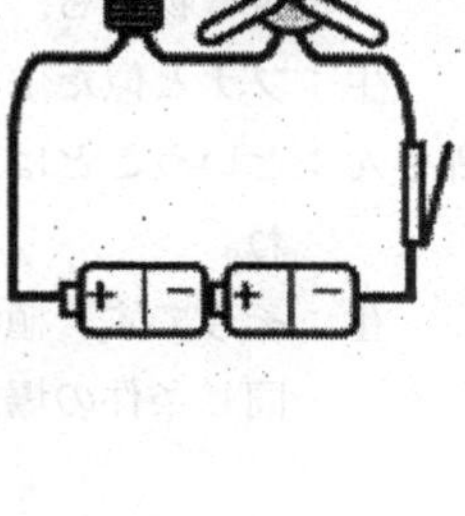

3　図3のように，2つのかん電池に発光ダイオードとモーター，スイッチを導線でつないだ回路を作成した。スイッチを入れると，発光ダイオードが点灯し，モーターが右回りに回転した。

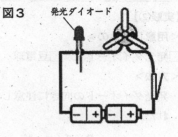

図3　発光ダイオード

4　図4のように，図3の回路とは電池の向きを入れかえた回路を作成した。スイッチを入れると，発光ダイオードは点灯せず，モーターも回転しなかった。実験で用意したものや回路について調べたが，異常はなかった。

図4

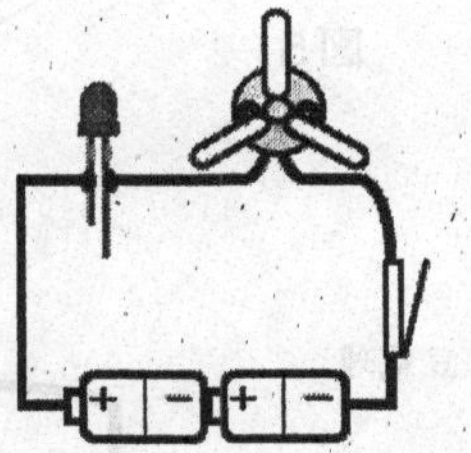

問1　太郎さんは，【実験①】からわかったことを【太郎さんのまとめ】のようにまとめました。【太郎さんのまとめ】にある，空らん　A　にあてはまる言葉を，10字以内で書きなさい。

【太郎さんのまとめ】
○方法の1と方法の2の結果からわかったこと
・電池の向きを入れかえるとモーターの回転する向きが逆になったことから，　A　が逆になったことがわかった。
・電池の向きを入れかえてモーターの回転する向きが逆になっても豆電球が点灯したことから，豆電球は　A　に関係なく点灯することがわかった。
○方法の3と方法の4の結果からわかったこと
・電池の向きを入れかえると発光ダイオードは点灯したり，しなかったりすることから，発光ダイオードを点灯させるには正しい電池のつなぎ方があることがわかった。

【太郎さんと先生の会話①】
先　　生：太郎さん，おもしろい実験をしましたね。どんなことがわかったのですか。
太郎さん：電池の向きを変えると，豆電球と発光ダイオードの点灯の仕方やモーターの動きに違（ちが）いが見られました。
先　　生：なるほど。次のページの【実験②】を見てください。太郎さんの実験を見て，回路を作成してみました。
太郎さん：わたしの作った回路と違って少し複雑ですね。

【実験②】

＜用意したもの＞

□発光ダイオード　　□豆電球　　□導線　　□かん電池　　□スイッチ

＜方法＞

・発光ダイオードの向きに注意して，図5〜図8のような回路を作り，それぞれスイッチを入れた。

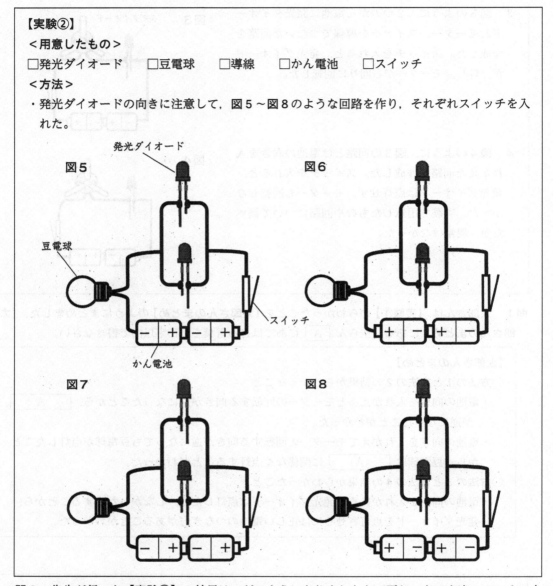

問2　先生が行った【実験②】の結果は，どのようになりましたか。正しいものを次のア〜オの中から1つ選び，記号で答えなさい。

ア　図5の回路と図6の回路では，豆電球は点灯しなかった。

イ　図7の回路では，すべての発光ダイオードが点灯し，豆電球も点灯した。

ウ　図8の回路では，豆電球のみ点灯した。

エ　豆電球はすべての回路で点灯した。

オ　すべての回路で，発光ダイオードは1つずつ点灯した。

太郎さんはモーター，タイヤ，車体，車軸（しゃじく），ギア（歯車），かん電池，導線，スイッチを使い，図9のような車を作り，走らせました。

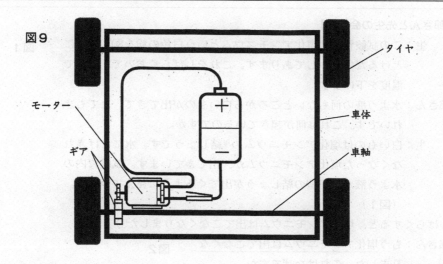

図9

【太郎さんと先生の会話②】

太郎さん：車が走りました。

先　　生：すごいですね。

太郎さん：しかし，一定方向にしか進みません。

先　　生：24ページの【実験①】の結果をもとに考えれば，図9の車とは逆方向へ進ませることもできますよ。

太郎さん：なるほど，考えてみます。そうだ，もっと速く走らせることはできないのでしょうか。

先　　生：それでは，電池を2つ使って回路を組み立ててみてください。

太郎さん：はい。図9の車とは逆方向へ進む，図9の車より速く走る車の回路を考えてみます。

問3　【太郎さんと先生の会話②】から図9の車とは逆方向へ進む，図9の車より速く走る車の回路を解答用紙の図にかきくわえなさい。

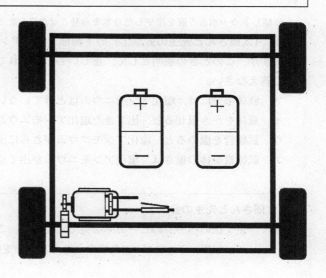

5 ┌───┐
　太郎さんは，先生と科学クラブで水にものをとかす実験をしました。
　└───┘

次の問1～問4に答えなさい。

┌──┐
【太郎さんと先生の会話①】

先　　　生：この試験管には塩化アンモニウムという白色の粉を80℃の水に
　　　　　　とけるだけとかしてあります。これをしばらくおいて20℃まで
　　　　　　温度を下げます。

太郎さん：水よう液の何もないところから白いものが出てきて，とてもき
　　　　　　れいです。これは何が起きているのですか。

先　　　生：白いものは塩化アンモニウムの※結しょうです。水にとけきれ
　　　　　　なくなった塩化アンモニウムが，出てきています。試験管内の
　　　　　　水よう液から星型の結しょうが出てくるように見えています。
　　　　　（図1）

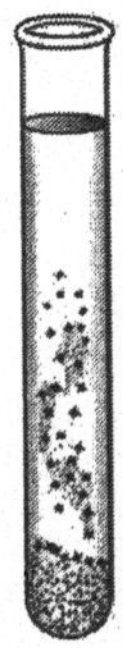

〈しばらくすると，塩化アンモニウムは出てこなくなりました。〉

太郎さん：もう塩化アンモニウムは出てこなくな
　　　　　　りました。これはなぜですか。

先　　　生：いっしょに考えてみましょう。図2
　　　　　　は，水の温度と100gの水にとけるだ
　　　　　　けとかすことができる塩化アンモニウ
　　　　　　ムの量をまとめたものです。

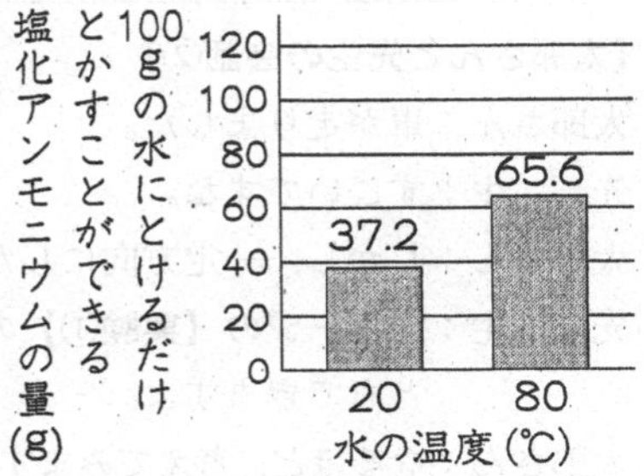

太郎さん：試験管の底には塩化アンモニウムがし
　　　　　　ずんでいますね。これの重さを求める
　　　　　　ことはできますか。

先　　　生：底にしずんだ塩化アンモニウムの量は，最初に加えた塩化アンモニウムの重さか
　　　　　　ら，その温度でとけるだけとかすことができるものの量を引いた量です。

図1

図2
└──┘

※結しょう…水よう液を冷やしたり水を蒸発させたりしたときに出てくる，規則正しい形をしたつぶのこと。

問1　【太郎さんと先生の会話①】の下線部「塩化アンモニウムは出てこなくなりました」とあり
　　ますが，このときの説明として，正しいものはどれですか。次のア～エの中から1つ選び，記号
　　で答えなさい。

　　ア　液体部分には，塩化アンモニウムはとけていない。
　　イ　液体をかき混ぜると，出てきた塩化アンモニウムはすべて再びとける。
　　ウ　試験管を温めると，塩化アンモニウムがさらに出てくる。
　　エ　試験管全体の重さは，塩化アンモニウムが出てくる前と後で同じである。

┌──┐
【太郎さんと先生の会話②】

先　　　生：次のページのビーカーを見てください。これは60℃の水200gを入れたビーカーに，
　　　　　　尿素，ミョウバン，食塩のうちのどれかを60g入れてとかした水よう液です。尿素，
└──┘

ミョウバン，食塩はいずれも水の温度が高いほど，多くとかすことができます。では，温度の変化を見ていきましょう。

太郎さん：結しょうがでてきました。

先　　生：水の温度は何度くらいですか。

太郎さん：およそ45℃です。

先　　生：それでは，**資料**をみてください。これは100ｇの水にとけるものの量を温度ごとにまとめた表です。**資料**を参考に，とかしたものを考えてみましょう。

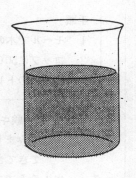

問2　次の**資料**から，尿素，ミョウバン，食塩のうち80℃の水100ｇにとけるだけとかし，しばらくおいて20℃になったときに出てくる結しょうの量が最も少ないものは，どれですか。ものの名前を書きなさい。

資料　100ｇの水にとけるものの量を温度ごとにまとめた表

とけるもの（ｇ） ＼ 水の温度	20℃	40℃	60℃	80℃
尿素	108	167	251	400
ミョウバン	11	23	57	321
食塩	36	36	37	38

問3　【太郎さんと先生の会話②】の，先生がとかしたものは，尿素，ミョウバン，食塩のうちのどれですか。ものの名前を書きなさい。また，なぜそう考えたのかを，**資料**の数字を使って説明しなさい。

【太郎さんと先生の会話③】

先　　生：この市販（しはん）されている尿素の実験キットを使って，結しょうをつくってみましょう。

【実験キットの説明書】

このキットについているもの

・尿素（肥料や化しょう品などに使われています。）

・モール（毛のようなものがたくさんついた針金（はりがね）。水を吸（す）い上げやすい性質があります。）

・コップ

・トレー

用意するもの

・50℃の水　100ｇ

手順

1　モールで木のような形をつくり，トレーの中央に立てます。

2　コップに50℃の水100ｇを入れ，尿素をとけるだけとかします。

3　2を1のトレーに入れます。

太郎さん：【実験キットの説明書】の手順どおりにやっ
　　　　　てみました。モールに白い結しょうが少し
　　　　　できてきました。（図3）

図3

先　　生：そうですね。モールに吸い上げられて温度
　　　　　が下がったからですね。このまま少しおい
　　　　　ておきましょう。

＜数時間後＞

先　　生：水よう液の温度が部屋の温度と同じになり
　　　　　ましたね。

図4

太郎さん：さっきよりもモールに結しょうが増えてい
　　　　　ますね。

先　　生：そうですね。そして，これは昨日のうちに，
　　　　　同じ条件・手順で実験を行い，温度が一定の
　　　　　部屋に1日おいておいたものです。（図4）

太郎さん：昨日実験したもののほうが，今日実験したものより多くの結しょうがモールに出
　　　　　ています。なぜ1日おいておくと，モールについた結しょうは増えたのですか。

問4　部屋の温度と同じになったものを1日おいておくと，結しょうが増えたのはなぜですか。説
　　明しなさい。

2020年度

さいたま市立浦和中学校入試問題（第2次）

【適性検査Ⅲ】 （45分）

1　　花子さんは，総合的な学習の時間に，ボランティア活動について調べ，発表に向けた準備をしています。

以下の会話文を読んで問いに答えなさい。

【花子さんと先生の会話】

先　　生：花子さんは，何について発表をしようと考えているのですか。

花子さん：わたしはボランティア活動について発表しようと思っています。先日，テレビで外国のボランティア活動について放送されているのを見ました。そこでは多くの若者（わかもの）がボランティア活動に参加していました。わたしも過去に数回ボランティア活動に参加したことがありますが，毎回若者の参加者が少なかったのを覚えています。まず，**資料1**から日本と外国の若者のボランティア活動に対する興味について，比較（ひかく）しながら具体的な数値（すうち）を用いて発表する予定です。

先　　生：他には何か資料がありますか。

花子さん：はい。**資料2**と**資料3**があります。**資料2**は，日本の学生がボランティア活動に参加できない要因を表したグラフです。ここに示されている要因を解決できれば，ボランティア活動に参加する若者が増えると思います。解決方法を考えるために，**資料3**を用意しました。**資料3**は，わたしたちの住む区のボランティアセンターが提供（ていきょう）している，ボランティアの募集情報（ぼしゅうじょうほう）をまとめたものです。この募集情報から，**資料2**の要因をいくつか解決できると思います。

先　　生：たしかにそうですね。参加できない要因はたくさんあるので，いくつか選んで発表するとよいのではないでしょうか。

花子さん：では，**資料2**の要因から25％をこえているものを2つだけ選び，**資料3**と結びつけて発表します。

先　　生：花子さんが今回の発表をとおしていちばん伝えたいことは何ですか。

花子さん：はい。わたしは，ボランティア活動に参加するのはむずかしいことだと考えていました。しかし，自分の経験からボランティア活動は身近なものだと考えられるようになりました。そこで，クラスのみなさんにもボランティア活動が身近なものだと感じてもらい，ボランティア活動に参加してもらえるように呼（よ）びかけたいと思います。

先　　生：すばらしい発表になりそうですね。

資料1　※若者のボランティアに対する興味

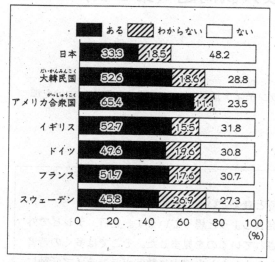

■ ある　▨ わからない　□ ない

日本	33.3　18.5	48.2
大韓民国	52.6　18.6	28.8
アメリカ合衆国	65.4　11.1	23.5
イギリス	52.7　15.5	31.8
ドイツ	49.6　19.6	30.8
フランス	51.7　17.6	30.7
スウェーデン	45.8　26.9	27.3

0　20　40　60　80　100（%）

※　若者…13才から29才までの男女。
（内閣府　平成30年度「我が国と諸外国の
　　若者の意識に関する調査」をもとに作成）

資料2　日本の学生がボランティアに参加できない要因

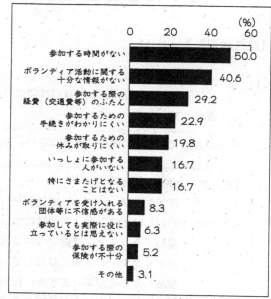

0　20　40　60（%）

参加する時間がない	50.0
ボランティア活動に関する十分な情報がない	40.6
参加する際の経費（交通費等）のふたん	29.2
参加するための手続きがわかりにくい	22.9
参加するための休みが取りにくい	19.8
いっしょに参加する人がいない	16.7
特にさまたげとなることはない	16.7
ボランティアを受け入れる団体等に不信感がある	8.3
参加しても実際に役に立っているとは思えない	6.3
参加する際の保険が不十分	5.2
その他	3.1

（内閣府　平成28年度「市民の社会貢献に
　　関する実態調査」をもとに作成）

資料3　花子さんが住む区のボランティアセンターのボランティア募集情報をまとめたもの

種　　類	活動場所	日　　　時	
イベントの手伝い	区内	10／13（日）	15：00〜17：00
プール活動ボランティア	区内	毎月第1・3水曜日	16：00〜17：30
清そうボランティア	区内	毎週日曜日	14：30〜15：30
手話ボランティア	区内	毎月第1・3木曜日	18：30〜21：00
病院　患者付き添いボランティア	区内	毎週月曜日〜金曜日	9：00〜12：00
※サタデースクールボランティア	区内	9／21（土）	9：00〜11：30

※　サタデースクール…土曜授業のこと。

問　あなたが花子さんなら，どのような発表原稿を作成しますか。次の条件に従って書きなさい。
　条件1：解答は横書きで1マス目から書くこと。
　条件2：文章の分量は300字以内とすること。
　条件3：数字や小数点，記号についても1字と数えること。

（例）| 4 | 2 | . | 5 | % |

2

~~~
太郎さんは花子さんと先生に，家族と登山をしたときのことを話しています。
~~~

以下の会話文を読んで問いに答えなさい。

【太郎さんたちの会話①】

太郎さん：秩父の甲武信ヶ岳に登ったことがあります。甲武信ヶ岳は埼玉県で2番目に高い山
　　　　　で，標高は2475mあります。山登りをしているときに，標高1800m付近では，わた
　　　　　しの住むまちでは見たことのない花がさいていました。また，山頂に近づくと，高
　　　　　い木が少なくなり，とてもながめがよかったです。

花子さん：標高が高いところでは，わたしたちが住んでいるところとは育つ植物の種類がちが
　　　　　いますね。標高と関係があるのでしょうか。

太郎さん：標高が高くなると，気温が変わり，育つ植物の種類も変わります。わたしが調べた
　　　　　ところ，「※あたたかさの指数」がわかると，その数値から育つ植物の種類を推測で
　　　　　きることがわかりました。「あたたかさの指数」は，わたしが作成した**資料1**と**資料
　　　　　2**のように標高と各月の平均気温をもとに計算することができます。

先　　生：おもしろそうですね。甲武信ヶ岳に育つ植物の種類について調べたらどうでしょう
　　　　　か。

※　あたたかさの指数…あたたかさを表す数値のこと。

資料1　標高と気温の関係

・気温は，標高が100m高くなるごとに，0.6℃ずつ下がる。

・月の平均気温についても，標高が100m高くなるごとに，0.6℃ずつ下がることとする。

資料2　「あたたかさの指数」の求め方とその数値から推測できる植物の例

1　1月から12月の各月の平均気温を調べる。

2　各月の平均気温を次のルールにあてはめ，「各月の数値」を計算する。

> 平均気温が5℃未満の場合の数値…「各月の数値」を0とする。
> 平均気温が5℃以上の場合の数値…「各月の数値」を各月の平均気温から5を引いた数
> 　　　　　　　　　　　　　　　　　値とする。

3　2で求めた「各月の数値」を合計する。合計した数値が「あたたかさの指数」となる。

4　3で求めた「あたたかさの指数」を次の表にあてはめる。

「あたたかさの指数」	育つ植物の種類の例
15以下	ハイマツなど
15～45	コメツガ，エゾマツなど
45～85	ブナ，ミズナラなど
85～180	シイ，カシなど
180以上	アコウ，ヒルギなど

【太郎さんたちの会話②】

太郎さん：甲武信ヶ岳の平均気温の記録はなかったので，秩父市の標高230m地点（**A地点**）
　　　　での平均気温の記録をもとに**資料3**を作成しました。

先　　生：これを使うと秩父市に育つ植物の種類が推測できそうですね。

資料3　秩父市のA地点の平均気温と計算して求めた「あたたかさの指数」

月	1月	2月	3月	4月	5月	6月
各月の平均気温（℃）	1.6	2.5	6.1	12.1	16.8	20.4
「各月の数値」	0	0	1.1	7.1	11.8	15.4

月	7月	8月	9月	10月	11月	12月
各月の平均気温（℃）	24.0	25.3	21.1	14.9	8.8	3.8
「各月の数値」	19.0	20.3	16.1	9.9	3.8	0

「あたたかさの指数」
104.5

【太郎さんたちの会話③】

太郎さん：**資料3**を見てください。A地点での「あたたかさの指数」は104.5となるので，**資料2**から，育つ植物はシイ，カシなどと推測されます。

先　　生：地球温暖化によって平均気温はだんだん高くなっています。これからの約100年間で，日本の平均気温がすべて約4℃ずつ高くなるという話を聞いたことがあります。

花子さん：仮に各月の平均気温が4℃高くなるとすれば，その場所に育つ植物の種類を推測することができますね。

先　　生：そうですね。それでは，太郎さんが花を見た標高1800m地点を**B地点**としたとき，平均気温が4℃高くなると，**B地点**で育つ植物の種類にどのような変化が起こるか，朝の会のスピーチで発表してくれませんか。

太郎さん：はい。わかりました。それではまず，**A地点**と**B地点**の気温差を明らかにします。次に，現在の**B地点**での「あたたかさの指数」を計算し，育っている植物の種類を示します。そして，各月の平均気温がすべて4℃ずつ高くなったと仮定し，再び「あたたかさの指数」を計算します。最後に，**B地点**における，育つ植物の種類の変化を推測し，発表します。

花子さん：太郎さん，がんばってくださいね。

問　あなたが太郎さんならどのような発表原稿を作成しますか。次の条件に従って書きなさい。また，計算結果は小数第2位を求めて四捨五入し，小数第1位まで書きなさい。なお，計算過程は書かなくてよいものとします。

条件1：解答は横書きで1マス目から書くこと。

条件2：文章の分量は250字以内とすること。

条件3：数字や小数点，記号についても1字と数えること。

（例）| 4 | 2 | . | 5 | ％ |

3 ┃ 給食後，花子さんは太郎さんと先生に，学校保健委員会での発表について話をしています。

以下の会話文を読んで問いに答えなさい。

【花子さんたちの会話】

先　　生：発表の準備は進んでいますか。

花子さん：はい。最近ニュースで「魚離れ」という言葉を聞きました。わたしは魚が好きなのですが，魚を食べる人がどのくらい減ってきているかを調べたところ，資料１のように国民の魚介類の消費量と肉類の消費量が変化していることがわかりました。この変化について，発表に入れたいと思います。また，資料２（次のページ）のように年齢層別の魚介類の※摂取量についても調べました。

先　　生：資料２からは，いろいろなことが読み取れそうですね。

花子さん：そうなのです。さらに，魚介類を食べるとどのようなよい効果があるかを調べてみると，資料３（次のページ）が見つかりました。

太郎さん：すごいですね。魚介類を食べるとからだによい効果がたくさんあるのですね。

花子さん：はい。資料３にあるDHAやEPA，タウリンなどはからだに必要な栄養素ですが，体内でつくり出すことはできないので，食物から摂取する必要があることがわかりました。調べていくうちに，魚介類はわたしたちの健康を保つ上で重要であることに気付きました。

先　　生：よく調べましたね。どのように発表しますか。

花子さん：まず資料１から，魚介類の消費量と肉類の消費量の変化についてふれます。次に資料２から，読み取れる特徴を２つ示します。そして，資料３から，からだに役立つ機能性成分や魚介類の具体例をあげながら，魚介類を摂取することによって期待される効果を示します。最後に，魚介類を摂取する必要性を述べたいと思います。

先　　生：発表を楽しみにしています。

※　摂取量…からだの中に取り入れる量。

資料１　魚介類および肉類の１人当たりの年間消費量

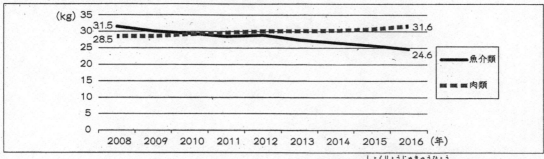

（農林水産省「食料需給表」をもとに作成）

資料2　年齢層別の魚介類の1人当たりの1日の摂取量

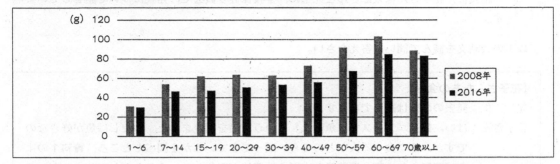

（厚生労働省「国民健康・栄養調査」をもとに作成）

資料3　魚介類にふくまれる主な機能性成分

主な機能性成分	多くふくむ魚介類	期待される効果
DHA	クロマグロ脂身、スジコ、ブリ、サバ	視力低下予防　他
EPA	マイワシ、クロマグロ脂身、サバ、ブリ	高血圧予防　他
タウリン	サザエ、カキ、コウイカ、マグロ血合肉	心臓病予防　貧血予防　視力の回復　他

（水産庁資料をもとに作成）

問　あなたが花子さんならどのような発表原稿を作成しますか。次の条件に従って書きなさい。

条件1：解答は横書きで1マス目から書くこと。

条件2：文章の分量は300字以内とすること。

条件3：数字や小数点，記号についても1字と数えること。　　（例）| 4 | 2 | . | 5 | % |

第1次

2020 年 度

解 答 と 解 説

《2020年度の配点は解答欄に掲載してあります。》

＜適性検査Ⅰ解答例＞ 《学校からの解答例の発表はありません。》

① 問1 ウ
　 問2 イ
　 問3 一生かかって集められる
　 問4 ア

② 問1 油をとって行燈に，残りかすも肥料に用いる
　 問2 イ
　 問3 ウ
　 問4 ウ

③ 問1 毎日の事件や出来事，社会の動きの情報
　 問2 イ
　 問3 ア
　 問4 ア，オ

④ 問1 A 東
　　　 理由　河川は高いところから低いところに向かって流れるから。
　　　 B 群馬　C 千葉
　 問2 近くに海があった
　 問3 交かん
　 問4 F カ　G ケ　H エ

⑤ 問1 オ
　 問2 ウ
　 問3 A 小さい　　B 大きい
　 問4 C 300　D 75　E 300　F 3　　G エ

○推定配点○

① 問1・2・4 各3点×3　　問3 5点
② 問1 5点　　問2・3・4 各3点×3
③ 問1 5点　　問2・3・4 各3点×3
④ 問1A 7点(完答)　　問1B・C 各2点×2　　問2 5点　　問3 4点　　問4 各3点×3
⑤ 問1・2・4 各3点×7　　問3 各4点×2　　　　　　　　　　　　　　計100点

＜適性検査Ⅰ解説＞

1 (国語：文章読解)

問1 黒江が「ごめんな，ちょっとごめんな」と謝っていることから，蜂に対して申し訳なく思っているということが読み取れる。よって，ウが正しい。

問2 点線で囲まれている部分では遠心分離器（えんしんぶんりき）の様子が書かれており，「おおお，と思っている」とあることから碧（みどり）がおどろいていることが読み取れる。したがって，イが最も適当である。「おおお，と思っている」という表現から，「冷静に観察している」ことや「ただただぼんやりと見とれている」という様子は読み取れないため，ウとエは適当でない。アについて，味見をすることへ期待している様子は書かれていない。

問3 本文にある「ミツバチが一生かかって集められる蜜の量が匙一杯分（さじいっぱいぶん）だということを思い出す。今わたしが口にしたのは，蜜蜂の一生だ。」という部分に着目する。ここから，11字の指定にあった表現をさがし出す。問題文に「書きぬきなさい。」とあるので，本文中とまったく同じ表現で書かなければならない。

問4 イについて，本文中に比喩（ひゆ）や擬人法（ぎじんほう）は用いられていない。ウについて，この文章は碧の視点（してん）で進められており黒江の視点からの表現はない。エについて，採蜜（さいみつ）の様子を表す表現は見られるものの，音を表す表現は見られない。黒江が蜂に対してていねいに接している様子などが書かれており，黒江の人物像を表すような表現が多く見られるため，アが最も適当である。

2 (国語：説明文，文章読解)

問1 本文にある「集めてぎゅっとしぼると油になり照明器具の行燈（あんどん）に使います。さらに油を絞った残りかすは畑の肥料になります。」という部分に着目する。ここから，問題文で指定されている15字以上20字以内で，「種（たね）からも……ので，」に当てはまるような表現を考える。

問2 まずAの前の部分では，江戸時代では太陽の動きによって時刻（じこく）が決められていたことが書かれており，Aの後の部分では季節によって昼間の時間が長くなったり短くなったりすることが書かれている。ここから，Aに当てはまるのは「ところが」であると考えられる。そして，Bの前後の部分では，精巧（せいこう）な歯車が使われているものの例がいくつか挙げられている。ここから，Bに当てはまるのは「また」であると考えられる。よって，イが最も適当である。

問3 本文中に「毎日の生活に時計を合わせればいいんだ！」とあり時計を生活に合わせていることが読み取れる。よって，ウの「毎日の生活を時計に合わせる」という方法は正反対のことを言っている。

問4 本文に「たったひとつの価値観（かちかん）しかない社会では，その価値観が崩れた瞬間（しゅんかん）にぜんぶ倒れて（たおれて）しまいます」とあることから，様々な価値観が必要であると予測できる。よって，Cに最も当てはまる言葉はウの「多様性」であると考えられる。

3 (国語，社会：文章読解，歴史，資料の読み取りなど)

問1 「刻一刻（こくいっこく）移り変わる社会の情報」が具体的にどのような情報であるかは，直前の文に着目し，問題文の指定にある18字でさがし出す。問題文に「書きぬきなさい。」とあるので，本文中とまったく同じ表現で書かなければならない。

問2 昨日，今日の情報が載（の）っているわけではないのは本であり，新聞にはつねに新しい情報が載っていることから，イはまちがい。その他のア，ウ，エは人々が新聞を読みたいと思っていた理由として適切である。

問3　今から2500年前くらい前は紀元前480年頃であるため，その頃の日本の様子として適切なものを選ぶ。紀元前480年は縄文時代から弥生時代への移り変わる頃であり，この時に起こったこととして正しいのはアの「米作りの技術が伝えられた」である。イの「大仙古墳が作られた」のは古墳時代，ウの「聖徳太子が政治の改革を進めた」とエの「多くの人が遣唐使として海にわたった」は飛鳥時代で，いずれも紀元後のことである。

問4　資料から，10代から60代までのすべての年代において最も「ラジオ」の割合が少ないことが読み取れるため，アは適当である。イは，「新聞」と答えた人の割合が最も大きいのは50代であるため適当でない。ウは，「インターネット」と答えた人の割合は10代より20代の方が大きいため，適当でない。エは，50代で「テレビ」と答えた人の割合が「新聞」と答えた人の2倍より小さいため，適当でない。そして，30代の「新聞」と答えた人の割合と「インターネット」と答えた人の割合の合計は48.1％と「テレビ」と答えた人の割合46.6％よりも大きくなっているため，オは適当である。

④　(社会：地形，歴史，資料の読み取りなど)

問1　A　水は高いところから低いところから流れることから，河川も高いところから低いところに向かって流れる。資料1を見ると，アの西側は山地であり高くなっており，東側は台地や低地であり低くなっていることから，東の方位へ荒川が流れていると考えられる。

　　B　埼玉県の北には群馬県があることから，Bには群馬県が当てはまる。

　　C　埼玉県の南東には千葉県があることから，Cには千葉県が当てはまる。

問2　縄文時代には「縄文海進」という，現在に比べて海が2～3メートル高くなり，日本列島の様々な場所で海が陸地の奥深くまで現れるという現象があった。このことからも，現在は海がない埼玉県でも，縄文時代には海があったと考えられている。ここから，さいたま市の近くに海があったため，海で取れる貝殻が貝塚から見つかったのだと考えられる。

問3　日々の生活からも，お金を払うことで商品を買うことができるということは明らかである。そこからEに当てはまるように考えると，お金と商品を「交かん」していると考えられるだろう。

問4　F　それまでの市や座は，商売をするために税を納めたり販売を独占したりすることが定められており，商売をするのに様々な決まりごとがあった。それらを廃止するということは「自由」に商売をすることができるようになるというであるため，カが適当である。

　　G　【太郎さんと博物館の職員の会話】や【資料4】から，安土に新しく住む人が以前からの住民と同じように扱われるようになるということが読み取れ，ここから安土に住みたい人は「増える」と考えられる。

　　H　織田信長が命令を出し商売が自由に行えるようにしたり，安土に住む人を増やしたりすることで，城下町の商工業を「活性化」させようとした。

重要 ⑤　(社会：資料の読み取りなど)

問1　【太郎さんのメモ】から，当てはまらない国をのぞいていく。①より，標準税率が20％未満であることがわかるため，イギリス，フランス，イタリアがのぞかれる。次に②より，中国とベトナムがのぞかれる。そして③より，軽減税率が5％以上である国であるので，オーストラリアとルクセンブルクがのぞかれる。すなわちすべての条件に合う国はドイツとわかるので，オが正解。

問2　ア　資料2より[※が8％対象商品]とあり商品AとBに※がついていることからこれらは軽減税率の対象である。また，商品AとBの消費税を含む合計金額は，300(円)＋500(円)＋64

（円）＝864（円）であり，正しい。イ　商品D，E，Fの消費税を含まない合計金額は，**資料3**の合計の846円から消費税等の71円をひいたものなので775円であるため正しい。エ　**資料2**の税10％の金額と税8％の金額，そして**資料3**の消費税等の金額をたすと42（円）＋64（円）＋71（円）＝177（円）となるので，適切である。ウ　標準税率の対象となっているのは商品CとFであるが，商品Fの消費税の金額は495（円）－495（円）÷1.1＝45（円）より，消費税の合計金額は42（円）＋45（円）＝87（円）であるためまちがい。

問3　A　**資料4**の年収200万円以上〜300万円未満の消費税10％のらんを見ると6.7％となっており，年収1000万円以上〜1500万円未満の消費税10％のらんを見ると3.2％となっているため，年収に対する消費税の負担割合は年収1250万円の世帯の方が小さい。

B　消費税の1年間の負担額を計算すると，年収250万円の世帯では250万（円）×0.067＝16.75万（円）で年収1250万円の世帯では1250万（円）×0.032＝40万（円）であるため，年収1250万円の世帯の方が負担額は大きい。

問4　C　外国銀貨100枚を日本銀貨に交換すると，100÷4×12＝300（枚）になる。

D　300枚の日本銀貨を日本金貨に交換すると，300÷12×3＝75（枚）になる。

E　75枚の日本金貨を売却すると，75÷3×12＝300（枚）の外国銀貨になる。

F　300枚の外国銀貨は元の100枚の，300÷100＝3より3倍である。

G　【花子さんたちの会話②】より，日本金貨に含まれている金の量から，日本金貨3枚を外国で売却すると外国銀貨12枚の価値があるということがわかる。金の流出を防ぐためには，日本金貨3枚と外国銀貨4枚が同じ価値になるようにすれば良い。そうすることで，日本から金を持ち出す意味がなくなるからである。そのためには，日本金貨に含まれる金の量を12分の4，つまり3分の1に減らせばよい。よって，エが正しい。

★ワンポイントアドバイス★

一見すると，たくさんの文章や資料があり取り組みにくそうであるが，その中から必要な情報を選び出し，情報を読み取っていこう。

＜適性検査Ⅱ解答例＞《学校からの解答例の発表はありません。》

1　問1　158（個）
　　問2　ウ
　　問3　1351（cm²）

2　問1　1560（円）
　　問2　12
　　問3　（入り口→）H→駐1→A→B→I（→駐2）
　　問4　28（分間）
　　問5　（約）273（ha）
　　問6　（分速）75（m）

③ 問1　22.5(%)
　　問2　ア
　　問3　240(匹)
　　問4　池全体に散らばる

④ 問1　電流の向き
　　問2　イ
　　問3

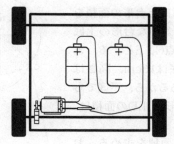

⑤ 問1　エ
　　問2　食塩
　　問3　溶かしたもの　ミョウバン
　　　　説明　尿素，ミョウバン，食塩はすべて水の温度が高いほどとける量も多いので，
　　　　　　　45℃のときに結しょうができるためには40℃でも結しょうができる必要があ
　　　　　　　る。40℃の水200gにとける量を考えると，60gを下回っているのはミョウバ
　　　　　　　ンで46gのみなので，答えはミョウバンである。
　　問4　水溶液の中の水が蒸発して，尿素だけが残ったから。

○推定配点○
① 問1・2・3　各4点×3
② 問1・2・4・5・6　各4点×5　　問3　6点
③ 問1・2・3　各4点×3　　問4　6点
④ 問1　6点　　問2　4点　　問3　8点
⑤ 問1・2　4点×2　　問3　とかしたもの4点　説明6点　　問4　8点　計100点

<適性検査Ⅱ解説>
① (算数：個数，展開図，面積)
　問1　3段それぞれ何個の積み木があるかを考えていく。まず1段目は，9×9−3×4＝69(個)で
　　　ある。次に，2段目は1段目より縦と横の数が1つずつ少なくなるようにするので，8×8−3×
　　　4＝52 (個)である。そして3段目も同様に考えると，7×7−3×4＝37(個)である。よって3段
　　　すべての積み木の数を足すと，69＋52＋37＝158(個)となる。
　問2　できあがる模型を，右のような円すいから斜線部のような小さい円すいを切り取ったものだ
　　　と考える。
　　　すると，「側面になる部分を平面に広げた形」も，大きな円すいの側面から，斜線部のような

小さい円すいの側面を除いた部分になる。よって,ウが適当である。

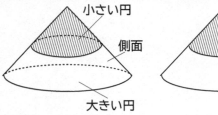

問3 右の図のように,切り取った2つの図形である円と台形の面積を
足したものから,斜線部の面積をひけばよい。線対称な台形の上底
の頂点を点B,D,そして円と台形が交わる点を点C,Eとする。ま
ず,台形BCEDの面積を求める。この台形の上底は16cm,高さは
10cmである。三角形ACEが直角二等辺三角形であるから,下底でも
あるCEの長さは,20cmである。これらより,台形BCEDの面積は,
(16+20)×10÷2=180(cm²)。

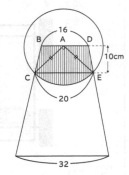

　そして,斜線部のうち台形BCED以外の部分の面積を求める。お
うぎ型のACEに着目すると,このおうぎ形の面積から三角形ACEの
面積を引けばよいことがわかる。おうぎ形の中心角が90°であることから,この面積は切り取
った図形の1つである円の面積の$\frac{1}{4}$である。おうぎ形の面積は,628÷4=157(cm²)。そし
て,三角形ACEの面積は20×10÷2=100(cm²)。よって,斜線部のうち台形BCED以外の部
分の面積は157-100=57(cm²)となる。これらのことから,斜線部の面積は180+57=237
(cm²)。

　次に,切り取った2つの図形の面積を求める。問題文より,円の面積は628cm²。次に,台形
の面積は(16+32)×40÷2=960(cm²)である。

　以上から,「真上から見た前方後円墳の形」の面積は628+960-237=1351(cm²)となる。

2 (算数:料金,経路,速さ)
問1 まず,太郎さんと和子さんは中学生以下であるため無料である。また,太郎さんのおじいさ
んがシルバー料金であり,おばあさんが障がい者手帳を持っているため無料になる。(シルバー
をのぞく)大人は4人であるが,そのうち1人はおばあさんのつきそいとして無料にできる。こ
れらのことから,入園料金が最も少なくなるのは,210+450×3=1560(円)である。

問2 もし高校生の参加者が増えて,コーチ2人と合わせてちょうど20名になった場合,入園料
金は290×20=5800(円)となる。予定人数で入園するにはこれより500円高いため,5800+
500=6300(円)かかる。ここから,一般の大人料金で入園する人の人数は,6300÷450=14
(人)である。ここにはコーチ2人も含まれているため,高校生の人数は14-2=12(人)である。

問3 午前9時10分に出発し,午前10時08分に駐2に到着しており,それまでに58分間あった。
資料4より,きらきら池には30分間滞在しているため,移動にかかった時間は58-30=28
(分)である。入り口から駐1を通って駐2に着くようなルートはいくつか考えられるが,その
中でも28分間で回ることのできるルートは,「入り口→H→駐1→A→B→I→駐2」のみである。

問4 資料1より,レンタサイクルの延長料金が発生しないためには,出発したのが午前9時10
分なので3時間後の午後0時10分までに入り口に戻らなければならない。駐3に着いたのが午
前11時25分であるため,ごつごつ山での滞在時間と駐3から入り口まで移動する時間の合計は

最大45分となる。駐3から入り口までの最短ルートは,「駐3→E→F→駐4→入り口」であり,このルートの移動にかかる時間は17分である。これらのことから,ごつごつ山での滞在時間は45−17=28で,最大28分である。

基本 問5 「花畑」の面積が3haで自然公園全体の面積の1.1%にあたることから,自然公園全体の面積は3÷0.011=272.72…(ha)であり,小数第1位を四捨五入し,273ha。

問6 【太郎さんとお母さんの会話】より,お母さんたちは200mを4分かけて歩いたということがわかる。ここからお母さんたちが歩いた速さは,200÷4=50より分速50mである。そして,お母さんたちは入り口からH地点まで12分かけて歩いたことから,入り口からH地点までのきょりは50×12=600(m)である。太郎さんたちは入り口からH地点まで8分かけて歩いたことから,600÷8=75より,太郎さんたちが歩いた分速は75m。

3 (算数,理科:割合,推定など)
問1 オオバコの生えていた株数の割合を求めるので,正方形のはん囲に生えていたオオバコの株数を,生えていたすべての植物の合計の株数でわればよい。 よって,27÷120=0.225より,22.5(%)。

問2 一辺2mの正方形,すなわち2×2=4m² のはん囲に生えていた植物の株数は120であることから,1m²あたりに生えている植物の株数は120÷4と表すことができる。このことから,広場の面積を x m²とすると,広場全体に生えている植物のおおよその株数は x÷4×120で求めることができる。

問3 7月23日につかまえたフナが36匹いてそのうち目印がついているフナが3匹ということから,36÷3=12より池全体でフナが12匹いたらそのうち1匹が目印のついたフナだということになる。7月20日に目印をつけて放したフナは20匹いるので,池全体にいるフナの数は12×20=240(匹)であると推測することができる。

問4 もし,目印をつけて池に放した直後にまたフナをつかまえたら,目印のついたフナがたくさん取れてしまうため,実際に池全体にいるフナの数よりも少なく見積もることになってしまう。何日か置くことで目印をつけたフナが池全体に散らばり,散らばった上でフナを再度つかまえることで,池全体にいるフナのうち目印のついたフナがどれくらいの割合でいるのかを見積もることができ,池にいるフナの数を正しく推測することにつながる。

4 (理科:電気回路の実験)
問1 電流は電池の＋極から流れ出て,電池の−極に流れ込むため,電池の向きを変えることによって電流の流れる向きも変わる。また,電流の流れる向きが変わると,モーターの回転する向きも逆になる。

問2 【実験①】の方法4からもわかるように,発光ダイオードは豆電球とは違い1方向しか電流を流さない性質を持っており,足の長い方から短い方に向かってしか電流を流さない。また,発光ダイオードの向きが違って電流が流れないとそこで電流が止まってしまうので,モーターも回らない。これらのことから,正しい選択肢を選んでいく。まず,アについて,図5では並列回路になっている発光ダイオードのうち下のものが,そして図6では上の発光ダイオードが正しい向きであるため,どちらも豆電球は点灯する。そのため,アは適当でない。ウについて,図8は2つの発光ダイオードどちらも正しい向きではないため電流が流れない。これより,豆電球は点灯しない。エについて,図8の回路では豆電球は点灯しないため適当でない。オについて,図5と図6では発光ダイオードが1つずつ点灯するが,図7では2つの発光ダイオード

が点灯し図8では1つも点灯しない。イについて，図7では2つの発光ダイオードどちらも正しい向きであるため，全ての発光ダイオードが点灯し，豆電球も点灯する。よってイが正しい。

問3 【実験①】より，電流の向きを変えることによってモーターの回転する向きが変わることがわかっている。車が逆方向に進むためにはモーターを逆向きに回転させれば良いので，図9とは逆にかん電池とモーターをつなげば良い。また，2つのかん電池を一列につなぐ，すなわち直列回路にすることによって，より車を速く走らせることができる。

5 (理科：水よう液の性質)

問1 下線部のように塩化アンモニウムが出てこなくなったのは液体にとけているアンモニウムがなくなったからではなく，水よう液の温度を80℃から20℃に下げたことによってとけきれなくなった塩化アンモニウムが結しょうとして出きったからである。図2より，20℃の水100gに塩化アンモニウムは37.2gとかすことができるとわかるので，液体部分には塩化アンモニウムがとけている。よってアは適当でない。出てきたアンモニウムは液体をかき混ぜてもすべて再びとけることはないので，イは適当でない。試験管を温めると塩化アンモニウムが水にとけやすくなるため，塩化アンモニウムがさらに出てくることはない。よってウは適当でない。塩化アンモニウムが水に溶けても消えてなくなってしまうわけではないので，試験管全体の重さは塩化アンモニウムが出てくる前と後で同じである。よってエが適当である。

問2 20℃になった時に出てくる結しょうの量を知るためには，資料の80℃のときにとける量から20℃のときにとける量をひけばよい。尿素は，400－108＝292(g)。ミョウバンは，321－11＝310(g)。食塩は，38－36＝2(g)より，出てくる結しょうの量が最も少ないのは食塩である。

問3 資料では100gの水にとけるものの量であり，先生は水200gにとかしたということに注意する。水200gにとける量を考えるには，資料にあるとける量を2倍すればよい。まず，60℃の水200gにとける量は尿素が502g，ミョウバンが114g，食塩が74gであり，すべて60gはとききる。次に，40℃のときにとける量を考えると，尿素が334g，ミョウバンが46g，食塩が72gであり，ミョウバンのみが60gを下回っている。よって，先生がとかしたものはミョウバンであるとわかる。

問4 部屋の温度は一定であることから，結しょうが増えたのは温度が下がったことによるものではない。1日おいておくことで水溶液の中の水が蒸発し，水の量が少なくなったことによって，とけきれなくなった尿素が結しょうとして出てきたからだと考えられる。

★ワンポイントアドバイス★

検査時間は45分であるが大問の数は5個あり，問題数はとても多い。わかる問題から着実に手をつけていき答えを導き出そう。

理科についての知識を問われる問題は少なく，資料や文章をよく読んで考える問題がほとんどなので，問題をよく読んでから取りかかろう。

2020 年 度

解 答 と 解 説

《2020年度の配点は解答欄に掲載してあります。》

＜適性検査Ⅲ解答例＞ 《学校からの解答例の発表はありません。》

1

　みなさん，ボランティアは難しそうだと思っていませんか。若者のボランティアに対する興味を聞いた調さでは，興味があると答えた人はアメリカで６５％，イギリスでは５３％だったのに対し，日本はたったの３３％でした。日本の学生がボランティアに参加できない最も大きな要因は，参加する時間がないことだそうです。しかし，区内のボランティアセンターの情報によると，短いものなら１時間でできる活動もあります。また，経費がかかることも参加できない理由とされていますが，区内なら交通費の心配もいりません。このようにボランティアはわたしたちの身近にあり，時間もかからないことが多いため，みなさんも参加してみてはいかがでしょうか。

2

　地球温暖化によってこの先１００年で日本の平均気温は約４℃上がるとされています。気温が変わるとそこで育つ植物の種類も変化しますが，秩父市のB地点ではこの先どのように変化していくのでしょうか。まず，B地点はA地点よりも標高が１５７０ｍ高いので，A地点より気温が９．４℃低く，あたたかさの指数は３６．０と計算できます。そして各月の平均気温が４℃ずつ上がるとすれば，温かさの指数は６１．７になります。このことから，現在B地点で見られるコマツガやエズマツなどは，これからブナやミズナラなどに変わっていくと考えられます。

3

　最近「魚離れ」で魚を食べる人が減っていることを知っていますか。実際に資料１で１人当たりの年間消費量を見てみると，肉類は増えている一方で魚介類の消費量は年々減っていることがわかります。また資料２から，どの世代でも魚介類の摂取量が８年間で減少していること，そして特に若い世代の摂取量が少ないことが読み取れます。このように魚離れが進んでいますが，魚介類を摂取することは体に良い効果をもたらすことが期待されています。例えば，ブリにふくまれるDHAは視力低下予防に，またカキにふくまれるタウリンは貧血予防に効果があるとされています。このように，みなさんの体を健康に保つためには魚介類を摂取することが必要なのです。

○推定配点○
1　30点　　2　30点　　3　40点　　計100点

＜適性検査Ⅲ解説＞

1 （国語：ボランティア）

　資料1，資料2，資料3からわかることをもとに発表原稿を作成する問題である。まず，先生と花子さんの会話文を見ると，資料1から日本と外国の若者のボランティア活動に対する興味について具体的な数値を交えながら比較し，資料2の要因から25％をこえているものを2つ選び，それに対する解決方法を資料3を用いて述べればよいことがわかる。資料1を見てみると，海外と比べて興味があると答えた人が少なく，興味がないと答えた人が多い。どちらからアプローチするのもよいだろう。次に，資料2から25％をこえているものを探すと「参加する時間がない」「ボランティア活動に関する十分な情報がない」「参加する際の経費のふたん」の3つがある。ここから，資料3を使った解決方法が述べやすいものを選ぼう。「参加する時間がない」については資料3の「日時」に着目して参加時間の短さをあげるとよい。「十分な情報がない」については，ボランティアセンターに行って情報をさがすことや花子さんがボランティア募集情報をまとめたものを参考にすればよいことをあげてもよいだろう。また，「参加する際の経費のふたん」については，資料3の「活動場所」がすべて区内であることに注目する。このように資料1，資料2，資料3からわかることをまとめ，先生と花子さんの会話文で花子さんが発表をとおしていちばん伝えたいとしていることが伝わるような表現を用いて，条件1～3に従って発表原稿を作るとよいだろう。

2 （理科：気温と植物）

　会話文をもとに，資料を用いて計算し発表原稿を作成する問題である。【太郎さんたちの会話③】で太郎さんが述べているように順を追って求めていく。まず，A地点とB地点の標高の差を求めると，1570mであることがわかる。気温は標高が100m高くなるほど0.6℃ずつ下がるため，1570÷100×0.6＝9.42よりB地点はA地点よりも9.4℃気温が低い。次に資料3のA地点の各月の平均気温から9.42をひいて現在のB地点の「あたたかさの指数」を求めると，35.98となり小数第2位を四捨五入すると36.0となる。資料2より，「あたたかさの指数」が36である現在のB地点ではコメツガやエゾマツが育つということがわかる。次に，100年後に平均気温が4℃上がった場合のB地点の「あたたかさの指数」を求めると61.66である。「あたたかさの指数」61.7の場合ブナやミズナラが育つ。このような手順を追ってわかったことを，条件1～3に従って発表原稿にまとめるとよいだろう。

3 （社会：魚離れ）

　会話文と資料1，資料2から魚離れの実態と魚介類を摂取することのメリットを読み取り，発表原稿を作成する問題である。【花子さんたちの会話】の花子さんの発言から，まず資料1から魚介類と肉類の消費量の変化についてふれ，次に資料2から年齢層別の魚介類の摂取量に関するグラフから読み取れる特徴を2つ述べ，資料3から魚介類を摂取することによって期待できる効果を示すという流れで展開するということが求められているとわかる。資料1は2008年から2016年までの魚介類と肉類の1人あたりの年間消費量のグラフであり，ここから肉類は消費量が増加傾向にあるのに対して，魚介類は年々その消費量が減っているということが読み取れる。ここでは，魚介類と肉類の消費量の変化にふれるとあるため，どちらについても記述することが必要である。次に，資料2は年齢層別の魚介類の1人あたりの1日の摂取量を示したグラフであるが，まず大きな特徴としては2008年の消費量と2016年の消費量を比較すると，すべての年齢層にお

いて消費量が減少しているということが挙げられる。次に，2008年，2016年どちらについても若い年齢層の消費量が比較的少ないということが確認できる。そして，**資料3**では魚介類にふくまれる主な機能性成分がまとめられている。3つの機能性成分があり，それぞれに対して多くふくむ魚介類がたくさん挙げられているが，文字数の指定もあることからすべてにふれる必要はないと考えられる。そのため，この表の中からいくつか選んで記述するとよいだろう。このように資料から読み取れることをそれぞれまとめ，最後に魚介類を摂取することが健康に役立つなど，その必要性をうったえた上で条件1～3に従って発表原稿にまとめるとよいだろう。

★ワンポイントアドバイス★

国語，理科，社会のそれぞれについて発表原稿を作成する問題である。それぞれ会話文の中にどのように原稿を展開していくかが書かれているため，それにしたがって発表原稿を作成しよう。また，解答のしかたにはいくつかの条件やきまりが与えられているので，それらにそった書き方をしよう。

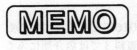

大切なことはメモしておこうネ！

2019年度

★★★★★★★★★★★★★★★★★★★★★★

入 試 問 題

2019
年
度

2019年度

さいたま市立浦和中学校入試問題（第1次）

【適性検査Ⅰ】（45分）

1　　　花子さんは，図書館で面白そうなタイトルの小説を見つけたので，読んでみることにしました。

次の文章は，にしがきようこ著『ピアチェーレ　風の歌声』（小峰書店）の一部です。これを読んで，次の問1～問4に答えなさい。

　　　13歳の嘉穂は，祖父母とおばの住む家で，弟の穂高とともに暮らしています。歌を習っている嘉穂は，合唱コンクールにソロで出場することになり，おばにつきそわれてリハーサルにのぞみましたが，自分としては，それほどうまく歌えませんでした。

　家ではおばあちゃんがプリンを作って待っていてくれた。
「お疲れさま。夕食あんまり食べられなかったようだから，召しあがれ」
　おばあちゃんの手作りプリンは嘉穂の大好物だ。でも，今は，だされたプリンにスプーンを立てるだけで食べられない。胸がつまったようだった。
　食卓で※1古文書の参考書を読んでいたおじいちゃんがメガネをずらして嘉穂を見た。
「ん？　どうした？　いつも歌ってくると腹がすいた顔をして，よく食べたのに。歌わなかったのか？」
　嘉穂は首を振る。
「上手だったのよ。嘉穂。みんな知らないでしょ。ステージの上で一人，しっかりと歌ってて……」
「やめてよ」
　おばちゃんの話をさえぎった①声がとがっていた。
「ほぉ……」
　おじいちゃんが本を食卓の上に置いた。
「ぼくにもプリン，ちょうだい」
「え？　おじいちゃんも？」
　おばあちゃんが用意している間に，おじいちゃんは嘉穂に向き直った。
「うまくいかんかったんか」
　嘉穂の体がびくっとした。
「思ったとおりにやればいいんだよ。下手であろうが，上手であろうが。思ったとおりにさ。どうせ，たいしたことできやせんのだから」
②「え？」
「嘉穂は心のどこかで，一人で歌うってたいしたことだと思っとるかも知れんけど，そうだろうかな？」

おじいちゃんがお茶をすすった。

「思いどおりに歌ってそれで駄目なら，そこまで。今はそこまで。好きなら続ければいいし，それでイヤになったのなら止めればいい。たとえうまく歌えなくても，それで何が変わるわけでもないし，たいしたことになりはせん」

疲れ果てている脳みそが，粘土細工のようにこねくり回されている感じがする。

「どっちにしろ，嘉穂が嘉穂であることに変わりはなく，じいちゃんは死ぬまで嘉穂のじいちゃんだ。全然変わらん。思いどおり，思いっきりやりゃぁいい」

これはおじいちゃんなりの励まし方なのだろうか。力を抜けと言っているのだろうか。今まで※2静観を決めこんでいたおじいちゃんの言葉に戸惑った。嘉穂は※3判然としないまま，プリンを口に入れた。

「おいしい」

口の中でとろける甘さと優しいやわらかさがひろがった。

「そう？」

おばあちゃんが笑顔で嘉穂を見ていた。

その顔を見た途端にすごくおなかがすいているのに気がついた。

「おなか，すいた」

「あらま，どうしましょ。残り物ならあるけどね。じゃ，おにぎりでも作ってあげようかね」

「あ，あたしが握る」

嘉穂は席を立った。

③帰ってきた時と別人のように，心も体も軽い。

「ぼくは，お茶，おかわりね」

おじいちゃんが後ろで，古文書をまた開いている。

おばちゃんにテレビのチャンネルを奪われた穂高が，

「おれもおにぎり，二個」

と声をあげながら食卓についた。おじいちゃんのメガネをいじって怒られている。※4キャンものそのそと起きてきて，おこぼれちょうだいという顔で嘉穂を見ている。

嘉穂の握ったおにぎりが五個と，残り物が食卓にならび，ちょっと遅い二度目の夕食となった。

嘉穂と穂高がシャケのおにぎりを取りあい，こぼしたご飯粒にキャンがとびかかる。本から目をそらさずにお茶に手をのばし，こぼしそうになったおじいちゃん。それを叱るおばあちゃん。

（ここがわたしのいる場所……）

おにぎりをほおばりながら，嘉穂は，※5唐突に実感した。

（一部省略や，ふりがなをつけるなどの変更があります。）

※1 古文書…古い文書。 ※2 静観…何もしないで，なりゆきをじっと見守っていること。

※3 判然…はっきりしている様子。 ※4 キャン…飼っている犬。

※5 唐突に…前後のつながりもなく，とつぜんである様子。

問1 下線部①「声がとがっていた」という表現の意味を，花子さんは別の言葉で表そうとしてい

ます。最も適切なものを，次のア～エの中から1つ選び，記号で答えなさい。

　ア　いらだち　イ　喜び　ウ　にくしみ　エ　するどさ

問2　下線部②「『え？』」と言ったときの嘉穂の気持ちを花子さんは考えてみました。この時の嘉穂の気持ちを説明したものとして，最も適切なものを，次のア～エの中から1つ選び，記号で答えなさい。

　ア　上手に歌えなかったとはいえ，一人で歌を歌うことはすごいことだと思っていたのに，おじいちゃんに「たいしたことはない」と否定（ひてい）されてしまってがっかりしている。

　イ　歌が上手に歌えなかったことで落ち込み，なぐさめの言葉なんか聞きたくないと身構（みがま）えていたところ，おじいちゃんの言葉が予想外なものだったのでおどろいている。

　ウ　歌が上手に歌えなかったことをその場にいなかったおじいちゃんは知らないはずなのに，自分の気持ちを察し，なぐさめてくれているのでありがたく思っている。

　エ　嘉穂の歌のことなど，おじいちゃんは興味がないと思っていたのに，おじいちゃんの言葉から，そうではなかったことがわかってうれしくなっている。

問3　下線部③「帰ってきた時と別人のように，心も体も軽い」という表現は，嘉穂の気持ちに変化があったことを表していると，花子さんは思い，次のようにまとめました。【花子さんが思ったこと】にある空らん　□　にあてはまる内容を，本文中の言葉を使って10字以内で書きなさい。

【花子さんが思ったこと】

　帰ってきたときの嘉穂は，自分では自信があったはずの歌が上手に歌えなかったことに落ち込んでいたが，おじいちゃんと話をしているうちに，うまく歌えなくても何が変わるわけでもないので，　□　と思えるようになり，気持ちが前向きになっている。

問4　□部分について，この光景を見ているときの嘉穂の気持ちを花子さんは考えてみました。最も適切なものを，次のア～エの中から1つ選び，記号で答えなさい。

　ア　一人ひとりが自分の好きなことをやる，さわがしいけれども笑顔が絶えない明るい家族がいることをほこらしく思っている。

　イ　嘉穂が握ったおにぎりを家族みんなで仲良く食べられることを幸せに思い，合唱コンクールのことがどうでもよくなっている。

　ウ　いやなできごとがあっても，自分をあたたかく見守ってくれる家族と過ごす日常があることに，ほっとした気持ちになっている。

　エ　祖父母とおばの住む家で暮らしている自分は毎日，ここが自分の居場所であることとこの家の良さを実感しつつ，穂高も同じ思いでいることを知り，安心している。

2　　太郎さんは，作文の書き方について先生に相談したところ，先生から次の本を紹介（しょうかい）されました。

次の文章は，森博嗣著（もりひろしちょ）『読書の価値（かち）』（NHK出版）の一部です。これを読んで，次の問1～問4に答えなさい。

　人は，普段（ふだん）は口から出る声でコミュニケーションを取っている。手紙などを書くときも，メールを書くときも，せいぜいその①声が文字にそのまま変換（へんかん）されているにすぎない。簡単（かんたん）なことはこれ

で通じる。

「学校？」「おう」「行けた？」「大丈夫」「マジで？」「またな」みたいな会話をしているのである。

お互いが状況を知っていて，お互いが使う言葉もだいたいわかっているから，これで通じてしまう。文章にもなっていないし，文法などが入り込む隙もない。

しかしこれが，実験データを考察し，実験要因に関する結果への影響を指摘する，といった場合では簡単にはいかない。これまで，さんざん慣れ親しんできた※1母国語であってもだ。何がどうして，何のためにどのように，といった説明に言葉をつなぎ合わせるのだが，普段の会話では，今の日本人の多くは「てにをは」を使わないから，そのまま書くと意味が思いどおりには通じない。

重要になってくるのは，相手に理解してもらう，という通信の機能である。ここでは，読む相手を想定することが基本である。

自分だけで終始していた段階から，②文章はここで飛躍しなければならない。それが文章の本来の役目なのだ。

たとえば，「相手はこれをどう読むだろう？」という視点がなければ，わかりやすい文章は書けない。相手の知識や理解力をある程度知っている必要があるし，自分が書いた文章が誤解される可能性をできるだけ排除する必要もある。

自分の書いた文章は，書いたそのときには，もの凄くわかりやすい。これは当然で，わかっている頭から出てきた言葉だからだ。順序が違うのだ。それを読む側は，言葉からわかろうとするわけで，変換を逆に辿ることになる。

自分の文章をいくら読み直しても，わかりやすいか，誤解が生じないか，を確かめることはけっこう難しいものだ。最も簡単なのは，一週間くらいあとで読み直すことだろう。これは，書いたときの気持ちをすっかり忘れて，自分がもうそのときの自分ではなくなっているためである。

文章に限ったことではない。漫画の絵も同じだった。描いた直後には，なかなか上手く描けたと思っていても，何日か経ってから見てみると，※2デッサンが狂っているし，奇妙な顔になっていたりする。初心者ほどこれがある。変だということがわかる客観的な目を持っていないためだ。

最初は何日もあとにならないとわからないが，そのうち翌日にはわかるようになり，ついには，描いてすぐに判別できる目になる。これが，つまり絵の上達というものだ。漫画を描く人は，自分が描いた絵を鏡に映して見ることをおすすめする。裏返しになるだけで，客観的に見る自分になれる。上手い絵は，鏡で反転しても，まったく崩れない。

文章が上手いというのは，つまりは，自分の書いた文章を客観的に読み直せるかどうか，であり，それは結局③「視点」の※3シフト能力なのだ。自分以外の誰かになったつもりでそれが読める，架空の人物の視点で文章を読める，ということである。

最初のうちは，この読み手が，ある特定の人物になる。学生であれば，先生がその人だ。先生にわかってもらえる文章を書く，という訓練をすることになる。ところが，先生は，自分の視点だけで見るのではない。不特定多数が読んでもわかる文章になっているかどうかをチェックする。それが，文章の最終的な目標だからだ。

（一部省略や，ふりがなをつけるなどの変更があります。）

※1　母国語…自分が生まれた国や所属している国の言葉。

※2　デッサン…形をとらえることに重点をおいて描いたもの。

※3　シフト…切り替えること。

問1　下線部①「声が文字にそのまま変換されているにすぎない」ということを，太郎さんは次のようにまとめました。【太郎さんのまとめ】にある，空らん　Ａ　にあてはまる内容を，本文中からさがして５字で書きぬきなさい。

【太郎さんのまとめ】
　　　Ａ　　をそのまま文字として書いただけで，文章にはなっていないということ。

問2　下線部②「文章はここで飛躍しなければならない」について，太郎さんは，この内容について考えてみました。最も適切なものを，次のア～エの中から１つ選び，記号で答えなさい。
　ア　話し言葉で書いた文章から書き言葉で書いた文章になること。
　イ　声をそのまま文字にした文章から「てにをは」が整った文章になること。
　ウ　自分だけがわかっている文章から読んだ人にわかる文章になること。
　エ　状況を知らない人に伝える文章から状況を知っている人に伝える文章になること。

問3　下線部③「『視点』のシフト」について，太郎さんは筆者が「絵」を例に取り上げて，論を進めていることに気づきました。この場合の【「『視点』のシフト」の方法】にある空らん　Ｂ　にあてはまる内容を，本文中からさがして15字で書きぬきなさい。

【「『視点』のシフト」の方法】
　　デッサンの狂いがないかを判別するために，　　Ｂ　　こと。

問4　太郎さんは，この本を読んだ感想文を書こうとして【太郎さんの書いた感想文】のように書き出しました。すると，太郎さんは，この文が読み手によっては２通りの意味にとれることに気づきました。この文が，どのような意味とどのような意味にとれるのかについてわかるように，【太郎さんが気づいたこと】にあるア，イの文の空らん　Ｃ　，　Ｄ　にあてはまる内容をそれぞれ書きなさい。

【太郎さんの書いた感想文】
　「わたしは先週先生に紹介してもらった『読書の価値』という本を読みました。」

【太郎さんが気づいたこと】
　　ア，イの２通りの意味にとれることが分かりました。
　ア　『読書の価値』という本を　　Ｃ　　という意味にとれる。
　イ　『読書の価値』という本を　　Ｄ　　という意味にとれる。

3　　花子さんは，図書館に行った時に，面白い本を見つけたので読んでみました。内容も良かったので，国語の時間に発表することにしました。

　次の文章は，汐見稔幸著『人生を豊かにする学び方』（筑摩書房）の一部です。これを読んで，次の問１～問４に答えなさい。
　「学び」には，三つの段階があると言われています。
　最初の段階は，いろいろな知識に触れて，物の仕組みや歴史など，何かを知るということ。これ

を「端緒知」と呼びます。

次に，端緒知をきっかけにして，それがなぜ起こったのだろうとか，どうしてこういう現象が起こるのだろう，などと自分なりの疑問や課題を持って，いろいろと調べたり，人と※1ディスカッションしたり，記録して分析したりして，知識を深めていくことを，「実践知」と呼びます。「深め知」と言ってもいいでしょう。

たとえば，①源 頼朝が鎌倉に幕府を立ち上げたけれども，どうして朝廷のあった京都から遠く離れたところに幕府を開いたのだろうか。この例で言うと，頼朝が鎌倉に幕府を立ち上げたという事実を知ることが「端緒知」で，どうして鎌倉だったのだろうかと疑問に思って調べたり，考えたりしていくことが「実践知」ということになります。

そして，それらがわかったことで「歴史には興味がなかったけれど，なんだか歴史って面白そうだな」と歴史に対する見方が変わったなど，その人の※2人格形成になんらかの影響を与えるような学びに発展していく。それを「人格知」と呼びます。

このように，本当の学びというのは，「端緒知」「実践知」「人格知」と三層になって深まっていきます。

僕は実際，どうして京都から遠く離れたところに幕府をつくったのだろうと不思議に思って，東京に出てきたときに，鎌倉へ行ってみたことがあります。そこは切り通しになっていて，確かに②攻め込みにくい場所でした。頼朝が攻め込みにくいところに幕府の※3拠点をつくったというのはよくわかるのだけれども，朝廷を守るためじゃないな。だったら，幕府というのはいったい何なのか。幕府ができるということは，何を意味するのか。そんなことを考え，ずっと疑問に思ってきました。

僕らが学生のときには，こういうことをちょっと調べようと思っても，本格的な歴史の本を買わないと調べられませんでした。でも今は，インターネットである程度のことがわかって，さらに調べたいとなったら専門書を読もうというように，いろいろな選択肢があります。その点ではとても便利な時代になったと思います。

それを生かして，学校で教えてくれることの中には，必ず「なんで？」という問いが隠れているはずだ，というふうに考えてみる，疑ってみる，調べてみる。学校で同じことを習ったとしても，単なる知識で終わってしまうのか，③人生を変えてくれるような深い学びとなるか，学ぶ側の意識次第で，それはまったく違ったものになると思うのです。

（一部省略や，ふりがなをつけるなどの変更があります。）

※1　ディスカッション…ある問題について，互いに意見を述べ合うこと。

※2　人格形成…人がらや人間性を形づくること。　※3　拠点…活動の足場となる重要な場所のこと。

問1　本を読んだ花子さんは，下線部①「源頼朝が鎌倉に幕府を立ち上げた」ことに興味をもち，調べてみました。そして，幕府と御家人の関係に注目し，次のページの【花子さんのノート】にまとめてみました。このノートを完成させるとき，[A]，[B]にあてはまる最も適切なものを，下のア～エの中から1つずつ選び，記号で答えなさい。

ア	イ	ウ	エ
自分の持つ土地と鎌倉とを1年ごとに行き来する。	幕府のために戦ったり、鎌倉のけい備をしたりする。	ガラスなどの貴重な品物を幕府に納める。	領地を与えたり、領地を守ったりする。

【花子さんのノート】

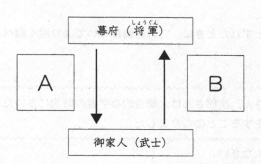

幕府（将軍）

A　　　　　　　　B

御家人（武士）

　　幕府（将軍）は御家人（武士）に対し、御家人（武士）の持つ土地を守ったり、新しい土地を与えたりしました。御家人（武士）は幕府（将軍）に対し、戦いのときに「いざ鎌倉」といって鎌倉へかけつけ、幕府（将軍）のために命がけで戦いました。

問2　源頼朝が幕府をつくった鎌倉は，切り通しが多くあり，下線部②にあるように「攻め込みにくい場所」と本に書かれていました。花子さんは，なぜ，切り通しは攻め込みにくと言われるのかを考えてみました。**資料**をもとに，その理由を10字以上18字以内で書きなさい。

資料　切り通しの写真

問3　下線部③「人生を変えてくれるような深い学び」とは，筆者の言う「学び」のどの段階であるか，書きなさい。

問4　次のア～ウの文は，別の機会に花子さんが国会議事堂の歴史について調べたときの花子さんの様子をまとめたものです，「端緒知」「実践知」「人格知」に分けるとすると，どれにあてはまりますか。次のア～ウの記号を使って，答えなさい。

ア　社会の授業で国会のことを勉強しているとき，国会は国会議事堂で開かれていることを知った。

イ　歴史には興味はなかったが，国会議事堂を訪問して，歴史を調べていくうちに，歴史を学ぶことが楽しくなった。

ウ　国会議事堂をおとずれたときに，この建物についてより深く調べたくなり，図書館に行って調べた。

4 　太郎さん，花子さん，次郎さんは，総合的な学習の時間にさいたま市の歴史について調べ学習をして，発表をすることになりました。

次の問1〜問4に答えなさい。

問1　太郎さんは，さいたま市の歴史的な建物について調べていると，遷喬館という埼玉県内では唯一現存する藩校の建物があることがわかりました。そこで太郎さんは，江戸時代後期にできた全国の藩校と寺子屋について調べ，資料1を見つけました。資料1から読み取ることができるものを，次のア〜エの中から1つ選び，記号で答えなさい。

ア　現在の愛知県では，江戸時代後期，寺子屋数が100未満であった。

イ　寺子屋数が未調査の国は，日本海側に多い。

ウ　現在の鹿児島県には，江戸時代後期，造士館という藩校が設置されていた。

エ　現在の四国地方には，江戸時代後期，藩校が多く設置されており，寺子屋は設置されていなかった。

資料1　おもな藩校と寺子屋数（江戸時代後期）

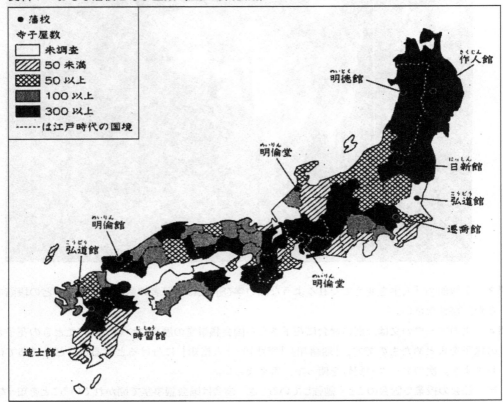

（石川謙著「日本庶民教育史」をもとに作成）

問2　花子さんは，さいたま市の農業の歴史を調べてみると，見沼代用水があることがわかりました。花子さんは，江戸時代に，見沼代用水が作られたことによって，見沼田んぼの周辺地域には，土地利用と農業生産の2つについて，どのような変化が起こったか考えてみました。

　　　資料2，資料3の2つの資料から，【花子さんの考え】にある空らん　A　にあてはまる内容を20字以内で書きなさい。

資料2　見沼代用水と見沼田んぼ

> 　見沼代用水は、1728年に利根川から農業用水路として引かれました。
> 　この見沼代用水によって埼玉郡※1・足立郡※2あの両郡内303か村の耕地こうちに水が供※3給されました。
> 　見沼代用水の造成※3ぞうせいにともない、周辺の村と江戸の町人によって1,200町歩※4ちょうぶの新しい田地※5でんちが開発されました。また、沼地ぬまちの干拓かんたくを行ったことにより600町歩の新田がひらかれ、これらをあわせて見沼田んぼといいます。
>
> （吉川弘文館「国史大辞典」をもとに作成）

資料3　見沼田んぼの米のとれ高の変化

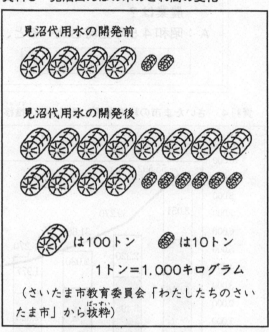

（さいたま市教育委員会「わたしたちのさいたま市」から抜粋ばっすい）

※1　埼玉郡……武蔵国むさしのくに（現在の埼玉県・東京都とうきょうと・神奈川県かながわけんの一部）北東部にあった郡。現在のさいたま市では岩槻いわつきが埼玉郡にあたる。

※2　足立郡……武蔵国北部にあった郡。現在のさいたま市では岩槻を除のぞく地域ちいきが足立郡にあたる。

※3　造成……土地を開発して造りあげること。

※4　町歩……広さを表す単位。1町歩は約1ヘクタール。

※5　田地……田として利用している土地。

> 【花子さんの考え】
> 　見沼代用水が新しくつくられたことにより，見沼田んぼの周辺地域は　A　。

問3　次郎さんは，さいたま市の農業の歴史について調べ，農業の現状について，パネルを使って発表することになりました。【次郎さんが作成したパネル】の空らん　B　に書かれていると思われる内容として適切なものを，次のページの資料4を参考に，次のア～カの中からすべて選び，記号で答えなさい。

ア　農家人口は増加し，耕地面積は減っている。

イ　農家人口は減少し，耕地面積は増えている

ウ　田が約7割わり減少し，畑も約4割減少している。

エ　農家人口は増加し，耕地面積も増えている。

オ　農家人口は減少し，耕地面積も減っている。

カ　田が約3割減少し，畑は約2割増加している。

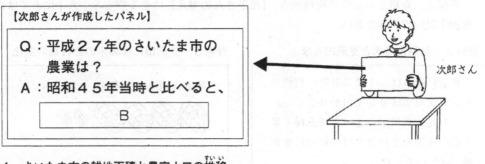

【次郎さんが作成したパネル】

Q：平成27年のさいたま市の
　　農業は？

A：昭和45年当時と比べると，

　　　　　　　　B

次郎さん

資料4　さいたま市の耕地面積と農家人口の推移

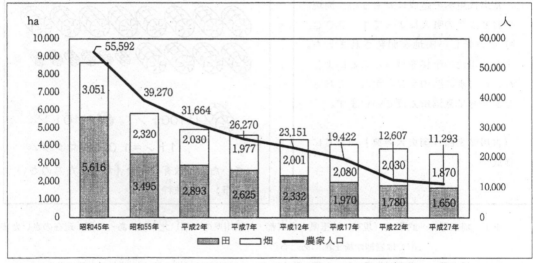

（さいたま市「さいたま市の農業」をもとに作成）

5　花子さんの班では，総合的な学習の時間に，人口の推移について調べることになりました。

次の問1～問4に答えなさい。

問1　花子さんは，日本の人口がどう変化してきたかを調べていると，次のページの資料1を見つけました。資料1からどんなことが言えるかを，班で話し合いました。日本の人口について正しく読み取って考察しているのは誰ですか。【話し合いの様子】に登場する4人の中から一人選び，名前を答えなさい。

【話し合いの様子】

花子さん：日本の総人口は2010年をピークに減少に転じているけれど，将来は増えると予想
　　　　　されているね。

太郎さん：日本の総人口は2020年まで増加しているけれども，将来は減少すると予想されて

いる。

明子さん：65歳以上の高齢者の比率は1920年から着実に増え続け，将来も増え続けると予想
　　　　　されているね。

次郎さん：65歳以上の高齢者の比率は2025年ころを境に総人口の3割を超えると予想されて
　　　　　いるね。

資料1　日本の人口の推移と将来推計

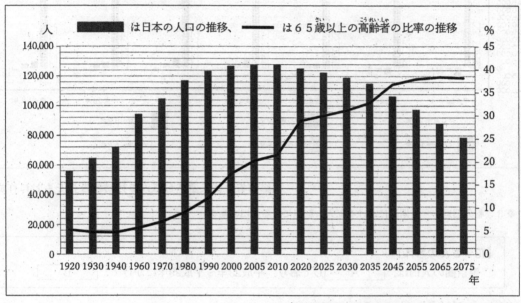

（総務省統計局「日本の統計」をもとに作成）

問2　花子さんは，人口の増減が，日本の各地方で違いがあるのか調べてみようと思い，**資料2**，
資料3，**資料4**を見つけました。花子さんは，集めた資料から，地域によって人口の変化に違い
があるかについて考えてみました。【花子さんの考え】にある空らん　A　，　B　にあてはまる
内容として最も適切なものを，次のページにあるア～エの中から1つずつ選び，記号で答えなさい。

資料2　東京圏の人口推移

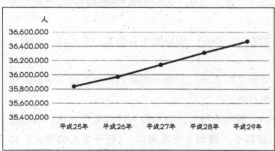

資料3　地方圏の人口推移

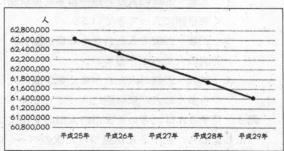

（資料2及び資料3は総務省「住民基本台帳に基づく人口，人口動態及び世帯数」をもとに作成）

※1　東京圏…埼玉県・千葉県・東京都・神奈川県

※2　地方圏…東京圏・名古屋圏（岐阜県・愛知県・三重県）・大阪圏（京都府・大阪府・兵庫県・奈良県）以
　　　　　　外の地域

資料4　東京圏の年齢別転入^{※3}超過数の状況（2017年）

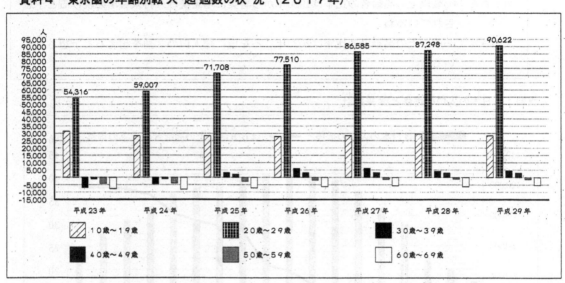

（総務省「住民基本台帳人口移動報告」をもとに作成）

※3　転入超過…一定期間における転入・転出による人口の動き。

> 【花子さんの考え】
> 　東京圏の人口は，　　　A　　　しており，平成23年～平成29年にかけて，　　B　　　。

A の選択肢

ア　地方圏の人口とは逆に増加　　イ　地方圏の人口と同じく増加

ウ　地方圏の人口とは逆に減少　　エ　地方圏の人口と同じく減少

B の選択肢

ア　20歳～29歳の人たちで東京圏に入ってくる人の数は年々増えており，同様に10歳～19歳の
　　人たちも東京圏に入ってくる人の数は年々増えている。

イ　20歳～29歳の人たちが一番多く東京圏に入ってきており，次に40歳～49歳の人たちが，多
　　く東京圏に入ってきている。

ウ　20歳～29歳の人たちが多く東京圏に入ってきているが，東京圏から出ていく人は，60歳～
　　69歳の人たちが一番多い。

エ　20歳～29歳の人たちが多く東京圏に入ってきているが，30歳～39歳の人たちは，平成24年
　　から多くの人が東京圏に入ってくるようになった。

問3　花子さんは，さいたま市の人口の変化について興味を持ち，日本の人口の変化と比べること
　　にしました。花子さんが見つけた次のページの資料5，資料6を参考に，【花子さんの考え】に
　　ある空らん C と D について，あてはまる内容を書きなさい。
　　　なお， D については，6字以上で書きなさい。

資料5　日本の年齢別人口の推移

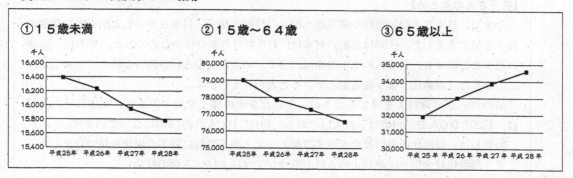

①15歳未満　　②15歳〜64歳　　③65歳以上

（総務省統計局「人口推計」（平成28年10月1日現在）をもとに作成）

資料6　さいたま市の年齢別人口の推移

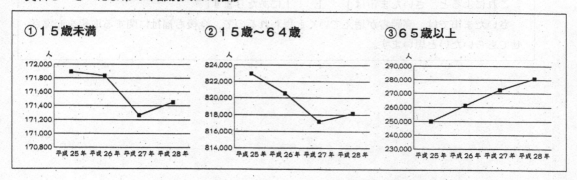

①15歳未満　　②15歳〜64歳　　③65歳以上

（さいたま市「さいたま市統計書（平成29年版）」をもとに作成）

【花子さんの考え】

　資料5，資料6において，日本の高齢者の比率が高いと言われ，65歳以上の人口は，日本もさいたま市も同じように　　　Ｃ　　　しています。

　また，日本の15歳未満の人口と15歳〜64歳までの人口の推移は，年々減少していますが，さいたま市では，　　　Ｄ　　　しています。

問4　花子さんは，さいたま市の高齢者の人口割合（わりあい）がどのようになっているかについても調べようと思い，資料7を見つけて，まとめてみました。

　【花子さんのまとめ】にある空らん　Ｅ　にあてはまるものとして最も適切なものを，次のページのア〜ウの中から1つ選び，記号で答えなさい。

資料7　さいたま市の人口（2018年11月現在）　　　　　　　（単位：人）

	男	女	合計
14歳以下	88,320	83,628	171,948
15歳〜64歳	426,812	405,234	832,046
65歳以上	132,885	164,351	297,236
人口総数	648,017	653,213	1,301,230

（さいたま市「さいたま市の人口・世帯（平成30年）」をもとに作成）

【花子さんのまとめ】

　今まで，日本の人口の推移や東京圏への人口移動の様子，日本とさいたま市の人口移動の様子を見てきました。60年ほど前の日本は，お年寄りの割合は少なめでした。その後，医療の進歩などにより，日本人の平均寿命はのびて，65歳以上の人口の割合が増えてきました。このような「高齢化」は今後も進んでいくと言われています。

　前のページの**資料7**を見てください。さいたま市の様子を見てみると，65歳以上の人口は，約297,000人で，14歳以下の人口である，約172,000人の約1.7倍になっています。

　わたしは，高齢化の進行具合を示す言葉として，ある資料に以下の用語を見つけました。

　ア　高齢化社会……65歳以上の人口の割合が7％以上14％未満の社会

　イ　高齢社会……65歳以上の人口の割合が14％以上21％未満の社会

　ウ　超高齢社会……65歳以上の人口の割合が21％以上の社会

　これによると，さいたま市は　　E　　にあたります。

　さいたま市では，高齢者が増えていくと思われるので，今後も福祉に関する取組を充実させてもらいたいと思います。

【適性検査Ⅱ】 （45分）

1 太郎さんたちは，校外学習でA市にある農業体験センターを訪れ，学習に取り組みました。
次の問1～問5に答えなさい。

太郎さんは，資料1を見ながら，農業体験センターの職員の方と話をしています。

【太郎さんと職員の方との会話】

太郎さん：この農業体験センターはとても広いですね。

職　　員：そうですね。農業体験センター全体の面積は20,000m²です。この広い敷地で，い
　　　　　ろいろな農作業体験ができます。

太郎さん：田んぼがたくさんありますね。

職　　員：農業体験センターには田んぼが3か所あり，どれも長方形で，3か所合わせると，
　　　　　農業体験センター全体の面積の4割を占めています。

太郎さん：「田んぼ③」だけ離れた場所にありますね。

職　　員：「田んぼ③」の面積は1,700m²で，3つの中で一番小さい田んぼです。

太郎さん：今日は稲刈りをさせていただけると聞きました。

職　　員：はい。ぜひ楽しんでください。

問1　太郎さんは，「田んぼ①」の面積が「田んぼ②」の面積の2倍であることと，「田んぼ②」の
横の長さはたての長さよりも40m長いことを教えてもらいました。「田んぼ②」の横の長さは何m
ですか。整数で書きなさい。

資料1　農業体験センターの案内図

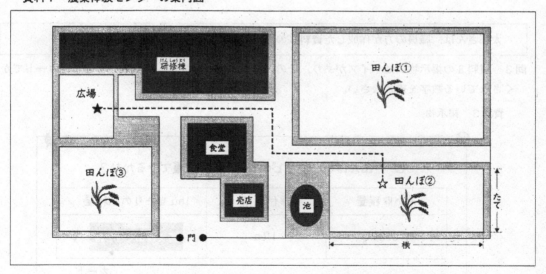

太郎さんたちは，「田んぼ②」で収穫された稲を，**資料1**の☆から★まで運ぶところを見学することになりました。運搬には，※¹リヤカー付き電動バイクを使用し，☆から★まで，1回の運搬で80kgの稲を運搬します。なお，☆に戻るときは荷物を運びません。

※1　リヤカー…荷物を運ぶための台車

問2　**資料2**は，リヤカー付き電動バイクの走行距離と電池の残量の関係を表したものです。

　　　資料1の☆から★までの道のりは160mです。100％に充電したリヤカー付き電動バイクを使って稲を運搬すると，合計で何往復できますか。ただし，リヤカー付き電動バイクは一定の速度で走るものとします。また，☆から★までの，往復すること以外に関する電力は考えないものとします。

資料2　リヤカー付き電動バイクの走行距離と電池の残量について

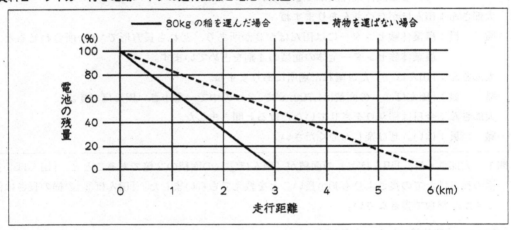

太郎さんは，職員の方が作成した**資料3**の掲示物に気づきました。

問3　**資料3**の掲示物にはクイズがあり，その一部分がカードでかくされていました。カードでかくされている数字を書きなさい。

　　　資料3　掲示物

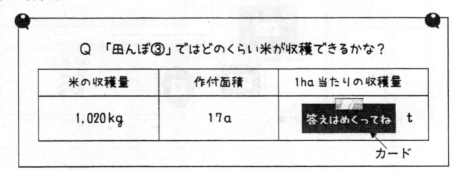

太郎さんは，売店で家族へのおみやげとして，クッキーを買うことにしました。お父さん，お母さん，弟，妹に3枚ずつわたし，自分で6枚食べようと思っています。

問4 太郎さんは，クッキーが足りなくならないように，また，あまらないように買うことにしました。資料4をもとに，一番安く買おうとすると，金額はいくらですか。

資料4　クッキーの値段

・　3枚入りの箱　…	3　0　0	円
・　6枚入りの箱　…	5　5　0	円
・　9枚入りの箱　…	8　0　0	円
・12枚入りの箱　…	1，0　0　0	円

太郎さんは，田植えをするときには，苗と苗の間を30cmあけることを教わりました。太郎さんはこれを参考にして，来年度，太郎さんの学校の田んぼに苗を植えようと考えました。

問5 資料5の太郎さんの学校や田んぼは，たて4m，横6mの長方形の形をしています。図のように植えていくとすると，何本の苗を植えることができますか。ただし，田んぼの端から50cm未満は苗を植えることができません。

資料5　太郎さんの学校の田んぼ

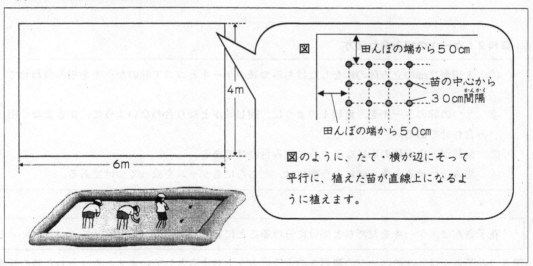

図

田んぼの端から50cm
苗の中心から
30cm間隔
田んぼの端から50cm

図のように、たて・横が辺にそって平行に、植えた苗が直線上になるように植えます。

2　花子さんは友だちの家で，友だちのお母さんが作ったケーキを食べました。

次の問1〜問5に答えなさい。なお，各問においては，包丁の厚み，切ったときに出るカス，ぬっ

たジャムの厚さなどについては考えないものとします。

> 友だちのお母さんが作った**資料1**のケーキは，はちみつ味のケーキとココア味のケーキが**資料2**の方法で組み合わされています。なお，**資料1**の白いケーキがはちみつ味で，色のついたケーキがココア味です。

問1　**資料1**のケーキは，1辺が2cmの立方体の形をしたはちみつ味のケーキとココア味のケーキを，それぞれ何個ずつ使っていますか。

問2　友だちのお母さんが，ケーキを組み合わせたときにジャムをぬった面の面積は，合計何cm²ですか。

資料1　友だちのお母さんが作ったケーキ

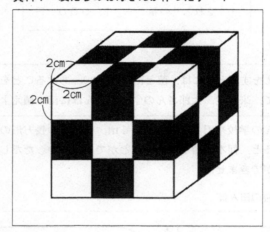

資料2　ケーキの組み合わせ方

> ①　1辺が2cmの立方体の形をしたはちみつ味のケーキとココア味のケーキを組み合わせてある。
>
> ②　2つの味のケーキを，**資料1**のように，同じ味がとなり合わないように，すきまなく組み合わせてある。
>
> ③　全体が，立方体の形になるように組み合わせてある。
>
> ④　組み合わせるとき，触れ合う面には，どちらにもジャムをぬってつけてある。

> 花子さんは，ケーキを友だちと半分に分けることにしました。

問3　花子さんは，次のページの**資料3**のようにカットしようとしています。カットした時の断面図はどのような形になりますか。最も適切なものを，次のア～エの中から1つ選び，記号で答えなさい。

ア　正方形　　イ　長方形　　ウ　ひし形　　エ　二等辺三角形

資料3　花子さんのカット方法

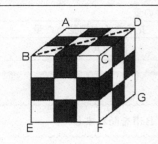

BDの線に包丁を当て、BEの線とDGの線に
重なるように、包丁を下ろす。

問4　花子さんの友だちは，花子さんとは違う方法で，**資料4**のようにカットしようと考えました。
カットした時の断面図はどのような形になりますか。最も適切なものを，次のア～カの中から1
つ選び，記号で答えなさい。また，その断面図の図形の特徴を書きなさい。
　　ア　正方形　　イ　長方形　　ウ　ひし形　　エ　台形　　オ　二等辺三角形　　カ　正三角形

資料4　花子さんの友だちが考えたカット方法

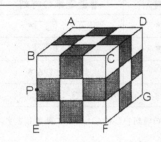

A，P，Fを通る平面になるようにカットする。
ただし、PはBEの中間（真ん中）の点である。

　　花子さんは，食べたケーキがおいしかったので，友だちのお母さんから材料表をもらい，家
でも作ることにしました。

問5　**資料5**のように，友だちのお母さんが使用した型と，花子さんの家にある型の大きさと形が
ちがっていたので，花子さんは，材料の量を調整するため，材料表を次のページの**資料6**のよう
に作りかえました。空らん　Ａ　にあてはまる数字を書きなさい。なお，円周率は3で計算する
こととします。

資料5　型の大きさと形

<友だちのお母さんが使用した型>
　1辺14cmの正方形を底面と
　した高さ4cmの直方体

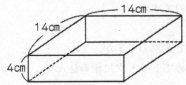

<花子さんの家にある型>
　直径14cmの円を底面と
　した高さ4cmの円柱

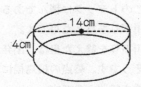

資料6　花子さんが作りかえた材料表（一部）

	ケーキに必要な材料の量	
	友だちのお母さんの材料表の量	花子さんが調整した量
小麦粉	60g	A　　　　g

〰〰〰〰〰〰〰〰〰〰〰〰〰〰〰〰〰〰〰〰〰〰〰〰〰〰〰〰〰〰〰〰〰〰〰

3　太郎さんの家族は，蒸気機関車と川下りの舟に乗るためにB市を訪れました。

次の問1～問6に答えなさい。

　　太郎さんが，事前に蒸気機関車の時刻表を調べてみると，資料1のようになっており，中町駅で，あとから来る普通電車に追い越されることがわかりました。

資料1　北町駅からの時刻表

北町駅からの走行距離	駅		蒸気機関車の時刻	普通電車の時刻
ー　km	北町	発	12：18★	□□：□□★
20.8km	中町	着	13：08★	□□：□□
		発	13：15	13：14★
25.0km	南町	着	13：25	13：19

　　※蒸気機関車，普通電車ともに，時刻表に★のついた時刻では，その時刻の0秒ちょうどに発着します。

問1　北町駅から中町駅までの，蒸気機関車の平均速度は分速何mですか。

問2　あとから来る普通電車が，以下の【条件】を守らなくてはいけない場合，北町駅を出発することができる時刻は，何時何分から何時何分の間ですか。

【条件】
1. 普通電車の北町駅から中町駅までの平均速度は時速60kmである。
2. 普通電車の中町駅停車時間は1分以上である。
3. 普通電車は，中町駅では蒸気機関車が到着してから1分後以降に到着しなければならない。

　　太郎さんは，到着した南町駅にある，川下りの出発地点の大和橋に行きました。すると，舟を積んでいるトラックを見つけました。太郎さんは不思議に思い，そばにいた船頭さんに話を聞きました。

【太郎さんと船頭さんの会話】
太郎さん：このトラックに積んである舟はどういう舟なのですか。
船頭さん：川下りを終えた舟です。
太郎さん：川下りを終えた舟は，出発地点までトラックで運ぶのですか。
船頭さん：そうです。終点の飛鳥橋に着いた舟は，まとめてトラックに積み込んで，この大和橋まで運ぶのです。

問3　資料2は，川下りのコース案内図です。トラックに積んである舟は，12時30分に大和橋を出発したCコースの舟と，弥生橋を12時30分，12時50分にそれぞれ出発したBコースの舟の合わせて3つです。

　　　舟が川を下るときの速さはどれも平均時速10kmです。舟は飛鳥橋に到着してすぐにトラックに積み込みます。最後の舟を積み込む時間と大和橋へ運搬する時間を合わせると，40分かかります。3つの舟がトラックで運ばれ，大和橋に到着した時刻は，何時何分ですか。

資料2　川下りコース案内図

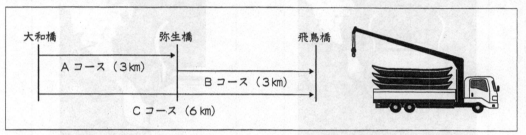

　　　太郎さんは，バスで北町駅にもどり，近くにある鉄道資料館で，蒸気機関車のしくみについて，係員に聞きました。

【太郎さんと係員の会話】

太郎さん：蒸気機関車は，どんなしくみで動いているのですか。

係　　員：蒸気機関車は，石炭と水をのせています。石炭を燃やして出た熱で水をあたため，水蒸気にしています。水は，水蒸気に変わるときに体積が非常に大きくなり，周りのものをおしのけようとします。このときに出る力を，車輪を回す力に変えて動いています。

太郎さん：空気もあたためると，体積は大きくなります。周りの空気をあたためて動くことはできないのですか。

係　　員：いい考えですね。でも，①水の代わりに空気を使っても，うまくいかないのですよ。

太郎さん：蒸気機関車は，えんとつからのけむりがかっこいいと思います。このけむりは水蒸気なのですか。

係　　員：白いけむりは水蒸気と水滴が混ざったものです。黒いけむりは石炭などの燃料を燃やしたときに出るものです。けむりは，燃やすところからえんとつまで一方向に流れるように工夫されています。

問4　会話にある下線部①の理由として，最も適切なものを，次のア～エの中から1つ選び，記号で答えなさい。

ア　空気は，力を加えるとおし縮めることができるが，水はおし縮めることができない。

イ　空気も水も，あたためると体積は大きくなる。

ウ　空気をあたためても，水が水蒸気になるときほど体積は大きくならない。

エ　空気は，水にわずかにとける。

太郎さんは，後日，水蒸気と水滴の違いについて調べてみると，水蒸気は気体，水滴は液体であることがわかりました。さらに，気体と液体の違いについて調べるため，**資料3**のように，やかんに水を入れて，加熱しました。

資料3　やかんの水の加熱方法

資料4　やかんの水の沸騰の様子

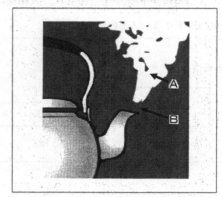

問5　やかんの水が沸騰すると，**資料4**のAの部分が白くなっていました。しかし，Bの部分は，白くなっていませんでした。Bの部分が白くなっていない理由を書きなさい。

問6　やかんの内部では，あわが発生していました。このあわの正体は何であると考えられますか。最も適切なものを，次のア～オの中から1つ選び，記号で答えなさい。

ア　空気　　イ　酸素　　ウ　水蒸気　　エ　水素　　オ　二酸化炭素

4 太郎さんは，学校ファームで育てているインゲンマメを，よりたくさん収穫できるように，発芽について研究をすることにしました。

太郎さんが行った実験をもとに，次のページの問1～問4に答えなさい。

【実験】　＜用意したもの＞

□シャーレ　　□ろ紙　　□インゲンマメの種子　　□輪ゴム

□蒸留水　　□透明な※1ラップ　　□※2人工気象器

※1　ラップ……食品用ラッピングフィルムのこと。

※2　人工気象器…温度や湿度などを調整できる装置。植物の育成などに用いられる。

＜方法＞

1　図1のように，同じ大きさのシャーレにろ紙をしいたものを4つ用意し，2つには3mLの蒸留水を加え（種子を置いたときにわずかに蒸留水にふれる状態：ア），残りの2つには25mL（種子

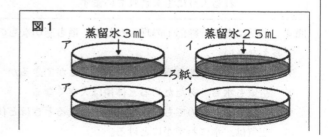

を置いたときに3分の2が蒸留水にひたる状態：イ）の蒸留水を入れる。

2　図2のように，それぞれのシャーレにインゲンマメの種子を10つぶずつ置き，水の蒸発を防ぐために，透明なラップでふたをして輪ゴムでとめる。

3　図3のように，20℃と30℃に設定した人工気象器に入れ，発芽させる。

4　12時間ごとに種子を調べ，発芽の様子を観察した。この実験を数回くり返し，発芽の割合の平均値を発芽率として，下のグラフにまとめた。

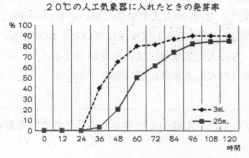

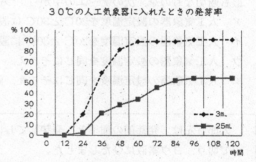

＜発芽率＞

（日本科学教育学会「日本科学教育学会研究会研究報告」をもとに作成）

問1　実験結果から，実験開始5日後のインゲンマメの発芽の様子について，最も適切なものを，次のア～エの中から1つ選び，記号で答えなさい。

ア　インゲンマメの種子は，20℃のときより，30℃のときのほうが発芽率が高い。

イ　インゲンマメの種子は，20℃のときより，30℃のときのほうが発芽率が低い。

ウ　インゲンマメの種子は，水の量が3mLのときより，25mLのときのほうが発芽率が高い。

エ　インゲンマメの種子は，水の量が3mLのときより，25mLのときのほうが発芽率が低い。

太郎さんは，この実験について，花子さんに話しました。

【太郎さんと花子さんの会話】

太郎さん：インゲンマメを使って，発芽について実験をして，調べてみたんだ。

花子さん：どんなことがわかったの。

太郎さん：今回，条件を変えて調べてみたら，発芽率に違いがあったんだ。

花子さん：そうね。確かに5日後の様子では、発芽率に違いがあるわね。そういえば、発芽率の2つのグラフを見ると、インゲンマメの最初の発芽が始まった時間も違っているわね。

太郎さん：そうだね。インゲンマメの発芽の条件について、発芽が始まった時間の違いについては、<u>　　　　A　　　　</u>が関係しているようだね。

花子さん：そうね。じゃあ、光はインゲンマメの発芽に影響はあるのかな。

太郎さん：それは、この実験からはわからないね。

問2　【太郎さんと花子さんの会話】にある、空らん　A　にあてはまる言葉を書きなさい。

太郎さんは、インゲンマメの発芽に光が影響しているかを調べるため、新たに実験を行うことにしました。

問3　22〜23ページにある【実験】の＜方法＞の2まで同様に行ったあと、2つの人工気象器に、前のページの図2のア、イを入れました。このあと、どのように実験を行えばよいでしょうか。最も適切なものを、次のア〜エの中から1つ選び、記号で答えなさい。

ア　人工気象器の設定温度を20℃と30℃に設定し、20℃の人工気象器に黒い布をかぶせる。

イ　人工気象器の設定温度を20℃と30℃に設定し、両方の人工気象器に黒い布をかぶせる。

ウ　人工気象器の設定温度を同じにそろえ、一方の人工気象器に黒い布をかぶせる。

エ　人工気象器の設定温度を同じにそろえ、両方の人工気象器に黒い布をかぶせる。

太郎さんは、発芽前の種子と、発芽してしばらくたった種子を比べるため、それぞれを真ん中で切り、ヨウ素液にひたしました。

問4　資料1のように、発芽後の種子の色があまり変化しなかったのは、種子の中の何がなくなったためですか。なくなったものとその理由を書きなさい。

資料1　ヨウ素液にひたした発芽前と発芽後の種子

発芽前の種子	発芽後の種子
紫色に変色した	あまり変色しなかった

5　　花子さんは、夏休みの理科の自由研究で、日本の天気や温度について、調べることにしました。

次の問1〜問3に答えなさい。

問1　花子さんは、さいたま市のある1日の気温と※1南中高度の変化を調べ、次のページの資料1

のグラフを見つけました。南中高度と気温の最高点の時刻がずれているのはなぜですか。理由を書きなさい。

資料1　さいたま市のある1日の気温と南中高度

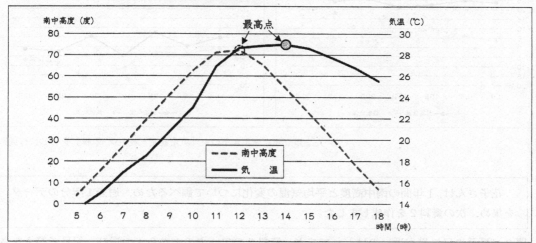

（国立天文台「こよみの計算」及び、気象庁「過去の気象データ検索」をもとに作成）

※1　南中高度…太陽が真南にきて、いちばん高く上がったときの地平線との角度のこと。

　　花子さんは、インターネットから、福島県南会津郡南会津町にある「さいたま市立舘岩少年自然の家」の1月、5月、7月、10月における約5日おきの最高気温と最低気温について調べました。その後、**グラフ**を作成し、印刷したところ、何月のものかわからなくなってしまいました。

問2　「さいたま市立舘岩少年自然の家」の10月の**グラフ**はどれですか。次のア～エの中から1つ選び、記号で答えなさい。

ア

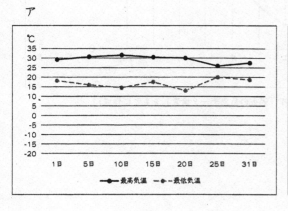

イ

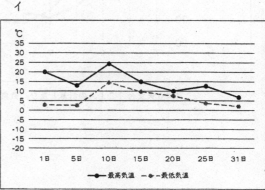

ウ 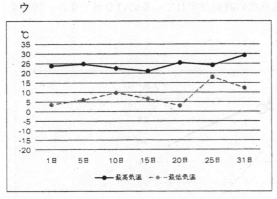 エ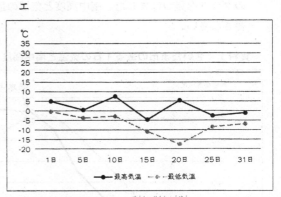

（さいたま市立舘岩少年自然の家「気象観測・放射線情報」をもとに作成）

　　花子さんは，1年間の南中高度と平均気温の変化について調べるため，過去1年分のデータを集め，次の資料2を作成しました。

問3　夏至の日に最も近いのはどれですか。資料2のア～カの中から1つ選び，記号で答えなさい。なお，資料2のア～カについては，1年間のそれぞれの月を表します。

資料2　さいたま市の1年間の南中高度と平均気温の変化

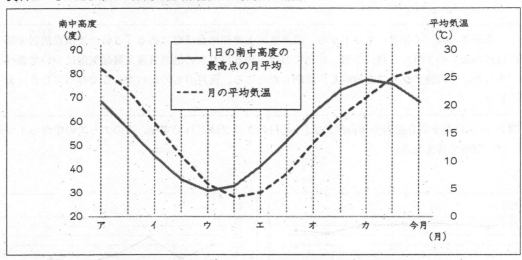

（国立天文台「こよみの計算」及び、気象庁「過去の気象データ検索」をもとに作成）

2019年度

さいたま市立浦和中学校入試問題（第2次）

【適性検査Ⅲ】 （45分）

1   花子さんは，総合的な学習の時間に，カタカナ語について調べ学習をし，発表に向けた準備をしています。

以下の会話文を読んで問いに答えなさい。

先　　生：花子さんは，どのような資料を集めたのですか。

花子さん：はい。わたしは社会科見学で訪れた施設で，職員同士がカタカナ語を使っているのを聞いて，わたしの知らないカタカナ語がいくつかあることに気づきました。わたしのように，カタカナ語の意味が分からず，困った人がどのくらいいるのか，また，年齢によって差があるのかを知りたいと思い，資料1を用意しました。

資料1　カタカナ語の意味が分からずに困ることが「よくある」「たまにはある」と回答した人の割合（年齢別）

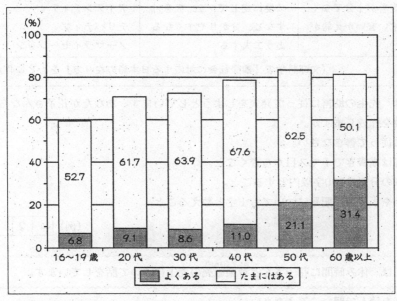

（文化庁「平成24年度国語に関する世論調査」をもとに作成）

先　　生：なるほど。では，こちらの資料2（次ページ）はどのような資料ですか。

花子さん：これは，公の機関や報道機関等で使用する際の参考として，カタカナ語などの取扱いを示したものです。

先　　生：これらの資料をもとにどのような発表をしようと考えていますか。

花子さん：はい。資料1，資料2からわかることを説明しようと思います。

先　　生：すばらしいですね。年齢によって差があるのか知りたいということでしたので，資料1から年齢に関する特徴的なことを述べて，資料2をもとに，カタカナ語を使う際に気をつけたいことをいくつか述べるのはどうですか。

花子さん：はい。では，そのように発表原稿を作成してみます。

資料2　広く国民一般を対象とする公の機関や報道機関等におけるカタカナ語の取扱いについての考え方

分　類	取扱い	語　例
広く一般的に使われ、国民の間に定着しているとみなせる語	そのまま使用する	ストレス スポーツ ボランティア
一般への定着が十分でなく、日本語に言いかえた方が分かりやすくなる語	言いかえる	アカウンタビリティー 　→説明責任など イノベーション 　→革新など スキーム 　→計画、図式など
一般への定着が十分でなく、分かりやすい言いかえ語がない語	必要に応じて、注釈を付すなど、分かりやすくなるよう工夫する	アイデンティティー デリバティブ ノーマライゼーション

（文部科学省「国際社会に対応する日本語の在り方」をもとに作成）

問　花子さんは，先生の助言に従って発表をしようとしています。あなたが花子さんなら，どのような発表原稿を作成しますか。

　　次の条件に従って書きなさい。

条件1：解答は横書きで1マス目から書くこと。

条件2：文章の分量は300字以内とすること。

条件3：数字や小数点，記号についても1字と数えること

（例）| 4 | 2 | . | 5 | % |

2　　太郎さんは，休み時間に花子さんと音楽販売の売上について話をしています。

以下の会話文を読んで問いに答えなさい。

花子さん：太郎さん，手に持っているものは何ですか。

太郎さん：音楽販売の売上に関する資料です。知り合いでCD販売店に勤めている人が「最近はCDなど音楽ソフトがなかなか売れない。音楽業界全体でも音楽ソフトの生産金額が，以前に比べて減っているらしい」と言っていたことが気になり，本当にそうなのか調べているところです。

花子さん：CDなどではなく，音楽データをダウンロードして，パソコンや携帯電話で音楽を聴くこともありますね。

太郎さん：そうですね。わたしたちが音楽を購入して聴く方法には，「音楽ソフト」というCDなどを購入する方法と，「音楽配信」というインターネットを通して音楽データを購入する方法があります。

花子さん：わたしの周りには，「音楽配信」で音楽データを購入して聴いている人が多い気がしますが，「音楽配信の売上金額」は「音楽ソフトの生産金額」よりも高いのかしら。

太郎さん：**資料1と資料2を見てください。**「音楽ソフトの生産金額」と「音楽配信の売上金額」の合計を「音楽の総売上」とした場合，2017年の「音楽の総売上」に対する「音楽配信の売上金額」の割合は，およそ20％に過ぎません。しかし，2013年の割合はおよそ13％であり，約7*ポイント上昇していることがわかりました。

花子さん：2017年の「音楽の総売上」に対する「音楽配信の売上金額」の割合がおよそ20％で2013年と比較すると約7ポイント上昇していると言いましたが，どのように計算するとそのようなことが言えるのですか。もう少しくわしく説明してください。

※ポイント…百分率（パーセント）で表示された数値どうしの差を比べるときに使用する語。

資料1　音楽ソフトの生産金額

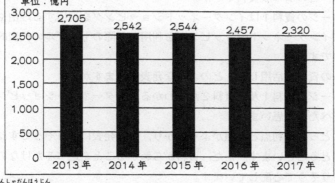

（一般社団法人　日本レコード協会「日本のレコード産業2018」をもとに作成）

資料2　音楽配信の売上金額

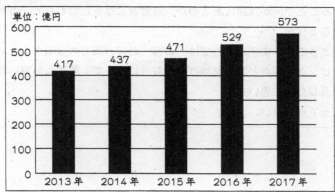

（一般社団法人　日本レコード協会「日本のレコード産業2018」をもとに作成）

問　太郎さんは，花子さんの最後の問いかけに対し，計算の過程もふくめながらくわしく説明しようとしています。あなたが太郎さんならどのように説明しますか。

　　次の条件に従って書きなさい。

条件1：解答は横書きで1マス目から書くこと。

条件2：文章の分量は250字以内とすること。

条件3：数字や小数点，記号についても1字と数えること。

（例）| 4 | 2 | . | 5 | % |

3　太郎さんは，インターネットショッピングについて調べ学習をし，発表に向けた準備をしています。

以下の会話文を読んで問いに答えなさい。

先　　生：太郎さんは，インターネットショッピングについて調べているのですよね。

太郎さん：はい。わたしの母は，スーパーマーケットで働いているのですが，そこでは，売上を伸ばすため，インターネット販売も行っていると聞きました。これは，お客にとって，とても便利だと思う反面，何か危険性はないのかと考え，調べています。

先　　生：これは，どのような資料ですか。

太郎さん：次のページの**資料1**はインターネットショッピングを利用する理由やメリット，**資料2**はインターネットショッピングを利用した際のトラブルの代表的な例をまとめたものです。

先　　生：それらの資料を活用して，どのような発表をしますか。

太郎さん：次のページの**資料1**及び**資料2**からわかるインターネットショッピングの利点と課題を述べたいと思います。

先　　生：お客にとっての利点と課題がよくわかり，良い発表になりそうですね。

太郎さん：ありがとうございます。ただ，資料からわかることを述べるだけなので，単調な発表になりそうで心配しています。

先　　生：それでは，お店にとっての利点と課題も考えるのはどうでしょう。インターネットを利用すると，売上を伸ばすためにどのような利点があるのか。インターネット販売をすることで何か課題はあるのか，経営者になったつもりで，考えを発表してはどうでしょうか。

太郎さん：ありがとうございます。それでは，お客，お店の両方の立場から，インターネットショッピングの利点と課題を挙げて，双方にとって，望ましい買い物の在り方について発表したいと思います。

先　　生：がんばってください。

資料1　インターネットショッピングを利用する理由やメリット（複数回答可）

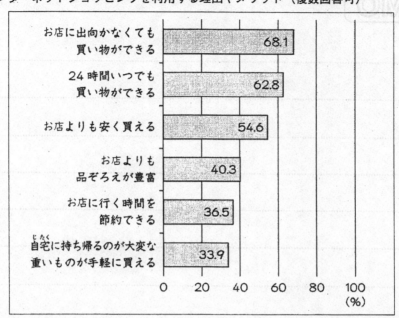

（総務省「IoT時代における新たなICTへの各国ユーザーの意識の分析等に関する調査研究（平成28年）」をもとに作成）

資料2　インターネットショッピングを利用した際のトラブルの代表的な例

事例1　料金を支払ったのに、商品が届かない。

事例2　カーテンの色がパソコン画像と違うのに、お店の人に同じだと言われた。

事例3　届いた商品が、にせもののブランド品みたいなので、調べてもらおうとしたが
　　　　対応してもらえなかった。

事例4　海外の会社が発行するスポーツチケットをクレジットカードで申し込んだが、
　　　　お金は引き落とされたのに、チケットが届かなかった。

（独立行政法人国民生活センター「インターネットトラブル」をもとに作成）

問　太郎さんは，望ましい買い物の在り方について発表をしようとしています。あなたが太郎さん
　　ならどのような発表原稿を作成しますか。
　　　次の条件に従って書きなさい。
　　条件1：解答は横書きで1マス目から書くこと。
　　条件2：文章の分量は300字以内とすること。
　　条件3：数字や小数点，記号についても1字と数えること。

（例）| 4 | 2 | . | 5 | % |

MEMO

....

....

....

....

....

....

....

....

....

....

....

....

大切なことはメモしておこうネ！

....

....

....

....

第1次

2019 年 度

解 答 と 解 説

《2019年度の配点は解答欄に掲載してあります。》

＜適性検査Ⅰ解答例＞《学校からの解答例の発表はありません。》

1 問1　ア
　　問2　イ
　　問3　思いどおりやればいい
　　問4　ア

2 問1　普段の会話
　　問2　ウ
　　問3　自分が描いた絵を鏡に映して見る
　　問4　C　先生に紹介してもらったのが先週である。
　　　　　D　読んだのが先週である。

3 問1　A　エ　　B　イ
　　問2　せまくて軍が一気に通れないから。
　　問3　人格知
　　問4　端緒知　ア　　実践知　ウ　　人格知　イ

4 問1　ウ
　　問2　新田が開発され，米のとれ高が3倍になった
　　問3　ウ，オ

5 問1　次郎さん
　　問2　A　ア　　B　ウ
　　問3　C　増加　　D　平成27年から増加
　　問4　ウ

○推定配点○

1 問1・問2　各3点×2　　問3・問4　各5点×2
2 問1　5点　問2　3点　問3　4点　　問4　各5点×2
3 問1・問4　各3点×5　　問2　7点　問3　4点
4 問1　3点　　問2　7点　　問3　完答4点
5 問1・問3・問4　各4点×4　　問2　各3点×2　　　　計100点

＜適性検査Ⅰ解説＞

1 **(国語：文章読解)**

問1 「声をとがらせる」は口調が強く，攻げき的になっていることを表すので，イは当てはまらない。自分としてはうまく歌えず落ち込んでいる中，おばさんが自分の歌についてほめて話しているという状況を考えると，嘉穂の気持ちとして「いらだち」が適切であることが分かる。自分がうまく歌えなかったことへのいらだちであり，おばさんへのにくしみではないので，ウはまちがい。「とがっていた」という表現からエの「するどさ」を選びやすいが，この場面での表現の意味には合わない。

問2 「え？」と聞き返していることから，おじいちゃんの言葉が嘉穂にとって予想外のものであったことが読み取れる。よって，イが正解。

問3 本文中の言葉を使うように指示があることに注意する。空欄の前に「おじいちゃんと話をしているうちに」とあり，おじいちゃんの助言の内容が続いているので，おじいちゃんの会話文に注目する。10字以内の指定があるので，本文の表現をそのままぬきだすのではなく，本文の言葉を使いつつ，自分でまとめる必要がある。

問4 点線で囲まれている部分では，それぞれが自分の好きなことをやりつつ一緒の空間にいて関わり合う明るい家族の様子が書かれている。したがって，アが最も適切である。イは，「おにぎりを家族みんなで仲良く食べ」ていないので，適当でない。ウは，点線の部分では嘉穂を見守る家族の様子は書かれていないので，適当でない。エは，穂高が嘉穂と同じ気持ちであることを表す表現がないので適当でない。

2 **(国語：説明文，文章読解)**

問1 声を文字にした表現が「文章にはなっていない」ことを説明しているのは，2段落目と3段落目であり，3段落目の最後の文に着目すると，5字の指定にあった表現が見つかる。

問2 下線部②は，前の段落の内容を言いかえており，次の段落で詳しく説明されていることに注目する。すると，飛躍とは，自分だけが分かる文章から，言葉から理解しようとする相手にも伝わる文章にすることをいっていることが分かる。したがって，ウがもっとも適切である。また，アとイは，文章の形として不特定多数の人がわかりやすいものにする行為だが，この文脈では文章を整えることについては話されていないので，適当でない。また，エは筆者の考えと逆の内容であるので，適当でない。

問3 「絵」を例に取り上げているのは，9段落目と10段落目である。このなかで，デッサンの狂いに気づくには，客観的な目が必要であることが，述べられている。そして，10段落目の3文目に客観的に見る具体的な方法が書いてある。問題文に「書きぬきなさい。」とあるので，本文中とまったく同じ表現で書かなければならない。

問4 【太郎さんの書いた感想文】では，「先週」が「紹介してもらった」と「読みました」のどちらにかかるのか分からないため，2通りの意味にとれる。

3 **(国語，社会：文章読解，鎌倉幕府)**

問1 【花子さんのノート】にある文章を参考にする。幕府は御家人に対して，御家人の持つ土地を守ったり，新しい土地を与えたりしたとあるので，幕府から出ている矢印の内容にはエが適当である。御家人は幕府に対し，戦いのときに鎌倉に集まって，幕府のために命がけで戦ったとあるので，御家人から出ている矢印の内容は，イが適当である。このように，鎌倉幕府と御家

人は「ご恩と奉公」による主従関係で結ばれていた。

問2　切り通しは，山に掘った通路であり，左右は岩や土が切り立っていてとてもせまい。そのため，大きな軍勢で鎌倉の手前まで来ても，細い列になって切り通しを通らなければならず，一気に攻め込むことができないのである。

問3　4段落目の「人格知」の説明に着目する。「人格形成になんらかの影響を与える」ということは，人生にも影響を与えることになると考えられるので，「人格知」が適当である。

問4　ア　「国会が国会議事堂で開かれている」という知識を知った段階なので，端緒知である。

イ　歴史に興味がなかったのに，歴史を学ぶことが楽しくなっており，人格形成に影響を与えていることが分かるので，人格知である。

ウ　国会議事堂の建物についてより深く知るという，自分なりの課題をもって調べて，知識を深めているので，実践知である。

[4]　（社会：江戸時代，地域の農業など）

問1　アは，愛知県を見ると，寺子屋が300以上あったことが分かるので，まちがい。イは，未調査の国が太平洋側や瀬戸内地方にもあり，特に日本海側に多いとはいえないので，まちがい。ウは，現在の鹿児島県のところを見ると，「造士館」があったことがわかる。よって，正しい。エは，四国地方には寺子屋が現在の徳島県に300以上，高知県に100以上あり，藩校の印は見られないので，まちがい。

問2　資料2から，見沼代用水がつくられたことによって新田が開発され田地が広がったことがわかる。また，資料3からは，見沼代用水開発前には420トンであった米のとれ高が，見沼代用水開発後には1260トンと3倍に増えていることがわかる。

問3　資料4を見ると，農家人口も耕地面積も昭和45年に比べて平成27年は減っていることが分かる。したがってオが正しく，ア，イ，エはまちがい。また，グラフでは田んぼも畑も減少しているので，カはまちがい。田の減少については，1650÷5616＝0.29…であり，平成27年の田の面積は，昭和45年の田の面積の約3割であるので，約7割減少したことが分かる。畑の減少については，1870÷3051＝0.61…であり，平成27年の畑の面積は，昭和45年の畑の面積の約6割であるので，約4割減少したことがわかる。よって，ウは正しい。

重要▶ [5]　（社会：人口の推移，資料の読み取りなど）

問1　日本の総人口は2010年以降減り続け，将来も減り続けると予想されているので，花子さんと太郎さんはまちがい。高齢者の比率は，1920～1940年には減少しており，1940年から増え続けているので，明子さんはまちがい。高齢者の比率の折れ線グラフは，2025年に30％を超えているので，次郎さんが正しい。

問2　資料2から，東京圏の人口は年々増加していることがわかる。資料3から，地方圏の人口は年々減少していることがわかる。よって，アがあてはまる。資料4を見ると，10歳～19歳の東京圏に入ってくる人の数は小さな増減を繰り返しているので，アはまちがい。また，20～29歳の人たちの次に入ってくるのが多いのは10歳～19歳の人たちなので，イはまちがい。グラフのマイナス値をみると，東京圏から出ていく人が一番多いのはどの年も60歳～69歳の人たちなので，ウは正しい。30～39歳の人たちが東京圏に多く入ってくるのは，平成25年からなので，エはまちがい。

問3　資料5，資料6を見ると，どちらも③のグラフは年々増加していることがわかる。また，①と②のグラフを見ると，資料5では年々減少しているが，資料6では平成27年から平成28年に増

加していることがわかり，日本全体とさいたま市の人口の推移の違いがわかる。Dは6文字以上で書くよう指示があるため，具体的な年数をグラフから読み取って答える必要がある。

問4　総人口に対する65歳以上の人口の割合を求めればよいので，65歳以上の人口の合計を人口の総数の合計でわると，297236÷1301230＝0.22…となり，65歳以上の割合が21％以上であることがわかる。よって，ウがあてはまる。

★ワンポイントアドバイス★

文章や資料から必要な情報を絞って使う力が求められる問題が多い。何が問われているのか，どの情報を使うべきかを考えて問題を解くようにしよう。

＜適性検査Ⅱ解答例＞《学校からの解答例の発表はありません。》

1　問1　70(m)
　　問2　12(往復)
　　問3　6(t)
　　問4　1550(円)
　　問5　187(本)

2　問1　はちみつ味　14(個)
　　　　　ココア味　13(個)
　　問2　432(cm²)
　　問3　イ
　　問4　図形　ウ
　　　　　特徴　向かい合う二つの辺が平行で，すべての辺の長さが等しい。向かい合う角の
　　　　　　　　大きさが等しい。二本の対角線がそれぞれの真ん中の点で，直角に交わる。
　　問5　45(g)

3　問1　(分速)416(m)
　　問2　12(時)49(分から)12(時)52(分の間)
　　問3　13(時)48(分)
　　問4　ウ
　　問5　Aの湯気の部分は液体だが，Bの部分は水蒸気，つまり気体であるから。
　　問6　ウ

4　問1　エ
　　問2　人工気象器の温度
　　問3　ウ
　　問4　なくなったもの　デンプン
　　　　　理由　発芽するための栄養として使われたから。

⑤ 問1　太陽からくる熱は，まず地面をあたため，次に地面からの熱が大気をあたためるから。

　　問2　イ

　　問3　カ

○推定配点○

① 各4点×5

② 問1・問3・問4図形　各3点×4　　　問2・問5　各4点×2　　　問4特徴　6点

③ 問1・問2・問3　各4点×3　　　問4・問6　各3点×2　　　問5　5点

④ 問1・問3　各3点×2　　　問2・問4なくなったもの　各4点×2　　　問4理由　5点

⑤ 問1　6点　　　問2・問3　各3点×2　　　計100点

＜適性検査Ⅱ解説＞

① （算数：面積，道のり，代金，規則性）

問1　まず長方形の面積を求める必要がある。太郎さんと職員の方との会話を見てみると次のことがわかる。

　　・農業体験センター全体の面積は20,000m²。

　　・3か所の田んぼを合計した面積は，農業体験センター全体の面積の4割を占めている。

　　・田んぼ③の面積は1,700m²。

　　これにより3か所の田んぼを合計した面積を求めると，20000×0.4＝8000(m²)。

　　これから田んぼ③の面積をひいて，田んぼ①と田んぼ②を合わせた面積を求めると，8000－1700＝6300(m²)である。

　　田んぼ①の面積が田んぼ②の面積の2倍であるからこの面積は，田んぼ②3個分の面積と等しい。よって，田んぼ②の面積は，6300÷3＝2100(m²)。

　　田んぼ②の横の長さはたての長さよりも40m長いので，田んぼ②の面積は，たて×(たて＋40)と表すことができ，たて×(たて＋40)＝2100より，かけたら2100になる2つの数の組の中から差が40のものを探せばよい。よって，田んぼ②の辺の長さの組み合わせはたて30m，横70mであるとわかる。したがって，答えは70mとなる。

問2　この問題で注意しなければならないのは帰り道に稲を運ばないということである。まずこのリヤカー付き電動バイクが往復でどれだけの電池を消費するかを考える。

　　☆から★に向かう際はグラフを見てみると電動バイクは100%充電してあるもので3km進む。つまり1km進むごとに$\frac{100}{3}$%の電池を消費する。

　　★から☆に戻る際はグラフを見てみると電動バイクは100%充電してあるもので6km進む。つまり1km進むごとに$\frac{100}{6}$%の電池を消費する。

　　電池消費の割合は行きが帰りの2倍なので電池の$\frac{2}{3}$は行きで使いきるということになる。$\frac{2}{3}$の電池で稲を運んだ電動バイクは，$3×\frac{2}{3}＝2$(km)走行できるのでこれを片道の160mでわると，2000÷160＝12.5となるので100%充電した電動バイクは12回往復と少し走行できるとわかる。よって，答えは12往復となる。

問3　面積を表す単位に注意する。1haは1aの100倍である。

　　　資料3より田んぼ③は17aの面積で1.02tの米を収穫できることがわかる。1aあたりの収穫量を求めると，1.02÷17＝0.06(t)。よって，1haあたりの収穫量を求めると，0.06×100＝6(t)となる。

問4　太郎さんが買う予定のクッキーの枚数を求める。お父さん，お母さん，弟，妹の4人に 3枚買い，自分には6枚を買う予定なので合計すると，3×4＋6＝18(枚)である。

　　　今回は大きい箱ほど安いので大きい箱から考えていくとまず12枚入りの箱を買うことができる。残り18－12＝6(枚)買わなければならないがあまらないようにするには9枚入りの箱は買えないので，次に大きい6枚入りの箱を買うことになる。これで予定の枚数を買えたので金額を計算すると，1000＋550＝1550(円)となる。

問5　それぞれ何本ずつ植えられるかを考えるとよい。

　　　まず田んぼの端から50cm未満には苗を植えられないという条件から，苗を植える範囲はたて3m，横5mだとわかる。たては3mなので30cm間隔で苗を植えると，300÷30＝10より10個30cmの間を作ることができるので，苗はたてに，10＋1＝11(本)植えることができる。横は5mなので30cm間隔で苗を植えると，500÷30＝16.6…となり，16個30cmの間を作ることができるので，苗は横に，16＋1＝17(本)植えることができる。たてに11本，横に17本植えることができるので，苗の本数は，11×17＝187(本)となる。

2　(算数：立体の体積・表面積・切断面)
問1　上段，中段，下段に立方体を分けて考える。

上段　　　　　中段

　　　まず，上段の数を数える。

　　　　はちみつ味のケーキ：5個

　　　　ココア味のケーキ：4個

　　　次に，中段を数える。

　　　　はちみつ味のケーキ：4個

　　　　ココア味のケーキ：5個

　　　中段は上段と配置を逆にしたものなので個数も逆になる。下段は上段と同じなのでこれをたすと，はちみつ味のケーキの個数は，5＋4＋5＝14(個)，ココア味のケーキの個数は，4＋5＋4＝13(個)となる。

問2　ジャムをぬる条件に注意する。ジャムは触れ合う面にはどちらにもぬることになっている。各ケーキのふれ合っている面を上段中段下段に分けて考えると，触れ合っている面の数は次のようになる。

上段　　　　　　　　中段　　　　　　　下段(上段と同じ)

3	4	3
4	5	4
3	4	3

4	5	4
5	6	5
4	5	4

3	4	3
4	5	4
3	4	3

合計するとジャムをぬる面の数になる。

(3×4＋4×4＋5)×2＋(4×4＋5×4＋6)

＝(12＋16＋5)×2＋42

＝66＋42

＝108

1面の面積は，2×2＝4（cm²）なので，ジャムをぬった面の面積は，4×108＝432（cm²）となる。

問3　カットした断面は四角形BDGEとなる。

立方体は向かい合う面や線が平行なのでBDとEG，BEとDGはそれぞれ平行である。またBDとEGは同じ大きさの正方形の対角線であり同じ長さで，BEやDGより長い。また，BEとDGは立方体の辺なので同じ長さである。さらに，それぞれの角は90°であるので，四角形BDGEは長方形である。

問4　カットすると右の図①のようになる。それぞれの辺は右の図②のような直角三角形のいちばん長い辺の長さになる。よって，アの正方形かウのひし形であるが，角に着目すると90°の角はないので，ウのひし形である。

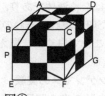

図①

この辺の長さ

図②

問5　友だちのお母さんが使用した型の体積は，14×14×4＝784（cm³），花子さんの家にある型の体積は，7×7×3×4＝588（cm³）である。

花子さんは，友だちのお母さんが使用した型より持っている型が小さい分材料を少なくしたいので，体積の比を利用すると花子さんの家にある型がどの程度小さいかわかる。

588÷784＝0.75

これを材料表の量にかければよいので，60×0.75＝45（g）となる。

3　（算数，理科：速さ，空気の体積，水の状態変化）

問1　時刻表を見ると蒸気機関車は北町を出発してから中町に着くまでに50分かかっていて，走行距離は20.8kmなので，北町駅から中町駅までの蒸気機関車の平均速度は，20800（m）÷50（分）＝416より分速416mとなる。

問2　条件1より，普通電車の平均速度は時速60kmなので，分速に直すと分速1kmである。

よって，北町駅から中町駅までの20.8kmを普通電車は20.8÷1＝20.8（分）で走る。

条件2より，普通電車の中町駅停車時間は1分以上であるから普通電車は中町駅に13：13までに到着していなければならない。

条件3より，普通電車は中町駅では蒸気機関車が到着してから1分後以降に到着しなければならないので，13：09以降に到着しなければならない。

これらをまとめると，普通電車は北町駅を出発してから20.8分後に到着する中町駅に13：09～13：13の間に着かなければならないということになる。

13：09以降という条件と★のついた時刻では0秒ちょうどに発着するという条件から，普通電車は北町駅を13：09の20分前に出発しなければならない。つまり12：49である。

また，13：13までに着いていなければいけないという条件から，普通電車は北町駅を13：13の21分前に出発しなければいけないので，12：52である。

よって，答えは12時49分から12時52分の間となる。

問3　まず弥生橋を12：30に出発する船は必ず12：50に出発する船より早く到着するので考えなくてよい。

12：30に大和橋を出発したCコースの船は時速10kmで川を下るので，飛鳥橋に到着するまでにかかる時間は，6÷10＝0.6（時間）より36分なので，13：06には飛鳥橋に着いているとわかる。

12：50に弥生橋を出発したBコースの船も同じく時速10kmで川を下り，飛鳥橋に到着する

までにかかる時間は距離が半分になっているから，36÷2＝18(分)より13：08には飛鳥橋に着いているとわかる。

　最後に船が到着する時刻は13：08とわかったので，ここから最後の船を積み込み大和橋に運搬する時間40分をたすと，大和橋に到着する時刻は13：48となる。

問4　ウ以外記述自体は正しいがどれも空気だとうまくいかない理由になっていない。ここでは水が水蒸気になるときに体積が大きく変わることが重要である。

問5　やかんから噴き出す白い湯気は水蒸気だと思われがちだが，白く見えているのは小さな水滴で，気体ではなく液体であり，水蒸気ではない。

問6　沸騰した際に現れるあわの正体は水蒸気である。やかんの外に出て水蒸気が急激に冷やされ液体に戻ることで白く目に見えるようになる。

基本 ▶ **4** （理科：インゲンマメの実験）

問1　グラフを読み取る問題である。25mLの蒸留水の場合は，20℃と30℃では20℃のときのほうが発芽率が高いが，3mLの蒸留水の場合は，発芽率にほとんど変化が見られないこと，同じ温度のとき，蒸留水が多いほうが発芽率が低いことが読み取れるので，答えはエとなる。

問2　グラフを読み取る問題である。発芽が始まった時間について何が関係しているかを読み取ると人工気象器の温度が高いほうが発芽は早いことがわかる。よって，答えは人工気象器の温度となる。

問3　実験では比べたいもの以外の条件をそろえることが重要である。アは，温度の影響か光の影響かがわからなくなる。イは，温度によるちがいは比べていて光の条件については比べられない。エは，どちらも条件が同じになり，比べることができない。

問4　発芽に使われ，種子に蓄えられている養分はデンプンである。

5 （理科：天気）

問1　太陽の熱によって地面があたためられ，まわりの空気は地面の熱によってあたためられる。このため，最高点になる時刻は，南中高度→地面の温度→気温の順にずれる。

問2　それぞれの特徴(とくちょう)をとらえる。アは，ほかに比べて温度が高いので，夏至が過ぎてあたたかくなる7月だと予想できる。イは，下旬に向かうにつれて温度が下がっているので，冬に向かっている10月だと予想できる。ウは，アに比べると温度が低いが全体を通してあたたかいので，5月だと予想できる。エは，ほかに比べて温度が低く，最低気温が－15℃を下回っている日もあることから1月と予想できる。

問3　夏至は最も南中高度が高くなる日のことなので，南中高度が最も高いときが夏至に近い。よって，答えはカとなる。

★ワンポイントアドバイス★

検査時間は45分であるが大問の数は5個あり，問題数はとても多い。複雑な問題も沢山あるが，わかる問題から着実に手をつけていき答えを導き出そう。また算数の計算では単位や小数点の位置などを間違えないよう気を付けて解こう。
問題文をしっかり読まないと間違えてしまうような細かい条件などが見られるので落ち着いて最後まで問題文を読もう。

第2次

2019 年 度

解 答 と 解 説

《2019年度の配点は解答欄に掲載してあります。》

＜適性検査Ⅲ解答例＞ 《学校からの解答例の発表はありません。》

1

わたしはカタカナ語の意味がわからず，困った人がどれくらいいるのか，また年齢によって差があるのかを調べました。**資料1**を見ると，カタカナ語の意味がわからずに困ることが「よくある」と回答した人の割合が，50代と60歳以上が若い世代と比べて特に多いことがわかります。次に，**資料2**を見てください。**資料2**から，わたしはカタカナ語を使う際には，一般的に使われている語であるかに気をつけることが必要だと思いました。一般的に使われていないものは，わかりやすく言いかえたり，必要に応じて注釈をつけたりすることで，カタカナ語の意味がわからずに困る人を減らすことができるのではないかと思います。

2

まず，「音楽の総売り上げ」を求めるために，「音楽ソフトの生産金額」と「音楽配信の売上金額」をたします。そうすると，2013年は3122億円で，2017年は2893億円であることがわかります。次に，「音楽配信の売上金額」÷「音楽の総売上」を計算すると，「音楽の総売上」に対する「音楽配信の売上金額」の割合がわかります。2013年は417億÷3122億より，およそ13％，2017年は573億÷2893億よりおよそ20％となります。その差は，20－13より7ポイントだと求めることができます。

3

わたしは，インターネットショッピングについて調べました。**資料1**では，お店に出向かなくても買い物ができることや，24時間いつでも買い物ができることがお客のメリットとして挙げられています。一方で，**資料2**からは満足のいく買い物ができないトラブルが発生してしまう課題があるとわかります。お店にとっては，インターネット販売を行うと，より多くのお客に物を売ることができ売上を伸ばすことができますが，お客の声に正確にきちんと対応できないと，トラブルにつながりやすくなるという課題もあります。お客は信用できるお店かどうかを見極め，お店はお客の声にきちんと正確に対応することが望ましい買い物の在り方であると考えました。

○推定配点○
1 30点 2 30点 3 40点 計100点

＜適性検査Ⅲ解説＞

1 （国語：カタカナ語）

資料1と**資料2**からわかることをもとに発表原稿を作成する問題である。まず，先生と花子さん

の会話文を見ると，**資料1**から年齢に関する特徴的なことを述べて，**資料2**をもとに，カタカナ語を使う際に気をつけたいことをいくつか述べればよいことがわかる。**資料1**を見てみると，カタカナ語の意味が分からずに困ることが「よくある」と回答した人は50代と60歳以上が他の若い世代に比べて非常に多いことが読み取れる。次に，**資料2**の表から，カタカナ語を使う際に気を付ける必要のある点を読み取ろう。特に一般への定着が十分でないカタカナ語をどのように取り扱うべきかに注目したい。一般的に使われていないカタカナ語は言いかえたり，必要に応じて注釈をつけたりする必要があることが読み取れる。**資料1**と**資料2**からわかることを条件1～条件3に従って，発表原稿にまとめよう。

② （算数：割合）

会話文と**資料1**，**資料2**から，「音楽の総売上」に対する「音楽ソフトの生産金額」の割合変化の計算過程を説明する問題である。まず，**資料1**と**資料2**の2013年と2017年の数値に注目する。「音楽ソフトの生産金額」と「音楽配信の売上金額」の合計を「音楽の総売上」とするので，2013年の「音楽の総売上」は2705＋417＝3122(億円)，2017年は2320＋573＝2893(億円)となる。「音楽の総売上」に対する「音楽配信の総売上」の割合を求める公式は「音楽配信の総売上」÷「音楽の総売上」×100である。よって，2013年の「音楽の総売上」に対する「音楽配信の総売上」の割合は417÷3122×100＝13.356…でおよそ13%，2017年は573÷2893×100＝19.806…でおよそ20%である。すなわち，2017年の「音楽の総売上」に対する「音楽配信の総売上」の割合は2013年と比べて，20－13＝7より，約7ポイント上昇していると言える。条件1～条件3に注意して，分かりやすく説明するように心がける。

重要 ③ （社会：インターネットショッピングの利点と課題）

会話文と**資料1**，**資料2**からインターネットショッピングに関する発表原稿を作成する問題である。まず，会話文を見てみると，太郎さんはインターネットショッピングにおける「お客にとっての利点と課題」，また「お店にとっての利点と課題」を挙げ，結論として「双方にとって，望ましい買い物の在り方」を発表しようとしていることがわかる。次に，**資料1**を見る。グラフから，インターネットショッピングを利用する理由やメリットが読み取れる。これは，インターネットショッピングを利用するお客の利点である。

次に，**資料2**を見てみよう。ここであげられているのはインターネットショッピングを利用した際のトラブルの例である。これらは，お客が満足のいく買い物ができなかった事例であり，お客の課題ととらえられる。しかし，**資料1**と**資料2**から明確に読み取れるのはお客の利点と課題のみで，お店にとっての利点と課題，また，望ましい買い物の在り方は，自分で考えて解答する必要がある。会話文中の，「インターネットを利用すると，売上を伸ばすためにどのような利点があるのか。」という先生の発言に注目してみる。インターネットを利用すれば，さまざまな場所にいるお客から注文を受けることができるため，売上が伸ばせる。つまり，より多くのお客に物を売ることができるのがお店の利点であると考えられる。お店の利点として，人件費や場所代がかからないなどの例もあげられる。

お店の課題は，**資料2**から推測するとわかりやすい。**資料2**はお客の立場で挙げられたトラブルの例だが，お店の立場になって考えてみると，インターネットを利用した販売では実際の店舗で商品を販売するよりもお店が対応しなければならない場面が多いことに気づく。そのため，お客から寄せられた声にしっかりと正確に対応できないと，トラブルにつながる可能性がある。そのほか，お店の課題として，梱包・配送などの手間がかかる，インターネット上で商品の実際の様

子を伝えるのが難しいなどの例もあげられる。

　望ましい買い物の在り方として，解答例では「お客は信用できるお店かどうかを見極め，お店はお客の声にきちんと正確に対応すること」とした。お客とお店双方の利点と課題を踏まえたまとめとして簡潔に述べるとよい。この問題では，資料からわかることを述べるか所と自分の考えを述べるか所があることに注意したい。

　★ワンポイントアドバイス★

国語，算数，社会すべて文章で答える問題である。書く内容については非常に限定的でわかりやすいが，1つの解答欄に複数の内容を書く必要がある。解答のしかたにはいくつかの条件が与えられているので，それらをしっかり読み込んだうえで，答えていこう。

大切なことはメモしておこうネ！

平成30年度

★★★★★★★★★★★★★★★★★★★★★

入 試 問 題

30
年
度

平成30年度

さいたま市立浦和中学校入試問題（第1次）

【適性検査Ⅰ】 （45分）　＜満点：100点＞

1　花子さんは，図書館でおもしろそうなタイトルの小説を見つけたので，読んでみることにしました。次の文章は，草野たき著『Q→A』（講談社）の一部です。これを読んで問1～問4に答えなさい。

> 中学3年の朝子は，新学期，担任の先生が配ったアンケートの「Q　あなたは自分の親が好きですか，嫌いですか」という質問を見て，今日の朝食時，自分のバナナを，おどおどと朝子にゆずって仕事に出かけたお父さんのことを思った。

「なにあれ，これじゃあ，まるで私が悪者じゃん」

逃げるように出かけてしまったお父さんの後ろ姿を見て，朝子は言った。

「ゆずってもらったんだから，ありがたく思いなさいよ」

「えーっ，ゆずってほしいなんて言ってないじゃん。どうせくれるなら，せめてゆずってあげるって言えばいいじゃん」

「年頃の娘に話しかけるのが，恥ずかしいのよ」

お母さんは，そう言ってそんなお父さんをかばっていたけど……。

①朝子は，そうじゃない，と思った。

お父さんは自分の娘が苦手で，好かれる自信がなくて，だからせめて嫌われないようにしているだけ。

逃げているのだ。苦手だから，かかわらないようにしているだけなのだ。

あれ……？

そこで朝子はふと，気づいた。

苦手なことから逃げるって……まるで私だ。

朝子もまた，苦手だなってひとには，近づかないようにするところがある。

ひと，だけじゃない。

朝子には，すべてにおいて自分はいつも「※1逃げ腰」だという自覚があった。

挑戦してみようという，勇ましい気持ちが自分には欠けている，と……。

いろいろ迷ったあげく，なんの部活にも入らず，なにかの委員になるのさえ避けてきたのは，そのせいだ。

朝子は，ため息をついた。

見ていてムカつくのは，自分とそっくりだからかもしれない……。

まるで自分を見ているようだから，こんなにイヤな気持ちになるのだ。

イヤになっちゃうな……。

朝子は頭をかきむしりたくなった。

つまり，お父さんのそういう行動を否定するということは，自分自身を否定するということだ。

朝子はしかたないので，　X　　こう回答した。

> A　お母さんの優しくて明るいところが好きです。お父さんは，嫌いじゃないけど性格がイヤ
> です。　　　Y

なにおいても「逃げ腰」だという自覚はある。

だけど，どうやったら変われるかわからないし，変えられるものなのかどうかもわからない。

だったらいっそ，そういう自分をまるごと受けいれて，好きだと思えるようにしたい。

そんな気持ちで回答してみたけれど，これって，なんか，②意味わかんない回答かも……。

（一部省略やふりがなをつけるなどの変更があります。）

※1　逃げ腰…逃げ出しそうな態度。責任などをのがれようとする態度。

問1　下線部①「朝子は，そうじゃない，と思った」の「そうじゃない」とはどういうことですか。次のア～エの中から1つ選び，記号で答えなさい。

ア　お母さんはお父さんをかばっていたのではないということ。

イ　お父さんは娘が苦手で嫌われないようにしているのではないということ。

ウ　お父さんは年ごろの娘に話しかけるのが，恥ずかしいのではないということ。

エ　朝子はバナナをゆずってほしいとは言っていないということ。

問2　本文中の空らん　X　に入る言葉として適切なものを，次のア～エの中から1つ選び，記号で答えなさい。

ア　はらはらと

イ　わざわざ

ウ　うきうきと

エ　しぶしぶ

問3　本文中の空らん　Y　について，朝子さんはどのように回答しましたか。次のア～エの中から1つ選び，記号で答えなさい。

ア　だけど，どうしても好きになれません。

イ　だけど，いつかそれも含めて好きになれればとは思います。

ウ　だから，性格が直っても好きにならないと思います。

エ　だから，ほんとうは大好きです。

問4　下線部②「意味わかんない回答」と朝子が感じる理由を考えてみました。次の空らん　Z　に当てはまる内容を5字以上10字以内で書きなさい。

> お父さんについてアンケートに回答したはずなのに，書いた内容はまるで　　Z
> のようだったから。

2　太郎くんは，宇宙について書かれている本を見つけ，興味を持ち，読んでみることにしました。次の文章は，竹内薫著『住んでみたい宇宙の話』（キノブックス）の一部です。これを読んで問1～問4に答えなさい。

このまま，人口増加や環境汚染が進めば，人はやがて地球に住めなくなるのではないかといわれている。人の数に対して，地球の大きさが対応しきれなくなるのだ。現代は人が爆発的に増えていて，急激に増えつづけた人は，やがて2050年ごろには90億人を突破するとみられている。増えすぎ

て全員が地球に住みつづけることができなくなったら，新しく住むことのできる場所を探さなければならない。

そんなとき，人が住むのにもっとも現実的だといわれているのが，地球のとなりにある火星だ。実際，民間のある企業では，2017年から2027年のあいだに，希望者を募って火星への本格移住を支援する計画を立てている。片道切符で火星に行き，火星で永住するというこの※1無謀な計画に，なんと全世界から多数の応募があったそうだ。

この計画では片道切符だが，これで終わらず，今後大量に人が移動できる交通手段として，わたしたちでも利用できる安価な宇宙船の研究や，宇宙エレベーターなどの研究も進んでいる。

しかし①なぜ，火星なのか？それは，地球からの近さも魅力ではあるが，どの惑星にもない地球との共通点が数多く見つかっていることもある。そのため，地球と火星の環境を似せて，火星を第二の地球とすることができるのではないか，と考えられているのだ。

ただし，現段階ではまだ地球の生命が生息できない環境であるため，地球の生命が住みやすいように火星の環境をつくり変える，テラフォーミングをおこなわなくてはならない。この計画，※2フィクションのようだが，真面目に考えられている。火星の低すぎる温度を上げ，氷を溶かし，地球に似た環境につくり変えるのだ。

テラフォーミングをした前も後も，火星に行くのは「住む」ことが大きな目的となっている。そのため，どのような形であれ，火星は住宅街としての役割を期待されている。

いずれは，家だけでなく学校や仕事も火星で，火星で生まれ火星で死んでいくという，一度も地球に行ったことのない人が出てくるかもしれない。

夢みたいな話だが，しかしこれは，すぐそこにある未来の話なのだ。

火星は地球の近くにあるからか，②地球の生命体が住むのに適していると思われる条件が，いくつもある。

まず火星の1日は，地球の1日とほとんど同じで，1日がほぼ24時間だ。火星に住んでも，明るくなったら起きて活動し，暗くなったら眠るという生活リズムをくずさずにすみそう。

地球より遠くを回っているので，火星の1年は，687日。地球でいうと，おおよそ2年となる。季節の流れがゆっくり感じられるだろう。

そして何より重要なのが，火星には大気があることだ。大気があるので，ほかの惑星ほど強烈な気温にはならない。平均気温はマイナス43度。マイナスとはいえ，2桁の数字なので，気温を上げる工夫の余地がある。大気の主成分は二酸化炭素で，酸素はほとんどない。

大きさは地球が直径1万2742キロメートルであるのに対して，火星は直径6779キロメートルと，地球とくらべて半分ほどの大きさだ。半分ほどの大きさのため，重力は地球の3分の1くらい。3分の1は地球よりは小さいものの，30キログラムが10キログラムになるということは，「ちょっと軽いかな？」と感じるくらいで，物を持つときも，自分の体重も，すこし軽さを感じるくらいではないだろうか。住宅環境などは工夫することでつくり変えることができるが，重力だけは絶対に変えることができない。そのため，宇宙ステーションや月にくらべて地球の重力に近いことも，火星の大きな魅力である。

このように地球と似た点が多く，地球生命が生息できる可能性が高いので，火星は移住先の最有力候補となったのだ。 （一部省略やふりがなをつけるなどの変更があります。）

※1　無謀…結果に対する深い考えのないこと。　※2　フィクション…想像によって作り上げられた事柄。

問1　太郎くんは，下線部①「なぜ，火星なのか？」の部分に省略されている語句を考えました。
　　次の空らん　A　にあうように書きなさい。ただし，「地球」，「現実的」という語句を必ず入れ
　　て15字以上25字以内で書きなさい。

　　　なぜ ［　　　　　　A　　　　　　］ 火星なのか？

問2　太郎くんは読みとったことについて情報カードを作成し，テーマごとに本文の流れにあうよ
　　うに並(なら)べてみました。次の情報カードの空らん　B　，　C　にあてはまる内容を本文中からさ
　　がして　B　は5字，　C　は8字で書きぬきなさい。

テーマ1　火星が移住先の最有力候補であることについて

テーマ2　火星に住むために必要なことについて

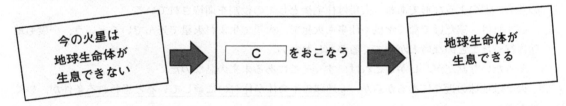

問3　太郎くんは，下線部②「地球の生命体が住むのに適していると思われる条件」について，下
　　の情報カードを作成しました。次の情報カードの空らん　D　，　E　，　F　にあてはまる内容
　　を，　D　は15字以内，　E　，　F　は10字以内で書きなさい。

テーマ3　地球の生命体が火星に住むのに適していると思われる条件について

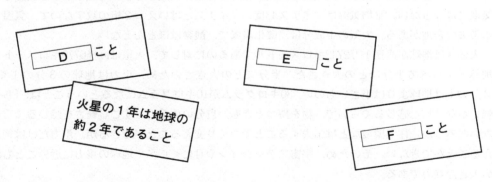

問4　本文中に述べられていることとして適切でないものを，次のア〜エの中からすべて選び，記
　　号で答えなさい。

　　ア　人が地球に住めなくなるのは，人の数に対して地球の大きさが対応できなくなるからである。

　イ　民間企業の計画する火星への本格移住は，地球にもどれない計画でも全世界から多数の応募があった。

　ウ　安価な宇宙船や宇宙エレベーターを研究している一番の目的は火星の観光である。

　エ　火星の大きさは地球のおよそ2倍あるので，火星の1年は地球のおよそ2年となる。

3　花子さんと太郎くんは，図書館の先生に職業インタビューをしたところ，仕事をする上で「他人とコミュニケーションをしっかりとることは大切だ」と教えてもらいました。そこで，花子さんが「コミュニケーション」について調べていると，ある本を見つけました。

　次の文章は，齋藤 孝 著『コミュニケーション力』（岩波新書）の一部です。これを読んで問1～問4に答えなさい。

　コミュニケーションは，この世の中を生きていくための重要な手段であると同時に，生きる目的そのものでもある。仕事の場では，コミュニケーション力は重要な手段である。対話力が低ければ，※1生産効率が悪くなる。ミスも多くなり，職場の雰囲気も悪くなる。会社は※2利益を上げることを目的とした集団だ。その利益を上げるためにコミュニケーション力が必要となる。

　家族の場合は，これとは事情が異なる。家族は※3利潤を求めているわけではない。関わり合うことそのものが目的と言える集団だ。一緒に食事をし，話をし，どこかへ一緒に遊びに行く。ボーッと一緒に部屋で寝っ転がって時を過ごすこともまた，家族のよさだ。何かを生みだすことが目的ではない。そこでは一人ひとりが優秀であるかどうかは本来重要なことではない。赤ちゃんに対して優秀かどうかを問う親はいない。赤ちゃんは手間のかかる存在だが，その世話をすることが皆の※4生き甲斐にもなる。家族においては，※5生産性よりも，感情が交流することの方が重要なのである。

　私たち人間は，コミュニケーションしたいという欲求を強く持っている。一人きりになるのは寂しいし，怖い。部屋で一人静かに過ごす時間は快適なものだが，社会から全く切り離され，他人とコミュニケーションができなくなったとすれば，そのような快適さはもはやなくなるであろう。※6刑罰の一つに※7独房というものがある。①一人で部屋に入れられ誰ともコミュニケーションできない状態は，人間にとっては刑罰なのである。

　コミュニケーションし，感情を交わし合い，考えを語り合う。それ自体が人生の目的なのである。深い永遠の愛ばかりが人間にとって必要なものではない。気持ちを軽く伝えることができる存在が，まずほしい。何かを見て，いいなという感情が湧いたり，何かを食べて，おいしいなと思ったりしたときに，その感情を分かち合う相手が欲しくなる。その相手は，時に人間でなくとも構わない。犬は，人間のコミュニケーション欲を充たしてくれる重要なパートナーであり続けてきた。私たちは気持ちを誰かと伝え合い，あれこれと話をしなければいられない存在なのだ。

　だからこそ，家族が人間にとっては重要な単位なのである。社会では能力で人間の価値がはかられるのに対し，家族の中では，基本的にはコミュニケーションする関係が求められている。

　　　　　　　　　　　　　　　　　　（一部省略やふりがなをつけるなどの変更があります。）

※1　生産効率…何らかの商品や製品を製造したり開発したりする時の，仕事のはかどりぐあい。

※2　利益…もうけ。とく。

※3　利潤…金銭に関わるもうけ，とく。

※4　生き甲斐…生きている張り合い。

※5　生産性…生活に必要な物資などをつくりだすこと。また，その能率_{のうりつ}。

※6　刑罰…特に国家が，法にそむいて罪を犯した者に加える制裁_{せいさい}。

※7　独房…1人用のろうや。

問1　花子さんは，本文の内容について，下の**表**のように，会社，家族のそれぞれの集団の立場から整理してみました。次の空らん　A　にあてはまる適切な語句を，本文中から7字で書きぬきなさい。

表

集団	集団の目的	重要なこと
会社	利益を上げること	コミュニケーション力
家族	関わり合うこと	A　　　こと

問2　下線部①「一人で部屋に入れられ誰ともコミュニケーションできない状態は，人間にとっては刑罰なのである。」とありますが，筆者はなぜそのように考えたのか，その理由を次の空らん　B　に20字以上30字以内で答えなさい。

　　　　　　　　　　B　　　　　　　　　　を持っているから。

問3　筆者の考えとして適切でないものを，次のア〜エの中から1つ選び，記号で答えなさい。

ア　会社が利益を上げるためにはコミュニケーションが必要だ。

イ　家族においては，一人ひとりが優秀であることは重要ではない。

ウ　人間が感情を分かち合う相手は人間に限られている。

エ　社会では能力で人間の価値がはかられる。

問4　この本を読んだ花子さんは，家族のコミュニケーションについて考えようとして，次のページの**資料**を見つけました。見つけた**資料**を参考に，**花子さんの考え**に続くものとして，正しいものを次のア〜エの中から1つ選び，記号で答えなさい。

> **花子さんの考え**
> 　家族の中では，基本的にコミュニケーションする関係が求められているが，

ア　さいたま市の小学生は，学年が低くなるほど，家にいる大人と学校での出来事について話をしない。

イ　さいたま市の小・中学生には，学校での出来事についてあれこれと話をする存在は家にいない。

ウ　さいたま市の半分以上の小・中学生は，家にいる大人と学校での出来事についての話をせず，部屋で一人静かに過ごしている。

エ　さいたま市の中学生は，学年が進むにつれて，家にいる大人と学校での出来事について話をしなくなる。

資料　家で子どもと大人が話をすることについて
　　　質問：家の人（兄弟姉妹は含みません）と学校での出来事について話をしていますか。

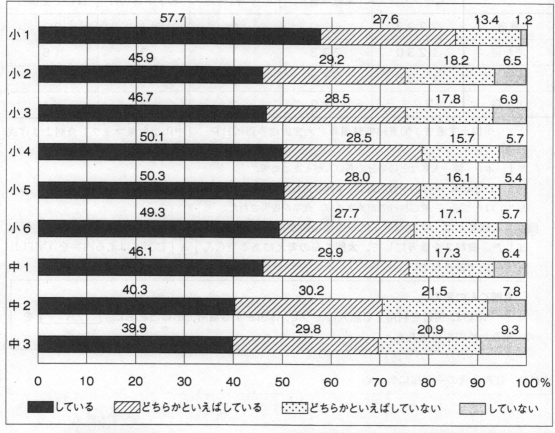

※平成28年度　さいたま市学習状況調査より作成

4　太郎くんは，近所の道で見つけた道路標識に＜中山道＞とあることに気付き，中山道を含めた江戸時代の街道について調べてみることにしました。

　　太郎くんが集めた8，9，10ページの資料1〜5を参考にして，問1〜問5に答えなさい。

問1　太郎くんは，浦和や大宮が宿場町であったことを知り，現在のさいたま市周辺にあった中山道の宿場町に関する資料1を手に入れました。資料1について，正しく述べているものを，次のア〜エの中から1つ選び，記号で答えなさい。

　　ア　大宮宿は浦和宿よりも，家数もはたご屋も多くなっている。
　　イ　蕨宿の人口は上尾宿の3倍以上あり，家数も3倍以上ある。
　　ウ　わき本陣の数が多いほど，はたご屋の数も多くなっている。
　　エ　はたご屋の数が少ないほど，人口も少なくなっている。

資料1　江戸時代の中山道の宿場町について
　　　　　　　　　　　　　　　　　　　　　　　　　　　　　　（　）は単位

	人口（人）	家数（軒）	※1 本陣（軒）	※2 わき本陣（軒）	※3 はたご屋（軒）
蕨宿	2223	430	2	1	23
浦和宿	1230	273	1	3	15
大宮宿	1508	319	1	9	25
上尾宿	793	182	1	3	41

※国土交通省　関東地方整備局　大宮国道事務所ＨＰ　「中山道散策マップ」資料より作成

- ※1　本　　陣…大名などの身分の高い人がとまった宿。
- ※2　わき本陣…本陣の予備的施設。本陣に差し支えが生じた場合に利用された宿。
- ※3　はたご屋…一般の旅行者が泊まる宿。食事が提供された。

問2　太郎くんは，学校の近くに一里塚の跡があることを知り，なぜ一里塚が作られたのかを考えました。**資料2**を参考にして，**太郎くんの考え**にある空らん　Ａ　に当てはまる内容を5字以上10字以内で書きなさい。

> **太郎くんの考え**
> 　一里塚は，街道を利用する旅人にとって，休憩をする場所であるとともに，　Ａ　を知るためのものである。

資料2　江戸時代の一里塚について

　江戸の日本橋を起点として、主な街道に一里（約4キロメートル）ごとに土を盛ってつくられた塚。大きな木が植えられ、旅人の休憩の場にもなった。

問3　太郎くんは，江戸時代の五街道と主な宿場を示した次のページの**資料3**をもとに，街道の主な特色について，次のページの**資料4**のようにまとめました。**資料3**も参考にして，**資料4**のア〜エの中から中山道に関するものを1つ選び，記号で答えなさい。

資料3　太郎くんが作成した江戸時代の五街道と主な宿場の地図

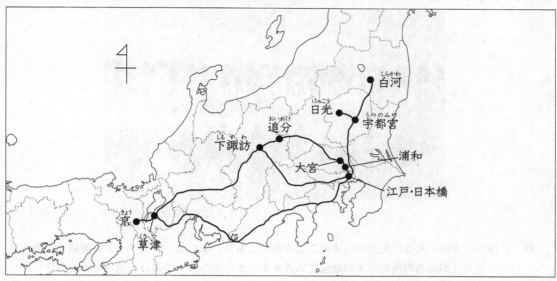

資料4　太郎くんが調べた「街道」

街道	説明
ア	江戸中期以降、商品が運ばれるための街道としてにぎわった。街道沿いにある勝沼（山梨県）では甲州ぶどうが生産されていた。
イ	53の宿駅がおかれ、軍事的な理由で川に橋をつくることが禁じられた。箱根（神奈川県）などには関所が設けられ，江戸への出入りをきびしくとりしまった。
ウ	木曽路ともいう。碓氷峠（群馬県・長野県）などの難所があり、碓氷（群馬県）や木曽福島（長野県）には関所が置かれた。
エ	日光東照宮（栃木県）が造営されてからは、参拝者が通る道として重要視された。街道の一部は奥州街道と重なっている。

問4　太郎くんは，集めた次のページの**資料5**が，江戸時代に大名が，ある目的で街道を利用していたときの様子を描いたものだということを知り，その目的を考えてみました。**太郎くんの考え**の空らん　B　に当てはまる内容を，「領地」「江戸」という言葉を使って15字以上30字以内で書きなさい。

太郎くんの考え
B　　　　　　　　　　　　　ために利用した。

資料5　太郎くんが見つけた資料

（石川県立歴史博物館「れきはく」№113より）

問5　後日，太郎くんは，先生から次のことを教えてもらいました。前のページの**資料3**も参考にして，善光寺がある場所を，下の**地図**にある●ア〜エの中から1つ選び，記号で答えなさい。

> 　江戸時代の五街道は，庶民にも利用されていました。特に東海道を使って伊勢神宮，中山道を使って善光寺へお参りをする人々が絶えませんでした。江戸から善光寺へは，中山道を通り，追分宿から分かれて北の方角にのびている街道を通っていきました。この当時は「一生に一度は善光寺参り」という言葉があったそうです。

地図

⑤　花子さんは，昨年の４月に開催された「世界盆栽大会」を見に，さいたま新都心を訪れました。
　　次の【花子さんと先生の会話】と花子さんが集めた資料１～資料６を見て，問１～問４に答えなさい。

　　（資料２，資料３は次のページ，資料４，資料５は13ページに，資料６は14ページにあります。）

【花子さんと先生の会話】

先　　　生：「世界盆栽大会」を見に行って，どうでしたか。

花子さん：会場は多くの人でにぎわっていました。スーパーアリーナやけやき広場では，参加
　　　　　者が　　　Ａ　　　できるようなイベントも開催されていました。中には一時，入場
　　　　　が制限されるものもありました。

先　　　生：大会期間中は，およそ４万５千人が参加したようですね。

花子さん：実は，当日，２つのことに気づきました。

先　　　生：それは何ですか。

花子さん：１つ目は，①多くの国や地域の人々が参加していたことです。

先　　　生：盆栽が，世界に広まっているということでしょうね。

花子さん：２つ目は，さいたま新都心を歩いていたとき，スーパーアリーナやけやき広場の周
　　　　　辺には②電柱や電線が見られなかったことです。私の家のまわりには，電線が張り
　　　　　巡らされているので，とても不思議に思いました。このあと，２つの気づいた点に
　　　　　ついて，資料を集めて調べてみたいと思います。

資料１　「世界盆栽大会」への大会登録者数が多い国や地域（上位１０位）

順位	国・地域	大会登録者数（人）	面積（万km²）	人口（万人）
1	アメリカ	145	983.4	32,445.9
2	インド	90	328.7	133,918.0
3	オーストラリア	82	769.2	2,445.1
4	台湾	56	3.6	2,362.6
5	ドイツ	54	35.7	8,211.4
6	イギリス	31	24.2	6,618.2
7	南アフリカ	30	122.1	5,671.7
8	カナダ	27	998.5	3,662.4
9	メキシコ	25	196.4	12,916.3
10	フランス	24	55.2	6,498.0
10	スペイン	24	50.6	4,635.4
※	日本	－	37.8	12,748.4

（公益財団法人矢野恒太記念会「世界国勢図会２０１７／１８」及び第８回世界盆栽大会
in さいたま実行委員会「第８回世界盆栽大会 in さいたま」より作成）

資料２　資料１の上位１０位の国や地域の分布

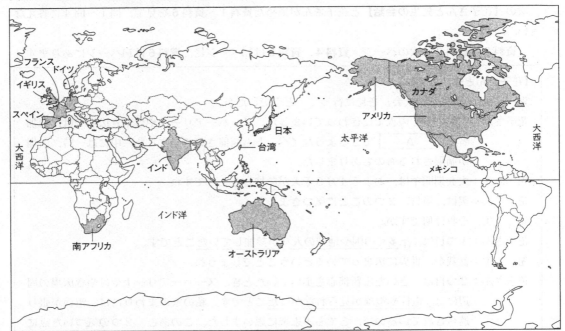

問１　前のページの**【花子さんと先生の会話】**にある下線部①について，**資料１**と**資料２**から正しく読み取っているものを，次のア～エの中から１つ選び，記号で答えなさい。

ア　太平洋，大西洋，インド洋のうち，上位10位の国や地域が最も多く接しているのは，太平洋である。

イ　上位10位の国や地域が分布していない大陸は，南極大陸だけである。

ウ　上位10位の国や地域のうち，日本の面積と人口のいずれも上回っている国や地域は，北半球だけに分布している。

エ　上位10位の国や地域のうち，日本よりも人口密度が高いのは，インドだけである。

問２　**資料３**は，花子さんが，世界盆栽大会でどのようなことが行われたかを調べた時に手に入れたものです。本文中にある　Ａ　にあてはまる言葉を，**資料３**から２字で書きぬきなさい。

資料３　世界盆栽大会で開催されたイベントの例

・日本を代表する貴重な盆栽や大宮盆栽の名品、盆栽の紹介
・日本を代表する盆栽指導者や有名な海外の盆栽師のデモンストレーション
・着物の着付け体験などの日本文化体験
・盆栽師を講師としたトークショー

問３　前のページの**【花子さんと先生の会話】**にある下線部②について調べてみると，「無電柱化」について書かれている次のページの**資料４**と**資料５**を見つけました。あとの空らん　Ｂ　に当てはまる内容を，８字以上15字以内で書きなさい。

資料4　「無電柱化」について

① **無電柱化とは**

　電線共同溝を整備し、電線を地中に埋めたりするなどによって、道路から電柱をなくすこと。

② **無電柱化の目的**

（1）「安全・快適」の観点から

・歩道スペースが広がり、安全な通行が可能になるため。

・交差点での見通しがよくなるなどの、交通安全につながるため。

（2）「防災」の観点から

・大規模災害が起きた際に、電柱等が倒れることによる道路の寸断を防止するため。

（3）「景観・観光」の観点から

・[　　　　　　B　　　　　　]ため。

（国土交通省　関東地方整備局「無電柱化の推進」を参考に作成）

資料5　無電柱化の取組について

無電柱化前　　　　　　　　　　　　　無電柱化後

（さいたま市ホームページより）

問4　花子さんは，会場周辺で，配布していた次のページの**資料6**を手に入れました。花子さんは，その地図に，外国人観光客向けにある工夫がされていると考えましたが，それはどのようなことですか。次の**花子さんの考え**の空らん[　C　]にあてはまる内容を，5字以上10字以内で書きなさい。

花子さんの考え

　この地図は，観光のルートを示すだけではなく，[　　C　　]したことで，外国人観光客にも，わかりやすくしている。

資料6　花子さんが用意した地図（一部）

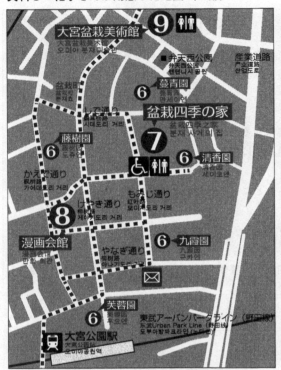

（さいたま市内半日観光ルート「盆栽村ルート」より一部抜粋）

【適性検査Ⅱ】 （45分）　＜満点：100点＞

1　元町に住んでいる太郎くんは，通っている小学校周辺の様子を紹介するために，下の図のように，まちの様子を描いた「元町マップ」を作成しました。

図　太郎くんが作成した「元町マップ」

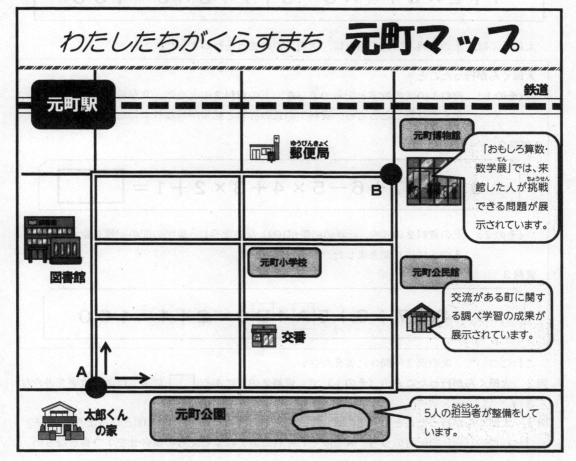

　　算数が得意な太郎くんは，「おもしろ算数・数学展」が開かれている元町博物館へ行くことにしました。

　これについて，次の問1に答えなさい。

問1　上の図で，太郎くんの家がある●Aをスタート地点，元町博物館がある●Bをゴール地点としたとき，●Aから●Bまでの行き方は全部で何通りありますか。数字で答えなさい。ただし，══で示した道を「↑」または「→」の方向に進むものとします。

　　太郎くんは，「おもしろ算数・数学展」で展示されていた式に興味をもちました。

展示されていた式は，下の**資料1**のように，1〜9まで順番に並べた数字の間に，計算の結果が100となるように，「＋」「－」「×」「÷」の記号を入れたものです。

資料1　展示されていた式

$$1＋2×3＋4×5－6＋7＋8×9＝100$$

太郎くんは，上の**資料1**の式をもとに，次の2つのことを行いました。

太郎くんが行ったこと

（その1）　**資料1**の式の数字と記号の並びを，下の**資料2**のように，9から1まで逆に並べかえて計算したところ，**資料1**の式の計算と結果が異なりました。

資料2

$$9×8＋7＋6－5×4＋3×2＋1＝\boxed{}$$

（その2）　上の**資料2**の式を，計算の結果が100となるように，数字の間の記号を変えて**資料3**の式に作り変えました。

資料3

$$9×8×7÷6＋5\boxed{A}4\boxed{B}3－2＋1＝100$$

これについて，次の問2〜問3に答えなさい。

問2　**太郎くんが行ったこと**の（その1）で，**資料2**の式にある $\boxed{}$ にあてはまる数字を書きなさい。

問3　**太郎くんが行ったこと**の（その2）で，**資料3**の式の計算の結果が100となるように，「＋」「－」「×」「÷」の記号のうち，$\boxed{A}$ と $\boxed{B}$ それぞれにあてはまる記号の組合せを1つ書きなさい。

元町公民館では，交流がある田園町に関する展示コーナーが設けられ，近くの元町小学校の児童が調べた「まとめ」が展示されていました。

次のページの，**展示されていた「まとめ」**をもとに，問4〜問5に答えなさい。

問4　「すてき」その①で，調査の対象となった元町に住んでいる人のうち。田園町を3回以上訪れている人の割合は何％ですか。答えは，小数第1位を四捨五入して，整数で答えなさい。

問5　「すてき」その②で，平成28年に田園町を訪れた観光客は全部で何人ですか。数字で答えなさい。

展示されていた「まとめ」

田園町の「すてき」発見！

「すてき」その① 何度も訪（おとず）れたくなる！

　元町に住んでいる人のうち、田園町を訪れたことがある人を対象に調査をしてみると、右の**グラフ**のように、およそ6割の人が2回以上田園町を訪れていました。

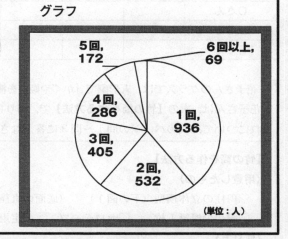

グラフ

5回, 172
6回以上, 69
4回, 286
1回, 936
3回, 405
2回, 532

（単位：人）

「すてき」その② 外国人にも大人気！

　平成28年に田園町を訪れた観光客の25％が外国人観光客で、このうち、アジアからの観光客は1300人でした。これは外国人観光客の2割（わり）にあたります。

　元町公園の整備は，Aさん，Bさん，Cさん，Dさん，Eさんの5人の担当者が，下にある【条件】にもとづいて活動日を分担しています。

次の【条件】をもとに，次のページの問6に答えなさい。

【条件】
○各担当は，1週間（日曜日から土曜日までの7日間）のうち，合計3日間活動をします。日曜日は5人全員で活動し，金曜日は5人全員が休みます。それ以外の曜日は，2人で活動します。
○Aさんは，2日連続の休みが1週間で2回あります。
○Bさんは，2日以上連続して活動はしていません。
○Cさんは，4日連続の休みがありますが，土曜日に活動があります。
○Dさんは，2日連続の休みが1週間で2回あり，土曜日が休みです。
○Eさんは，3日連続の休みがあります。

問6　前のページの【条件】で活動日を分担すると，Aさんは何曜日に活動しますか。解答用紙の
該当する曜日すべてを○で囲みなさい。なお，考えるために，下の表を使用してもかまいません。

表

	日曜日	月曜日	火曜日	水曜日	木曜日	金曜日	土曜日
Aさん							
Bさん							
Cさん							
Dさん							
Eさん							

2　花子さんのクラスでは，人形劇で「かぐや姫」を演じることになり，道具を作ることになりました。
　　花子さんは，次の【竹の筒を作る方法】で，切り口をななめにした竹の筒を作ることにしました。
これについて，次のページの問1～問3に答えなさい。

【竹の筒を作る方法】

〈用意したもの〉

□円柱の立体模型（下の図1）　　（底面の直径10cm，高さ20cm）

□緑色の厚紙1枚　　□セロテープ　　□定規　　□ペン（黒色）

〈作り方〉

① 　緑色の厚紙を，下の図1の円柱の立体模型にまき，つなぎ目をすきまなく合わせてセロ
テープでとめ，底面にあたる部分の直径が10cm，高さが20cmの丸い筒を作った。

② 　①で作った丸い筒を，下の図2のように，底面にあたる部分から測って，一番高いとこ
ろが15cm，一番低いところが10cmとなるように切断した。このとき，切断面にあたる部分
がたいらになるように切断した。

③ 　②で作った筒の側面（緑色の色紙の部分）にペンで竹の節を書き加えて，竹の筒を完成
させた。

図1　円柱の立体模型

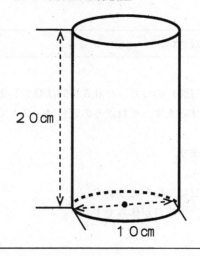

20cm

10cm

図2　丸い筒を切断して作った竹の筒

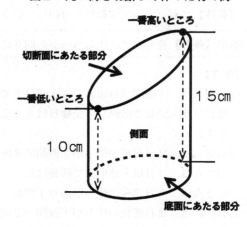

一番高いところ

切断面にあたる部分

一番低いところ

15cm

10cm

側面

底面にあたる部分

問1　前のページの**図1**の円柱の立体模型の体積は何cm³になりますか。数字で答えなさい。ただし，円周率は3.14とします。

問2　〈作り方〉の②でできた竹の筒の側面の部分（緑色の厚紙の部分）の面積は何cm²になりますか。数字で答えなさい。ただし，円周率は3.14とします。

花子さんが円筒形の立体を作る作業をしていると，先生が，下の**図3**のように，長方形の紙を（棒）を中心に1回転させると，立体を描くと教えてくれました。

先生は，**図3**と合同な長方形の紙をあと2枚用意して**図4**のように並べ，同じように（棒）を中心に1回転させました。

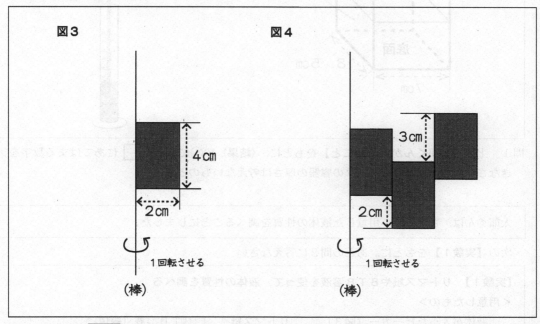

問3　**図4**の ■ で示した図形を，（棒）を中心に1回転させたときにできる立体の体積は何cm³ですか。数字で答えなさい。ただし，円周率は3.14とします。

3　太郎くんは，学校の科学クラブの活動で，様々な液体を使って実験をしました。

太郎くんはまず，実験で使う雨水を学校でためることにしました。次の**【太郎くんが行ったこと】**をもとに，次のページの問1に答えなさい。

【太郎くんが行ったこと】

〈用意したもの〉

　プラスチックの容器，メスシリンダー

〈方法〉

　ある雨の日に，次のページの**図1**のような，底面の縦の長さが8.5cm，横の長さが7cmのプラスチックでできた直方体の容器をしばらく外に置いておいた。

〈結果〉

① 底面から ⬚ ㎝のところまで雨水がたまっていた。

② 容器にたまった雨水の量を，下の**図2**のようにメスシリンダーで測ったところ，297.5mLであることがわかった。

図1

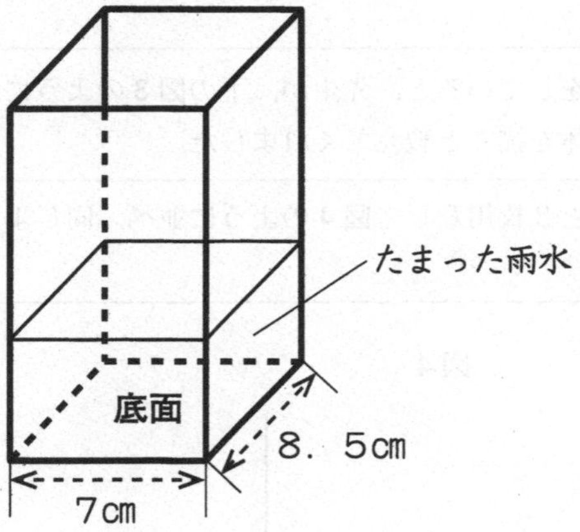

たまった雨水

底面

8.5㎝

7㎝

図2

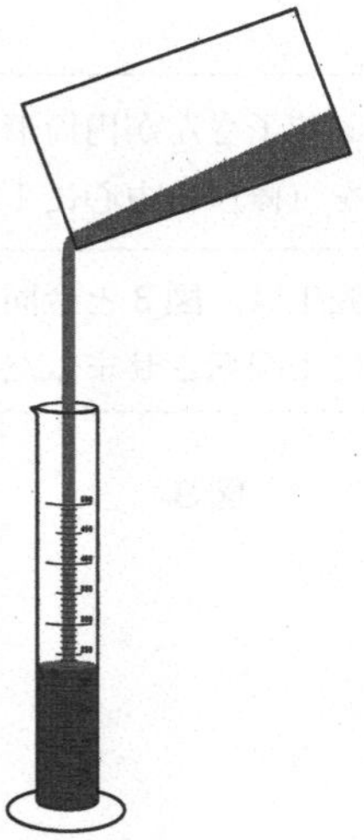

問1　上の【太郎くんが行ったこと】をもとに，〈結果〉の①にある ⬚ にあてはまる数字を書きなさい。なお，プラスチックの容器の厚さは考えないものとします。

太郎くんは，さっそく，用意した液体の性質を調べることにしました。

次の【実験1】をもとに，あとの問2に答えなさい。

【実験1】　リトマス紙やＢＴＢ溶液を使って，液体の性質を調べる

＜用意したもの＞

　□液体が入ったビーカー（図3）　□リトマス紙　□ＢＴＢ溶液（緑色）※
　□ガラス棒　□試験管　□保護メガネ

　※ＢＴＢ溶液：水溶液の性質を調べるもので，中性で緑色，酸性で黄色，アルカリ性で青色を示す。

　　　　　　　リトマス紙で色が変化がない場合でも，ＢＴＢ溶液では色が変化することもある。

＜方法＞

① 下の**図3**のように，液体の入ったビーカーを用意した。

　　　図3　用意したビーカー

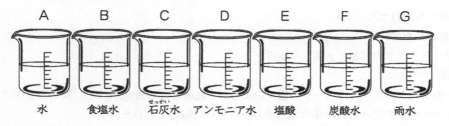

A　　　B　　　C　　　D　　　E　　　F　　　G

水　　　食塩水　　石灰水　　アンモニア水　　塩酸　　炭酸水　　雨水

② 図3のA～Gのそれぞれの液体の性質を，次のものを使って調べ，その結果を記録した。
　　○　赤色と青色のリトマス紙に，ガラス棒で液体を少量つけて，色の変化を調べた。
　　○　液体をそれぞれ別の試験管に入れ，その中に緑色のＢＴＢ溶液を数滴たらして，色の変化を調べた。

＜記録＞

		A 水	B 食塩水	C 石灰水	D アンモニア水	E 塩酸	F 炭酸水	G 雨水
リトマス紙の 色の変化	青色	変化なし	変化なし	変化なし	変化なし	赤色に変化	赤色に変化	変化なし
	赤色	変化なし	変化なし	青色に変化	青色に変化	変化なし	変化なし	変化なし
ＢＴＢ溶液を加えたときの色の変化		変化なし	変化なし	青色に変化	青色に変化	黄色に変化	黄色に変化	黄色に変化

問2　【実験1】から判断できることとして適切なものを，次のア～キの中からすべて選び，記号で答えなさい。
　ア　水は中性である。　　イ　食塩水は，酸性である。
　ウ　石灰水は，二酸化炭素を通すと白くにごる。
　エ　アンモニア水は，気体がとけ込んでいる液体である。
　オ　塩酸は，銅をとかすことができる。
　カ　炭酸水は，アルミニウムをとかすことができる。
　キ　学校でためた雨水は，酸性である。

　　太郎くんは，水と，うすい塩酸を使って，物がとけるようすや，液体を蒸発させてとりだした固体を調べてみることにしました。

次の【実験2】【実験3】【実験4】と【まとめ】をもとに，あとの問3～問4に答えなさい。

【実験2】　金属にうすい塩酸を注ぐ
＜用意したもの＞
　□アルミニウムはく　　□スチールウール（鉄）
　□うすい塩酸　　□試験管　　□試験管立て
　□ピペット　　□保護メガネ

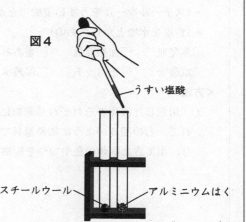

図4

＜方法＞
　○右の図4のように，試験管に小さく切った
　　アルミニウムはくと小さく丸めたス
　　チールウールを入れ，さらにピペットで
　　うすい塩酸を注いだ。
＜結果＞
　○アルミニウムはくとスチールウールの両
　　方ともあわをだしてとけた。

うすい塩酸
スチールウール
アルミニウムはく

【実験3】様々な量の水で食塩をできるだけたくさんとかす

＜用意したもの＞

□食塩　　□水　　□ビーカー　　□メスシリンダー　　□計量スプーン

□ガラス棒　　□保護メガネ

＜方法＞

① 右の図5のように，3つのビーカーにそれぞれ50m
　L，100mL，150mLの同じ温度の水をメスシリンダーで
　測って入れた。

② それぞれのビーカーに，2.5mLの計量スプーンで食塩
　をすり切り1杯ずつ入れてガラス棒でかき混ぜて，と
　け残るまで計量スプーンで食塩を入れ続けた。

図5

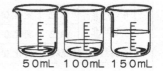

50mL　100mL　150mL

＜結果＞

○それぞれのビーカーでとけた食塩の量は下の**表**となり，それを**グラフ**で表した。

表

水の量（mL）	とけた食塩の量（杯）
50	6
100	12
150	18

グラフ

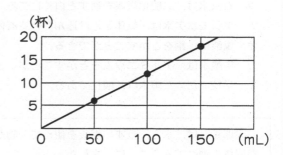

【実験4】液体を蒸発させて出てきた固体の性質を調べる

＜用意したもの＞

□【実験2】【実験3】でできた次の液体

・（アルミニウムはくをうすい塩酸でとかしたもの）

・（スチールウールをうすい塩酸でとかしたもの）

・（食塩を水でとかしたもの）

□蒸発皿　　□加熱器具　　□金あみ

□試験管　　□ピペット　　□保護メガネ

図6　液体を蒸発させる

＜方法＞

① 用意した液体をそれぞれ蒸発皿に少量入
　れて，右の図6のように加熱器具で蒸発さ
　せ，出てきた固体の色やつやを観察した。

② ①で出てきた固体と，もとの物を右の図
7のように試験管に入れ，それぞれ水を注
いでとけるかどうか調べた。

図7　出てきた固体に水を注ぐ

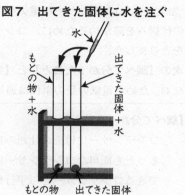

<結果>

		アルミニウムはく		スチールウール		食　塩	
		もとのアルミニウムはく	液から出てきた固体	もとのスチールウール	液から出てきた固体	もとの食塩	液から出てきた固体
方法①の結果		うすい銀色（つやがある）	白色（つやがない）	こい銀色（つやがある）	黄色（つやがない）	白色	白色
方法②の結果		とけなかった	とけた	とけなかった	とけた	とけた	とけた

【まとめ】
① 塩酸には，アルミニウムはくやスチールウールをとかすはたらきが（**ある・ない**）。
② 塩酸に金属がとけた液から出てきた固体は，とける前の金属と（**同じ物・ちがう物**）である。
③ アルミニウムはくやスチールウールが塩酸にとけることと，食塩が水にとけることは，ちがうようだ。

問3 【**実験3**】において，水を225mLにすると，食塩は計量スプーンですり切り何杯までとけると考えられますか。数字で答えなさい。また，そのように判断した理由を数字を用いて説明しなさい。

問4 【**まとめ**】の①～②の文章中にある（　）から適する語を選んだ組合せとして正しいものを，次のア～エの中から1つ選び，記号で答えなさい。

	ア	イ	ウ	エ
①	ある	ある	ない	ない
②	同じ物	ちがう物	同じ物	ちがう物

4　先生から「コンデンサーは電気をためることができる装置である」と教えてもらった太郎くんは，その仕組みを確かめるために，コンデンサーについて調べて分かったことを踏まえて実験をし，記録をとりました。

　　次の【調べて分かったこと】と【実験したこと】をもとに，あとの問1〜問3に答えなさい。

　　なお，ためた電気の量の単位は通常F（ファラド）を使用しますが，ここでは数値のみとします。

【調べて分かったこと】

　○コンデンサーにはその仕組みによってたくさんの種類が存在するということ。

　○もっとも簡単なコンデンサーは2枚の金属板を平行に並べたもので，この仕組みによってできるコンデンサーを「平行板コンデンサー」ということ。

　○コンデンサーにためることができる電気の量は，「直列につなぐ乾電池の数」「金属板の面積」「2枚の金属板の間隔」によって変化するということ。

【実験したこと】

　○実験には，下の図のような装置を使用し，つなぐ電池の数や正方形のアルミ板の大きさは変えられるようにした。

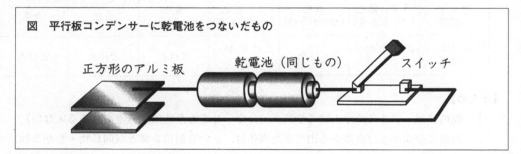

図　平行板コンデンサーに乾電池をつないだもの

正方形のアルミ板　　　乾電池（同じもの）　　スイッチ

【実験1】　直列につなぐ電池の数とためられる電気の量を調べる

　＜方法＞　上の図の乾電池の数を変えて，ためられる電気の量を測定し，記録をとった。このとき，1辺が10cmの正方形のアルミ板を2枚使用し，アルミ板の間隔を2mmとした。

　＜結果＞　表1

乾電池の数（個）	0	1	2	3	4	5	6
電気の量	0	7.5	15.0	（ア）	30.0	37.5	45.0

【実験2】　アルミ板の面積とためられる電気の量を調べる

　＜方法＞　上の図の正方形のアルミ板の面積を変えて，ためられる電気の量を測り，記録をとった。このとき，乾電池を1つ使用し，2枚のアルミ板はともに同じ大きさで，アルミ板の間隔を2mmとした。

　＜結果＞　表2

アルミ板の1辺の長さ（cm）	0	10	20	30	40	50	60
電気の量	0	7.5	30.0	67.5	（イ）	187.5	270.0

【実験3】 アルミ板の間隔とためられる電気の量を調べる

＜方法＞ 11ページの図の正方形のアルミ板の間隔を変えて，ためられる電気の量を測り，記録をとった。このとき，乾電池は1つ使用し，正方形のアルミ板は，1辺が10cmのものを使用した。

＜結果＞ 表3

アルミ板の間隔(mm)	0	1	2	3	4	5	6
電気の量	×	15.0	7.5	5.0	3.75	3.0	2.5

問1 ＜結果＞の表1・表2にある（ア）と（イ）にあてはまる値を数字で答えなさい。

問2 アルミ板の間隔と電気の量の関係を調べるために，＜結果＞の表3の結果をもとに，グラフを作成しました。このグラフの形として正しいものを，下のア～エの中から1つ選び，記号で答えなさい。ただしグラフの横軸はアルミ板の間隔を，縦軸は電気の量を示しています。

ア

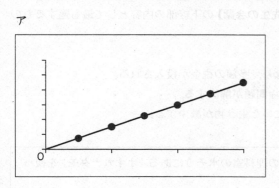

イ

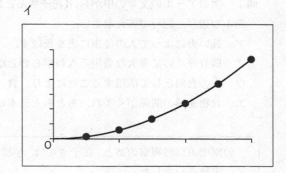

ウ

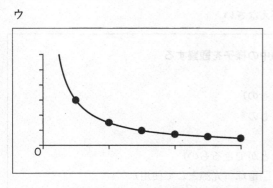

エ

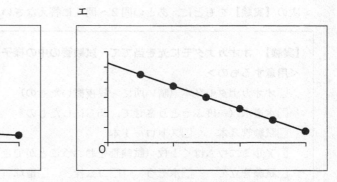

問3 直列つなぎにした乾電池を3個使用して，面積が10cm²のアルミ板2枚を並べてコンデンサーを製作し，コンデンサーにためられた電気の量を測ったところ，9.0となりました。このとき，アルミ板の間隔は何mmですか。数字で答えなさい。

5 花子さんのクラスでは，近くの公園で自然観察を行いました。公園には大きな池があり，花子さんは，池の中の様子を観察しました。

次のページの【花子さんと先生の会話】をもとに，問1に答えなさい。

【花子さんと先生の会話】

花子さん：池の中の浅いところにたくさんの水草が茂っています。何という水草ですか。

先　　生：これはオオカナダモですね。学校の理科室にあるメダカの水そうの水草と同じもの
　　　　　です。

花子さん：見たことがあります。でも，この池のオオカナダモのまわりには，アメリカザリガ
　　　　　ニやオタマジャクシなど，たくさんの生き物が観察できます。

先　　生：実は，花子さんがこの池で観察している生き物の多くは「外来生物」とよばれる生
　　　　　き物です。オオカナダモも外来生物の１つです。

花子さん：「外来生物」は，もともと日本にいない生き物なのですか。

先　　生：はい。自然環境への影響を考えて，「外来生物」の取り扱いにはルールが定められて
　　　　　いますが，オオカナダモは植物のはたらきについて観察しやすい植物なので，学校
　　　　　にあるオオカナダモを使って，実験をしてみましょう。

問１　次のア～エの文章の中から，【花子さんと先生の会話】の下線部の内容として最も適するもの
　　を１つ選び，記号で答えなさい。

ア　強い毒によって人の健康に害を及ぼす。

イ　取り除くのに多大な費用と人員が必要となり，多額の税金が投入される。

ウ　人の食用として活用することにより，食糧問題が解決する。

エ　食物連鎖の関係がくずれ，もともと日本にいた生き物が減少する。

　　公園での自然観察のあと，花子さんは，学校の理科室の水そうにある「オオカナダモ」を使っ
　て，実験をしました。

次の【実験】をもとに，あとの問２～問４に答えなさい。

【実験】　オオカナダモに光を当てて，試験管の中の様子を観察する

＜用意するもの＞

□オオカナダモ３本（暗い所に一昼夜置いたもの）

□水道水（一度ふっとうさせて，25℃にしたもの）

□試験管３本　　□ストロー１本

□アルミニウムはく１枚（試験管をおおうことができるもの）

□試験管立て　　□水そう　　□ゴム栓　　□電球（光源として使用）

＜手順＞

①　A・B・Cの３本の試験管を用意し，すべての試験管に，25℃にした水道水を同じ量入
　　れた。

②　BとCの試験管には，ストローを使用して十分息を吹き込んだ。

③　オオカナダモを，茎の先端を下向きにして，A・B・Cのすべての試験管に入れてゴム
　　栓をした。さらに，試験管Cは，光が当たらないように，アルミニウムはくでおおった。

④ 右の**図1**のように，25℃の水道水が
入った水そうの中に，試験管立てごとA・
B・Cの3本の試験管を沈（しず）め，電球を使っ
て試験管の正面から十分光を当てた。

＜結果＞

○ A・B・Cの3本の試験管のうち，
（　）の試験管に入っているオオカナダ
モから最も多くの気泡（あわ）が発生し，
ほかの試験管のオオカナダモからはあま
り気泡が見られなかった。

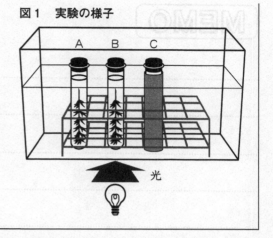

図1　実験の様子

光

問2　＜結果＞の（　）に，A〜Cの中からあてはまるものを1つ選び，記号で答えなさい。

問3　＜結果＞の下線部の「気泡」には，植物に光を当てることによって発生するある気体が，普通（ふつう）
の空気中と比べて多く含（ふく）まれています。その気体の名称を答えなさい。

問4　この実験で，Cの試験管を用意したのはなぜですか。その理由を説明しなさい。

MEMO

大切なことはメモしておこうネ！

平成30年度

さいたま市立浦和中学校入試問題（第2次）

【適性検査Ⅲ】（45分）　＜満点：100点＞

1　ある授業で先生が情報の扱い方について説明しています。以下の会話文を読んで，問いに答え
なさい。　　　　　　　　　　　　　　　　　**（資料1，資料2は次のページにあります。）**

> 先　　生：　今日は，表やグラフなどの情報を適切に読み取り，それをわかりやすく表現でき
> るようになるための学習をします。
> 　　　　　この資料を見てください。**資料1**はテレビ，ラジオ，新聞，雑誌，インターネッ
> ト，などのメディアで「いち早く世の中のできごとや動きを知る」ためと，「信頼
> できる情報を得る」ために最も利用するメディアは何かを様々な年代の人に聞いた
> 中から，20代と60代の結果をぬき出したものです。
>
> 太郎くん：　なるほど。この資料からいろいろなことがわかりますね。
>
> 先　　生：　そうですね。まずは情報を適切に読み取る練習として，**資料1**からわかることを
> いくつか書いてもらいます。
> 　　　　　ところで，みなさんは，インターネットの情報をすべて信用していますか。
>
> 花子さん：　インターネットと言ってもいろいろな情報があります。
>
> 先　　生：　そうですね。例えば，※1ニュースサイトや，個人でも情報発信できる※2ソー
> シャルメディア，※3動画配信・動画共有サイトや※4ブログなど様々なものがあります
> す。**資料2**を見てください。これは，インターネットを「ニュースサイト」，「ソー
> シャルメディア」，「動画配信・動画共有サイト」，「ブログ等その他のサイト」の各
> 情報源に分け，それぞれ「非常に信頼できる」，「ある程度信頼できる」と回答した
> 人の割合を信頼度として表したものです。
> 　　　　　では，先ほどの**資料1**からわかることに加え，**資料2**からわかることとどうして
> **資料2**のような結果になったのかについて自分なりの意見を書いてみましょう。

※1　ニュースサイト…新聞社などが配信したニュースなどを見ることができるインターネット上の場所。
※2　ソーシャルメディア…インターネット上で相互のやりとりが出来る双方向のメディア。お互いのメッ
　　　　　セージを受け取ったり，発信したりすることができる。
※3　動画配信・動画共有サイト…個人などが撮影したり編集したりした動画をみることができるインター
　　　　　ネット上の場所。
※4　ブログ…インターネット上での日記のようなもの。

問　太郎くんは先生の指示に従い，自分の意見をまとめようとしています。あなたが太郎くんな
ら，どのようにまとめますか。以下の指示に従って，書きなさい。

条件1：解答は横書きで1マス目から書くこと。
条件2：文章の分量は，230字以内とすること。
条件3：数字や小数点，記号についても1字と数えること。　（例）| 4 | 2 | . | 5 | % |

資料1　最も利用するメディア

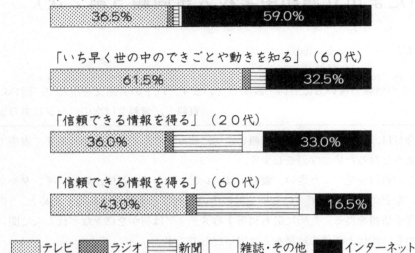

「いち早く世の中のできごとや動きを知る」（20代）
36.5%　59.0%

「いち早く世の中のできごとや動きを知る」（60代）
61.5%　32.5%

「信頼できる情報を得る」（20代）
36.0%　33.0%

「信頼できる情報を得る」（60代）
43.0%　16.5%

テレビ　ラジオ　新聞　雑誌・その他　インターネット

※総務省「平成28年版情報通信白書」をもとに作成

資料2　インターネット系メディアの信頼度

メディア	ニュースサイト	ソーシャルメディア	動画配信・動画共有サイト	ブログ等のその他のサイト
信頼度	45.7%	11.0%	11.1%	8.0%

※総務省「平成28年版情報通信白書」をもとに作成

2　花子さんと太郎くんは熱中症について，話をしています。以下の会話文を読んで，問いに答えなさい。

花子さん：　太郎くん，次のページの資料1を見て。7月6日と7月9日では最高気温は同じなのに，7月9日は暑さ指数ランクが厳重警戒で，※熱中症搬送数も94人と多いの。どうしてだかわかる？

太郎くん：　暑さ指数に違いがあるからだよね。暑さ指数は，単位は気温と同じ℃で表すけど，気温とはちがって，熱中症の予防に役立てようと提案された値だと聞いたことがあるけど。

花子さん：　そうね。暑さ指数は，普通の気温を示す乾球温度，地面や建物などから出る輻射熱の影響を示す黒球温度，湿度の影響を示す湿球温度から算出される値なの。それぞれの温度を専用の温度計で測定し，0.1×（乾球温度）＋0.2×（黒球温度）＋0.7×（湿球温度）で暑さ指数を求めることができるの。

太郎くん：　湿度が高いと汗をかいてもその汗が蒸発しづらく，なかなか体温がさがらないから，湿球温度の割合を高くしてあるんだね。

花子さん： そのとおり。**資料2**を見て。これは，計算された暑さ指数によって注意すること
の目安などが書いてあるの。暑さ指数がわかれば，私たちが日常生活で気をつけな
ければいけないことの目安がわかるのよ。

次のページの**資料3**を見て。太郎くんは，この表で空欄になっている暑さ指数と
暑さ指数ランクにどんな数値や語句が入り，なぜ，8月15日と8月17日の暑さ指数
に差が出たかを説明できる？それと，次のページの**資料4**はある年の東京23区で測
定されたその日で一番高い暑さ指数と人口100万人当たり1日に何人が熱中症患者
になったのかという熱中症患者発生率の関係を表したグラフなの。このグラフから
どんなことがわかるかしら。

※熱中症搬送数…熱中症により救急車で病院に運ばれた人数

資料1

	7月6日	7月9日
最高気温	3 2. 5℃	3 2. 5℃
最小湿度	4 1 %	5 6 %
暑さ指数	2 6. 9℃	2 9. 9℃
暑さ指数ランク	警戒	厳重警戒
熱中症搬送数	5 0 人	9 4 人

※環境省「熱中症予防情報サイト」をもとに作成

資料2　日常生活における熱中症予防指針

暑さ指数ランク （暑さ指数）	注意するべき 生活活動の目安	注意事項
危険 （31℃以上）	すべての生活活動で起こる危険性	高齢者においては安静状態でも熱中症が発生する危険性が大きい。外出はなるべく避け、涼しい室内に移動する。
厳重警戒 （28℃～31℃）		外出時は炎天下を避け、室内では室温の上昇に注意する。
警戒 （25℃～28℃）	庭の草むしりや、階段ののぼりおりなど中等度以上の生活活動でおこる危険性	運動や激しい作業をする際は定期的に充分に休息を取り入れる。
注意 （25℃未満）	バスケットボールやマラソンなど強い生活活動で起こる危険性	一般に危険性は少ないが激しい運動や重労働時には熱中症が発生する危険がある。

※（28～31℃）及び（25～28℃）については、それぞれ28℃以上31℃未満、25℃以上28℃未満とします
※日本生気象学会「日常生活における熱中症予防指針　Ver.3　確定版」をもとに作成

資料３

	８月１５日	８月１７日
乾球温度	２９℃	３１℃
黒球温度	３３℃	３３℃
湿球温度	２７℃	２５℃
暑さ指数	（　　）	２７．２℃
暑さ指数ランク	（　　）	警戒

資料４　ある年の東京23区の日最高暑さ指数と熱中症患者発生率

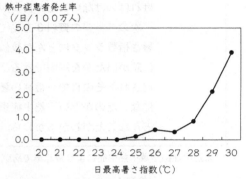

※環境省「熱中症予防情報サイト」をもとに作成

問　太郎くんは，計算の過程も含め**資料３**の空欄に入る数値と語句を述べ，８月15日と８月17日の暑さ指数に差がでた理由を述べようとしています。合わせて，**資料４**からわかることも述べようとしています。あなたが太郎くんなら，どのように述べますか。以下の条件に従って書きなさい。

条件１：解答は横書きで１マス目から書くこと。
条件２：文章の分量は，230字以内とすること。
条件３：数字や小数点，記号についても１字と数えること。

（例）| 4 | 2 | . | 5 | % |

3　花子さんは，総合的な学習の時間で，※１人工知能やロボットについて調べています。以下の会話文を読んで，問いに答えなさい。　　　　　　（**資料１**，**資料２**は次のページにあります。）

> 先　　生：　花子さんは，ロボットについて調べていましたね。
>
> 花子さん：　はい。今後，ロボットやＡＩと呼ばれる人工知能をもった機械が身近になるのではと思って，調べ始めました。
> 　　　　　　ある資料によると，日本の労働人口の約49％が，技術的には人工知能やロボット等により※２代替できるようになる可能性が高いとされています。
>
> 先　　生：　なるほど。必ずしも特別の知識・技術が求められない仕事や，データの分析，決まった操作が求められる仕事などは，人の代わりに人工知能やロボット等が作業することができるようになりそうですね。
>
> 花子さん：　そうですね。**資料１**を見てください。これは，ある会社が行った調査で，人工知能やロボット等による代替可能性が低い100種の職業から，10の職業を私がぬき出したものです。今後，ますます人工知能等の開発が続き，人の代わりに働くロボット等が増えると思います。そのような中，人工知能やロボット等で人間の代わりをすることがむずかしい職業はどんなものがあるのかをまとめました。
>
> 先　　生：　面白い資料をつくりましたね。こちらの**資料２**はどのような資料ですか。
>
> 花子さん：　これは，生産年齢人口と呼ばれる15歳から64歳までの人口が今後どのようになっていくかを表したものです。日本では，人口に対して高齢者の割合が増えると予想されている一方，この**資料２**からは，将来社会で中心となって働くことができる年

齢の人たち，つまり，働き手が減少することが予測されます。

先　　生：　具体的にはこれらの資料を用いて，どのような発表をする予定ですか。

花子さん：　はい。まず，この**資料1**から，2つの職業を選び，どうしてそれらの職業は人工知能やロボット等が人の代わりに仕事をすることがむずかしいのかをそれぞれ具体的に述べようと思います。その一方，将来の働き手が不足する対策（たいさく）として，職業によっては，人工知能やロボット等の活用が必要になると思います。その際，人工知能やロボット等の活用は，どんな点に優れ（すぐ），どんな点に問題が発生するかを考え，望ましい将来の社会の在り方についての考えを発表したいと思います。

先　　生：　すばらしいですね。では，がんばってください。

※1　人工知能…学習，推論，判断といった人間の知能を持つ機能を備えたコンピュータシステム

※2　代替…かわり

資料1　代替可能性の低い職業

| アナウンサー | 評論家（ひょうろんか） | 外科医（げかい） | 作曲家 | スポーツインストラクター | レストラン支配人 | 保育士 | 映画監督（えいがかんとく） | 獣医師（じゅういし） | 小学校教員 |

※野村総合研究所「日本の労働人口の49％が人工知能やロボット等で代替可能に」（2015年12月2日）をもとに作成

資料2　15歳から64歳までの人口の推移（すいい）予測（よそく）

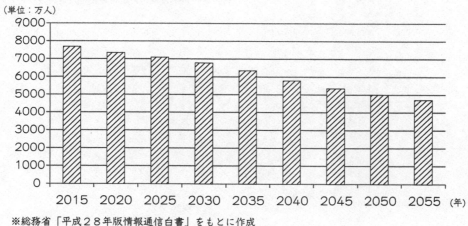

（単位：万人）

※総務省「平成28年版情報通信白書」をもとに作成

問　あなたが花子さんならどのように発表をしますか。以下の指示に従って発表原稿を書きなさい。

条件1：解答は横書きで1マス目から書くこと。

条件2：文章の分量は，330字以内とすること。

条件3：数字や小数点，記号についても1字と数えること。

（例）| 4 | 2 | . | | 5 | % |

平 成 30 年 度

解 答 と 解 説

《平成30年度の配点は解答欄に掲載してあります。》

＜適性検査Ⅰ解答例＞ 《学校からの正答の発表はありません。》

1　問1　ウ
　　問2　エ
　　問3　イ
　　問4　自分についての回答

2　問1　地球以外で人が住むのに現実的だといわれているのが
　　問2　B：第二の地球
　　　　　C：テラフォーミング
　　問3　D：火星の1日はほぼ24時間である
　　　　　E：火星には大気がある
　　　　　F：重力が地球と近い
　　問4　ウ，エ

3　問1　感情が交流する
　　問2　他人とのコミュニケーションで感情を交わし合いたいという欲求
　　問3　ウ
　　問4　エ

4　問1　ア
　　問2　自分の現在地
　　問3　ウ
　　問4　参勤交代で自分の領地と江戸を行き来する(ために利用した。)
　　問5　イ

5　問1　ウ
　　問2　体験
　　問3　町並みを整備し景観をよくする
　　問4　場所を多言語で示(したことで，)

○推定配点○
1　問1・問2・問3　各3点×3　　問4　4点
2　問1　5点　問2　B・C：各4点×2　問3　D・E・F：各4点×3　問4　4点
3　問1　4点　問2　6点　問3・問4　各4点×2

4 問1　4点　問2・問3　各5点×2　問4　6点　問5　3点
5 問1　4点　問2　3点　問3・問4　各5点×2　　　計100点

＜適性検査Ⅰ解説＞

1 （国語：文章読解）

問1　下線部①のあとを見ると，「お父さんは～せめて嫌われないようにしているだけ。」とあり，この文には，「年頃の娘に話しかけるのが，恥ずかしいのではなくて」という否定を加えられる。他の選択肢はこの文と合わないので適切でないとわかる。

問2　空らんの前に「しかたないので，」とあるので，積極的でなく気持ちが乗らないさまを表す「しぶしぶ」があてはまる。

問3　「お父さんのそういう行動を否定するということは，自分自身を否定するということだ。」という文から，お父さんを完全に否定した回答はしないと考えられるので，アとウが候補からはずれる。また，「そういう自分をまるごと受けいれて，好きだと思えるようにしたい。」という文から，イが適切だと分かる。

問4　「お父さんについてアンケートに回答したはずなのに，」という表現を参考に考える。お父さんと自分を重ね，最後には自分を受けいれて好きになりたいという朝子の気持ちに着目する。

2 （国語：説明文，文章読解）

問1　2段落目の最初の文に着目する。下線部①のあとで，地球に環境を似せやすいことを説明していることから，なぜ，住みやすい場所が火星なのかという問題提起が適切である。

問2　B　4段落目の最後の文に，「地球と火星の環境を似せて，」とあるのに着目すると，「第二の地球」が当てはまることがわかる。

　　　C　5段落目の1文目に注目すると，「火星の環境をつくり変える」という意味の「テラフォーミング」が当てはまることがわかる。

問3　下線部の後の10～13段落目の内容から考える。14段落目に「このように地球と似た点が多く，地球生命が生息できる可能性が高いので，」とまとめているところからも，13段落目までを参考にすればよいことがわかる。文字数が限られており，細かい情報は入れられないので，各段落の初めか終わりにある，要点がまとまった文を参考にするとよい。

問4　アは1段落2文目の内容と一致する。イは2段落目の内容と一致する。ウは文章全体で火星に移住することについていっており，観光については触れられていないので，適切でない。エは13段落1文目に「地球とくらべて半分ほどの大きさだ。」とあるので，適切でない。

基本 3 （国語，社会：文章読解，資料の読み取り）

問1　1段落目で会社について触れており，2段目で家族について触れているので，2段落目から探す。段落の要点をまとめた最後の文に当てはまる語句がある。

問2　人間とコミュニケーションについては3・4段落目に書かれている。抜き出して書く問題ではないので，これらの段落を参考に自分でまとめる必要がある。3段落目の最初の文が「持っている。」で終わっており，ヒントになる。

問3　アは1段落目に書いてある内容と一致する。イは2段落目の7文目の内容と一致する。エは5段落目の最後の文の内容と一致する。ウは4段落目6・7文目にコミュニケーションの相手は犬など人間以外でも構わないとあるので，適切でない。

問4　資料を見ると「している」と答えた割合が最も多いのが小1なので，アは正しくない。また，小1から中3まで，（家で大人と話を）「している」と回答した人がいるので，イも正しくないことがわかる。どの学年でも，「している」「どちらかといえばしている」という割合の合計が50％を超えているので，ウも正しくない。エについては，中1で「している」「どちらかといえばしている」と回答したのは76.0％，中2では70.5％，中3は69.7％と学年が進むにつれて割合が小さくなっているので，正しい。

基本 ④ **（社会：江戸時代，日本の地名など）**

問1　資料1を見ると家数は浦和宿が273軒，大宮宿が319軒で大宮宿の方が46軒多い。また，はたご屋数も浦和宿が15軒，大宮宿が25軒で大宮宿の方が10軒多い。よってアが正しい。上尾宿の人口は793人であり3倍すると2379人となるので，蕨宿の人口は上尾宿の3倍未満である。家数についても，上尾宿の182軒の3倍は546軒なので蕨宿の家数は上尾宿の3倍未満である。よって，イは正しくない。ウは，大宮宿がわき本陣9軒に対してはたご屋25軒である一方で，上尾宿はわき本陣3軒に対してはたご屋41軒なので誤りである。エは，4つの宿で人口が最も少ない上尾宿が最もはたご屋数が多くなっているので，誤りである。

問2　一里塚が江戸の日本橋から等間隔に設置されたものであることから，旅人に距離を伝えるものだとわかる。「目的地までの距離」など当てはめてもよい。

問3　前の問題から，中山道が浦和，大宮を通って下諏訪の方へ伸びている道だとわかる。アは中山道が山梨県を通っていないので誤り。イは中山道が神奈川県を通っていないので誤り。エは中山道が日光へと続いていないので誤り。したがって，中山道が通っている長野県や群馬県について書かれたウが正解。

問4　資料5は大名行列の様子を描いたものである。大名の参勤交代は3代将軍徳川家光のときに制度化された。大名は妻子を人質として江戸に住まわせ，自身は原則一年ごとに江戸と自分の領地との間を行き来しなければならなかった。

問5　「江戸から善光寺へは，中山道を通り，追分宿から分かれて北の方角に伸びている街道を取っていきました。」という文に注目する。資料3と地図を照らし合わせると，追分からさらに北に位置しているのはイなので，イに善光寺があることがわかる。

⑤ **（社会：世界の国々，資料の読み取りなど）**

問1　資料2を見ると，上位10位の国でインド洋に面しているのは，インド，オーストラリア，南アフリカの3か国。大西洋に面しているのは，スペイン，イギリス，フランス，ドイツ，カナダ，アメリカ，メキシコの7か国。太平洋に面しているのは，カナダ，アメリカ，メキシコ，台湾，オーストラリアの5か国。よって，最も多くの国が接しているのは大西洋なので，アは正しくない。イは，南アメリカ大陸にも上位10位の国がないので，正しくない。エは資料1の人口と面積を見ると，インドは人口が日本の10倍以上あるのに対して面積は日本の10倍ないので，日本より人口密度が高いことがわかる。また，台湾を見ると面積は日本の10分の1以下であるのに対して，人口は日本の10分の1よりも多いので，ここも日本より人口密度が高いことになる。したがって，エは正しくない。ウは南半球に位置するオーストラリアと南アフリカは，いずれも人口が日本を下回っているので，ウは正しい。

問2　「参加者が〜できるようなイベント」という文があるので参加者が行えそうな言葉を探すと，「体験」が適切であると考えられる。

問3　資料5を見ると，無電柱化によって町並みが整えられて，すっきりとした景観になっている

ことがわかる。無電柱化によって歴史的町並みなど，それぞれの町の雰囲気を壊さないようにすることができる。

問4　資料6では同じ範囲の地図が2つ並べられているが，よく見ると左の地図では日本語の下に中国語・韓国語表記があり，右の地図では英語表記がある。このことから，多言語表記が工夫されている点だとわかる。

―★ワンポイントアドバイス★―

文章の言葉や資料を参考にして解答をする問題が多い。文章の各段落や提示された資料が何を伝えたいのかをしっかりつかむようにしよう。

＜適性検査Ⅱ解答例＞　《学校からの正答の発表はありません。》

[1]　問1　10通り
　　　問2　72
　　　問3　Ⓐ×　Ⓑ－
　　　問4　39%
　　　問5　26000人
　　　問6　「日曜日」，「水曜日」，「土曜日」を○で囲む。

[2]　問1　1570cm³
　　　問2　392.5cm²
　　　問3　452.16cm³

[3]　問1　5
　　　問2　ア，キ
　　　問3　27杯
　　　（理由）　表やグラフから，水の量を2倍，3倍にするととけた食塩の量も2倍，3倍となるので，水の量と食塩は比例関係にあることがわかる。225mLは50mLの4.5倍であるので，とけた食塩の量も6杯の4.5倍となり，答えは27杯となる。
　　　問4　イ

[4]　問1　（ア）22.5　（イ）120
　　　問2　ウ
　　　問3　0.5mm

[5]　問1　エ
　　　問2　B
　　　問3　酸素
　　　問4　気泡が発生するには十分な光が必要であることを確かめるため。

○推定配点○
1 問1・問2 各3点×2 問3A，B・問4 各4点×3 問5・問6 各6点×2
2 問1 4点 問2・問3 各5点×2
3 問1・問2 各4点×2 問3：3点，理由：6点 問4 3点
4 問1 各4点×2 問2 4点 問3 5点
5 問1・問3 各5点×2 問2 3点 問4 6点 計100点

＜適性検査Ⅱ解説＞

1 （算数：元町マップ）

問1 道順を数えるときは，数える順番を決め，重複して数えないようにする。今回は上か右にしか進めないので，次のように分けて考える。いずれの道順でも，Aから上に3交差点分，右に2交差点分進むとB地点に着く。

　ア　はじめに右に進んだ場合

図1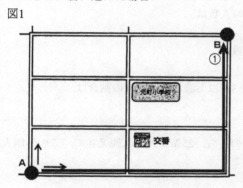

図2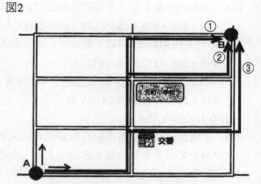

まず右に2交差点分進むと上の図1の
1通り。

右に1交差点進んだあと，上に進むと
上の図2の3通り。

　イ　はじめに上に進んだ場合

　　　アと同じように交差点ごとに考えていくと，上に進んで1番目の交差点で右に進んだ場合は図3の3通り，2番目の交差点で右に進んだ場合は図4の2通り，3番目の交差点で右に進んだ場合は図5の1通りになる。

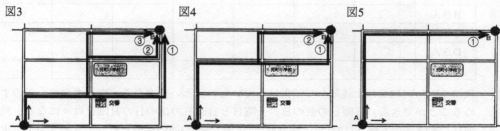

図3　　　　　　　図4　　　　　　　図5

よって，AからBまでの行き方は全部で，1＋3＋3＋2＋1＝10（通り）となる。

問2　計算の順序に注意する。かけ算は先に計算するので，

$$9 \times 8 + 7 + 6 - 5 \times 4 + 3 \times 2 + 1 = (9 \times 8) + 7 + 6 - (5 \times 4) + (3 \times 2) + 1$$
$$= \quad 72 \quad + 7 + 6 - \quad 20 \quad + \quad 6 \quad + 1$$
$$= 72$$

よって答えは72となる。

問3　ひき算は順番に計算する。「B3−2+1」を「B+2」としないこと。

$$9 \times 8 \times 7 \div 6 + 5 \boxed{A} 4 \boxed{B} 3 - 2 + 1 = (9 \times 8 \times 7 \div 6) + 5 \boxed{A} 4 \boxed{B} 3 - 2 + 1$$
$$= \quad 84 \quad + 5 \boxed{A} 4 \boxed{B} 3 - 2 + 1$$
$$= (84 - 2 + 1) \quad + 5 \boxed{A} 4 \boxed{B} 3$$
$$= \quad 83 \quad + 5 \boxed{A} 4 \boxed{B} 3$$

この値が100となるようにしたい。入れるのは，+−×÷の4つのいずれかである。83に17をたすと100になるので，$5 \boxed{A} 4 \boxed{B} 3 = 17$ となればよいことがわかる。わり算をすると値が整数ではなくなるので，$\boxed{A}$ と $\boxed{B}$ には+か×か−が入ることが予測できる。当てはめていくと，$\boxed{A}$ には×，$\boxed{B}$ には−が入る。$5 \times 4 - 3 = 17$ より，**資料3**の式の値は100となる。

問4　調査の対象となった元町に住んでいる人の人数は，

$$936 + 532 + 405 + 286 + 172 + 69 = 2400（人）$$

このうち田園町を3回以上訪れている人の人数は，

$$405 + 286 + 172 + 69 = 932（人）$$

よって，元町に住んでいる人のうち田園町を3回以上訪れている人の割合は，

$$932 \div 2400 \times 100 = 38.8 \cdots \fallingdotseq 39$$

となり，39%である。

問5　平成28年に田園町を訪れた観光客の人数のうち，25%が外国人観光客で，この外国人観光客の2割がアジアからの観光客1300人だったので，

$$1300 \div 0.2 \div 0.25 = 26000$$

となり，26000人である。

問6　各担当は1週間のうち合計3日間活動をし，日曜日と金曜日以外の曜日は2人で活動していることをふまえて考えていく。

まず「日曜日は5人全員で活動し，金曜日は5人全員が休む」という文から表を下のように埋めることができる。

	日曜日	月曜日	火曜日	水曜日	木曜日	金曜日	土曜日
Aさん	○					×	
Bさん	○					×	
Cさん	○					×	
Dさん	○					×	
Eさん	○					×	

次に「Bさんは2日以上連続して活動はしていない」という文から，表を次のページのように埋めることができる。日曜日の前の日の土曜日と日曜日の次の日の月曜日は×になる。残った火曜日，水曜日，木曜日は2日以上活動せず1週間で合計3回の活動を行うようにすると，火曜日は○，水曜日は×，木曜日は○となる。

	日曜日	月曜日	火曜日	水曜日	木曜日	金曜日	土曜日
Aさん	○					×	
Bさん	○	×	○	×	○	×	×
Cさん	○					×	
Dさん	○					×	
Eさん	○					×	

次に「Cさんは4日連続の休みがあり土曜日に活動がある」という文から，表を下のように埋めることができる。土曜日は○で，火曜日から金曜日まで×である。1週間で合計3回の活動を行うので，月曜日は○になる。

	日曜日	月曜日	火曜日	水曜日	木曜日	金曜日	土曜日
Aさん	○					×	
Bさん	○	×	○	×	○	×	×
Cさん	○	○	×	×	×	×	○
Dさん	○					×	
Eさん	○					×	

次に「Dさんは2日連続の休みが1週間で2回あり，土曜日が休みである」という文から，表を下のように埋めることができる。土曜日は×で，木曜日が○である。

	日曜日	月曜日	火曜日	水曜日	木曜日	金曜日	土曜日
Aさん	○					×	
Bさん	○	×	○	×	○	×	×
Cさん	○	○	×	×	×	×	○
Dさん	○				○	×	×
Eさん	○					×	

次に木曜日を見るとすでに2人が○となったので，AさんとEさんは木曜日は×となる。

	日曜日	月曜日	火曜日	水曜日	木曜日	金曜日	土曜日
Aさん	○				×	×	
Bさん	○	×	○	×	○	×	×
Cさん	○	○	×	×	×	×	○
Dさん	○				○	×	×
Eさん	○				×	×	

そして「Aさんは2日連続の休みが1週間で2回ある」という文から，Aさんの月曜日と火曜日は×であることがわかる。残った水曜日と土曜日は○である。

	日曜日	月曜日	火曜日	水曜日	木曜日	金曜日	土曜日
Aさん	○	×	×	○	×	×	○
Bさん	○	×	○	×	○	×	×
Cさん	○	○	×	×	×	×	○
Dさん	○				○	×	×
Eさん	○				×	×	

よってAさんの活動日は日曜日，水曜日，土曜日であることがわかる。

（最後まで表を埋めると）

土曜日はすでに2人が〇となったので，Eさんは土曜日は×となる。また「Eさんに3日連続の休みがある」という文から，Eさんは木曜日から土曜日まで3日連続の休みがあるので，水曜日は〇となる。水曜日は2人が〇となったので，Dさんの水曜日は×，2日連続の休みが2回あるので，火曜日も×となり，月曜日が〇となる。残りEさんの月曜日は×，火曜日は〇となる。

	日曜日	月曜日	火曜日	水曜日	木曜日	金曜日	土曜日
Aさん	〇	×	×	〇	×	×	〇
Bさん	〇	×	〇	×	〇	×	×
Cさん	〇	〇	×	×	×	×	〇
Dさん	〇	〇	×	×	〇	×	×
Eさん	〇	×	〇	〇	×	×	×

2 （算数：立体の体積や表面積）

問1　図1の円柱の底面積は半径が5cmの円であるので，

$5 \times 5 \times 3.14 = 78.5 (cm^2)$

高さは20cmであるので，円柱の体積は，

$78.5 \times 20 = 1570$

よって，1570cm³となる。

問2　底面が直径10cmの円で高さが10cmの円柱の側面積と，底面が直径10cmの円で高さが5cmの円柱の側面積の半分をたした値が答えである。

$10 \times (10 \times 3.14) + 5 \times (10 \times 3.14) \div 2 = 314 + 78.5 = 392.5$

よって，392.5cm²となる。

問3　複雑な図形は図形を動かして考えるとよい。長方形の紙を横1列に並べると，底面の半径が6cmの円で高さが4cmの円柱の体積と同じになるので，

$6 \times 6 \times 3.14 \times 4 = 452.16$

よって，452.16cm³となる。

基本 ▶ 3 （理科：水溶液の性質）

問1　1mL＝1cm³なので，

$297.5 \div (7 \times 8.5) = 297.5 \div 59.5 = 5$

で，底面から5cmのところまで雨水がたまっていたことがわかる。

問2　ア　水は，リトマス紙の色の変化はなく，BTB溶液を加えたときの色は緑色のままであったことから，中性であるといえる。

イ　食塩水は，水と同じくリトマス紙の色の変化はなく，BTB溶液を加えたときの色は緑色のままであったことから，中性であるといえる。酸性とはいえないので誤り。

ウ　実験1から判断することはできない。石灰水を二酸化炭素に通す実験は行っていない。

エ　実験1から判断することはできない。アンモニア水を蒸発させてあとに何も残らないことを確認する実験は行っていない。

オ　実験1から判断することはできない。銅を塩酸に入れる実験は行っていない。

カ　実験1から判断することはできない。アルミニウムを炭酸水に入れる実験は行っていない。

キ　学校でためた雨水はリトマス紙の色の変化はなかったが，BTB溶液を加えたときの色は黄

色に変化したことから，酸性であるといえる。実験1の文に「リトマス紙で色の変化がない場合でも，BTB溶液では色が変化することもある」と記述してあることからもわかる。

問3　表やグラフから水の量ととけた食塩の量は比例関係にあることがわかる。水の量を2倍，3倍にするととけた食塩の量も2倍，3倍となる。225mLは50mLの4.5倍であることから，とけた食塩の量も6杯の4.5倍となり，答えは27杯となる。

　　また水の量を□，とけた食塩の量を○とし，□＝(決まった数)×○の式で表すと(決まった数)は$\frac{25}{3}$となり，□に225mLを代入すると$225＝\frac{25}{3}×○$となることから○＝225×3÷25＝27より27杯とわかる。

問4　①塩酸はアルミニウムはくやスチールウールをとかす。

　　②塩酸に金属がとけた液から出てきた固体はとける前の金属と比べて色やつやの有無が変化しており，水にもとけるようになっているので，ちがう物になってしまったと考えられる。金属は塩酸にとけるともとの金属とはちがう性質を持った別のものに変わってしまう。

4　(算数：コンデンサーと比例，反比例)

問1　(ア)　直列につなぐ電池の数とためられる電気の量を調べた【実験1】の結果について考える。表1を見ると，乾電池の数が1個増えると電気の量も7.5大きくなっているので，乾電池の数と電気の量は比例していることがわかる。電気の量を□，乾電池の数を○とし，□＝(決まった数)×○の式で表すと(決まった数)は7.5となる。よって，乾電池の数が3個のとき電気の量は7.5×3＝22.5より22.5であることがわかる。

乾電池の数(個)	0	1	2	3	4	5	6
電気の量	0	7.5	15.0	(ア)	30.0	37.5	45.0

+7.5　+7.5　+7.5　+7.5　+7.5　+7.5

(イ)　アルミ板の面積とためられる電気の量を調べる【実験2】の結果について考える。表2を見ると，アルミ板の1辺の長さが0cmから10cmに増えると電気の量は7.5大きくなり，10cmから20cmに増えると電気の量は22.5大きくなり，20cmから30cmに増えると電気の量は37.5大きくなっている。電気の量が増える大きさは15ずつ大きくなっているので，アルミ板の1辺の長さが40cmのときの電気の量は，

　　67.5＋(7.5＋15×3)＝67.5＋52.5＝120

より120であることがわかる。

アルミ板の1辺の長さ(cm)	0	10	20	30	40	50	60
電気の量	0	7.5	30.0	67.5	(イ)	187.5	270.0

+7.5　+22.5　+37.5　+52.5　+67.5　+82.5
→+15　→+15　→+15　→+15　→+15

問2　アルミ板の間隔とためられる電気の量を調べた【実験3】の結果について考える。表3を見ると，アルミ板の間隔が1mmから2mmに増えると電気の量は7.5小さくなり，2mmから3mmに増えると電気の量は2.5小さくなっていることから，アルミ板の間隔が大きくなると電気の量は小さくなることがわかる。これを表すグラフはウとエの2つであるが，電気の量が減る大きさは一定ではないので，グラフの形として正しいものはウであることがわかる。式で表すと(電気の量)＝15÷(アルミ板の間隔)となることからもグラフが反比例であることがわかる。

アルミ板の間隔(mm)	0	1	2	3	4	5	6
電気の量	×	15.0	7.5	5.0	3.75	3.0	2.5

$$-7.5 \quad -2.5 \quad -1.25 \quad -0.75 \quad -0.5$$

問3　求めるのは乾電池の数が3個，面積が10cm²で電気の量が9.0のときのアルミ板の間隔である。
　　表1から乾電池の数が3個，面積が100cm²，アルミ板の間隔が2mmのときの電気の量は22.5であることがわかるので，乾電池の数が3個，面積が10cm²，アルミ板の間隔が2mmのときの電気の量は2.25となる。問2よりアルミ板の間隔と電気の量は反比例することがわかっているので，（電気の量）＝（決まった数）÷（アルミ板の間隔）の式より，（電気の量）×（アルミ板の間隔）＝（決まった数）であるから，求める間隔を□mmとすると，

　　　2.25×2＝9.0×□　□＝0.5

　　で0.5mmとなる。

重要▶ **⑤** （理科：自然観察）

問1　外来生物がいることによってもともと日本にあった食物連鎖の関係が崩れてしまい，日本に生息していた生き物に悪い影響を与える。外来生物が毒を持ち人間に害を及ぼすとは文章から読み取ることはできない。取り除くための費用や人が外来生物を食用にするということは記述されていない。

問2　試験管A，B，Cは次のような表にまとめることができる。

	A	B	C
光	当たる	当たる	当たらない
二酸化炭素	なし	あり	あり

　　植物の光合成は二酸化炭素と光がなければ行われない。A，B，Cの中で最も多くの気泡が発生したのは，光が当たっており，かつストローで息を吹き込んだことによりできた二酸化炭素があるBである。

問3　光合成は二酸化炭素を吸い込み，酸素を放出する。よって，光合成を行ったオオカナダモから発生した気泡は酸素である。

問4　光合成において光が必要であることを調べるためである。Cの試験管には息を吹き込んであるので二酸化炭素があるが，光合成は二酸化炭素だけでは行われないことを確認する。

　┌─★ワンポイントアドバイス★─────
　│検査時間は45分であるが大問の数は5問あり，問題数はとても多い。複雑な問題も
　│たくさんあるが，わかる問題から解いていき答えを導き出そう。また算数の計算
　│では単位や小数点の位置などを間違えないよう気をつけて解こう。

第2次

平 成 30 年 度

解 答 と 解 説

《平成30年度の配点は解答欄に掲載してあります。》

＜適性検査Ⅲ解答例＞ 《学校からの正答の発表はありません。》

1

資料1から，60代はテレビから最も情報を得ているが，20代は「いち早く世の中のできごとや動きを知る」ためにインターネットを最も利用し，「信頼できる情報を得る」ためにはテレビとインターネットを同じくらい多く利用していることがわかる。資料2から，インターネットの中でも約半分の人が「ニュースサイト」を最も信頼していることがわかる。それは若い世代が，新聞社などの信頼できるメディアが配信するニュースサイトで，すばやく信頼できる情報が得られると考えているからだと思う。

2

8月15日の暑さ指数は，0.1×29＋0.2×33＋0.7×27＝28.4℃。資料2から，8月15日の暑さ指数ランクは「厳重警戒」である。暑さ指数の公式では湿球温度にかける数値が最も大きく，8月15日のほうが8月17日より湿球温度は2℃高いため，より暑さ指数が高くなるのだと考える。資料4を見ると，熱中症患者発生率は日最高暑さ指数が28℃を超えると急激に増えている。そのため，熱中症搬送数は8月17日より8月15日のほうが多くなることが予測できる。

3

小学校教員は，生徒一人ひとりに合わせて対応し，トラブルに臨機応変に対応する必要があるので代替可能性が低いと思います。また獣医師は，飼い主から症状を聞いたり，実際に動物を見たり触ったりして診察をする技術が必要なので，代替可能性が低いと思います。人工知能やロボットが人の代わりに働く利点は，単純作業や計算などは人間より速く正確にでき，人件費が削減できるという点です。一方で問題点は，感性が求められる仕事や，経験を通して得た専門的な知識や技術が必要な仕事，臨機応変な対応が必要な仕事については，人間でなくては難しいという点です。人工知能とロボット，人間にはそれぞれ得意，不得意があるので，特ちょうに合わせて仕事を分担する社会が望ましいと考えます。

○推定配点○

| 1 | 30点 | 2 | 30点 | 3 | 40点 | 計100点 |

＜適性検査Ⅲ解説＞

1 （社会：情報とリテラシー）

資料1と資料2からわかることと，資料2のような結果になった理由を述べる問題である。まず，資料1を見てみよう。「いち早く世の中のできごとや動きを知る」ための手段として利用しているメディアとして，20代と60代の回答は反対の傾向を示している。すなわち，「いち早く世の中ので

きごとや動きを知る」ための手段として，20代の6割がインターネットを，60代の6割がテレビをあげている。また，「信頼できる情報を得る」ための手段としては，20代はテレビとインターネットをあげる人の割合が同じくらい，60代はテレビをあげる人の割合がやや多くなっている。インターネットに慣れ親しんだ世代である現在の20代の方が，インターネットの利用度・信頼度ともに高い割合を示していることを読み取ろう。次に，**資料2**を見てみよう。インターネット系メディアの中で信頼度が最も高いのは，ニュースサイトである。これは，ニュースサイトを提供する新聞社が，信頼できるメディアとして世間一般に認識されているからだと考えられる。

② （理科，算数：暑さ指数）

　資料3の空欄補充，8月15日と17日の暑さ指数に差が出た理由，**資料4**のグラフからわかることの3点を答える問題である。まずは，**資料3**の空欄に入る数値と語句を考える。8月15日の暑さ指数だが，会話文にある公式，$0.1×（乾球温度）＋0.2×（黒球温度）＋0.7×（湿球温度）$に，それぞれの数値をあてはめると，$0.1×29＋0.2×33＋0.7×27＝28.4℃$とわかる。暑さ指数ランクは，**資料2**を見て暑さ指数の数値によって判断すると，8月15日の暑さ指数ランクは厳重警戒であるとわかる。次に，8月15日と17日の暑さ指数に差が出た理由を考える。暑さ指数の公式より，湿球温度にかける数値が最も大きいことがわかる。そのため，湿球温度の高い日の方が暑さ指数が高くなると考えられる。**資料3**より，8月15日と17日においては，乾球温度は17日の方が高いが，黒球温度は同じで，湿球温度は15日の方が大きいため，暑さ指数は15日の方が高くなったと考えられる。最後に，**資料4**のグラフからわかることを考える。**資料4**からは，一定の暑さ指数を超えたあたりからグラフが急激に右肩上がりになっていること，その境目が28℃であることが読み取れる。よって，暑さ指数が28℃を超えている8月15日の方が，熱中症患者発生率が高くなったことが予測できる。

重要 ③ （社会：人工知能とロボット）

　資料1から2つの職業を選択して代替可能性が低い理由と，人工知能やロボットの利点と問題点を述べる問題である。解答例では，小学校教員と獣医師の代替可能性が低い理由を取り上げたが，ここではそのほかの職業についてもあげておく。

　映画監督の場合，映画を撮影するのに特別な技術が必要であり，また，どのような演出をするのかには監督の感性が求められるから。

　保育士の場合，子どもという生身の存在と関わるための特別な知識や技術が必要であり，臨機応変な対応も求められるから。

　レストラン支配人の場合，お客さんの対応やトラブルの対処のときに，その場にあった行動が必要だから。

　スポーツインストラクターの場合，スポーツに関する専門的な知識や技術を必要とし，相手を理解して一人ひとりに異なった対応が求められるから。

　作曲家の場合，音楽に対する特別な知識や技術，作曲家独特の感性が求められるから。

　外科医の場合，手術に関する特別な知識や技術，経験が必要であり，患者によりそった対応が求められるから。

　評論家の場合，評論する対象を理解する能力，評論家独特の感性が必要だから。

　アナウンサーの場合，発声のしかたや表情などに関しての特別な技術，緊急速報への対応が求められるから。

　このように，代替可能性の低い職業というものは，特別な知識や技術を必要とするもの，生身の人間への対応が必要なものに多いということがわかる。それは，人工知能やロボットはあくま

で計算を基礎として動いているのに過ぎないので，人間独特の感性や思考，感情労働が必要な職務には対応ができないからである。逆にいえば，単純作業や計算の方は人工知能やロボットの得意分野といえる。人口減少が危惧される未来においては，そのような職務は人工知能やロボットに任せるのが適当であろう。しかし，それらが苦手とする，経験を通して得られる専門的な知識や技術は，人間が担うべき職務内容ということになる。

★ワンポイントアドバイス★

社会，理科，算数すべて文章で答える問題である。書く内容については非常に限定的でわかりやすいが，一つの解答欄に複数の内容を書く必要がある。解答のしかたにはいくつかの条件が与えられているので，それらをしっかり読み込んだうえで，答えていこう。

大切なことはメモしておこうネ！

収録から外れてしまった年度の
解答解説・解答用紙を弊社ホームページで公開しております。
巻頭ページ＜収録内容＞下方のＱＲコードからアクセス可。

※都合によりホームページでの公開ができない問題については，
　次ページ以降に収録しております。

平成29年度

さいたま市立浦和中学校入試問題（第1次）

【適性検査Ⅰ】 （45分）　＜満点：100点＞

1 　　生き物を飼うのが好きな花子さんは，動物好きな主人公が登場する『子どもたち』という本を図書館で見つけて読んでみることにしました。

次の文章は，中央公論新社編「教科書名短篇　少年時代」にある，長谷川四郎著『子どもたち』の一部です。これを読んで問1～問4に答えなさい。

　　主人公の「三郎」は中学校二年生である。ある日「三郎」は，友だちからジュウシマツを二羽もらってきた。

　がけのうえには大きな家，がけのしたには小さな家。そして朝の最初の光ががけのうえの家に射している。そこでは人はまだ眠っている。がけのしたの家には日の光はまだ射していない。その暗い家は，しかし，もう起きていて，ひとりの男がはたらきにでかけていった。トラックの運転手で，四十歳くらいで，運送会社につとめている男だ。朝早く出かけて，夜おそくかえってくる。やがて日光ががけのしたの家を照らしだした。戦後，方々の焼跡にできた六畳一間くらいのバラックだ。やがて日がすっかり明るくなったころ，この家からひとりの少年がとびだして，学校へ走ってゆく。中学二年生だ。かれは午後二時ごろまで帰ってこない。そして帰ってくると，またすぐ家からとびだしてゆく。あんまり勉強の好きなほうじゃないらしい。

　ある日，かれは友だちからジュウシマツという小鳥を二羽もらってきた。もともと昆虫であれ犬であれ猫であれ，動物ならなんでも好きなたちなんだ。

　——飼っていいだろう？　とかれは母親に言った。

　母親はちょっと①むずかしい顔をした。

　——それあ……飼ってもいいよ，ただサブが自分でちゃんと世話するならね。

　かれは三郎という名前なのだ。ひとりしかいないのに三郎というのは，きっとふたりの兄が死んでしまったのにちがいない。病気でか，それとも戦争でか……

　——もちろん，ぼく，自分でみんなやるよ，とかれは言った。

　そして，カナアミ張りの箱を作ったり，家の便所わきの空地に小松菜をうえたり，縄をまるめて巣を作ったり，エサにするあわを買ってきたりした。なに，みんな安いものだ。かれはジュウシマツを箱の中にはなし，その飛びまわる様子を長いこと観察していた。

　——②これでよし，とかれは言った。

　さて，夜おそく，父親がかえってきた。少年はぐっすり眠っていた。父親は腹が減っているので，黙って，チャブ台のおおいをはがし，めしを食べた。四杯も食べた。それからお茶をのむ段取りになって，初めて，部屋のすみに，見たこともない箱がフロシキをかぶって，おいてあるのに気がついた。

　——あれはなんだ？　と父親が言った。

　　──ジュウシマツ，と母親が説明した。三郎がもらってきたんです。

父親の顔はふきげんになった。

　　──おれは不賛成だ。

　　──だってエサなんて安いもんだよ。

　　──カネのことじゃないんだ，動物はおれも好きさ，だが小鳥をカゴにいれて飼うなんてのは性_{しょう}
　　にあわないんだ。

母親は弁護した。

　　──でもね，自分ですっかり世話するっていうし，あの子はこんなことが好きだから……

父親は母親の顔を見，箱を見，それから寝ている三郎の顔を見，そして言った。

　　──よしわかった。

翌朝_{よくあさ}，少年が眼_めをさましたとき，父親はもうでかけるところだった。

　　──おい，と父親は靴_{くつ}をはきながらふりむいた。ジュウシマツを箱から逃_にがしてやれ。

少年はフロシキをとりはらって，箱の中をのぞいていた。

　　──おとうさんはなにも知らないんだな，ジュウシマツは箱の　 B 　には住めないんだよ。

　　──そうか。

　　父親はベントウをもって，さっさと出かけていった。

　　日曜日がきた。少年も父親もふたりとも家にいた。少年はジュウシマツの世話をみていた。父親は新聞をよんでいた。少年は箱の入口のとびらから手をいれて，水をとりかえていた。そのとき，ちょっとしたすきに，一羽のジュウシマツが箱からとびだした。

　　──たいへんだ。

　　少年はすぐ追いかけて，縁側_{※5 えんがわ}からとびおりたが，そのとき上空からなにかがさっとおりてきて，ジュウシマツをさらっていった。モズだった。父親もでてきて，ふたりであとを追ったが，もう影_{かげ}も形もみえなかった。ふたりはならんで家へ帰ってきた。

　　父親が言った。

　　──箱の中にしか住めない鳥なんて，もう飼うのはよしたほうがいいな。

　　少年は黙_{だま}っていた。③父親というものは，なんて心配性_{しんぱいしょう}なものだろう，と思って。

（本文にはふりがなをつけるなどの変更があります。）

※１　バラック……間に合わせに建てた粗末_{そまつ}な家屋_{かおく}。仮小屋_{かりごや}。

※２　たち……生まれつきもっている性質。

※３　あわ……イネ科の一年草。ヒエとともに古くから栽培_{さいばい}される。飯や餅_{もち}・団子にしたり，酒・飴_{あめ}などの
　　　　　　原料。また，小鳥の飼料_{しりょう}とする。

※４　チャブ台……日本で用いられる食事用の座卓_{ざたく}。

※５　縁側……日本住宅の建物周囲_{しゅうい}に巡_{めぐ}らした板敷_{いたじ}きの通路部分，あるいは庭からの昇降_{しょうこう}のための板敷き部
　　　　　　分。

問１　下線部①「むずかしい顔」とありますが，なぜ母親はむずかしい顔をしたのかを，花子さん
　　は次のようにまとめました。次の空らん　 A 　にあてはまる言葉を，5字以上10字以内で書きな
　　さい。

　　　　　　母親は，三郎が　 A 　しないと思ったから。

問２　下線部②「これでよし」とありますが，花子さんは三郎がどのようなことに対してこの言葉

を言ったのかを考えてみました。適切なものを，次のア〜エの中から1つ選び，記号で答えなさい。

ア　ジュウシマツを友だちから2羽もらってきたこと。

イ　ジュウシマツを飼うことについて，母親に話をしたこと。

ウ　ジュウシマツを飼うために作った箱に問題がなかったこと。

エ　ジュウシマツが箱の中にいることを父親に伝えたこと。

問3　空らん　B　に入る適切な言葉を漢字1字で書きなさい。

問4　下線部③「父親というものは，なんて心配性なものだろう」とありますが，花子さんは父親の立場になり，父親が心配する気持ちを【考え】にまとめてみました。空らん　C　にあてはまる内容を「悲しい」という言葉を使って書きなさい。

【考え】

　父親は，ジュウシマツが箱からとびだしてすぐモズにさらわれてしまう場面を息子と一緒に見てしまったので，二度と　C　と思った。

2　太郎くんは，坂井修一さんの『知っておきたい情報社会の安全知識』（岩波ジュニア新書）という本を読んで，メールの使い方について考えてみることにしました。

次の文章は，その一部です。これを読んで問1〜問4に答えなさい。

　情報社会の到来によって，社会から失われたり，姿が大きく変わったりしたものがたくさんあります。

　身近なところでは，本屋さんが目に見えて減りました。新刊を売る本屋は，1992年には22,500弱ありましたが，2007年にはこれが約17,000店に減りました。今では，年間に約600店が店を畳んでいるということです（『知恵蔵2008』）。原因には，大規模な書店が増えたこと，コンビニで雑誌を売るようになったことなどもありますが，やはりアマゾンなどのインターネット通販の影響が大きいでしょう。書店に注文をして取次を通すより，欲しい本がすぐ手に入る。また手に入るまでの期間も教えてくれる。その利便性もあって，本のインターネット通販はたいそう盛んになりました。

　新聞を定期購読する人の数も減っています。日本新聞協会によると，1998年には，新聞の発行部数は5,367万部でしたが，2008年には5,149万部にまで減ってしまいました。一世帯あたりだと，1998年には1.16だったものが，2008年には0.98になったわけです。世帯あたりの平均部数が一を切る，ということはなかなか衝撃的なことではないでしょうか。新聞の提供する情報は，大部分がウェブページで得られるわけですから，わざわざ買って読む必要はないというわけでしょうか。新聞には，記事の配置のしかたや社説の置き方など，新聞社の姿勢や報道の個性を示すところがあります。これらは紙媒体だからこそできるものですが，これらを読み手がくみ取ろうという姿勢が衰退しているように思えてなりません。

　電車やバスの中で，本を読む人の数が減っているように見受けられます。多くの人が，携帯メールや音楽プレイヤー，携帯ビデオプレイヤーなどに興じていて，本を読む姿をあまり見かけなくなりました。一日に電車の中で過ごす時間はわずかでも，これが蓄積すると一年では大きな差になります。そして，携帯メールや音楽プレイヤーによって伝えられるものと，本によって伝えられるも

のは，当然のことながら違いがあります。

　いっぽうで，電子書籍を携帯電話やゲーム機や専用の表示器で読む人がじょじょに増えつつあります。本は持ち歩くのに重くてかさばります。それにくらべて電子書籍は，軽くて小さいものみます。それに，携帯メールを読むのと同じ感覚で読めます。こうした変化がもたらすのは，どういうことなのか，しばらく観察してみなければなりませんが，健康への支障がなければ，私はプラスに評価できることではないかと思っています。

　本や新聞はきょくたんな例でしょうが，ウェブによる通信販売の拡大によって，流通の世界（特に小売りの世界）は大きく変わっていこうとしています。ウェブの通信販売サイトでは，メーカーからの商品の情報や売り値だけでなく，購入者による商品の評価・販売店の評価も掲載され，買い手はこれを参照しながら，商品を選んだり，店を選んだりできるようになりました。

　その他，電報を打つのが慶弔のときだけに限られるようになったとか，アナログテレビが無くなろうとしているとか，ナビゲーションソフトの利用によって時刻表を見なくなったとか，地図を見なくなったとか。このように，ＩＴの浸透によって失われたり変質したりしたものが世の中にはいくつもあるでしょう。

　こうしたことの総括のように言われるのが，さきにも触れた「人間と人間が面と向かって話しあったり，感情をぶつけあったりすることが少なくなった」ということです。これは人間社会を根本から変えるような大きな問題なので，もう一度別の角度から述べましょう。

　コミュニケーションの手段として，電子メールやブログを使うということは，それ自体悪いことではありません。ただし，先にも述べた通り，電子メールやブログでは感情を含めたすべてのことが伝えられるわけではありません。コンピュータが表現できるもの，インターネットが伝えられるものだけを伝えあっているのです。　Ａ　，電子メールやブログは，「限界」があるコミュニケーション手段であるということです。

　コンピュータは何でも正確に表現・伝達できると考えるのは誤りです。そう考えていなくても，感覚的にそう錯覚してしまうことはたいへん危険です。異性から来た文字だけのメールを読んで，相手が自分に好意を持っているのかどうか考えている場面を想像してみてください。相手が目の前にいたら，「友だちとして意識されている」ことがすぐにわかるときでも，メールだと「もしかして」と思ってしまうことがあるのではないでしょうか。

　メールやブログの便利さを活用しながら，肝心なときには直接会って話をすることが必要なのです。

　①腹を割るという言葉がありますが，これは，直接会話をする中で成りたつもので，掲示板で誰かのことを「お前はクズだ」と中傷するのとは全然次元が違うことです。お互いに，包み隠さず真意を明かしあいながら，相手のいいところ，悪いところを，時間をかけて理解しあうということです。何ごとも効率的であることが求められる世の中ですが，こと人と人がわかりあうのに大切なことは，人間どうしが人格をもって交流し続けられるかどうかということです。

　　　　　　　　　　　　　　　　（本文にはふりがなをつけるなどの変更があります。）

※１　取次……両方の者の間に立って物事を伝えること。

※２　利便性……利用する人にとって都合がよいこと。

※３　世帯……住居と生計をともにする人々からなる集団，もしくは生活単位。

※４　ウェブページ……インターネット上で公開される文書。

※5　紙媒体……情報を伝えるためのメディアのうち，紙に印刷されたもの。

※6　衰退……おとろえて，勢いを失うこと。

※7　興じて（興じる）……興味を持って面白く過ごすこと。

※8　慶弔……結婚・出産などのよろこび事と葬式。

※9　ナビゲーションソフト……目的地までの経路や道順，移動方法の案内をするプログラム。

※10　ＩＴ……情報処理や通信に関する技術の総称。

※11　錯覚……実際にあるものを，実際とは異なる形で知覚すること。

※12　効率的……むだがないようす。

問1　情報社会について，本文中に述べられていることとしてあてはまるものを，次のア～エの中から1つ選び，記号で答えなさい。

ア　情報社会の到来によって，新刊を売る本屋は1992年から2007年の間で約10,000店が店を畳んでいる。

イ　新聞社がウェブページで提供する情報には，新聞社の姿勢や報道の個性を示すところがある。

ウ　電車やバスの中では，多くの人が，携帯メールや音楽プレイヤー，携帯ビデオプレイヤーを利用しているため，本を読む人の姿をあまり見かけなくなった。

エ　ナビゲーションソフトが使われるようになったことで，本になっている時刻表や地図を見る人も増えた。

問2　空らん　Ａ　に入る適切な言葉を，次のア～エの中から1つ選び，記号で答えなさい。

ア　そして　　イ　つまり　　ウ　また　　エ　しかし

問3　下線部①「腹を割る」という言葉が正しく使われているものを，次のア～エの中から1つ選び，記号で答えなさい。

ア　こんなにたくさんの荷物を運ぶのは腹を割る作業だ。

イ　このマンガは腹を割るほどおもしろい。

ウ　このゲームソフトは腹を割るほど欲しいものだ。

エ　次郎とは腹を割って話し合わないといけない。

問4　太郎くんは，この本の内容について発表することになり，【発表原稿】を作成しました。本文の内容を参考に，下の【発表原稿】にある空らん　Ｂ　，　Ｃ　にあてはまる内容を，本文中からそれぞれ15字以内でさがして書きぬきなさい。

【発表原稿】

　情報社会の到来やITの浸透によって，社会から消えていったり，形が変わったりしたものがたくさんあります。

　最近は私たちも電子メールやブログを使用することが多くなりましたが，筆者はこの本の中で，コンピュータは限界があるコミュニケーション手段であると言っています。

　私たちは，「電子メールやブログ」では，感情を含めた　Ｂ　ではないので，電子メールやブログの便利なところを活かしながら，　Ｃ　をすることが必要だと思います。

---

③ 　花子さんは今年の夏に家族で旅行する群馬県上野村について書かれた『「里」という思想』
　　という本を見つけ，興味をもって読んでみました。

　次の文章は，内山節著『「里」という思想』（新潮選書）の一部です。これを読んで問１〜問４に
答えなさい。

　私の村の仲間たちは，1999年から，「山里文化祭」の準備をすすめてきた。村の時空のなかにう
ずまっている自分たちの文化をみつめなおし，それを基盤にしてこれからの里の文化をつくってい
く。その準備を終え「山里文化祭」は，2001年の４月３日からはじまった。12月初旬までの八ヵ月
余りを開催期間として，毎週小さな行事を積み重ねながら，村の暮らし自体を文化として表現して
いこうという企画であった。

　「山里文化祭」を計画し，実行しているのは，「おてんまの会」という村民のボランティア的な組
織である。それを村と県が，財政面をふくめてバックアップするかたちをとっていた。

　九九年から，「おてんまの会」のメンバーは，月に一，二回集まって会合をもってきた。村の文
化とは何か。それをどう表現し，企画化していけばよいのか。そんなことを議論しながら，準備を
重ねてきた。

　私にとっても，①この会合は面白かった。私の知らない昔の仕事や暮らし，考え方などを知るこ
ともできる。そのなかでも，私が一番関心をいだいたものに，次のようなことがあった。それは言
葉で表現するなら，②村人のまなざし，とでもいうべきものである。

　たとえば，村に残る伝統芸能について議論をしていたことがあった。村人が各集落でつづけられ
ている※1神楽や獅子舞について説明をする。そのとき村人は，自分が舞手であっても，舞台をみてい
る観客のまなざしで，その舞を説明する。※2農閑期やその季節の仕事に一区切りがついたときに，神
社などに集まってきた人々が楽しみながら舞台をみている視線で，である。

　それは農作業について語るときも同じであって，作物や畑のまなざしで自分の仕事ぶりを説明す
る。春になった畑が自分に耕作を※3促し，伸びはじめた芽が村人に間引きを促す。もちろん，森での
仕事も同じことである。大きくなった木が，人間に間伐を求める。村人は木のまなざしを自分のま
なざしとしながら，森で仕事をする。

　「おてんまの会」の会合では，そんな感覚が，たえず議論を引っ張っていたのである。自分が意図
的に仕事をし，暮らしているというより，自然や村のまなざしで自分をみながら，仕事や暮らしを
つくっていく。だから，「山里文化祭」の企画を具体的に決めていくときにも，そこに集まってく
るであろう参加者——それは都市の人かもしれないし，村の人かもしれない——のまなざしを基準
にして，こうしたらよい，というようなことが決定されていく。

　私にはこの雰囲気が面白かった。そして，ふっと，中世に能の様式をつくりあげた③世阿弥の書
いた文章を思いだした。世阿弥が述べた「離見の見」とは，見られている視線で自分の演技をみる
ことである。他者のまなざしを自分のものにするところに，主体的であるということの日本的な意
味があった。

　すなわち私は，この伝統的な精神が，私の村では今日なお※4継承されていることを感じて，そのこ
とが面白かったのである。それは，戦後世代の私が教わってきた，欧米的な主体性とは違う。欧米
的な主体性は，自己や自我が出発点であり，自分の側からの働きかけとともにある。ところが日本
的な精神では，他者が出発点にあり，その他者とのかかわりのなかに，主体性も発生する。ととも

に，その他者は，つねに具体的であり，一種のローカル性をもっている。たとえばそれは，村の森であり，村の川や畑であり，村人であり，村を訪れた人々である。そういった具体的な他者とのかかわりのなかで，他者のまなざしを自分のものにしながら，主体性を発揮する。

「山里文化祭」の底に流れているものが，過去への郷愁ではないことを，村のメンバーたちはよく知っている。そうではなく，自分たちの文化をとらえなおそうとするとき甦ってくる村人の技や，知恵，発想といったものが，21世紀の社会においては輝いてくるのだと，メンバーたちは考えている。　　　　　　　　　　　（本文にはふりがなをつけるなどの変更があります。）

　　※1　神楽……神をまつるために演奏する歌や舞い。　　※2　農閑期……農作業のない時期。

　　※3　促し（促す）……早く物事をするように急がすこと。　　※4　継承……受け継ぐこと。

　　※5　ローカル……その地方に限定される特有なこと。　　※6　郷愁……古いものをなつかしむ気持ち。

問1　下線部①「この会合は面白かった」について，花子さんは，【筆者が本文中で面白かったと感じたこと】を次のようにまとめました。空らん　A　にあてはまる内容を本文中からさがして書きぬきなさい。

　　┌─────────────────────────────────────┐
　　│【筆者が本文中で面白かったと感じたこと】　　　　　　　　　　　　　│
　　│　筆者の村では，「村人のまなざし」という精神が　A　こと。　　│
　　└─────────────────────────────────────┘

問2　花子さんは，下線部②「村人のまなざし」のように物事をとらえてみようと思いました。次の文を「村人のまなざし」のようにとらえるとするとどのような文になるでしょうか。書き直しなさい。

　　　　　太郎くんは花に水をやる。

問3　下線部③「世阿弥」が能の様式をつくりあげた時代と同じ時代について書かれているものを，次のア～エの中から1つ選び，記号で答えなさい。

　　ア　近松門左衛門が，町人の姿を生き生きとえがいた芝居の脚本を数多く書いた。

　　イ　雪舟が，墨だけを使って絵画をえがき，すぐれた作品を数多く生みだした。

　　ウ　紫式部が，かな文字を使って貴族の生活や人々の細やかな感情を文章で書いた。

　　エ　葛飾北斎が，木版の技術を使って色鮮やかな版画絵を作った。

問4　花子さんは欧米的な主体性と日本的な主体性について，次のようにまとめてみました。Bにあてはまる内容を本文中からさがして書きぬさなさい。

	まとめ
欧米的な主体性	B
日本的な主体性	他者が出発点にあり、その他者とのかかわりのなかに主体性が発生する。

4　太郎くんは，さいたま市にある，縄文時代の遺跡や，江戸時代に整備された街道，宿場町を調べるために，博物館へ行きました。

はじめに，太郎くんは，さいたま市の遺跡について調べることにしました。次の**資料1，2**（次のページ）をもとに，**問1～問2**に答えなさい。

資料1　博物館に展示されていた掲示物

さいたま市に残る遺跡「真福寺貝塚」

○縄文時代のさいたま市とその周辺の様子

　　現在のさいたま市とその周辺には、かつて海が広がり、大宮付近の台地は海につき出た半島でした。縄文時代前期後半には、海岸線は次第に台地周辺から遠ざかっていきました。

○真福寺貝塚から出土した貝について

遺跡の名前	現在の場所	時　代	数多く出土した貝
真福寺貝塚	岩槻区	縄文時代後期	ヤマトシジミ

○出土した主な貝の種類について

　　ヤマトシジミ：淡水（川の水など）と海水が混ざる場所に生息する貝。

問1　**資料1**から，縄文時代後期の真福寺貝塚周辺の様子について考えられるものを，次のア～エの中から1つ選び，記号で答えなさい。

　ア　まだ海が残っており，川の水などもあった。
　イ　まだ海が残っていたが，川の水などはなかった。
　ウ　海はなくなっていたが，川の水などはあった。
　エ　海や川の水などがなくなっていた。

問2　太郎くんは，さらにさいたま市の遺跡について調べてみると，緑区に馬場小室山遺跡があることがわかり，**資料2**を見つけました。

　太郎くんは，馬場小室山遺跡がある場所の地形と，真福寺貝塚がある場所の地形の共通点を次のページの**資料2**から見つけ，下のようにまとめました。**【まとめ】**の空らん　A　にあてはまる内容を5字以内で書きなさい。

【まとめ】
　馬場小室山遺跡は，真福寺貝塚と同じように，　A　につくられました。また，低地との境目にあることもわかります。

資料２　さいたま市の地形と主な遺跡の場所

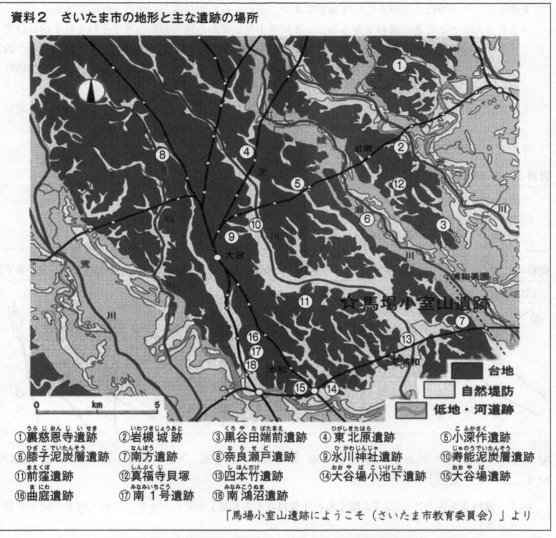

① 裏慈恩寺遺跡　② 岩槻城跡　③ 黒谷田端前遺跡　④ 東北原遺跡　⑤ 小深作遺跡
⑥ 膝子泥炭層遺跡　⑦ 南方遺跡　⑧ 奈良瀬戸遺跡　⑨ 氷川神社遺跡　⑩ 寿能泥炭層遺跡
⑪ 前窪遺跡　⑫ 真福寺貝塚　⑬ 四本竹遺跡　⑭ 大谷場小池下遺跡　⑮ 大谷場遺跡
⑯ 曲庭遺跡　⑰ 南１号遺跡　⑱ 南鴻沼遺跡

「馬場小室山遺跡にようこそ（さいたま市教育委員会）」より

　次に太郎くんは，江戸時代の街道や宿場町について，博物館の学芸員さんにたずねることにしました。次の【太郎くんと学芸員さんの会話】と次のページの資料３，資料４をもとに，問３〜問４に答えなさい。

【太郎くんと学芸員さんの会話】

太郎くん　　：さいたま市の歴史について調べてみたら，現在の岩槻区は，江戸時代に「日光御成道」に設けられた「岩槻宿」として栄えていたことがわかりました。この「日光御成道」とはどのような道だったのですか。

学芸員さん：江戸時代に整備された街道の１つで，現在の東京都の本郷で中山道から分かれ，埼玉県の幸手の手前で日光街道に合流します。歴代の将軍が徳川家康をまつっている日光東照宮へ行くために利用していました。岩槻は，「日光御成道」が整備されると，宿場町としての特色をもつようになったのです。さいたま市には「日光御成道」の宿場町としてもう１つ「大門宿」があります。

太郎くん　　：当時は，江戸から日光東照宮まで，どれくらいの日数が必要だったのですか。

学芸員さん：ここにある**資料3**をみると，江戸を出発してから途中の宿泊地でそれぞれ1泊し日光東照宮へ到着（とうちゃく）するまで，　**B**　日間かかっていることがわかります。現在では，数時間で行けてしまいますね。ところで，さいたま市には，ほかにも江戸時代に宿場町として発展していたところがありますが，わかりますか。

太郎くん　　：この前，浦和駅（うらわえき）の近くへ行ったとき，通りに「中山道浦和宿（なかせんどううらわしゅく）」という石碑（せきひ）がありました。浦和も宿場町だったのですか。

学芸員さん：そうですね。同じ中山道で，大宮も宿場町として発展しました。

資料3　ある将軍の江戸城出発から日光東照宮到着までの道中の様子

○江戸城出発	卯中刻（うのなかこく）（午前6時ごろ）
○途中の宿泊地	岩槻（埼玉県）、古河（こが）（茨城県（いばらきけん））、宇都宮（うつのみや）（栃木県（とちぎけん））
○休憩（きゅうけい）	街道（ぞ）沿いの各地（かくち）の村や寺社など

資料4　現在の岩槻・古河・宇都宮のようす　（太線は以前の日光御成道または日光街道を表しています）

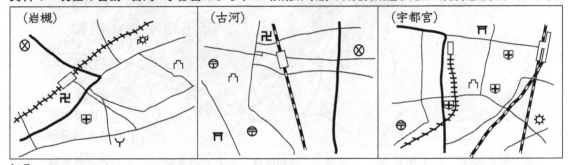

記号
卍 寺　　〒 神社　　凸 城あと（しろ）　　⊗ 交番　　⊕ 郵便局（ゆうびんきょく）　　田 病院　　Y 消防署（しょうぼうしょ）　　✿ 工場　　⚙ 発電所

◼—▭—◼ ╉—▭—╊ 鉄道と駅

問3　**資料3**を参考にして，**【太郎くんと学芸員さんの会話】**の空らん　**B**　にあてはまる数字を書きなさい。

問4　太郎くんは，**資料3**の岩槻，古河，宇都宮が江戸時代になぜ将軍の宿泊地として選ばれたのか学芸員さんに質問したところ，学芸員さんは**資料4**を渡してくれました。太郎くんは**資料4**を見て，将軍の宿泊地として選ばれるための共通点があることがわかりました。その内容は何ですか。書きなさい。

5　花子さんの班では，総合的な学習の時間に，さいたま市の交通について調べることになりました。

花子さんが集めた**資料1**から**資料3**を参考に，次の問1〜問3について答えなさい。

問1　花子さんは，さいたま市の交通機関の現状について調べるため，次のページの資料1を手に入れました。そして，さいたま市と関東地方にある3つの都市を比べ，**【さいたま市について気付いたこと】**を以下のようにまとめました。その内容から，さいたま市のグラフはどれになりますか。**資料1**の中にあるア〜エの中から1つ選び，記号で答えなさい。

資料１　さいたま市と関東地方にある３つの都市における交通機関の利用の割合

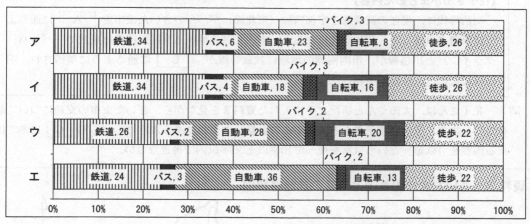

（平成２０年度東京都市圏パーソントリップ調査より作成）

【さいたま市について気付いたこと】
・他市と比べると自動車を利用する人の割合が大きく，20％以上である。
・鉄道と自動車を利用する人の割合を比べてみると，自動車を利用する人の割合の方が大きい。
・鉄道やバスを利用する人の割合は低く，あわせても30％以下であり，特にバスを利用する
　人の割合が小さい。
・自転車を利用する人の割合が大きく，その割合は15％を超える。

　花子さんは，交通機関の中で鉄道について興味を持ち，さいたま市の鉄道について調べました。
問２　花子さんは，資料２を使ってさいたま市の鉄道の整備について次のようにまとめました。空
　　らん　A　B　にあてはまる適切な言葉を書きなさい。

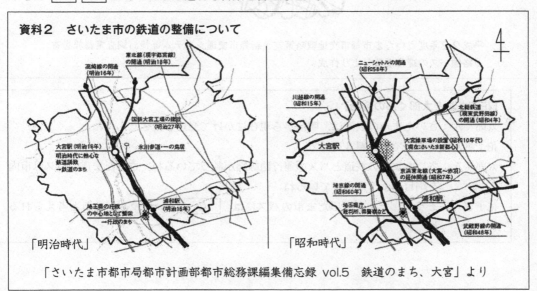

資料２　さいたま市の鉄道の整備について

「さいたま市都市局都市計画部都市総務課編集備忘録 vol.5　鉄道のまち、大宮」より

【花子さんがまとめた内容】

　明治時代に，現在の高崎線と宇都宮線（東北線）が，今のさいたま市を　A　　に通るように整備されました。昭和時代になると，市内北側の地域に東武野田線（東武アーバンパークライン）と川越線が，市内南側の地域に武蔵野線が，　B　　に通るように整備され，明治時代に比べ，移動が便利になりました。

問3　花子さんは，太郎くんと新たに手に入れた**資料3**を見ながら，さいたま市の交通について話をしています。下の【花子さんと太郎くんの会話】の流れにあうように，空らん　C　　にあてはまる内容を「鉄道」という言葉を使って10字以上30字以内で書きなさい。

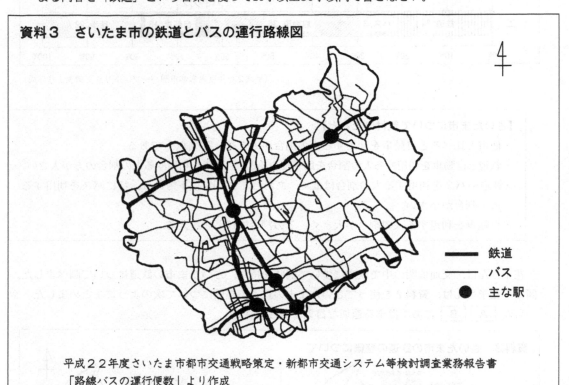

資料3　さいたま市の鉄道とバスの運行路線図

― 鉄道
― バス
● 主な駅

平成22年度さいたま市都市交通戦略策定・新都市交通システム等検討調査業務報告書
「路線バスの運行便数」より作成

【花子さんと太郎くんの会話】

太郎くん：さいたま市の鉄道は，明治から現在にかけて発達してきたんだね。

花子さん：ところで，**資料3**を見て。

太郎くん：さいたま市の鉄道とバスの運行路線図が載っているね。さいたま市のバスは市内を網目のように走っているね。

花子さん：そうね。だからさいたま市のバスには，　C　　という役割があると考えられるね。

【適性検査Ⅱ】　（45分）　　＜満点：100点＞

1　さいたま市に住んでいる太郎くんは，お父さん，お母さん，お兄さんの家族４人で，北海道新幹線を利用して，いとこの次郎くんが住んでいる，北海道函館市へ行きました。

太郎くんが北海道新幹線についてインターネットなどで調べたことは，以下のとおりです。これをもとに，問１～問３に答えなさい。

図１　北海道新幹線の区間

図２　太郎くんが利用する新幹線の経路

《北海道新幹線について》

○上の図１のように，新青森駅から青函トンネルを通り，新函館北斗駅までの区間が，北海道新幹線として開業しました。

○10両編成の北海道新幹線の車両全体の長さは，250mあります。

○青函トンネルは全長53.9kmあります。北海道新幹線は，このトンネルの区間を時速140kmで走行することになっています。

○北海道新幹線は，新青森駅で東北新幹線と直結しています。右の図２のように，大宮駅から新函館北斗駅までの792.4kmを乗り換えることなく行くことができます。

○北海道新幹線の座席には，「グランクラス」「グリーン車」「普通車」の３種類があります。

問１　太郎くんの家族が利用する新幹線は，大宮駅を発車し，新函館北斗駅に到着するまでに，途中の停車時間を含めて $3\frac{19}{30}$ 時間かかります。太郎くんの家族が利用する新幹線の，大宮駅と新函館北斗駅の区間の平均の速さは時速何kmですか。小数第１位を四捨五入し，数字で答えなさい。

問2　北海道新幹線の先頭の部分が青函トンネルに入り始めてから，最後尾の部分が出終わるまで，何分何秒かかりますか。下のア～エの中から最も近いものを1つ選び，記号で答えなさい。

ア　23分2秒　　　イ　23分6秒　　　ウ　23分12秒　　　エ　23分20秒

問3　太郎くんの家族は，「グリーン車」に乗ることにしました。北海道新幹線のグリーン車の座席は，図3のように，通路をはさんで左右に2列ずつあります。太郎くんの家族4人の座席は，図4のように，横一列に並んでいます。

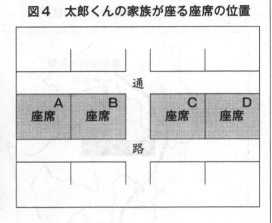

図3　北海道新幹線のグリーン車の内部　　　図4　太郎くんの家族が座る座席の位置

これについて，次の(1)～(2)に答えなさい。

(1)　太郎くんの家族4人が図4で示した座席に座るとき，座り方は全部で何通りありますか。数字で答えなさい。

(2)　家族4人で座席に座ったとき，太郎くんとお兄さんが隣りになる座り方は，全部で何通りありますか。数字で答えなさい。ただし，通路をはさんでいる場合は，隣りとは考えないこととし，また座席は回転させないものとします。

太郎くんと次郎くんはそれぞれ，自分の家の電気の使用量について調べ，15ページの資料にまとめました。

これについて，次の問4～問5に答えなさい。

問4　太郎くんと次郎くんはそれぞれ，次の【求める手がかり】を活用して，平成28年8月の電気の使用量を求めました。15ページの資料中　A　・　B　にあてはまる数字を答えなさい。

【求める手がかり】

| 太郎くんの家 | ○平成27年8月の電気の使用量は，540キロワットであった。 |
| | ○平成28年8月の電気の使用量は，平成27年8月と比較して15%減少していた。 |

| 次郎くんの家 | ○平成28年8月の「テレビ」の電気の使用量は，38.7キロワットであった。 |

資料　太郎くんと次郎くんのまとめ

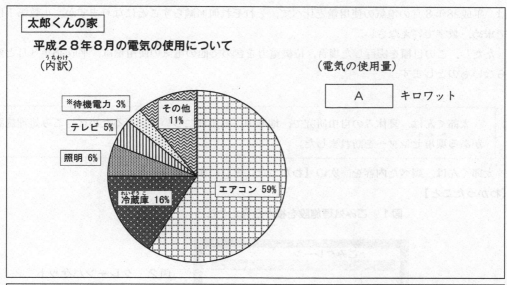

太郎くんの家
平成28年8月の電気の使用について
（内訳）

※待機電力 3%
テレビ 5%
照明 6%
冷蔵庫 16%
その他 11%
エアコン 59%

（電気の使用量）
A　キロワット

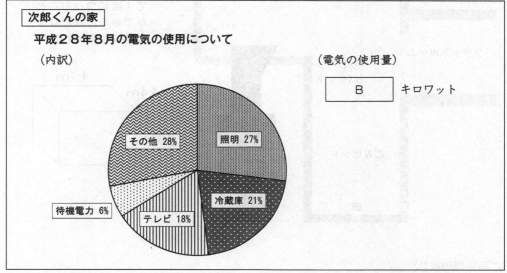

次郎くんの家
平成28年8月の電気の使用について
（内訳）

その他 28%
照明 27%
冷蔵庫 21%
テレビ 18%
待機電力 6%

（電気の使用量）
B　キロワット

※待機電力：コンセントに接続された家電製品が、電源が切れている状態でも消費する電力のこと。

問5　太郎くんと次郎くんは，平成29年8月の電気の使用量について次のような目標をたてました。

【目標】

（平成28年8月の内訳をもとに）

太郎くんの家：　エアコンの設定温度を調整したり，使用時間を減らしたりしながら，エアコンの電気の使用量を，30%減らします。

次郎くんの家：　照明をこまめに消して，照明で使う電気の使用量を，20%減らします。

　この目標が達成できたとすると，太郎くんの家と次郎くんの家の平成29年8月の電気の使用量は，平成28年8月の電気の使用量と比べて，それぞれ何％減らすことになりますか。小数第1位まで求め，数字で答えなさい。

　ただし，この目標を実行した場合，待機電力を含めて他の電気の使用量は，平成28年8月と変わらないものとします。

2　太郎くんは，夏休みの自由研究で，地域のごみ処理について調べるために，ごみ処理施設がある環境センターを訪れました。

　太郎くんは，調べた内容を，次の【わかったこと】にまとめました。

【わかったこと】

図1　ごみ処理施設を横から見たところ

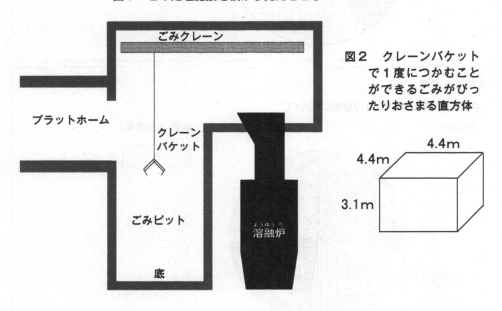

図2　クレーンバケットで1度につかむことができるごみがぴったりおさまる直方体

（ごみ処理の流れ）

　○環境センターへは，1日に平均350トンのごみが運ばれてきます。

　○ごみの処理で主に使う設備には，上の**図1**のように，ごみピット，クレーンバケット，溶融炉等があります。

　○ごみピットは，運ばれたごみを貯めるところで，**上から見ると縦**が30m，横が20mの長方形で，底が深くなっています。

　○クレーンバケットは，ごみピットからごみをつかんで溶融炉に運ぶためのもので，1回につき3トンのごみをつかみます。そのごみは，**図2**のような直方体にぴったりおさまる体積となっています。

　○溶融炉は，ごみを燃やしたり溶かしたりする設備で，1日に最大380トンのごみを処理することができます。

【わかったこと】をもとに，問1〜問3に答えなさい。

問1　クレーンバケットでごみを1度につかんだときのごみの体積は何m³ですか。次のア〜エの中から最も近いものを1つ選び，記号で答えなさい。

　　ア　6m³　　イ　60m³　　ウ　600m³　　エ　6000m³

問2　クレーンバケットは，5分に1回，ごみピットから溶融炉へごみを入れます。太郎くんが環境センターを見学した日は，380トンのごみを処理することになっていました。このことについて，次の(1)〜(2)に答えなさい。

⑴　この日は，午前8時に最初のごみが溶融炉に入れられました。この日のごみピットから溶融炉にごみを入れる作業が終わるのは，何時何分になりますか。解答用紙の午前，午後のいずれかの（　）内に○をつけて，数字で答えなさい。

⑵　この日のごみの処理が終わったとき，ごみピットには，底から10mの高さまでごみが残っていました。このごみの量は，1日に運ばれてくる平均のごみの量である350トンよりも多いですか，それとも少ないですか。解答用紙のいずれかの（　）内に○をつけて，そのように判断した理由を，数値を使って説明しなさい。

問3　別の日に，1日のごみの処理が終わった時点で，ごみピットの中には，底から15.3mの高さまでごみが残っていました。次の日から，環境センターでは，1日あたり合計350トンのごみをごみピットに受け入れ続け，同時に1日あたり380トンのごみを処理し続けました。ごみピットの中が空になるのは，何日目になると考えられますか。数字で答えなさい。

3　　太郎くんと花子さんは，クラスでサイコロをたくさん作ることにしました。

次の【サイコロを作る手順】【場面1】〜【場面3】をもとに，問1〜問4に答えなさい。

【サイコロを作る手順】

①　右の図1のような形の紙に数字を書き入れて，サイコロの型紙とする。

②　1〜6の数字は向かい合う面の数の合計が7になるように，それぞれのマス目に1つずつ書き入れる。

③　型紙を折って，サイコロを作る。

サイコロの数字の向きは考えないものとする。

図1　サイコロを作るための紙

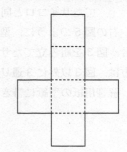

※　 ------- は山折りを示します。
※　のりしろの部分は省略しています。

問1　【サイコロを作る手順】にもとづいてサイコロを作ったところ，右の図2のようなサイコロができました。

　　図2の「A」の面にあてはまる数字として考えられるものをすべて書きなさい。

図2

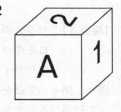

【場面1】　太郎くんは，図1の紙に，下の図3・図4のように，「3」と「4」の位置を入れ替えて書き入れ，2種類の型紙を作りました。

【太郎くんが数字を記入した型紙】

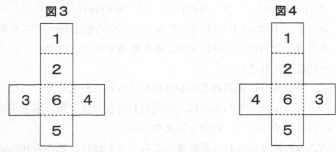

問2　次のア〜エの型紙を組み立てたとき，上の図3の型紙を組み立てて作ったものと同じサイコロになるものを，ア〜エの中からすべて選び，記号で答えなさい。

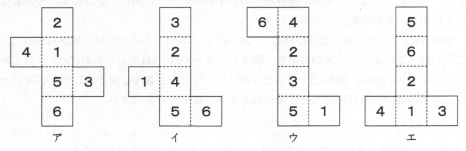

【場面2】　花子さんも，前のページの図1の紙に数字を書き入れてサイコロを作りました。太郎くんが作った**図3**とは違う数字の入れ方をしましたが，組み立ててみると，図3を組み立てたサイコロと同じものができました。

問3　右の**図5**のように，型紙のいちばん上の面に「1」を入れた場合，図3を組み立てたサイコロと同じサイコロになる数字の入れ方は，図3以外に**3通り**あります。この**3通り**の数字の入れ方を，解答用紙の型紙に書きなさい。

図5　花子さんが数字を書き入れた型紙の1つ

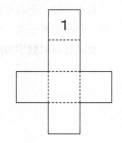

【場面3】　クラスの人たちにも手伝ってもらい，前のページの図1の紙に数字を書き入れてサイコロを作りました。みんなが数字を記入して作った型紙を見てみると，上の図4を組み立てたサイコロと同じものになる数字の入れ方が何通りもあることがわかりました。

問4　図4の型紙を組み立ててできたサイコロと同じサイコロになる数字の入れ方は，**図4を含めて**何通りありますか。数字で答えなさい。

4 　太郎くんは，授業で学習した磁石（じしゃく）に興味をもちました。授業では，「磁石にはN極とS極があること」，「N極どうし，S極どうしはしりぞけあい，N極とS極は引きつけ合うこと」を学びましたが，もう少しくわしく知りたいと思い，次のような実験を行いました。

次の【実験1】〜【実験3】をもとに，問1〜問4に答えなさい。

【実験1】　ドーナツ型の磁石を使った実験

（準備するもの）

○ドーナツ型の磁石《すべて同じ重さ，同じ大きさのもの》（図1）	4個
○ドーナツ型の磁石の穴を通すことができるプラスチック製の円柱の棒（ぼう）	1本
○電子てんびん	1台

図1　ドーナツ型の磁石

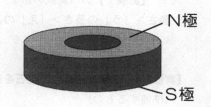

（実験方法）

図2　　　　　図3　　　　　図4

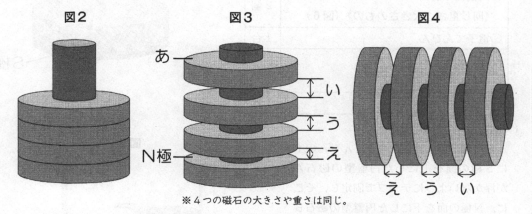

※4つの磁石の大きさや重さは同じ。

実験方法①　4つのドーナツ型の磁石を，縦（たて）に置いた円柱の棒に通したところ，上の**図2**のように，ドーナツ型の磁石が，すきまなくくっついた状態になりました。そこで**図2**の状態から，下から2つ目と4つ目を上下逆にしてみたところ，上の**図3**のように，お互（たが）いがしりぞけ合うようになったので，磁石の間隔（かんかく）を測りました。この時いちばん下の磁石の上の面はN極です。

　さらに，上の**図4**のように，円柱の棒をゆっくりと横向きにして，同じように磁石の間隔を測りました。

実験方法②　右の**図5**のように，電子てんびんの上に置いたドーナツ型の磁石の上に，もう1つ別のドーナツ型の磁石を，お互いがしりぞけ合うように置いて，電子てんびんが示す数値（すうち）の変化を調べました。

図5

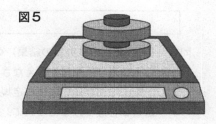

（実験の結果）

〇実験方法①では，前のページの**図3**のように，円柱の棒を床に垂直にしたときの「い」「う」「え」の間隔はそれぞれ，「い」**の長さ**＞「う」**の長さ**＞「え」**の長さ**となり，**図4**のように，円柱の棒を床に水平にしたときは，「い」**の長さ**＝「う」**の長さ**＝「え」**の長さ**となりました。

〇実験方法②では，電子てんびんが示す数値がドーナツ型の磁石を1つだけ置いた場合より大きくなりました。

問1　**図3**の「あ」の面は，N極とS極のどちらですか。アルファベットで答えなさい。

問2　**【実験1】**の（実験の結果）をふまえて，**図3**のように円柱の棒を縦に置いたとき，「い」**の長さ**＞「う」**の長さ**＞「え」**の長さ**となった理由を説明しなさい。なお，棒と磁石は触れていないものとします。

【実験2】　2個の円盤型の磁石を近づける実験

（準備するもの）

〇円盤型の磁石《同じ重さ，大きさのもの》（**図6**）	2個
〇電子てんびん	1台
〇スタンド（磁石を支えるもの）	1台
〇定規	1本

（実験方法）

　右の**図7**のように，電子てんびんの上にS極の面を上にした円盤型の磁石Aが浮かないようにテープで固定し，そこに，N極の面を下にした円盤型の磁石Bを磁石Aに近づけて，磁石どうしの距離と電子てんびんの数値の変化を調べました。

図6　円盤型の磁石

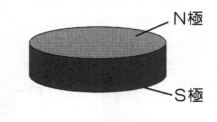

図7

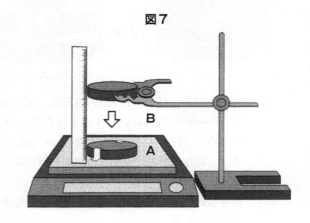

（実験の結果）

問3　**【実験2】**の（実験の結果）の　　　にあてはまるものとして適切なものを，次のア～エの中から1つ選び，記号で答えなさい。ただし，電子てんびん自体は，磁石の影響を受けないものとし，電子てんびんの数値に定規の重さは含めないものとします。

ア　磁石Bを近づけるにつれて，電子てんびんの数値が大きくなっていった。

イ　磁石Bを近づけるにつれて，電子てんびんの数値が小さくなっていった。

ウ　磁石Bを近づけるにつれて，電子てんびんの数値が大きくなったり小さくなったりした。

エ　磁石Bを近づけても，電子てんびんの数値は変化しなかった。

【実験3】　2個の円盤型の磁石を遠ざける実験

（準備するもの）

○円盤型の磁石（すべて同じ重さ，大きさのもの）	2個
○電子てんびん	1台
○スタンド（磁石を支えるもの）	1台
○定規	1本

図8

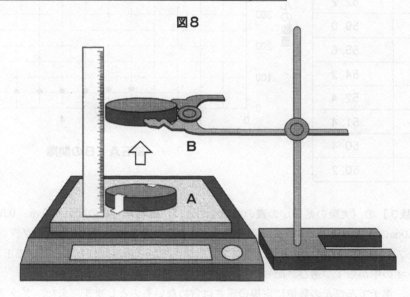

（実験方法）

　　上の**図8**のように，電子てんびんの上に，S極の面を上にした円盤型の磁石Aを置いてテープで固定しました。そこに，S極の面を下にした円盤型の磁石Bを，円盤型の磁石Aに接した状態から少しずつ遠ざけていき，そのときの円盤型の磁石A・Bの間隔と電子てんびんの数値を記録し，次のページの**グラフ**に示しました。

（実験の結果）

表　磁石A・Bの間隔と電子てんびんの数値の関係

磁石A・Bの間隔（cm）	電子てんびんの数値（g）
0	573.0
0.5	253.4
1.0	135.6
1.5	94.0
2.0	72.2
2.5	62.2
3.0	59.0
3.5	55.6
4.0	54.2
4.5	52.4
5.0	51.4
5.5	50.4
6.0	50.2

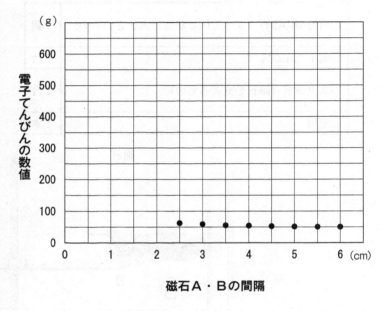

グラフ　磁石A・Bの間隔と電子てんびんの数値の関係

問4　**【実験3】**の（実験の結果）の**表**の記録をもとに，**磁石A・B**の間隔が0cm，0.5cm，1.0cm，1.5cm，2.0cmのときの電子てんびんの数値を，上の**グラフ**を参考に，解答用紙のグラフに点で記入し，グラフを完成させなさい。また，完成させたグラフから読み取れることとして正しいものを，下のア～オの中から1つ選び，記号で答えなさい。

　　ただし，電子てんびんの数値に定規の重さは含めないものとします。また，グラフに記入した点と点は結ばないものとします。

ア　グラフは反比例になっている。

イ　電子てんびんの数値の減り方が一定である。

ウ　磁石A・Bの間隔を広げていくと，電子てんびんの数値はやがて0になる。

エ　電子てんびんの数値が300（g）を示すのは，磁石A・Bの間隔が1.5cmから2.0cmのときである。

オ　磁石A・Bの間隔が0cmから1.0cmにかけては，電子てんびんの数値が急激に減少するが，だんだんと数値の減り方が小さくなっていく。

5　　さいたま市に住んでいる太郎くんは，夏休みに月を観察しました。

次の【太郎くんとお父さんの会話】を読んで，問1～問3に答えなさい。

【太郎くんとお父さんの会話】

太郎くん：「①西の空に，細い月が見えているよ。月は満ち欠けするから，別の日に観察すると，
　　　　　形が変わって見えるんだね。」

お父さん：「その通りだね。明るく光っている部分の見え方が変わるんだね。」

太郎くん：「ふーん，じゃ，月はどうして満ち欠けするの。」

お父さん：「月が光って見えるのは，月が，　　　　　A　　　　　からで，月の見える形が，観察
　　　　　した日によって変わるのは，地球から見て，　　　　　B　　　　　からなんだよ。」

太郎くん：「そうだったんだ。そうしたら，今，西の空に見えている細い月は，オーストラリア
　　　　　のアデレードではどのように見えるのかな。」

問1　西の空に細い月が見えてから，およそ4日後と12日後の同じ時刻に観察した記録として正し
　　いものを，次のア～エの中から1つ選び，記号で答えなさい。

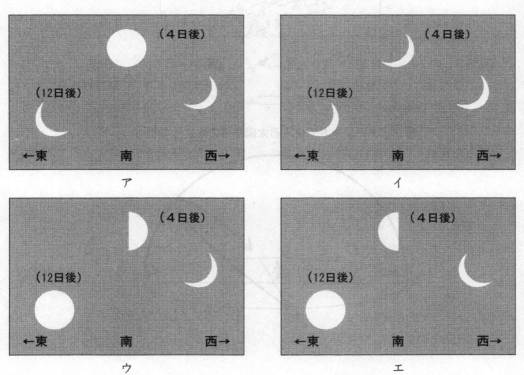

問2　【太郎くんとお父さんの会話】にある　A　と　B　にあてはまる文を，解答用紙の書き出し
　　に続けて書きなさい。

問3　次のページの**図1**，**図2**を参考にして，【太郎くんとお父さんの会話】にある下線部①の月を，
　　オーストラリアのアデレードで見たときの月の見え方に最も近いものを，あとのア～オの中から
　　1つ選び，記号で答えなさい。

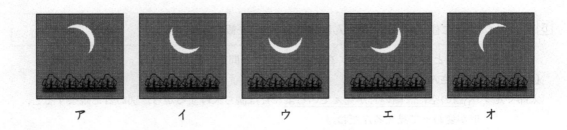

ア　　　　　イ　　　　　ウ　　　　　エ　　　　　オ

図1　さいたまとアデレードの位置

図2　アデレードで見える太陽や月のおよその動き

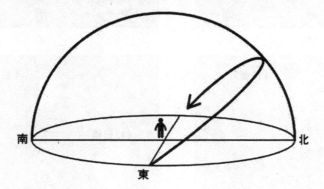

平成29年度

さいたま市立浦和中学校入試問題（第2次）

【適性検査Ⅲ】 （45分）　＜満点：100点＞

1　　太郎くんが，総合的な学習の時間に，さいたま市の交通事情について集めた資料をもとに
どのように発表しようか考えているところへ先生がやってきました。
　　以下の会話文を読んで問いに答えなさい。

先生　：太郎くん，どんな資料を集めたのですか？

太郎くん：僕は自転車に興味があるので，自転車のまちづくりを積極的に推進していくために作ら
　　　　　れた「さいたま自転車まちづくりプラン〜さいたまはーと〜」を調べています。

先生　：どんなことがわかりましたか？

太郎くん：はい。このページでは，さいたま市内の自転車事故の現状が書かれています。**グラフ1**
　　　　　は人口1万人当たりの年齢階層別の自転車事故件数，**グラフ2**は，発生場所別の自転車
　　　　　事故件数の割合，**グラフ3**は事故形態別の自転車事故件数の割合を示しています。

先生　：いい資料ですね。では，どんな発表をしようと考えているのですか。

太郎くん：この資料からわかることを述べた後，自転車事故を減らすために自分たちでできること
　　　　　をいくつか提案したいと思っています。

グラフ1　人口1万人当たりの年齢階層別の自転車事故件数（市内）

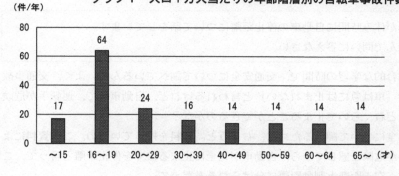

（件/年）

「さいたま自転車まちづくり
プラン〜さいたまはーと〜
（平成28年3月）」より作成

グラフ2　発生場所別の自転車事故件数の割合（市内）

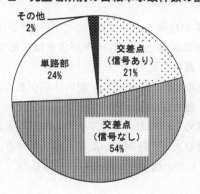

※単路部とは、交差点の
ない道路のこと。

「さいたま自転車まちづくり
プラン〜さいたまはーと〜
（平成28年3月）」より作成

グラフ3　事故形態別の自転車事故件数の割合（市内）

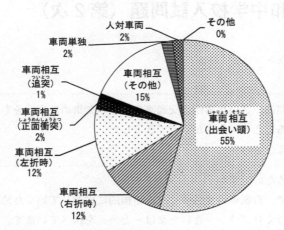

※車両相互とは、自転車と他の車両
　（自動車、バイク、自転車など）
　が関わった事故のこと。

「さいたま自転車まちづくり
　プラン〜さいたまはーと〜
　（平成28年3月）」より作成

問1　太郎くんは，まず，それぞれの**グラフ**からわかる自転車事故の特徴（とくちょう）を述べようとしています。その後，自転車の乗り方について，事故を減らすために私たちにできることを，いくつか具体例を挙げながら発表しようとしています。あなたが太郎くんなら，どのように発表しますか。以下の指示（したが）に従って，書きなさい。

　　条件1：解答は横書きで1マス目から書くこと。
　　条件2：文章の分量は，250字以内とすること。
　　条件3：数字や小数点，記号についても1字と数えること。

例

5	4	.	1	%

2　太郎くんと花子さんが休み時間に自動車の停止距離（ていしきょり）について話をしています。
　以下の会話文を読んで問いに答えなさい。

太郎くん：今，僕は，総合的な学習の時間で，交通安全について調べているんだ。よく，交通事故防止の標語で「車は急には止まれない」と言われるけれど，自動車って，運転手が危険（きけん）を感じてからどれくらいで止まることができるのかな？

花子さん：私も，交通安全について調べるために，ちょうど，**資料**を持っているの。この**資料**によると，運転手が危険を感じてから，自動車が完全に止まるまでを停止距離と言って，この停止距離は，空走距離（くうそうきょり）と制動距離（せいどうきょり）に分けられるんだって。

太郎くん：空走距離と制動距離？

花子さん：空走距離とは，運転手が危険を感じてから，ブレーキがききはじめるまでに自動車が走ってしまう距離，制動距離とはブレーキがききはじめてから自動車が止まるまでに走った距離を指すの。**資料**を見て。

太郎くん：これを見ると，時速と距離は，それぞれ一定の法則があるように見えるけれど。

花子さん：そうね。空走距離は，運転手が危険を感じてから，ブレーキを踏（ふ）むまでにかかった時間と自動車の速さから求められるの。でも，その時間は個人差があって，危険に気づいてから早くブレーキを踏む人と，時間がかかる人がいるけど，この**資料**ではすべての人が0.75秒でブレーキを踏んだと仮定して計算されているの。

太郎くん：では，制動距離はどうやって求められるの？

花子さん：これも，ブレーキの性能や自動車の重さ，道路の状況によってちがうけれど，この**資料**では，（時速）×（時速）÷（254×摩擦係数）で計算し，摩擦係数を0.7と設定しているようね。

太郎くん：では，この**資料**をもとに計算すると，時速80kmで走行する自動車の運転手が，危険を感じてから自動車が止まるまでの停止距離はどれくらいになるんだろう？

【花子さんが持っている**資料**】

自動車の時速と停止距離

時速（km）	空走距離（m）	制動距離（m）	停止距離（m）
10	2.08	0.56	2.64
20	4.16	2.24	6.40
30	6.24	5.06	11.30

※空走距離、制動距離は、小数点以下第３位を切り捨てています。

新潟県警察「速度管理指針」を参考に作成

問２　花子さんは，太郎くんに対して，時速80kmで走行する自動車の運転手が危険を感じてから自動車が完全に止まるまでの停止距離を，**資料**と同じように小数点以下第２位まで求め説明しようとしています。あなたが花子さんなら，計算の過程も含め，どのように説明しますか。以下の指示に従って，書きなさい。

条件１：解答は横書きで１マス目から書くこと。

条件２：文章の分量は，250字以内とすること。

条件３：数字や小数点，記号についても１字と数えること。　例 | 4 | 3 | . | 5 | 3 | m |

3　明子さんは，総合的な学習の時間で，食糧問題について取り組み，集めたデータをもとに，発表に向けた準備をしています。

以下の会話文を読んで，問いに答えなさい。

先生　　：明子さん，準備は順調ですか。

明子さん：はい，私は食糧問題について発表しようとしています。

先生　　：最初は，どのように発表を始めますか。

明子さん：最初は世界にどのくらい飢餓で苦しんでいる人がいるかを話したいと思いますが，どうでしょうか。

先生　　：いいアイデアですね。でも数字をそのまま言うだけではなく，割合などを用いて，わかりやすく提示するのはどうでしょうか。

明子さん：はい，では，そのように発表します。次に，世界で生産される穀物量と，実際に私たちが必要とする穀物量を比較したいと思います。

先生　　：それはいいですね。現状を提示することはとても大切なことです。その次はどうしますか。

明子さん：はい。日本の食品ロス[※3]の量と，世界全体の食糧援助[※4]の量を比較し，そこからわかること
　　　　　を伝えたいと思います。

先生　　：最後はどのようにまとめますか。

明子さん：食品ロスは，食品メーカー，スーパーマーケットなどの小売店，レストランや家庭など
　　　　　様々な場所で発生しますが，私は，家庭でできる具体的な対策を述べたいと思っていま
　　　　　す。

先生　　：具体性があっていいですね。がんばってください。

※1　飢餓……飢えていること。食糧不足などにより，体調維持が難しい状態。

※2　穀物……種子を食用とする作物で，多くは人間の主食となるもの。米，麦，トウモロコシ，豆など。

※3　食品ロス……食べられる食品が捨てられてしまうこと。

※4　食糧援助……食糧不足に直面している国に対し，米，小麦，トウモロコシなどの穀物の支援を無償で行
　　　　　うこと。

問3　数日後，明子さんは，先生のアドバイスに従い，下の**資料**をもとに発表をしようとしていま
　　す。あなたが明子さんなら，どのような発表をしますか。以下の指示に従って，書きなさい。

　　条件1：解答は横書きで1マス目から書くこと。

　　条件2：文章の分量は，320字以内とすること。

　　条件3：数字や小数点，記号についても1字と数えること。

　　例　| 4 | 2 | 万 | 5 | 千 | t |

資料1　【世界の人口（2014）】………………………………　約72億人

　　　　※総務省統計局「世界の統計2016」を加工して作成

資料2　【世界で飢餓に苦しんでいる人の数】………………　約8億人

　　　　※国連WFPホームページを加工して作成

資料3　【世界の年間穀物生産量（2014−2015）】……………　約25億t

　　　　　　　　　　　　　　　　　　　（1t＝1000kg）

　　　　※農林水産省ホームページ「穀物の生産量，消費量，期末在庫率の推移」を加工して作成

資料4　【1人1年に必要な穀物量】………………………………　約180kg

　　　　※日本国際飢餓対策機構ホームページを加工して作成

資料5　【日本の食品ロス】………………………………………　年間約632万t

　　　　※農林水産省「食品ロスの削減に向けて　～食べものに，もったいないを，もういちど。～
　　　　（平成28年6月）」を加工して作成

資料6　【世界全体の食糧援助（2014）】………………………　年間約320万t

　　　　※農林水産省「食品ロスの削減に向けて　～食べものに，もったいないを，もういちど。～
　　　　（平成28年6月）」を加工して作成

（**資料7**は次のページへ）

資料7 【食品ロスが発生する原因例】

場　　所	原　因　例
小売店・食品メーカーなど	・生鮮食品や弁当などの売れ残った商品を処分 ・期限切れなどで販売できなくなった商品を処分 ・規格変更で店頭から撤去（新商品が出たため、旧タイプのパッケージ商品を撤去など）。
レストランなど	・客の食べ残し ・仕込み過ぎ（注文されると予想し準備をしていたが、注文されなかったので使用しなかった食材を処分）
家庭	・過剰除去（野菜の皮など食べられる部分を厚く切って捨ててしまうこと） ・食べ残し ・直接廃棄（冷蔵庫などに入れられたまま、調理されずに廃棄されること）

※農林水産省「aff（2010年4月号）」を加工して作成

平成28年度

さいたま市立浦和中学校入試問題（第1次）

【適性検査Ⅰ】　（45分）　＜満点：100点＞

1

花子さんは，今年の夏，家族で登る予定の，秋田県と山形県にまたがる鳥海山を舞台にした小説『鳥海山の空の上から』を本屋で見つけ，興味をもって読んでみました。

次の文章は，三輪裕子著『鳥海山の空の上から』（小峰書店）の一部です。これを読んで問1～問5に答えなさい。

小学5年生の翔太は，夏休みに，母が母方の祖父の介護のため，急きょ実家の福岡にもどってしまったことから，その年の夏休みを父方の祖父の姉である「お波さん」が暮らす秋田県の矢島で過ごすこととなる。以下は，翔太とお波さん，翔太のはとこ（翔太の祖父の弟の孫）でアメリカ在住のユリアの3人が鳥海山に登る場面である。

※1鳥ノ海へと下る緑の草原には，ひときわあざやかなオレンジ色のニッコウキスゲの花が，たくさん顔をだしてゆらゆらと揺れていた。ほかにも，コバイケイソウ，ハクサンシャジン，コイワカガミ，色とりどりの花が咲いている。

三人とも口をきかずに，しばらく立ちつくしていた。鳥ノ海と，風に揺れる花を，ただ見つめていた。

ふと気がつくと，①お波さんの目に涙が浮かんでいた。

翔太は思わず，お波さんから目をそらした。何かいおうと思ったけど，なんていったらいいかわからなかった。

すると，ユリアが進行方向を指さして，いった。

「むこうで昼ご飯食べよう」

ユリアは山道をぐんぐん進んでいった。翔太もそのあとに続いた。

しばらくいった所で，ユリアは立ち止まった。翔太は，リュックから敷物をだした。

鳥ノ海を見おろせる道のわきで，弁当を食べることにした。

少しして，お波さんもやってきた。もう涙はなく，いっぱいの笑顔を浮かべている。

「こんなにたくさんの花が見られたら，もう何もいうことないわ」

「昼ご飯食べてから，みんなでゆっくり花を見てまわろう」

と，ユリアがいった。

昼ご飯を食べながら，お波さんはいった。

「ニッコウキスゲの花言葉はね，日々あらたに。心安らぐ人。今あたしは花いっぱいの，こんな天国みたいなところにいて，ほんとうに心安らいでいるわ。これもみんな，あんたたちのおかげだね。ありがとう」

「ううん。わたしだって，こんなにたくさんの花を見るの，生まれて初めて。お波さんといっしょに

こられて，ほんとうにハッピー」

　ユリアがいった。

「ニッコウキスゲはね。朝はいっぱいの花を咲かせるのに，夜にはしぼんでしまうのよ。それでも明日もまた，ここには別の花がたくさん咲いて，花でいっぱいにしてくれる」

「せっかく咲いたのに，たった一日しか命がないなんて，悲しいね」

　ユリアがいった。

「ううん」

と，お波さんは首をふった。

「一日せいいっぱい花を咲かせて，次の日には別の花にバトンタッチして，毎日毎日，毎年毎年，鳥海山に登る人を楽しませてくれる。たった一日の命でも，一度ここまで登ってきた人は，それを見て，またいつかここへこようって思うんだよ。ユリちゃんも翔ちゃんも，きっとまた鳥海山に登りにきたくなるよ。その時には鳥海山のてっぺんまで登んなさいね」

　ユリアも翔太もうなずいた。

「あたしの歳になると，もういつかなんてないから，今日はじっくりとここの景色を目に焼きつけて帰るよ」

　お波さんはそういって，ほほえんだ。

　昼ご飯がすむと，

「鳥ノ海の近くまで行ってみようよ」

と，ユリアがいった。

「鳥ノ海の近くまでおりたら，あんたたちはぐるっと鳥ノ海の回りを一周してくるといいわ。あたしは，そこらでのんびりしてるから」

　お波さんがいった。

　三人は荷物をかたづけると，山道をおりていった。

　道の両側は，見渡すかぎり，どこもかしこもニッコウキスゲの花だらけだ。

「ラブリー。お波さん，よかったね。こんなにたくさん，ニッコウキスゲが咲いているとこ，見られて」

　ユリアの言葉に，お波さんは満足そうな顔でうなずいた。

　鳥ノ海がすぐ下に見えるところまで行くと，お波さんはいった。

「敷物置いていってちょうだい。あたしはここで休んで待ってるから」

　それから，お波さんはユリアと翔太に，これから二人で行く道を指をさして教えてくれた。

　最後は御浜小屋の前を通って，お昼ご飯を食べたところにもどってくれば，一周できる。

「えーっ，お波さんもいっしょに行こうよ」

　ユリアが誘った。

「あたしはここまできただけで，十分だよ。あと一時間以上ものぼったりおりたりしたら，疲れて帰れなくなっちまう」

「じゃあ，わたしもお波さんといっしょにここにいる」

　ユリアはいった。

「あんたたち，若いもんは力が余ってるんだから，もっと歩いてきなさい。頂上も近くに見えるし，花もたくさん咲いている。それに……」

と，お波さんは途中で言葉を止めた。

「あたしは一人で，静かにゆっくりとここの景色を目に焼きつけておきたいんだよ」

　お波さんは遠くを見るような目をして，そういった。

```
            A
```

　翔太がそう思ったとたん，

「わかった。それじゃあ，翔太行こう」

　ユリアはきっぱりといった。

「帰りはさっきの分岐のところからおりるから，上の御浜小屋に着いたら，大声でお波の名前呼びなさい。あの標識のところまで行って，待ってるから」

「わかった。大声で叫ぶね」

　ユリアがいった。

　鳥ノ海のふちの，すぐ上についていた道は，やがて，鳥ノ海からはなれて山のほうにのぼっていく。

　お波さんの姿は見えなくなった。それとともに，鳥海山の山頂あたりがもっと大きく，もっと近くに見えるようになった。

「いつか登りたいね」

　翔太が，山頂を指さして，いった。

「うん。わたしもいつか絶対に登りにくる。日本語もうまくなって，家事もちゃんとできるようになって，また日本にくる」

　いつかって，いつだろう。来年なら小学六年生，再来年なら中学生だ。その時，お波さんやユリアはどうしているだろう。

「鳥海山が好きだったけど，ここまで登ってきて，もっともっと好きになった。翔太とお波さんといっしょに登れて，ほんとうによかった」

　翔太もうなずいた。来年のこととか，再来年のことなんかわからない。でも，こんなに楽しかった今のことは，きっといつまでも忘れないだろう。

　御浜小屋の手前にさしかかった時だ。鳥ノ海の近くにぽつんと，お波さんらしい人の姿が目にはいった。

　ユリアは約束したとおり，

「お波さーん」

と叫んだ。

　お波さんからは返事が返ってこない。

　翔太もいっしょになって，

「お波さーん。お波さーん」

と何度も叫んだ。

　でも，動きだす気配はない。

　次の瞬間，ユリアは顔色を変えて，いった。

「お波さんが大変だ」

　②何が大変なんだろう。翔太がそう思っている間にも，ユリアは全速力で山道をかけだした。

　道が平らなうちはよかった。お弁当を食べたところを過ぎると，下り坂になった。それでもユリアは，スピードをゆるめない。

「そんなに急いだら，危ないよ」

翔太は後ろから声をかけた。

けれども，ユリアは，

「お波さーん，お波さーん，お波さーん」

と，何度もお波さんの名前を呼びながら，一目散に下っていく。

鳥ノ海へ行く道との分岐まで下った。やはり，お波さんの姿はなかった。さっきはここで待っているといったのに，お波さんはきていない。

そこから鳥ノ海に向かって登り坂だ。ユリアは口もきかずにかけのぼり続けた。

登りきったところで，鳥ノ海近くにいるお波さんの姿が見えた。相変わらずお波さんはビクともしない。横になったままだ。

ようやく，お波さんの近くまで行くと，ユリアは足を止めた。はあはあと，苦しそうに肩で息をしている。

翔太も，少しして追いついた。

「お波さん」

苦しそうな息の合間に，ユリアはまた名前を呼んだ。

お波さんは，じっとしたまま動かない。顔には山に登る時かぶっていた帽子をのせている。

しばらく，時が流れた。お波さんがもそっと動いた。次にゆっくりと，自分の顔の上の帽子をとった。

「ああ，すっかりいい気持ちで眠っちゃった」

そして，仰向けになったまま，真上から見おろしているユリアと翔太の顔を，まぶしそうに見た。

「ここに寝ころんで，風に吹かれていたら，※2パッフェルベルのカノンが頭の中に聞こえてきたのよ。なんて幸せなんだろうと思っているうちに，すーっと眠っちゃった」

それを聞いたとたん，③ユリアは突然，ポロポロっと涙をこぼした。

「どうしたね，ユリちゃん？」

お波さんが，心配そうに聞いた。

「お波さんが死んじゃったのかと思った」

お波さんは笑いながら，起きあがった。

「いっくら天国みたいなところにいるからって，本物の天国にゆくのは，まだちーっと早いよ」

お波さんは，それからしばらく鳥ノ海を見ていた。

「あたしの病気のこと，※3タケシから聞いたんだね」

ユリアはうなずいた。

「グランパが，治らない病気だって」

「あのね，ユリちゃん。人はみんな，いつかは死ぬんだよ。そのいつかがいつなのか，だれもわからない。あたしも病気にかからなければ，もっと長く生きられただろうよ。でも，早く死ぬからって，かわいそうだなんて思ってもらわなくてもいいの。大事なのは，人はそれぞれ死ぬ時まで，どれだけ悔いのない生き方をしたかなんだと思うよ。あたしは好きな矢島にもう一度もどってこられて，今日はもう一生こられないと思っていた鳥ノ海まで登れて，いっぱい花を見られた。いつ死んでも十分に満足なのよ」

ユリアも翔太も，お波さんの話をただ聞いていた。

やがて，お波さんはいった。

「さあ，もう下ろうかね」

「あとちょっと。もうちょっとここにいよう」

ユリアがいった。

お波さんは，また寝ころがった。お波さんをはさんで，両側にユリアと翔太も寝ころがった。

だれも何もしゃべらなかった。目の前の空高いところを流れていく雲を見ていた。

（一部省略やふりがなをつけるなどの変更があります。）

※1　鳥ノ海…鳥海山の火口にある湖。

※2　パッフェルベルのカノン…ドイツの作曲家ヨハン・パッフェルベル（1653〜1706）が1680年頃に作曲した楽曲。

※3　タケシ…ユリアの祖父。ユリアはグランパと呼んでいる。

問1　空らん　A　にあてはまる翔太が思ったことを，次のア〜エの中から1つ選び，記号で答えなさい。

ア　お波さんは満足していないんだ。

イ　お波さんは一人になりたいんだ。

ウ　お波さんはぼくとユリアだけでゆっくり遊ばせたいんだ。

エ　お波さんはぼくとユリアをこの先には行かせたくないんだ。

問2　下線部②「何が大変なんだろう。」とありますが，翔太がこの時気づかなかったことについて，花子さんは次のようにまとめました。次の空らん　B　にあてはまる内容を，本文中からさがして，6字で書きぬきなさい。

> お波さんが　　　　　B　　　　　であること。

問3　花子さんはこの文章を読んで，お波さんがニッコウキスゲの花に例えて，翔太とユリアにメッセージを送っていたと考えました。お波さんが二人に伝えたかった内容を，本文中の語句を使って，35字以上45字以内で書きなさい。

問4　下線部①「お波さんの目に涙が浮かんでいた。」，下線部③「ユリアは突然，ポロポロっと涙をこぼした。」と，涙に関する記述がありますが，お波さんとユリアがどのような思いで涙を流していたのかを，花子さんは想像してまとめました。そのまとめとして適切な内容を，それぞれ15字以上25字以内で書きなさい。

問5　花子さんは次のページの**地図**を見て，C地点で3人がお弁当を食べた後，翔太とユリアがどのようにルートを移動したのかを確かめました。その移動したルートとして最も適切なものを，下のア〜エの中から1つ選び，記号で答えなさい。

ア　C→D→E→F→E→G→I→C

イ　C→D→G→H→I→C

ウ　C→I→G→D→C

エ　C→D→G→I→C→D

地図

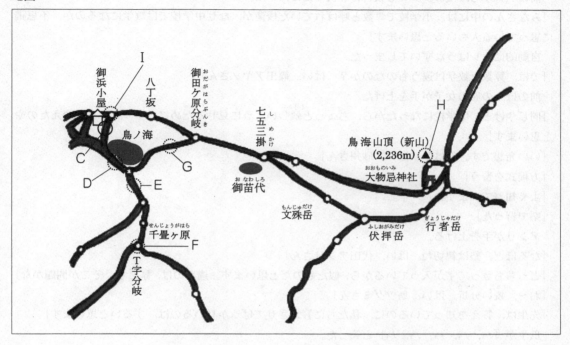

八丁坂
御浜小屋
I
御田ケ原分岐
七五三掛
H
鳥海山頂（新山）
（2,236m）
鳥ノ海
C
G
大物忌神社
D
E
御苗代
文殊岳
千畳ヶ原
F
伏拝岳
行者岳
T字分岐

2

> 太郎くんは，図書館で『なりたて中学生　初級編』という本を見つけました。中学校進学を間近にひかえた太郎くんは主人公に親近感を覚え，この本を読んでみることにしました。

　次の文章は，ひこ・田中著『なりたて中学生　初級編』（講談社）の一部です。これを読んで**問1〜問5**に答えなさい。

> 　主人公の「オレ」（テツオ）は中学校1年生である。「オレ」は小学校卒業の直前に引っ越しをしたため，友人たちとは別の中学校に一人だけで入学した。担任は，瓜生直子先生，数学の教師である。この日は，入学2日目。瓜生先生の初めての数学の授業が始まった。

「時間割り，一時限目は数学。そして私は数学の教師です。したがって今私は，担任としてではなく，数学の教師として，みなさんと向かい合っています」
　数学って，土矢小学校で教わっていた算数のことやな。
　？
　算数。
　数学。
　そうか。①中学生になるというのは，算数が数学になるということと言えるのかもしれんな。
　オレはなんとなく納得したような，かえってわからなくなったような気分になった。
　算数と数学では何が違うのや？
　オレは机の中から『数学I』っていう教科書を出した。

前のアンリも，横のツグミも教科書を机の上に置いた。

「みなさんの中には，小学校で算数と呼ばれていた授業が，なぜ中学校では数学になるのか，不思議に思っている人もいると思います」

自動的にオレはうなずいてしまった。

「では，算数と数学は違うものなのか？　はい，篠田アヤノさん」

前のほうの席の女子が手を上げた。

「同じやけど，中学校になったから，ちょっと難しいように見せるために，ネーミングを変えたのやと思います」

「いい発想です。他は？　はい，砂州さん」

「方程式を習う」

「よく知っていますね」

「塾で習った」

アンリが手を上げる。

「なるほど。塾は親切ね。はい，代田アンリさん」

「どっちも数って字が入っているから，似たものだと思います。違うのは，算と学。そこが問題かな」

「お～，鋭い分析。はい，島ツグミさん」

「先生は，答えを知っているのに，私たちに答えさせてばっかりいるのは，ずるいと思います」

瓜生が「ハ，ハ，ハ，ハ，ハ」と笑った。

「参ったな。わかりました。では，私なりの考え。さっき代田さんがどっちにも数の字が入っていて，違うのは算と学だと分析してくれはったよね，そこから説明します。算の字を辞書で引いてみてください」

「国語やなくて数学の授業やろ，先生」と後藤。

「今は言葉を調べるから，はい，辞書を出して使う」

オレは机の中から国語辞書を出した。みんなもそうしている音がする。見回すと，かったるそうにしている男子や女子もいるし，無表情の人もいる。オレはどんな表情をしているのやろう？　うざい，かったるい，マジ，ニコニコ，無表情？

わざと意識をしないと自分では自分がどんな表情をしているかなんて，よくわからないな。

「では，後藤さん，算の意味は？」

後藤はかなり必死で辞書をめくった。

「　D　」

「そうね。算数は，数をかぞえる。足し算，引き算，掛け算，割り算。算数の基本はかぞえること。みなさんがもっともっと大きくなって，大人になって，仕事でも買い物をする時でも，ずっと使う知識。生活に必要な知識やね。それを小学校では習ったの。もちろんもっと複雑な内容も習ったけれど，それらもやっぱり日常の中で使うことが多い知識が中心ね。

これは一生必要だから，最初に習いました。

小学校で一応習ったはずやけど，うまく覚えられてないなあって人がいたら，遠慮なく私に教わりに来てください。恥ずかしがってはいけないよ。というか，別に恥ずかしがることでもないからね。びしっとお教えします」

「怖いなあ」と後藤が言った。後藤が「怖い」って言うのが，オレにはちょっと意外やった。

「大事なところだから，怖いかもね」と瓜生が応えた。

その「かもね」が，ものすごい怖いとオレは感じた。

瓜生が続ける。

「それでね，数学は，数を学ぶの。日常使う算数とはちょっと違う。おつりがいくらだとか，エレベーターから何人降りたら何人残るかを導き出すだけじゃなく，なぜそうなのかってことを考える。理屈を学びます。それと，現実にはない数も扱います。たとえばマイナスね。マイナスは知っている？　はい，島さん」

「マイナス五度とか」

「そうそう。そのマイナス。ゼロより少ない数字。今，島さんが言ってくれたマイナス五度は現実にある気温だけど，ある温度をゼロに定めているから，それより低い場合はマイナスと表記するのね。もし，今マイナス五度にしている気温をゼロ度と定めたら，今のゼロ度はプラス五度になる」

「ゼロ度は水が凍り出す温度や」とツグミが言った。

「氷が溶け出す温度と違うか？」と砂州が言った。

「どっちも同じやろ」と後藤。

「同じかな，違う気もするけど」と米田。

凍ろうとする水と，溶けようとする氷が，オレの頭の中でごちゃごちゃになった。

「どっちでもええやん。だいたいそんなところなんやろ」と篠田。

オレは，この時気づいた。なんか知らん間に，授業になっているやないか。瓜生，この先生は，やっぱり油断がならん。この※1スキルは※2原田に教えてやろう。原田，今のオレ，原田と会いたいぞ。

「はい。いろいろ意見をありがとう。ゼロ度は篠田さんが言った『だいたいそんなところなんやろ』が一番近いです」

「なんじゃそれは。算数よりええかげんなもんか，数学は」と砂州。

「砂州さん。ゼロ度の正確な定義はあります。ありますが，みなさんにはまだ難しすぎる。それは理科や数学を学びに大学に行けば教わりますし，理解できるでしょう。今のところは凍り出す温度や溶け出す温度，だいたいその辺りと考えておいて現実的に問題はありません」

「ややこしい」とアンリ。

「ややこしいね」と瓜生が笑う。「数学は，数を学ぶわけだから，現実にはあり得ないようなところまで仮定して考えるの。だから今みたいな現実の温度に当てはめるとかえってややこしく見える時もある。

現実って，②『だいたい』でできているやん。リンゴ一個一個は形も重さも違うけど，それでも一個いくらで値段を付けている。料理を作る時も，※3レシピには何グラムとか書いてあるけれど，塩やしょうゆの量をそんなに正確に量っているわけじゃない。同じ通学路を通っていても，歩数も掛かる時間もその日によっていろいろ。

毎日の生活はだいたいで，かまわないの。ゼロ度も正確な定義はあるけれど，普段はだいたい，その辺りと考えて困ることはない。

一方，数学は想像力を広げていくの。数学は，抽象的，空想的，非日常的な世界を扱うといってもいいかな。マイナスの場合だと，マイナス五度はあるけれど，マイナス五人はないよね。でも，数学ではそれを，あると仮定して考えるの」

「そんなん，なんの役にも立たないやん」とツグミ。

「そうね。島さんのこれからの人生でマイナス五人と出会うことはないやろうね。そう，③数学は算数のようにどう役に立つかは見えにくい。だから退屈に思えるかもしれないし，無駄だと思うかもしれない。でも，これだけは保証します。数学はみなさんが生きていくこれからの人生で，いろんな見方を広げてくれると思う。それは数学だけじゃなく，他の科目も同じやよ。小学校で，生きるために必要な知識を学んだみなさんは，これから，それがなぜそうなっているか，なぜ必要なのかを学んでいきます。そして自分の幅を広げるための知識も得ていきます」

「やっぱり，ややこしい」と篠田。

「やっぱり，ややこしいよね。言っている私がそう思うもの」

「なんじゃ，それは」と後藤。

「ごめんね。一言じゃ，説明できないの。だから私は，これから三年を掛けて，みなさんにそれを伝えたいと思っています」

　それから瓜生は，算数で習った＋の数を「正の数」と呼び，－の数を「負の数」と呼ぶというところから，授業を始めた。

　④オレはみんなと瓜生のやりとりを眺めながら，それに参加できないオレ，いや参加しないオレに，落ち込んでいた。

　みんな，自然に小学校から中学校に進学してきた。そのことを気にもしてないはずや。もちろん，別の小学校から来た連中がいるから緊張感はあるやろうけど，オレみたいに一人だけで別の小学校から来たのやない。

　せやからオレは，教室のやりとりの間も静かにしていたわけや。

　けど，それって結局，オレが勝手にびびっているだけやないか？　と，ふと思ったのや。

　なんでそう思ったかは，オレにもわからない。

　そして，そう思ったけど，やっぱり目立たないようにしているオレ。

　オレって，なんや？

　それから一時限ごとに先生が変わった。理科の深松ハヤト，保健体育の赤井リュウセイ，国語の亀岡アヤノ。それぞれが科目説明から始める。一人一人が話しているのを眺めながらオレは，これが中学なのを実感した。　　　　　　　　　　（一部省略やふりがなをつけるなどの変更があります。）

※1　スキル…訓練などで身に付けた技能。腕前。

※2　原田…土矢小学校6年の時のテツオの担任の先生。　　※3　レシピ…料理の調理法を記したもの。

問1　下線部①「中学生になるというのは，算数が数学になるということと言える」とありますが，太郎くんは「瓜生先生」の言葉に注目し，小学校と中学校との「学び」の違いについて考え，表にしました。次の空らん　A　～　C　にあてはまる言葉を，Aは本文中からさがして14字で書きぬき，Bは8字以内で，Cは15字以内で書きなさい。

	どんなことを学ぶか	なぜ学ぶのか
小学校	A　　　を学ぶ。	B　　　だから。
中学校	なぜそうなのかという理屈を学ぶ。	C　　　だから。

問2　空らん　D　には，「算」の意味にあたる言葉が入ります。本文中からさがして，4字で書きぬきなさい。

問3　下線部②『だいたい』とありますが，ここで瓜生先生の使う『だいたい』の意味として最も適切なものを，次のア〜エの中から1つ選び，記号で答えなさい。

ア　つめがあまい　　イ　まじめでない　　ウ　おおざっぱにとらえる　　エ　いい加減に扱う

問4　下線部③「数学は算数のようにどう役に立つかは見えにくい。」とありますが，瓜生先生が「数学」をどのような科目として考えているかを，太郎くんは次のようにまとめました。次の空らん　E　にあてはまる内容を，20字以上30字以内で書きなさい。

数学は，現実にはないものをあると仮定して，　　　　　　　E　　　　　　　科目。

問5　下線部④「オレはみんなと瓜生のやりとりを眺めながら，それに参加できないオレ，いや参加しないオレに，落ち込んでいた。」とありますが，なぜテツオは落ち込んでいたのかを，太郎くんは次のようにまとめました。次の空らん　F　にあてはまる内容を，35字以上45字以内で書きなさい。

　　　　　　　　　　　　　F　　　　　　　　　　　　から。

3

スポーツ好きの花子さんは，2020年東京オリンピック・パラリンピックでも使用される予定の国立競技場が新たに建設されることを知り，以前使われていた国立競技場の歴史とそこに植えられていた芝生について調べてみることにしました。

次の文章は，スポーツライターの増島みどりさんの記事『競技場の芝師と緑の悪魔』（中央公論平成9年5月号）の一部です。これを読んで問1〜問6に答えなさい。

鈴木憲美氏を待ちながら，わたしは石灰と，ほこりの匂いが混じった国立競技場の用具置場で，ラジオを聞いていた。薄暗い通路には，「気温は五月上旬並み。都内の桜も間違って咲き始めてしまいました」という気象予報士の弾んだ声が響き，競技場のトラックには，うっすらと※1陽炎が立ちこめている。

ふと，ピッチ（芝の部分）に目をやると，わずか二日前に訪れた時とは明らかに違う，緑の芝が，強い日差しに輝いていた。

「お待たせしました。この暑さと風でしょう。もうかゆくてしようがない」。その声に振り向くと，いつものように日焼けした鈴木氏が，笑顔で出迎えてくれた。花粉症のせいで目が赤い。

「おー，動きだしたな，やつら。この陽気じゃ，もう，いても立ってもいらんないんだよ。あれ，随分（芝が）伸びたなあ」

やつら，とは人ではない。この場合，芝のことを指す。厳密に言えば，この時期を境に少しずつ力を衰えさせるはずの冬芝が，適温ともいえる気温の上昇ゆえに勢力を取り戻した，そういう状態を指している。

事務所にはいつも，翌日の天候，気温が書き込まれ，手入れを入念にするよう徹底されている。「三月，四月は，冬芝が夏芝にスムーズにバトンタッチをするようにしてあげる，まあ忙しい時期のひとつだね。暑くなったかと思えば，雪も降る。①三寒四温で気温も安定しないしねえ」。話を聞きながら，いいですか，と許可を求めると，「どうぞ」と促してくれた。靴を脱ぎ，裸足で芝を踏んだ。ひんやりとして，柔らかな感触から離れがたくなった。

「よく日本の四季，っていうでしょ。でも四季じゃないんだよ，日本の芝にとっては。なんだと思う？」。まるでなぞなぞの答えを待つようだった。「　Ａ　，なんだよ。梅雨は芝にとってひとつの季節なんだ。だから難しいんだね」。サッカーＪリーグの開幕により，一年を通じて芝が青い（通年緑化）こと，さらにサッカー，ラグビーといった冬場のスポーツの酷使にも耐えられるような，「※2スポーツターフ」を敷き詰めることが要求されるようになった。しかし日本には四季，梅雨，台風などがあり，芝の育成では圧倒的なハンディを負う。国立競技場はこうしたハンディに対応し，しかも真冬でも青い芝を保つために，数年前から夏芝，冬芝の両方を植え，気温の推移によって両方の芝が自然に勢力交替を行なう「二毛作」を行なっている。

　全国にいる「※3グラウンドキーパー」たち，芝に関わる何百もの人々は，この数年，緑のじゅうたんを一年中敷き詰めようという「夢」の実現にかけてきた。それは何より，日本には根づいていなかった「芝とスポーツ」というある意味での②新しい文化を生むための奮闘でもあった。鈴木氏の存在は，その戦いのシンボルでもあり，国立競技場の芝は夢の形でもあった。

　鈴木氏は，芝を③「緑の悪魔」と呼ぶ。

　例えば，異常気象で猛暑が続けば夏芝の新芽はつぎつぎに枯れ，ピシウム，というカビにやられて死んでしまう。サッカーグラウンドなどでは太陽が均一に当たるために例は少ないものの，日当たりが原因で起こる「ブラウンパッチ」病などにかかったら，信じられないことに，たった一晩でグラウンドの広さ程度の芝が枯れてしまう。悪魔の仕業である。

　夏，冬の芝を合わせて使っているため，葉の太さ，クキの大きさなど，芝の性質がどんどん変化してしまうこともある。慌ててＤＮＡ鑑定に持ち込んで調べると，いつの間にか購入した時とは違う性質に変化している。つまり手入れの仕方も根本から変えなくてはならない。そんな失敗もある。雪が降りそうならば，競技場の通路下にある四畳半ほどの部屋に泊まり込み，雪が固まらないうちに処理しなくてはならない。夏と冬の芝のバランスを見て，芝を※4間引きすることも欠かせない。スタッフ全員が，こうした日々の，わずかな，それは本当に小さな変化に神経を使っている。

　日本の芝は，冬になれば枯れる，それが当然だった。青々とした芝の上で年中スポーツを楽しむ，そんな習慣はなかったからだ。しかし，国立競技場で行われたサッカーのクラブ世界一決定戦が挑戦への第一歩となった。

　サッカーの欧州No1クラブと南米No1クラブが対戦する，「クラブ世界一決定戦」が，1981年，国立競技場で始まった。世界のスーパースターが集まり，両大陸には衛星中継されるというイベントの大きさとは裏腹に，舞台は最高のフィールドとは言い難かった。当時の国立競技場は，いわゆる日本芝の高麗芝を敷いていた。十月を過ぎると，低温に弱いというその特性から一気に枯れてしまう，そんな状態にあり，内外のマスコミに批判された。

　実は見た目を気にするあまり，緑色の塗料を混ぜた肥料を撒いて，グラウンドに少しずつ着色していたのだ。当時のビデオを見れば，その「緑」の不自然さに思わず吹き出したくもなる。しかし，枯れた芝に着色する，という見かけ倒しの発想こそが，当時の日本スポーツ界と，芝の関わりの「現実の姿」でもあった。

　鈴木氏が，何より※5こたえたのは，選手の反応だったという。

　彼自身もサッカーファンである。憧れのW杯で活躍し，当時，夢のまた夢，そんな存在だったスーパースターたちが，競技場に脚を踏み入れたとたん，あきれた表情を見せる。「おい，ここがナショナルスタジアムかい？」，「練習用のフィールドだろう。で，本物はどこだい？」。自分の傍らで選手がそ

んな会話をするたびに一言一言が，グサッ，グサッと胸に突き刺さっていく。「そのうち，こんな中途半端な仕事，グラウンドキーパーとして自分に恥ずかしいじゃねえか，って思い直したんだね」。よし，枯れた芝なら枯れた芝で，まずは手入れの行き届いた芝を提供しよう，土台も水たまりや埃もあがらないような構造にして，いつか真冬にも緑の芝を敷けるようにしよう，そう決心した。

芝の文化，とはどんなものなのだろう。ニコス・カザンキナという人が書いた『イギリス』という本の中に，こんな文章を見つけたことがある。「イギリス人の心臓を解剖すると，そのちょうどど真ん中に，一片の刈り込んだ芝が見つかるに違いない。（中略）そして，イギリス人の天国は芝生で飾られている」。生活に，まさに芝が根づいている。

イギリスで生まれ育ったスポーツにはサッカー，ラグビー，テニス，クリケット，ポロ，競馬，ゴルフがあり，すべて芝の上で成り立つスポーツである。ポロ競技を観戦した時，ハーフタイムに観客全員で荒れた芝を踏み固めている姿を見たこともある。それが，ルールである，という。

（一部省略やふりがなをつけるなどの変更があります。）

※1　陽炎…もやもやしたゆらめき，光の屈折によって起こる現象。

※2　スポーツターフ…運動用地に植える芝。

※3　グラウンドキーパー…競技場のグラウンドの管理をする人。

※4　間引き…十分に生育させるために，すき間なく生えている作物の一部を抜き取って間隔をあけること。

※5　こたえた…刺激や苦痛がひどく負担になる。

問1　下線部①「三寒四温」とありますが，この熟語の意味をふまえて，花子さんは会話文を作りました。会話文としてもっとも適切なものを，次のア～エから1つ選び，記号で答えなさい。

ア　三月の寒さから四月の温かさに少しずつ変わり，三寒四温のように過ごしやすくなってきましたね。

イ　三寒四温のように，三月なのに四月並みの温かさだったりしてなかなか安定しませんね。

ウ　春先は，寒い日が三日も続いて，そのあとは温かい日が四日も続きましたね。まさに三寒四温の言葉通りですね。

エ　今週は，寒い日と温かい日が1日おきに来て，一週間が過ぎましたね。まさに三寒四温ですね。

問2　空らん　Ａ　には，鈴木氏が作った言葉が入ります。鈴木氏の発言からあてはまる言葉を考えて，漢字2字で答えなさい。

問3　下線部②「新しい文化」とありますが，鈴木氏が芝の育成を通して，当時の日本にはなかったどのような習慣を広めたいと考えていたのかを，花子さんは次のようにまとめました。次の空らん　Ｂ　にあてはまる内容を，本文中からさがして，19字で書きぬきなさい。

> 芝の育成を通して，当時の日本にはなかった　　　　　Ｂ　　　　　習慣をいつか広めたいと考えていた。

問4　下線部③「緑の悪魔」とありますが，鈴木氏は芝生をなぜそう呼んでいたのかを，花子さんは次のようにまとめました。そのまとめとして適切でないものを，次のア～エの中から1つ選び，記号で答えなさい。

ア　緑のじゅうたんとも言える鈴木氏の戦いのシンボルでもあるから。

イ　異常気象で暑い日が続くと，カビによって芝がつぎつぎと枯れてしまうから。

ウ　太陽の当たり方しだいでかかる病気によって芝が一晩で枯れてしまうから。

エ　スタッフ全員が，芝のわずかな小さな変化に日々，神経を使っているから。

問5　花子さんは，イギリスと比べると，日本ではなぜ芝生の通年緑化に工夫^{くふう}や努力が必要なのかを
考えました。その内容を，下線本文と次の**資料1**を参考にして，50字以内で書きなさい。

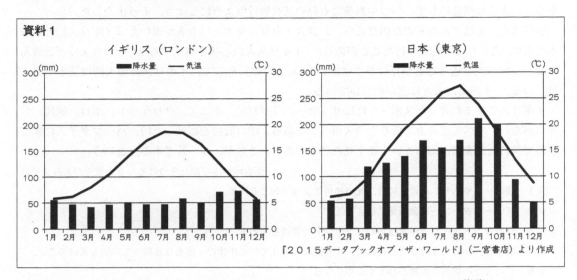

資料1

イギリス（ロンドン）　　　　　　　　　　日本（東京）

『２０１５データブックオブ・ザ・ワールド』（二宮書店）より作成

問6　花子さんは，この国立競技場で東京オリンピックが行われた1960年代の時代背景^{はいけい}について調べ
たところ，次の**資料2**のような写真を見つけました。当時の日本の様子について説明したものとし
て，適切でないものを，あとのア～エの中から1つ選び，記号で書きなさい。

資料2

ア　多くの人や物の移動が可能になり，大量輸送の時代が始まっていった。

イ　移動の時間が短くなり，働く人々が地方にどんどん流出した。

ウ　経済が急速に発展して，家庭には電化製品が広まった。
けいざい　　　　　　　　はってん

エ　経済成長が優先され，公害などの環境問題が発生した。
ゆうせん　　　　　　　　　かんきょう

4

平成27年，公職選挙法が改正され，選挙権年齢を「20歳以上」から「18歳以上」に引き下げる
せんきょけんねんれい　　　さい
ことになりました。そこで，太郎くんは先生と一緒に，選挙制度について調べてみました。
いっしょ

次の**太郎くんと先生の会話文**を読んで，**問1〜問4**に答えなさい。

太郎くんと先生の会話文

太郎くん：どうして選挙権年齢が20歳以上から18歳以上に引き下げられたのでしょうか。

先　　生：投票率について，勉強したことは覚えていますか。

太郎くん：はい，授業で衆議院議員総選挙が行われた年の投票率についてのグラフを見ました。
しゅうぎいん

先　　生：では，**衆議院議員総選挙過去5回の年代別投票率の推移**を見てください。太郎くんは，ど
すいい
んなことに気づきますか？

衆議院議員総選挙過去5回の年代別投票率の推移

（単位％）

	平成15年	平成17年	平成21年	平成24年	平成26年
20歳代	35.62	46.20	49.45	37.89	32.58
30歳代	50.72	59.79	63.87	50.10	42.09
40歳代	64.72	71.94	72.63	59.38	49.98
50歳代	70.01	77.86	79.69	68.02	60.07
60歳代	77.89	83.08	84.15	74.93	68.28
70歳代以上	67.78	69.48	71.06	63.30	59.46
全体	59.86	67.51	69.28	59.32	52.66

総務省ホームページより作成

※　年代別の投票率は、全国の投票区から、144〜188投票区を選んで抽出した調査
ちゅうしゅつ

太郎くん：気づいたことを挙げてみます。 ［　　　　　　　　A　　　　　　　　］ 。

先　　生：いろいろなことに気づきましたね。次に次のページの**国が使うお金**に関する資料を見てく
ださい。

太郎くん：国が使うお金は，「わたしたちの健康や生活を守るために」の割合が一番多いですね。
わりあい

先　　生：国が使うお金の使い道を決めているのは誰だか知っていますか？

太郎くん：選挙で選ばれた国会議員が話し合って国会で決めています。

先　　生：太郎くんは，何にお金を使って欲しいですか？

太郎くん：大学院で学びたいと考えているので，「教育や科学技術をさかんにするために」お金を使っ
て欲しいです。

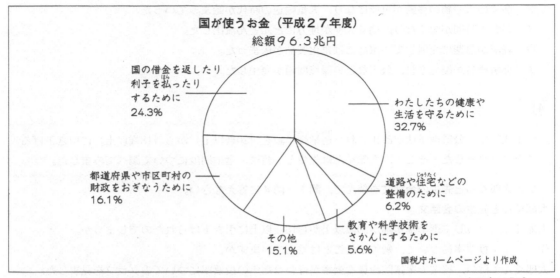

国が使うお金（平成２７年度）
総額９６.３兆円

国の借金を返したり利子を払ったりするために
24.3%

わたしたちの健康や生活を守るために
32.7%

都道府県や市区町村の財政をおぎなうために
16.1%

道路や住宅などの整備のために
6.2%

教育や科学技術をさかんにするために
5.6%

その他
15.1%

国税庁ホームページより作成

先　　生：「わたしたちの健康や生活を守るために」使われているのは，主に年金・介護・医療の分野です。これは，高齢者の願いを重視したものと言われることがあります。

太郎くん：なるほど，選挙権年齢が18歳以上に引き下げられたのは，　　　　　**B**　　　　　という理由があるのですね。

先　　生：そうですね。それは理由の１つかもしれませんね。ところで，一票の格差という問題もあることを知っていますか？

太郎くん：聞いたことはありますが，くわしくはわかりません。一票の格差とはどのような問題なのですか？

先　　生：平成26年12月におこなわれた衆議院議員総選挙で，小選挙区の有権者数が一番多かったのは東京都第１区の495,724人，一番少なかったのは宮城県第５区の231,668人。一つの選挙区から一人の衆議院議員が選ばれるので，宮城県第５区の有権者の一票の価値（重み）は東京都第１区の約　**C**　倍あるということになります。

太郎くん：東京都第１区の有権者の一票の方が，価値が小さいというわけですね。ところで，この一票の格差の問題を解消する方法はないのでしょうか？

先　　生：昨年に公職選挙法が改正されて，今年の夏の参議院議員通常選挙では一票の格差を解消するために，選挙区の区割りを変更したり，一選挙区あたりの当選者数を増減するなどの変更がなされています。

太郎くん：なるほど。ありがとうございました。ぼくもしっかり勉強して，18歳になったら選挙に行きたいと思います。

問１　空らん　**A**　にあてはまる太郎くんが気づいたこととして適切でないものを，次のア～エの中から１つ選び，記号で答えなさい。

ア　過去５回の選挙を通して，全体の投票率は一貫して低下しています。

イ　過去５回の選挙を比べてみると，平成26年の選挙の投票率はどの世代でも最低です。

ウ　若い世代の投票率が低いのが気になります。特に20歳代は毎回一番低い投票率です。

エ　過去５回の選挙を通して，60歳代の投票率は，毎回一番高くなっています。

問2 太郎くんは，なぜ選挙権年齢が18歳以上に引き下げられたのか考えました。空らん ☐B☐ にあてはまる内容を，「選挙」「若者の願い」「政治」という語句を必ず使って，20字以上30字以内で書きなさい。

問3 空らん ☐C☐ にあてはまる数字を，小数第3位を四捨五入して小数第2位まで答えなさい。

問4 太郎くんのクラスでは，一人だけ当選者を出す小選挙区制度を想定して模擬選挙（実際の選挙を想定して学校などで選挙をすること）を行ったところ，次のような選挙結果になりました。そこで，太郎くんはこの選挙制度の長所と短所を下のようにまとめました。下の空らん ☐D☐ にあてはまる内容を，「当選者」「候補者の得票数」という言葉を必ず使って，25字以上35字以内で書きなさい。

模擬選挙の結果

	候補者	得票数
当選	○○○○	10票
	××××	9票
	△△△△	8票
	□□□□	8票

小選挙区制度の長所と短所

長所…得票数が最も多い候補者一人が当選するので，多数決という民主政治の原則が生かされる。

短所… ☐　　　　D　　　　☐ ので，多くの人の投票が生かされない。

5

～～～～～～～～～～～～～～～～～～～～～～～～～～～～～～～～～～～～～
太郎くんと花子さんは，さいたま市について調べ，発表することにしました。
～～～～～～～～～～～～～～～～～～～～～～～～～～～～～～～～～～～～～

次の**問1〜問5**に答えなさい。

問1 次のページの**資料1**と**グラフ1**はさいたま市の人口・世帯数・面積について区ごとの数や割合をあらわしたものです。太郎くんは**資料1**と**グラフ1**からわかったことを書き出しました。その内容として<u>適切でないもの</u>を，次のア〜エの中から1つ選び，記号で書きなさい。

ア 岩槻区は，面積は市内で最も広いが人口は市内で7番目である。

イ 緑区と大宮区を比べると，人口は緑区の方が多いが，世帯数は大宮区の方が多い。

ウ 西区は，面積が3番目に広いが，人口，世帯数ともに最も少ない。

エ 浦和区と南区を比べると，人口密度が高いのは南区である。

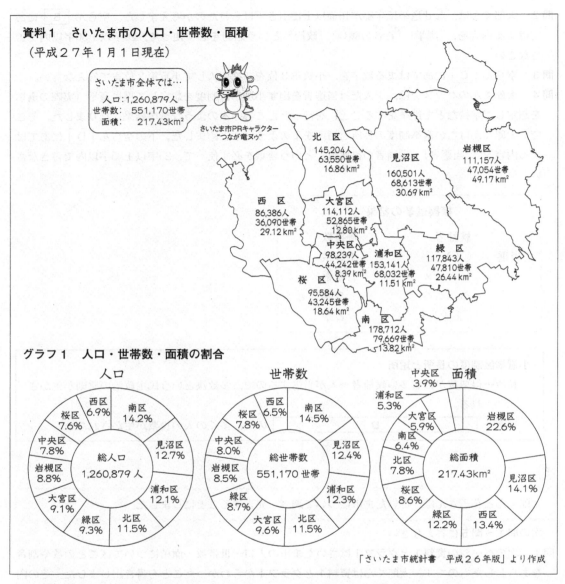

資料1　さいたま市の人口・世帯数・面積

（平成27年1月1日現在）

さいたま市全体では…
人口：1,260,879人
世帯数：　551,170世帯
面積：　　217.43km²

さいたま市PRキャラクター
"つなが竜ヌゥ"

北　区
145,204人
63,550世帯
16.86km²

見沼区
160,501人
68,613世帯
30.69km²

岩槻区
111,157人
47,054世帯
49.17km²

西　区
86,386人
36,090世帯
29.12km²

大宮区
114,112人
52,865世帯
12.80km²

中央区
98,239人
44,242世帯
8.39km²

浦和区
153,141人
68,032世帯
11.51km²

緑　区
117,843人
47,810世帯
26.44km²

桜　区
95,584人
43,245世帯
18.64km²

南　区
178,712人
79,669世帯
13.82km²

グラフ1　人口・世帯数・面積の割合

人口

西区 6.9%
南区 14.2%
桜区 7.6%
見沼区 12.7%
中央区 7.8%
岩槻区 8.8%
浦和区 12.1%
大宮区 9.1%
緑区 9.3%
北区 11.5%
総人口 1,260,879人

世帯数

西区 6.5%
南区 14.5%
桜区 7.8%
見沼区 12.4%
中央区 8.0%
岩槻区 8.5%
浦和区 12.3%
緑区 8.7%
北区 11.5%
大宮区 9.6%
総世帯数 551,170世帯

面積

中央区 3.9%
浦和区 5.3%
大宮区 5.9%
岩槻区 22.6%
南区 6.4%
北区 7.8%
見沼区 14.1%
桜区 8.6%
緑区 12.2%
西区 13.4%
総面積 217.43km²

「さいたま市統計書　平成26年版」より作成

問2　次のページの**グラフ2**と**グラフ3**は，さいたま市の昼間人口と夜間人口の数とさいたま市の事業所数（民営）を区ごとに調べたグラフです。太郎くんは，大宮区の「昼間人口」について，**グラフ2**と**グラフ3**から読みとれる内容を次のように考えました。次の空らん　A　，　B　にあてはまる内容を，Aは20字以上30字以内で，Bは10字以上20字以内で書きなさい。

大宮区は，他のほとんどの区とちがい，｜　　　　　A　　　　　｜。この理由は，大宮区は，｜　　　　B　　　　｜からではないか。

グラフ2　さいたま市の昼間人口と夜間人口の数

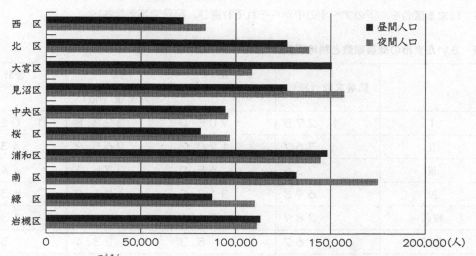

※昼間人口…夜間人口に通勤などによる流入人口と流出人口を加減したもの。
　夜間人口…その地域に定住している人の数。

グラフ3　さいたま市の事業所数（民営）

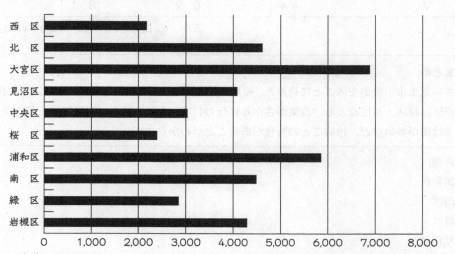

※事業所…経済活動が行われている場所のこと。ただし、農林漁業に属する個人経営の事業所、家
　事サービス業、外国公務に属する事業所をのぞく。

「さいたま市統計書　平成26年版」より作成

問3　次の**表**は，さいたま市の総農家数と耕地面積を区ごとに調べた表です。花子さんは，**表**からさ
いたま市の農業について下のようにまとめました。下の**まとめ**をもとに，**表**の空らんⅡ，Ⅲ，Ⅳに
あてはまる区名を，下のア～オの中からそれぞれ選び，記号で答えなさい。

表　さいたま市の総農家数と耕地面積

	総農家数（戸）	田	畑	合計
		耕地面積（ha）		
Ⅰ	1，275	705.0	323.8	1，028.8
Ⅱ	767	170.3	265.9	436.2
Ⅲ	736	65.0	375.1	440.1
Ⅳ	698	313.0	121.9	434.9
桜区	289	121.0	12.4	133.4
北区	162	8.3	23.4	31.7
南区	138	3.9	33.8	37.7
中央区	76	9.3	10.6	19.9
大宮区	67	10.5	5.4	15.9
Ⅴ	44	0.2	8.1	8.3

「さいたま市の農業　平成27年度版」より作成

まとめ
　　さいたま市の農業を区ごとに見ると，総農家数，耕地面積の広さともに，岩槻区が1位です。
見沼区，緑区，西区なども，農業がさかんに行われています。また，緑区では，畑が多く，西
区では田が多いなど，地域ごとの特色があることがわかります。

ア　岩槻区

イ　浦和区

ウ　西区

エ　緑区

オ　見沼区

問4　花子さんは，次のページに各区のシンボルになると考えられる場所の写真を集めて，その
紹介文を書いてみました。花子さんの書いた紹介文の下線部ア～コのできごとについて，年代の古
いものから順に並べて記号で答えなさい。ただし，アとクについては，解答用紙に記入してあります。

西 区	北 区	大宮区	見沼区

ＪＲ西大宮駅北口駅前広場のシンボルツリー	盆栽四季の家	氷川の杜文化館	旧坂東家 住宅 見沼くらしっく館
このケヤキは、平成22年にアさいたま市景観重要樹木に指定されました。	この家が建つ大宮盆栽村は、イ関東大震災が起きて、被災した盆栽業者がこの地に移住し、誕生しました。	ここには能、狂言の練習の場があります。ウ能は、観阿弥・世阿弥の父子が、完成させました。	この家が建てられたころに、エ日本の鎖国が終わりました。
中央区	桜 区	浦和区	南 区

円乗院	田島ケ原サクラソウ自生地	調神社	内谷氷川神社本殿
この寺は、オ鎌倉幕府の武将が建て、後でこの地に移されました。桜も市の天然記念物に指定されています。	ここは、カ日米安全保障条約を結んだ翌年に、国の特別天然記念物に指定されました。	この神社にまつられている神が登場するキ『古事記』は、奈良時代に完成しました。	この本殿は、ク桃山時代に建てられたと言われています。
緑 区	岩槻区		

見沼通船堀	岩槻城城門		
これが作られた時代の農村では、ケ生産を増やすために新田開発が行われ、千歯こきなどの新しい農具が普及しました。	この岩槻城があった時代に、コ鉄砲が伝わり、戦いに使われました。		

問5　花子さんは，さいたま市について調べた結果，各区にそれぞれの個性があることがわかりました。さらに，次の**浦和中学校周辺の地形図**から読み取れる，浦和区の特徴（とくちょう）をまとめました。その内容として適切なものを，下のア～エの中から1つ選び，記号で答えなさい。

（※編集の都合で，85％に縮小してあります。）

　ア　東西南北に鉄道が走っていて，交通網（こうつうもう）が発達している。
　イ　浦和駒場（こまば）スタジアム周辺に，広葉樹林（じゅりん）の緑が残っている。
　ウ　浦和中学校の北東部には，畑や田があって，農作物を作っている。
　エ　美術館，図書館，科学館，体育館など，文化的な施設（しせつ）が建てられている。

【適性検査Ⅱ】 （45分）　　＜満点：100点＞

1

〜〜〜〜〜〜〜〜〜〜〜〜〜〜〜〜〜〜〜〜〜〜〜〜〜〜〜〜〜〜〜〜〜〜
　太郎くんの学校では，自然の教室で「もとちょう牧場」を訪れます。ここでは，計画にもとづいて，グループ活動を行います。太郎くんのグループは，**先生の説明**をもとに**表1**のような行動計画表を作成して，自然の教室にでかけました。
〜〜〜〜〜〜〜〜〜〜〜〜〜〜〜〜〜〜〜〜〜〜〜〜〜〜〜〜〜〜〜〜〜〜

次の**先生の説明・図1・表1・表2**をもとに，**問1**に答えなさい。

（表1，表2は次のページにあります。）

先生の説明

○図1の「もとちょう牧場マップ」にある，A〜Fの施設で見学や体験活動をしてもらいます。

○9：00から施設の見学や体験活動を開始して，15：30には駐車場に集合してください。A〜F
　の施設をすべてまわるようにしましょう。

○施設から次の施設までの移動時間は，5分間とってください。

○昼食休憩は，バーベキューひろばで1時間とります。

図1　もとちょう牧場マップ

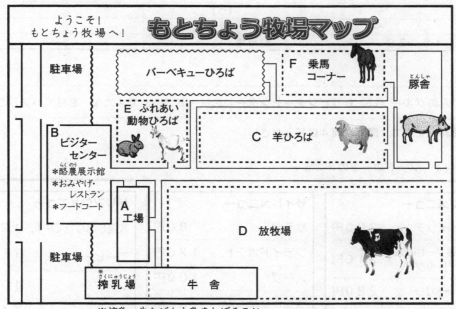

問1　太郎くんのグループは，当日，**表1**の行動計画表をもとにグループ行動をしようとしたところ，A「**工場**」が混雑していたため，予定を変更して，13：00から見学することにしました。

　そこで，施設の見学や体験活動でとった時間や移動の時間，活動内容は変えずに，見学の順番だけを入れ替えて，次のページの**表2**のように行動計画を変更しました。

　表2の中の（あ）〜（え）に入る施設を，**表1**のC〜Fの中から1つずつ選んで記号で答え，行動計画表を1つ完成させなさい。

表1　行動計画表

「もとちょう牧場」行動計画表		
見学・体験活動時間	施　設	主　な　活　動
9：00〜10：05	A　工場	＊工場見学・工場で働く人へのインタビューなど
10：10〜11：25	B　ビジターセンター	＊酪農展示館の調べ学習など
11：30〜11：55	C　羊ひろば	＊毛刈り見学など
12：00〜13：00	バーベキューひろば	昼食休憩
13：05〜13：55	D　放牧場	＊牛舎の見学や乳牛の飼育について
14：00〜14：45	E　ふれあい動物ひろば	＊ウサギや山羊などのえさやりなど
14：50〜15：25	F　乗馬コーナー	＊乗馬体験など
15：30	駐車場	集合

表2　変更した行動計画表

「もとちょう牧場」行動計画表（変更）		
見学・体験活動時間	施　設	
9：00〜	B　ビジターセンター	
〜	（あ）	
〜	（い）	
〜	バーベキューひろば	
13：00〜	A　工場	
〜	（う）	
〜	（え）	
15：30	駐車場	

太郎くんのグループは，B「ビジターセンター」のフードコートでメニューを見ていました。

次の資料1を見て，問2〜問4に答えなさい。

資料1　フードコートのメニュー

メインメニュー

サンドイッチ	200円
牧場特製ソーセージのホットドッグ	210円
ハンバーガー	220円
牧場のスパゲッティ	250円

サイドメニュー

サラダ	80円
フライドポテト	120円
スープ	100円
牧場作りたてのソフトクリーム	120円

ドリンクメニュー

牧場しぼりたて牛乳	120円
コーヒー	110円
ソーダ	100円
オレンジジュース	100円

※上の値段には消費税は含まれていません。会計のときに、値段の合計に対して、別に8％の消費税がかかります。1円未満は四捨五入いたします。

問2　「ハンバーガー」「フライドポテト」「牧場しぼりたて牛乳」を買った場合，支払う金額はいくらになりますか。数字で答えなさい。

問3 「メインメニュー」「サイドメニュー」「ドリンクメニュー」のそれぞれから1つずつ選ぶとき，組み合わせは全部で何通りありますか。数字で答えなさい。

問4 「メインメニュー」「サイドメニュー」「ドリンクメニュー」のそれぞれから1つずつ選んで組み合わせたとき，支払う金額が500円以内の組み合わせは全部で何通りありますか。数字で答えなさい。

太郎くんのグループが，A「工場」とD「放牧場」を見学したとき，牧場で働く人が乳牛の飼育に関する仕事や，とれた※生乳の使いみちについて教えてくれました。

※生乳…牛などからしぼったままの加工されていない乳

次の**牧場で働く人の説明**や**資料2・資料3**をもとに，問5〜問6に答えなさい。

牧場で働く人の説明

　この牧場では，現在96頭の乳牛を飼育しています。毎日欠かさず搾乳をしています。しかし乳牛は，子牛を産む準備などの理由により，搾乳する期間と搾乳せずに休ませる期間があります。現在，この牧場では，12頭の乳牛を搾乳せずに休ませています。

資料2　乳牛の飼育に関する仕事

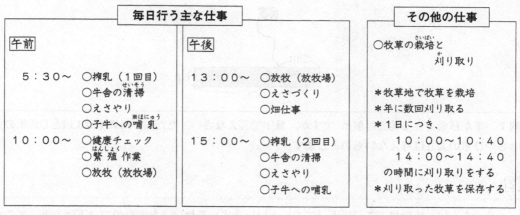

毎日行う主な仕事

午前
5：30〜 ○搾乳（1回目） ○牛舎の清掃 ○えさやり ○子牛への哺乳
10：00〜 ○健康チェック ○繁殖作業 ○放牧（放牧場）

午後
13：00〜 ○放牧（放牧場） ○えさづくり ○畑仕事
15：00〜 ○搾乳（2回目） ○牛舎の清掃 ○えさやり ○子牛への哺乳

その他の仕事

○牧草の栽培と刈り取り

＊牧草地で牧草を栽培
＊年に数回刈り取る
＊1日につき，
　10：00〜10：40
　14：00〜14：40
の時間に刈り取りをする
＊刈り取った牧草を保存する

※哺乳…乳を飲ませて子を育てること。

資料3　もとちょう牧場で1日にとれる生乳の使いみち

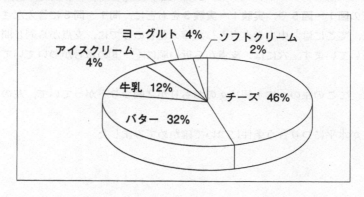

ヨーグルト 4%　ソフトクリーム 2%
アイスクリーム 4%
牛乳 12%
チーズ 46%
バター 32%

問5　もとちょう牧場では，1時間当たり90ha刈ることができる草刈り機1台で牧草を刈り取っています。1日で牧草を刈り取ることができる広さは，何km²ですか。数字で答えなさい。

問6　もとちょう牧場では，1回の搾乳で，乳牛1頭あたり15Lの生乳をとります。太郎くんのグループが訪れた日に，もとちょう牧場で1日にとれた生乳のうち，チーズとバターをつくるのに使われた生乳の量は何Lですか。数字で答えなさい。

> 太郎くんのグループが，C「羊ひろば」へ行くと，毛刈り体験用の羊が1頭つながれていました。

下の**図2**を見て，**問7**に答えなさい。

> ひろばの中に，長さが6m，厚さが1mの壁があり，しっかりと固定されているひもに羊が1頭つながれていました。
> ひもの長さは5mあり，下の**図2**のようにつながれています。
> なお，ひもは伸びきった状態のときに，地面と平行になります。また，壁のまわりには羊の動きをさまたげる障害物は何もありません。また，羊は壁を飛び越えることはできません。
>
> **図2　羊がつながれている様子**
> **（上から見た図）**
>
>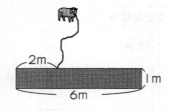

問7　羊が移動できる範囲は何m²ですか。数字で答えなさい。ただし，円周率は3.14とし，羊の大きさやひもの太さは考えないものとします。

2

> 花子さんは，実験用てこ（以下「てこ」といいます）を使い，おもりのつり下げ方と，てこが水平につり合うことについて考えてみました。

あとのページの**図1**〜**図5**や，**実験1**〜**実験3**をもとに，**問1**〜**問3**に答えなさい。

　図1のように，てこには，中央を支点とした棒の左右のうでに，支点から同じ間かくでおもりをつり下げる穴があいています。穴には，支点から近い順に①〜⑥の番号がついていて，おもりの位置を表しています。

　図1のように，てこの左の⑥に1個15gのおもりが2個つり下がっていて，左のうでが下がっています。

　そこで，てこが水平につり合う条件について確かめてみました。

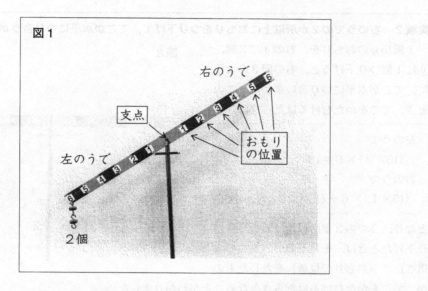

図1

実験1　右のうで1か所におもりをつり下げて，てこが水平につり合うかを確かめる

　右の図2のように，右の④に，1個15gのおもりを3個つり下げました。

　このとき，てこをかたむけるはたらきは，

> 左のうで→　(15×2)×6＝180
> 右のうで→　(15×3)×4＝180

となり，てこが水平につり合いました。

　そこで，右のうでのおもりの位置やつり下げるおもりの個数を変えながら，てこが水平につり合うかどうか確かめてみました。

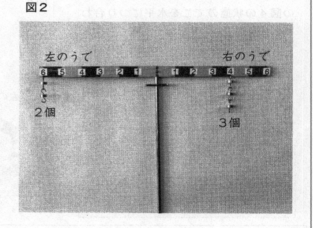

図2

問1　実験1で，右のうで1か所に，1個15gのおもりをいくつつり下げても，てこが水平につり合わないおもりの位置があることがわかりました。そのおもりの位置はどこですか。数字で答えなさい。また，そのように考えた理由を，**式とことば**で説明しなさい。

実験2　右のうでの2か所以上におもりをつり下げて，てこが水平につり合うかを確かめる

　1個15gのおもりを，右の③に2個，⑥に1個つり下げると，右の**図3**のように，てこが水平につり合いました。このとき，てこをかたむけるはたらきは，

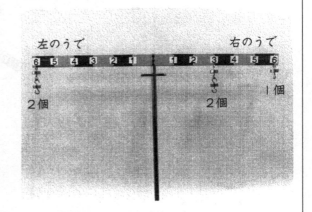

図3

> 左のうで
> 　(15×2)×6＝180
> 右のうで
> 　(15×1)×6＋(15×2)×3＝180

となり，うでの2か所以上におもりをつり下げたときは，それぞれの（おもりの重さ）×（おもりの位置）をたしたものが，てこをかたむけるはたらきとなることがわかりました。

問2　花子さんは，**実験2**をふまえて，右の**図4**の状態のてこを水平につり合わせるために，右の⑤以外にもう1か所おもりをつり下げる場合，1個15gのおもりを，右のうでのどの位置に何個つり下げればよいか，説明しました。下の**（例）**の文章の**（あ）（い）**にあてはまる数字の組み合わせを**すべて**答えなさい。

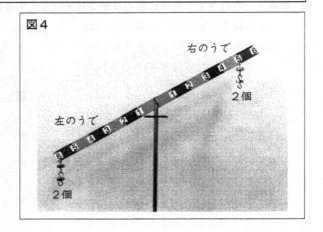

図4

> **（例）**
> 　おもりの位置が**（あ）**のところに**（い）**個つり下げる。

実験3　重さがことなるおもりをつり下げて，てこが水平につり合うか確かめる

　右の**図5**は，1個15gのおもりを，左の⑥に2個，②に2個，右の③に4個つり下げ，てこがかたむかないように指で押さえています。

　手元には，15gのおもりが1個と30gのおもりが1個あり，これらのおもりを使って，てこを水平につり合わせてみることにしました。

図6　おもりの図

30g	15g

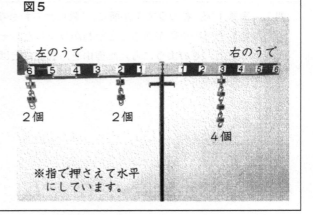

図5

※指で押さえて水平にしています。

問3 前ページの**図5**のてこが，指を離しても水平につり合うように，**右のうでに15gのおもり1個**，**左のうでに30gのおもり1個**を，解答用紙の図に書きなさい。ただし，おもりの形は，**図6**のおもりの図をもとにし，すでにつり下がっているおもりの下にはつり下げないものとします。

3

～～～～～～～～～～～～～～～～～～～～～～～～～～～～～～～～～～～～～
　太郎くんが住んでいる場所の近くにある湖では，毎年8月，10月，2月に花火大会が開かれます。太郎くんは，10月の連休に，友だちと花火大会を見に，湖へでかけました。
～～～～～～～～～～～～～～～～～～～～～～～～～～～～～～～～～～～～～

○太郎くんは遊覧船に乗船して湖の上から，友だちは乗船場から花火を見ました。
○湖の周辺は風もなく，波も穏やかでした。
○太郎くんと友達が湖にいたときの気温は14.2度で，音は秒速340mで伝わりました。
○音は建物にぶつかると反射します。また，気温と音が伝わる速さの関係は，下の**表**の通りとします。

表　気温と音が伝わる速さの関係

気　温　（度）	4	8	12	16	20	24	28
音が伝わる速さ（m／秒）	333.9	336.3	338.7	341.1	343.5	345.9	348.3

図1

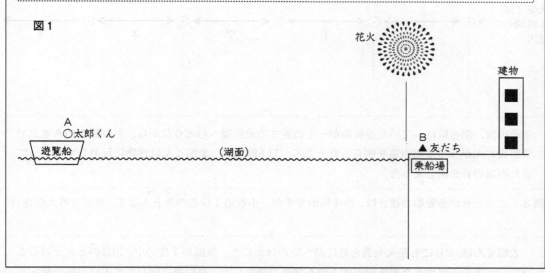

図2（図1を上から見た図）

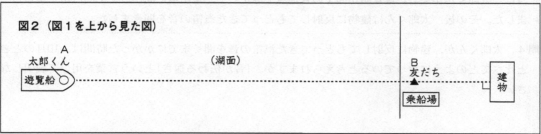

前のページの表や図1，図2をもとに，問1～問4に答えなさい。

> 乗船場を出発し，図1のA地点で静止した遊覧船が，乗船場に向かってライトを点灯させると同時に汽笛を1回鳴らしました。A地点にいる太郎くんと，B地点にいる友だちは汽笛の聞こえ方について，次のように話をしました。

> 太郎くん：汽笛が鳴って12.0秒後に，建物に反射してもどってきた汽笛の音が聞こえました。
> 友だち：遊覧船のライトが点灯したのを見てから4.5秒後と7.5秒後に汽笛の音が聞こえました。7.5秒後のときは，建物に反射した音でした。

問1 このとき，B地点の友だちと建物は何m離れていましたか。数字で答えなさい。

> 打ち上げ花火は，上空で開く瞬間に大きな音を出します。太郎くんは，花火が開いた地点から1326mはなれた，湖の上で静止している遊覧船から花火を見ていました。1回目の花火が上空で開く瞬間から1.5秒間かくで合計5回，花火が上空で開きました。

問2 太郎くんが1回目の花火の音を聞いたのはいつですか。次のア～オの中から1つ選び，記号で答えなさい。

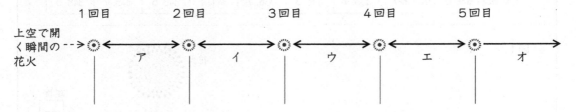

> その後，湖を航行していた遊覧船が一定の速さで乗船場へもどりながら，再び図1のA地点で乗船場に向かって1回汽笛を鳴らしたところ，11.8秒後に，太郎くんは建物に反射してもどってきた汽笛の音を聞きました。

問3 このときの遊覧船の速さは，秒速何mですか。小数第1位を四捨五入して，数字で答えなさい。

> 太郎くんは，2月にも花火大会を見に湖へでかけました。気温が7度の中，10月のときと同じように，太郎くんが乗った遊覧船が図1のA地点で静止して，乗船場に向かって1回汽笛を鳴らしました。その後，太郎くんは建物に反射してもどってきた汽笛の音を聞きました。

問4 太郎くんが，建物に反射してもどってきた汽笛の音を聞くまでにかかった時間は，10月のときと比べてどのようになっていると考えられますか。「音が伝わる速さ」という言葉を用いて説明しなさい。

4

~~~
　浦和中学校3年生の太郎くんは，昨年の4月4日に，さいたま市青少年宇宙科学館で行われた
観望会で皆既月食を見て興味をもちました。
~~~

次の「**太郎くんと宇宙科学館の人の会話**」をもとに，**問1～問2**に答えなさい。

太郎くんと宇宙科学館の人の会話

　宇宙科学館の人：今日は皆既月食を観察することができてよかったですね。

　　　太郎くん：はい。途中まで曇っていて心配しましたが，実際に皆既月食を見ることがで
　　　　　　　　きてよかったです。

　宇宙科学館の人：ところで，今日観察した皆既月食は，実はとてもめずらしい現象なのですよ。

　　　太郎くん：それはどうしてですか。

　宇宙科学館の人：まず，月食とは，月が地球の影になることで，月が暗くなったり欠けたよう
　　　　　　　　に見える現象です。**図1**は，太陽，地球，月の位置を示しています。①これ
　　　　　　　　らの位置によって月食がおこるのです。

　　　太郎くん：では，どうして皆既月食はめずらしい現象なのですか。

　宇宙科学館の人：**図2**を見てください。太陽，地球，月の位置を横から見た図です。地球は太
　　　　　　　　陽の周りを，月は地球の周りをまわっていますね。これを公転といいます。
　　　　　　　　しかし，地球が公転する面に対して，月が公転する面がかたむいているため，
　　　　　　　　地球の影に完全におおわれることがなかなかおこらないのです。

　　　太郎くん：今日，皆既月食を観察することができたことは，とても貴重だったのですね。
　　　　　　　　実は，今日の観望会で皆既月食を観察しているときに，月が欠け始める様子
　　　　　　　　をスケッチしてみました。

　宇宙科学館の人：それはいいですね。ここに，宇宙科学館で今までの皆既月食の欠け始めを記
　　　　　　　　録した②何枚かのスケッチがありますので，見てください。

図1　太陽、地球、月の位置関係
　　　　　　　　（上から見た図）

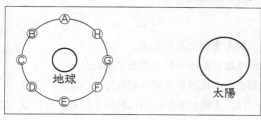

図2　地球、月が公転している様子
　　　　　　　　（横から見た図）

問1　図1の④～⑪は月の位置を表しています。「**太郎くんと宇宙科学館の人の会話**」の下線部①につ
　　いて，「月食」が見られるときの月の位置を，④～⑪の中から1つ選び，記号で答えなさい。

問2　図2を参考にして，「**太郎くんと宇宙科学館の人の会話**」の下線部②について，あとのア～エ
　　の中から，宇宙科学館の人が見せてくれたスケッチに**含まれていないもの**を1つ選び，記号で答え
　　なさい。なお，月が欠けている部分は，わかりやすいように黒くぬっています。

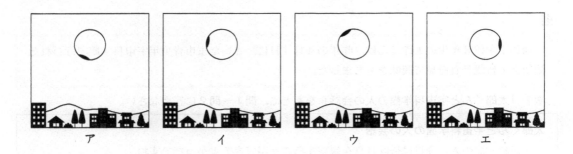

太郎くんは、2月にオーストラリアで行われる[※]海外フィールドワークに参加することをきっかけに、さいたま市とブリスベン市での太陽や星座の動きや見え方の違いについて考えてみることにしました。

※海外フィールドワーク：浦和中学校の3年生が、毎年2月中旬にオーストラリアのブリスベン市で行っている、ホームステイや現地校での交流などを中心とした体験研修。

次の「太郎くんと先生の会話1・2」をもとに、問3～問4に答えなさい。

太郎くんと先生の会話1　（図4～図6は次のページにあります。）

太郎くん：そういえば、海外フィールドワークで行くオーストラリアのブリスベン市では、太陽や星座の見え方は、さいたま市と比べてどうなっているのだろう。

図3　さいたま市・ブリスベン市の位置

先　　生：ぜひ調べてみるといいですね。ところで、天体の動きを調べるためには、「東」「西」「南」「北」の方位を確認することが大切です。もし太郎くんが「南」を向いていれば、左は「東」で、右は「西」になりますね。

太郎くん：はい。

先　　生：ところで、さいたま市とブリスベン市は、図3のように赤道をはさんで、北側と南側にあります。

太郎くん：さいたま市は北半球、ブリスベン市は南半球にあるということですね。

先　　生：そうですね。地球は図4のように、地軸を中心に西から東へ回転しています。これを自転といいます。このため、地球上では、太陽が東から西へ動いているように見えます。

太郎くん：小学校の授業で、秋分（昼と夜の長さがほぼ同じ）のころにさいたま市から見た太陽の動きについて、図5のような透明の半円球に記録したり、図6のような用紙に、太陽によってつくられた棒の影の先端を記録して調べたことがあります。同じ時期のブリスベン市からみた太陽の動きについても同じように調べると、さいたま市と比べることができます。

図4　地球の自転の様子

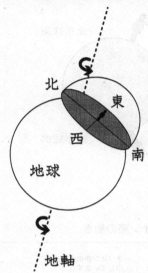

問3　図5の記録と同じ，昼と夜の長さがほぼ同じ日に，ブリスベン市で午前9時から午後3時まで，1時間ごとに棒の影の先端を図6の用紙に●印で7個記録しました。このとき，7個の●印が記録されたのは，図6のア～エのどの部分ですか。記録された部分を**すべて**選び，右の（例）のように，記号で答えなさい。

図5　さいたま市における，秋分（昼と夜の長さがほぼ同じころ）の太陽の動きの記録

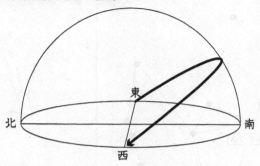

図6　太陽によってつくられる棒の影を記録する用紙

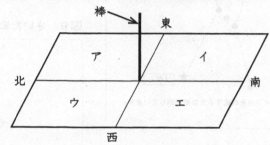

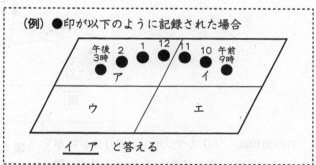

（例）●印が以下のように記録された場合

____イ_ア__　と答える

太郎くんと先生の会話2　（図7～図9は次のページにあります。）

先　　生：では，次に星座の動きについて考えてみましょう。みなさんが海外フィールドワークへ行くのは2月でしたね。2月の代表的な星座にはどのようなものがありますか。

太郎くん：オリオン座です。

先　　生：そうですね。オリオン座は，さいたま市からもブリスベン市からも観察できます。図7にもあるように，有名な3つの星をはさんで赤く輝く「**ベテルギウス**」と青白く輝く「**リゲル**」の2つの1等星を見ることができます。図9は，さいたま市でオリオン座の動きを記録したものです。

太郎くん：太陽と同じように，東から西へ動いているように見えることがわかります。ブリスベン市では，星の並び方も同じように見えるのですか。

先　　生：図8を参考に考えてみましょう。

図7　オリオン座

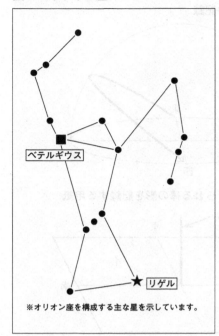

※オリオン座を構成する主な星を示しています。

図8　北半球と南半球から見たオリオン座

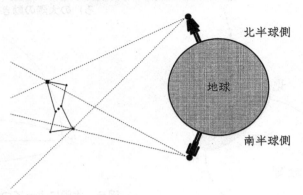

図9　さいたま市から見たオリオン座の動き

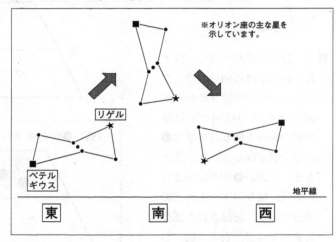

問4　右の図10は，ブリスベン市で，オリオン座が最も空高く見える時のスケッチの一部です。図8・図9を参考にして，この時の1等星　リゲル　のおおよその位置を，解答用紙に★で書きなさい。

また，その方位を「東」「西」「南」「北」の中から1つ選び，解答用紙の図の□に漢字1字で書きなさい。

図10　ブリスベン市から見たオリオン座

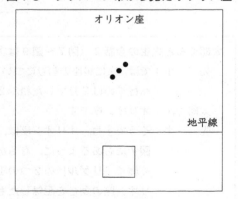

5

～～～～～～～～～～～～～～～～～～～～～～～～～～～～～
花子さんのクラスでは，教室にある水槽で，Ａ・Ｂ２種類の魚を飼育しています。
～～～～～～～～～～～～～～～～～～～～～～～～～～～～～

次の花子さんの観察・図１～図３をもとに，問１～問３に答えなさい。

花子さんの観察

　花子さんは，Ａ・Ｂ２種類の魚を使い，泳ぐ様子を観察しました。

（用意したもの）

○水槽
○Ａ・Ｂ２種類の魚　３匹ずつ
○デジタルカメラ
○記録用紙

図１　デジタルカメラ
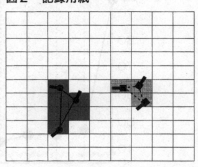

（観察方法）

○図１のように，縦が11マス，横が９マスのマス目がある紙の上に水だけを入れた水槽を置き，Ａ・Ｂの２種類の魚をそれぞれ３匹ずつ，合計６匹を静かに水槽に入れた。

○Ａ・Ｂそれぞれの魚が泳ぐ様子を水槽の上からデジタルカメラで撮影した。魚を水槽に入れたあと，最初に撮影したときを０秒とし，その後，１秒ごとに５回撮影した。

図２　記録用紙

	頭部	分布の範囲
種類Ａ		６マス
種類Ｂ		３マス

○撮影した画像をもとに，右の図２のように，水槽を置いた紙と同じマス目がある記録用紙に，Ａ・Ｂ２種類の魚の位置を記録し，分布の範囲を調べた。分布の範囲は，魚の頭部を直線で結び，直線が通ったマス目の数と，その内側のマス目の数を合わせた数とした。

○６枚の記録用紙をもとに，Ａ・Ｂ２種類の魚の分布について考察した。

図３　魚の分布の記録

０秒
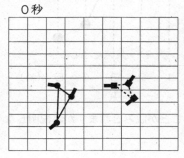

１秒後
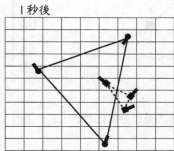

２秒後
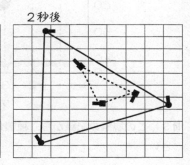

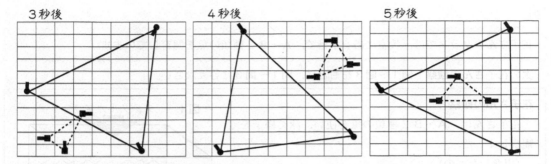

問1 2秒後の種類A・Bそれぞれの魚の分布の範囲は何マスですか。数字で答えなさい。

問2 下のア～エの図は，種類Aの魚について，**図3**の魚の分布の記録をもとに，0秒から5秒まで，それぞれの時点で，分布の範囲として数えなかったマス目の数を●印で記し，その変化を表したものです。正しく表しているものをア～エの中から1つ選び，記号で答えなさい。ただし，縦軸は数えなかったマス目の数を，横軸は時間（秒）とします。

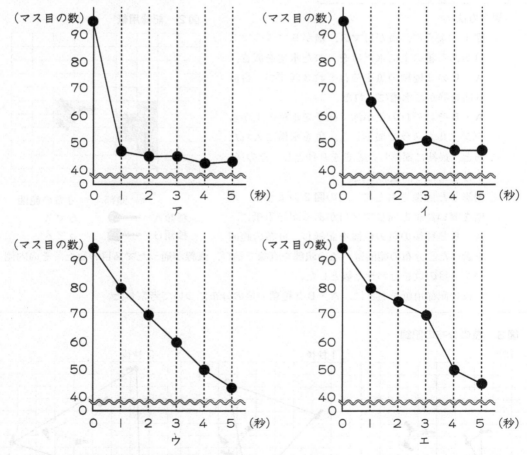

問3 この観察の記録から，種類Bの魚の分布についてどのようなことが読みとれますか。説明しなさい。

平成28年度

さいたま市立浦和中学校入試問題（第2次）

【適性検査Ⅲ】 （45分）　　＜満点：100点＞

次の文章や資料を読んで，**問1〜問3**に答えなさい。

> 　中学校2年生の太郎くんは，総合的な学習の時間で，学校で使用しているコンピュータの情報の管理について先生から説明を受けています。

先　　生：これまで，授業で作成した発表用の原稿や写真などを，学校のコンピュータに保存してきましたね。これからも様々なことを調べたり，発表したりします。その際，新しく作成したものも保存しますので，今日はこれまでのものを整理してもらいます。具体的には，必要のなくなったものを削除してもらいます。

太郎くん：削除とはどういうことですか？

先　　生：簡単に言うとファイルを消すことです。みなさんは，作成したレポートやビデオなどの動画に名前をつけて，コンピュータに保存しましたね。それらを「ファイル」と呼びます。ファイルは，実は，生徒用コンピュータ本体に保存されているのではなく，右の図のように，サーバと呼ばれる機器にまとめて保存されているのです。つまり，全校生徒が共通してこのサーバを利用していることになります。これらの保存したファイルに含まれるデータの量を情報量と言いますが，このサーバに保存できる情報量は，無限ではないのです。

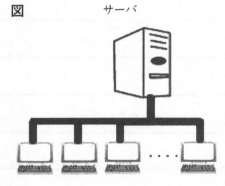

図　　　　　サーバ

生徒用コンピュータ

太郎くん：どのくらい削除すればいいのですか？

先　　生：そうですね。少しみなさんで考えてみましょうか。本校は，全校生徒が240人います。生徒全員で30GB（ギガバイト）分の情報量を保存することができます。これを一人ひとり均等に割りふると，一人あたり保存できる情報量がどのくらいか計算できますね。

太郎くん：先生，GBとは何ですか？

先　　生：B（バイト）とは，情報量を表す単位で，1KB（キロバイト），1MB（メガバイト），1GBなどがあり，それぞれの関係は，下の表のとおりです。

> 1GB（ギガバイト）＝1,000MB（1,000,000,000B）
> 1MB（メガバイト）＝1,000KB（1,000,000B）
> 1KB（キロバイト）＝1,000B

> ※情報量は，1KB＝1,024B，1MB＝1,024KB，1GB＝1,024MBと表す場合もありますが，この問いでは，1KB＝1,000B，1MB＝1,000KB，1GB＝1,000MBとして扱います。

太郎くん：わかりました。では，ぼくのファイルが，先ほど計算した一人あたり保存できる情報量を超えていなければ，削除する必要はないのですね。

先　　生：いいえ，みなさんはこれから，高れい化社会に関する調べ学習をおこないます。そこで，新たに作成するファイルを保存するため20MB以上空けておくようにしてください。つまり，一人あたり保存できる情報量より20MB以上少なくなるように，現在あるファイルを削除してもらいたいのです。

太郎くん：わかりました。でも，せっかく作ったファイルはなるべく削除したくありません。特に動画は，がんばって作成したので，残しておきたいです。

先　　生：では，**動画は削除しないで，削除するファイルの数が一番少なくなるように**ファイルを削除してみましょう。

【現在サーバに保存されている太郎くんのファイル】

	ファイル名	種類	情報量		ファイル名	種類	情報量
A	文化祭発表原稿	文書	25KB	F	英語発表下書き	文書	52KB
B	文化祭スライド	動画	54.6MB	G	英語発表完成版	文書	46KB
C	職業体験発表原稿	文書	28KB	H	理科発表用	写真	2.3MB
D	職業体験風景	動画	29.1MB	I	理科発表原稿	文書	49KB
E	職業体験発表用	写真	12.6MB	J	理科観察発表	動画	21.2MB

問1　太郎くんは，先生の指示にしたがって，削除するファイルとその理由を先生に説明しようとしています。あなたが太郎くんなら，どのように説明しますか。次の条件にしたがって書きなさい。

（内容について）

　条件1：生徒一人あたり保存することのできる情報量と，それを求める計算の過程を書くこと。

　条件2：太郎くんが削除しなくてはならない情報量を書くこと。

　条件3：ファイル名は「A，B，C」などアルファベットで書くこと。

（書き方について）

　条件4：解答は横書きで1マス目から書くこと。

　条件5：文章の分量は，250字以内とすること。

　条件6：数字や小数点，記号についても1字と数えること。

記入例　| 1 | 3 | . | 8 | M | B |

> 　太郎くんのクラスでは，総合的な学習の時間に，高れい化社会に関する調べ学習に取り組んでいます。太郎くんが，インターネットなどで集めた資料を見ながら，どのようにまとめようか考えているところへ先生がやってきました。

先　　生：太郎くん，どんな資料を集めたのですか？

太郎くん：ぼくは，高れい者が安全に生活するにはどんなことが必要なのかということに関心が
　　　　　あり，高れい者の事故について資料を集めました。厚生労働省では，65歳以上の人を
　　　　　高れい者としていますが，これらの資料は，ある団体が，複数の病院などから，20歳
　　　　　以上の事故情報を集め，それを，65歳以上の人たちと20歳以上65歳未満の人たちで分
　　　　　け，比べたものです。

先　　生：太郎くん，資料が3つあるけど，それぞれの資料は，どのようなものですか？

太郎くん：はい。**資料1**は，**事故が起こった場所**，**資料2**は，**家庭内事故のケガの程度**，次のペー
　　　　　ジの**資料3**は，**家庭内事故のきっかけ**をまとめたものです。

先　　生：いい資料を集めましたね。では，これらの資料からどんなことがわかりますか？ま
　　　　　た，高れい者の事故を減らすためには，どうすればよいですか？

資料1　事故が起こった場所

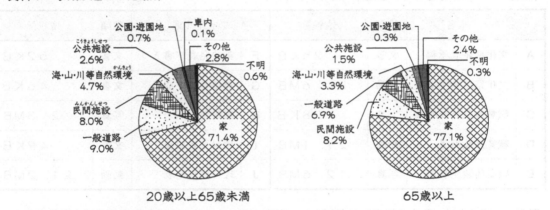

独立行政法人国民生活センター「医療機関ネットワーク事業からみた家庭内事故－高齢者編－（平成25年3月28
日）」より作成

資料2　家庭内事故のケガの程度

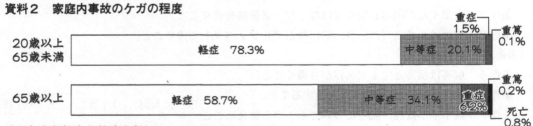

※ 軽症，中等症，重症，重篤の順でケガの程度が重くなる。

　独立行政法人国民生活センター「医療機関ネットワーク事業からみた家庭内事故－高齢者編－（平成25年3月28
日）」より作成

資料3　家庭内事故のきっかけ

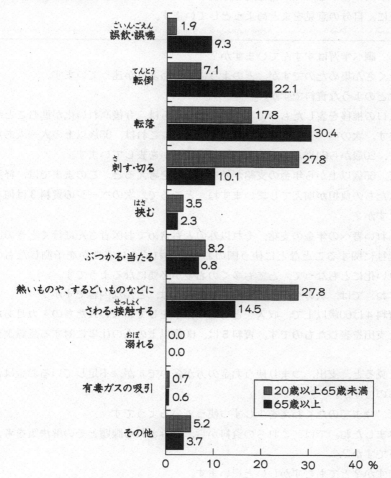

誤飲・誤嚥
- 1.9
- 9.3

てんとう
転倒
- 7.1
- 22.1

転落
- 17.8
- 30.4

さ
刺す・切る
- 27.8
- 10.1

はさ
挟む
- 3.5
- 2.3

ぶつかる・当たる
- 8.2
- 6.8

熱いものや、するどいものなどに
せっしょく
さわる・接触する
- 27.8
- 14.5

おぼ
溺れる
- 0.0
- 0.0

有毒ガスの吸引
- 0.7
- 0.6

その他
- 5.2
- 3.7

■ 20歳以上65歳未満
■ 65歳以上

0　　10　　20　　30　　40 %

※誤嚥・・・飲食物を食道でなく気管に入れてしまうこと。
　独立行政法人国民生活センター「医療機関ネットワーク事業からみた家庭内事故－高齢者編－（平成25年3月28日）」より作成

問2　太郎くんは，資料からわかる高れい者の事故の特徴と，事故を減らすために有効であると思う手だてを，いくつか具体例を挙げながらまとめようとしています。あなたが太郎くんなら，どのようにまとめますか。次の条件にしたがって書きなさい。

条件1：解答は横書きで1マス目から書くこと。

条件2：文章の分量は，250字以内とすること。

条件3：数字や小数点，記号についても1字と数えること。

記入例　| 1 | 3 | . | 8 | % |

> 太郎くんと同じクラスの花子さんは，総合的な学習の時間で，高れい者の生活や仕事に関して集めたデータをもとに，自分の意見をまとめようとしています。

先　　生：花子さん，調べ学習はすすんでいますか？

花子さん：資料はたくさん集めたのですが，どのようにまとめようか迷っています。

先　　生：**資料1**はどのような資料ですか。

花子さん：日本の人口の推移を表したものです。この資料からは，今後高れい化が進むことが読み取れます。次のページの**資料2**も見てください。これは，65歳以上の人一人あたりに対して，20歳から64歳までの人たちが何人いるかを表しています。

先　　生：なるほど。65歳以上から年金の支給が始まることを考えると，このままでは，経済的に若い人たちの負担が増えてしまいますね。ところで，次のページの**資料3**は何を表していますか？

花子さん：はい。高れい者への年金の支給，それ以外の人も含めてお医者さんに行くときの医療費や，福祉に関することなどに使う国のお金がどれくらい必要かを予測したものです。高れい化にともなって，とても多くのお金が必要になるようです。

先　　生：そうですね。では，次のページの**資料4**や**資料5**は，どんな内容ですか？

花子さん：はい，**資料4**は60歳以上で，収入をともなう仕事をしていない人たちの1カ月あたりの収入と支出を表したものです。**資料5**は，60歳以上の人の仕事に対する意識調査の結果です。

先　　生：**資料4**を見ると，支出，つまり使うお金の方が多いですが，不足しているお金はどうしているのですか。

花子さん：貯金など，今までのたくわえを少しずつ使っているようです。

先　　生：よく調べましたね。では，これらの資料から，読みとれる課題とその解決策を考えるのはどうですか？

花子さん：解決策ですか？とてもむずかしいと思います。

先　　生：**資料5**などにもヒントがあるのではないですか？資料をもとに，あなたの考えを書いてみてください。

花子さん：では，やってみます。

資料1　日本の総人口と15歳未満及び65歳以上の人口推移（予測）

（単位：人）

	2010年	2015年	2020年	2025年
日本の総人口	128,057,352	126,597,000	124,100,000	120,659,000
15歳未満の人口	16,803,444	15,827,000	14,568,000	13,240,000
65歳以上の人口	29,245,685	33,952,000	36,124,000	36,573,000

2010年は総務省「国勢調査」、2015年以降は社会保障・人口問題研究所「日本の将来推計人口（平成24年1月推計）」より作成

資料2　65歳以上の人一人あたりの20〜64歳の人数（予測）

1965年、2010年は総務省「国勢調査」、2025年は社会保障・人口問題研究所「日本の将来 推計人口（平成24年1月推計）」より作成

資料3　社会保障給付費（予測）

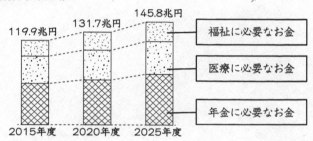

財務省HP「今後、社会保障の費用はどうなっていく？」より作成

資料4　高齢無職世帯の家計収支

※世帯主が60歳以上の無職世帯が調査対象。

総務省「家計調査報告（家計収支編）―平成26年（2014年）平均速報結果の概況―」より作成

資料5　60歳以上の人に質問：「何歳ごろまで、収入をともなう仕事がしたいですか」

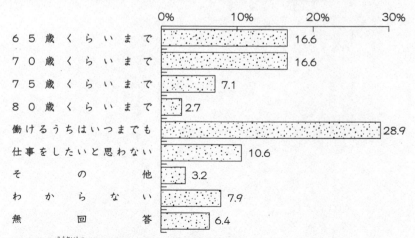

内閣府「平成26年度高齢者の日常生活に関する意識調査結果」より作成

問3 花子さんはこれらの資料を通して読み取れる高れい化社会の問題点と，その解決策についてまとめようとしています。あなたが花子さんならどのようにまとめますか。下のキーワードを3つ以上使い，次の条件にしたがって書きなさい。なお，キーワードを使う順番は問いません。

| キーワード | **高れい化** ／ **負担** ／ **年金** ／ **収入** ／ **仕事** |

条件1：解答は横書きで1マス目から書くこと。
条件2：文章の分量は，300字以内とすること。
条件3：数字や小数点，記号についても1字と数えること。

記入例 | 1 | 3 | . | 8 | % |

平成27年度

さいたま市立浦和中学校入試問題（第1次）

【適性検査Ⅰ】 （45分）　＜満点：100点＞

1

＞＞＞＞＞＞＞＞＞＞＞＞＞＞＞＞＞＞＞＞＞＞＞＞＞＞＞＞＞＞＞＞＞＞

　　海が好きな花子さんは，図書館で，『明日は海からやってくる』という本を見つけました。中学生が登場する話の筋にも興味をもち，花子さんは，この本を読んでみることにしました。

＜＜＜＜＜＜＜＜＜＜＜＜＜＜＜＜＜＜＜＜＜＜＜＜＜＜＜＜＜＜＜＜＜＜

　次の文章は，杉本りえ著『明日は海からやってくる』（ポプラ社）の一部です。これを読んで問1～問5に答えなさい。

　　竜太は辰島の漁師の家に生まれた中学2年生。高校卒業後の目標は，祖父や父の跡を継ぎ，漁師になることである。同級生の灯子は，家族でこの島に移り住んでまだ3ヶ月だが，島の物知りで76歳の現役漁師であるトクさんのはからいもあり，すっかり島になじんでいる。竜太の8歳年上の兄航平は，自動車の整備士として島の向こう岸の町で働いていたが，整備士をやめ辰島にもどり，漁師になると決め，祖父たちと一緒に漁に出るようになった。しかし，休みのたびごとに島を離れ，遊びにでかけていく。そんな航平を，竜太は苦々しい思いで見ている。この日は，船で島を出て，向こう岸の町に住む祖父母のところに行くという灯子を，航平が車で送ることになり，竜太は航平の車にいっしょに乗っていくことになった。3人は，船からおりて，向こう岸の町に駐車してある車に乗りこんだ。

　エンジンがかかって，うごきだすと，半年まえにはなかった※1カーナビがあることに気づいた。おもしろそうだったので，灯子にききながら，さいしょの目的地である灯子の祖父母の家の情報を入力してみた。
「おまえもたまには，そとにでるのもいいよな。じゃないと，①井の中のカワズになってしまうぞ」と航平。
「自分だって，中学まではめったにでなかっただろ」
「おれが中学のとき，こんなふうにつれていってくれる兄きがいてほしかったな。オヤジは無理だったから，せめて」
「航平だって，めったつれていってくれないじゃないか」
「おれたち，家族でどこかへあそびにいったことってないよな」
「べつにいきたくなかったけど」
「そうか。おれはうらやましかったな。テレビのニュースで，行楽地の中継やら盆や正月の帰省客ラッシュやら見てると，たいてい家族づれで」
「へえ」
　竜太はそんなこと，考えたこともなかった。

「まあ，小学生の低学年までのことだけどな」

考えてみると，航平が帰ってきてからも，それ以前も，こんなふうにふたりで本音で語りあったことはなかったような気がする。

「灯子ちゃんは，家族で辰島にきてたよな」

と，航平がルームミラーごしに灯子を見た。

「おれ，覚えてるよ。夏に何日か東のおばあちゃんのところにきてたの。小さかったけど，そのころからかわいかった」

竜太は思わず，航平のよこ顔を　B　見つめてしまった。こんなことをよくもまあ，平気な顔して，※²しゃあしゃあといえるものだ。こういうのも気くばりのうちなのだろうか。

「竜太は覚えてない？」

「全然」

ほんとうに全然覚えていない。きていたことは知っているし，見たこともあるはずなのに，まるで記憶にない。夏に数日だけあそびにくる子どもは何人もいたし，竜太は女の子にはまったく興味がなかったからだろう。

「だいぶ，なれました？」

と灯子。心持ち，まえの座席に身をのりだしている。

「きのう，お母さんにも，同じことをいわれた。おれ，どこへいっても，あいさつがわりみたいにそういわれる。さっき定期船の中でも，みんなにいわれた」

ひとごとのような言い方だったので，

「心配してるんじゃないか」

竜太がいうと，航平はやはりひとごとのようにこたえた。

「うん。ちょっとなれてきたかな。まだ，そうとうつらいけど。朝早いのと，ようのとで」

「なんでまた，漁師になろうなんて考え，おこしたんだよ」

「そんなにおどろくようなことでもないだろ。いちばん，身近な職業だったんだから」

「でも，全然興味なかったじゃないか」

「そんなぜいたくなこと，いってられなくなったんだよ。おまえにはわからないだろうけど，働いて食べていくのって，生きていくのって，大変なんだぞ。会社は人員削減しないとやっていけないし，会社やめて，おれには帰るところがあったけど，ほかのひとは社宅にも住めなくなって，へたすればホームレスだからな。おれは，帰ったらとりあえず，飢え死にしなくてすむ。かといって，ただメシ食わせてもらうわけにはいかないだろ」

「同じ職種で，仕事をさがせばよかったじゃないか」

「車の整備士なんて，はいてすてるほどいるんだよ。無収入で，いつまでつづくかわからない※³就活する余裕なんてない。この車のローンもまだのこってるんだから。うちで働かせてもらうしかないだろ」

②竜太は自分の視点でしかものを見ていなかったけれど，航平にも航平なりの事情があるのだ。働いて食べていくのって，大変なんだということばが，ずしんと胸にこたえていた。

「そうとうつらいの，わかってて？」

そうたずねながら自分の中に，航平をひとりの社会人として，敬意を持ってみとめる気持ちが芽生えているのを竜太は感じた。

「仕事って，そんなもんだろ。どんな仕事だって，100パーセント楽しいものはない」

「ずっとつづけるつもり？」

「さきのことなんか，まだ考えられない。みんな，おれがいつやめて，島をでていってしまうのかって，かたずをのんで見はってるみたいだけど，それって，本人にはすごいプレッシャーなんだぜ。こんなふうに，監視の目からのがれて，たまに息ぬきにいかせてもらって，感謝してるよ」

　休みのたびに島をでるのは，車が気になるからというより，むしろそういう意味あいがあったのだと，竜太ははじめて知った。プレッシャーになっているという航平の気持ちは理解できるし，だとしたら，たまには監視の目からのがれたいというのもよくわかる。

「トクさんだけだ。わかいんだから何度でもやりなおしはきく。漁師もためしに，やってみればいいっていってくれたの。すごく気が楽になった」

　いつのまにか夕闇が濃くなり，ゆきかう車はヘッドライトをつけている。その光の流れは，ひとが多いところに近づいていくにつれ，密になっていく。

「トクさんって，すごいな。陸地が見えているあいだは，海底の地形，完全に三次元で頭にはいってる。※4魚群探知機やら※5ソナーやらの機械を見なくても，海底のどのへんに岩場があって，どのへんにえさになる※6藻場があって，どのへんを魚がとおるのか，わかってるんだ」

「この道，六十年だもんな」

「いちどいいたかったんだけどさ，おまえは，なにがなんでも辰島で漁師にならなくてはいけないってわけじゃないんだぜ。おまえはもっと自由でいいんだ。自分らしく生きればいいんだよ」

「おれは，辰島で漁師になりたいんだ」

　③力がはいって，やたらと声が大きくなった。

「ならいいんだ。でも，いまのところ，だろ。そのうち気が変わったら，そういえば航平兄さんが，こんなことをいっていたなって，思いだしてくれればいいから」

　なにが航平兄さんだ，兄きヅラして……でも，兄っていいものだなと竜太は思った。航平はけっして竜太にとって，たよりになるというタイプの兄ではなかったが，どんなときでも味方でいてくれるのは心強い。

「でも，そしたら，うちはどうなる」

「おれがいるじゃないか」

「あてにならないんだろ」

「そんなものは，どうでもいいんだよ。子どもが可能性をもとめて羽ばたいていく自由をうばう理由にはならない。そんな時代じゃないんだ」

「だけどわかいひとがみんなでていって，いまいる年よりが死んだら，島はどうなる」

　航平はぎょっとしたように，竜太に顔をむけた。

「おまえ，そんなこと考えてるのか」

「いつもじゃないけど，考えることはあるよ。みんな，でていっても，帰ってくるだろ。たまには帰ってきたいだろ。ふるさとなんだから。でも，だれもいなかったら，ふるさとがなくなるじゃないか。だれかがいないと。無人島になったら，廃墟になってしまうじゃないか」

　考えると気持ちが暗くなるから，そんなに深くつきつめないことにしているけれど，こういうこと，ふと頭をよぎることがたまにある。

「そしたら定期船もなくなるし，帰ってくることもできない。みんなで船をチャーターして，帰省ツ

アーでもくまないと」

　しかしいまは，想像がエスカレートしていった。現在進行形で島からいきおいよく遠ざかっているためなのか，なんだかせつない気持ちになっている。

「みんなで廃墟を歩きまわって，ここがおれたちの生まれたところなんだって，自分たちの子どもに話すのか。思い出をたどって，昔はここに学校があって，ここに公民館があって……」

　車の中がしずまりかえり，うしろで，クンと，かすかな鼻をすするような音がした。ふりむくと，灯子（なみだめ）が涙目になっていた。

「想像したら，悲しくなった」

「だから，おれがのこるって」

　とっさにうけおったが，

「竜太がひとりぼっちで？　もっと悲しい」

　たしかに，想像してみると，それはもっと悲しい光景に思えた。

　航平は，ふきだした。

「そんなことにはならないって。東さん一家ももどってきて，これから島をもりあげようとしてるんじゃないか。だいじょうぶ，なんとかなるって」　　（一部省略やふりがなをつけるなどの変更（へんこう）があります。）

※1　カーナビ…「カーナビゲーション」の略。

※2　しゃあしゃあと…厚かましくて，恥（はじ）を恥とも思わないで平気でいるさま。

※3　就活…「就職活動」の略。職を得るために求人先に働きかけること。

※4　魚群探知機…魚の居場所・種類・密度を知る装置。

※5　ソナー…超音波（ちょうおんぱ）を発信し，他の船や魚群から反射されてもどって来るまでの時間から距離（きょり）を計り，反射音の方向から目的物の方向を知る装置。

※6　藻場（かいそうるい）…海中で海藻類がしげっているところで，魚類がよく集まる。

問1　下線部①「井の中のカワズになってしまうぞ」とありますが，花子さんは，航平が竜太にどのようなことを言いたいのかを，次のようにまとめました。空らん　A　にあてはまる内容を，20字以上30字以内で書きなさい。

竜太に，　　　　　　　　　　A　　　　　　　　　　ということを言いたい。

問2　空らん　B　に入るもっとも適切な言葉を，次のア～オの中から1つ選び，記号で答えなさい。
　ア　おそるおそる　　イ　こっそりと　　ウ　まじまじと　エ　たじたじと
　オ　なんとなく

問3　下線部②「竜太は自分の視点でしかものを見ていなかった」とありますが，花子さんは，竜太の航平に対する見方が変わっていったことを，次のようにまとめました。空らん　C　にあてはまる内容を，本文中の語句を使って，30字以上40字以内で書きなさい。

　竜太は，航平がなぜ漁師になろうという考えを起こしたのだろうと思っていた。
　しかし，話をするうちに　　　　　　　　C　　　　　　　　　ということに気づき，航平に対する見方が変わっていった。

問４　下線部③「力がはいって，やたらと声が大きくなった。」とありますが，花子さんは，この時の竜太の心情を，次のようにまとめました。そのまとめとしてもっとも適切なものを，次のア～エの中から１つ選び，記号で答えなさい。

ア　航平が漁師の仕事に興味がなかったから，竜太は漁師になると決めたのに，それに気づかず勝手な発言をする航平にいらだつ気持ち。

イ　竜太は以前から漁師になろうという決心を固めているのに，決心を変えてもいいように言う航平の言葉に反発する気持ち。

ウ　今になって航平が整備士をやめ，漁師の仕事を始めたことに対して，島の人みんなが期待をして航平に声をかけてくるのをねたましく思う気持ち。

エ　航平自身が漁師になると決めたのだから，竜太が漁師になることなどどうでもよいといった，航平の言い方にせつなくなる気持ち。

問５　花子さんは，この文章を読んで，辰島の将来について，竜太がどのように考えているのかをまとめました。その内容を，50字以上60字以内で書きなさい。

2

太郎くんは，家庭科の時間に栄養について学習しています。栄養を考えた食事に興味をもった太郎くんに，家庭科の先生が次の本を紹介してくれました。

次の文章は，稲垣栄洋著『蝶々はなぜ菜の葉に止まるのか』（角川学芸出版）の一部です。これを読んで問１～問５に答えなさい。

お茶碗一ぱいのご飯は，おおよそ三千の米粒がある。一食にお茶碗一ぱい，一日三食のご飯を食べるとすると，一年間で三百万粒の米粒を食べたことになる。

金子みすゞに「大漁」と題されたこんな詩がある。

朝焼小焼だ
大漁だ
※1大羽鰮の
大漁だ。

浜は祭りの
ようだけど
海のなかでは

何万の
鰮の※2とむらい
するだろう。

いうまでもなく，私たちが食べているお米はイネ科植物であるイネの種子である。お茶碗一ぱいのご飯で，私たちはどれだけのイネの命を奪っていることだろう。

　しかし，だからといって，イネがかわいそうだからご飯を食べないというわけにはいかないのが※３業の深いところだ。パンやパスタを食べたってコムギの種子の命を奪っていることになるし，たとえサラダしか食べなくても，野菜の命を奪っているのだ。私たち人間は他の生き物の命を奪うことなしに命をつないでいくことができない存在である。ただ，私たちにできることは，生きる命を与えてくれる食べ物たちに「いただきます」と手を合わせて感謝し，彼らの分まで精いっぱい生きることだけなのだ。

　植物の種子には胚という植物の芽になる部分と，胚乳という胚が生長するための栄養になる部分とからなっている。胚が植物の赤ちゃんで，胚乳は文字どおり赤ちゃんのためのミルクということになろうか。イネのミルクの成分は主には炭水化物である。種子は胚乳に蓄えられた炭水化物を，酸素呼吸によって分解して発芽のためのエネルギー物質を生み出している。これは，私たちがご飯を食べて得た炭水化物を，酸素呼吸によって分解してエネルギーを得ているのとまったく同じである。ご飯を食べると元気が出るわけだ。

　ムギやトウモロコシなど食用となるその他のイネ科植物の種子も，胚乳の主な成分は炭水化物である。ところが，車には，ガソリンを燃料とするガソリン車と軽油を燃料とするディーゼルエンジン車があるように，炭水化物以外のものを主なエネルギー源として使う種子もある。畑のお肉といわれるダイズはたんぱく質を主な燃料としている。また，ヒマワリやナタネ，ゴマなどの種子は脂肪を主なエネルギー源としている。ヒマワリ油，ナタネ油，ゴマ油など，①これらの種子から豊富な油が取れるのはそのためだ。

　さて，実った稲籾から皮を取り除き，種子を取り出したのが玄米である。玄米で胚芽と呼ばれているのが，芽になる胚の部分である。そして，この胚芽を取り除いたものが，私たちが食べる白米である。つまり私たちはイネの種子の胚乳の部分を食べているのだ。私たちが食べる白米は水につけても芽が出ることはないが，胚芽を取り除いていない玄米はどうだろう？

　玄米は赤ちゃんの部分が残っているので，玄米を米屋さんで買ってきて水につけておくと芽を出させることができる。②玄米は生きている種子なのだ。水につけておくと胚乳に蓄えられた炭水化物を使って，アミノ酸などの多様な栄養素を作り出して芽生えの準備を始める。こうして栄養分が豊富になった状態が発芽玄米として売られているお米である。

　米は人間が生きるのに必要な栄養素をすべて含むため完全栄養食と呼ばれている。それもそのはず，米は植物の種子なのだから，炭水化物だけでなく，植物の生長に必要な栄養素を丸ごと持っているのだ。ただし，完全栄養食と呼ばれる玄米も，人間の体に必要な栄養素のなかで，ただ一つだけ不足しているものがある。それがアミノ酸のリジンである。

　ところが，うまい具合にお米に不足しているリジンを豊富に含んでいる植物があった。それが，ほかでもない大豆である。さらに米のエネルギー源が炭水化物であるのに対し，大豆の種子の主なエネルギー源はたんぱく質だから，米と大豆を組み合わせると，私たちに必要な栄養分を満遍なく摂取できる。まさに米と大豆は名コンビなのだ。そこで，③日本では米食に大豆を巧みに組み合わせる食文化が培われてきたのである。

　大豆はさまざまに加工されて利用されている。日本食に欠かせない味噌や醤油は，もちろん大豆を原料として作られる。また，豆腐やおからも大豆を原料としているし，大豆を発酵させたものが納豆，大豆を挽いて粉にしたものが，きな粉である。

　ご飯に味噌汁，ご飯に納豆，お餅にきな粉，煎餅に醤油，日本酒に冷や奴など，私たち日本人が昔

から親しんできた伝統的な料理は，米と大豆の組み合わせが，じつに多いのだ。

米と大豆の名コンビによって形作られた日本食は，まさに栄養面で完璧である。

しかし，戦後，欧米型の豊かな肉食が広まるにつれ，米と大豆の日本の伝統食は影が薄くなりつつあるようだ。

食生活の欧米化によって，最近の若者は身長が伸びたといわれている。確かに戦後の食糧難のころに比べると，栄養状態はずっとよくなり，日本人の体格はよくなった。それでは，米と大豆を食べていた昔の日本人は小さかったかというと，どうやらそうでもないらしい。たとえば，南北朝時代の日本人男性の平均身長は166センチメートル。これは現代の成人男性の身長171センチメートルと比べてそう見劣りする数字ではない。あるいは，薪を背負って本を読みながら歩く銅像で有名な二宮金次郎の身長は183センチメートルだったという。これは，現在でも欧米人と比較して※4遜色のない背の高さであろう。

確かに飢饉が多発したり，食糧事情の悪かった時代の日本人は小さかった。しかし，④米や大豆を十分に食べた時代の日本人は，それなりに大きかったのだ。もちろん，現代の栄養学では肉から摂取するたんぱく質は重要であると教える。しかし，植物食を続けると腸内細菌の種類が豊かになり，ついにはたんぱく質を生産する腸内菌まで登場するようになるという。事実，イモを主食とし，肉を食べないニューギニアの人々の腸からは，たんぱく質を生産する腸内細菌が見つかっている。たんぱく質は必要不可欠な栄養素だが，肉なんて食べなくても平気だったのだ。仏教で肉食を禁止された日本では，魚介類を除けば動物性たんぱくを食べる機会は少なかった。しかし，おそらく昔の日本人のお腹は肉を食べる必要がないように腸内細菌が発達していたことだろう。

（一部省略やふりがなをつけるなどの変更があります。）

※1　大羽鰮…マイワシの大きいもの。

※2　とむらい…葬式。

※3　業…悪いむくいを受けるおおもとになる行い。

※4　遜色のない…見おとりしない。

問1　太郎くんは，金子みすゞの「大漁」と題された詩が，本文の中で何を伝えるためにあげられているか，次のように考えました。空らん　A　にあてはまる内容を，本文中の語句を使って，15字以内で書きなさい。

> 私たちは　　　　　　　A　　　　　　　をいただいているということ。

問2　下線部①「これらの種子から豊富な油が取れる」とありますが，太郎くんは，その理由を次のようにまとめました。空らん　B　にあてはまる内容を，本文中の語句を使って，30字以上35字以内で書きなさい。

> 　　　　　　　　　　　　　　　B　　　　　　　　　　　　　　　から。

問3　下線部②「玄米は生きている種子なのだ。」とありますが，それは玄米のどのような性質のことをさしているのか，太郎くんは，白米と玄米を比較して次のように考えました。空らん　C　にあてはまる内容を，「白米」「玄米」という語句を必ず使って，30字以上40字以内で書きなさい。

┌───┐
│   C   │ という性質があるということ。
└───┘

問４　下線部③「日本では米食に大豆を巧みに組み合わせる食文化が培われてきたのである。」と
　　ありますが，太郎くんは，日本食のすぐれている点を次のようにまとめました。空らん　D　に
　　あてはまる内容を，本文中から探して，20字以内で書きぬきなさい。

┌───┐
│　　米と大豆によって［　　　　　D　　　　　］ので，ご飯に味噌汁という組み合わせ
│　は，栄養摂取の面から，とてもすぐれています。
└───┘

問５　下線部④「米や大豆を十分に食べた時代の日本人は，それなりに大きかったのだ。」とあり
　　ますが，太郎くんは，筆者がそのように述べる理由を栄養の面から考えて次のようにまとめまし
　　た。空らん　E　にあてはまる内容を，本文中の語句を使って，60字以内で書きなさい。

┌───┐
│　**筆者の考え**
│　　日本人は，［　　　　　　　　　E　　　　　　　　　］と考えられるから。
└───┘

3

┌───┐
│　　花子さんは，社会科の授業で，日本の産業について調べました。そこで，『里山資本主義』と
│　いう本を見つけ，読んでみました。
└───┘

次の文章は，藻谷浩介・ＮＨＫ広島取材班著『里山資本主義』（角川書店）の一部です。これを読
んで問１〜問４に答えなさい。

　舞台は，岡山県①真庭市。岡山市内から車で北へ向かうこと１時間半。標高1000メートル級の山々
が連なる中国山地の山あいにある町だ。ここで日本でも，いや世界でも最先端のエネルギー革命が進
んでいる。

　真庭市は，2005年に周囲の９つの町村が合併してできた，岡山県内でも屈指の広さを持つ。しか
し，人口は５万に過ぎず，その面積の８割を山林が占めるという，典型的な山村地域だ。

　「ようこそ木材のまちへ」。国道沿いの看板が，訪れる人を誇らしげに出迎えてくれる。

　地域を古くから支えてきたのが，林業と，切り出した木材を加工する製材業。市内を車で走れば，
丸太を山盛りに積んで走るトラックと次々すれ違う。あちこちに木材を高く積み上げた集積所を見か
ける。

　市内には大小合わせて30ほどの製材業者がある。どこも，数十年来出口の見えない住宅着工の低迷
にあえぎながら，厳しい経営を続けている。もちろん，木材産業が厳しいのは，真庭市に限った話で
はない。②全国的にみれば，［　　　　　　　A　　　　　　　］。

　それほど厳しい製材業界にあって，「発想を180度転換すれば，斜陽の産業も世界の最先端に生まれ

変われる」と息巻く人物が真庭市にいる。交じりけのない，真っ白でさらさらの髪がとても印象的な人物。還暦を迎えたばかりの，中島浩一郎さんである。

中島さんは，住宅などの建築材を作るメーカー，銘建工業の代表取締役社長だ。従業員は200名ほど。年間25万立方メートルの木材を加工。真庭市内の製材所で最大，西日本でも最大規模を誇る製材業者の一つである。

そんな中島さんが，1997年末，建築材だけではじり貧だと感じ，日本で先駆けて導入，完成した秘密兵器が，広大な敷地内の真ん中に鎮座する銀色の巨大な施設だ。高さは10メートルほど。どっしりとした円錐形のシルエット。てっぺんからは絶えず，水蒸気が空へと上っている。

これが今や銘建工業の経営に欠かすことができない，発電施設である。

製材所で発電？エネルギー源は何？この問いにピンとくる方は，かなり自然エネルギーへの関心が高い方といえる。答えは，製材の過程ででる，木くずである。専門用語では「木質バイオマス発電」と呼ばれている。

山の木は，切り倒されると，丸太の状態で工場まで運ばれてくる。工場で樹皮を剥ぎ，4辺をカットした上で，かんなをかけて板材にする。その際にでるのが，樹皮や木片，かんなくずといった木くずである。その量，年間4万トン。これまでゴミとして扱われていたその木くずが，ベルトコンベアで工場中からかき集められ，炉に流し込まれる。炉の重い鉄の扉を開けてもらう。灼熱の炎が見え，火の粉が勢いよく噴き出す。むわっと熱気で顔がひりつく。

発電所は24時間フルタイムで働く。その仕事量，つまり出力は1時間に2000キロワット。一般家庭でいうと，2000世帯分。

中島さんの工場では，使用する電気のほぼ100％をバイオマス発電によってまかなっている。つまり，電力会社からは一切電気を買っていない。それだけでも年間1億円が浮く。しかも夜間は電気をそれほど使用しないので，余る。それを電力会社に売る。年間5000万円の収入になる。電気代が1億円節約できた上に，売電による収入が5000万円。しめて，年間で1億5000万円のプラスとなっている。

しかも，毎年4万トンも排出する木くずを産業廃棄物として処理すると，年間2億4000万円かかるという。これもゼロになるわけだから，全体として，4億円も得しているのだ。

私たちが取材に訪れた時点で，バイオマス発電導入から14年。※1減価償却はとっくに終え十分すぎるくらい元を取った。でもまだまだ現役だという。木材は，石油や石炭で発電するのに比べずっと炉に優しく，メンテナンス業者が驚くほど傷みが少ないという。

こうして③中島さんの会社の経営は持ち直した。時代の最後尾を走っていると思われていた製材業。しかし，再生のヒントは，すぐ目の前にあったのだ。

（一部省略やふりがなをつけるなどの変更があります。）

※1　減価償却…設備にかかった費用を，その設備が使用できる期間にわたって取りもどしていくこと。

問1　下線部①「真庭市」とありますが，花子さんは太郎くんに，次のページの地図から真庭市の位置を教えました。本文をもとに，次のア～エの中から真庭市を選び，記号で答えなさい。

地図

問2　下線部②「全国的にみれば，　A　。」とありますが，花子さんは，全国の製材所の数を調べ
ました。花子さんの調べた**グラフ**を見て，空らん　A　の内容としてもっとも適切なものを，次
のページのア～エの中から1つ選び，記号で答えなさい。

グラフ

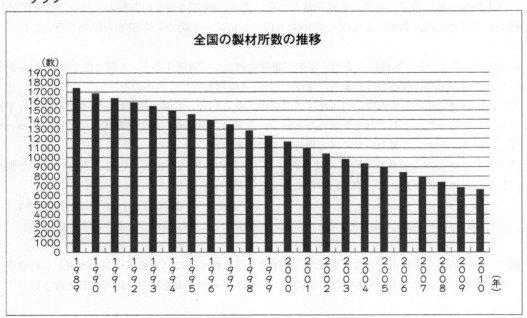

農林水産省資料より作成

ア　1990年に1万7000を切った製材所の数は，年々千単位で減り続け，2010年には，7000を切っている

イ　1989年以降の20年間，製材所の数は，減少傾向にあり，2009年には，20年前の半分になっている

ウ　1989年に1万7000以上あった製材所の数は，20年間減少を続け，2009年には，7000を切っている

エ　1990年に1万7000近くあった製材所の数は，年々数が減り，2010年には，20年前の3分の1に減ってしまった

問3　花子さんは，製材所社長の中島さんが導入した発電施設について，次のようにまとめました。空らん　B　にあてはまる内容を，本文中の語句を使って，40字以上50字以内で書きなさい。

> 中島さんの工場では，　　　　　　　　　　B　　　　　　　　　　。
> 中島さんの工場では，この方法で使用する電気のほぼ100％をまかなっている。

問4　下線部③「中島さんの会社の経営は持ち直した。」とありますが，花子さんは，衰退していた製材業界で中島さんが会社を再生できたのは，どんな発想をしたからなのかを考えました。中島さんの発想として適切なものを，次のア～カの中から2つ選び，記号で答えなさい。

ア　効率がよい石油や石炭で発電する炉を作ったから。

イ　製材業をやめて，世界最先端のバイオマス発電の経営を始めたから。

ウ　製材所で発電し，電気を買わずに，余った電気を売ることにしたから。

エ　発電施設に設備投資して，発電施設を各地に増やす努力をしたから。

オ　地域を古くから支えてきた林業のやり方で，厳しい経営を続けようとしたから。

カ　木くずをエネルギー源とし，産業廃棄物処理費用も浮かせたから。

4

> 太郎くんは，原康著『国際機関ってどんなところ』（岩波ジュニア新書）という本を参考にして，国際連合の目的と国際連合の主な機関の活動内容などを，カードに書き出しました。

太郎くんが作成した**カード①～⑤**をもとにして，問1～問4に答えなさい。

カード①

> 【国際連合（国連）】
> ○目的
> 　国際平和と安全の維持。国家の友好関係の促進と世界平和の強化。国際協力の実現。

カード②

【国連総会】

〇活動内容

毎年9月の第3火曜日に開会される。

国際的な諸問題に対処するためにどうしたらよいか、国際社会全体としての意見をまとめ、国際的に意思表示をする。

カード③

【国連安全保障理事会】

〇活動内容

国際平和と安全保障の維持に関して主要な責任を負い、国連の意思を決定する、国連でもっとも重要な機関。

加盟国は安全保障理事会の決定にしたがわなければならない。

カード④

【国連教育科学文化機関（ユネスコ）】

〇活動内容

教育・科学・文化について、国際的な協力を推進し、世界平和に貢献する。

世界の価値ある文化遺産や自然遺産を世界遺産として認定する。

カード⑤

【国連児童基金（ユニセフ）】

〇活動内容

戦争、内戦、貧しさなどに苦しんでいる子どもの命と健康を守る。

「児童の権利に関する条約」（子どもの権利条約）を普及させることが活動の基本にある。

活動する資金は、協力する人たちの募金でまかなわれている。

問1　太郎くんは、**カード**をもとにして、次のa〜dの活動は、下のア〜エのどの機関が行うのかを考えました。もっとも適切なものを、ア〜エの中からそれぞれ選び、記号で答えなさい。

　a　反戦や平和づくりの道を切りひらくための教育を世界に広める。
　b　募金されたお金で、はしかから子どもを守る予防接種用ワクチンを貧しい国々に送る。
　c　争っている人々から武器を取り上げたり、地域を見まわって安全を守ったりする。
　d　加盟国が世界の直面する重要な課題について、話し合いをする。

ア　国連総会
イ　国連安全保障理事会
ウ　国連教育科学文化機関（ユネスコ）
エ　国連児童基金（ユニセフ）

問2　太郎くんは、国際連合が発足した時代について調べ、次のページの年表にまとめました。この年表に、下のア〜エのできごとを加えようと思います。年表のa〜dに入るできごとを、ア〜エの中からそれぞれ選び、記号で答えなさい。

ア　沖縄が日本に復帰する
イ　日本が国際連合に加盟する
ウ　サンフランシスコ平和条約が結ばれる
エ　日本国憲法が公布される

年表

1939年	第2次世界大戦が起こる（〜1945年）	
1945年	国際連合が発足する	
↓	………………………………………………………………	a
1950年	朝鮮戦争が起きる	
1951年	………………………………………………………………	b
1951年	日米安全保障条約が結ばれる	
↓	………………………………………………………………	c
1964年	オリンピック東京大会が開かれる	
↓	………………………………………………………………	d
1978年	日中平和友好条約が結ばれる	

問3　太郎くんは，2014年に国連教育科学文化機関（ユネスコ）が世界文化遺産に認定した「富岡製糸場と絹産業遺産群」について調べてみることにしました。

(1)　太郎くんは，富岡製糸場が建てられた時代の工業の発展を調べ，次の**資料**を見つけました。この資料についての説明として適切でないものを，あとのア〜エの中から1つ選び，記号で答えなさい。

資料

主要な生産品目の推移

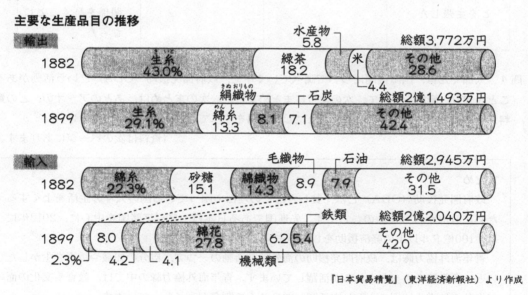

『日本貿易精覧』（東洋経済新報社）より作成

ア　1882年に比べ，1899年では輸出，輸入ともに総額は増えている。

イ　1899年では，綿花が輸入品目の1位となり，綿糸は輸出品目の2位となっている。

ウ　1882年に比べ，1899年では生糸の輸出額が減少している。

エ　1882年には綿糸を輸入額全体の20％以上輸入していたが，1899年では輸出額全体の10％以上も綿糸を輸出している。

⑵　太郎くんは，富岡製糸場が建てられた明治時代に活躍した人物のイラストと功績を書いて**カード**にまとめました。次のa～dの人物が残した功績を，下のア～エの中からそれぞれ選び，記号で答えなさい。

人物のカード

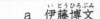 a　伊藤博文

こむらじゅたろう b　小村寿太郎

のぐちひでよ c　野口英世

 d　板垣退助

功績のカード

ア　国会開設の前に自由党をつくり、国民の意見を反映した政治を行うことを主張した。	イ　梅毒の病原体の培養や黄熱病の研究において世界に認められた。	ウ　初代内閣総理大臣となり、大日本帝国憲法をつくる仕事に当たった。	エ　条約改正に成功し、関税自主権を回復させ、日本は欧米諸国と対等な関係を築くことになった。

問4　太郎くんは，国際機関について調べていく中で，政府開発援助（ODA）という活動があることを知り，**資料**を集めて，次のようにまとめました。次の**まとめ**は，あとのア～オの，どの**資料**をもとにしたものでしょうか。もとにした**資料**をすべて選び，記号で答えなさい。

（資料は次のページにあります。）

> **まとめ**
> 　政府開発援助（ODA）とは，貧しさなどの理由で困っている国の人々の生活をよくするために政府が行う援助のことです。先進国である日本は，アジア諸国を中心に，2012年には，100億ドル以上の経済援助をしています。
> 　青年海外協力隊は，政府開発援助の海外援助活動の一つで，自分の知識や技術を生かしたいという意欲をもった人たちが活躍しています。青年海外協力隊の中では，教育や文化の面で自分の知識や技術を生かして活躍している人の割合が高くなっています。

資料

ア　主な国の経済援助額（2012）

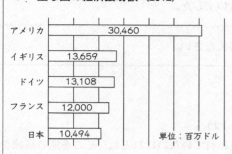

イ　外国に行った日本人と日本に来た外国人の推移

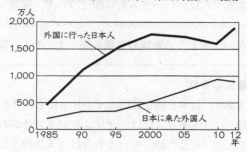

ウ　日本が経済援助をしている地域の割合
　　（2012）

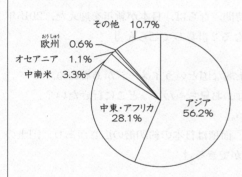

エ　青年海外協力隊員として派遣された人たちの
　　職種（2012）

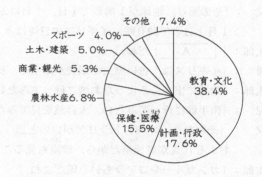

オ　第二次世界大戦後の主な国際紛争

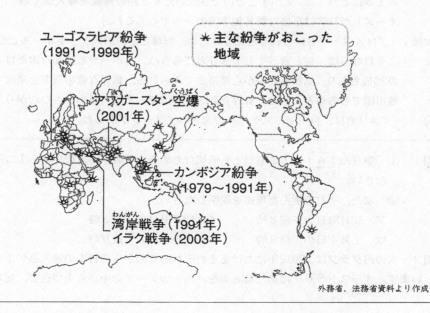

外務省、法務省資料より作成

5

~~~
太郎くんは，行ってみたい国について，家族で話し合いました。
~~~

次の太郎くんの**家族の会話**を読んで，問1〜問3に答えなさい。

家族の会話

太郎：「日本と同じ島国のイギリスにも行きたいね。」

母　：「イギリスには，グリニッジ天文台があったわよね。」

父　：「そうだね。もっとも今は，天文台としては使われていないけれどね。そこを通る経線を
　　　0°として，経線の基準にしたんだ。」

太郎：「日本は，東経135°付近に位置しているから，イギリスよりずっと東にあるんだね。だか
　　　ら，日本の方が早く1日が始まるんでしょ。」

父　：「その通り。地球が1周して1日。1日は24時間。ならば，日本が新年を迎えた，2015年
　　　1月1日の午前0時，イギリスの日時はどうなる？計算してごらん。」

太郎：「　　A　　だね。」

母　：「イギリスは，古い歴史と伝統があって，紳士的な国というイメージがあるわね。」

太郎：「物語に出てくるようなお城に行ってみたいな。お兄ちゃんは，どこに行きたい？」

兄　：「南半球に行ってみたい。大自然を見てみたい。」

父　：「それなら，オーストラリアがいいと思うよ。面積は日本の約20倍の広さがあり，国土の
　　　およそ70％が乾燥帯だから，砂漠も見ることができる。」

太郎：「カンガルーやコアラもいる国だよね。」

母　：「それだけではないわよ。日本はこの国から色々なものを輸入しているのよ。中でも日本
　　　の工業にとっては，欠かすことのできないたくさんの資源を輸入していて，日本にとって，
　　　オーストラリアは重要な貿易相手国の一つでもあるわ。」

太郎：「プロスポーツもいろいろと見てみたい。野球とか，バスケットボールとか。」

父　：「それならば，何と言ってもアメリカだろうね。スポーツも盛んな国だけど，面積は日本
　　　の25倍もあり，気候も熱帯から寒帯までみられる。世界有数の農業生産国であり農産物の
　　　輸出国でもあるとともに，世界有数の工業国でもある。日本ともつながりが深い国だよ。」

兄　：「アメリカは，自由で，スケールの大きいイメージがあるね。」

問1　(1)　空らん　A　に入るもっとも適切なものを，下のア〜エの中から1つ選び，記号で答え
　　　　　なさい。

　　　(2)　また，それを選んだ理由を説明しなさい。

　　　　　ア　12月31日の午前3時　　　　イ　12月31日の午後3時

　　　　　ウ　1月1日の午前9時　　　　　エ　1月1日の午後9時

問2　次の円グラフは，2012年におけるそれぞれある国からの日本の輸入品の上位5品目を表して
　　　います。オーストラリアにあたるものを，あとのア〜エの中から1つ選び，記号で答えなさい。

円グラフ

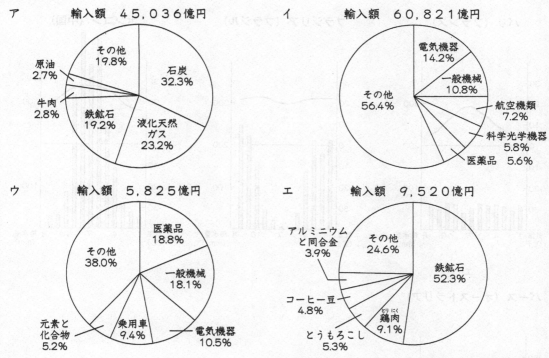

ア　　　輸入額　45,036億円

その他 19.8%
石炭 32.3%
原油 2.7%
牛肉 2.8%
鉄鉱石 19.2%
液化天然ガス 23.2%

イ　　　輸入額　60,821億円

電気機器 14.2%
一般機械 10.8%
航空機類 7.2%
科学光学機器 5.8%
医薬品 5.6%
その他 56.4%

ウ　　　輸入額　5,825億円

医薬品 18.8%
その他 38.0%
一般機械 18.1%
元素と化合物 5.2%
乗用車 9.4%
電気機器 10.5%

エ　　　輸入額　9,520億円

アルミニウムと同合金 3.9%
その他 24.6%
鉄鉱石 52.3%
コーヒー豆 4.8%
鶏肉 9.1%
とうもろこし 5.3%

『2014データブック オブ・ザ・ワールド』（二宮書店）より作成

問3　太郎くんは，ニューヨークとサンフランシスコの気候を調べて，次のようにまとめました。サンフランシスコの気候と同じ特徴を持つ都市を，あとのア～エの中から1つ選び，記号で答えなさい。

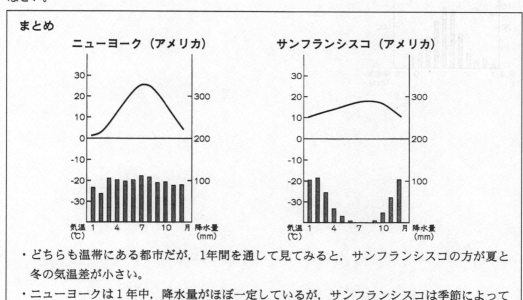

まとめ

ニューヨーク（アメリカ）

サンフランシスコ（アメリカ）

・どちらも温帯にある都市だが，1年間を通して見てみると，サンフランシスコの方が夏と冬の気温差が小さい。
・ニューヨークは1年中，降水量がほぼ一定しているが，サンフランシスコは季節によって降水量に大きな差が見られる。特に，夏になると極端に降水量が少なくなる。

ア
パリ（フランス）

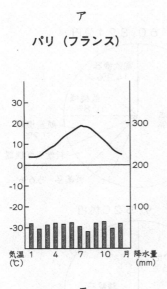

イ
ブラジリア（ブラジル）

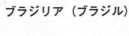
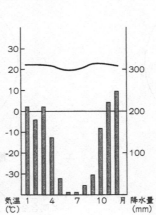

ウ
ホンコン（中国）

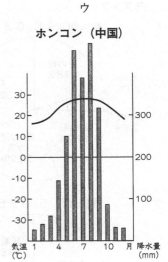

エ
パース（オーストラリア）

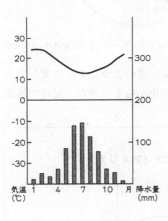

『2014 データブック オブ・ザ・ワールド』（二宮書店）
『地理統計 2014年度版』（帝国書院）より作成

【適性検査Ⅱ】 （45分） ＜満点：100点＞

1

> 中学1年生の花子さんは，今年の春休みに，お父さんとお母さん，高校生になるお姉さんの家族4人で，おばあさんの家に遊びに行く計画を立てています。花子さんとお姉さんは，主な交通手段として，**新幹線，夜行バス，自家用車，航空機**について，旅行会社のパンフレットやインターネットなどで調べ，表にまとめました。

次の**表**をもとに，問1に答えなさい。

表

交通手段	調 べ た こ と				
新幹線		料　金		新幹線に乗車している時間	新幹線に乗車している区間の道のり
		指定席を利用した場合	自由席を利用した場合		
	のぞみ	14650円	13620円	約2時間30分	約545km
	ひかり	14340円		約3時間	
	こだま			約4時間	

交通手段	調 べ た こ と			
夜行バス		料　金	夜行バスに乗車している時間	夜行バスに乗車している区間の道のり
	デラックス	10000円	約8〜9時間	約560km
	普通	5000円		

交通手段	調 べ た こ と			
自家用車 ＊5人乗りの自動車で高速道路を利用		料　金	高速道路を走っている時間	高速道路を走る道のり
	高速道路 ガソリン	10900円 1Lで約20km走ることができ、1L当たり160円かかる。	約6〜7時間	約520km

交通手段	調 べ た こ と		
航空機		料　金	航空機に乗っている時間	航空機の道のり
	A社　13100円 B社　10790円		約1時間	約514km

※ 新幹線，夜行バス，航空機の料金は中学生から大人と同じになり，一人当たりの片道の料金を示しています。

問1 **表**の情報をもとに，家族4人でおばあさんの家へ行く場合，最も安い料金で行く交通手段は何ですか。そのように判断した理由を含めて，数値を用いて説明しなさい。ただし，**表**にあるもの以外の料金は考えないものとします。

花子さんは，おばあさんの家へ行くときに利用する新幹線が途中に停まるA駅からC駅までの速さや道のりについて調べて，グラフにしてみました。

縦軸を速さ（時速），横軸を時間（分）として，新幹線がA駅からB駅を通ってC駅まで走行したときの速さと時間を表したA駅からC駅までの時間と速さの関係を表したグラフと，時間と速さの関係を表すグラフの性質をもとに，問2〜問3に答えなさい。

A駅からC駅までの時間と速さの関係を表したグラフ

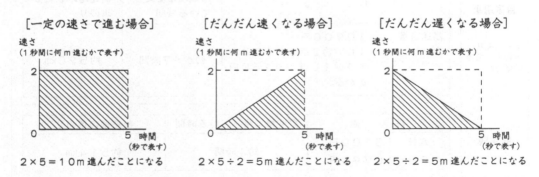

時間と速さの関係を表すグラフの性質

斜線部の面積は，進んだ道のりを表します。次のグラフは，速さを（1秒間で何m進むか）で表し，時間を（秒）で表したときの例です。

[一定の速さで進む場合]　2×5＝10m進んだことになる

[だんだん速くなる場合]　2×5÷2＝5m進んだことになる

[だんだん遅くなる場合]　2×5÷2＝5m進んだことになる

問2　A駅を発車してからと，B駅に到着する前の3分間は，それぞれ6950m走行したとします。
　　A駅からB駅までの道のりを345kmとしたとき，A駅を発車して3分後から80分後までの速さは，時速何kmですか。数字で答えなさい。

問3　B駅からC駅までの道のりは何kmですか。数字で答えなさい。

2

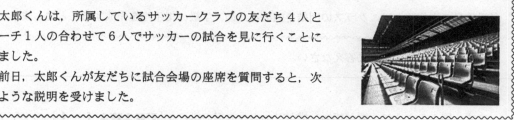

　太郎くんは，所属しているサッカークラブの友だち4人と
コーチ1人の合わせて6人でサッカーの試合を見に行くことに
しました。
　前日，太郎くんが友だちに試合会場の座席を質問すると，次
のような説明を受けました。

次の**友だちの説明**をもとに，問1〜問3に答えなさい。

友だちの説明
　僕たちの席は，**図1の座席表**の中にあります。●の席を（1，1），▲の席を（5，3）とすると
き，僕たちの席は，（15，5），（15，6），（16，5），（16，6），（17，6），（18，6）です。
　席がどこだかわかるかな？

図1　座席表

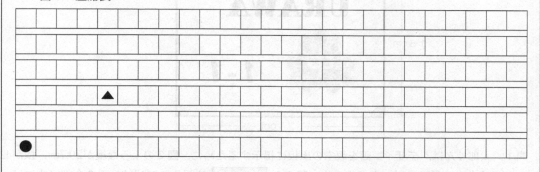

問1　太郎くんと友だちやコーチが座る6つの座席を，解答用紙に○で示しなさい。
問2　試合当日，太郎くんは試合を見ながらコーチに質問をしようと思い，コーチに「隣に座って
いいですか」と頼みました。太郎くんたちの席の中で太郎くんとコーチが隣どうしに座る場合，6
人の座り方は全部で何通りになりますか。数字で答えなさい。
問3　試合が終わり，帰る途中，太郎くんが「次は前後2列で3人ずつの座席になるといいね」と
言いました。**図1**の中で，**図2**のような座席のとり方は全部で何通りになりますか。数字で答え
なさい。

図2

3

学級委員の太郎くんは，クラスの団結を強めるため，学級の掲示物を作成することにしました。

次の**説明**をもとに，問1に答えなさい。

説明

　まず，**図1**のように，縦が15cm，横が21cmの長方形の紙に，[**URAWA 1－1**]の文字や校章と，四つの隅に半径1.5cmのおうぎ形を入れたデザイン画を作りました。

　また，このデザイン画を拡大するのにコピー機を使うことにしました。コピー機では拡大の倍率が「％」で表示されます。例えば，「150％」と表示されれば，対応する角の大きさは等しく，辺の長さがそれぞれ1.5倍の図形になるということです。

図1　学級の掲示物のデザイン画

問1　太郎くんは，デザイン画を教室の黒板に掲示するために，**図2**のような縦が29.7cm，横が42cmの長方形の紙にコピーをとります。**図2**の ▨▨▨ の部分にデザイン画を全部写すには，最大何％まで拡大することができますか。次のア～エの中から最も近いものを1つ選び，記号で答えなさい。

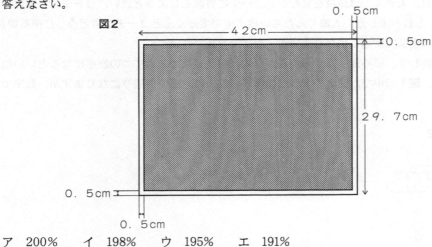

図2

　ア　200％　　イ　198％　　ウ　195％　　エ　191％

太郎くんは，**図1**のデザイン画を**図3**のように，縦が80cm，横が112cmの長方形の紙に拡大して掲示物を制作し，それを箱にしまって保管することにしました。

次の**図3**～**図6**をもとに，**問2**～**問3**に答えなさい。

図3

80cm

112cm

問2 **図3**の▨▨▨の部分の面積は，全部で何cm²になりますか。数字で答えなさい。

問3 **図3**の掲示物を丸めて，**図4**のような，底面の直径が10cm，高さが80cmの円柱の入れ物に入れて，これを**図5**の直方体の箱にしまうことにしました。**図6**は，箱にしまった状態を上から見た図です。このときにできるすきまの体積は，箱全体の体積のおよそ何％ですか。小数第2位を四捨五入して，数字で答えなさい。ただし，円周率は3.14とします。

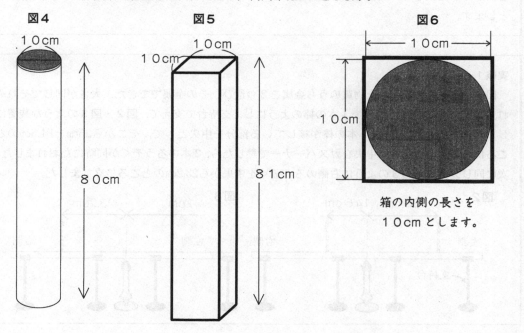

図4

10cm

80cm

図5

10cm

10cm

81cm

図6

10cm

10cm

箱の内側の長さを
10cmとします。

4

花子さんは，物のあたたまり方について興味をもち，実験をしました。

次の**花子さんが調べたことや実験1～実験4**をもとに，あとの問1～問5に答えなさい。

花子さんが調べたこと

図1のア～エは，それぞれ銅，アルミニウム，ガラス，発泡スチロールでできた箱です。それぞれの箱の中に同量の氷をコップに入れ，あまり光の当たらない場所に置き，しばらく時間がたったあと，氷の様子を調べてみたところ，とけずに残った氷の量がア，ウ，イ，エの順に多いことがわかりました。また，残った氷の量は，エとイの差よりも，イとウの差が大きく，アはほとんどとけませんでした。

図1

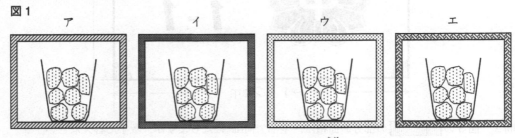

花子さんは，このことから，物質によって熱の伝わり方が違うことに気づきました。先生にたずねたところ，熱はどのような場合でも同じ速さで伝わり，伝わる速さは，物質によって違うということを教えてもらいました。そこで，ろうそくを使って熱の伝わり方について実験をすることにしました。なお，実験では，立てたろうそくは，熱が伝わるとろうがとけて，たおれることとします。

実験1

図1のア～エに使われた物質のうち金属を2つ選び，その金属でできた，太さが同じでそれぞれ長さが45cmの棒をつないで1本の棒のようにし，支持台で支えて，図2・図3のような装置にしました。図2のように，2本の棒が接している部分を中央として，そこから25cmと14.5cmのところにろうそくを立て，中央をガスバーナーで熱したら，2本のろうそくが同時にたおれました。次に同じ装置で，図3のように右側のろうそくを中央から23.2cmのところに立てました。

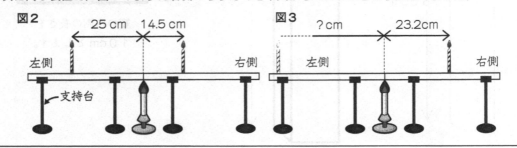

問1　図3の2本のろうそくが同時にたおれるようにするためには，左側のろうそくを中央から何cmのところに立てればよいですか。数字で答えなさい。ただし，熱の伝わり方に支持台の影響はないものとします。

問2　右側の棒と左側の棒は，それぞれ図1のア～エに使われたどの物質と同じですか。記号で答えなさい。

実験2

　実験1で使ったどちらかの金属でできた板を，図4のように，前後左右に等しい間隔で区切り，その上にろうそくを立てました。図5は，それを上から見た図です。その板の角をガスバーナーで熱すると，ろうそくが次々とたおれていきました。

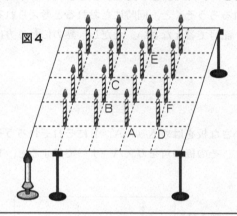

図4

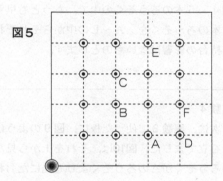

図5

問3　A，B，C，D，E，Fの6本のろうそくがたおれる順を，図6を参考にして，記号で答えなさい。ただし，熱の伝わり方に支持台の影響はないものとします。

図6

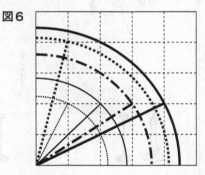

実験3

　次に，次のページの図7のように，実験2で使った板を切り取り，A，B，C，D，Eの5本のろうそくを立てました。次のページの図8は，それを上から見た図です。その板の角をガスバーナーで熱しました。

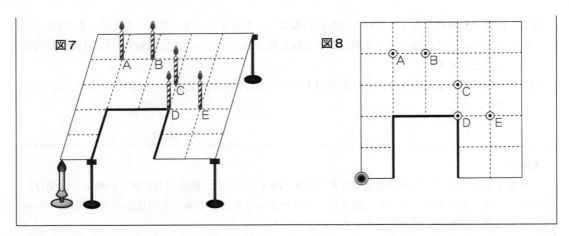

問4　5本のろうそくの中で，もっとも早くたおれるろうそくと，同時にたおれると考えられる2本のろうそくを，A〜Eの中からそれぞれ選び，記号で答えなさい。ただし，熱の伝わり方に支持台の影響はないものとします。

実験4

　次に，**実験3**で使った板に，**図9**のように別の小さな板をはめ込み，A，Bにそれぞれろうそくを立てました。**図10**は，それを上から見た図です。その板の角をガスバーナーで熱すると，BのろうそくがAのろうそくよりも先にたおれました。

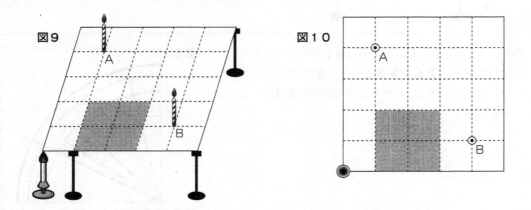

問5　はじめの大きな板とそこにはめ込んだ小さな板の物質を，24ページの**図1**にあるア〜エの中からそれぞれ1つ選び，記号で答えなさい。ただし，熱の伝わり方に支持台の影響はないものとします。

5

太郎くんは，冬休みの宿題として，豆電球を使って星座を作ろうと考えています。

次の**太郎くんと先生の会話1～3**をもとに，問1～問3に答えなさい。

太郎くんと先生の会話　1

太郎くん：先生，豆電球の明かりをつけるためにソケットを買いに行ったのですが，売り切れていて困っています。

先　　生：ソケットがなくても，工夫をすれば豆電球の明かりをつけることができますよ。**図1**のように，豆電球が1個と乾電池が1個，導線が1本あります。これだけを使って，豆電球の明かりをつけることはできるかな。**図2のソケットのしくみ**を参考にするといいよ。

太郎くん：やってみます。・・・明かりがつきました。

図1　　　　　　　　　　　　図2　ソケットのしくみ

豆電球　　乾電池　　導線

問1　太郎くんが，豆電球の明かりをつけることができたときの回路を，**図1**の絵を使って，解答用紙に書きなさい。ただし，導線は切らずに1本で使用するものとします。なお，解答用紙には豆電球の絵が書いてあります。

太郎くんと先生の会話　2

太郎くん：先生，この前，夜空を見ていたら，**図3**のような，こいぬ座の2つの明るい星が見えました。そこで，豆電球2個を導線でつないで，こいぬ座を表そうと思いますが，どのようにつなげばいいですか。

先　　生：2個の豆電球を導線でつなぐ方法は，次のページの**図4**と**図5**の2通りあります。太郎くん，つないでごらん。

太郎くん：どちらも，ちゃんと2個の豆電球の明かりがつきました。

先　　生：それでは，それぞれのつなぎ方で，片方の豆電球をソケットからはずしてごらん。

太郎くん：**図4**のつなぎ方では，もう1個の豆電球の明かりも消えてしまったけれど，**図5**のつなぎ方では，もう1つの豆電球の明かりはついたままになりました。

図3　こいぬ座

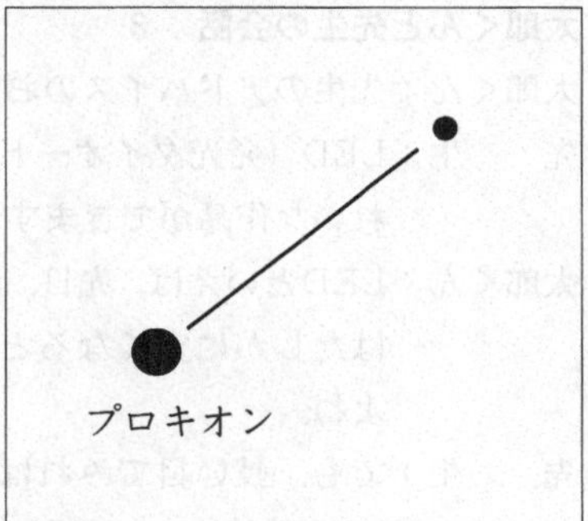

プロキオン

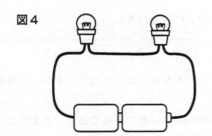

図4

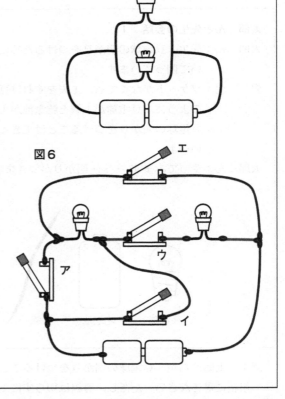

図5

図6

先　　生：そうだね。**図6**のようにつなげ
　　　　　ると，ア〜エのスイッチの組み
　　　　　合わせによって，いろいろな明
　　　　　かりのつけ方ができるよ。今度
　　　　　ためしてごらん。

太郎くん：先生，ありがとうございまし
　　　　　た。

問2　図6で2つの豆電球の明かりをつけたとき，2つのうちどちらの豆電球をソケットからはず
　　　しても，もう1つの豆電球の明かりがついたままになるつなぎ方をするためには，どのスイッチ
　　　を入れればいいですか。ア〜エの中からすべて選び，記号で答えなさい。

太郎くんと先生の会話　3

太郎くん：先生のアドバイスのおかげで，無事に冬休みの宿題が完成しました。

先　　生：LED（発光ダイオード）を使うと，いろいろな色の光を使うことができて，もっとき
　　　　　れいな作品ができますよ。

太郎くん：LEDといえば，先日，母が電気代節約のために，LED電球を買ってきました。電気代
　　　　　はたしかに安くなると思うのですが，白熱電球に比べてLED電球は値段が高いです
　　　　　よね。

先　　生：でも，長い目でみれば，LED電球の方が得かもしれないよ。太郎くん，白熱電球と
　　　　　LED電球について調べてごらん。

太郎くん：はい，調べてみます。

太郎くんが調べた結果

	値　段	１時間使用した ときの電気代	寿　命
白熱電球	８０円	１．５円	１０００時間
ＬＥＤ電球	１５００円	０．２５円	４００００時間

※白熱電球とＬＥＤ電球は同じくらいの明るさのもので，表の数字は電球１個あたりの値です。

問３　白熱電球とＬＥＤ電球を買って同時に使い始め，それぞれ１日８時間使用したとします。何日間使用すると，それぞれの電球の値段と電気代の合計がつり合いますか。**太郎くんが調べた結果**をもとに，数値を用いて説明しなさい。ただし，途中で寿命により電球が使用できなくなった場合は，再びそれと同じものを買って使用するものとします。

6

浦和中学校があるさいたま市浦和区の花は「ニチニチソウ」です。このニチニチソウは，花の寿命は数日ですが，毎日花を咲かせるという特徴があります。

花子さんは夏休みに，家で育てているニチニチソウを使って，次のような観察をしました。

次の**観察１・観察２**をもとに，問１〜問２に答えなさい。

観察１

【方法】　○まだ花を咲かせていないニチニチソウ１鉢を使い，最初に花を咲かせた日を１日目として観察を始めました。

○観察記録は毎日午後６時にとることとし，散った花を集めて数を数え，残った花にはマークをつけておき，写真をとりました。散った花はすべて片付けました。

○残っている花と散った花のうち，マークがついていない花を，新しく咲いた花として数えました。

○記録は，表１のようにまとめました。

表１

	１日目	２日目	３日目	４日目	５日目	６日目	７日目	８日目	９日目	１０日目
新しく咲いた花の数	１２	１６	８	１４	２０	２１	１８	１２	１４	１６
散った花の数	６	１２	９	１７	１５	１５	１６	１７	１１	２０

（単位：輪）

問1　**表1**をもとにすると，午後6時に咲いている花の数がもっとも多いのは何日目ですか。また，そのときの花の数は何輪ですか。それぞれ数字で答えなさい。

観察2

【方法】　○観察1で用いたものとは別のニチニチソウの鉢A・Bを用意しました。

　　　　　○咲いている花それぞれに注目して，咲き始めから散るまでの日数について記録し，**表2**のようにまとめました。例えば，Aの鉢において，咲き始めてから散るまでの日数が2日間であった花の数は，19輪ということです。

表2

	1日	2日	3日	4日
Aの鉢の花の数	20	19	13	8
Bの鉢の花の数	17	18	15	7

（単位：輪）

問2　Aの鉢とBの鉢それぞれの花が咲き始めてから散るまでの期間の平均は，どちらが長いですか。**表2**をもとに，数値を用いて説明しなさい。

平成27年度

さいたま市立浦和中学校入試問題（第2次）

【適性検査Ⅲ】 （45分） ＜満点：100点＞

次の文章や資料を読んで，問1～問3に答えなさい。

> 太郎くんの学校では，生活習慣についての調査を実施しました。保健委員の太郎くんと花子さんは，6年生の調査結果をまとめています。

花子さん：太郎くん，睡眠時間のグラフはできた？

太郎くん：※1「8～9時間」の人数と「9～10時間」の人数を，それぞれグラフに表せば完成だよ。花子さんは何を集計していたの？

花子さん：私は，睡眠時間の平均を計算したのよ。

太郎くん：今回のアンケートでは，「6～7時間」というように質問しているのに，平均を計算することができるの？

花子さん：「6～7時間」であれば，「答えた人全員が6.5時間睡眠をとった」として計算すれば，平均に近い数値が出せるって先生から教わったのよ。
その方法で計算したら，6年生150人の睡眠時間の平均は7.4時間だったわ。

太郎くん：へぇ，そうなんだ。平均が分かると，このグラフに表されていない「8～9時間」の人数と，「9～10時間」の人数も計算で求められるね。

※1 「○～○時間」は「○時間以上○時間未満」を表す。以下のグラフや表でも同様とする。

グラフ

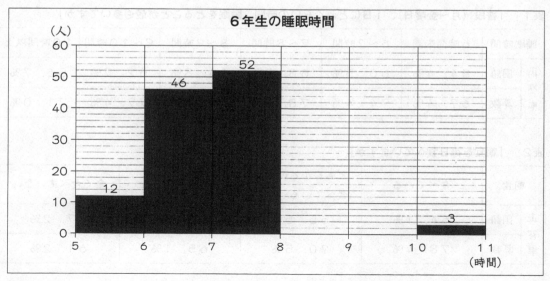

問1　太郎くんは，睡眠時間が「8～9時間」の人数と「9～10時間」の人数を，それぞれ計算で
　　求める方法とその計算結果を，花子さんに説明しようと思います。あなたが太郎くんなら，どの
　　ように説明しますか。次の条件にしたがって書きなさい。
　　条件1：解答は横書きで，1マス目から書くこと。
　　条件2：文章の分量は，250字以内とすること。
　　条件3：数字や小数点，記号についても1字と数えること。　　記入例　| 1 | 3 | . | 8 | % |

睡眠時間の調査の集計を終えた太郎くんは，生活習慣について先生と話しています。

先生　　：生活習慣の調査では，睡眠時間以外にもいろいろなことを質問しましたが，覚えてい
　　　　　ますか？
太郎くん：はい。「毎日，同じくらいの時刻に寝ているか」や「朝食を毎日食べているか」など
　　　　　も質問されました。
先生　　：全国学力・学習状況調査では，生活習慣と，国語と算数の問題の※2正答率との関係も
　　　　　調べているのですよ。
太郎くん：生活習慣と正答率に関係なんてあるのですか？
先生　　：平成25年度の小学校6年生の全国学力・学習状況調査で，「1日の睡眠時間」や「朝
　　　　　食を毎日食べているか」という生活習慣と，国語と算数の問題の正答率との関係がま
　　　　　とめられた表があるので，それを見て考えてください。
　　※2　正答数を問題数で割った値の百分率

　次の表1・表2は，平成25年度の全国学力・学習状況調査（小学校6年生約112万人分）の生活習
慣に関する調査結果と，国語と算数の問題の正答率とを，まとめたものです。

表1　「普段（月～金曜日）、1日にどれくらいの時間、睡眠をとることが最も多いですか」

睡眠時間		6時間未満	6～7時間	7～8時間	8～9時間	9～10時間	10時間以上
正答率	国語	54．4%	60．5%	63．8%	64．8%	62．7%	56．7%
	算数	67．4%	74．4%	78．0%	79．3%	77．4%	71．0%

表2　「朝食を毎日食べていますか」

朝食		食べている	どちらかといえば食べている	あまり食べていない	全く食べていない
正答率	国語	64．1%	55．5%	50．3%	47．2%
	算数	78．4%	70．5%	65．1%	61．2%

問2　太郎くんは，「1日の睡眠時間」や「朝食を毎日食べているか」の調査結果と正答率との関
　　係について，考えたことを先生に説明しようと思います。あなたが太郎くんなら，どのように説
　　明しますか。次の条件にしたがって書きなさい。
　　条件1：解答は横書きで，1マス目から書くこと。
　　条件2：文章の分量は，250字以内とすること。
　　条件3：数字や小数点，記号についても1字と数えること。　　記入例 | 1 | 3 | . | 8 | % |

　　　生活習慣について興味をもった太郎くんは，学習との関係で望ましい生活習慣はどんなものか
　　調べてみようと思い，先生から全国学力・学習状況調査の詳しい集計結果を見せてもらいました。

　　次の表3～表5は，平成25年度の全国学力・学習状況調査の結果をもとに，国語と算数の問題で，正
答数の多い順から50％の児童と，その他の児童の生活習慣の調査結果を集計したものです。なお，集
計上，合計が100％にならないことがあります。

表3　「毎日、同じくらいの時刻に寝ていますか」

		寝ている	ほとんど寝ている	あまり寝ていない	寝ていない
国語	正答数の多い順から50％	40. 0%	43. 3%	14. 4%	2. 3%
	残りの50％	34. 2%	40. 1%	20. 4%	5. 4%
算数	正答数の多い順から50％	39. 8%	43. 4%	14. 4%	2. 3%
	残りの50％	34. 5%	39. 9%	20. 1%	5. 3%

表4　「毎日、同じくらいの時刻に起きていますか」

		起きている	ほとんど起きている	あまり起きていない	起きていない
国語	正答数の多い順から50％	61. 4%	32. 2%	5. 5%	0. 9%
	残りの50％	55. 6%	32. 6%	9. 1%	2. 6%
算数	正答数の多い順から50％	61. 1%	32. 5%	5. 5%	0. 9%
	残りの50％	55. 9%	32. 4%	9. 0%	2. 6%

表5　「普段（月～金曜日）、1日当たりどれくらいの時間、テレビゲーム（コンピュータゲーム、携帯_{けいたい}式のゲーム含_{ふく}む）をしますか」

		4時間以上	3～4時間	2～3時間	1～2時間	1時間未満	全くしない
国語	正答数の多い順から50％	4. 7%	5. 4%	11. 5%	25. 0%	35. 1%	18. 2%
	残りの50％	10. 4%	9. 3%	15. 1%	24. 5%	27. 8%	12. 8%
算数	正答数の多い順から50％	4. 5%	5. 5%	11. 4%	25. 3%	35. 3%	18. 0%
	残りの50％	10. 4%	9. 2%	15. 0%	24. 3%	27. 8%	13. 2%

問３　太郎くんは，保健委員会を代表して，太郎くんの学校の調査結果や全国の調査結果をもとにして，次の学年集会で，「学習との関係で望ましい生活習慣」について説得力のある提案をしたいと思います。あなたならどのような提案をしますか。次の条件にしたがって書きなさい。

条件１：解答は横書きで，１マス目から書くこと。

条件２：文章の分量は，300字以内とすること。

条件３：数字や小数点，記号についても１字と数えること。　　記入例　| 1 | 3 | . | | 8 | % |

平成26年度

市立浦和中学校入試問題（第1次）

【適性検査 I 】 （45分）

1

~~~
　　太郎くんは，少年野球チームに所属しています。野球を題材にした小説を読みたいと思い，
学校の図書室に行ったところ，横沢彰の『スウィング！』という本を見つけました。太郎くん
は，さっそく読んでみることにしました。
~~~

　次の文章は，横沢彰著『スウィング！』（童心社）の一部です。これを読んで，問1～問6に答
えなさい。

<これまでのあらすじ>

　「おれ」こと「直」は，豪雪地帯に住む中学校3年生で，野球部に所属している。家は，
※1兼業農家だが，父（「とうさん」）は一年前の冬，除雪作業中の事故で亡くなり，今は母
（「かあさん」）と姉との3人で暮らしている。母は会社勤めのかたわら，集落の長老である
「兼三さん」の助けを借り，父の残した田んぼを耕作してきた。　しかし，母が田んぼをやめよ
うかと言い出したため，直は，中学校最後の大会を前に，野球との両立に努めながら，「田ん
ぼをやる」ことを決意する。

　翌日，学校の終学活が終わると，おれは急いで自転車を走らせて帰宅した。
　すぐに着替えて，走って兼三さんのところへ行った。
　兼三さんは家で待っていてくれた。
「かあさんから聞いとる。物好きなもんだ。」
　兼三さんはおれを見ると，ふふんと笑った。
「おれになんぞ習わんでも，小さい時から田んぼ仕事を手伝わされてきたおまえだ。おやじのやっ
とったことを思い出しながらやりゃあ，間違いない。」
　兼三さんは，いつものようにとつとつとした口調で話した。
「けど，失敗するわけにいかないから，頼みます。」
　おれは，言った。
　兼三さんは，ほうと笑って，「その気持ちがあればだいじょうぶだ。」と言った。
「さっそく，山ぁ見てくるか。」
　兼三さんにうながされて軽トラックに乗った。
　兼三さんの軽トラックは，「つかんたいら」と呼ばれている山の田んぼへ向かった。うちの田んぼの
多くはそこにある。
　県道から農道に入る。石と土のでこぼこ道だから激しく揺さぶられる。とうさんの車で山に来る
時もいつもそうだった。座席の上で尻が飛びはねるくらいだけど，けっこうおれはこれが好きなん
だ。

　つかんたいらは，集落からくねくねした農道を二キロほどあがった所にある。急坂をあがっていくから，標高はぐんと高くなる。農道の途中で，谷全体が見わたせる所がある。一本の川によってつくられた谷は，川の下流へ行くほど台地を広げている。そのはるか先の山並みの間には，紺色の海が横たわって見えた。

　さすがにあたりの残雪は量をましてくる。まわりの田畑はまだ五十センチ以上の残雪におおわれている。

　軽トラックは，うちの山小屋の前に止まった。農作業器具や肥料などを保管しておくための小さな小屋だ。

　兼三さんとおれは，軽トラックから降りた。

　空気はまだ冷たかった。

　山小屋の前に立つと，真正面にごつごつした岩山がそびえている。おれの好きな山だ。絶壁が鋭く切り立っている。つかんたいらは，集落よりさらに二百メートルは標高が高い。ここは季節が遅れている。やっとこれから春になろうとしているってところだ。どこもかしこも雪でおおわれている。林の奥まで静かだ。遠くでヤマバトかなんかの声が聞こえる。

　「山の息吹だ…。」

　兼三さんは，あたりをじっと見わたして，ゆっくり息を吐くように言った。①「また，山がはじまる…。」

　足元のざらめ雪をざくっと，長靴のかかとで掘った。

　②「なんで，つかんたいらと言うか，知っとるか。」

　ふいに，兼三さんがそんな問いをした。

　ものごころついた時から，口にしていた地名の由来など考えたこともなかった。

　「塚の平っちゅうわけだ。」

　「塚？」

　「ここら一帯は，塚のようにこんもり盛りあがった山だった。それを，大昔の先祖たちが，何年も何十年もかけて平らに開拓して，田を拓いた。そのおかげで今がある。」

　兼三さんが，あたりを見わたすようにして言った。

　おれも言われるままに，あたりを見まわした。

　平らにしたといっても，それほど広いところでもない。でこぼこの山の形を残したまま，その斜面を削るように，小さな田んぼや畑が不規則な段を作っていた。

　「ショベルカーやブルドーザーのような重機のない昔に，ここまで拓くのはたいていのことでなかったろう。昔の衆のまねは，なかなかできん。」

　兼三さんは，言った。

　「あれと，あれと，この下と，その向こう，そして，あそこの下とそのとなり。」

　兼三さんは，うちの田んぼを言い当てた。

　自分のうちの田んぼくらいおれだって知っている。けれど，残雪でおおわれてわかりづらくなっている棚田の形状をいちいち見て確認することもなく，兼三さんが正確に指さしたことには，驚いた。

　「ほんとは，まだある。」

　兼三さんが，言った。

「え?」

「あの林の下に小さな田が三枚あった。それもおまえのうちの田だ。おまえのじいちゃんの頃は作っとった。けんど，あそこは耕うん機も簡単には入らん。それで，③荒らした。おまえのおやじはだいぶ迷ったけんどな。」

兼三さんの指さす方を見た。

雪をかぶっているので荒らされた田んぼかどうかはよくわからない。そこにはもう何本も大きな雑木が生いしげっていた。

「向こうの田は，一昨年荒らした。作り手が死んだ。あっちの上の田は，三年前，荒らした。一家で街へ出ていった。」

兼三さんは，言った。

「こんな山の田んぼにしがみついて何になるというもんもおる。それにゃ，おれもうまく答えられん。けんど，何百年つないできても，たった二，三年荒らしただけで，田は山に帰ろうとする。」

兼三さんは，「見ろ。」と，遠くの山すそを指さした。段々になった斜面は棚田の跡のようだった。雪の中から，細かな雑木の枝が無数に突きだしていた。「ああやって，木がすぐに生えはじめる。」と，目をこらすようにした。

「山に帰ってしまった田はもう耕せん。それだけは，確かだ。」

兼三さんは，静かに言った。

(いまある田んぼもやめれば，そうなるのか…)

おれは，目の前の雪の下に広がっている田んぼを思った。④とうさんが言っていた「田んぼを守る」という言葉が思い出された。

「さて，はじめるぞ。」

といって，兼三さんは軽トラックの荷台からスコップを二丁持ってきた。

兼三さんは田んぼの中ほどまで歩いていき，適当なところを決めて，雪を掘りだした。

おれもそこから少し離れた雪原にスコップを刺した。雪が固いので，長靴の底で蹴ってスコップを突きたてる。雪を四角く切って掘りだし，わきに放った。五十センチも掘ると，田んぼの土が出てきた。田んぼのあちこちに，直径二メートルほどの穴を掘りだすという作業だ。

「こうして穴のあいたところから，雪消えが早まる。」

兼三さんはスコップを動かしながら，言った。

「むだな仕事のようだが，こうすりゃ一週間は仕事を早められる。山ん中で田んぼするにゃそれなりの努力も必要だ。ぬくとい春になってから， D 出てきたんじゃあ遅い。」

兼三さんの言葉に，おれは黙ってうなずいた。

こんな作業は手伝ったことはなかったが，たしかとうさんも春先に田んぼの雪消しに行ってくると言ってたことがあったなと，思った。おれの知らない田んぼの仕事はいっぱいある。おれは黙って，雪を掘る兼三さんの背中を見つめた。

しばらくして，※2畦ぎわの雪を掘りおこしていた兼三さんが，

「ほうっ。」

と，おれをふり返った。

呼ばれて兼三さんのところに歩みよると，用水が流れているわきの畦が掘りだされていた。兼三さんは自分の掘った雪の穴をあごで示した。

　おれはうながされた穴の中をのぞきこんだ。用水わきの土手に，ぷくっとふくらんだうす黄緑色の芽がのぞいていた。

「あ，ちゃんまいろだっ。」

　ふきのとうが雪のかぶった土をおしのけるようにして芽を出していた。

「たいしたもんだ。」

と，兼三さんはスコップの手を休めて，息をついた。

「こんなぶあつい雪の下に埋もれておるのにしっかり芽を出しておる。どこで春を感じるのだか。人間なんぞ，自然にはとうていかなわん。」

　兼三さんは目を細めてふきのとうを見つめた。兼三さんの口元から白い息がゆっくりと風に流れた。

（たしかにそうだな…）

　おれのこぶしよりもずっと小さなふきのとうが，雪を割って　E　芽を出してくる姿が頭に浮かんだ。

「もう一時間もすりゃ日が暮れる。こんな具合にやっていけ。」

　⑤兼三さんは仕事の手順をおれに教えおわると，自分の田んぼに行くと言って，スコップを肩に担いで，雪の畦道を歩いていった。　　　　　　　　　　　（一部ふりがなをつけるなどの変更があります）

※1　兼業……本業のほかに他の業務を兼ねること。

※2　畦………田と田の間に土を盛り上げて境としたもの。

問1　下線部①「また，山がはじまる…。」とありますが，太郎くんは，このときの兼三さんの気持ちを，次のようにまとめました。空らん　A　にあてはまるもっとも適切な漢字1字を答えなさい。

> 　A　が近づき，今年の農作業が本格的に始まるのを前にした，緊張と期待。

問2　下線部②「なんで，つかんたいらと言うか，知っとるか。」とありますが，兼三さんはなぜ直に地名の由来を聞かせようとしたのですか。太郎くんは，次のようにまとめました。空らん　B　にあてはまる内容を，30字以上40字以内で書きなさい。

> 兼三さんは，　　　　　　　　　B　　　　　　　　　から。

問3　下線部③「荒らした」とありますが，(1)どういう意味で言っているか，太郎くんは考えました。太郎くんの考えた内容を書きなさい。

　　また，(2)なぜ「荒らした」状態になってしまうのか，太郎くんは，次のようにまとめました。空らん　C　にあてはまる内容を，20字以上25字以内で書きなさい。

> 「荒らした」状態になってしまうのは，　　　　　C　　　　　から。

問4　下線部④「とうさんが言っていた『田んぼを守る』という言葉が思い出された。」とありますが，太郎くんは，直がとうさんの言葉をどういう意味で受け止めたか考えました。適切ではないものを，次のア～エの中から1つ選び，記号で答えなさい。

ア　直の家が代々継承してきた農業を，今後も続けていくという意味。

イ　地域の自然環境を守り，景観を壊さない努力をしていくという意味。

　ウ　土地の人間として，農業を次の世代に守り伝えていくという意味。

　エ　土地の歴史や風土に合った方法で，耕作を続けていくという意味。

問5　空らん　**D**　と　**E**　のそれぞれに入るもっとも適切な言葉を，次のア〜エの中から1つずつ選び，記号で答えなさい。

　ア　いそいそ　　イ　のこのこ　　ウ　むくむくと　　エ　おずおずと

問6　下線部⑤「兼三さんは仕事の手順をおれに教えおわると，自分の田んぼに行くと言って，スコップを肩に担いで，雪の畦道（えがみち）を歩いていった。」とありますが，太郎くんは，兼三さんがどのような人物として描かれているか，次のようにまとめました。もっとも適切なものを，次のア〜エの中から1つ選び，記号で答えなさい。

　ア　地域の現状を伝えたうえで，直の決意がどれほどのものかを，課題を与（あた）えて人を試（ため）そうとする人物。

　イ　直のことを気にかけ，自分が父親に代わって手取り足取り面倒（めんどう）を見て，指導しようとしている人物。

　ウ　直の考えを誠実に受け止め，地域の現状をきちんと理解して，自立してほしいと期待している人物。

　エ　安易な気持ちで田んぼをやると言い出した直に対し，軽くあしらう態度で人を見下そうとする人物。

2

> 花子さんは，「将来の夢」という題で作文を書くことになりました。英語と歴史が好きな花子さんは，大人になったら，海外で日本の歴史を教えたいと思っています。でも，歴史って何を教えればいいのだろう，歴史って何だろうという疑問がわいてきました。そんな時，お母さんから1冊の古い本を渡（わた）されました。それは，お母さんが子どもの時に読んだ『兄小林秀雄（ひでお）との対話』という本でした。

　次の文章は，髙見沢潤子（たかみざわじゅんこ）著『兄小林秀雄との対話』（講談社現代新書）の一部です。これを読んで，問1〜問4に答えなさい。この文章は，筆者と兄である小林秀雄との会話形式で書かれています。

「あたしは，学生時代，いちばんいやな科目は，歴史と地理だったわ。試験になると，一生懸命（けんめい）頭につめこんで，試験がすめばみんなきれいに忘れてしまった。」

①「歴史や地理は，暗記ものといわれて，おもしろくないものとされていたからね。」

「だから，よく先生から，"あなたは，暗記ものがよくありませんねえ"っていわれたわ。」

「歴史家や歴史の教師の，歴史というものに対する心構えを改めてもらわないじゃ，ほんとにしようがないな。ぜんぜんまちがってるんだ。心構えがまちがってるから，教えかただってまちがってる。あんな教えかたをすりゃ，歴史の時間は，おもしろくなりっこないよ。ほんとうは，歴史というものは，だれにでもおもしろいものでなくちゃならないんだがね。みんなが，理解しなくちゃならない思想なんだがね。」

「いまになって，あたしも，もうすこし日本歴史を勉強しとけばよかったと思う。いろんなことで，歴史を知ってたら，どんなにとくになっただろう，と思うことがあるわ。」

「ほんとうは，歴史っていうものは，歴史学なんて，専門的に考えるのではなくて常識にしてほしいんだな。日本歴史というものは，歴史について国民の常識をやしなうのに，役にたってほしいんだ。」

「あたしたちは，日本人なのに，日本歴史を知らなすぎる。」

「知らないね。日本の※1インテリぐらい，自分の国の歴史を知らないものはない。戦前からそういう傾向(けいこう)があったのだが，戦後はまた歴史の書きかえなどといって，あったがままの歴史に接する機を逸(いつ)している。それはけっきょく，歴史学者，歴史の専門家の，歴史に対する態度がまちがってるんだな。歴史を語るといいながら，もちろん本人はまじめに歴史を語ってるつもりだろうが，一種の社会学しか語ってやしない。だからおもしろくもなければ，感動もしないんだ。」

「…………」

「たとえば，明治維新(いしん)のときのことを考えても，そのときの歴史をくわしくしらべれば，ふっうの人なら，涙(なみだ)なくしては読むことができない。ところが，そういう読みかたがいけない。そういう文学的な※2臭味(しゅうみ)は，歴史から取りのぞかなければいけない，という考えかたばかりが強いのだ。歴史というものは，物理的現象じゃないんだからね。歴史の秩序(ちつじょ)は，自然の秩序とは，本質的にちがうからね。」

「秩序がちがうって……。」

「　Ａ　というものは，人間がいなくたって，それ自体で存在するものだろう。だけど歴史は，人間の体験がなくちゃ，存在しないじゃないか。歴史は人間と離(はな)れることはできない。いつも人間といっしょさ。人間といっしょにはじまって，人間といっしょに終わるんだ。だから，ほんとうの歴史は，おもしろい人間の性格や，尊敬すべき生活の事実談でいっぱいなんだ。そういうものを学んで，常識を養うようにしなければいけないのに，そういうものを，歴史教育からしめ出してしまってるだろう。そのために歴史はちっともおもしろくない，暗記ものになってるんだ。」

「もっと，建武中興なら建武中興，明治維新なら明治維新というような，歴史の急所に重点をおいて，そこをできるだけくわしくとりあげて，日本の伝統の※3機微(きび)，日本人の生活の機微を教える，そういうことを，思いきってやればいいと思うな。人生がその機微によって生きているのなら，歴史もそうだ。人生の機微に対して，若い人は敏感(びんかん)だからね。そういうものに感動しようと待ちかまえているんだ。その若々しい青年の心を，できるだけ尊重するんだな。」

「そうすれば，歴史も暗記ものじゃなくなるわね。」

「なくなる。ところがいまの歴史家は，歴史の客観性だとか，必然性だとか，法則性だとか，やかましくいうばかりで，その心構えは物質に対する科学のようにつめたい。歴史をもっと　Ｂ　目で見なけりゃだめだ。過去を惜(お)しむ気持ちで。」

「にいさんは，歴史はけっして二度とくりかえさない，といったわね。」

「ああ，くりかえさないよ。いったんできてしまったことは，もうとり返しがつかない。だから，過去を惜しむんじゃないか。そのできごとが，歴史上の事実として，かつてあった，というだけではなく，②そのできごとが，いまもなお，感じられるようにならなければいけないんだ。」

「…………」

「たとえば，子どもを失った母親にとって，子どもが，いつ，どこで，どんな原因で死んだかが問題じゃない。かけがえのない子どもが死んだという事実だけが，いつまでも，悲しく，あきらめきれず，心の底に残ってるだろう。母親が，子どもを愛しているからこそ，死んだという事実が，確

実になってくるんだ。歴史ということはそういうことだ。死んだ子に対する母親の悲しみとおんなじことなんだ。」

（一部省略やふりがなをつけるなどの変更があります）

※1　インテリ……知識層。　　※2　臭味（みょう）……くさみ。

※3　機微（びみょう）……表面にあらわれない微妙な心のはたらきやことがら。

問1　下線部①「歴史や地理は，暗記ものといわれて，おもしろくないものとされていたからね。」とありますが，花子さんは，小林秀雄が，歴史についてどのように考えているか，まとめました。そのまとめとして，適切ではないものを，次のア〜エの中から1つ選び，記号で答えなさい。

ア　歴史家や歴史の先生の歴史に対する心構えや教えかたを改めるべきだ。

イ　歴史をだれにでもおもしろく，みんなに理解されるように教えるべきだ。

ウ　歴史を国民の常識をやしなうのに役にたてるべきだ。

エ　歴史を一種の社会学としてとらえて，まじめに語るべきだ。

問2　お母さんの本は古かったので，汚（よご）れて読めないところがありました。空らん　A　と　B　に入るもっとも適切な言葉を，それぞれ次のア〜エの中から1つ選び，記号で答えなさい。

> A　　ア　自然　　　イ　生活　　　ウ　秩序　　　エ　科学
>
> B　　ア　きびしい　イ　こまかい　ウ　あたたかい　エ　するどい

問3　下線部②「そのできごとが，いまもなお，感じられるようにならなければいけないんだ。」とありますが，花子さんは，ここで小林秀雄が何を言いたいか，次のように考えました。その内容としてもっとも適切なものを，次のア〜エの中から1つ選び，記号で答えなさい。

ア　歴史上の事実を客観的に感じること。

イ　歴史上の事実を専門的に考えること。

ウ　歴史上の事実の原因をつきつめること。

エ　歴史上の事実を自分のことのように感じること。

問4　花子さんは，次のように作文を書き上げました。

(1)空らん　C　と　D　にあてはまる内容を，5ページから6ページの文章中から探し，空らん　C　は，20字以上25字以内で，空らん　D　は，15字以上20字以内で書きぬきなさい。

また，花子さんは，**資料1**も参考にして作文を書きました。(2)空らん　E　には，**資料1**から読み取ったことが書かれています。花子さんの書いた内容を想像して，書きなさい。

花子さんの作文

　将来，日本の歴史を教える先生になりたい。それが，私の夢です。母は，高校で日本史を教えています。その母から，『兄小林秀雄との対話』という本を渡（わた）されました。「小林秀雄さんは，難しい文章を書く人だけれど，この本は妹さんと小林秀雄さんとの対話形式になっているの。『歴史とは何なのか』という小林秀雄さんの考えを参考に，花子も歴史についての考えを深めてみたら。」と，アドバイスをもらいました。

　小林秀雄さんは，本の中で，歴史は，人間の体験がなければ存在しない，したがって，ほんとうの歴史は，□□□□□□ C □□□□□□で満ちている，そういうものを学ぶべきだと言っています。また，ある時代の歴史に注目し，詳（くわ）しくとりあつかい，□□□□□□ D □□□□□□を教えることをすればいいとも言っていました。私は，この考えに共感しました。

　　私は，幕末から明治維新の歴史に興味があります。激動の時代から，文明開化に突き進む日本人の姿は，魅力的です。日本を変えよう，世界に学ぼうと必死でした。　しかし，最近のアンケートを見ると，[　　　　　　　E　　　　　　　]。

　　私は，日本の歴史を海外で教えたいという夢を持っています。ハーバード大学で日本史を教え，活躍する日本人女性がいるという話を聞いたことがあるからです。私も，日本の伝統や生活，魅力的な人物について，世界に発信することを仕事にしたい。日本の魅力や存在感を，日本の歴史をとおして世界の人たちに語り，一緒に感動し合いたい。これが私の将来の夢です。

資料１　小学校６年生と中学校３年生へのアンケート結果

将来，外国へ留学したり，国際的な仕事に就いたりしてみたいと思いますか。

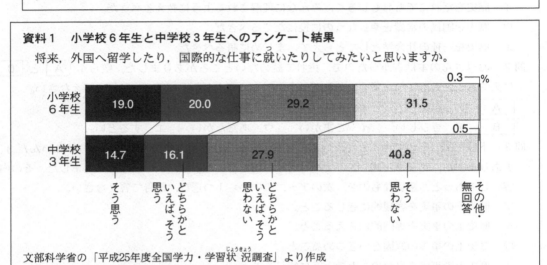

文部科学省の「平成25年度全国学力・学習状況調査」より作成

3

　　花子さんは，授業で習った松尾芭蕉に興味をもち，調べてみたところ，嵐山光三郎の『芭蕉紀行』という本を見つけました。芭蕉は，『奥の細道』という旅行記を残しています。

　　次の文章は嵐山光三郎著『芭蕉紀行』（新潮文庫）の一部です。これを読んで，問１〜問４に答えなさい。

　　芭蕉の名前を最初に知ったのは中学三年の国語の授業で，教師より『奥の細道』の冒頭「月日は百代の過客にして，行かふ年も又旅人也。・・・」を暗誦させられた。そのときは意味もわからず「ツキヒハハクタイノカカクニシテ・・・」とお経のように覚えたものだが，そのうち芭蕉の言霊が躰にしみてきて授業をほっぽりなげて旅に出たくなった。で，中学三年の夏休み，私はひとりで日光，黒羽，白河まで出かけ，阿武隈川を見て帰ってきた。東北新幹線などない時代だからここを廻るだけで一週間かかった。そのさきの松島，平泉まで行ったのは中学の修学旅行で，中尊寺金色堂に入ったときは目玉が黄金に染まり，ぶったまげて腰がぬけた。森の闇と，（金色堂）内部の黄金が隣りあわせにあるこの世のからくりを目撃した。

　　祓川から百メートルも進むと，天然記念物の翁杉に出会う。杉の下に野草が白い花を咲かせてお

り，死んで極楽へ向かう小道はこんな風景ではないだろうか，と考えた。翁杉は樹齢一千年という大木で，三百年前に訪れた芭蕉もまた，この老杉に立ち会っている。

芭蕉は，この地で，自然が本来的に持つ大きな力に包まれていた。樹々の暗闇と，そこへ差し込む一条の光，風に揺れる木の葉，杉の幹，土の匂い，咲く花々，そういった命あるものは必ず滅びる。流れゆく川は，もとの形をとらずに変化して，また新しい姿になる。※1不易流行の理念が，ふつふつと湧いてきたのであろう。変化は即ち不易なのであり，句は一刻たりとも同じ境地に停滞してはいけない。

芭蕉は，目に触れる現象の奥にある根源的な命をさぐりあてようとしており，森の力を浴びると，この理念がすーっと自然体で感じられるのであった。

どこへいっても芭蕉のファンに会った。深川芭蕉庵でも，白河の関でも，山中温泉でも，『奥の細道』文庫本を持った紳士淑女が感慨深げに旅をしている。芭蕉さんは圧倒的人気があり，読む人の心をズバッととらえる俳句を作った。芭蕉は，われわれ百人がかかってもかなわない文人だが，芭蕉が没して三百年たち，なお①芭蕉を慕って旅をする人がこんなに多いことが驚きである。日本はまことに文芸国家であって，芭蕉をこれほど大切にする人々にも力がある。芭蕉も力技だが読者にも力があるのだと思う。芭蕉が放った言霊が地に棲みつき，みんなそれに会いにいくのである。旅さきの※2俳枕で，旅する者は芭蕉と会い，無言の会話をし，その一瞬に天から句が降ってくる。そこには，　　B　　とは別の感動がある。　　（一部省略やふりがなをつけるなどの変更があります）

※1　不易流行……不易はいつまでも変化しないこと。流行は新しさを求めて時代とともに変化するもの。

※2　俳枕……俳句に詠まれた名所・旧跡。

問1　下線部①「芭蕉を慕って旅をする人がこんなに多い」とありますが，花子さんは，なぜ筆者が芭蕉を慕って旅をする人が多いと考えているのか，まとめました。空らん　A　にあてはまる内容を文章中から探し，10字以内で書きぬきなさい。

> 読者が，　　　A　　　に会いにいくから。

問2　文章中の空らん　B　にあてはまる語句としてもっとも適切なものを，次のア〜エの中から1つ選び，記号で答えなさい。

ア　本で読むとき

イ　旅をするとき

ウ　自然に包まれるとき

エ　句を作るとき

問3　花子さんは，芭蕉が『奥の細道』の旅路で通った都道府県についてカードにまとめました。資料1はその旅路の一部です。資料1の　　の地点がある都道府県の説明を表す以下の【ア】〜【ク】のカードを，芭蕉が通った順番どおりに並びかえ，記号で答えなさい。

（資料1，カードは次のページにあります。）

カード

【ア】気仙沼港は多くの魚が水あげされています。東北地方の中心都市である仙台市があります。

【イ】雪が多く降る地域です。全国的な米の産地である、越後平野があります。

【ウ】ねぎやかぶの産出額が全国で上位です。盆栽村がある都市では、世界盆栽大会が開催される予定です。

【エ】郷土料理のきりたんぽが有名です。伝統的な民俗行事に「なまはげ」があります。

【オ】いちごの生産がさかんです。日光東照宮には多くの観光客がやってきます。

【カ】北上川が県のほぼ中央を北から南へ流れています。宮沢賢治の故郷です。

【キ】さくらんぼの生産がさかんです。日本有数の米の産地である、庄内平野があります。

【ク】会津若松市は、古い城下町です。尾瀬国立公園には多くの自然が残されています。

資料1

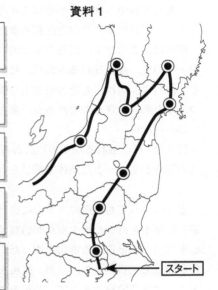

スタート

問4　花子さんは，芭蕉について新聞にまとめました。その中で芭蕉が活躍した江戸時代と，中尊寺金色堂ができた平安時代を比べました。次のページの「芭蕉新聞」をもとにして，(1)と(2)に答えなさい。

(1)　空らん【B】にあてはまる言葉を，「芭蕉新聞」の平安時代にならって，20字以上30字以内で書きなさい。

(2)　空らん【C】にあてはまる文を，「女性」「朝廷」という語句を必ず用いて，20字以上30字以内で書きなさい。

芭蕉新聞

発行者　浦和花子

夏草や兵どもが夢の跡
—はかなく消えるこの世の栄華—

江戸時代 B

【政治】
大名は参勤交代によって自分の妻子を人質として江戸に残し、多くの場合、大名自身は一年おきに江戸と領地とを往復することが義務付けられた。

【文化】
町民が中心となって、新しい文化が栄えた。浮世絵や芝居が、人々の人気を集めた。

↑時代を比べました↓

平安時代 C

桓武天皇が都を平安京に移し、約四百年間続いた時代

【政治】
朝廷の政治は一部の有力な貴族が行うようになった。なかでも藤原氏は大きな権力をふるった。

【文化】
日本の風土に合った日本風の文化が生まれた。

《芭蕉のプロフィール》
伊賀国（現在の三重県伊賀市）で生まれた。武士であったが、俳諧を学び、江戸に出て本格的に俳諧を学んだ。
元禄2年（1689年）3月に江戸を出発し、弟子の曾良と一緒に東北地方などを旅して『奥の細道』を書き残した。

《主な作品》
『野ざらし紀行』『嵯峨日記』『更科紀行』

4

さいたま市で行われる自転車の競技会を応援するためにフランスから来日したフィリップくんは，和食がすっかり気に入りました。太郎くんは和食の魅力をもっとフィリップくんに教えようといろいろ調べてみたところ，新聞で次のような文章を見つけました。

次の文章は，京都大学の山極寿一教授の「時代の風：日本人と和食」という見出しで，毎日新聞に掲載された文章です。これを読んで，問1～問5に答えなさい。

このほど文化審議会が，①ユネスコの無形文化遺産に和食の登録を提案することを決めた。自然を尊重する日本人の基本精神にのっとり，地域の自然特性に見合った食の慣習や行事を通じて家族や地域コミュニティーの結びつきを強める重要な文化というのが主な理由だ。大変いいことだと思う。これを機に，和食と日本人の暮らしについて過去の歴史を振り返り，食の文化を育んできた日本列島の自然と人間の関わりについて多くの人々が思いをめぐらしてほしいからだ。

私の専門分野である霊長類学は，人間に近い動物の生き方から人間の進化や文化を考える学問である。人間以外のサルや類人猿（ゴリラやチンパンジー）を野生の生息地で追っていると，「生き

ることは食べることだ」と思い知らされる。彼らの主な食べ物は自然のあちこちに散らばり，季節によってその姿を変える植物だ。いつ，どこで，何を，どのように食べるかが，一日の大きな関心事である。群れを作って暮らすサルたちはそれに加えて，「だれと食べるか」が重要となる。一緒に食べる相手によって，自分がどのように，どのくらい食物に手を出せるかが変わる。②相手を選ばないと，食べたいものも食べられなくなってしまうからだ。

日本列島には43万～63万年前からニホンザルがすみついてきた。人間が大陸から渡ってきたのはたかだか２万数千年前だから，彼らの方がずっと先輩である。日本の山へ出かけてサルを観察すると，彼らがいかにうまく四季の食材を食べ分けているかがわかる。新緑の春には若葉，灼熱の夏は果実と昆虫，実りの秋は熟した色とりどりの果実，そして冷たい冬は落下ドングリや樹皮をかじって過ごす。

サルに近い身体をもった人間も，これらの四季の変化に同じように反応する。もえいずる春には山菜が欲しくなるし，秋には真っ赤に熟れた柿やリンゴに目がほころぶ。人間もサルと同じように植物と長い時間をかけて共進化をとげてきた証しである。③人間の五感は食を通じて自然の変化を的確に感知するように作られてきたからだ。

人間はサルと違うところが二つある。まず，人間は食材を調理して食べる点だ。植物は虫や動物に食べられないように，硬い繊維や※１二次代謝物で防御している。それを水にさらしたり，火を加えたりして食べやすくする方法を人間は発達させた。さらに人間は川や海にすむ貝や魚を食材に加え，野生の動植物を飼養したり栽培したりすることによって得やすく，食べやすく，美味にする技術を手にした。人間は文化的雑食者であるとも言われる。日本人もその独特な文化によって，ニホンザルに比べると圧倒的に多様な食材を手に入れることができたのである。

もう一つの違いは，人間が食事を人と人とをつなぐコミュニケーションとして利用してきたことだ。サルにとって食べることは，仲間との※２あつれきを引き起こす原因になる。自然の食物の量は限られているから，複数の仲間で同じ食物に手を出せばけんかになる。それを防ぐために，ニホンザルでは弱いサルが強いサルに遠慮して手を出さないルールが徹底している。強いサルは食物を独占，決して仲間に分けたりはしない。そのため弱いサルは場所を移動して別の食物を探すことになる。

ところが人間はできるだけ食物を仲間と一緒に食べようとする。一人でも食べられるのに，わざわざ食物を仲間の元へ持ち寄り共食するのだ。共食の萌芽はすでにゴリラやチンパンジーに見られる。彼らはもっぱら弱い個体が強い個体に食物の分配を要求し，いっしょに食べることがある。人間はその特徴を受け継ぎ，さらに食物を用いて互いの関係を調整する社会技術を発達させたのだ。

食事は人間同士が無理なく対面できる貴重な機会である。人間の顔，とりわけ目は対面コミュニケーションに都合良く作られている。顔の表情や目の動きをモニターしながら相手の心の動きを知り，同調し，共感する間柄をつくることができる。それが人間に独特な強い信頼関係を育み，高度で複雑な社会の資本となっていった。

日本人の暮らしも，食物を仲間と一緒にどう食べるかという工夫の上に作られている。日本の家屋は開放的で，食事をする部屋は庭に向かって開いている。四季折々の自然の変化を仲間と感じ合いながら食べるために設計されている。鳥や虫の声が響き，多彩な食卓の料理が人々を饒舌にする。その様子をだれもが見たり聞いたりでき，外から気軽に参加できる仕組みが，日本家屋の造りや和食の作法に組み込まれている。だが，昨今の日本の暮らしはプライバシーと効率を重んじるあまり，食事の持つコミュニケーションの役割を忘れているように思う。和食の遺産登録を機に，④自然と人，人と人とを豊かにつなぐ日本の和の伝統を思い返してほしい。

（一部ふりがなをつけるなどの変更があります）

※1 二次代謝物……生物自身が作り出す物質のことであり，有名なものとして抗菌物質や色素などが挙げられる。ここでは，中毒を起こす物質のことを指す。

※2 あつれき………仲が悪くなること。

問1 太郎くんは日本で下線部①「ユネスコの無形文化遺産」になっているものをフィリップくんに見せようと思い，写真を探しました。ふさわしい写真を，次のア〜カの中からすべて選び，記号で答えなさい。

ア

イ

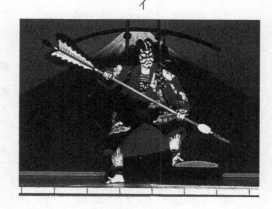

ウ

エ

オ

カ

問2　下線部②「相手を選ばないと，食べたいものも食べられなくなってしまう」とありますが，太郎くんは，ニホンザルがどのような相手であればえさを必ず食べられると考えましたか。10字以内で答えなさい。

問3　下線部③「人間の五感は食を通じて自然の変化を的確に感知するように作られてきた」とありますが，太郎くんは，給食の時間に栄養士の先生が言っていたことを思い出しました。魚，野菜，果物などがよくとれて，味のもっともよい時期を「旬（しゅん）」といいますが，次のア〜シの中から，旬の食材を，季節ごとに2つずつ選び，記号で答えなさい。

[　　] [　　] たけのこ	春	夏	[　　] [　　] なす
[　　] [　　] みかん	冬	秋	[　　] [　　] さんま

ア　きゅうり　　イ　納豆（なっとう）　　ウ　柿　　エ　ぶり　　オ　いちご　　カ　牛乳
キ　もやし　　ク　すいか　　ケ　卵　　コ　白菜　　サ　あさり　　シ　さつまいも

問4　下線部④「自然と人，人と人とを豊かにつなぐ日本の和の伝統」とありますが，日本には季節ごとにいろいろな行事があり，それらの行事のときに食べる特別な料理を「行事食」といいます。(1)この時期（1月）にあなたが食べた，または日本でよく食べられている行事食にはどのようなものがあるか，答えなさい。

　また，(2)その行事食に込められた願いを調理法や具材などを取り上げて，具体的に説明しなさい。

問5　太郎くんは，フィリップくんからフランスでも日本食レストランが増えてきている様子などを聞きました。次のページの**資料1**から，ヨーロッパでも和食が健康に良いとして，人気になっている理由を2つ考えて，答えなさい。

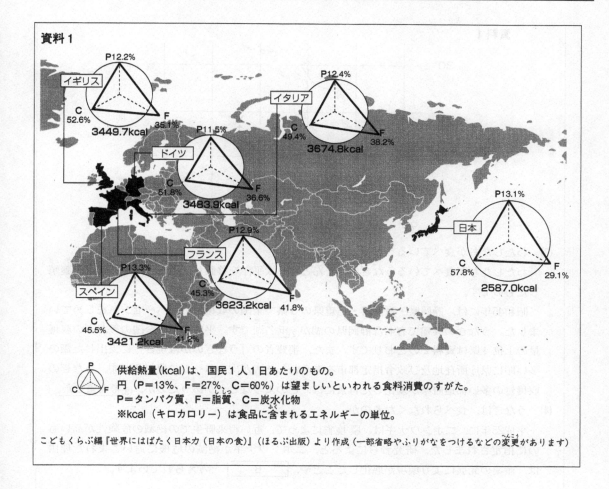

資料1

P
C△F
供給熱量(kcal)は、国民1人1日あたりのもの。
円（P＝13%、F＝27%、C＝60%）は望ましいといわれる食料消費のすがた。
P＝タンパク質、F＝脂質、C＝炭水化物
※kcal（キロカロリー）は食品に含まれるエネルギーの単位。

こどもくらぶ編『世界にはばたく日本カ（日本の食）』（ほるぷ出版）より作成（一部省略やふりがなをつけるなどの変更があります）

5

うなぎ料理は，さいたま市の伝統産業です。太郎くんは，夏休みの自由研究でうなぎについて調べました。

次の太郎くんが調べた「うなぎの研究」をもとにして，問1〜問5まで答えなさい。

うなぎの研究

(1) うなぎの産卵場所

日本で食べられるうなぎの産卵場所は，2009年，東京からはるか2000kmも南のマリアナ諸島の西方海域であるということがつきとめられました。

次のページの資料1の地図の「×」印がその産卵場所です。×の位置は ┃　　A　　┃ です。

(2) うなぎの移動

うなぎは，成長すると，台湾から日本列島に向かって流れる①黒潮と呼ばれる海流によって日本の太平洋岸に出現します。

資料1

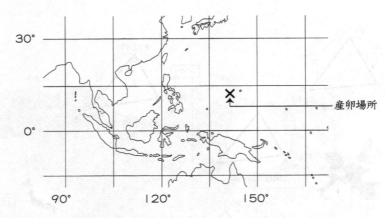

（3）わたしたちが食べているうなぎについて

　　わたしたちが食べているうなぎのほとんどは，太平洋を移動してきたうなぎの稚魚を養殖したものです。

　　昭和45年には，静岡県・愛知県・三重県の3県で全国の収穫量の90パーセントをしめていました。うなぎの養殖で有名な静岡県の湖が②浜名湖です。平成24年の全国のうなぎの収穫量の上位4県は**資料2**のとおりです。また，消費者の「うなぎのかば焼き」に支出した額の多い順に県庁所在地及び政令指定都市をあらわした表が次のページの**資料3**です。うなぎの収穫量の多い都道府県が変化した背景には，どのようなことがあったのか，③考えました。

（4）うなぎは，食べられなくなるのか

　　平成25年に，ニホンウナギは，環境省によって，近い将来野生での絶滅の危険性が高いものに指定されました。研究者らによると，ニホンウナギが絶滅の危機に追いこまれた理由は，産業の発展により環境が悪化したことや，　　　B　　　と考えられています。

資料2 平成24年都道府県別うなぎの収獲量

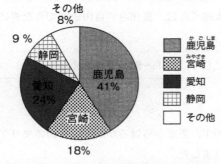

農林水産省の「内水面養殖業都道府県別魚種別収獲量」より作成

資料3 都道府県県庁所在地及び政令指定都市1世帯の「うなぎのかば焼き」年間支出額
（平成22〜24年平均）

順位	都市名	金額(円)	順位	都市名	金額(円)
1	浜松市	5,817	18	さいたま市	2,897
2	京都市	4,495	:	:	:
3	大阪市	4,001			
4	大津市	3,933	32	鹿児島市	2,140
5	金沢市	3,775	:	:	:
6	名古屋市	3,701			
7	奈良市	3,666	45	宮崎市	1,578
8	津市	3,592	:	:	:
9	堺市	3,514			
10	静岡市	3,451	51	那覇市	1,308

問1 空らん ▢A▢ に入る×印の位置を，緯度・経度の順に，小数点を使わずに，およその数で表しなさい。

なお，地図中の緯線と経線は15度おきにひかれているものとします。

問2 下線部①「黒潮」について述べた文として，もっとも適切なものを，次のア〜エの中から2つ選び，記号で答えなさい。

ア　黒潮は暖流で，冬でも海面温度が20℃近くになる。

イ　黒潮は寒流で，日本の太平洋側の陸地の気温を下げる。

ウ　黒潮は対馬海流と日本海でぶつかり，日本海沿岸に良い漁場をつくる。

エ　黒潮は親潮（千島海流）と日本の三陸海岸の沖合でぶつかり，良い漁場をつくる。

問3 次のa〜dは，下線部②「浜名湖」をふくむ4つの日本の湖に関する説明文です。説明文と湖の名前の組み合わせとしてもっとも適切なものを，次のア〜エの中から1つ選び，記号で答えなさい。

a　湖の面積は日本の湖の中で最も大きく，湖がある県の面積のおよそ1／6をしめる。

b　白鳥の飛来地として有名で，付近に黄熱病の研究で知られる医学者の記念館がある。

c　湖の水は首都の上水道として供給され，その北側には茶畑がひろがっている。

d　湖の東には楽器製造やオートバイ製造で有名な都市がある。

ア　a－琵琶湖　　　b－猪苗代湖　　c－浜名湖　　d－狭山湖

イ　a－猪苗代湖　　b－琵琶湖　　　c－狭山湖　　d－浜名湖

ウ　a－猪苗代湖　　b－琵琶湖　　　c－浜名湖　　d－狭山湖

エ　a－琵琶湖　　　b－猪苗代湖　　c－狭山湖　　d－浜名湖

問4　下線部③「考えました。」とありますが，太郎くんが，**資料2**と**資料3**から考えたこととして適切では<u>ない</u>ものを，次のア～エの中から1つ選び，記号で答えなさい。

　ア　温暖で水が豊かな地域に　うなぎの養殖地が移ってきた。
　イ　日本人の食生活が変化し，うなぎを食べる人が減ってきた。
　ウ　保存技術の進歩によって，うなぎを何百キロも離れた場所まで輸送できるようになった。
　エ　高速道路や鉄道の発達によって，うなぎを，遠くまで時間をかけずに運べるようになった。

問5　空らん　B　にあてはまる内容を書きなさい。

【適性検査Ⅱ】 （45分）

1

　太郎くんは，自転車の走行を許可されている歩道を自転車で走っていると，お父さんが運転する自動車が信号Aで止まっているのを見かけました。信号Aが青に変わり，停止線で止まっていたお父さんの自動車が出発すると，太郎くんの自転車もその停止線を同時に通過しました。お父さんの自動車はスピードを上げ遠ざかって行きましたが，交差点で赤信号のたびに止まるため，太郎くんは，いくつか先の信号でお父さんの自動車にもう一度追いつくことができました。

次の〔説明〕をもとにして，問1～問3に答えなさい。

〔説明〕

　太郎くんの自転車は，ペダルを1回転させると3m進み，太郎くんは，1分間に60回転のペースでペダルをこいでいます。

　走行を許可されている歩道を走っているため，お父さんの自動車の出発と同時に信号を通過したときも含めて，太郎くんの自転車が信号で止まることは1度もありませんでした。すべての信号は，青に変わってから1分間点灯しています。

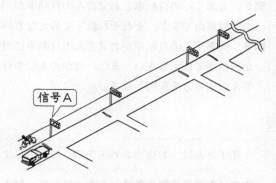

　お父さんの自動車は，どの信号でも青に変わると同時に動き始め，だんだん速くなり時速36kmになると一定の速さで進みます。一定の速さになるまでにかかる時間と，一定の速さから停止するまでにかかる時間は常に同じで，それぞれ10秒かかります。

　太郎くんと同時に信号Aを出発してからの，時間とお父さんの自動車の速さの関係をグラフに表すと下のようになりました。

時間とお父さんの自動車の速さの関係を表したグラフ

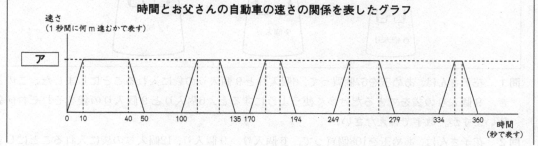

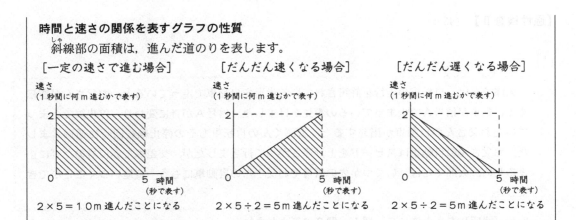

時間と速さの関係を表すグラフの性質
　斜線部の面積は，進んだ道のりを表します。
[一定の速さで進む場合]　　[だんだん速くなる場合]　　[だんだん遅くなる場合]

2×5＝10m進んだことになる　　2×5÷2＝5m進んだことになる　　2×5÷2＝5m進んだことになる

問1　〔説明〕にある空らん　ア　には，どんな数が入りますか。数字で答えなさい。

問2　太郎くんの自転車とお父さんの自動車が，同時に信号Aを出発してから，100秒間で進んだ道のりは何mですか。それぞれ数字で答えなさい。

問3　太郎くんの自転車がお父さんの自動車に追いついたのは，信号Aが変わってから何秒後ですか。数字で答えなさい。また，ほかの人にも自分の考えがわかるように，図，式などを使って，答えの求め方を説明しなさい。

2

～～～～～～～～～～～～～～～～～～～～～～～～～～～～～
　　花子さんは，お店であめ玉を買うことにしました。
～～～～～～～～～～～～～～～～～～～～～～～～～～～～～

次の「あめ玉を買う条件」をもとにして，問1～問3に答えなさい。

あめ玉を買う条件
　あめ玉を買うときは買う個数によって，6個入り，9個入り，12個入りの3種類の袋に入れます。ただし，それぞれの袋に表示されている個数を必ず入れることとします。

問1　花子さんは，あめ玉を57個買って，6個入りと9個入りの袋に入れることにしました。このとき，9個入りの袋をできるだけ多く使うようにすると，6個入りと9個入りの袋をそれぞれ何袋使いますか。数字で答えなさい。

問2　花子さんは，あめ玉を108個買って，6個入り，9個入り，12個入りの袋に入れることにしました。このとき，使う袋の数をできるだけ少なくするには，袋をそれぞれ何袋使いますか。数字で答えなさい。ただし，3種類の袋のうち，使わない袋はないものとします。

問3　花子さんは，あめ玉を72個買って，6個入り，9個入り，12個入りの袋に入れることにしました。このとき，使わない袋がある場合も含めて，使う袋の合計が8袋になる場合が5通りあります。袋はそれぞれ何袋使いますか。次のページの表1の空らん（ア）～（シ）の中に，9個入

りの袋の数が順に少なくなるように，数字を入れなさい。

表1

	6個入り	9個入り	12個入り
1通り目	（ 0 ）袋	（ 8 ）袋	（ 0 ）袋
2通り目	（ ア ）袋	（ イ ）袋	（ ウ ）袋
3通り目	（ エ ）袋	（ オ ）袋	（ カ ）袋
4通り目	（ キ ）袋	（ ク ）袋	（ ケ ）袋
5通り目	（ コ ）袋	（ サ ）袋	（ シ ）袋

3

　太郎くんは図工の時間に，先生から立体を見せてもらい興味をもちました。

次の「**太郎くんと先生の会話1**」をもとにして，**問1**と**問2**に答えなさい。

太郎くんと先生の会話1

　太郎くんは，**図1**の立体は見たことがありましたが，**図2**の立体は初めて見たので，疑問に思ったことを先生に聞いてみることにしました。

図1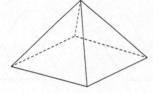　　　　図2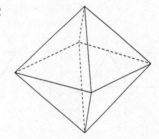

太郎くん：**図1**は「四角すい」という立体ですね。

先　　生：その通りです。ただし，**図1**の四角すいは，すべての辺の長さが等しい特別な四角すいです。

太郎くん：底面が正方形で，4つの側面が正三角形からできているということですね。

先　　生：そうです。

太郎くん：**図2**の立体は初めて見ます。**図1**の四角すいを2つ合わせてできているように見えるのですが。何という名前の立体ですか。

先　　生：**図2**の立体の名前は「正八面体」といいます。8つの正三角形の面からできた立体です。確かに**図1**の四角すい2つの底面と底面をつけると，**図2**のようになりますね。

太郎くん：でも先生，くっつけた底面はどうなるのですか。

先　　生：四角すいを2つ合わせた後では，つけた面はもう外から見えなくなるので考えないのです。だから，**図2**は8つの正三角形の面だけからできた立体なのです。正八面体には8つの面と12本の辺と6つの頂点があります。

太郎くん：わかりました。

先　　生：それでは，正八面体を実際に作ってみましょう。

太郎くん：1枚の紙から作ることができるかな。

先　　生：まず，展開図を考えてみましょう。

　　　　　正八面体を　ア　本の辺にそって切り開くと，1つの平面図形ができますよ。

問1　「**太郎くんと先生の会話1**」にある空らん　ア　にあてはまる数を，数字で答えなさい。

問2　次の図の中には，**図2**の正八面体の展開図として正しくないものがあります。次のア～カの中からすべて選び，記号で答えなさい。

ア

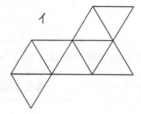

イ

ウ

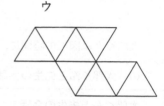

エ

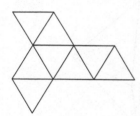

オ

カ

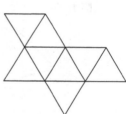

太郎くんは，1枚の紙に展開図をかいて切り取り，正八面体を作りました。

次の「**太郎くんと先生の会話2**」をもとにして，**問3**と**問4**に答えなさい。

太郎くんと先生の会話2

太郎くん：先生，**図3**のような展開図がかけました。この展開図から，正八面体を作ってみようと思います。

先　　生：できた正八面体をいろいろな方向から見て調べてごらん。

太郎くん：次のページの**図4**のように，正八面体の面Aを下にして，水平な机の上に置いたら，面Aと向かい合う面Bも，水平になっていました。

先　　生：そうですね。いいことを見つけましたね。

図3

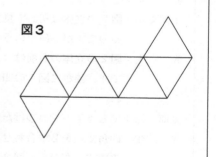

ほかに何かわかりました
か?

太郎くん：うーん。

先　　生：**図4**の正八面体を，**図5**の
ように水平な状態で少し持
ち上げて，面**B**の真上から
垂直に光をあてると，影^{かげ}が
できます。その影は，どの
ような形になっているかわ
かりますか？

太郎くん：調べてみます。

図4

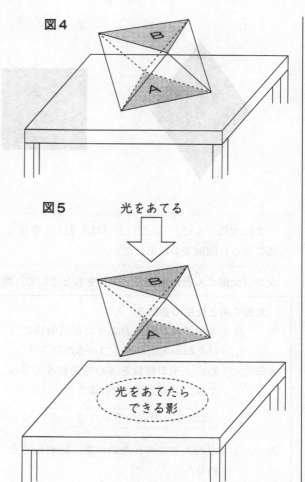

図5　　光をあてる

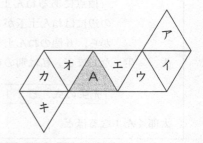

光をあてたら
できる影

問3　右の図は，**図3**の展開図に**図4**の面**A**の位置を表した
ものです。このとき，面**B**の位置はどの面になりますか。
次のア～キの中から1つ選び，記号で答えなさい。

問4　**図5**で，机の上にできる影の形として，もっとも適切
なものはどれですか。次のア～カの中から1つ選び，記号
で答えなさい。

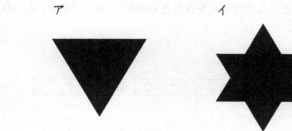

ア　　　　　　　　　　イ　　　　　　　　　　ウ

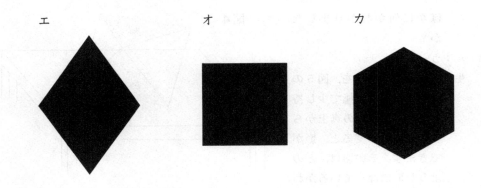

エ　　　　　　　　オ　　　　　　　　カ

次に太郎くんは，「ひご」と「ねん土玉」を使って，正八面体を作り，ねん土玉をすべての辺に等しい間隔（かんかく）でつけました。

次の「太郎くんと先生の会話3」をもとにして，問5に答えなさい。

太郎くんと先生の会話3

先　　生：太郎くん，図6のように正八面体につ　　　　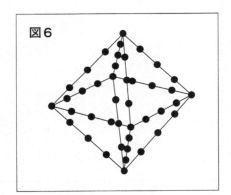
　　　　　けたねん土玉はいくつあるかな？

太郎くん：ねん土玉の個数を求める式を考えてみ
　　　　　たら，下のようになりました。

> 太郎くんの式　3×12＋6

先　　生：どのように考えたのかを，説明してく
　　　　　れるかな。

太郎くん：わかりました。説明します。

　　　　　「頂点にあるねん土玉を除くと，1つ
　　　　の辺にはねん土玉が3個あり，辺は12本あるから，3×12個です。頂点の数は6だ
　　　　から，6個のねん土玉を足して，合計3×12＋6個となると考えました。」

先　　生：なるほど。私は別の考え方をしました。次のような式にもなりますよ。

> 先生の式　5×12－3×6

太郎くん：なるほど。

問5　先生の式　5×12－3×6　は，どのような考えを表したものか，「辺」，「頂点」という
言葉を使って，説明しなさい。

条件1：解答は横書きで書くこと。

条件2：文章の分量は，120字以内とすること。

条件3：数字や記号も1字と数えること。記入例：| 3 | × | 1 | 2 | 個 | で | す | 。 |

4

花子さんは，夏休みの自由研究で水溶液について，お父さんと実験を行いレポートにまとめました。

次の「花子レポート」をもとにして，問1～問3に答えなさい。

花子レポート　水溶液のなかま分け

【実験】
○使用した水溶液は，うすい塩酸，炭酸水，うすいアンモニア水，食塩水，石灰水の5種類です。

○それぞれの水溶液を試験管に少量取り出し，①～③の方法で調べました。
　①赤色リトマス紙と青色リトマス紙にそれぞれ水溶液を1滴つける。
　②手であおぐようにしてそれぞれの水溶液のにおいをかぐ。
　③蒸発皿にピペットで少量とり，あたためながらそれぞれの水溶液を蒸発させる。

【実験結果】
○実験結果を**ア～オ**の5つの性質のグループに分類し，**図1**のように示しました。

ア～オの5つの性質のグループは，次のA～Eのいずれかに1つずつあてはまります。
　A　酸性のグループ
　B　アルカリ性のグループ
　C　においのあるグループ
　D　気体がとけて水溶液になっているグループ
　E　固体がとけて水溶液になっているグループ

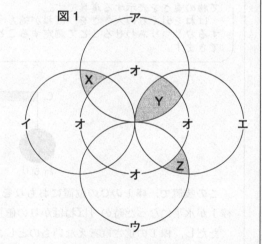

図1

【わかったこと】
・炭酸水は，**図1**の**ア**と**イ**の2つの性質をもっているが，**オ**の性質がない水溶液なので，グレーに着色した**X**のグループにあてはまります。
・アンモニア水は，**ア**と**エ**と**オ**の3つの性質がある水溶液なので，グレーに着色した**Y**のグループにあてはまります。

問1　図1で，**オ**のグループは，どのような水溶液ですか。【実験結果】にあるA～Eの中から1つ選び，記号で答えなさい。

問2　図1で，うすい塩酸はどの部分にあてはまりますか。解答用紙の図にあてはまる部分を斜線で示しなさい。

問3　グレーに着色した「**Z**」の部分に共通した性質は何であると考えられますか。3つ性質をあげ，簡単に説明しなさい。また，あてはまる水溶液の名前を**花子レポート**にある水溶液の中から，答えなさい。

5

> 太郎くんは，野球部で活躍するお兄さんが，鉄のおもりを使って腕の筋肉を鍛える様子を見て，腕の長さや筋力と，持ち上げるおもりの重さの関係に興味をもち，調べたり，実験したりしました。

次の「太郎くんが調べたこと」をもとにして，問1～問3に答えなさい。

太郎くんが調べたこと

○ 図1のように，人間の腕は二頭筋と呼ばれる筋肉が縮むことで，ものを持ち上げることができる。

○ 太郎くんは，二頭筋のはたらきを調べるために，図2のような装置を作りました。この装置は，Aの点を軸に棒1は矢印の方向に動かすことができるようになっています。

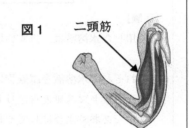

図1　二頭筋

> ばねばかりとは、ばねの伸びの長さによって物の重さを表示する道具です。
> ばねを引く力の大きさを、ばねが縮もうとする力とつりあわせることで測定することができます。

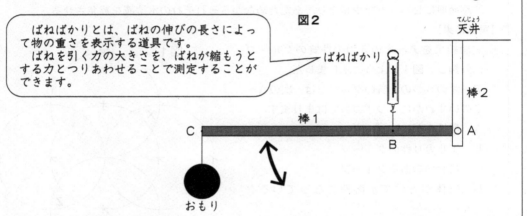

図2

この装置で，棒1のCの位置におもりをつけ，「おもりの重さ」，「ABの長さ」を変えて，棒1が水平になった時の「ばねばかりの値」を調べたら，表1の結果になりました。

ただし，棒1の重さは考えないものとします。

表1

データ		①	②	③	④	⑤	⑥	⑦	⑧	⑨
おもりの重さ	(g)	30	30	30	60	60	60	90	90	90
ABの長さ	(cm)	5	10	15	5	10	15	5	10	15
ばねばかりの値	(g)	180	90	60	360	180	120	540	270	180

問1　太郎くんは，表1の①～⑨のデータから，「おもりの重さ」と「ばねばかりの値」の関係を調べることにしました。このとき使うデータとして，もっとも適切な組み合わせはどれですか。次のア～オの中から1つ選び，記号で答えなさい。

　ア　①と②と③　　イ　①と⑤と⑨　　ウ　②と④と⑦　　エ　②と⑤と⑧　　オ　④と⑤と⑥

問2　太郎くんは，この実験結果をお兄さんに説明するために，原稿を準備しました。

空らん　ア　～　カ　に入るもっとも適切な数や語句を答えなさい。

　　おもりの重さが，2倍に増えると，ばねばかりの値は　ア　倍となり，3倍に増えると
　　イ　倍になります。
　　つまり，おもりの重さとばねばかりの値は，　ウ　の関係にあることがわかります。
　　また，ＡＢの長さが，2倍に増えると，ばねばかりの値は　エ　倍となり，3倍に増え
　ると　オ　倍になります。
　　つまり，ＡＢの長さとばねばかりの値は，　カ　の関係にあることがわかりました。

問3　ＡＢの長さが3cm，おもりの重さが100gのとき，ばねばかりの値は何gになりますか。数字
で答えなさい。

6

　　太郎くんは，1年を通して太陽が沈（しず）む時刻が変わることに興味をもちました。そこで，太郎
くんは，日の出と日没（にちぼつ）の時刻や，太陽がちょうど南を通過する時刻を調べました。

次の「**太郎くんが調べたこと**」をもとにして，**問1～問3**に答えなさい。

太郎くんが調べたこと
○　日本でも場所によって，日の出と
　日没の時刻や，太陽がちょうど南を
　通過する時刻が異なっていること。
○　明石（あかし）市では平均して，太陽が昼の
　12時にちょうど南を通過すること。
○　地球は地軸（ちじく）（北極点と南極点を結
　んだ線）を回転軸として，1日（24
　時間）で約1回転（360°）している
　こと。

図1

問1 太郎くんは，**図1**で示した4つの市の，太陽がちょうど南を通過する時刻を1年間通して調べました。それぞれの「時刻」と「市」の組み合わせとして，もっとも適切なものを，次の①〜⑤の中から1つ選び，記号で答えなさい。

時刻		**市**
ア	11時01分〜11時32分	A 那覇市
イ	11時25分〜11時56分	B さいたま市
ウ	11時43分〜12時13分	C 明石市
エ	12時13分〜12時44分	D 根室市

① アーA　　イーB　　ウーC　　エーD
② アーD　　イーC　　ウーB　　エーA
③ アーD　　イーB　　ウーC　　エーA
④ アーA　　イーC　　ウーB　　エーD
⑤ アーB　　イーC　　ウーD　　エーA

問2 日本でも場所によって，太陽がちょうど南を通過する時刻が異なるのはなぜですか。もっとも適切なものを，次のア〜エの中から1つ選び，記号で答えなさい。

ア　地球が球の形をしているから。
イ　日本では，東の方の地域ほど昼の12時が早いから。
ウ　日本では，北の方の地域ほど昼の12時が早いから。
エ　日本の国土は，南北に長い形をしているから。

問3 平成26年1月1日に，さいたま市役所付近と明石市役所付近で，太陽がちょうど南を通過する時刻を調べたところ，18分37秒の差がありました。さいたま市役所付近と明石市役所付近では，経度の差は何度ですか。小数第二位を四捨五入して，数字で答えなさい。

平成26年度

市立浦和中学校入試問題（第2次）

【適性検査Ⅲ】 （45分）

次の文章や資料を読んで，**問1～問3**に答えなさい。

> 図書委員をしている6年1組の太郎くんは，学年ごとの図書室の本の貸し出し冊数について調べることになりました。そこで，先生の協力を得て，低学年（1年生と2年生），中学年（3年生と4年生），高学年（5年生と6年生）の本の貸し出し冊数について，**表1**にまとめました。

表1　貸し出し冊数調査結果

学　年 貸し出し冊数	低学年 （1年生と2年生の 児童数は186人）	中学年 （3年生と4年生の 児童数は218人）	高学年 （5年生と6年生の 児童数は228人）
0冊	0人	4人	7人
1冊	2人	9人	17人
2冊	7人	13人	23人
3冊	8人	16人	24人
4冊	11人	20人	25人
5冊	12人	24人	24人
6冊	14人	20人	19人
7冊	20人	19人	18人
8冊	23人	18人	16人
9冊	22人	15人	14人
10冊	19人	15人	11人
11冊	16人	14人	12人
12冊	14人	13人	9人
13冊	10人	12人	7人
14冊	7人	5人	0人
15冊	1人	1人	1人
16冊	0人	0人	1人
合計貸し出し冊数	1527冊	1516冊	1321冊

調べた期間：7月1日（月）～7月19日（金）

問1　太郎くんは，高学年の貸し出し冊数の傾向が，低学年と中学年の貸し出し冊数の傾向と比べてどうであるかについて，**表1**にまとめた結果をもとにして，図書委員会で説得力のある説明をしようと思います。あなたが太郎くんなら，どのような説明をしますか。

条件1：解答は横書きで書くこと。

条件2：文章の分量は，200字以内とすること。

条件3：数字や小数点，記号についても1字と数えること。　記入例

1	2	.	3	％

　　太郎くんと6年2組の図書委員の花子さんは，6年1組と6年2組の読書の傾向について話し合っています。

太郎くん：6年1組の人たちの1か月の読書冊数を調べたら，**表2**のような結果になったよ。

花子さん：私も6年2組の人たちの1か月の読書冊数を調べたら，**表3**のような結果になったの。それぞれの冊数の人数の割合を，百分率で表したよ。

太郎くん：1組と2組の読書の傾向に，何か違いがあるのかな。

花子さん：先生の話によると，2組の平均読書冊数に比べて，1組の平均読書冊数は10％多かったんだって。

太郎くん：本当にそうなのかな。確かめたいけれど，6年1組の調査結果で，（　Ａ　）の数字だけが消えてしまってわからないんだ。

花子さん：（　Ａ　）にあてはまる冊数は，計算で求められるわよ。

太郎くん：わかった。計算してみるよ。

表2　6年1組読書冊数調査結果（クラス人数40人）

冊数 （冊）	0	2	3	4	5	6	7	8	9	11	14	15	(A)
人数 （人）	2	4	4	5	5	5	4	3	3	1	1	1	2

調べた期間：10月1日（火）～10月31日（木）

表3　6年2組読書冊数調査結果（クラス人数40人）

冊数 （冊）	0	1	2	3	4	5	6	7
人数の割合 （％）	2.5	5.0	7.5	10.0	10.0	12.5	15.0	7.5
冊数 （冊）	8	9	10	11	12	13	14	15
人数の割合 （％）	7.5	7.5	5.0	0.0	5.0	2.5	2.5	0.0

調べた期間：10月1日（火）～10月31日（木）

　問2　太郎くんは，（Ａ）にあてはまる冊数を計算し，6年1組と6年2組の平均読書冊数を求め，6年2組と比べた6年1組の読書の傾向について，花子さんに説明しようと思います。あなたが太郎くんなら，どのような説明をしますか。

　条件1：解答は横書きで書くこと。

条件2：文章の分量は，300字以内とすること。

条件3：数字や小数点，記号についても1字と数えること。 記入例 | 1 | 2 | . | 3 | % |

太郎くんたち6年生の図書委員は，6年生にもっと本を読んでもらおうと思い，6年生全員から読書についてのアンケートをとりました。

アンケートの内容は，次のとおりです。

読書アンケート

6年（　　）組　名前

質問1

あなたは本を読むことが好きですか。次の（1）～（4）の中から1つ選んでください。

（1）とても好き
（2）どちらかといえば好き
（3）どちらかといえばきらい
（4）とてもきらい

質問2

あなたは、どんなきっかけで、本を読むことが多いですか。
次の（1）～（7）から、あてはまるものを、2つ選んでください。

（1）図書室や図書館で見て興味をもった
（2）本屋で見て興味をもった
（3）テレビで見て興味をもった
（4）友だちや家の人にすすめられた
（5）雑誌や新聞で見て興味をもった
（6）インターネットで見て興味をもった
（7）その他

質問3

あなたが本を読む理由は何ですか。
次の（1）～（6）から、あてはまるものを、2つ選んでください。

（1）知らないことがわかるから
（2）感動できるから
（3）楽しいから
（4）考える力がつくから
（5）気分転換になるから
（6）その他

表4　**読書アンケート** 質問1 の結果

（1）とても好き	５７人
（2）どちらかといえば好き	４４人
（3）どちらかといえばきらい	１２人
（4）とてもきらい	６人

グラフ1　**読書アンケート** 質問2 の結果

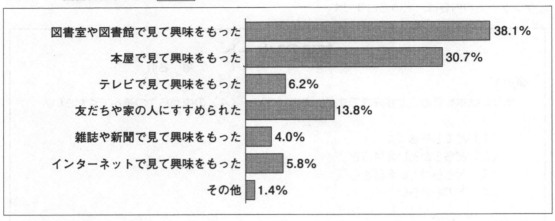

グラフ2　**読書アンケート** 質問3 の結果

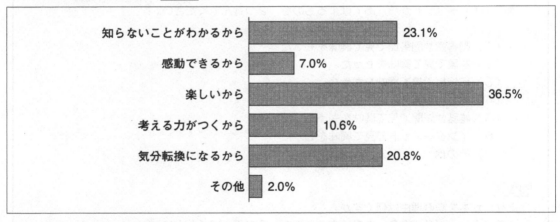

問3　太郎くんは図書委員を代表して，次の学年集会で，「もっと読書をしましょう」という提案をすることになりました。あなたが太郎くんなら，これまでの調査結果や読書アンケートの結果をもとにして，どのような提案をしますか。

条件1：解答は横書きで書くこと。

条件2：文章の分量は，300字以内とすること。

条件3：数字や小数点，記号についても1字と数えること。　記入例　| 1 | 2 | . | 3 | % |

平成25年度

市立浦和中学校入試問題(第1次)

【適性検査Ⅰ】 （45分）

1　※問題に使用された作品の著作権者が2次使用の許可を出していないため，問題を掲載しておりません。

2

> 花子さんの学級では，音楽の授業で，「音楽とは何か」というテーマでグループ研究をし，発表することになりました。花子さんたちのグループは，茂木健一郎さんが書いた『すべては音楽から生まれる』という本を読んで，研究することにしました。

　次の文章は，茂木健一郎著『すべては音楽から生まれる』（PHP新書）の一部です。これを読んで，問1〜問5に答えなさい。なお，（Ⅰ）と（Ⅱ）は大段落に付けた番号です。

（Ⅰ）

　音楽の本質というものは，※1畢竟，どのようにしたところで目には見えない。目に映らず，触ることもできないからこそ，わからない。

　しかしながら，この目に見えない「なにか」が，脳に喜びをもたらし，心身を健やかにし，生命を積極的に全うさせてくれるということが，底知れぬ音楽の可能性と相通じる〈生〉の不思議さなのである。

　目には決して見えないが，私たちのまわりに動いているもの。それを最もわかりやすく感じさせてくれるのが音であり，リズムであり，旋律である。私たちは，それらが形づくる音楽に耳をすましながら，この不可視の世界を訪れることができるのだ。

　見えないもの。ここで，①シューベルトの交響曲第八番《未完成》を持ち出そう。

　この交響曲が「未完」であることについて，世界中で諸説が唱えられている。書きかけで残存している第三楽章で行きづまったとか，全く逆に，全二楽章で書き尽くしたからだとか，とりあえず書いたところまでをグラーツのヒュッテンブレンナー氏に送りそのまま忘れてしまったとか。

　そもそもなぜ「未完成」と呼ばれるのかというと，交響曲は，通常四つの楽章から成り立つ様式を持っているからだ。

　ただ，今日まで残っているエピソードから察するに，シューベルトは決して様式を重んじる人物ではなかったようだ。十九歳のシューベルトは，シュパウンという友人を介し，《魔王》を含めた七曲余りの自信作を，ゲーテに送った。しかしゲーテからはなんの返事もなく，当人が見たかさえあやしいとされている。

　その理由としては，シューベルトの作曲が「詩の軽視」と受け取られた説が有力である。詩形に則った旋律の繰り返しが当時のドイツ歌曲の原則であったのに対し，シューベルトは反復を避け，歌詞に次々と新しい旋律をつけて歌曲全体を構成したのである。要するに，スタイルの革新

をしたわけだ。このエピソードからも，※2既存の形式に囚われることから逃れようとするシューベルトの個性を垣間見る思いがする。

とにかく，シューベルトの交響曲第八番には，第三楽章と第四楽章がない。確たる証拠が示せる問題ではないので，その答えは不明である。だが，未完であってもなくても，この曲の奥深くにひそむ※3含意は，増しこそすれ損なわれることはない。人々は，※4「欠損部分」に思いを馳せる。「未完成」である理由を知るために，生涯をかけてその※5欠如に耳をすます人もいるだろう。

意識してかせずかはわからないが，作曲家は，音のない部分を遺した。そのおかげで，百八十年後の今，私たちは，②目に見えないどころか耳にさえ聞こえないものを「聴く」ことの快感を知り得たのだ。

（Ⅱ）

　　※6厨子の中などに納められ，普段は見ることができない仏像を，③秘仏という。仏教圏においても，日本特有のものらしい。その寺の僧侶でさえ見たことがない「絶対秘仏」もあるという。

二〇〇六年の秋のこと。滋賀県は琵琶湖の東，湖東三山西明寺の秘仏「薬師瑠璃光如来立像」を拝観した。五十二年ぶりの公開だという。江戸時代に作られた，虎に乗った薬師如来の像である。

にじり寄るようにして見上げている幾人もの拝観客に混じりながら，私は，秘仏の公開が意味するところの本質に触れた気がした。それは，一回性の体験というものだった。

日頃，秘仏に対して人々は，「一体，どのような姿の仏像なのだろう」と考える。「きっと，こういうものが納められているに違いない」と，目には見えないものを想像しつつ，頭の中で偶像を思い描く。その姿は，千差万別だろう。いずれにせよ，人々の想像は，公開というクライマックスに向けて成長し続ける。当然のことながら，実物と想像が全く同じということはないだろう。秘仏を見る前と見た後で，当人がどちらを是とするかは，他人には与り知れないことだ。

ただ，秘仏を実見しながら私が思ったことは，結局は人の心も，お互いに見ることの決してできない「絶対秘仏」である，ということだった。

「見てはいけない」「見ることができない」という禁則は，ギリシャ神話や古事記から※7綿々と続く大切なモチーフである。その対象である「見えないもの」とは，人間の心というものの本質と置き換えられるような気がした。

だから，おもしろい。だから脳は，不可視の「なにか」を無限に追い求める。その「なにか」を考えることが〈私〉の「喜び」，生命運動となり，ひいては「生きる」ということにつながっていく。

音楽と同じなのだ。

本体は，見えない。聞こえない。それを，いかに想像するか，ということ。聴くということの本質がここにある。

秘仏の本質に酷似したものとして，私は音楽をとらえる。それは「聴く」行為における，聴覚に優るとも劣らぬ想像力の重要性と，「なにかわからない」存在に備わる美しい生命力を感じることでもある。

目を閉じ，私は考える。

想像力と生命力は，〈私〉の脳の生きる糧に他ならない。これらを原動力に，私は自分なりの秘仏をコツコツと彫り続けていく。その先に生まれるであろう表現は，どのようなものであれ自分自身の生き方の果実である。

願わくは，新たな想像力と生命力を内に秘めた果実でありたい。

その実からは，胡桃の殻が擦れ合うような微かな音がするだろう。その響きに耳を傾けながら，自分という楽器を，世に向けての胡桃の拡声器にすれば良い。そこには新たな音楽が生まれるだろう。音楽は，こうして人を生かしてゆく。

音楽は目に見えない。触れることも抱きしめることもできない。音符や楽譜という形で可視化することはできるけれども，それは記号にすぎない。ただ私たちにできることは，耳を傾けること。全身で音楽を感じようとすること。抱きしめるのではない。耳をすます私たちを，音楽が抱きしめてくれるのだ。その抱擁こそが，音楽が授けてくれる恩恵だ。

一八二八年の春，イタリアのヴァイオリニスト，ニコロ・パガニーニの演奏を聴いたシューベルトは次のような言葉を残したという。

「僕はあの中で天使が歌うのを聴いた」

この時，既に死に至る病に侵されていた作曲家は，半年余り後に，三十一歳で世を去ることになる。しかし，④※8真摯に音楽と※9対峙する彼にその時降りてきた音楽は，一筋の光のような希望であり，（　　）に他ならなかったのだ。　　（一部省略やふりがなをつけるなどの変更があります）

※1 畢竟……つまり。結局。　　　　　※2 既存……すでに存在すること。
※3 含意……表面には現れない意味。　　※4 欠損……一部が欠けてなくなること。
※5 欠如……欠けていること。　　　　　※6 厨子……仏像などを納める，両開きのとびらがある箱。
※7 綿々……長く続いて絶えないさま。　※8 真摯……まじめでひたむきなこと。
※9 対峙……向かいあって立つこと。

問1　花子さんたちのグループでは，（Ⅰ）の大段落から，下線部①「シューベルトの交響曲第八番」が「未完成」と人々に呼ばれる理由を説明するために，次のように特徴をまとめました。空らんAとBにあてはまる内容を文章中から探し，それぞれ10字以上15字以内で書き抜きなさい。

普　通　の　交　響　曲	A
シューベルトの交響曲第八番	B

問2　花子さんたちのグループでは，（Ⅰ）の大段落にある下線部②「目に見えないどころか耳にさえ聞こえないものを『聴く』ことの快感」という表現に注目し，ここで筆者が何を言いたいかを説明するために，文章中の語句を使って，次のようにまとめました。そのまとめとしてもっとも適切なものを，次のア～エの中から1つ選び，記号で答えなさい。

ア　百八十年たっても，シューベルトが示した当時の最新の音楽を聴くことができる喜び。

イ　欠損した部分から，そこにない「なにか」に思いを馳せ，無限に追い求める面白さ。

ウ　当時の原則を無視した，既存の形式に囚われなかったシューベルトの個性が放つ旋律。

エ　自分という楽器が生み出した，音符や楽譜という記号を用いた音楽が授けてくれる恩恵。

問3　花子さんたちのグループでは，（Ⅱ）の大段落にある下線部④「真摯に音楽と対峙する彼にその時降りてきた音楽は，一筋の光のような希望であり，（　　）に他ならなかったのだ。」という

部分から，シューベルトにとっての音楽は，次のようなものだと考えました。下線部④の（　）には文章中の漢字１字が入りますが，この漢字を使って，空らん　C　に入るもっとも適切な語句を答えなさい。

> シューベルトにとっての音楽とは，　C　ことだ。

問４　花子さんたちのグループでは，「音楽とは何か」というテーマについて，筆者がどう考えているのかを話し合い，次のようにまとめました。空らん　D　にあてはまる内容を，文章中から30字以上40字以内で探し，その始めの５字と終わりの５字を書きなさい。

> 筆者は音楽を秘仏によく似たものと考えていて，その本質は，　D　であると考えている。

問５　花子さんは，（Ⅱ）の大段落にある下線部③「秘仏」に興味を持ち，茂木さんの他の著作で「秘仏」に関する文章を読みました。その文章を段落ごとに８枚のカードに書き写しましたが，そのうち，6枚のカードが，バラバラになってしまいました。次の　a　〜　f　に入るもっともふさわしいカードを選び，ア〜カの記号で答えなさい。

> 大事なものを「覆い隠す」行為を通して、人間は畏敬の念を表現することがある。

> a

> b

> c

> d

> e

> こうした秘仏信仰が、日本で、いつ頃発生したか明確にはわかってはいない。一説によれば、日本土着の信仰が偶像のない神道にあったことが影響しているともいわれるし、また密教の影響ともいわれるが、ほんとうのところは、定かではない。

> f

バラバラになったカード

ア　秘仏にもいろいろあるが、相対秘仏のように、ご開帳の期間だけ限定で公開されるものもある。ところが、公開されたとしても写真に撮るのはもちろんのこと、スケッチをすることも禁じられている。秘仏を、記録保存することはできないのである。仏の姿は実際に拝んだ人の心にのみ刻み込む他はない。

イ　イスラエルを訪れたときに、頭の上にキッパーという覆いを着けたユダヤ教信者を目にした。神に対して自分のいちばん大切な部分をあらわにすることが失礼にあたるため、隠しているということらしい。これはイスラム教で、女性が体の一部を布で包み込んで隠すことにも通じている。

ウ　ただし、一つだけたしかなことがある。昔の日本人も「本質は目には見えない。人の心の中にしか存在しない」ということを本能的にわかっていたということだ。だからこそ、秘仏は生まれたのだろう。

エ　日本でも「秘仏信仰」という形式がある。この信仰は、仏教全般で浸透している形式ではなく、アジアの仏教圏でもとくに日本で顕著だという。仏像は本来的には礼拝の対象としてつくられた偶像なので、見えるように祀るほうが理にかなっている。しかし、日本人はそれを隠した。法隆寺東院の夢殿観音像などは、長いあいだ、寺の人も見たことがなかったという。

オ　目で見ることができない像を拝むということは、その像を心に思い描くことであり、自分の心そのもののあり様をみつめることでもある。偶像のイメージは有限である。しかし心のあり様は無限だ。見えない像に臨むということは、偶像に表象されたものの向こう側にある、普遍へと志向する人間の心と直接向かい合うことを意味する。

カ　絶対秘仏となると、心に刻み込む実際的な体験すら許されない。長野県の善光寺の本尊である阿弥陀三尊像は絶対秘仏として有名だが、この世で誰もその姿を知る者はいない。善光寺の住職でさえ見たことがないというのだ。ずっとぐるぐると布で巻かれたまま、一度も解かれることなく今日にいたっている。しかし、「いま、ここ」にたしかなる存在を呈している。

茂木健一郎著『化粧する脳』(集英社新書)より(一部省略やふりがなをつけるなどの変更があります)

③

太郎くんは、インコを飼っています。そのインコは、太郎くんの言葉を覚えてまねをします。太郎くんは「まねる」ことについて興味を持ち、夏休みの自由研究のテーマにしようと思いました。そこで、図書室で見つけた『Science Window (サイエンスウィンドウ) 2009 年秋号』という雑誌の、ヒトとチンパンジーの赤ちゃんのまねることの違いについて書かれた記事を読んでみました。

　次の文章は、『Science Window 2009 年秋号』(独立行政法人　科学技術振興機構発刊)に掲載された、京都大学大学院の明和政子准教授への取材にもとづいた記事です。これを読んで、問1〜問4に答えなさい。

　生まれたばかりの赤ちゃんは、一人では何もできない無力な存在に感じますが、すでに他人の表情を模倣する能力をもっています。自分ではどこをどう動かせば舌が出るのかまだ分からないはずなのに、目の前でゆっくりと舌を出してみせると、赤ちゃんも同じように舌を出し、口を開けてみせればやはり口を開けるのです。私自身も2人の子どもを出産したときに試してみました。私がべえっと舌を出してみせると、どちらの子も口をもぞもぞ動かしてゆっくり舌を出したんです。ヒトは生まれつきまねできる能力を持っていることを目の当たりにして、鳥肌が立つ思いでした。

　不思議なことに、「新生児模倣」と呼ばれるこの模倣は生後2ヵ月ほどで消えてしまいます。でも、生後10ヵ月ぐらいから赤ちゃんは再びまねをし始めます。遊びの中で「おつむてんてん」や「あっかんべえ」を急にやり始めるのですが、その模倣は新生児のころとはまったく質が違います。楽しそうに声を出し、笑顔が見られる。お互いの気持ちが重なり合ったコミュニケーションになっているのです。こうした模倣が、自然発生的に出てくるのはヒトだけです。

　一方、チンパンジーはまねをしないわけではないけれど、とても苦手です。例えば、ボールの上におわんをかぶせるという無意味だけれども単純な行為は、チンパンジーはなかなかまねられません。京都大学霊長類研究所で言葉や数を憶えたチンパンジー達は、瞬間的な記憶能力は人間より長けていますが、そのチンパンジーでさえ模倣するのは苦手なんです。

　ただし，生まれたばかりのチンパンジーには，ヒトと同じように新生児模倣が見られることが分かっています。これは，自力で母親にしがみつくことができないヒトとチンパンジーの赤ちゃんが母親の注意を引きつけておくすべとして，生まれつき備わった能力ではないかと考えています。母親と生まれてすぐの赤ちゃんのコミュニケーションにおいて，模倣は大切な役割を果たしているのだと思います。

　このように，チンパンジーもヒトも新生児期にはある程度の模倣能力を持っているのに，ヒトだけが模倣能力をぐんと発達させていくのはなぜなのか？　それは，周囲の大人が無意識に子どもに模倣させるような育て方をしているからだと思います。

　ヒトの大人，特にお母さんは，おせっかいと言っていいくらい積極的に子どもに関わります。子どもの気持ちを勝手に解釈して声を掛け，「一緒にやってみようね」「こうするのよ」と同じことをやらせますよね。できたら「すごいすごい」「できたねぇ」と大げさに褒める。おもしろいことに，私たちはこれを意識せずにやっているんですね。これが実はすごく大事で，こうしたおせっかいな環境なしに模倣の能力は育たないだろうと思うのです。

　チンパンジーは，ヒトのように積極的に関わろうとする育て方はしないのです。大人のチンパンジーが硬い木の実を石で割っていると，子どものチンパンジーがやってみたそうに覗きこんできます。こういう場合，私達ならたぶん「やってみる？」と言ったり，手をとってやり方を教えたりするでしょう。しかし，チンパンジーの大人は子どもにそのような態度をみせません。「見ていてもいいよ，じゃましてもいいよ，でも一人でやってごらん」というのが，チンパンジーの育て方なんですね。大人から積極的に教育を受けずに，自分で試行錯誤することで学ぶのが，チンパンジーの子どもが育つ環境なのです。

　ヒトの場合は，模倣を中心としたコミュニケーションを通じて，他人からたくさんのことを学びます。まずは他人の模倣をすれば，一人でゼロから試行錯誤的に学ぶ必要はないわけです。ヒトが高度なスキルを次の世代に伝えることができるのは，言語の存在ももちろんありますが，この模倣によるところが非常に大きいと思います。模倣は，ヒトの文化を大きく発展させた一つの要因といえるでしょう。

　ただ，ヒトと同じように育てられたチンパンジーは，ヒトの2～3歳児程度の模倣能力が育つそうです。それ以上には育たないのは，遺伝子レベルの違いによるところが大きいのかもしれません。しかし，チンパンジーの模倣能力の発達も，少なからず環境の影響を受けるのです。逆にいえば，ヒトもまた，ヒトらしい環境で育てられない限り，ヒト特有の模倣能力を発達させることはないと思います。

　ヒトとチンパンジーの模倣能力の違いを調べたこんな実験があります。くま手を使って遠くの物を引き寄せるという行為を，チンパンジーとヒトの赤ちゃんがどう模倣するかを比較した研究です。くま手を「くるっと回転させる」という意味のない行為を挟んだ後に，物を「引き寄せる」行為を見せた場合，

くま手を〜〜〜　Ａ　〜〜したのです。

どうやら，チンパンジーは他人の行為を模倣するときに，他人が扱う物の機能や因果関係，最終目的といった情報を手掛かりにしているようなのです。

　それに対し，ヒトは，たとえ意味のない行為であっても，他人の身体の動きまで忠実に模倣しま

す。つまり，見たままにまねる「サルまね」をするのです。サルまねという言葉には，独創性に欠ける，考えなくてもできる，などあまりよくないイメージがつきまとっていますが，実はわれわれヒトが進化の過程で独自に獲得（かくとく）した極（きわ）めて重要な能力なのです。

　それでは，なぜヒトは他人の身体の動きまでそっくりそのまま模倣するように進化してきたのでしょうか。他人と同じ経験を共有することで，その時の心の状態を自分の心と照らし合わせて理解することが重要であるからだと考えています。ヒトにとって模倣とは，コミュニケーションを円滑（えんかつ）に行うための手段であり，生きていくために欠かせないものなのです。

（一部省略やふりがなをつけるなどの変更があります）

問1　太郎くんは，この文章から，ヒトとチンパンジーの子どもの育て方の違いについて，「まねる」ことに注目して次のようにまとめました。空らん(1)と(2)にあてはまる内容を，それぞれ「大人」と「子ども」という語句を使って，40字以内で答えなさい。

ヒ　ト　の　育　て　方	(1)
チンパンジーの育て方	(2)

問2　太郎くんが読んだ記事は，空らん　**A**　の部分が汚れてしまい読めませんでした。そこで太郎くんは，前後の文章を読んで，書かれている内容を推理しました。その内容としてもっとも適切なものを，次のア～エの中から1つ選び，記号で答えなさい。

　ただし，ここで○は「まねをした」，×は「まねをしなかった」という意味になります。

ア	ヒト	「回転させる行為」○	「引き寄せる行為」×
	チンパンジー	「回転させる行為」○	「引き寄せる行為」○
イ	ヒト	「回転させる行為」×	「引き寄せる行為」○
	チンパンジー	「回転させる行為」○	「引き寄せる行為」○
ウ	ヒト	「回転させる行為」○	「引き寄せる行為」○
	チンパンジー	「回転させる行為」○	「引き寄せる行為」×
エ	ヒト	「回転させる行為」○	「引き寄せる行為」○
	チンパンジー	「回転させる行為」×	「引き寄せる行為」○

問3　太郎くんは，この記事の最後の段落の内容を，次のようにわかりやすく言いかえてみました。次の文中の空らん　B　と　C　に入る言葉を，それぞれ10字以内で答えなさい。

> 　　　　B　　　　をまね，自分でも同じようにやってみることで，　　　C　　　を想像してみる。それによって初めて，他人と自分との似ているところや違っているところがわかってくる。

問4　次の文章は，太郎くんの自由研究について関心を持った，花子さんとの会話です。空らん　D　（15字以内）と　E　（5字以内）に入るもっとも適切な言葉を答えなさい。

> 太郎くん　「世の中には，自然の生き物のしくみをまねた技術があるって知ってる？」
> 花子さん　「それはいったいどういうものなの？」
> 太郎くん　「父から聞いたことなんだけど，500系新幹線の先頭車両の形は空気抵抗（ていこう）を減らすために，カワセミのくちばしの形をヒントに作られたんだって。」

花子さん　「カワセミのくちばしはエサをとる時に水の中に入るけど，水の抵抗を受けないように細くなっているのよ。その形が新幹線の騒音（そうおん）を減らすことに役立っているわ。」

太郎くん　「さらに，新幹線のパンタグラフもフクロウの羽根をヒントに作られたそうだよ。」

花子さん　「そういえばフクロウは，[　　　　　　D　　　　　　]と聞いたことがあるわ。」

太郎くん　「フクロウは夜行動するから，気がつかれずに獲物（えもの）に近づく必要があるんだよ。その羽根が新幹線のパンタグラフに応用されて，風の抵抗を減らし騒音を減少させたんだ。」

花子さん　「私もひとつ知ってるわ。蚊（か）をヒントに作られたものがあるのよ。」

太郎くん　「え？　蚊？　あの血を吸う蚊のこと？」

花子さん　「そうそう。よく考えてみて。刺（さ）された後はかゆくなるけど，刺されている時は，なかなか気がつかないよね。」

太郎くん　「わかった。[　　E　　]でしょう。」

花子さん　「そうね。普段はにくらしい蚊だけど，私たちが大きらいなものに応用されて，痛みをやわらげる工夫がされるようになったんだから，私たちのくらしにも役立っているんだわ。」

太郎くん　「まねすることって良くないイメージを持っていたけど，よく考えると大事なことなんだね。」

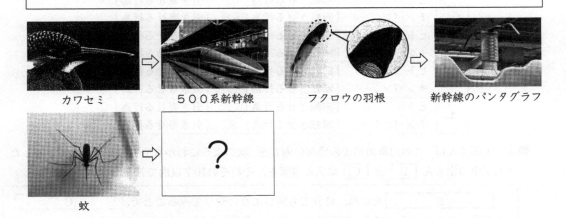

カワセミ　→　５００系新幹線　　フクロウの羽根　→　新幹線のパンタグラフ

蚊　→　？

[4]

　花子さんは，夏休みの宿題でさいたま市の歴史について調べるために，お父さんといっしょに市内の博物館をおとずれました。館内を見てまわっていると，以前，社会科で学習したことのある見沼田んぼについての展示（てんじ）がありました。

　次のページの「博物館での花子さんとお父さんの会話」をもとにして，問１〜問４まで答えなさい。

博物館での花子さんとお父さんの会話

お父さん 「現在の見沼田んぼのあたりは，昔は荒れ地や沼が広がっていたんだよ。それを，今から380年くらい前の江戸時代に，幕府が八丁づつみという土手をつくって水をせきとめ，その上流を大きなため池にしたんだ。」

花子さん 「それ学校で習ったわ。見沼ため井っていうんでしょ？　でも，今は見沼ため井もないわよね。」

お父さん 「そうだね。見沼ため井は，大雨が続くと水があふれて，あたりの田んぼが水につかってしまったり，日照りが続くと水が不足して，作物がとれなくなったりしてしまったんだ。そこで幕府は，その後100年くらいたったころ，米のとれ高を増やすために，八丁づつみを切り開いて水を流し，見沼ため井のあとを広大な新田に変えたんだ。」

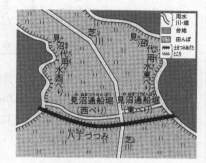

見沼代用水が引かれたころ
（約280年前）

花子さん 「でも，それでは田んぼに必要な水がなくなって，農民は困ったんじゃない？」

お父さん 「そうだよ。だから見沼ため井の代わりに，用水路を引くことにしたんだね。」

花子さん 「わかった。それが①見沼代用水なのね？」

お父さん 「そのとおり。ため井が田んぼになり，必要な水も引けたおかげで，米のとれ高は3倍に増えたそうだよ。その3年後には，見沼通船堀をつくったことも有名だね。」

花子さん 「見沼代用水は，芝川よりもずいぶん高い所を流れているのよね。」

お父さん 「見沼通船堀は2つの水門を利用して，　　　　　　A　　　　　　ための仕組みなんだよ。②見沼通船堀のおかげで，東西2本の用水路とその間を流れる芝川が結ばれ，その先の荒川までつながったんだ。」

花子さん 「昔の人の知恵って，すごいわよね。」

問1　下線部①「見沼代用水」の工事責任者としてもっともふさわしい人物を，次のア～エの中から1つ選び，記号で答えなさい。

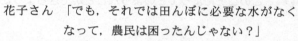

ア	イ	ウ	エ

太田道灌	井沢弥惣兵衛	伊奈忠治	玉川庄右衛門・清右衛門

問2　下線部①「見沼代用水」の工事期間は，わずか5ヶ月間とされます。次のページの「**江戸時代中期の稲作カレンダー**」を参考にして，見沼代用水の工事が行われた期間を，次のア～エの中

から1つ選び，記号で答えなさい。また，そう考えた理由を簡単に説明しなさい。

　　ア　5月中旬から10月中旬　　イ　7月中旬から12月中旬

　　ウ　9月中旬から2月中旬　　エ　11月中旬から4月中旬

江戸時代中期の稲作カレンダー

1月	2月	3月	4月	5月	6月	7月	8月	9月	10月	11月	12月
		田おこし	もみをまく	なえをそだてる	田おこししろかき	田うえ	草とり	草とり	いねかり	だっこく	もみすり

問3　空らん　A　に入る適切な言葉を30字以内で答えなさい。

問4　下線部②「見沼通船堀のおかげで，東西2本の用水路とその間を流れる芝川が結ばれ，その先の荒川までつながったんだ。」について，このことによってどのようなことができるようになりましたか。30字以内で答えなさい。

5

> 太郎くんは，日本の貿易について調べ，「太郎貿易新聞」をつくって発表することにしました。

次のページの「太郎貿易新聞」をもとにして，問1～問5に答えなさい。

問1　「グラフ1　日本とつながりの深い国々との間の輸出入額（2008年）」にあるA国～D国にあたる国を，次のア～エの中からそれぞれ選び，記号で答えなさい。

　　ア　アメリカ　　イ　中国　　ウ　韓国（かんこく）　　エ　サウジアラビア

問2　空らん　(1)　に入るもっとも適切な語句を答えなさい。

問3　空らん　(2)　に入る数字を，小数第一位を四捨五入して整数で答えなさい。

問4　空らん　(3)　に入るもっとも適切な言葉を，次のア～エの中から1つ選んで，記号で答えなさい。

　　ア　輸入も輸出も同じようにのばしてきた

　　イ　輸入にくらべて輸出を大きくのばした

　　ウ　輸出にくらべて輸入を大きくのばした

　　エ　輸入も輸出も同じようにのびなやんだ

問5　空らん　(4)　に入るもっとも適切な言葉を，次のア～エの中から1つ選んで，記号で答えなさい。

　　ア　生産も販売（はんばい）も現地で行う

　　イ　関税を大きく引き上げる

　　ウ　製品の品質を向上させる

　　エ　価格を大きく引き下げる

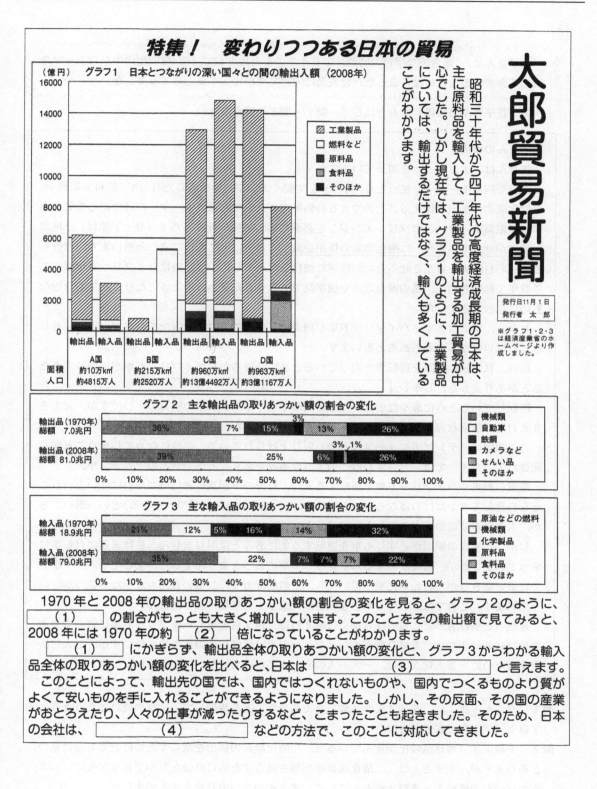

特集！ 変わりつつある日本の貿易

太郎貿易新聞

発行日11月1日
発行者 太郎

※グラフ1・2・3は経済産業省のホームページより作成しました。

昭和三十年代から四十年代の高度経済成長期の日本は、主に原料品を輸入して、工業製品を輸出する加工貿易が中心でした。しかし現在では、グラフ1のように、工業製品については、輸出するだけではなく、輸入も多くしていることがわかります。

グラフ1 日本とつながりの深い国々との間の輸出入額（2008年）

（億円）

凡例:
- 工業製品
- 燃料など
- 原料品
- 食料品
- そのほか

輸出品 輸入品 ── A国 面積 約10万km 人口 約4815万人
輸出品 輸入品 ── B国 面積 約215万km 人口 約2520万人
輸出品 輸入品 ── C国 面積 約960万km 人口 約13億4492万人
輸出品 輸入品 ── D国 面積 約963万km 人口 約3億1167万人

グラフ2 主な輸出品の取りあつかい額の割合の変化

輸出品（1970年）総額 7.0兆円： 36% / 7% / 15% / 3% / 13% / 26%

輸出品（2008年）総額 81.0兆円： 39% / 25% / 6% / 3% / 1% / 26%

凡例:
- 機械類
- 自動車
- 鉄鋼
- カメラなど
- せんい品
- そのほか

グラフ3 主な輸入品の取りあつかい額の割合の変化

輸入品（1970年）総額 18.9兆円： 21% / 12% / 5% / 16% / 14% / 32%

輸入品（2008年）総額 79.0兆円： 35% / 22% / 7% / 7% / 7% / 22%

凡例:
- 原油などの燃料
- 機械類
- 化学製品
- 原料品
- 食料品
- そのほか

1970年と2008年の輸出品の取りあつかい額の割合の変化を見ると、グラフ2のように、　（1）　の割合がもっとも大きく増加しています。このことをその輸出額で見てみると、2008年には1970年の約　（2）　倍になっていることがわかります。

　（1）　にかぎらず、輸出品全体の取りあつかい額の変化と、グラフ3からわかる輸入品全体の取りあつかい額の変化を比べると、日本は　（3）　と言えます。

　このことによって、輸出先の国では、国内ではつくれないものや、国内でつくるものより質がよくて安いものを手に入れることができるようになりました。しかし、その反面、その国の産業がおとろえたり、人々の仕事が減ったりするなど、こまったことも起きました。そのため、日本の会社は、　（4）　などの方法で、このことに対応してきました。

6

> 花子さんは，「総合的な学習の時間」の6年生のまとめとして，環境問題の中からテーマを決めて発表することになりました。発表会に向けて原稿にしてまとめてみました。

次の「花子さんの原稿」をもとにして，問1〜問3に答えなさい。

花子さんの原稿

皆さんは「エコカー」を知っていますか？

電気で回るモーターを使ったり，ガソリンで動くエンジンを改良したりして，燃料の消費や，二酸化炭素の排出を抑えることのできる自動車です。中でも電気モーターだけで走る電気自動車や，電気モーターとガソリンエンジンを必要に応じて使い分けるハイブリッド車は，①地球温暖化が進んでいる今，二酸化炭素の排出を減らすためにとても役に立つと思います。政府もこれらの自動車を普及させるため，特別な減税をしたりしたので，特にハイブリッド車は，ここ数年で種類も増え，私の家の近所や通学路でもたくさん見かけるようになり，とても身近なものになってきました。

しかし，電気自動車やハイブリッド車が増えるということは，一方でこれまで以上に注意しなければいけないこともあると思います。

以前，私が狭い道路を自転車で走っているときに，後ろからハイブリッド車が近づいてきたことがありました。しかし，

A

運転しているときに静かなのは，電気自動車やハイブリッド車の魅力の一つですが，見方を変えれば，危険な点もあるのだということを実感しました。

この問題は，テレビのニュースなどでも取り上げられていて，事故になってしまうことが心配されています。では，どうすればこのような事故を防ぐことができるのでしょうか。

電気自動車やハイブリッド車を運転する人は，自分の車が歩行者に気づかれにくいということを自覚しておかなければならないと思います。「相手は自分に気づいている」という思いこみが，大きな事故につながるのかもしれません。

しかし，事故の原因が必ずしも車を運転する側にあるとは限りません。私は普通に自転車に乗っていましたが，背後から来るハイブリッド車に気づきませんでした。ましてや，イヤホンで音楽を聞きながら自転車に乗っていたら，一般的なガソリン車の音にもなかなか気づかないと思います。これでは，いくら車の運転者が注意しても事故は減りません。

運転者と歩行者がどちらも注意深く行動すれば，電気自動車やハイブリッド車に限らず交通事故は減るはずです。電気自動車やハイブリッド車は科学技術の進歩の象徴ですが，最大に活用するために一番大切なのは，一人一人の心がまえなのではないでしょうか。

問1 空らん A に，花子さんが体験したであろうことを想像して，文章の流れに合うように40字以上50字以内で書きなさい。

問2 下線部①「地球温暖化が進んでいる今，二酸化炭素の排出を減らすためにとても役に立つ」とありますが，花子さんは，二酸化炭素排出量を減らすために自分たちができる工夫について，次のページの**資料1〜資料4**をもとにして，**ア**と**イ**の2つの意見をまとめました。

⑴ 空らん ☐B☐ ～ ☐E☐ にあてはまる，もっとも適した言葉を答えなさい。

ただし，☐C☐ と ☐E☐ は10字以上20字以内で，☐D☐ は小数第一位を四捨五入した整数で答えなさい。

⑵ **ア**と**イ**それぞれの意見は，**資料1～資料4**のうち，どの資料をもとにした意見ですか。もとにした資料をすべて選んで，番号で答えなさい。

花子さんの意見

ア 1990年から2010年までの二酸化炭素排出量の変化を見ると，☐　　B　　☐部門の増加の割合がもっとも大きいことがわかります。これを減らすためには，ふだんの生活の中で，☐　　　　C　　　　☐に気をつけると，もっとも効果が大きいことが，資料から読み取れます。

イ 2010年の二酸化炭素排出量のうち，自家用乗用車による排出量は，全体の約 ☐D☐ ％であることがわかります。これを減らすためには，自家用乗用車での外出をひかえて，☐　　　　E　　　　☐すると，効果が大きいと思います。

資料1

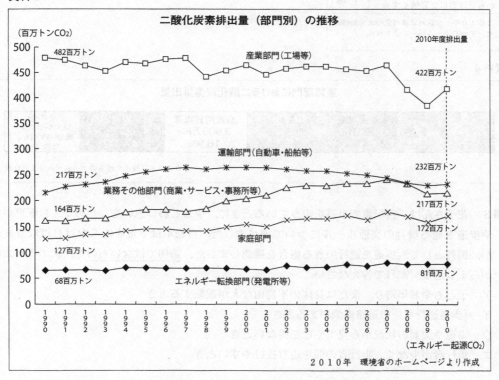

二酸化炭素排出量（部門別）の推移

（百万トンCO₂）

2010年度排出量

482百万トン　産業部門（工場等）　422百万トン

運輸部門（自動車・船舶等）　232百万トン

217百万トン　業務その他部門（商業・サービス・事務所等）　217百万トン

164百万トン　家庭部門　172百万トン

127百万トン

エネルギー転換部門（発電所等）　81百万トン

68百万トン

1990 1991 1992 1993 1994 1995 1996 1997 1998 1999 2000 2001 2002 2003 2004 2005 2006 2007 2008 2009 2010

（エネルギー起源CO₂）

2010年　環境省のホームページより作成

資料2

1人1日あたりの二酸化炭素削減量

シャワーの利用時間を1日1分短くする	74g
風呂の残り湯を洗濯に使う	7g
入浴は間隔をあけずに行う	86g
使わないときは温水洗浄便座のフタを閉める	15g
テレビを見ないときは消す	13g
1日1時間パソコンの利用を減らす	13g
主電源をこまめに切って待機電力を節約	65g
夏の冷房の設定温度を26℃から28℃に2℃高くする	83g
冬の暖房の設定温度を22℃から20℃に2℃低くする	96g

2010年 全国地球温暖化防止活動推進センターのホームページより作成

資料3

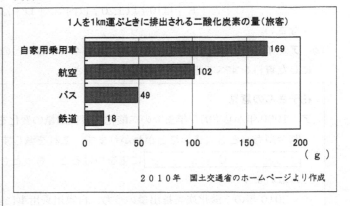

1人を1km運ぶときに排出される二酸化炭素の量（旅客）

自家用乗用車 169
航空 102
バス 49
鉄道 18

2010年 国土交通省のホームページより作成

資料4

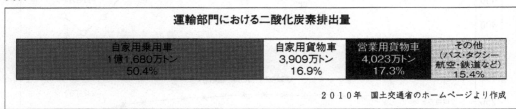

運輸部門における二酸化炭素排出量

自家用乗用車 1億1,680万トン 50.4%	自家用貨物車 3,909万トン 16.9%	営業用貨物車 4,023万トン 17.3%	その他 （バス・タクシー 航空・鉄道など） 15.4%

2010年 国土交通省のホームページより作成

問3　花子さんは，自転車で車道を走っているときに，少しこわい思いをしたので，自転車が車道や歩道を通る場合の交通ルールについて調べました。自転車は車道を走らなければなりませんが，例外として，歩道を通行できる場合を確認しました。適切ではないものを，次のア～エの中から1つ選び，記号で答えなさい。

ア　子どもやお年寄り，または身体の不自由な人が運転するとき

イ　「歩道通行可」の道路標識があるとき

ウ　車道や交通の状況から見てやむを得ないとき

エ　歩行者が少なく，歩行者の間を走り抜けやすいとき

【適性検査Ⅱ】 (45分)

1

～～～～～～～～～～～～～～～～～～～～～～～～～～～～～～～～～～～～～～

　　花子さんのお兄さんは，高校のサッカー部に所属し，毎日練習をしています。お兄さんが出場するサッカー大会では，まず予選会を行って，その成績により本大会に出場することができるそうです。

～～～～～～～～～～～～～～～～～～～～～～～～～～～～～～～～～～～～～～

次の「花子さんとお兄さんの会話」をもとにして，問1と問2に答えなさい。

花子さんとお兄さんの会話

花子さん：お兄さんたちが出場するサッカー大会って，どうしたら本大会に出場できるの？

お兄さん：まず予選会で，どのチームも他のすべてのチームと試合をするんだ。それをリーグ戦というんだ。そのリーグ戦の試合結果に応じて勝ち点を定めて，勝ち点の合計で順位を決定するんだ。今回の大会では，1位と2位のチームが本大会に出場できるんだよ。

花子さん：それぞれの勝ち点は，何点なの。

お兄さん：試合に勝つと勝ち点は3点，引き分けると勝ち点は1点，負けると勝ち点は0点になるんだ。例えば，1試合勝ち，1試合引き分け，1試合負けた場合の勝ち点は，3点足す1点足す0点で，合計4点になるんだ。

花子さん：私が所属する卓球クラブの試合では，勝ちと負けを決めるけれど，引き分けの試合はないわ。

お兄さん：またリーグ戦は，ホーム（自分の学校で行う試合）とアウェイ（相手の学校で行う試合）の両方で試合をして，どのチームとも2試合ずつ対戦するんだよ。

花子さん：予選会のリーグ戦は，何チームが参加するの？

お兄さん：6チームだよ。

花子さん：お兄さんのチームがリーグ戦で上位になって，本大会に行けるように応援するね。

お兄さん：ありがとう。がんばるね。

問1　この予選会のリーグ戦の総試合数は，何試合ですか。数字で答えなさい。

問2　予選会のリーグ戦の全試合が終了したとき，引き分けた試合は総試合数の30%ありました。各チームの引き分けの試合数はどのチームも同数でした。

　　お兄さんが所属するサッカー部の勝ち点の合計は21点で，リーグ2位以内となり，本大会に出場することが決まりました。お兄さんが所属するサッカー部の予選会のリーグ戦の全試合の成績は，どのようになりましたか。勝ち，引き分け，負けの順に数字で答えなさい。

～～～～～～～～～～～～～～～～～～～～～～～～～～～～～～～～～～～～～～

　　花子さんのお兄さんが通う高校では，サッカー部の応援に多くの生徒が行きます。できるだけ多くの生徒に応援に来てもらうため，お兄さんは，友人とチラシをつくり，配ることにしました。

～～～～～～～～～～～～～～～～～～～～～～～～～～～～～～～～～～～～～～

次のページの「チラシを配る条件」をもとにして，問3～問5に答えなさい。

チラシを配る条件

1　1日あたり，始業前の20分間と放課後の20分間の計40分間で配ります。

2　チラシを配るのは，お兄さんとAさんとBさんの3人です。

3　お兄さんが1人で配ると12日，Aさんが1人で配ると15日，Bさんが1人で配ると20日かかります。

問3　3人いっしょにチラシを配ると，何日目に配り終えることができますか。数字で答えなさい。

問4　お兄さんとAさん，AさんとBさん，お兄さんとBさんの2人ずつで2日ずつ，計6日で配ろうとしたところ，Aさんがチラシが余ってしまうと言いました。準備した量に対して，余ると思われる量の割合はどれくらいですか。分数で答えなさい。

問5　Bさんは朝の補習に参加するため，始業前はお兄さんとAさんの2人で配り，放課後は3人で配ることにしました。5日で配り終えるには，放課後に配る時間を毎日何分ずつ延長すればいいですか。数字で答えなさい。

2

　花子さんは，2本の牛乳パックの空き箱を利用して**図1**と**図2**のような2つの箱をつくり，それをはり合わせて**図3**のような小物入れをつくることにしました。そのまわりには，色紙をはって完成させようと考えています。

次のページの「**図1**」「**図2**」「**図3**」をもとにして，**問1**〜**問3**に答えなさい。

問1　次の図の中には，図1の箱の展開図としても，図2の箱の展開図としても正しくないものがあります。正しくないものを，ア〜コの中からすべて選び，記号で答えなさい。

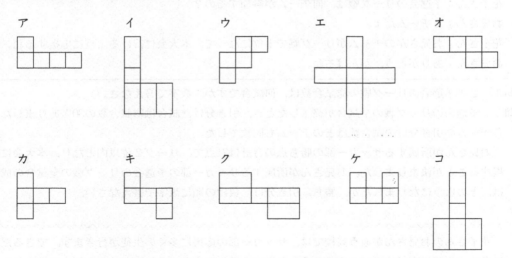

問2　花子さんは，**図3**の小物入れの外側の面に，1枚の色紙から次のページの図4の6つの形を切り取り，それらをはって，小物入れを完成させようとしています。あとのア〜エの大きさの色紙の中で，6つの形が切り取れるものをすべて選び，記号で答えなさい。

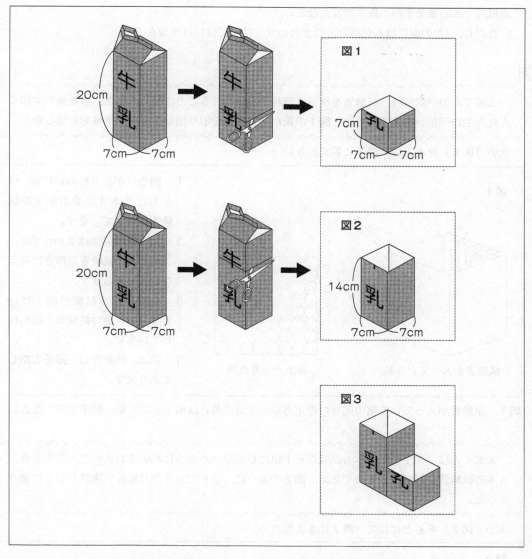

図1

図2

図3

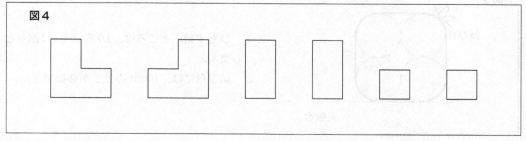

図4

ア　21cm×28cm　　イ　20cm×29cm　　ウ　14cm×42cm　　エ　12cm×49cm

問3　花子さんは，**図3**の小物入れの内側の面にも色紙をはろうと考えました。縦の長さが35cm
の1枚の色紙を使って，小物入れの内側すべての面にはる色紙を切り取るためには，横の長さは

最低何 cm 必要ですか。数字で答えなさい。

ただし，1つの面にはる色紙は，つぎ合わせてはってはいけません。

3

太郎くんの学級では，試験管を使って理科の実験を行うことになりました。理科係の太郎くんは先生の手伝いをするために，図1の箱から試験管を取り出して実験の準備をしました。

次の「図1」をもとに，問1に答えなさい。

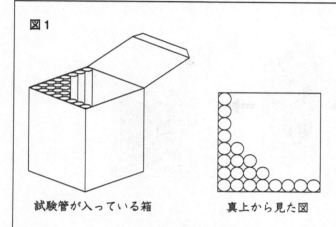

図1

試験管が入っている箱　　真上から見た図

1　開き口が正方形の箱に縦，横ともに8本ずつ合計64本の試験管が入っています。
2　試験管の直径は2 cm です。
ただし，試験管の厚さは考えないこととします。
3　となり合う試験管同士は接していて，かつ試験管と箱も接しています。
4　図は，試験管の一部を省略してあります。

問1　試験管が入っている箱の開き口の正方形の1辺の長さは何 cm ですか。数字で答えなさい。

太郎くんは，先生から4本の試験管を1組にして分けるようにたのまれました。このとき，4本の試験管が転がるのを防ぐため，図2のように，ひもでしっかり結んで実験台の上に置きました。

次の「図2」をもとにして，問2に答えなさい。

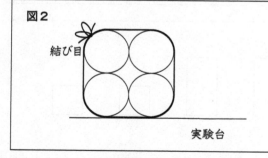

図2

結び目

実験台

1　ひもで結ぶところは，1か所とし，1回りとします。
2　結び目には，10cm の長さが必要です。

問2　4本1組の試験管を16セット準備するために必要なひもの長さは，何 cm ですか。小数第一位を四捨五入して，数字で答えなさい。ただし，ひもの太さは考えないこととし，円周率は3.14とします。

　太郎くんが，4本の試験管を1組にして結んでいたところ，試験管がずれて図3のように形が変わりました。太郎くんは，図2と比べたら高さが低くなっていることに気づき，図3の試験管の高さを測ったところ3.7cmでした。

次の「図2」と「図3」の高さの違いをもとにして，問3に答えなさい。

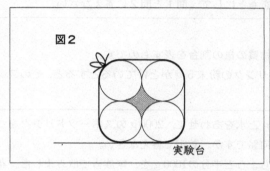

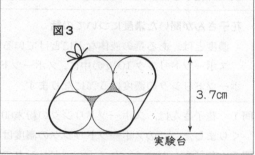

問3　図3のように，試験管の高さが低くなる理由を考えた太郎くんは，図2と図3のかげをつけた部分（▨）の面積が違うのではないかと考えました。それぞれの面積は何cm²ですか。小数第二位を四捨五入して，数字で答えなさい。

　実験が終わり，太郎くんは，ひもをほどいて試験管を1本ずつもとの箱に片付けました。

次の「図4」をもとにして，問4と問5に答えなさい。

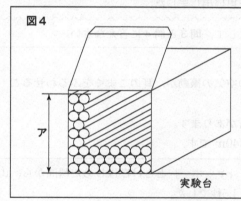

図4

1　箱は，実験台の上に横だおしに置いてあります。

2　図は，試験管の一部を省略してあります。

問4　図4のような重ね方で，試験管をもとの箱に入れたところ，64本すべてが収まり，さらにすきまができました。この箱には最大何本の試験管を入れることができますか。数字で答えなさい。

問5　図4のような重ね方で，この箱に最大本数の試験管を入れたとき，図4のアで示した高さは何cmですか。数字で答えなさい。

4

　花子さんは，家族でハイキングに出かけることになりました。家族皆で飲むスポーツドリンクを，スポーツドリンクの粉末を使ってつくっているとき，どのくらいの濃さでつくればよいかお父さんに聞いたところ，お父さんが，濃度についての話をしてくれました。

次の「花子さんが聞いた濃度についての話」をもとにして，問1と問2に答えなさい。

花子さんが聞いた濃度についての話

　濃度とは，ある量の液体などにとけている物質の量の割合を表すものです。

　スポーツドリンク100gの中に，スポーツドリンクの粉末5gがとけているとすると，そのスポーツドリンクの濃度は5％になります。

問1　花子さんは，スポーツドリンクの粉末60gと水をあわせて，2000gのスポーツドリンクをつくりました。このスポーツドリンクの濃度は何％ですか。数字で答えなさい。

問2　花子さんがつくったスポーツドリンクのちょうど半分の1000gを，家族皆で飲みました。花子さんは，残った1000gのスポーツドリンクに，スポーツドリンクの粉末60gを加えて，濃度5％のスポーツドリンクをつくることにしました。あと何gの水をつぎ足せばよいですか。数字で答えなさい。

　花子さんは，ハイキングの途中，展望台から見えるてんぐ岩の切りたった岩はだに向かって，「ヤッホー」と大きな声でさけんでみたところ，自分の声が山びことなって聞こえました。花子さんは，以前，先生から聞いた音についての話を思い出しました。

次の「花子さんが聞いた音についての話」をもとにして，問3と問4に答えなさい。

花子さんが聞いた音についての話

　私たちが聞く音の正体は，空気の振動です。その空気の振動が，耳のこまくをふるわせることで，音として感じます。

　音は，固い板のような面で，はねかえされる性質があります。

　また，音が空気中を伝わる速さは，およそ秒速340mです。

問3　花子さんが，展望台からてんぐ岩に向かって，「ヤッホー」とさけびはじめた瞬間から，山びこが聞こえはじめた時間を時計で計ったところ，1.5秒でした。

　この展望台からてんぐ岩までの距離は，およそ何mですか。数字で答えなさい。

問4　山びこともっとも関係が深い現象を，次のア～エの中から1つ選び，記号で答えなさい。

ア　乗り物に乗ってトンネルに入ると，乗り物のそう音が大きく聞こえる。

イ　糸電話は，糸をピンと張ったほうが，よく音が伝わる。

ウ　打ち上げ花火をはなれた場所で見ると，花火がひらいてしばらくしてから音が聞こえる。

エ　救急車が目の前を通過すると，サイレンの音の高さが変化する。

5

> 昨年の5月21日は，全国で日食が起こり，さいたま市では金環日食が観察されました。少し雲がありましたが，太郎くんも雲の合間から金環日食を観察することができました。
>
> 先生が日食のことについて説明してくれました。

次の「**先生がしてくれた日食の説明**」をもとにして，**問1**と**問2**に答えなさい。

先生がしてくれた日食の説明

日食は地球から見て，太陽の前を月が横切るために起こる現象です。

日食は，写真に示すように，その見え方によって部分日食，皆既日食，金環日食に分類されます。特に皆既日食や，金環日食はとてもめずらしい現象です。

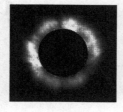

部分日食 　　　　　　　皆既日食 　　　　　　　金環日食

部分日食は，太陽の一部がかくされる日食です。皆既日食は，太陽の全体がかくされる日食です。金環日食は，皆さんが観察したように，太陽の周囲が輪のように観察される日食です。

皆既日食になる場合と，金環日食になる場合との違いについては，**図1**のとおりです。黒い色で示した月の陰になる場所で，皆既日食や金環日食が見られます。

また，**図2**のように，地球のまわりを回る月の通り道は円ではなく，すこしつぶれたような，だ円という形をしています。

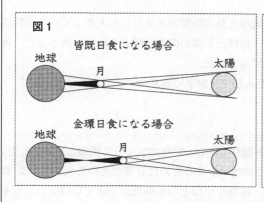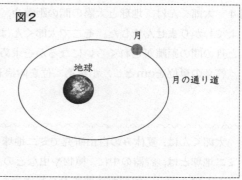

問1　皆既日食や金環日食が起きたとき，太陽，地球，月の位置関係はどのようになっていますか。**図1**をもとに説明しなさい。

問2　皆既日食になる場合と，金環日食になる場合とでは，どのような違いがありますか。**図1**と**図2**をもとに説明しなさい。

　　太郎くんは，金環日食を観察したことで，太陽と月のことについて興味^{きょうみ}を持ち，調べてみました。

　太郎くんが調べた，次の「宇宙^{うちゅう}から見た太陽，地球，月のようす」と「地球と太陽，月の距離^{きょり}」をもとにして，問3と問4に答えなさい。

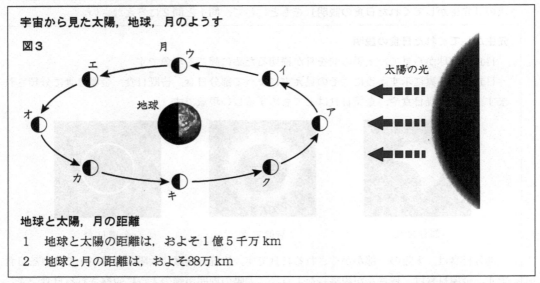

宇宙から見た太陽，地球，月のようす

図3

月

地球

太陽の光

地球と太陽，月の距離

1　地球と太陽の距離は，およそ1億5千万km

2　地球と月の距離は，およそ38万km

問3　太郎くんは，金環日食が起こった後の5月28日，太陽がしずんだ直後に月を観察し，記録しました。

　⑴　太郎くんが観察した月の形を，解答らんの正しい位置に書き入れなさい。

　⑵　このときの月と地球の位置関係を正しく表しているのは，どれですか。図3のア〜クの中から1つ選び，記号で答えなさい。

問4　太郎くんは，地球と太陽の間の距離や，地球と月の距離があまりにも大きくて，その関係がよくわかりませんでした。そこで太郎くんは，地球と太陽の間の距離を5mとしたときに，地球と月の間の距離がどれくらいになるかを求めてみました。

　　答えの単位をcmとし，小数第二位を四捨五入して，数字で答えなさい。

6

　　太郎くんは，夏休みの自由研究でミニ地球を題材に選び，実際につくって観察してみました。ミニ地球とは，容器の中に，植物や虫などの小動物が生きるために必要なものを入れて，環境^{かんきょう}をととのえると，容器が密閉された状態でも，植物や虫などの小動物が生きていけるというものです。

　次のページの「太郎くんがつくったミニ地球」をもとにして，問1〜問4に答えなさい。

問1　次のページの図1の矢印は，ミニ地球の中にある植物，ダンゴムシや土の中の微生物^びのあいだに起こる物質の交換を表しています。

　　空らん⑴〜⑶に入るもっとも適切な語句を答えなさい。

太郎くんがつくったミニ地球

1　ミニ地球の中が観察しやすいように透明で，密閉する
　ことができるプラスチック製の容器を用意します。
2　容器の底に，小石，砂を混ぜた物をしきつめます。
3　ダンゴムシが生活している場所の，かれ葉などが混
　ざった土を入れ，コケや草を植え，ダンゴムシのかくれ
　場所になるような石や小さな木の枝なども入れます。
4　容器の中の土全体が適度に湿る程度の水を入れ，ダン
　ゴムシを2～3匹入れます。
5　容器を密閉します。

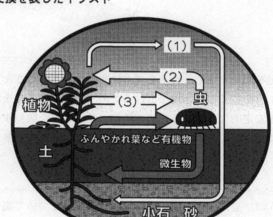

ミニ地球内の物質の交換を表したイラスト

図1

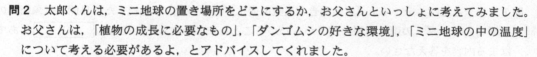

問2　太郎くんは，ミニ地球の置き場所をどこにするか，お父さんといっしょに考えてみました。
　お父さんは，「植物の成長に必要なもの」，「ダンゴムシの好きな環境」，「ミニ地球の中の温度」
　について考える必要があるよ，とアドバイスしてくれました。
　　ミニ地球の置き場所として，もっともふさわしいと考えられる場所はどこですか。次のページ
　の図2のア～エの中から1つ選び，記号で答えなさい。

問3　ミニ地球の中の植物が，何かの原因ですべてかれてしまった場合，ミニ地球にどのようなこ
　とが起こるか予想してみました。もっとも適切なものを，次のア～エの中から1つ選び，記号で
　答えなさい。また，その理由を説明しなさい。
　ア　ダンゴムシは，死んでしまう。　　イ　ダンゴムシは，増え続ける。
　ウ　水分が減り，かんそうする。　　　エ　水分が増え，じめじめする。

問4　太郎くんは，ミニ地球の観察をとおして，生物にはそれぞれの役割があり，そのバランスが
　とれて，はじめて環境が維持されていることをあらためて確認することができました。私たちが
　住む地球の環境を良好な状態に維持していくために，世界的な規模で必要なこととして，もっと
　も適切なことは何ですか。あとのア～エの中から1つ選び，記号で答えなさい。

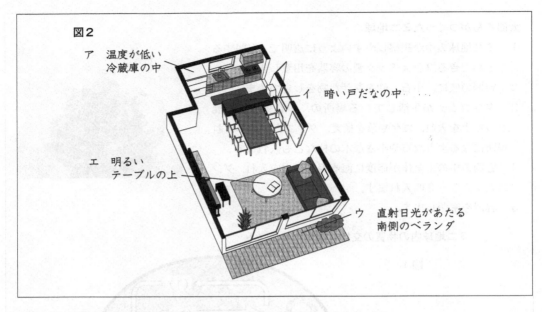

図2

ア　温度が低い
　　冷蔵庫の中

イ　暗い戸だなの中

エ　明るい
　　テーブルの上

ウ　直射日光があたる
　　南側のベランダ

ア　水不足をなくすため，海水を真水にする工場をたくさんつくる。

イ　食りょうをつくる耕作地を広げるため，大規模に森林を切り開く。

ウ　燃料を安定的に供給するため，新しい油田などを開発する。

エ　さばく化を防ぐため，計画的に木を植えるなど，緑を多くする。

7

　花子さんは，夏休みの宿題で，日本付近の天気について調べ，お天気ノートをつくることに
しました。

次のページの「**花子さんのお天気ノート**」をもとにして，**問1~問3**に答えなさい。

問1　花子さんは，テーマ1「雲の動きと天気の変化」について，＜連続した3日間の気象衛星の
雲写真とアメダスの雨量情報の図＞からわかることをまとめました。空らん　(1)　にあて
はまる内容を答えなさい。

問2　花子さんは，テーマ2の「天気の変化と季節」で，「梅雨のころ」，「夏のころ」，「冬のころ」
を題材に，それぞれの季節の雲写真をとりあげました。

⑵~⑷に入る雲写真を，次のア~ウの中からそれぞれ選び，記号で答えなさい。

ア　　　　　　　　　　　イ　　　　　　　　　　　ウ

 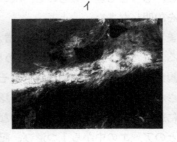 

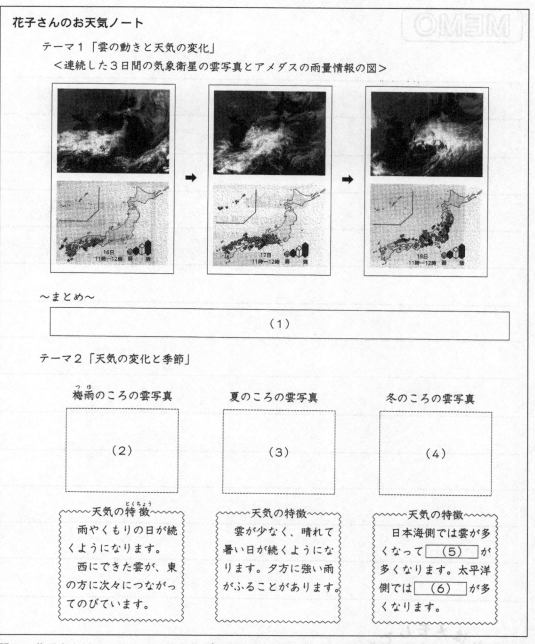

花子さんのお天気ノート

テーマ1 「雲の動きと天気の変化」

<連続した3日間の気象衛星の雲写真とアメダスの雨量情報の図>

~まとめ~

（1）

テーマ2 「天気の変化と季節」

梅雨のころの雲写真　　　　夏のころの雲写真　　　　冬のころの雲写真

（2）　　　　　　　　　　（3）　　　　　　　　　　（4）

~天気の特徴~

雨やくもりの日が続くようになります。
西にできた雲が、東の方に次々につながってのびています。

~天気の特徴~

雲が少なく、晴れて暑い日が続くようになります。夕方に強い雨がふることがあります。

~天気の特徴~

日本海側では雲が多くなって　（5）　が多くなります。太平洋側では　（6）　が多くなります。

問3　花子さんは，テーマ2で取り上げた雲写真の下のらんに，その季節の日本付近の天気の特徴をまとめました。空らん⑸と⑹に入るもっとも適切な語句を答えなさい。

MEMO

....

....

....

....

....

....

....

....

....

....

....

....

大切なことはメモしておこうネ！

....

....

....

....

平成25年度

市立浦和中学校入試問題(第2次)

【適性検査Ⅲ】 （45分）

次の文章や資料を読んで，問1～問3に答えなさい。

> 給食委員をしている6年1組の花子さんは，給食の食べ残しの量が多いことが気になっていました。そこで，学級会で話し合いをすることになりました。

学級会での話し合いは，次のとおりです。

花子さん：「私たちのクラスは，給食の食べ残しが多いと思います。みなさんはそのことについて，どう思いますか？」

A さ ん：「私もそう思います。このまえ給食の先生からも，1組はもっと残さず食べてほしいと言われました。」

B さ ん：「残さない人は，好き嫌いがないだけだと思います。私は，嫌いなものは食べられません。」

C く ん：「好き嫌いだけではなく，食物アレルギーのために食べられないこともあると思います。」

D く ん：「カレーライスのときは，みんな残していなかったと思います。僕は，好きなメニューだけ出してくれたら，全部食べられます。」

E く ん：「ちょっと待ってください。僕たちのクラスは，他のクラスに比べて本当に食べ残しの量が多い方なのですか？きちんと調べてから言ってください。」

F さ ん：「私は，このまえ6年生の他のクラスの食べ残しを見たけれど，私たちのクラスの量よりも多く見えました。」

G く ん：「クラスの人数が違うのだから，簡単には比べられないと思います。」

H さ ん：「とりあえず，1週間6年生の全クラスの給食の食べ残しの量を調べてみたらどうでしょう。」

I く ん：「せっかく調べるのなら，食べ残しの量だけでなく，給食についてのアンケートをして，みんなに報告してはどうでしょう。食べ残しを減らす手がかりが見つかるかもしれません。」

先　　生：「それでは，6年生全員を対象とした調査をして，次回の学級会で話し合いをしましょう。」

> この学級会のあとで，花子さんは，他の給食委員とともに1週間の献立と，日にちごとの各クラスの食べ残しの量について調べました。次のページの表1は，調査した1週間の給食の献立です。表2は，その1週間のクラス別の食べ残しの量を記録したものです。

{　ただし，各クラスに配る給食の量は，1人分の量が同じになるようにしてあります。この1週間で休んだ人はいません。　}

表1 （1週間の給食の献立）

6月11日 月曜日	コロッケ	野菜サラダ	大豆の五目煮	ごはん	牛乳
6月12日 火曜日	オムレツ	ブロッコリーと海老のマヨネーズあえ	ゴマどうふ	パン	牛乳
6月13日 水曜日	さばの煮付け	筑前煮	ほうれん草のごまあえ	ごはん	牛乳
6月14日 木曜日	チキンカレー	フルーツポンチ	海藻サラダ	ごはん	牛乳
6月15日 金曜日	豆と豚肉の煮込みスープ	ピーマンの味噌いため	豆乳プリン	ごはん	牛乳

表2 （1週間のクラス別の食べ残しの量）

	1組	2組	3組	4組	5組	6組
クラスの人数	33人	34人	32人	34人	35人	36人
6月11日 月曜日	1,457 g	1,141 g	935 g	752 g	870 g	1,203 g
6月12日 火曜日	1,195 g	806 g	785 g	744 g	856 g	1,109 g
6月13日 水曜日	1,470 g	945 g	789 g	816 g	815 g	1,256 g
6月14日 木曜日	454 g	370 g	183 g	208 g	195 g	382 g
6月15日 金曜日	1,694 g	1,226 g	860 g	1,016 g	869 g	1,558 g

問1　花子さんは，**表1**，**表2**の調査結果から，1人あたりの1週間分の食べ残しの量が，6年1組と各クラスとを比べてどうであるか，また，献立による食べ残しの量の違いがどうであるかについて，数値を示して説得力ある説明をしようと思います。あなたが花子さんなら，どのような説明をしますか。

条件1：解答は横書きで書くこと。

条件2：文章の分量は，220字以内とすること。

条件3：数字や単位の記号についても1字と数えること。記入例：| 1 | 2 | 3 | g |

{　花子さんたちは，6年生全員に対して，給食についてのアンケートを行いました。　}

　アンケートは，次のページのとおりです。

給食アンケート

6年（　　）組　名前＿＿＿＿＿＿＿＿＿

質問1

　あなたは給食を残さず食べていますか。次の（1）～（4）の中から1つ選んでください。

　　（1）いつも残さず食べる
　　（2）残さず食べることのほうが多い
　　（3）残すことのほうが多い
　　（4）いつも残している

質問2

　質問1で（1）または（2）を選んだ人だけ答えてください。
　給食を残さず食べる理由を、次の（1）～（6）の中から選んでください。いくつ選んでもかまいません。

　　（1）おいしいから
　　（2）みんなと食べると楽しいから
　　（3）好き嫌いがないから
　　（4）作ってくれた人に感謝しているから
　　（5）残すともったいないから
　　（6）栄養のバランスがとれているから

表3（**給食アンケート** 質問1 の結果）

（1）いつも残さず食べる	119人
（2）残さず食べることのほうが多い	68人
（3）残すことのほうが多い	17人
（4）いつも残している	0人

図1（**給食アンケート** 質問2 の結果）

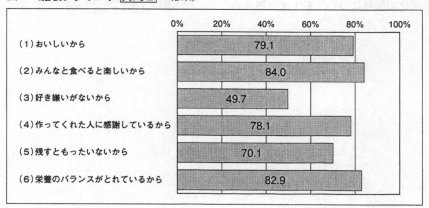

花子さんたちは，**表3**の結果を円グラフにまとめることにしました。しかし，そこで困ったことが起こりました。

花子さんたちの会話は，次のとおりです。

Ａさん：「どうやって円グラフをつくればいいの？」

Ｉくん：「円を100等分したらいいんじゃないの。」

Ａさん：「分度器で3.6度ずつ測って線を書くのは大変よ。だんだんずれてきてしまうわ。」

花子さん：「100等分しなくてもいいんじゃない。」

Ｉくん：「100等分しないと，円グラフをつくることはできないよ。」

花子さん：「私，時計の文字盤の用紙を持っているのだけれど，これを使えばうまくできるはずよ。」

利用する時計の文字盤

問2 花子さんは，時計の文字盤を利用して，**表3**の結果を円グラフに表す方法について，他の給食委員に説明することになりました。その際，**表3**の(1)～(4)の4つの項目の人数が，時計の文字盤のそれぞれ何目盛りにあたるか，その計算の仕方と答えの数値を示すことにしました。あなたが花子さんなら，どのような説明をしますか。

条件1：解答は横書きで書くこと。

条件2：文章の分量は，330字以内とすること。

条件3：数字や単位の記号についても1字と数えること。記入例： | 1 | 2 | 3 | g |

問3 花子さんたち給食委員は，次の学級会で，給食に関する調査結果とアンケート結果から，「食べ残しを減らしましょう」という提案をすることにしました。あなたが花子さんなら，どのような提案をしますか。

条件1：解答は横書きで書くこと。

条件2：文章の分量は，330字以内とすること。

条件3：数字や単位の記号についても1字と数えること。記入例： | 1 | 2 | 3 | g |

解答用紙集

○月×日△曜日　天気（合格日和）

◆ご利用のみなさまへ
＊解答用紙の公表を行っていない学校につきましては、弊社の責任において、解答用紙を制作いたしました。
＊編集上の理由により一部縮小掲載した解答用紙がございます。
＊編集上の理由により一部実物と異なる形式の解答用紙がございます。

人間の最も偉大な力とは、その一番の弱点を克服したところから生まれてくるものである。──カール・ヒルティ──

東京学参株式会社

※ 119%に拡大していただくと，解答欄は実物大になります。

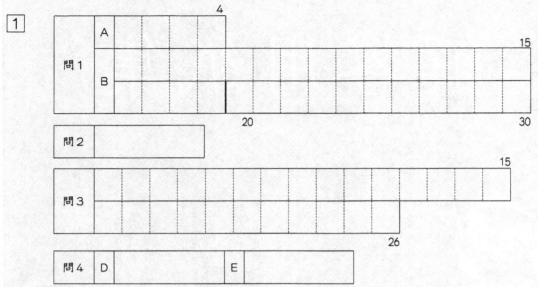

3

問1

| A | (%) | B | (%) |
| C | | | |

問2 問3 問4

4

問1 問2 問3

5

問1

問2 A B

問3

※ 112%に拡大していただくと，解答欄は実物大になります。

1

問1 | | 人

問2 午前 | 時 | 分　　　問3 | | 円

問4

	太郎	父	母	祖父	祖母	姉	兄	弟

2

問1

問2

問3 （1） | | （2） |

問4

3

問1 午前10時 | 分 | 秒

問2

3

問3															

15

4

問1															

10 15

問2	

問3	(1)	(℃)	(2)	

5

問1	①		②		③	

問2	①		②	

問3	

※ 105%に拡大していただくと、解答欄は実物大になります。

1

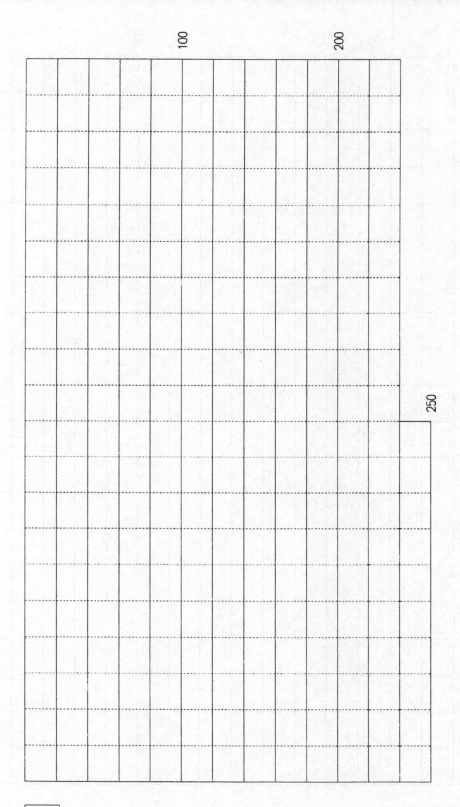

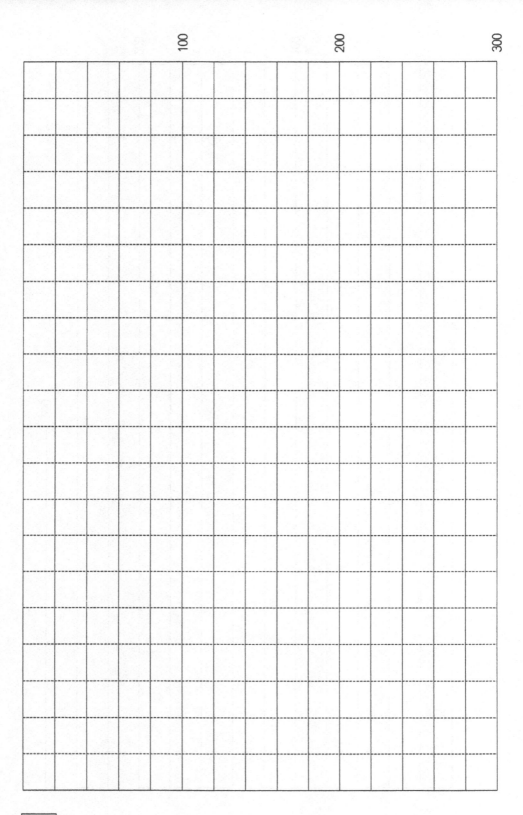

※ 118%に拡大していただくと，解答欄は実物大になります。

1

問1

問2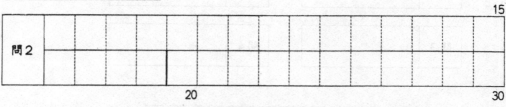

15

20

30

問3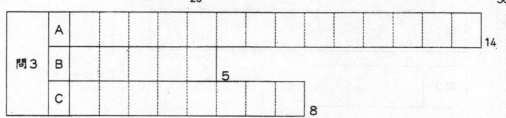

A　14

B

C　5

　8

問4

2

問1　　　　　　　問2

問3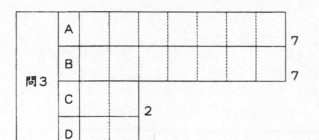

A　7

B　7

C　2

D　2

問4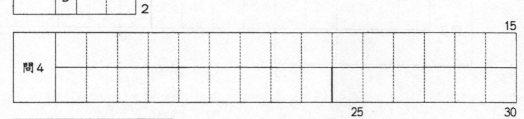

15

25

30

問5

3

問1	

問2	

問3	

問4	

4

問1	

問2	

問3	

問4	B		C	

5

問1	

問2	

問3

※ 118%に拡大していただくと，解答欄は実物大になります。

1

問1 ☐

問2
(1) 太郎さんの家 …　　　　　　%　、花子さんの家 …　　　　　%
(2) 太郎さんの家 …　　　　　　%　、花子さんの家 …　　　　　%

問3
(1)　　　　　円
(2)　　　　　購入する

2

問1　　　　　回

問2　A　　　　　B　　　　　C

問3
説明

答え　　　時間　　　分

3

問1　　　　　m

問2　(1)　　　　　分　　　秒後　(2)　　　　　km

問3　　　　　　問4

4

問1				g	

| 問2 | (1) | A | | B | | C | |

	(2)		水	こさが6%の食塩水	こさが12%の食塩水	こさが18%の食塩水	こさが24%の食塩水	エタノール
		ポリスチレン						

問3		c m	

問4	

5

問1	(1)		
	(2)	C	
		D	

(右端) 10 / 10

問2	(1)	→ → →
	(2)	m³

※118%に拡大していただくと、解答欄は実物大になります。

1

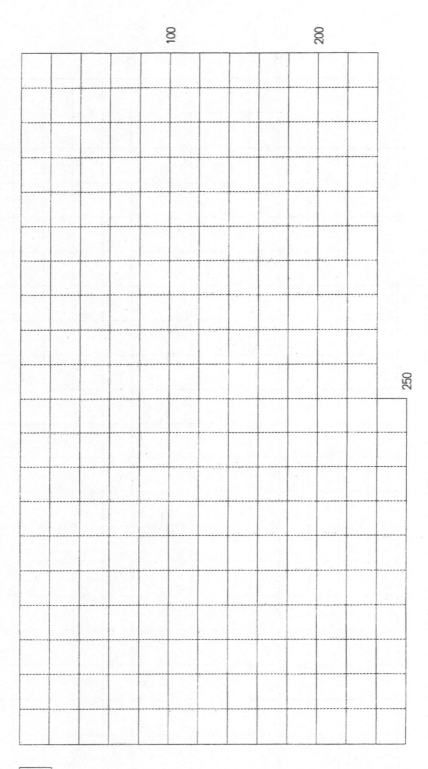

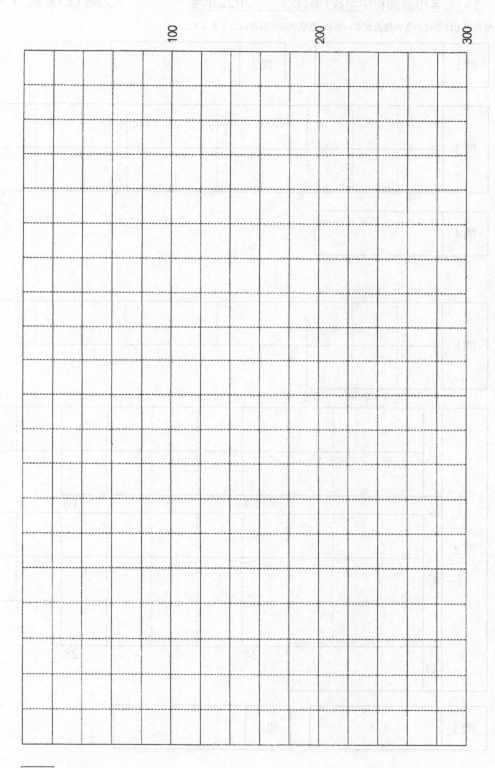

100

200

300

さいたま市立浦和中学校(第1次)　2022年度

◇適性検査Ⅰ◇

※この解答用紙は学校からの発表がないため，東京学参が制作いたしました。

1

問1

問2

問3

21

問4

2

問1

13

問2

B

14

18

C

24

28

D

問3

問4

③

問1		問2	

問3		問4	

④

問1		問2	

問3	

30

⑤

問1		問2	

問3	(1)	
	(2)	
	(3)	

7

※この解答用紙は学校からの発表がないため,東京学参が制作いたしました。

1

問1		%

問2	(1)	分	秒
	(2)	分	秒

問3	B		C		D	

2

問1	(1)	kcal	(2)	mg

問2	個数	個	体積	cm³

問3		cm³

3

問1	

問2	B		C	

問3	時間	分

問4	

4

問1 [　　　　　　　]

問2
A											
10

B				

問3
C										
10

5

問1
A			B	

問2
					25

※この解答用紙は学校からの発表がないため、東京学参が制作いたしました。

1

100

200

300

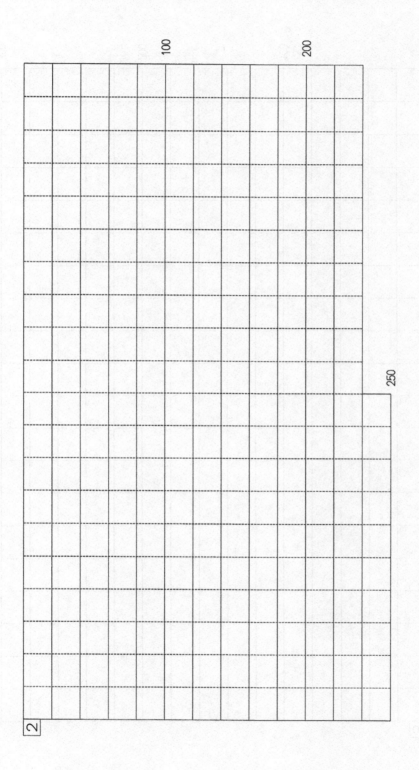

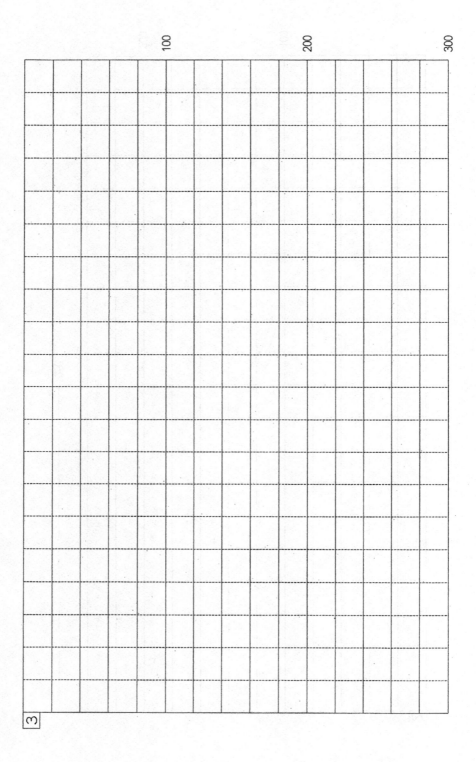

※ 118%に拡大していただくと，解答欄は実物大になります。

1

問1 ☐

問2 ☐ ☐ ☐ ☐ ☐ ☐ ☐ ☐ ☐ ☐ 10
☐ ☐ ☐ ☐ ☐ 15

問3 C ☐ ☐ ☐ ☐ ☐ ☐ ☐ ☐ ☐ ☐ 11
D ☐ ☐ ☐ ☐ ☐ 6

問4 ☐

2

問1 ☐

問2 ☐ ☐ ☐ ☐ ☐ ☐ ☐ ☐ ☐ ☐ 11

問3 ☐ ☐ ☐ ☐ ☐ ☐ ☐ ☐ ☐ ☐ ☐ ☐ ☐ ☐ 15
☐ ☐ ☐ ☐ ☐ ☐ ☐ ☐ ☐ ☐ ☐ ☐ ☐ ☐ 30
☐ ☐ ☐ ☐ ☐ 35

問4 ☐　　問5 ☐

3

問1 (1) A ☐ ☐ ☐ ☐ ☐ ☐ ☐ ☐ ☐ ☐ ☐ 14
B ☐ ☐ ☐ ☐ ☐ ☐ ☐ ☐ ☐ 12
(2) ☐

問2 ☐　　問3 ☐

問4 ☐

4

問1	A				3 B			3

問2	

問3	

問4	(1)			3

	(2)									10

5

問1	A		B	

問2	

問3	C		D	

※ 118％に拡大していただくと，解答欄は実物大になります。

1

問1	A		B		C	

問2		m²

問3		個

問4	

問5		回

2

問1		km

問2	式	
	答え	中・大型犬用の施設の1周の長さは、小型犬用の施設の1周の長さより　　　　　m長い。

問3	秒速	m

問4	記号		最初に置かれた障害物のスタート地点からのきょり		m

3

問1 [   ] 回   問2 [   ]

問3 [   ]

問4 [   ]

4

問1 [   ]

問2 [   ]   問3 [   ]

問4 [   ]

5

問1 [   ] g/cm³   問2 [   ]

問3 [   ]

※ 118％に拡大していただくと、解答欄は実物大になります。

1

100

200

300

100

200

250

100

200

300

1

2

3

③

※ 123％に拡大していただくと，解答欄は実物大になります。

1

問1

問2

問3
11

問4

2

問1
15　　　　　　　　20

問2

問3

問4

3

問1
18

問2

問3

問4

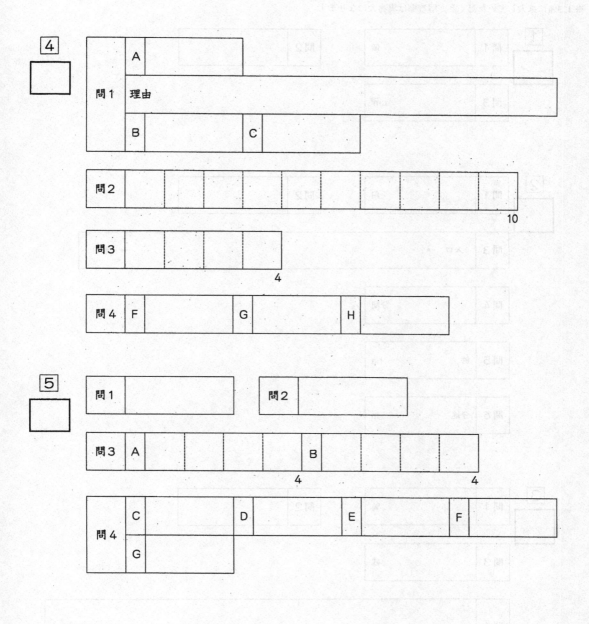

さいたま市立浦和中学校(第1次)　2020年度

◇適性検査Ⅱ◇

※ 123%に拡大していただくと，解答欄は実物大になります。

1

問1	個	問2	
問3	cm²		

2

問1	円	問2	
問3	入口 → 　→ 駐2		
問4	分間		
問5	約　ha		
問6	分速　m		

3

問1	%	問2	
問3	匹		
問4			

4

問1 | | | | | | | | | | |
10

問2 | | | |

問3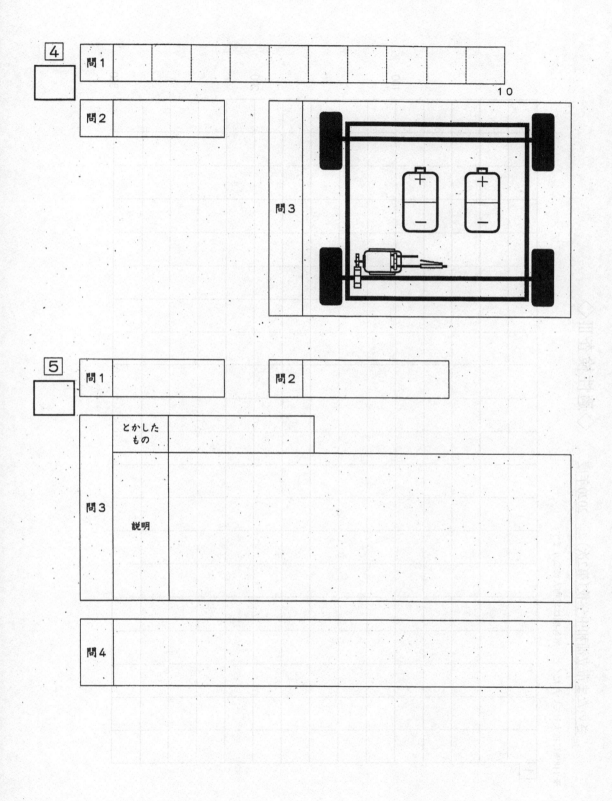

5

問1 | | | | 問2 | | |

問3
| とかした もの | |
| 説明 | |

問4 | | |

※118%に拡大していただくと、解答欄は実物大になります。

1

100

200

300

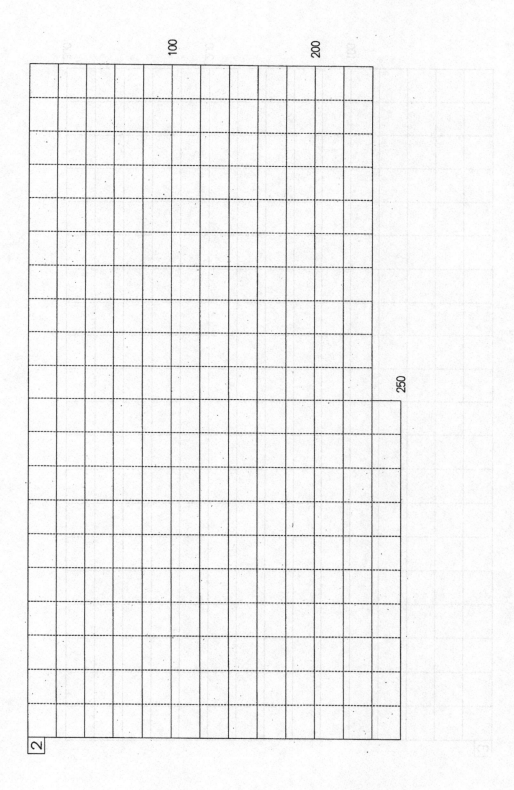

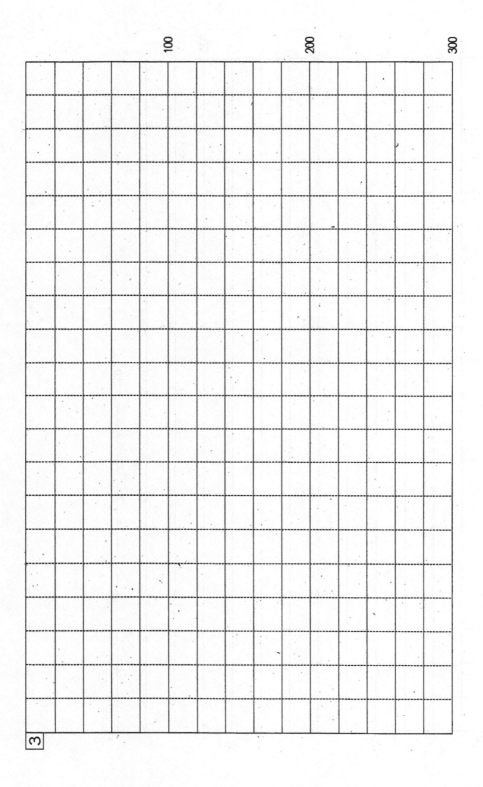

3

※この解答用紙は114%に拡大していただくと，実物大になります。

1

問1

問2

問3
　　　　　　　5　　　　　　　　10

問4

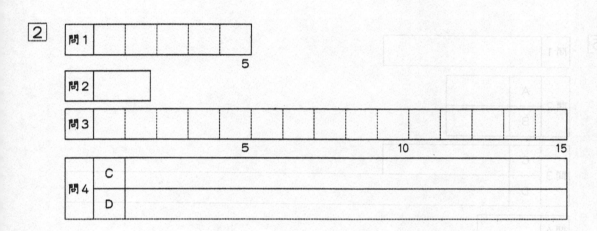

2

問1
　　5

問2

問3
　　　　　5　　　　　10　　　　　15

問4
C
D

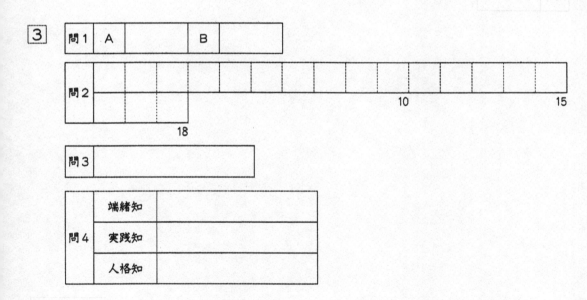

3

問1　A　　　B

問2
　　18　　　　　　　　　　10　　　　　15

問3

問4
端緒知
実践知
人格知

4 問1 ☐

問2

| | | | | | | | | | | | | | | |
10 15

| | | | | | |
20

問3

5 問1

問2 | A | |
| B | |

問3 | C | |
| D | |

問4

100

※この解答用紙は114%に拡大していただくと，実物大になります。

1

問1		m

問2		往復

問3		t

問4		円

問5		本

2

問1	はちみつ味		個	ココア味		個

問2		cm²

問3		

問4	図形	
	特徴	

問5		g

3

問1	分速　　　　　　　m

問2	時　　　　　分　　から　　　　　時　　　　　分　　の間

問3	時　　　　　分

問4	

問5	

問6	

4

問1	

問2	

問3	

問4	なくなった もの	
	理由	

5

問1	

問2	

問3	

/ 100

※この解答用紙は107%に拡大していただくと、実物大になります。

1

| | | 100 | | | 200 | | | 300 |

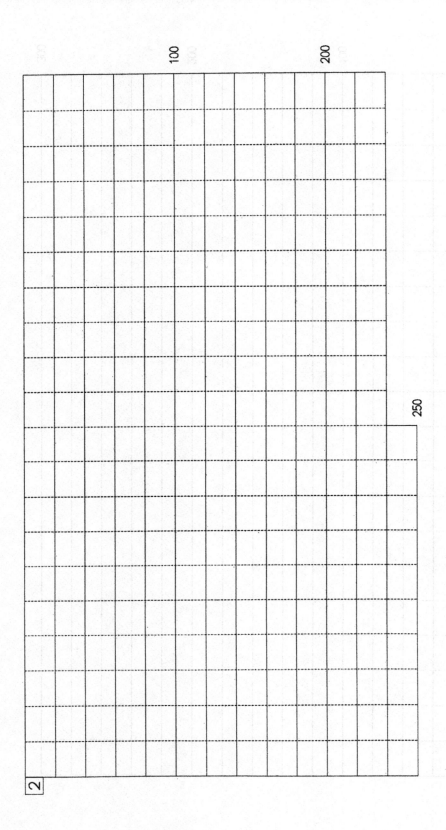

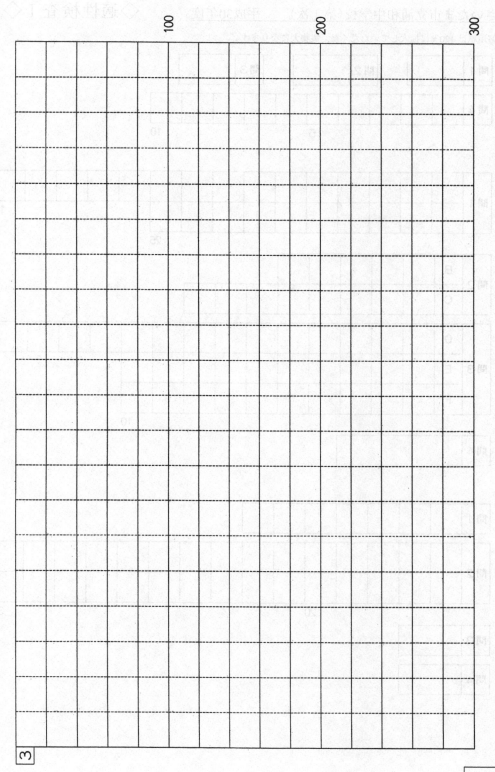

※この解答用紙は120％に拡大していただくと，実物大になります。

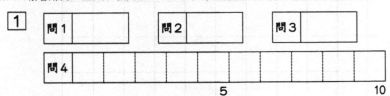

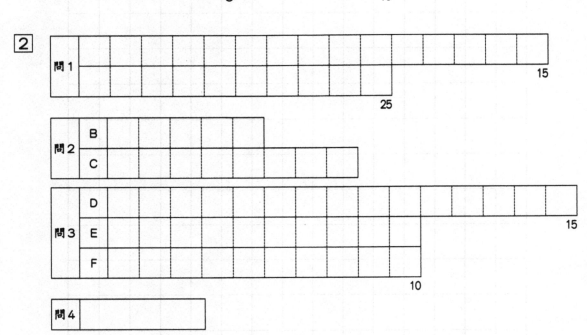

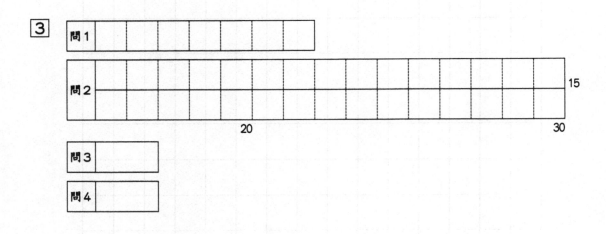

4

問1 ⬚⬚

問2 ⬚⬚⬚⬚⬚⬚⬚⬚⬚⬚
　　　　　　5　　　　　　　10

問3 ⬚⬚

問4 ⬚⬚⬚⬚⬚⬚⬚⬚⬚⬚⬚⬚⬚⬚⬚15
　　　　　　20　　　　　　　　　30

問5 ⬚⬚

5

問1 ⬚⬚

問2 ⬚⬚⬚

問3 ⬚⬚⬚⬚⬚⬚⬚⬚⬚⬚⬚⬚⬚⬚⬚
　　　　　　　　8　　　　　　　15

問4 ⬚⬚⬚⬚⬚⬚⬚⬚⬚⬚
　　　　　　5　　　　　　　10

さいたま市立浦和中学校(第１次)　平成30年度

◇適性検査Ⅱ◇

※この解答用紙は120%に拡大していただくと，実物大になります。

1

問１	通り

問２	

	A	B
問３		

問４	%

問５	人

問６	日曜日	月曜日	火曜日	水曜日	木曜日	金曜日	土曜日

2

問１	cm^3

問２	cm^2

問３	cm^3

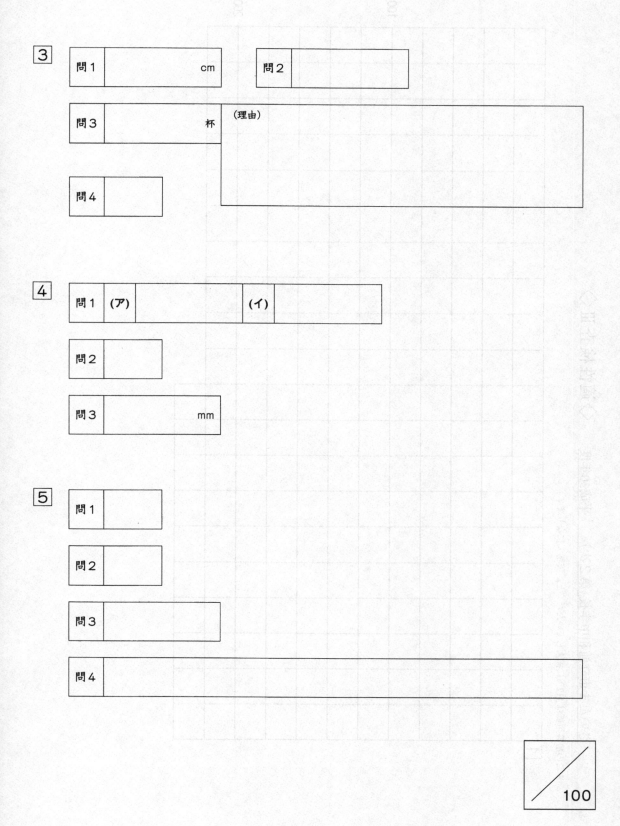

3

問1 [   ] cm   問2 [   ]

問3 [   ] 杯   (理由)
                    [   ]

問4 [   ]

4

問1 (ア) [   ] (イ) [   ]

問2 [   ]

問3 [   ] mm

5

問1 [   ]

問2 [   ]

問3 [   ]

問4 [   ]

[／] 100

※この解答用紙は112％に拡大していただくと、実物大になります。

100　　　　　　　　200

1

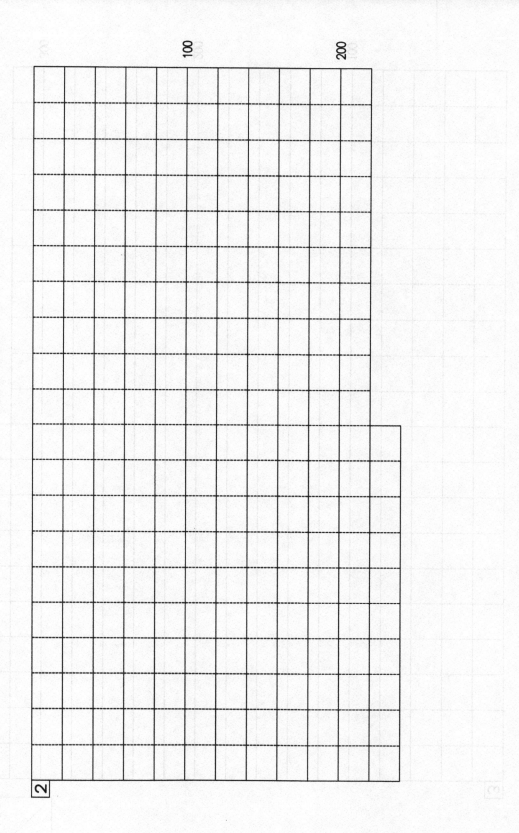

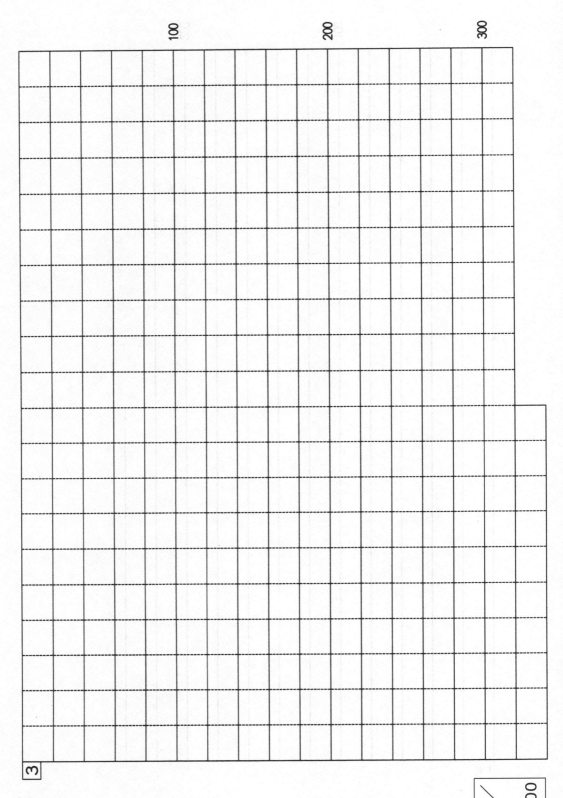

3

100

公立中高一貫校適性検査対策シリーズ

攻略！ 公立中高一貫校適性検査対策問題集

総合編 ※年度版商品

- 実際の出題から良問を精選
- 思考の道筋に重点をおいた詳しい解説（一部動画つき）
- 基礎を学ぶ 6 つのステップで作文を攻略
- 仕上げテストで実力を確認

※毎年春に最新年度版を発行

公立中高一貫校適性検査対策問題集

資料問題編

- 公立中高一貫校適性検査必須の出題形式「資料を使って解く問題」を完全攻略
- 実際の出題から良問を精選し、10 パターンに分類
- 例題で考え方・解法を身につけ、豊富な練習問題で実戦力を養う
- 複合問題にも対応できる力を養う

定価：1,320 円（本体 1,200 円 + 税 10%）／ ISBN：978-4-8080-8600-8　C6037

公立中高一貫校適性検査対策問題集

数と図形編

- 公立中高一貫校適性検査対策に欠かせない数や図形に関する問題を徹底練習
- 実際の出題から良問を精選、10 パターンに分類
- 例題で考え方・解法を身につけ、豊富な練習問題で実戦力を養う
- 他教科を含む複合問題にも対応できる力を養う

定価：1,320 円（本体 1,200 円 + 税 10%）／ ISBN：978-4-8080-4656-9　C6037

公立中高一貫校適性検査対策問題集

生活と科学編

- 理科分野に関する問題を徹底トレーニング！！
- 実際の問題から、多く出題される生活と科学に関する問題を選び、13 パターンに分類
- 例題で考え方・解法を身につけ、豊富な練習問題で実戦力を養う
- 理科の基礎知識を確認し、適性検査の問題形式に慣れることができる

定価：1,320 円（本体 1,200 円 + 税 10%）／ ISBN：978-4-8141-1249-4　C6037

公立中高一貫校適性検査対策問題集

作文問題（書きかた編）

- 出題者、作問者が求めている作文とは！？　採点者目線での書きかたを指導
- 作文の書きかたをまず知り、文章を書くのに慣れるためのトレーニングをする
- 問題文の読み解きかたを身につけ、実際に書く際の手順をマスター
- 保護者の方向けに「サポートのポイント」つき

定価：1,320 円（本体 1,200 円 + 税 10%）／ ISBN：978-4-8141-2078-9　C6037

公立中高一貫校適性検査対策問題集

作文問題（トレーニング編）

- 公立中高一貫校適性検査に頻出の「文章を読んで書く作文」攻略に向けた問題集
- 6 つのテーマ、56 の良問…バラエティー豊かな題材と手応えのある問題量で力をつける
- 大問 1 題あたり小問 3〜4 問。チャレンジしやすい問題構成
- 解答欄、解答例ともに実戦的な仕様

定価：1,320 円（本体 1,200 円 + 税 10%）／ ISBN：978-4-8141-2079-6　C6037

東京学参の
中学校別入試過去問題シリーズ

＊出版校は一部変更することがあります。一覧にない学校はお問い合わせください。

東京ラインナップ

- **あ** 青山学院中等部(L04)
  - 麻布中学(K01)
  - 桜蔭中学(K02)
  - お茶の水女子大附属中学(K07)
- **か** 海城中学(K09)
  - 開成中学(M01)
  - 学習院中等科(M03)
  - 慶應義塾中等部(K04)
  - 啓明学園中学(N29)
  - 晃華学園中学(N13)
  - 攻玉社中学(L11)
  - 国学院大久我山中学
  - 　（一般・CC）(N22)
  - 　（ＳＴ）(N23)
  - 駒場東邦中学(L01)
- **さ** 芝中学(K16)
  - 芝浦工業大附属中学(M06)
  - 城北中学(M05)
  - 女子学院中学(K03)
  - 巣鴨中学(M02)
  - 成蹊中学(N06)
  - 成城中学(K28)
  - 成城学園中学(L05)
  - 青稜中学(K23)
  - 創価中学(N14)★
- **た** 玉川学園中学部(N17)
  - 中央大附属中学(N08)
  - 筑波大附属中学(K06)
  - 筑波大附属駒場中学(L02)
  - 帝京大中学(N16)
  - 東海大菅生高中等部(N27)
  - 東京学芸大附属竹早中学(K08)
  - 東京都市大付属中学(L13)
  - 桐朋中学(N03)
  - 東洋英和女学院中学部(K15)
  - 豊島岡女子学園中学(M12)
- **な** 日本大第一中学(M14)

- 日本大第三中学(N19)
- 日本大第二中学(N10)
- **は** 雙葉中学(K05)
  - 法政大学中学(N11)
  - 本郷中学(M08)
- **ま** 武蔵中学(N01)
  - 明治大付属中野中学(N05)
  - 明治大付属八王子中学(N07)
  - 明治大付属明治中学(K13)
- **ら** 立教池袋中学(M04)
- **わ** 和光中学(N21)
  - 早稲田中学(K10)
  - 早稲田実業学校中等部(K11)
  - 早稲田大高等学院中学部(N12)

神奈川ラインナップ

- **あ** 浅野中学(O04)
  - 栄光学園中学(O06)
- **か** 神奈川大附属中学(O08)
  - 鎌倉女学院中学(O27)
  - 関東学院六浦中学(O31)
  - 慶應義塾湘南藤沢中等部(O07)
  - 慶應義塾普通部(O01)
- **さ** 相模女子大中学部(O32)
  - サレジオ学院中学(O17)
  - 逗子開成中学(O22)
  - 聖光学院中学(O11)
  - 清泉女学院中学(O20)
  - 洗足学園中学(O18)
  - 捜真女学校中学部(O29)
- **た** 桐蔭学園中等教育学校(O02)
  - 東海大付属相模高中等部(O24)
  - 桐光学園中学(O16)
- **な** 日本大中学(O09)
- **は** フェリス女学院中学(O03)
  - 法政大第二中学(O19)
- **や** 山手学院中学(O15)
  - 横浜隼人中学(O26)

千・埼・茨・他ラインナップ

- **あ** 市川中学(P01)
  - 浦和明の星女子中学(Q06)
- **か** 海陽中等教育学校
  - 　（入試Ⅰ・Ⅱ）(T01)
  - 　（特別給費生選抜）(T02)
  - 久留米大附設中学(Y04)
- **さ** 栄東中学(東大・難関大)(Q09)
  - 栄東中学(東大特待)(Q10)
  - 狭山ヶ丘高校付属中学(Q01)
  - 芝浦工業大柏中学(P14)
  - 渋谷教育学園幕張中学(P09)
  - 城北埼玉中学(Q07)
  - 昭和学院秀英中学(P05)
  - 清真学園中学(S01)
  - 西南学院中学(Y02)
  - 西武学園文理中学(Q03)
  - 西武台新座中学(Q02)
  - 専修大松戸中学(P13)
- **た** 筑紫女学園中学(Y03)
  - 千葉日本大第一中学(P07)
  - 千葉明徳中学(P12)
  - 東海大付属浦安高中等部(P06)
  - 東邦大付属東邦中学(P08)
  - 東洋大附属牛久中学(S02)
  - 獨協埼玉中学(Q08)
- **な** 長崎日本大中学(Y01)
  - 成田高校付属中学(P15)
- **は** 函館ラ・サール中学(X01)
  - 日出学園中学(P03)
  - 福岡大附属大濠中学(Y05)
  - 北嶺中学(X03)
  - 細田学園中学(Q04)
- **や** 八千代松陰中学(P10)
- **ら** ラ・サール中学(Y07)
  - 立命館慶祥中学(X02)
  - 立教新座中学(Q05)
- **わ** 早稲田佐賀中学(Y06)

公立中高一貫校ラインナップ

北海道 市立札幌開成中等教育学校(J22)	都立三鷹中等教育学校(J29)
宮 城 宮城県立仙台二華・古川黎明中学校(J17)	都立南多摩中等教育学校(J30)
市立仙台青陵中等教育学校(J33)	都立武蔵高等学校附属中学校(J04)
山 形 県立東桜学館・致道館中学校(J27)	都立立川国際中等教育学校(J05)
茨 城 茨城県立中学・中等教育学校(J09)	都立小石川中等教育学校(J23)
栃 木 県立宇都宮東・佐野・矢板東高校附属中学校(J11)	都立桜修館中等教育学校(J24)
群 馬 県立中央・市立四ツ葉学園中等教育学校・	**神奈川** 川崎市立川崎高等学校附属中学校(J26)
市立太田中学校(J10)	県立平塚・相模原中等教育学校(J08)
埼 玉 市立浦和中学校(J06)	横浜市立南高等学校附属中学校(J20)
県立伊奈学園中学校(J31)	横浜サイエンスフロンティア高校附属中学校(J34)
さいたま市立大宮国際中等教育学校(J32)	**広 島** 県立広島中学校(J16)
川口市立高等学校附属中学校(J35)	県立三次中学校(J37)
千 葉 県立千葉・東葛飾中学校(J07)	**徳 島** 県立城ノ内中等教育学校・富岡東・川島中学校(J18)
市立稲毛国際中等教育学校(J25)	**愛 媛** 県立今治東・松山西中等教育学校(J19)
東 京 区立九段中等教育学校(J21)	**福 岡** 福岡県立中学校・中等教育学校(J12)
都立大泉高等学校附属中学校(J28)	**佐 賀** 県立香楠・致遠館・唐津東・武雄青陵中学校(J13)
都立両国高等学校附属中学校(J01)	**宮 崎** 県立五ヶ瀬中等教育学校・宮崎西・都城泉ヶ丘高校附属中
都立白鷗高等学校附属中学校(J02)	学校(J15)
都立富士高等学校附属中学校(J03)	**長 崎** 県立長崎東・佐世保北・諫早高校附属中学校(J14)

公立中高一貫校
「適性検査対策」
問題集シリーズ

総合編　作文問題編　資料問題編　数と図形編　生活と科学編　実力確認テスト編

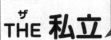
私立中・高スクールガイド
ザ THE 私立

私立中学＆高校の学校生活がわかる！

東京学参の
高校別入試過去問題シリーズ

*出版校は一部変更することがあります。一覧にない学校はお問い合わせください。

公立高校入試対策
問題集シリーズ
- 目標得点別・公立入試の数学（基礎編）
- 実戦問題演習・公立入試の数学（実力錬成編）
- 実戦問題演習・公立入試の英語（基礎編・実力錬成編）
- 形式別演習・公立入試の国語
- 実戦問題演習・公立入試の理科
- 実戦問題演習・公立入試の社会

都道府県別
公立高校入試過去問
シリーズ
- 全国47都道府県別に出版
- 最近数年間の検査問題収録
- リスニングテスト音声対応

高校入試特訓問題集
シリーズ
- 英語長文難関攻略33選（改訂版）
- 英語長文テーマ別難関攻略30選
- 英文法難関攻略20選
- 英語難関徹底攻略33選
- 古文完全攻略63選（改訂版）
- 国語融合問題完全攻略30選
- 国語長文難関徹底攻略30選
- 国語知識問題完全攻略13選
- 数学の図形と関数・グラフの融合問題完全攻略272選
- 数学難関徹底攻略700選
- 数学の難問80選
- 数学　思考力―規則性とデータの分析と活用―

中学別入試過去問題シリーズ

市立浦和中学校　2025年度

ISBN978-4-8141-3108-2

[発行所] 東京学参株式会社
　　　　〒153-0043　東京都目黒区東山2-6-4

書籍の内容についてのお問い合わせは右のQRコードから　⇒

※書籍の内容についてのお電話でのお問い合わせ、本書の内容を超えたご質問には対応
　できませんのでご了承ください。

※本書のコピー、スキャン、デジタル化等の無断複製は著作権法上での例外を除き禁じて
　います。本書を代行業者等の第三者に依頼してスキャンやデジタル化することは、　たとえ
　個人や家庭内での利用であっても著作権法上認められておりません。

2024年6月28日　初版